Intelligent Vermögen schützen

Gerd Kommer/Felix Großmann

Intelligent Vermögen schützen

Wirksame Strategien zur Risikosenkung –
ein praktischer Asset-Protection-Ratgeber

Campus Verlag
Frankfurt/New York

Haftungsausschluss: Die Aussagen in diesem Buch spiegeln die persönlichen Ansichten und Meinungen der Autoren wider, sind rein didaktischer Natur und sind weder als Anlageberatung im Sinne des deutschen Wertpapierhandelsgesetzes noch als Rechtsberatung im Sinne des deutschen Rechtsberatungsgesetzes noch als Steuerberatung im Sinne des deutschen Steuerberatungsgesetzes zu verstehen. Vermögensanlagen in Bankguthaben, Aktien, Anleihen, Edelmetalle, Rohstoffe, Kryptowährungen und andere Finanzprodukte sowie Immobilien sind mit beträchtlichen Verlustgefahren verbunden. Die historischen Daten, die in diesem Buch enthalten sind, bieten keine Gewähr für zukünftig ähnliche Renditen oder Erträge. Die Autoren und der Verlag geben grundsätzlich und ausnahmslos keine Garantie für die Richtigkeit der Daten, Berechnungen und Aussagen in diesem Buch. Eine Haftung für Schäden, die aus der Anwendung der in diesem Buch enthaltenen Informationen, Hinweise und Empfehlungen resultieren, wird nicht übernommen.

FSC www.fsc.org
MIX
Papier | Fördert gute Waldnutzung
FSC® C089473

ISBN 978-3-593-52187-9 Print
ISBN 978-3-593-46354-4 E-Book (PDF)
ISBN 978-3-593-46353-7 E-Book (EPUB)

Umschlaggestaltung: Guido Klütsch, Köln
Satz: Publikations Atelier, Dreieich
Druck und Bindung: Beltz Grafische Betriebe GmbH, Bad Langensalza
Beltz Grafische Betriebe ist ein Unternehmen mit finanziellem Klimabeitrag (ID 15985-2104-1001).
Printed in Germany

Campus Verlag® / www.campus.de

Inhalt

Wie Ihnen dieses Buch helfen kann – eine Einleitung

Dieses Buch richtet sich an wohlhabende Haushalte, die in der Phase des Vermögensschutzes angekommen sind oder auf diese Phase zusteuern. Die Vermögensschutzphase – man könnte sie auch die »Reich-bleiben-Phase« nennen – ist abzugrenzen von dem vorhergehenden, ganz anderen finanziellen Lebensabschnitt des Vermögensaufbaus, der »Reich-werden-Phase«.

Vermögensschutz, so wie er in diesem Buch verstanden wird, hat drei Hauptdimensionen:

- Vermögensbewahrung: Maßnahmen zur Senkung von Kosten und existierenden Steuern,
- Asset Protection:[1] Maßnahmen zum Schutz vor politischen Risiken, Steuererhöhungsrisiken und zivilrechtlichen Risiken,
- Finanzrisikomanagement: Maßnahmen zur Steuerung von Marktrisiken und Finanzproduktrisiken.

In den nachfolgenden elf Kapiteln werden wir darstellen, was sich hinter diesen drei Begriffen verbirgt. Wir haben dabei auf hohen Praxisbezug und konkrete Umsetzbarkeit geachtet.

Vermögensschutz hat nur begrenzt zu tun mit Vermögensaufbau und Renditemaximierung, also mit Techniken, die einem Haushalt helfen, ein Vermögen erst zu schaffen oder seine Rentabilität zu erhöhen.

Wir subsumieren unter dem Begriff »Vermögensschutz« Wissen und Techniken, die dazu dienen, das Vermögen des aktuellen Vermögensinhabers und seiner Familie zu bewahren, zu schützen und im Sinne dieser und nachfolgender Generationen zu strukturieren und zu nutzen.

Die sich stark unterscheidenden Phasen des Vermögensaufbaus und des Vermögensschutzes können sequenziell nacheinander eintreten, die

1 Asset = Vermögenswert, Protection = Schutz.

Vermögensschutzphase kann jedoch auch schon beginnen, während die Aufbauphase noch andauert.

Die wirtschaftlich sinnvolle Umsetzung des hier vorgestellten integrierten Vermögensschutzkonzeptes über seine oben aufgeführten drei Dimensionen hinweg setzt ein vorhandenes Nettovermögen von mindestens 500 000 Euro bis 1 Million voraus, ohne Berücksichtigung eines etwaigen Eigenheims (Nettovermögen = Bruttovermögen abzüglich privater Schulden). Falls dieses Vermögensniveau nicht bereits vorhanden ist, dann sein realistisches Erreichen in absehbarer Zukunft.

Das Buch richtet sich an Leser aus dem ganzen deutschsprachigen Raum. Die meisten zivil- und steuerrechtlichen Sachverhalte sowie die Fallstudien im Buch beziehen sich allerdings nur unmittelbar auf Deutschland bzw. Anleger und ihre Familien, die ihren Hauptwohnsitz in Deutschland haben. Das österreichische Zivilrecht ähnelt dem deutschen jedoch in vielerlei Hinsicht.

Wenn Sie sich vor diesem Hintergrund fragen, ob es sich lohnt, dieses Buch zu kaufen, sollte Ihnen ein Blick auf das granulare Inhaltsverzeichnis weiterhelfen. Anhand dieser Übersicht mit aussagekräftigen Kapitel- und Abschnittsüberschriften – fast schon ein wenig wie ein Lehrbuch – werden Sie sich eine Vorstellung von Inhalt, fachlichem Niveau und Zielsetzung des Buches machen können.

Es ist unser Anspruch, mit diesem Finanzratgeberbuch solide etablierte, unstrittige Erkenntnisse aus den Gebieten der Finanz-, Rechts- und Steuerwissenschaften einfach und pragmatisch für die Vermögensanlage wohlhabender Privatanleger aus dem deutschsprachigen Raum nutzbar zu machen – schwerpunktmäßig aus der oben dargestellten Schutzperspektive.

Dieses Buch will ein »How to«-Buch mit einer hohen Informationsdichte sein. Daher kommen in vielen Abschnitten Querverweise vor, die helfen, platzverbrauchende Wiederholungen zu vermeiden. Sie geben dem Leser die Möglichkeit, inhaltliche Querverbindungen zwischen verschiedenen Sachverhalten herzustellen und somit das große Ganze nachzuvollziehen. Gelegentlich bedeutet die Arbeit mit Querverweisen allerdings, dass der Leser an einer bestimmten Stelle kurz vor- oder zurückblättern muss. Dafür bitten wir um Verständnis. Neben der Platzersparnis erlauben die Querverweise die Nutzung des Buches als Handbuch. Es muss also nicht in einem Rutsch von Kapitel 1 bis 12 gelesen werden, sondern einzelne Inhalte können selektiv konsumiert werden. In so einer Nutzungssituation kann man durch die Querverweise leicht zurückverfolgen, von wo bestimmte Aussagen hergeleitet werden. Wen die Querverweise stören, der kann sie genauso gut einfach überlesen.

Mit 480 Seiten ist das Buch recht lang geworden. Trotzdem gibt es viele interessante Spezialaspekte, die wir aus Platzgründen nur kurz anreißen konnten. Bei diesen Spezialaspekten erwähnen wir oftmals frei zugängliche, kostenlose Blogbeiträge und in einigen Fällen auch YouTube-Videos, die wir gemeinsam mit Kollegen geschrieben bzw. gedreht haben und die den jeweiligen Sachverhalt ausführlicher behandeln. Wenn Sie sich für das betreffende Thema besonders interessieren, können Sie den Blogbeitrag oder das YouTube-Video in Sekundenschnelle per Suchmaschine ausfindig machen und sich so vertiefend informieren; der Titel wird im Literaturverzeichnis genannt. In fast allen Blogbeiträgen nennen wir weiterführende wissenschaftliche Studien und Untersuchungen, die das darin Gesagte belegen.

Alle in diesem Buch verwendeten Fachbegriffe, die man auch als finanziell, rechtlich und steuerrechtlich »normal gebildeter Mensch« nicht zwangsläufig kennt und die nicht im laufenden Text erklärt werden, erläutern wir im Glossar am Ende des Buches. Diese Wörter sind im laufenden Text mit folgendem Pfeil → gekennzeichnet.

In Kapitel 9 dieses Buches gehen wir auf Familienstiftungen als ein effizientes, aber auch anspruchsvolles Instrument des Vermögensschutzes ein. In dieses Buch sind unsere konkreten Erfahrungen in der Begleitung, der Strukturierung und der Errichtung von mehr als zwei Dutzend Familienstiftungen mit Sitz in Deutschland oder Liechtenstein eingeflossen, ebenso die Erfahrung aus der laufenden Vermögensverwaltung für eine noch höhere Zahl privatnütziger und gemeinnütziger Stiftungen.

Wir haben uns viel Mühe gegeben, dieses Buch verständlich und klar zu schreiben, wohl wissend, dass der Erkenntnisweg an einigen Stellen anspruchsvoll ist. Vor diesem Hintergrund bitten wir unsere Leser, das Buch wohlwollend und im guten Glauben zu lesen und uns Fehler und Unklarheiten nachzusehen, von denen der Text – trotz großer Sorgfalt – einige enthalten wird. Sofern Sie einen wesentlichen Fehler entdecken oder Verbesserungsvorschläge haben, freuen wir uns über eine E-Mail an mail@gerd-kommer-invest.de.

Im Interesse der Lesbarkeit und Textökonomie verzichten wir auf die Nutzung sprachlicher Femina-Formen von Substantiven wie »der Anleger«

oder »der Steuerzahler«. Ebenso verzichten wir auf Genderdoppelpunkte und -sternchen. Stattdessen benutzen wir das generische Maskulinum. Selbstverständlich sprechen wir stets sämtliche Leser an.

Zum Schluss noch eine wichtige Offenlegung: Wir sind Gesellschafter und Geschäftsführer der Gerd Kommer Invest GmbH (GKI). Die GKI mit Sitz in München ist ein Vermögensverwaltungsunternehmen für wohlhabende Privatkunden im deutschsprachigen Raum. Die GKI betreibt außerdem mit einem Kooperationspartner eine digitale Vermögensverwaltung (einen Robo-Advisor namens Gerd Kommer Capital/GKC) und mit einem anderen Partner einen Aktien-ETF (den L&G Gerd Kommer Multifactor Equity ETF). Unser gesamtes Privatvermögen ist nach den Grundsätzen investiert, die in diesem Buch dargestellt werden.

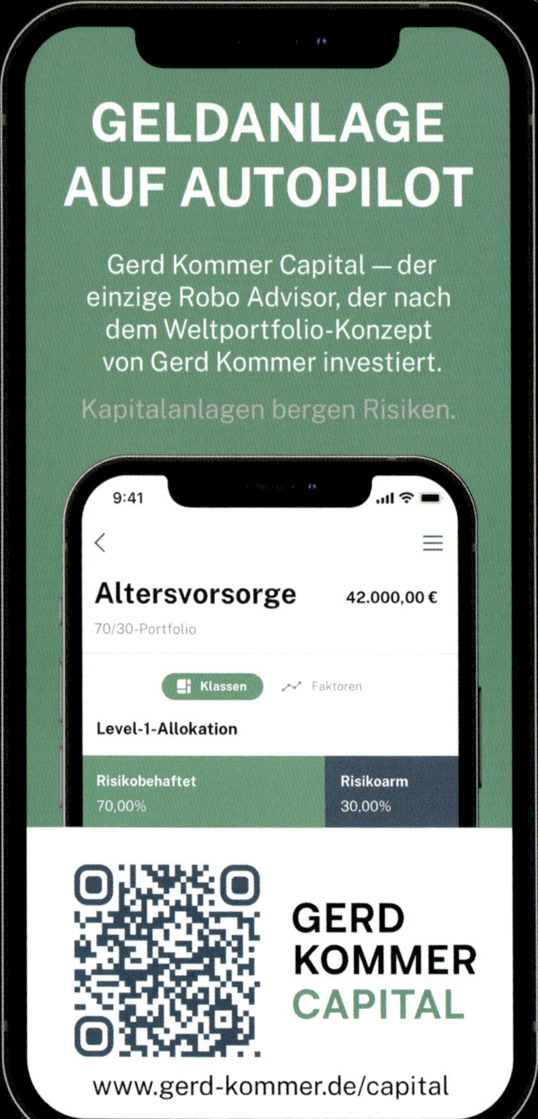
GELDANLAGE AUF AUTOPILOT
Gerd Kommer Capital — der einzige Robo Advisor, der nach dem Weltportfolio-Konzept von Gerd Kommer investiert.
Kapitalanlagen bergen Risiken.
9:41
Altersvorsorge
42.000,00 €
70/30-Portfolio
Klassen
Faktoren
Level-1-Allokation
Risikobehaftet
70,00%
Risikoarm
30,00%
GERD KOMMER CAPITAL
www.gerd-kommer.de/capital

1 Ganzheitlicher Vermögensschutz: Ein erster Überblick

1.1 Die Unterscheidung zwischen Vermögensaufbau und Vermögensschutz

»When you have won the wealth accumulation game, stop playing.«
William Bernstein, Neurologe, Finanzbuchautor, Vermögensverwalter

In diesem Buch geht es um Vermögensschutz und nicht oder nur wenig um Vermögensaufbau, Vermögensmehrung oder Renditesteigerung. Unser Fokus liegt also nicht auf Renditemaximierung, sondern auf dem, was *nach* der »finanziellen Lebensphase 1«, der Phase der Renditeerzielung oder des »Reich-werden-Spiels« kommt: Die »finanzielle Lebensphase 2«, die Phase des Vermögensschutzes. Man könnte auch etwas extrasalopp sagen: das »Reich-bleiben-Spiel«. Darin geht es um Vermögensschutz und Vermögensnutzung, Vermögensbewahrung, Vermögenserhalt und allgemein um den Schutz eines schon vorhandenen Vermögens zu Lebzeiten desjenigen, der das Vermögen aufgebaut hat, zumeist auch darüber hinaus in die nächste und übernächste Generation.

Die meisten Finanzratgeberbücher übergehen die fundamentalen Unterschiede zwischen den Lebensphasen und den Investmenttechniken des »Vermögensaufbaus« (»VA«) auf der einen Seite und der Lebensphase und den dazugehörigen Investmenttechniken des »Vermögensschutzes« (»VS«) auf der anderen Seite, indem sie direkt oder indirekt den Eindruck vermitteln, dass zwischen VA und VS bei den Grundregeln klugen Investierens nur wenige Abweichungen bestünden. Ein großer und oft sogar finanziell fataler Trugschluss.

Wir versuchen in diesem Kapitel zu zeigen, dass in der Lebenszyklusphase des VAs und in der Phase des VSs ein gegebener Sachverhalt oft ganz anders beurteilt und entschieden werden sollte, wenn man die jeweiligen Erfolgsaussichten maximieren möchte. Privatanleger, die das erkennen, werden finanziell bessere Ergebnisse erzielen und mental-emotional zufriedener sein.

In diesem Abschnitt des Buches benennen wir zwölf Kriterien, bei denen smarte Entscheidungen in der VA-Phase und der VS-Phase deutlich divergieren. Doch bevor wir dazu kommen, müssen wir noch kurz auf drei Aspekte eingehen, die beim Verständnis unserer zwölf Kriterien bedeutsam sind.

Aspekt 1: Die VA-Phase und die VS-Phase können sich im Lebenszyklus eines Privatanlegerhaushaltes überlappen, müssen es aber nicht. Bei den meisten Privatanlegerhaushalten, deren Mitglieder ihr Leben lang Angestellte waren und üblicherweise irgendwann zwischen 55 und 67 in Rente gehen, gibt es kaum eine oder gar keine Überlappung. Das trifft ebenfalls zu bei einem erfolgreichen Existenzgründer, der sein Unternehmen im Alter von 40 Jahren für 9 Millionen Euro verkauft und danach entscheidet, »nicht mehr für Geld zu arbeiten«. Anders sieht es dagegen bei wirtschaftlich erfolgreichen, »konventionelleren« Unternehmerhaushalten aus. Bei ihnen überschneiden sich die beiden Phasen, wenn ein solcher Haushalt bereits recht früh im Lebenszyklus (z.B. mit 40 bis 45 Jahren) ein substanzielles Vermögen akkumuliert hat, das es bereits jetzt zu schützen gilt. Dann werden die Mitglieder des Haushaltes, die Geld verdienen, oft noch 20+-Jahre berufstätig sein. In dieser langen verbleibenden Berufstätigkeit benötigt der Haushalt das schon vorhandene Vermögen noch nicht zur Bestreitung der Lebenshaltungskosten.

Aspekt 2: Der fast immer größte Teil des Vermögenszuwachses in der VA-Phase kommt aus der erfolgreichen Erhöhung und Nutzung von → Humankapital und/oder aus unternehmerischer Tätigkeit und nicht aus nebenberuflichem Investieren in Immobilien und Wertpapiere als Privatanleger. »Wirklich reich« werden setzt fast immer unternehmerische Tätigkeit voraus, lässt man üppige Erbschaften, reich heiraten und hohe Lotteriegewinne einmal außen vor.[2] Als Angestellter kann man aus eigener Kraft zwar bis zu einem gewissen Grad vermögend werden, aber selten wirklich reich. Das sei hier definiert als das Vermögensniveau, ab dem eine Person »nie mehr arbeiten muss« – auch dann nicht, wenn die Immobilien- oder Aktienmärkte und der Markt für zinstragende Anlagen in den nächsten 20 oder 30 Jahren drastisch unterdurchschnittliche Renditen produzieren

2 In unserem Blogbeitrag »Wie wird man richtig reich?« (Kommer/Großmann 2020k) erläutern wir genauer, welche Wege, Techniken und Investments statistisch zu hohem Reichtum führen und welche nicht. Hier existieren in großen Teilen der Bevölkerung falsche Vorstellungen.

sollten und die Person sich zugleich einen Lebensstil erlauben kann (nicht unbedingt tatsächlich erlaubt), der dem der oberen 5% der Bevölkerung oder höher entspricht.

Aspekt 3: Unsere Gegenüberstellung in Tabelle 1 ist nur eingeschränkt auf die Verhältnisse von »superreichen Haushalten« anwendbar. Diese definieren wir für die Zwecke dieses Buches als Haushalte mit einem Nettovermögen ab 20 Millionen Euro pro Haushaltsmitglied. Auch manche anderen Aussagen in diesem Buch, die auf »vermögende/wohlhabende/reiche« Haushalte zutreffen, mögen für superreiche Haushalte weniger universell gelten.

Tabelle 1: Gegenüberstellung einiger wesentlicher Unterschiede zwischen der Phase des Vermögensaufbaus und der Phase des Vermögensschutzes

Unterscheidungskriterium	**Phase des Vermögensaufbaus (Reich-werden-Phase)**	**Phase des Vermögensschutzes und der Vermögensnutzung (Reich-bleiben-Phase)**
(1) Lebenszyklusphase und Alter des Anlegers bzw. des Haushaltes	Der Anlegerhaushalt steht am Anfang seiner beruflichen/unternehmerischen Tätigkeit oder hat mindestens noch zehn Jahre Einkommenserzielung aus dieser Tätigkeit vor sich. Er ist tendenziell unter 45 bis 55 Jahre alt und hat noch viel Zeit, mögliche Vermögensverluste wieder aufzuholen, da Humankapital und Restlebenserwartung hoch sind. Das → Renditereihenfolgerisiko kann bei ihm alles in allem ignoriert werden.	Das Ende der beruflichen Tätigkeit ist in Sicht oder schon erreicht. Der Anlegerhaushalt ist tendenziell über 50 Jahre alt und hat nur noch begrenzt Zeit, mögliche Vermögensverluste wieder aufzuholen. Das Renditereihenfolgerisiko hat eine hohe Bedeutung und sollte nicht ignoriert werden.
(2) Primäres wirtschaftliches Investmentziel des Haushaltes	Hauptziel ist Vermögensaufbau und Erzielung attraktiver/hoher Renditen. Der Anleger benötigt in den vor ihm liegenden fünf bis zehn Jahren mit hoher Wahrscheinlichkeit keine Mittel aus dem Depot für Konsumzwecke (Lebenshaltungskosten).	Hauptziel ist Vermögensbewahrung und Vermögensnutzung. Es besteht eine nicht triviale Wahrscheinlichkeit, dass der Anlegerhaushalt in den vor ihm liegenden fünf bis zehn Jahren Mittel aus dem Depot für Konsumzwecke benötigt (Entnahmen, Vermögensverbrauch). Auch die Weitergabe von Vermögen an die nächste Generation in Form von Schenkungen oder Erbgängen ist oft absehbar und wichtig.

Unterscheidungskriterium	Phase des Vermögensaufbaus (Reich-werden-Phase)	Phase des Vermögensschutzes und der Vermögensnutzung (Reich-bleiben-Phase)
(3) Nutzung des Vermögens	Die Erträge/Renditen aus dem Vermögen sind nicht zur Bestreitung der laufenden Lebenshaltungskosten erforderlich. Sie werden reinvestiert, um den Vermögensaufbau zu beschleunigen.	Erträge/Renditen aus dem Vermögen werden oft (nicht immer) teilweise oder ganz zur Bestreitung oder Absicherung des Lebensunterhaltes verwendet. Auch ein partieller oder überwiegender Verbrauch der Vermögenssubstanz in der überschaubaren Zukunft ist nicht ausgeschlossen. Nicht lebzeitig verbrauchtes Vermögen soll meist Familienmitgliedern der nächsten Generation und/oder gemeinnützigen Zwecken dienen.
(4) Optimismus-Pessimismus-Spektrum des Anlegers in Bezug auf persönliche Finanzen	Hohe Zuversicht, hohe Erfolgserwartung (besonders bei Unternehmern); Ehrgeiz, »gesunde Gier« und begrenzte Selbstüberschätzung sind förderlich.	»Rationaler Pessimismus«; Ehrgeiz, Selbstüberschätzung und auch nur moderate Gier sind schädlich für die nachhaltige Zielverfolgung.
(5) Experimentierfreude in Bezug auf eigenes Humankapital oder unternehmerische Tätigkeit	Eher hoch.	Eher niedrig.
(6) Risikoappetit	Hoch: Risiko drastischer Vermögensminderungen muss implizit oder explizit akzeptiert werden, da das »Nehmen«[3] beträchtlicher Risiken die Voraussetzung für hohe Upside-Potenziale ist.	Risikoappetit gering. Vermögensverlustrisiko wird nur in bescheidenem Umfang explizit akzeptiert.

3 Unsere Wortwahl bei »ein Risiko *nehmen*« entspricht der englischen Terminologie »to take a risk«, statt der im Englischen unüblichen Formulierung »to carry a risk« (»Risiko tragen«). »Nehmen« hat hier den Vorzug, dass es die aktive, handelnde Rolle des Haushaltes in Bezug auf die bewusst ausgewählten Risiken herausstellt, nicht eine passive »unmündige« Rolle, wie man im Falle von »ein Risiko tragen« meinen könnte.

Unterscheidungs-kriterium	Phase des Vermögensaufbaus (Reich-werden-Phase)	Phase des Vermögensschutzes und der Vermögensnutzung (Reich-bleiben-Phase)
(7) Bei Unternehmerhaushalten: Vermögenskonzentration in der unternehmerischen Sphäre	Häufig ist über 90% des Gesamtvermögens innerhalb der unternehmerischen Risikosphäre (Haftungsmasse) konzentriert.	Ein großer und idealerweise der überwiegende Teil des Vermögens befindet sich außerhalb der unternehmerischen Risikosphäre.
(8) Geografische Vermögenskonzentration	Häufig über 90% des Gesamtvermögens realwirtschaftlich innerhalb des eigenen Landes (Hauptwohnsitz) konzentriert.	Systematische globale Diversifikation: Maximal 40% bis 50% des Gesamtvermögens sollten sich realwirtschaftlich innerhalb des eigenen Landes befinden.
(9) Allgemeine Klumpenrisikotoleranz bei Investments	Hoch. Klumpenrisiken sind für Unternehmer eine notwendige Voraussetzung für hohes Wachstum/hohe Rendite. Ein großer Teil des Gesamtvermögens ist in einem oder zwei Vermögenswerten (z.B. der eigenen Firma) konzentriert.	Niedrig. Klumpenrisiken in einzelnen Vermögenswerten oder in einer einzelnen → Anlageklasse (z.B. Direktinvestments in Immobilien) werden erkannt und dann systematisch reduziert. Irgendwann muss oder sollte der Punkt erreicht werden, an dem das eigene Unternehmen weniger als 50% des Familienvermögens ausmacht.
(10) Konzentrationsgrad des Eigentums auf eine Person	Hohe Konzentration des Eigentums typischerweise bei derjenigen Person, die unternehmerischen Risiken ausgesetzt ist.	»Eigentümerdiversifikation« über mehrere Familienmitglieder und → Rechtsträger (z.B. eine Stiftung), auch zugunsten nachfolgender Generationen.
(11) → Kredithebel (Verschuldung, Leverage)	Aggressive Verschuldungsquote normal; vorwiegend bzgl. Immobilienschulden und/oder Unternehmensschulden.	Kein oder nur moderater Leverage. Der oder die Vermögenseigentümer haben verstanden, dass die möglichen Vorteile von Leverage das Leverage-Risiko in dieser Phase nicht mehr aufwiegen.
(12) Häufigste oder gewichtigste Ursache für hohe Verluste auf Gesamtvermögensebene bei Unternehmerhaushalten	Misserfolge und Pech in der unternehmerischen Tätigkeit. [A]	Das Fortführen oder Erhöhen von Klumpenrisiken und konzentrierten Investments bei Vermögensanlagen (dazu mehr in Abschnitt 2.2).

► [A] Diese unternehmerischen Risiken haben oft existenziellen Charakter, z.B. unternehmerische Haftungsrisiken, die schlimmstenfalls in die Privatinsolvenz führen können, gesundheitliche Risiken durch extremen Arbeitseinsatz, familiäre Risiken, d.h. Ehe- und Familienkrisen, Entfremdung der Kinder, bedingt durch zu häufige Abwesenheit und Stress.

Kommen wir nun zur eigentlichen VA- versus VS-Abgrenzung. Die Gegenüberstellung von zwölf prinzipiellen Unterschieden stellt den idealen Sollzustand in beiden Phasen dar. Vor allem in der VS-Phase sieht der Istzustand bei vielen vermögenden Haushalten leider anders aus. Das liegt oft daran, dass diese Haushalte den VA-versus-VS-Dualismus nicht erkennen und zu ihrem eigenen Schaden in der VS-Phase so agieren und sich so verhalten, als ob sie sich immer noch in der VA-Phase befänden.

Daneben existieren auch Privathaushalte in der VA-Phase, die vermögend werden wollen, dabei jedoch VS-Regeln und -Methoden anwenden. Auch das ist auf eine andere Weise wenig erfolgversprechend. Wir glauben, dass die Gegenüberstellung in Tabelle 1 für das Verständnis dessen, was wir im ganzen Buch vermitteln möchten, essentiell ist.

Warum ist das Erkennen der Unterschiede zwischen der VA-Phase und der VS-Phase für wohlhabende Privatanlegerhaushalte so bedeutsam? Die Antwort ist im Grunde banal:

Erstens ergibt es wenig Sinn, die Mühe des Reichwerdens auf sich zu nehmen, wenn man danach alles wieder verliert, weil man beim Reichbleiben nicht oder kaum korrigierbare Fehler macht. Im folgenden Abschnitt »›Von reich zu arm‹ geschieht öfter, als man denkt« zeigen wir, wie häufig solche Fehler und in welcher Form sie geschehen. Man kann diese Fehler oft nicht mehr korrigieren, weil dafür die verbleibende Lebenszeit zu kurz und die Gesundheit altersbedingt zu beeinträchtigt ist.

Zweitens können die fundamental unterschiedlichen Ziele zwischen den beiden Phasen realistischerweise nicht zugleich maximiert werden. Sie konterkarieren sich zu einem beträchtlichen Teil. Diese Unvereinbarkeit beruht auf dem altbekannten ehernen Gesetz des Investierens, das uns allen theoretisch gut bekannt ist, das gleichzeitig jedoch nur wenige Vermögende illusionslos und konsequent in die Praxis umsetzen:

Das »No Free Lunch«-Gesetz des Investierens – in die Zukunft gerichtet gilt: Hohe Renditen erzielen zu wollen, erfordert notwendigerweise, hohe Risiken eingehen zu müssen.

Dass sich kleine und große finanzielle Risiken in der Mehrzahl der Fälle nicht materialisieren, heißt nicht, dass diese Risiken ex ante nicht bestanden. Sie hätten sich materialisieren können.[4] Deswegen heißt niedrige Ri-

4 Eine weise Definition von Risiko des bekannten Finanzökonomen Elroy Dimson

siken zu wollen, niedrige Renditen zu akzeptieren. Die drei wichtigsten Risiken, die wir hier vorrangig meinen, sind → Ausfallrisiko (Rückzahlungsrisiko, → Kontrahentenrisiko), Volatilitätsrisiko und Illiquiditätsrisiko. Daneben können im konkreten Einzelfall aber noch viele andere Risikotypen existieren.

Auch die banale Selbstverständlichkeit, dass über die Einschätzung der Größe eines gegebenen Risikos ex ante und ex post die Meinungen selbst unter verständigen Menschen stark auseinandergehen, ändert am No-Free-Lunch-Gesetz nichts.

Sehr wenig oder kein Risiko (vor allem in Gestalt der oben genannten drei Risikotypen) für das eigene Vermögen eingehen zu wollen, wie es für die VS-Phase sinnvoll und richtig sein kann, bedeutet nach Steuern, Inflation und Kosten, langfristig eine Rendite nahe null hinnehmen zu müssen. Das ist heute so und das war in den letzten 100 Jahren so.

Aus unserer Beraterpraxis wissen wir: Viele Privatanleger in der VS-Phase nicken gähnend, wenn jemand das eherne Gesetz des Investierens, das No-Free-Lunch-Gesetz, rezitiert, aber tief in ihrem Inneren akzeptieren sie die darin enthaltene unbequeme Wahrheit trotzdem nicht. Der Beweis: Akzeptierten sie das Gesetz, würden sie in der VS-Phase anders anlegen. Das zeigt sich beispielsweise an einer in vielen Fällen regelrecht bizarren Aversion vor risikoarmen und damit auch renditearmen Anlagen (wie High-Quality-Anleihen) und das zeigt sich an der Toleranz oftmals enormer Klumpenrisiken, beispielsweise dem Klumpenrisiko der eigenen Firma, bei deutschen Immobilien oder der Haftung mit dem Privatvermögen für Bankschulden aus Immobiliengeschäften oder Firmenkrediten.

Die Ursachen dieser Finanzschizophrenie in der VS-Phase reicher Haushalte sind vielfältig. Zu den wichtigsten gehören:

(a) Mangelndes Wissen über die Geschichte der Immobilien- und Kapitalmärkte, insbesondere über die Tatsache, dass Anlageklassenrenditen historisch deutlich unterhalb dessen lagen, was wir allgemein annehmen, und zugleich ihre Risiken höher waren.

(b) Das bei vielen Anlegern trotzige Ausblenden, wie erstaunlich oft (i) nicht vorhersehbare »schwarze Schwäne«, (ii) zu viel Leverage (Schulden) und (iii) zu wenig Diversifikation oder, umgekehrt formuliert, zu hohe

---

lautet dementsprechend: »Risk means more things can happen than will happen.«

Konzentrationsrisiken das Vermögen reicher Familien allmählich und in manchen Fällen auch in kurzer Zeit dezimierten.

(c) Gier, sprich die Unfähigkeit, niedere, aber sichere Renditen mental akzeptieren zu können. Diese Gier ist oft gekoppelt mit der Naivität, auf verlockende, aber unrealistische »Renditeköder« der Finanzbranche, mancher Ratgeberbuchautoren und von → Finfluencern hereinzufallen.

Infobox: Drei Experten über den Unterschied zwischen reich werden und reich bleiben

»It takes a great deal of boldness and a great deal of caution to make a great fortune; and when you have got it, it requires ten times as much wit to keep it.«[5] – Nathan Mayer Rothschild (1777–1836), britischer Banker, zu seinen Lebzeiten vermutlich der reichste Nichtmonarch Europas.

»Any fool can make a fortune; it takes a man of brains to hold onto it.«[6] – Cornelius Vanderbilt (1794–1877), bei seinem Tod 1877 der reichste Mensch der Welt. Wie seine Nachkommen das Vanderbilt-Vermögen in weniger als 100 Jahren nahezu vollständig vernichteten, wird im folgenden Abschnitt 1.2 geschildert.

»Anyone who has become rich twice is dumb. Why would you risk what you need and have for what you don't need? If you are already rich, there is no upside to taking on a lot more risk, but there is disgrace on the downside.«[7] – Warren Buffett, Unternehmer, Milliardär.

Zwei prominente Beispiele, die aus der in solchen Fällen typischen Mischung von Gier und Verblendung nach Erreichen großen Reichtums wieder arm wurden, waren Buffetts ehemaliger Mitgesellschafter und Partner in Berkshire Hathaway Rick Guérin und der unter Wertpapierhändlern

5 »Um ein großes Vermögen zu machen, braucht es ein großes Maß an Mut und ein großes Maß an Vorsicht, doch wenn Sie dieses aufgebaut haben, braucht es zehnmal so viel Verstand, es zu behalten.«

6 »Jeder Narr kann ein Vermögen aufbauen. Es braucht einen Mann von Verstand, das Vermögen zu behalten.«

7 »Jeder der zweimal reich geworden ist, ist dumm. Warum würden Sie auf Spiel setzen, was Sie haben und brauchen für etwas, das Sie nicht brauchen? Wenn Sie bereits reich sind, liegt keine Upside darin wesentlich mehr Risiko einzugehen, nur eine [potenzielle] Blamage in der Downside.« Es handelt sich hier um eine mündliche Aussage bei einer Konferenz, die schriftlich von Buffett vermutlich präziser formuliert worden wäre.

berühmte Trader Jesse Livermore (1877–1940). Guérin war neben Buffett und Charly Munger in den 1970er Jahren einer der drei Eigentümer von Berkshire Hathaway, dem Unternehmen, mit dem Buffett und Munger von Anfang schon viel Geld verdienten und später vielfache Multimilliardäre wurden. Guérin hatte in den 1970ern außerhalb von Berkshire mit Fremdkapital gehebelte risikoreiche Spekulationen unternommen, die misslangen. Er geriet dadurch in eine Überschuldungssituation. Buffett »rettete« Guérin, indem er dessen Anteile in Berkshire Hathaway aufkaufte, sodass dieser seine Schulden zurückführen konnte. The rest is history … Livermore war zu Beginn des 20. Jahrhunderts in gewisser Weise der Erfinder von Day Trading. Er ging in seinem turbulenten Leben mehrfach von (in heutigem Geld) Milliardärstatus zu Privatkonkurs – stets wegen mit Fremdkapital gehebelter, verunglückter Trades. Mit 63 und wieder einmal in einer »Vollpleite« angekommen, erschoss er sich in einem New Yorker Hotel. Merkwürdigerweise sehen ihn viele »Trading-Begeisterte« trotzdem als Vorbild oder gar »Held«.

(d) Selbstüberschätzung: Der Glaube, der eigene wirtschaftliche Erfolg in der Vergangenheit in der risikoreichen (und spezialisierten) Betätigung als Unternehmer sei ein Beweis oder Beleg dafür, dass man diesen Erfolg mit den verbundenen Renditen auch auf anderen finanziellen Feldern, z.B. Immobilien, einzelnen Aktien oder Private Equity, in der Zukunft fortsetzen könne, noch dazu mehr oder weniger risikolos.

(e) Die manchmal buchstäblich zwanghafte Verschiebung von Steuerzahlungen in die Zukunft, die beim Verkauf von Unternehmensanteilen »jetzt« anfallen würden, obwohl diese Steuerzahlungen irgendwann sowieso fällig wären. Dieses Verhalten trägt dazu bei, dass Vermögen nicht »hinter die Firewall« (in das Privatvermögen, das nicht für Firmenrisiken haftet) gezogen werden kann.

Fazit

Vermögensaufbau versus Vermögensschutz sind zwei strukturell verschiedene Phasen des finanziellen Lebenszyklus einer vermögenden Familie oder Einzelperson. Das Konzept der Abgrenzung zwischen VA- und VS-Phase überlappt sich stark mit dem Gegensatzpaar »reich werden« versus »reich bleiben«. Die VS-Phase erfordert von den Entscheidern in einem vermögenden Haushalt ein fundamental anderes Mindset, also anderes Wissen, andere Prioritäten, andere Ziele und anderes Handeln als die VA-Phase. Je konsequenter und klarer der Haushalt den Übergang von der VA-Phase in die VS-Phase wahrnimmt und ausführt, desto wirtschaftlich erfolgreicher und menschlich erfüllender wird das Ergebnis für ihn sein.

Ein Haushalt, der partiell oder ganz in der VS-Phase angekommen ist, muss (a) seine Renditeerwartungen aus dem Hauptziel des Vermögensschutzes ableiten, nicht mehr aus den Renditen, die der Haushalt in seiner eigenen VA-Phase erzielte. (b) Er muss nun aktiv und »aggressiv« Klumpenrisiken abbauen, einschließlich Klumpenrisiken in Bezug auf das eigene Unternehmen, Klumpenrisiken in Bezug auf die Anlageklasse Immobilien und in Bezug auf das Klumpenrisiko Vermögenswerte in Deutschland. Auf den für Vermögensschutz kritisch wichtigen Aspekt Abbau von Klumpenrisiken gehen wir daher gesondert in Abschnitt 2.2 ein.

1.2 »Von reich zu arm« geschieht öfter, als man denkt

Das Buch *The Missing Billionaires – A Guide to Better Financial Decisions* der beiden amerikanischen Vermögensverwalter Victor Haghani und James White enthält eine faszinierende Kalkulation zum Thema »Reiche werden viel öfter wieder arm, als wir glauben«. Wir geben diese Berechnung nachfolgend in leicht modifizierter Form wieder.

Im Jahr 1900 lebten in den USA rund 4000 Personen mit einem Vermögen von 1 Mio. Dollar oder mehr. Mangels genauerer Daten nehmen Haghani/White vereinfachend an, dass ein Viertel dieser 4000, also etwa 1000 Personen oder Haushalte, ein Vermögen von mindestens 5 Mio. Dollar besaßen. Aufinflationiert mit der durchschnittlichen US-Inflationsrate während der 122 Jahre von 1900 bis 2022 entsprechen 5 Mio. Dollar aus dem Jahr 1900 in Geld von 2022 (dem Endzeitpunkt der Berechnung im Haghani/White-Buch) etwa 180 Mio. Dollar, das Wachstum der amerikanischen Volkswirtschaft (und damit in etwa dem Wachstum der US-

Haushaltseinkommen) eingerechnet rund 6 Mrd. Dollar. Der korrekte aufinflationierte Wert liegt wohl irgendwo dazwischen.[8]

Auf diese 1000 Personen – etwas über 0,001% der damaligen US-Bevölkerung von 78 Millionen Menschen – konzentrieren wir uns. Wir nennen diese Reichtumselite unsere »MB-Gruppe« für »Missing Billionaires« in Anlehnung an das Haghani/White-Buch. Warum wir von Missing Billionaires sprechen, wird sogleich klar werden.

Treffen wir nun folgende einfachen, naheliegenden Annahmen: Die 1000 Personen waren jeweils Teil eines Paares, also einer Familie. Mitgliedermäßig wuchsen diese Familien bis heute mit der gleichen Rate wie die gesamte US-Bevölkerung. Im Jahr 1900 investierten alle Mitglieder der MB-Gruppe ihr jeweiliges Gesamtvermögen in ein breit diversifiziertes Portfolio aus US-Aktien (eine repräsentative Stichprobe aus z.B. 40 Aktien). Die Familien entnahmen jährlich real 2% ihres Vermögens für Lebenshaltungszwecke.[9] Angesichts des hohen Vermögens ist das eine großzügige Annahme. Diese Entnahmerate hätte einen Lebensstandard zugelassen, der um ein hohes Vielfaches anspruchsvoller gewesen wäre als der eines Durchschnittsamerikaners und das ohne weitere berufliche Tätigkeit der betreffenden Personen.

»Reale Entnahme« heißt, dass der korrespondierende absolute Entnahmebetrag aus dem Jahr 1 (also 1900) jedes Jahr mit der Inflationsrate erhöht wurde, so dass die Konsumgüterkaufkraft der Entnahme unverändert blieb. Im Zeitablauf bezahlten die Familien Steuern auf Dividenden und ggf. realisierte Kursgewinne, wobei sie – unter Berücksichtigung ihrer Entnahmen – einen Buy-and-Hold-Ansatz verfolgten, der half, die *effektive* Belastung mit Steuern deutlich unter den statutarischen (gesetzlichen) Steuersatz zu senken. Wie das – in praktisch jedem nationalen Steuersystem – funktioniert, erläutern wir in Abschnitt 3.3.

8 Typischerweise werden Preise, Einkommen oder Vermögenswerte aus der lange zurückliegenden Vergangenheit mit der durchschnittlichen Konsumgüterinflationsrate in heutige Geldwerte transformiert (»aufinflationiert«). Ob das so korrekt ist, darf bezweifelt werden. Es spricht vieles dafür, hierzu stattdessen die im Allgemeinen höhere nominale Wachstumsrate der Haushaltseinkommen zu verwenden, bzw. als für jedermann leicht verfügbaren Ersatz dafür, die nominale Wachstumsrate des Bruttoinlandsproduktes pro Kopf (Williamson u.a. 2026). Diese Methode führt zu höheren Werten in heutigem Geld.

9 In für das Familienvermögen schlechten Jahren wurde die Entnahme gesenkt (eine gewöhnliche »Gürtel-enger-schnallen-Policy«). Die dann nicht getätigten Entnahmen wurden in den anschließenden guten Jahren nachgeholt.

Am Ende des Jahres 2022 wären so aus den ursprünglichen 1 000 Familien rund 4 300 Familien geworden, jede mit einem durchschnittlichen Mindestvermögen von rund 2,3 Mrd. Dollar. *Mindestvermögen* deswegen, weil wir für alle Familien mit einem Vermögensstartwert von 5 Mio. Dollar gerechnet haben, während dieser Wert in Wirklichkeit nur die Untergrenze des Vermögens der betreffenden 1 000 Familien gewesen sein dürfte.

Haghani/White kommen in ihrem Buch sogar auf 16 000 Familien für das Jahr 2022 mit einem Mindestvermögen von 1 Mrd. Dollar pro Familie, da sie in ihrer Kalkulation bei den angenommenen Effekten von Kosten, Steuern und Entnahmen insgesamt weniger konservativ als wir vorgegangen sind.

Tatsächlich existierten 2022 in den USA allerdings nur 730 Familien mit einem Vermögen von 1 Mrd. Dollar oder mehr. Haghani/White schreiben, dass mutmaßlich keine einzige dieser Familien mit der ursprünglichen MB-Gruppe näher verwandt ist. Mit anderen Worten: Vermutlich keine der 1 000 superreichen Familien in unserer MB-Gruppe aus dem Jahr 1900 hat es geschafft, sich über diese rund fünf Generationen hinweg in der Topgruppe der Superreichen zu halten.

Der offenbar erstaunlich universelle und schnelle Vermögensverfall der Superreichen lässt sich auch mit anderen Zahlen illustrieren. Die erste *Forbes*-400-Liste der Superreichen in den USA wurde im Jahr 1982, vor über 40 Jahren, publiziert.[10] Von den 400 Familien in der 2022er-Ausgabe der Zeitschrift *Forbes* waren gemäß Haghani/White weniger als 10% bereits in der ersten Liste von 1982 enthalten.

Noch umfassender und eindeutiger analysiert wird die kurze »Halbwertszeit« des Vermögens von Superreichen in den USA in der wissenschaftlichen Untersuchung »The Rich get poorer – The Myth of Dynastic Wealth« von Arnott/Bernstein/Wu 2015.

Für die USA existieren granularere Daten zum Phänomen der »hohen sozialen Mobilität« beim Nettovermögen (in Abgrenzung zum bloßen Einkommen, was ja nur der zweitbeste Ersatz für die eigentlich relevante Größe Vermögen/Reichtum ist). Teilt man US-Haushalte nach ihrem Nettovermögen (Net Worth) in fünf Gruppen auf, wovon die reichste bei einer Untergrenze von 10 Mio. Dollar Nettovermögen beginnt, ist Folgendes zu beobachten: Zehn Jahre nach dem Messzeitpunkt sind bereits 45% der

10 Siehe Eintrag »Forbes 400« in der englischsprachigen Wikipedia.

Haushalte aus der Topgruppe mindestens eine Stufe (Gruppe) nach unten abgerutscht. Nach 20 Jahren – das ist weniger als eine Generation – sind es bereits 64% (Maggiulli 2025). Für Deutschland existieren solche Daten unseres Wissens nicht.

Warum liest man in Medien und populistischen Büchern zur ökonomischen Ungleichheit dennoch regelmäßig »die Reichen werden immer reicher«? Das hat zwei Hauptursachen: Zunächst wird bei den zugrundeliegenden Zeitfenstern und regionalen Einheiten (z.B. ein einzelnes Land versus die ganze Welt) erstaunlich oft Rosinenpicken betrieben, um zum sensationalistischen Wunschergebnis vieler Autoren zu kommen: »Die ökonomische Ungleichheit nimmt zu und die Reichen werden immer reicher.«

Außerdem basiert praktisch die gesamte akademische Forschung zur Verteilung von Einkommen oder Vermögen im Zeitablauf, also zu der im gesellschaftspolitischen Diskurs wichtigen Frage der ökonomischen Ungleichheit, methodisch darauf, »Reiche« als abstraktes statistisches *Aggregat* zu betrachten – also als eine kleine prozentuale Gruppe am oberen Ende der Einkommens- oder Vermögensverteilung z.B. 10%, 1% oder 0,1%. Diese Art, auf das Bevölkerungssegment Reiche zu blicken, ist jedoch zu unterscheiden von dem völlig anderen Analyseansatz »Reiche als eine nicht-abstrakte Gruppe spezifischer natürlicher Personen« – ein Unterschied von kaum zu überschätzender Tragweite.

Würde man Ungleichheitsforschung zusätzlich zur »konventionellen Methode« (Reiche als abstrakte prozentuale Gruppe) systematisch auch auf letzterer methodischen Basis durchführen (Reiche als spezifische natürliche Personen), lautete die resultierende Schlagzeile wohl beinahe ausnahmslos: »Die Reichen von vor 10 oder 20 oder 30 oder 50 Jahren sind relativ und oft genug sogar absolut ärmer geworden« oder »Die reichen Familien von heute sind kaum noch die reichen Familien von vor 20, 30 oder 50 Jahren«.

Das ist deswegen der Fall, weil die *Zusammensetzung* der Gruppe der Reichen im Zeitablauf nach allem was wir wissen, erstaunlich stark und schnell wechselt. Es findet eine ständige Migration in diese Gruppe hinein (»von unten nach oben«) und aus dieser Gruppe heraus (»von oben nach unten«) statt. Es ist eben gerade nicht ein »Closed Club von Reichen« bzw. reichen Familien, die sozusagen für immer finanziell ganz oben stehen, und alle anderen stehen für immer ganz unten.

Zurück zur traditionellen, konventionellen und unseres Erachtens unvollständigen oder sogar missverständlichen Messung von Ungleichheit (Reiche als statistisches Aggregat): Trotz des anderen Eindrucks, den uns die Medien hierzu seit Jahren vermitteln, ist sogar diese Form der ökonomischen Ungleichheit in der Hinsicht, die am meisten zählt, nämlich auf *globaler Ebene*, in der relevanten Vergangenheit gesunken. Der sogenannte GINI-Koeffizient der verfügbaren Einkommen, ein mathematisches Maß für Einkommensungleichheit, zeigt auf globalem Level (also alle Länder umfassend) heute mehr wirtschaftliche Gleichheit oder weniger Ungleichheit als noch 1960. Gegenüber 1990 ist die Ungleichheit besonders stark gefallen. Der Hauptgrund: Die Haushaltseinkommen in Entwicklungsländern sind insgesamt schneller gewachsen als in den Industrieländern. Das geht vor allem auf marktwirtschaftliche Reformen in China, Indien und anderen großen und kleinen Schwellenländern zurück.

Betrachtet man Nachsteuereinkommen und nicht – wie es latent irreführend in den meisten solcher Ungleichheitsstatistiken üblich ist – Vorsteuereinkommen sowie Einkommen inklusive staatlicher Transferleistungen (»Sozialhilfe«, Arbeitslosenunterstützung etc.), dann hat die Einkommensungleichheit auch in den meisten westlichen Ländern (also nicht nur auf globalem Niveau) seit 1990 abgenommen oder sich seitwärts bewegt.

Ein beträchtlicher Teil der Berichterstattung zur angeblichen Zunahme der ökonomischen Ungleichheit (mit der Implikation »Die Reichen werden immer reicher«) führt dafür sogar Zahlen und Entwicklungen als »Beweise für steigende Ungleichheit« an, die ganz offensichtlich gar nichts über Ungleichheit aussagen oder aussagen können, z.B. den Anstieg der *absoluten Zahl* der Milliardäre in einem einzelnen Land oder weltweit im Zeitablauf. Ein solcher Anstieg würde in einem gegebenen längeren Zeitraum sogar dann stattfinden, wenn die *Ungleichheit* unverändert bliebe oder sänke, einfach deswegen, weil er die notwendige Folge der kombinierten Wirkung von Bevölkerungswachstum, Wirtschaftswachstum und Inflation ist.

Zwischenfazit: Dass die ökonomische Ungleichheit zunimmt und per Implikation die Reichen immer reicher werden, die Armen finanziell stagnieren oder immer ärmer werden, sind in dieser Pauschalität klar falsche Feststellungen. (a) Weltweit hat die ökonomische Ungleichheit in den letzten 50+ Jahren relativ konsistent trendmäßig abgenommen, (b) auch in den reichen westlichen Ländern ist sie seit einem Höhepunkt Anfang der 1990er-Jahre gesunken, insbesondere wenn man Nachsteuereinkommen und staatliche Transferleistungen berücksichtigt. (c) *Spezifische* reiche Familien werden nicht immer reicher, sondern als Gruppe langfristig sehr wahrscheinlich ärmer (relativ oder absolut). Das deuten jedenfalls die wenigen verfügbaren Daten und Untersuchungen an, die die Ungleichheitsforschung hierzu bisher geliefert hat.

In dieses komplexe und ethisch-gesellschaftspolitisch geladene Thema spielt noch eine weitere kognitive Täuschung auf der Ebene des individuellen Betrachters mit hinein: Warum hören wir in Medien und in unserem persönlichen sozialen Umfeld viel öfter von spezifischen Menschen, die reich werden, als von Reichen, die verarmen? Weil Erstere stolz darauf sind, manche auch damit prahlen, während Letztere es beinahe ausnahmslos verschweigen, da sie ihren finanziellen Abstieg als Niederlage oder Schande empfinden.

Doch wie auch immer: Entscheidend ist hier, dass die Zusammensetzung der reichsten 10% oder 1% im Zeitablauf erstaunlich stark wechselt. Es sind eben nicht immer die gleichen Personen oder Familien, die heute in dieser Spitzengruppe liegen wie vor 10, 25 oder 50 Jahren. Diesen sachlich und gesellschaftspolitisch wichtigen Sachverhalt nicht klar zu kommunizieren, ihn insgesamt kaum empirisch zu erforschen, ihn regelrecht totzuschweigen, darin kann man ein systematisches Versagen der soziologischen und ökonomischen Ungleichheitsforschung sehen.[11] Die Tatsache, dass offenbar die meisten reichen Familien den »Top-0,1%-Club« oder den »Top-1%-Club« innerhalb von relativ wenigen Jahren wieder verlassen, hat naturgemäß eminente Implikationen für die Fragstellung, ob der Staat mehr ökonomische Gleichheit durch eine weitere Intensivierung der Umverteilung durch Steuern und Sozialpolitik erzwingen sollte.

Die Gründe für dieses Versagen liegen auf der Hand. Mit der Bedienung des Narrativs »Die Ungleichheit nimmt zu und die Reichen werden immer reicher« wird man als Forscher in den Medien, in der Öffentlichkeit und in der Politik viel mehr Aufmerksamkeit erhalten, wird man eher eine Aufstockung des eigenen Forschungsetats erreichen und wird überdies nirgendwo Widerspruch ernten. Analoges gilt für Journalisten, die

---

11 Auf dieses Versagen hat der heute 96-jährige amerikanische Ökonom Thomas Sowell schon vor Jahrzehnten in seinen Publikationen aufmerksam gemacht. Offensichtlich ohne Erfolg.

mit der Clickbaiting-Schlagzeile »Die Ungleichheit nimmt zu« natürlich mehr Auflage und Klicks erzielen als mit der tatsächlich korrekten Schlagzeile »Nach den wichtigsten Kriterien nimmt die Ungleichheit ab und die meisten Reichen von vor 20+ Jahren sind heute ärmer«.

Auf der Ebene des Einzelhaushaltes verstärkt das falsche Narrativ den Irrglauben »Einmal reich, immer reich« und erschwert den grundsätzlichen Mindshift, den ein reich gewordener Haushalt für den Übergang in ein wirklich funktionierendes Vermögensschutz-Mindset braucht.

Vielleicht sollten die akademischen Reichtums- und Ungleichheitsforscher, statt mit offensichtlich unvollständigen oder aktivistischen statistischen Methoden und Daten zu rechnen, einmal die belletristische Literatur der letzten 200 Jahre auswerten. Darin werden vermutlich mehr »Von-reich-zu-arm«- als »Von-arm-zu-reich«-Schicksale erzählt – Schicksale spezifischer Menschen. Natürlich sind das zunächst einmal fiktive Schicksale, aber wir können getrost davon ausgehen, dass diese auf der von den Autoren beobachteten und erfahrenen realen Lebenswirklichkeit in ihrer Gesellschaft basieren. Hier beispielhaft ein Beleg aus dem Roman *Der grüne Heinrich* von Gottfried Keller (1819–1890):[12] »Die Einteilung des Besitzes [in der Schweizer Kleinstadt, wo der Roman spielt] aber verändert sich von Jahr zu Jahr ein wenig und mit jedem halben Jahrhundert fast bis zur Unkenntlichkeit. Die Kinder der gestrigen Bettler sind heute die Reichen im Dorfe, und die Nachkommen dieser treiben sich morgen mühsam in der Mittelklasse umher, um entweder ganz zu verarmen oder sich wieder aufzuschwingen.«[13]

Thomas Manns (1875–1955) *Buddenbrooks* (1901), der wichtigste Gesellschaftsroman überhaupt in deutscher Sprache, ist ein anderes Beispiel für eine spezifische superreiche Familie, die in zwei Generationen durch eine Kombination von materialisiertem Klumpenrisiko (zu wenig Diversifikation), Inkompetenz, Verschwendungssucht und Faulheit wieder arm wird. (Die Faulheit in der zweiten Generation der Familie wird vielfältig euphemistisch verklärt, z.B. als »Sensibilität« oder »künstlerische Neigung«.)

Otto von Bismarck (1815–1898) soll einmal – in aus heutiger Sicht politisch unkorrekter Terminologie – gesagt haben: »Die erste Generation schafft Vermögen, die zweite verwaltet es, die dritte studiert Kunstge-

12 *Der grüne Heinrich* ist einer der bedeutendsten Bildungs- und Entwicklungsromane der deutschen Literatur des 19. Jahrhunderts.

13 In seiner finalen Fassung erschien das Buch 1879.

schichte und die vierte verkommt.« Im Volksmund existieren vielfältige Abwandlungen dieser Beobachtung. Das angelsächsische Sprichwort »from rags to riches and back again in three generations« drückt den gleichen Sachverhalt aus.[14]

Es stellt sich nun die Frage, warum reiche Familien offenbar so schlecht in der Disziplin »langfristiger Vermögensschutz« sind. Wer sich mit dieser interessanten Fragestellung näher beschäftigt, dürfte zu ähnlichen Schlussfolgerungen kommen wie wir. Sieben typische Ursachen für das Armwerden springen in Bezug auf Reiche in den westlichen Ländern besonders ins Auge:

(1) Verteilung des Vermögens auf eine »zu große« Zahl von Nachkommen,
(2) Verteilung und Reduktion des Vermögens durch Ehescheidungen,
(3) zu hohe Steuern,
(4) zu hoher, verschwenderischer Lebensstandard,
(5) zu hohe Nebenkosten von liquiden Investments,[15]
(6) zu viele schlechte unternehmerische Investments (»die eigene Firma«),
(7) zu umfangreiche philanthropische Vermögenstransfers/Spenden.

Die Faktoren (2) und (4) bis (7) hat die betreffende Familie vollständig in eigener Hand. Den Faktor (3) (hohe Steuern) kann sie zumindest bis zu einem gewissen Grad beeinflussen. Einzig Faktor (1) liegt de facto außerhalb der Kontrolle der Akteure, weil hier nicht-ökonomische Ziele (sich viele Kinder wünschen) über ökonomischen Zielen stehen.

In einem spezifischen Von-reich zu arm-Einzelfall wird zumeist mehr als nur eine dieser sieben Ursachen gewirkt haben und in relativ seltenen Fällen dürften noch andere Spezialfaktoren mit »Schwarzer-Schwan-Charakter« eine Rolle gespielt haben, wie z.B. umfassende Enteignung durch den Staat oder große Vermögensverluste aufgrund eines Krieges.

Die bedeutendste einzelne der sieben Standardursachen ist jedoch – da besteht für uns wenig Zweifel – Ursache (6): zu viele schlechte unternehmerische Investments. (Man beachte dabei, dass in unserer eingangs ge-

14 »Vom Tellerwäscher [wörtlich ›von Kleiderlumpen‹] zu Reichtümern in drei Generationen und zurück.«

15 Mit »liquiden Investments« sind Vermögensanlagen in Aktien, Anleihen, Edelmetallen, Rohstoffen, Kryptowährungen, Bankguthaben und aus diesen abgeleiteten Finanzprodukte wie z.B. Investmentfonds gemeint.

schilderten Missing-Billionaires-Kalkulation normale Größenordnungen für die Ursachen [1] bis [5] bereits ganz oder teilweise berücksichtigt sind.)

Anders formuliert: Reiche werden reich, weil sie in der Vermögensaufbauphase typischerweise über einen längeren Zeitraum hinweg sehr rentable, konzentrierte Investments in Gestalt ihrer unternehmerischen Aktivität tätigen.

Reiche Familien werden danach vor allem deswegen wieder arm, weil sie irgendwann als Reiche – wiederum in Gestalt unternehmerischer Aktivitäten – schlechte Investments tätigen, präziser formuliert, im Verhältnis zum Gesamtvermögen zu konzentrierte (zu umfangreiche) verlustträchtige unternehmerische Investments tätigen und das immer wieder über einen langen Zeitraum hinweg. Sehr oft sind es auf dem finanziellen Weg nach unten Investments in die gleichen Unternehmen oder Branchen wie zuvor auf dem Weg nach oben. Die theoretische Logik dieses Vermögensverfallsprozesses legt Sosner 2022 dar.

Auch die unter akademischen Ökonomen einiges Aufsehen erregenden Forschungen des amerikanischen Wirtschaftswissenschaftlers Bessembinder bestätigen diese Logik. Bessembinders empirische Analysen zeigen, dass die im Vergleich zu anderen Anlageklassen hohen langfristigen Durchschnittsrenditen des Aktienmarktes letztlich aus nur etwa 4% aller börsennotierten Firmen (Aktien) stammen. Die restlichen 96% aller gelisteten Unternehmen steuern nur marktunterdurchschnittliche Renditen bei und in zahlreichen Fällen sogar 100%-Verluste (Bessembinder 2018). Hauptursache im Statistikjargon: Aktienrenditen sind stark »rechtsschief« verteilt. Diese Ergebnisse dürften eins zu eins auf nicht börsennotierte Unternehmen übertragbar sein. Bei Unternehmensneugründungen (Start-ups) scheitern ca. 50% in den ersten fünf Jahren, wenn man »Scheitern« als erzwungene oder freiwillige Liquidation definiert, und über 90%, wenn man Scheitern als »das Unternehmen erfüllte die ursprünglichen Erwartungen des Gründers nicht« definiert.

Die berühmte amerikanische Familie Vanderbilt ist ein konkretes, in den USA gut bekanntes Beispiel für das Von-reich-zu-arm-Phänomen. 1877 starb Cornelius Vanderbilt in New York im Alter von 80 Jahren. Er war bei seinem Tod der reichste Mensch der Welt. Vanderbilt hatte dieses Vermögen ohne den Startvorteil eines nennenswerten Erbes aus eigener Kraft allein aufgebaut. 1973, knapp 100 Jahre nach dem Tod des Patriarchen, trafen sich die 120 direkten Nachfahren bei einer Family Reunion in New York. Zu diesem Zeitpunkt befand sich unter den Nachfahren – in Geld von 1973 – kein einziger Millionär mehr. Die drei Hauptgründe für diese beinahe unglaubliche Implosion des Familienwohlstands über etwa vier Generationen hinweg: (1) konzentriertes Investieren, das schiefging (materialisiertes Klumpenrisiko), (2) Aufsplittung des Vermögens auf viele Nachkommen in Kombination mit einer überdurchschnittlichen Geburtenrate in der Familie, (3) verschwenderischer Lebensstil bei zu vielen Familienmitgliedern.

Zu Grund Nr. 1: Die Vanderbilts hatten den größten Teil des Familienvermögens im US-Eisenbahnsektor belassen, in dem Cornelius durch Schlauheit und harte Arbeit bis zu seinem Tod märchenhaft reich geworden war. Kurze Zeit nach Cornelius' Tod ging es mit dem US-Eisenbahnsektor aufgrund von Überkapazitäten und volkswirtschaftlichem Strukturwandel kombiniert mit politischen Entscheidungen jedoch dauerhaft bergab (was in Echtzeit natürlich nicht so leicht erkennbar war).[16] Einen kleineren Teil des Familienvermögens investierten die Vanderbilts mit insgesamt ebenso desaströsen Resultaten in den Immobiliensektor der amerikanischen Ostküste.

Hätten die Vanderbilts 1878 ab dem ersten Erbgang angefangen, das vorhandene gigantische Familienkapital peu à peu diversifiziert in US-Aktien und zu einem kleineren Teil in Staatsanleihen anzulegen, also systematisch das enorme, wie sich herausstellen sollte, fatale Klumpenrisiko im Familienvermögen abzubauen und stattdessen breit über Hunderte Unternehmen und alle Branchen hinweg zu diversifizieren, wären einige Vanderbilt-Nachkommen heute noch Milliardäre und die meisten Multimillionäre. Die Verhinderung der bei den Vanderbilts kaum glaublichen Verschwendungssucht bereits ab der ersten Generation nach Cornelius durch die Errichtung einer Familienstiftung (in den USA eines Family Trusts) hätte ebenfalls geholfen.

Nicht ganz so katastrophal, aber ebenfalls bemerkenswert negativ entwickelte sich das von John D. Rockefeller (1839–1937) begründete spektakuläre Familienvermögen. Rockefeller war, wie Vanderbilt, bei seinem Tod der reichste Amerikaner und vermutlich der reichste Mensch der Welt. Relativ zum Wert seines Eigentums 1937 hat es die Rockefeller-Familie bis

---

16 Darunter die politische Entscheidung für die Nutzung des in der ersten Hälfte des 20. Jahrhunderts stark ausgebauten Fernstraßensystems keine Mautgebühren zu erheben.

heute in etwa 90 Jahren geschafft, 97% davon zu »beseitigen« (gemessen am jeweiligen Anteil des US-Bruttoinlandsproduktes).

Den in Bezug auf »Money-Mindset« und Investmenttechniken großen, aber von vielen (noch) Reichen dennoch nicht wirklich verstandenen fundamentalen Unterschied zwischen *reich werden* (Vermögensaufbau) und *reich bleiben* (Vermögensbewahrung und Vermögensnutzung) haben wir im vorigen Abschnitt genauer beschrieben.

Fazit

Unternehmerische Klumpen- oder Konzentrationsrisiken – oft in Verbindung mit dem Versuch, Renditen durch die Nutzung des Kredithebeleffektes (durch schuldenfinanziertes Investieren) zu erhöhen – sind der oder einer der Hauptzerstörer großer Familienvermögen – entweder bereits während die Gründergeneration noch lebt[17] oder noch stärker, nachdem die Gründergeneration ihren Besitz auf die erste Folgegeneration übertragen hat. Weil das so ist, gehört die Reduktion dieser Klumpenrisiken nach Abschluss der Vermögensaufbauphase zum »finanziellen Pflichtprogramm« einer wohlhabenden Familie, sofern sie ihr erreichtes Vermögen generationenübergreifend erhalten will. Das geht am besten durch Investition eines im Zeitablauf prozentual steigenden Teils des Gesamtvermögens in global diversifizierte Aktien- und Anleihenanlagen, eventuell ergänzt mit einer optionalen moderaten Beimischung aus Gold- und Kryptoinvestments.

Wer zusätzlich Sorgen hat, dass die Nachkommen nicht verantwortungsvoll mit dem vorhandenen Familienvermögen umgehen können oder wollen, der könnte dieses Risiko oder diese Sorge mit dem Vehikel einer Familienstiftung mindern oder sogar ganz beseitigen.

17 Der frühere österreichische Milliardär René Benko ist dafür ein Beispiel aus dem deutschen Sprachraum aus jüngster Zeit.

1.3 Die drei Kernelemente einer rationalen, holistischen Vermögensschutzstrategie

Vermögensschutz bedeutet im besten Fall die aufeinander abgestimmte Durchführung von Maßnahmen (a) zur Vermögensbewahrung, (b) zur Asset Protection und (c) zum Management markt- und finanzproduktbezogener Risiken. Das Ziel von Vermögensschutz ist, die bestmögliche dauerhafte, also generationenübergreifende Versorgung derjenigen Personen zu erreichen, die aus Sicht des derzeitigen Vermögenseigentümers langfristigen Nutzen aus dem Vermögen ziehen sollen. Abbildung 1 gibt einen Überblick der drei Hauptdimensionen unseres Vermögensschutzkonzeptes.

Die wirtschaftlich Begünstigten von Vermögensschutzmaßnahmen sind in der Regel – und in dieser Reihenfolge – der Eigentümer selbst und seine Familie, die nächste und übernächste Generation, vielleicht auch Freunde und langjährige Wegbegleiter und in manchen Fällen ergänzend auch philanthropische Organisationen oder Projekte.

Abbildung 1: Schematische Darstellung der drei Felder des Vermögensschutzkonzeptes und ihrer sieben wichtigsten Ausprägungen

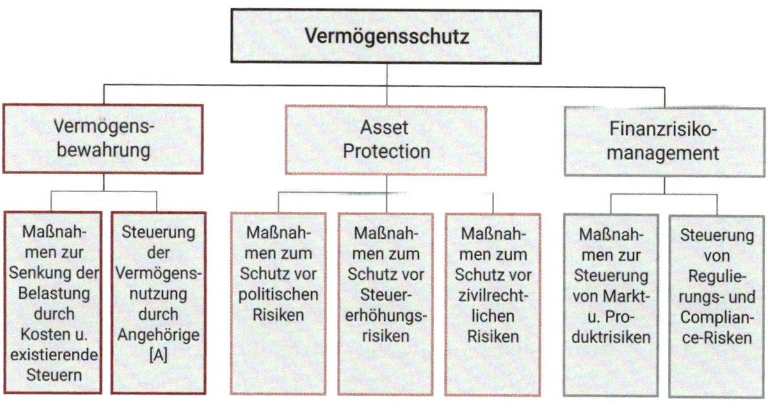

► [A] Bspw. für den Fall, dass der Stifter seinen Kindern, Enkeln oder anderen Erben im alternativen Falle eines Vermögensübergangs per testamentarischer Verfügung einen angemessenen Umgang mit geerbtem Familienvermögen nicht zutraut.

(a) Vermögensbewahrung

Diese erste Dimension des Vermögensschutzes zielt darauf ab, alle leicht vermeidbaren Faktoren zu reduzieren, die das vorhandene Vermögen weniger stark wachsen lassen, als es ansonsten möglich wäre. Zu diesen »Low Hanging Fruits« gehören unnötige Gebührenbelastungen von Finanzdienstleistern und vermeidbare laufende Steuerbelastungen, außerdem einmalige Steuerbelastungen bei Vermögensübergängen wie Schenkungen, Erbschaften und Verkäufen. Wichtig: Hier handelt es sich um direkt steuer- und kontrollierbare Faktoren, die keiner oder keiner nennenswerten Unsicherheit unterliegen.

In Bezug auf Vermögensbewahrung haben es die Betroffenen selbst in der Hand, wie teuer der von ihnen gewählte Vermögensverwalter und die genutzten Finanzprodukte oder Anlagestrategien sind und ob sie risikoarme Maßnahmen und Gestaltungen zur legalen Senkung der Steuerbelastung ergreifen. Mit Letzterem meinen wir jedoch ausdrücklich keine »aggressiven« steuerlichen »Gestaltungen« oder Investments, die primär aufgrund ihrer vermeintlichen Steuervorteile getätigt werden.

(b) Asset Protection

Ein ursprünglich angelsächsisches Konzept. Asset Protection ist die Abschirmung des Vermögens vor Nichtmarktrisiken oder Nichtinvestmentrisiken. Asset Protection drückt als fachliches Programm den Grundgedanken des Schutzes eines vorhandenen oder noch zu bildenden Vermögens vor politischen, steuerlichen und zivilrechtlichen Risiken aus, deren Eintritt jeweils ungewiss ist, aber auf lange Sicht nicht als vernachlässigbar unwahrscheinlich eingestuft wird. Asset Protection ist der Teil des Vermögensschutzkonzeptes, der Vermögen, soweit wirtschaftlich machbar und natürlich im Rahmen der Gesetze, vor den folgenden Risikotypen abschirmen soll:

Politisches Risiko: In einem gegebenen Staat umfasst es die Wahrscheinlichkeit einer finanziellen Schädigung von Vermögensinhabern und Investoren durch diskriminierende Gesetze, exzessive regulatorische Maßnahmen, Kapitalverkehrskontrollen, Devisenkontrollen, Korruption, Vetternwirtschaft, Enteignung, Gewalt, Bürgerkrieg, Erhöhung der Kriminalitätsrate, Verfall der Infrastruktur und nationale ökonomische Krisen. Noch allgemeiner formuliert ist politisches Risiko die inländisch verursachte Wahrscheinlichkeit von Verschlechterungen der politischen, rechtlichen und ökonomischen Rahmenbedingungen für das Wirtschaften von natürlichen Personen und Unternehmen im betreffenden Land. Enteignung in diesem Zusammenhang ist nicht nur die formale, direkte Verstaatlichung von Privateigentum gegen den Willen des Eigentümers mit oder ohne ausreichende Kompensation. Sie kann auch durch konfiskatorische Steuererhöhungen, Betätigungs- und Betriebsverbote, Ausreise- und Mobilitätsbeschränkungen sowie andere staatliche Willkürakte erfolgen. Auch die Etablierung international unüblich teurer Vorschriften für bestimmte wirtschaftliche Betätigungen stellt eine Form von politischem Risiko dar. Ein Beispiel dafür sind die im deutschen Bau- und Immobilienrecht seit Jahrzehnten schneller und radikaler zunehmenden technischen Vorschriften, die dazu geführt haben, dass Bauen wohl nirgendwo teurer ist als in Deutschland. Diese Kosten wirken sich negativ auf die Erschwinglichkeit von Immobilien und ihre Renditen aus.

Steuerliches Risiko (Steuererhöhungsrisiko): Damit sind in der Zukunft neu eingeführte oder erhöhte Steuerbelastungen gemeint, beispielsweise die Heraufsetzung der Einkommenssteuer- oder der Erbschaftssteuersätze, die Einführung einer nennenswerten Vermögenssteuer oder die weitere Verschärfung der sogenannten Wegzugsbesteuerung (Näheres dazu in Abschnitt 2.3).[18] Steuerliche Risiken im Bereich der Asset Protection beziehen sich auf die mit einer ausreichend hohen Eintrittswahrscheinlichkeit versehenen Änderungen des geltenden inländischen Steuerrechts, wie Erbschaftssteuererhöhungen oder andere Maßnahmen des Staates, die mancher wirtschaftlich als enteignend empfindet. Maßnahmen, die auf die Adressierung einer bereits bestehenden Steuerbelastung abzielen, sind dem Bereich der Vermögensbewahrung zuzurechnen, nicht der Asset Protection. Eine strikte Unterscheidung der Konzepte Enteignung im traditionellen, formalen Sinne und sehr hohen Steuersätzen auf Einkommen oder Vermögen (Vermögenssteuern, Erbschaftssteuern) war schon in der ersten Hälfte des 20. Jahrhunderts überholt. Ein Erbschaftssteuersatz von 80% oder 100% wirkt auf lange Sicht wie eine konventionelle Enteignung. Eine andere Form von Quasienteignung in Deutschland: 2023 wurde eine von Wirtschaftsminister Robert Habeck angestoßene Novelle des Erneu-

18 In den deutschen Steuergesetzen werden die Namen von Steuern seltsamerweise ohne das an sich korrekte Fugen-s geschrieben, z.B. Einkommensteuer statt Einkommenssteuer, Erbschaftssteuer statt Erbschaftssteuer. In Österreich und der Schweiz begeht man diesen Fehler nicht. In diesem Buch benutzen wir durchgängig die orthografisch korrekte und weniger unnatürlich klingende Schreibweise.

erbare Energiengesetzes erlassen, die es Immobilieneigentümern faktisch unmöglich machte, erfolgreich gegen die Errichtung von Windkraftanlagen in der unmittelbaren Nachbarschaft zu klagen. Diese Errichtung führt regelmäßig zu Wertminderungen der betroffenen Immobilien. Anfang 2026 berichteten Medien von einem Gutachten des Rechtswissenschaftlers Volker Boehme-Neßler, das die 2023er Gesetzesänderung als verfassungswidrig einstufte. Wie die Angelegenheit ausgeht, ist derzeit noch offen.

Infobox: Die Quantifizierung von Risiko

Eine Standardformel für die Quantifizierung eines Risikos im Sinne des »erwarteten Verlusts« ist »EL = P × I«. Ausformuliert: »Expected Loss« (»erwarteter Verlust«) = »Probability« (»Wahrscheinlichkeit«) × »Impact Given Loss« (»Auswirkung im Falle des Eintritts«). Diese simple Formel drückt etwas Wichtiges aus: Das Ausmaß von Risiko hängt einerseits von seiner Eintrittswahrscheinlichkeit P ab *und* andererseits von dem Schaden I (Impact), der bei Eintritt resultiert. Letztlich zählt nur das Produkt aus beiden Größen P und I. Die Wahrscheinlichkeit P oder das mögliche Ausmaß von Schaden I bei Eintritt – in Isolation betrachtet – sind lediglich eingeschränkt aussagefähig und können für sich genommen sogar irreführend sein.

Ebenso gilt: Ein Risiko im Sinne des erwarteten Verlusts kann klein sein, weil die Wahrscheinlichkeit P klein ist oder weil der Schaden I klein ist oder weil beide klein sind. Das relative Größenverhältnis von P und I ist meistens entscheidend für das richtige Verständnis des betreffenden Risikos und etwaige Risikoschutzmaßnamen. Viele finanzielle Risiken lassen sich auf diese Weise erfassen und bewerten.

Für die oben genannten drei Risikotypen im Kontext von Asset Protection gilt zum Teil, dass P (Eintrittswahrscheinlichkeit) einen eher niedrigen, jedenfalls schwer zu quantifizierenden Wert hat und I einen relativ hohen Wert (hoher Schaden im Falle des Eintritts). Sich vor diesem Risikotypus zu schützen, ist in der Regel schwieriger als der Schutz vor Risiken, bei denen – umgekehrt – P hoch ist und I klein. Für Schwarzer-Schwan-Risiken ist die Kombination von sehr niedrigem P und sehr hohem I kennzeichnend.

Ein Beispiel für ein Risiko mit geringer Eintrittswahrscheinlichkeit und großem Schadenpotenzial: die finanzielle Einbuße aus der möglichen staatlichen Enteignung von Immobilienvermögen in Deutschland. Die

Wahrscheinlichkeit, dass eine solche Enteignung zu schlechten Kompensationsbedingungen in den nächsten 20 Jahren durchgeführt wird, mag sehr niedrig sein, sie ist aber eben nicht null. Der Schaden für die Eigentümer im Falle des Eintritts könnte dann jedoch sehr hoch sein, insbesondere wenn bei einem Haushalt Klumpenrisiken in genau diesem Bereich bestehen, also ein großer Teil des Familienvermögens aus deutschen Immobilien besteht.

Zivilrechtliche Risiken: Damit sind Vermögensrisiken gemeint, die nicht – wie politische und steuerliche Risiken – einen ganzen Bevölkerungsteil (z.B. wohlhabende Haushalte) betreffen, sondern Risiken, die sich aus den spezifischen Lebensumständen eines individuellen Haushaltes ergeben. Beispiele hierfür sind: Haftungsrisiken eines Unternehmers bzw. seines Privatvermögens aus von ihm abgegebenen Bürgschaften und anderen → Eventualverbindlichkeiten, aus Gesellschafterdarlehen an das Unternehmen, aus gesetzlicher Geschäftsführerhaftung[19] und aus anderen gesetzlichen oder vertraglichen Haftungskonstellationen, einschließlich Produkthaftung, oder aus Versäumnissen beim Abschluss von Versicherungen. Beispiele außerhalb der unternehmerischen Sphäre sind familienrechtliche Risiken, z.B. aus Ehescheidungen, familienrechtlichen Unterhaltskonstellationen oder möglichen Auseinandersetzungen mit künftigen Erben einschließlich der oft »schwierigen« deutschen Pflichtteilsthematik. Solche Konstellationen können zu gravierendem Verlust von Privatvermögen führen.

(c) Finanzrisikomanagement

Darunter verstehen wir in diesem Buch sowohl die eher konventionellen, in vielen Ratgeberbüchern und in den Medien dargestellten Maßnahmen des Risikomanagements für liquide und illiquide Investments, z.B. Diversifikation auf Basis von Überlegungen zur → Korrelation zwischen Vermögensanlagen, die Identifikation und Vermeidung offen erkennba-

19 Die gesetzliche Organhaftung von GmbH-Geschäftsführern und AG-Vorständen oder -Aufsichtsräten geht weit über das hinaus, was sich Laien vorstellen. Wer ein solches Amt innehat, tut gut daran, sich mit diesem Risiko näher zu befassen und es genau zu verstehen.

rer oder versteckter Gegenpartei- und Klumpenrisiken, die Vermeidung von aus Sicht der Wissenschaft nicht durch *erwartete Rendite* (siehe dazu Infobox in Abschnitt 6.4) kompensierter sogenannter idiosynkratrischer oder unsystematischer Risiken und ganz allgemein die Identifikation und Vermeidung »schlechter« Finanzprodukte oder unattraktiver Anlageklassen. Dabei konzentrieren wir uns aus Platzgründen auf das Allernötigste und lassen viele Finanzrisikomanagementtechniken weg, die aus Sicht der Wissenschaft langfristig nicht oder nicht zuverlässig genug funktionieren. Zu diesen kontraproduktiven Absicherungstechniken, die die erzielte Risiko-Rendite-Kombination bei Privatanlegern statistisch nicht verbessern oder sogar verschlechtern, gehören:

- Das Auswählen von und Konzentrieren auf einzelne »defensive« Aktien, die in einer wirtschaftlichen Krise vermeintlich weniger an Wert einbüßen als andere (als ein Beispiel für Stock Picking).
- Downside → Hedging: Finanzprodukte und Anlagestrategien nutzen, die spezifisch das Verlustrisiko (Drawdown-Risiko) eines Portfolios mindern sollen, ohne im gleichen Maße das Upside-Potenzial zu reduzieren, z.B. durch den Kauf von Fonds mit »Kapitalgarantie«, den Kauf von Put-Optionen oder das Implementieren von → Stop Loss Orders (zur unattraktiven Bilanz von Downside Hedging siehe Abschnitt 6).
- → Market Timing: Das »Rein-Raus« im Zeitablauf auf Anlagenklassenebene (nicht Einzelwerten) vor allem bei liquiden Anlagen oder Immobilien, um vermeintlich ungünstige Marktphasen zu umschiffen oder vermeintlich besonders günstige Phasen verstärkt auszunutzen (Metcalfe 2018).

Wer umfassender, als es aus Platzgründen in diesem Buch in Kapitel 7 und 8 dargestellt wird, erfahren möchte, warum diese Techniken im Allgemeinen abzulehnen sind und statistisch nach Kosten schlechtere Rendite-Risiko-Kombinationen produzieren als sogenanntes passives Investieren, sei auf Kommer 2025a oder – kürzer – Kommer/Weis 2020b sowie Kommer/Kanzler 2020i verwiesen.

Zum Finanzrisikomanagement gehört auch das Management von → Compliance-Risiken. Viele Vermögende haben diesen Risikotypus nicht auf dem Schirm oder betrachten ihn als »unwichtigen Nebenkriegsschauplatz«. Vermutlich, weil Compliance-Risiken aufgrund gesetzgeberischer

Maßnahmen in allen westlichen Ländern erst in den letzten gut 15 Jahren wirklich bedeutend geworden sind; vielleicht auch, weil Compliance-Risiken sich relativ selten materialisieren. Aber wenn sie es tun, können sie sehr schmerzhaft sein. Zu den wesentlichen Compliance-Risiken gehören:

- Geldwäscheprüfungen durch dazu verpflichtete Stellen (z.B. Banken, Vermögensverwalter, Steuerberater, Rechtsanwälte, Notare);
- Steuerliche Prüfungen durch das Finanzamt (steuerrechtliche Compliance);
- Wohnsitznachweisrisiko bei Personen, die ihren Wohnsitz ins Ausland verlagert haben;
- Mittelherkunftsprüfungen durch Banken und Vermögensverwalter: Solche Mittelherkunftsnachweise sind in der Regel bei Kryptoanlagen besonders schwierig oder problematisch;
- Schwierigkeiten bei Banken, wenn man als Inhaber eines Depots oder Kontos private oder geschäftliche »Berührungspunkte« zu Ländern hat, die auf einer grauen oder schwarzen Liste stehen;
- Automatischer Internationaler Informationsaustausch (AIA) – siehe Abschnitt 2.3;
- Hacking von Computern sowie bösgläubige Anzeigen, Public Shaming und Shitstorms in den sozialen Medien durch entfremdete Familienmitglieder, ehemalige Freunde, gekündigte Mitarbeiter oder aktivistische Gruppen;
- Die zunehmende Schwierigkeit, im Ausland Konten oder Depots zu eröffnen, wenn man im betreffenden Land nicht ansässig ist oder dort keine unternehmerischen Aktivitäten unterhält;
- Vormals nicht deklarierte Vermögenswerte (oft auch solche von verstorbenen Erblassern) nun in die »legale Sphäre« zu transferieren.

Generell kann man sagen, dass das Umsetzen der zahlreichen Vermögensschutzmaßnahmen, die in diesem Buch bis einschließlich Kapitel 8 dargestellt werden, bereits mit einem relativ moderaten Vermögen von unter 500 000 Euro durchführbar ist. Das sinnvolle Umsetzen der Maßnahmen in Kapitel 9, die Gründung und Ausstattung einer Familienstiftung in Deutschland oder Liechtenstein, setzt jedoch in der Regel ein siebenstelliges Vermögen voraus.

Fazit

Das Konzept des Vermögensschutzes, wie wir es verstehen, lässt sich gedanklich in drei Dimensionen aufteilen: Vermögensbewahrung, Asset Protection und die Adressierung von Marktrisiken.

- Maßnahmen zur Vermögensbewahrung zielen darauf ab, sehr wahrscheinliche oder definitive laufende oder einmalige Belastungen des bestehenden Vermögens durch Gebühren oder Steuern zu reduzieren oder ganz zu verhindern.
- Asset Protection ist ein breites, strategisches Konzept und Maßnahmenbündel zur Abschirmung vor politischen, steuerlichen und zivilrechtlichen Risiken, deren Eintrittswahrscheinlichkeit und Schaden typischerweise nicht seriös quantifiziert werden kann.
- Maßnahmen zur Steuerung von Marktrisiken richten sich auf die Erzielung einer optimierten Rendite-Risiko-Kombination eines bestehenden Portfolios aus liquiden und illiquiden Vermögensanlagen einschließlich der Vermeidung oder Reduktion von Risiken, die sich mit üblichen Finanzkennzahlen nur unvollkommen oder gar nicht messen lassen.

Da wir uns im späteren Verlauf dieses Buches noch mehrmals auf dieses konzeptionelle Verständnis von Vermögensschutz, auf seine drei Hauptkomponenten und auf die Unterkomponenten beziehen werden, empfiehlt es sich, wenn Sie auf die Seite mit Abbildung 1 einen kleinen Einmerker ins Buch kleben (oder ein elektronisches Buchzeichen in das E-Book setzen), damit Sie später schnell und bequem noch einmal nachschauen können.

Anhand der oben beschriebenen Aufgliederung des Vermögensschutzes in seine drei Hauptdimensionen und Teilgebiete möchten wir im weiteren Verlauf des Buches wie folgt vorgehen: Zunächst werden die einzelnen Dimensionen des Vermögensschutzes und die darin geltenden Basiskonzepte noch näher vorgestellt und erläutert. Anschließend wird eine Bewertung verschiedener Kapitalanlagen in Bezug auf die Eignung zur Umsetzung von Vermögensschutzmaßnahmen vorgenommen. Schließlich werden verschiedene denkbare Schutzmaßnahmen vorgestellt und in Bezug auf einen langfristig zu erzielenden Vermögensschutz in den drei verschiedenen VS-Teilgebieten bewertet.

2 Startüberlegungen zu Vermögensschutz

2.1 Was soll mit Ihrem Vermögen in der Zukunft geschehen?

Wirksamer Vermögensschutz heißt letztlich, das vorhandene Haushaltsvermögen so zu investieren und zu verwalten, dass der Haushalt seine wohlüberlegten, realistisch gewählten finanziellen Ziele mittel- und langfristig, auch generationenübergreifend, mit höchstmöglicher Wahrscheinlichkeit erreichen wird und dadurch ein wesentlicher Beitrag zu wirtschaftlichem Wohlergehen und zum Seelenfrieden des Haushaltes geleistet wird.

Unsere pragmatische Definition von wirksamem Vermögensschutz lässt erkennen, was jedem Leser intuitiv ohnehin klar ist: Erfolgreicher Vermögensschutz findet stets im Verhältnis zu den fallspezifischen, individuellen finanziellen und Lifestyle-Zielen des betreffenden Haushaltes statt.

Wollten wir unsere Leser sinnvoll und hinreichend granular bei der Auswahl, Formulierung und Dokumentation dieser Ziele unterstützen, bräuchten wir dafür vermutlich 50 oder 100 zusätzliche Buchseiten. Diesen Platz haben wir im vorliegenden Buch nicht. Wir beschränken uns daher auf nur drei Leitfragen und sieben Literaturhinweise, die Ihnen, lieber Leser, vielleicht indirekt dabei helfen, die ultimative Frage: »Was soll mit meinem Vermögen in der nahen und in der fernen Zukunft geschehen?« in einer zufriedenstellenden Qualität zu beantworten.

1. »Was brauche ich wirklich, um zufrieden zu sein?«
2. »Was brauche ich nicht, um zufrieden zu sein?«
3. »Was muss ich beenden, um zufriedener zu sein bzw. zufriedener zu werden?«[20]

---

20 Anstelle der Adjektive »zufrieden«/»unzufrieden« kann jeder Leser hier gerne

Das Absolvieren dieser kleinen lebensphilosophischen Übung, bestehend in der Beantwortung dieser drei Fragen – idealerweise schriftlich –, wird Sie dabei unterstützen, aus den zahlreichen in diesem Buch ausgeführten Vermögensschutzmaßnahmen und -strategien diejenigen für sich auszuwählen, die für Ihre persönlichen Verhältnisse und Lebensziele am besten passen – also Ihre Vermögensschutzstrategie so gut wie möglich an Ihren tatsächlichen Verhältnissen und Zielen auszurichten.

Wer das Gefühl hat, in Bezug auf die drei oben formulierten Fragen für sich persönlich noch nicht ausreichend Klarheit zu besitzen, dem können vielleicht die folgenden sieben Bücher hilfreiche Denkanstöße geben.

- Morgan Housel (2020): *The Psychology of Money. Timeless Lessons on Wealth, Greed and Happiness*, deutsche Ausgabe: *Über die Psychologie des Geldes.*
- Morgan Housel (2023): *Same as Ever: A Guide to What Never Changes*, deutsche Ausgabe: *Same as Ever: 23 Geschichten über die Dinge, die sich niemals ändern.*
- Bill Perkins (2020): *Die With Zero: Getting All You Can from Your Money and Your Life*, deutsche Ausgabe: *Die With Zero: So machst du das Beste aus deinem Geld und deinem Leben.*
- Jonathan Clements (2016): *How to think about money* (keine deutschsprachige Ausgabe).
- Nikolaus Braun (2023): *Geld oder Leben: Wie Sie aufhören, Unsinn mit Ihrem Vermögen zu treiben.*
- Massimo Pigliucci (2017): *How to be a stoic – Ancient wisdom for modern living*, deutsche Ausgabe: *Die Weisheit der Stoiker: Ein philosophischer Leitfaden für stürmische Zeiten.*
- Christopher Hitchens (2021): *Mortality* (keine deutschsprachige Ausgabe) – das Tagebuch eines unheilbar kranken, sehr lebensbejahenden Atheisten in den 18 Monaten vor seinem Tod.

Auch die Formulierung eines »Financial Mission Statements« (FMS) zum Zwecke des langfristigen Vermögensschutzes in der Familie in Ergänzung

für sich die Adjektive »glücklich/unglücklich« einsetzen. Aus verschiedenen Gründen, die wir hier aus Platzgründen nicht ausführen, glauben wir, dass Zufriedenheit (Contentment) ein für Menschen sinnvolleres Generalziel ist als Glück (Happiness).

zu einem wohlstrukturierten Testament könnte nützlich sein.[21] In einem solchen FMS, auch manchmal »Declaration of Purpose and Vision« genannt, einigen sich die Familienmitglieder auf eine schriftlich niedergelegte, aber rechtlich niemand bindende Vermögensvision, die Leitplanken, innerhalb derer sich die Familienmitglieder bemühen werden, gleichgültig, ob sie schon Miteigentümer sind oder noch nicht, das Familienvermögen in der jetzigen und in den folgenden Generationen zu verwalten und zu nutzen.

Hauptzweck des FMS ist ganz allgemein, den Familienfrieden zu bewahren und den Zusammenhalt über Generationen hinweg zu fördern und zu schützen, die Familienmitglieder zu motivieren, das Vermögen entlang den Vorstellungen des Vermögensinhabers zu nutzen und zu bewahren sowie das Testament des jetzigen Vermögensinhabers (oder Hauptinhabers) zu ergänzen. Im weiteren Sinne hat das FMS auch den Sinn, potenzielle »Bruchstellen« unter den Familienmitgliedern bei der Vorstellung der langfristigen Nutzung des Familienvermögens frühzeitig zum Vorschein zu bringen, sodass diese Bruchstellen geheilt werden können.

Wichtige Eigenschaften eines FMS in einer Familie sind:

- Es ist ein schriftliches Dokument von im Normalfall fünf bis 25 Seiten Umfang (ohne etwaige Anhänge).
- Es ist nicht rechtlich bindend und bestätigt diese rechtliche Unverbindlichkeit explizit auch innerhalb des Dokuments.
- Es ersetzt nicht das Testament, sondern ergänzt es.
- Es sollte allen wesentlichen Familienmitgliedern und relevanten nahestehenden Personen bekannt sein.
- Es kann und sollte im Zeitablauf aktualisiert und an veränderte Umstände und Zielsetzungen angepasst, also weiterentwickelt werden.
- In seine Formulierung und Strukturierung sollte Expertenrat einfließen, z.B. der eines → Family Offices, Vermögensverwalters oder erfahrenden Mediators mit juristischem Hintergrund.
- Es könnte z.B. auch eine → »nachhaltige Entnahmerate«, eine »Save Withdrawal Rate« (siehe Abschnitt 8.11) als Richtgröße enthalten.
- Es könnte ebenfalls Aussagen dazu enthalten, wofür das Familienvermögen nicht eingesetzt werden soll.

---

21 Auf die wichtigen Sachverhalte Testament und lebzeitige Schenkungen gehen wir in den Abschnitten 3.4 und 4.4 ein.

Die Familie trifft sich ca. alle zwei bis drei Jahre unter dem »Vorsitz« des Vermögensinhabers, um das vorhandene FMS und ggf. seine geplanten oder kürzlich durchgeführten Modifikationen zu besprechen. Hier könnte ein Vertreter einer der o.g. Dienstleister (ein Coach oder Mediator) die Familie unterstützen.

Fazit

Familien, denen es gelungen ist, mit Arbeit, Klugheit, Geduld, Verzicht und zumeist auch ein bisschen Glück ein nennenswertes Vermögen aufzubauen, sollten wissen, was zu Lebzeiten der Vermögenserzeuger und nach ihrem Ableben mit diesem Vermögen in der langfristigen Zukunft geschehen soll. Ein wie auch immer klug gestaltetes Testament allein reicht nach unserer Erfahrung für die Beantwortung dieser Frage nicht aus.

2.2 Klumpen- und Konzentrationsrisiken erkennen

Im Abschnitt 1.2 »›Von reich zu arm‹ geschieht öfter, als man denkt« haben wir gesehen, dass hochvermögende Familien ihr (zumeist in der ersten Generation) in der Spitze erreichtes Vermögen überwiegend nicht halten können. Wir identifizieren auch die Hauptursache dieses »Wieder ärmer werden«- oder sogar »Wieder arm werden«-Phänomens: *schlechte unternehmerische Investments.* Seltener gehören zu den Hauptursachen des Vermögensschwunds verschwenderischer Lebensstandard, hohe Steuern, hohe Nebenkosten von Portfolioinvestments (liquide Anlagen), eine Aufsplitterung des Vermögens auf zu viele Nachkommen oder Scheidung.

Die Formulierung »schlechte unternehmerische Investments« ist allerdings unpräzise. Genauer wäre »im Verhältnis zum Gesamtvermögen große schlechte unternehmerische Investments«. Ein schlechtes Investment X kann ja nur dann erheblichen Schaden im Gesamtvermögen einer Familie anrichten, wenn X vorher einen nennenswerten Anteil am Gesamtvermögen hatte. Das bringt uns zum Thema dieses Abschnittes: *Klumpen- und Konzentrationsrisiken erkennen.*

Klumpenrisiko, auch Konzentrationsrisiko genannt, unterscheidet sich von vielen in der Finanzliteratur häufiger erwähnten Risikokonzepten. Die oft aufgeführten Risikokonzepte – z.B. → Volatilität oder der → Maximum Drawdown der SAP-Aktie, eines MSCI-World-Index-ETFs, einer deutschen Staatsanleihe mit zehnjähriger Restlaufzeit oder eines bestimmten mit 80% Fremdkapital finanzierten Mehrfamilienhauses in Berlin-Kreuzberg – beziehen sich stets auf *individuelle* Investments.

Beim Risikokonzept Klumpenrisiko geht es dagegen um das *Gewicht*, das ein individuelles → Asset oder eine Gruppe sehr ähnlicher und daher hochkorrelierter Assets[22] im gesamten Vermögensportfolio eines Haushaltes aufweist. Dazu ein kurzes Fallbeispiel. Tabelle 2 zeigt das Vermögen von Marius und Leoni, ein wohlhabendes Unternehmerehepaar. Beide sind 63 Jahre alt und beide arbeiten noch Vollzeit in ihrem kleinen, sehr profitablen Handelsunternehmen mit Sitz in Düsseldorf. Marius und Leoni (M&L) gründeten das Unternehmen vor über 25 Jahren zusammen mit einem weiteren Partner. M&L gehören gemeinsam 60% der Firma. In Tabelle 2 wird der geschätzte Wert dieser Beteiligung angegeben. Ferner besitzen M&L ein Eigenheim und ein Mehrfamilienhaus im Düsseldorfer Stadtteil Pempelfort. Das Mehrfamilienhaus wurde im Jahr 2023 gekauft. M&L wollen in drei bis fünf Jahren aufhören zu arbeiten.

Tabelle 2: Vermögensbilanz von Marius & Leoni (beide 63)

	Wert brutto	Wert netto	Anteil
Eigenheim (schuldenfrei)		1500000 €	15%
Vermietetes Mehrfamilienhaus (MFH)	3000000 €		
Immobiliendarl. zum MFH (private Haftung)	–2000000 €		
Vermietetes MFH exkl. Schulden		1000000 €	10%
Unternehmensbeteiligung (eigene Firma)		7000000 €	72%
Bankguthaben		200000 €	2%
Summe		9700000 €	100%

22 Ein Beispiel für hoch korrelierte Assets: Fünf partiell fremdfinanzierte Mehrfamilienhäuser in Deutschland im Wert von insgesamt 7 Millionen Euro brutto und 7 Millionen netto nach Abzug von Schulden. Wenn der deutsche Wohnimmobiliemarkt »leidet«, werden sehr wahrscheinlich alle fünf Objekte leiden, fast egal, wo sie stehen. Negative Auswirkungen aus dem deutschen Zins- und Bankenmarkt werden ebenfalls wahrscheinlich alle fünf Objekte »schädigen«, sogar dann, wenn sie selbst nicht mehr fremdfinanziert sind.

Nicht in der Vermögensbilanz aufgeführt ist eine unbefristete persönliche Bürgschaft in Höhe von 500 000 Euro, die Marius vor Jahren einer Bank zur Absicherung des Betriebsmittelkredits seines Unternehmens gegeben hat (eine Eventualverbindlichkeit).

M&L haben zwar ein stattliches Vermögen erwirtschaftet, aber zugleich ist dieses aus Klumpenrisikosicht ein mittleres Desaster. Obwohl die beiden bereits 63 Jahre alt sind, stecken 72% ihres Gesamtvermögens in einem einzigen Asset. Wenn man die risikoerhöhende Bürgschaft dazurechnet, sind es sogar 79%. Weitere 25% des Vermögens verteilen sich auf nur zwei Immobilien, deren Wertentwicklung und damit Risiko (da identische Lage und Immobilienkategorie) hoch korreliert, die daher risikomäßig fast wie ein einzelner Vermögenswert betrachtet werden können. Als wohlhabendes, aber nicht superreiches Ehepaar mit über 60 Jahren noch neue private Schulden aufzunehmen, erscheint ebenfalls »ambivalent«.

Mit nur wenig sarkastischer Übertreibung schlussfolgern wir: »Noch mehr unnötiges Klumpenrisiko ist für ein Ehepaar in diesem Alter schwer möglich.« Zur Intensität des Klumpenrisikos trägt bei, dass die Beteiligung an ihrer Firma natürlich risikoreicher ist als z.B. eine durchschnittliche Einzelaktie im DAX. Das mögen M&L persönlich nicht so wahrnehmen, weil es ihr Unternehmen ist, weil 25 Jahre lang wenig schiefgegangen ist und weil sie den Wert ihrer Beteiligung nicht jeden Tag im Internet nachlesen können und daher der (falsche) Anschein entsteht, der Wert schwanke im Zeitablauf nicht.

M&L hätten schon vor Jahren anfangen sollen, den Klumpen »eigene Firma« zu reduzieren, z.B., indem sie Anteile veräußern oder die Ausschüttungen erhöhen. Auf diese Art hätten sie peu à peu Vermögen hinter die Firewall bringen können, also aus der risikoreichen betrieblichen Sphäre in eine risikoärmere private Sphäre. Wären M&L 20 Jahre jünger und damit noch in der Vermögensaufbauphase, wäre dieses hohe Klumpenrisiko vertretbar – aber jetzt nicht mehr.

Dass M&L den neben dem Eigenheim einzigen wesentlichen Vermögenswert außerhalb des Unternehmens – das Mehrfamilienhaus – in eine Anlageklasse investierten, die mit dem Eigenheim hoch korreliert, war aus einer Vermögensschutzperspektive ebenfalls keine weise Anlageentscheidung. Ein global diversifiziertes Aktienportfolio im Wert von 1 Million Euro auf ETF-Basis wäre langfristig vermutlich rentabler, individuell sicherer und hätte im Gesamtkontext die Klumpenrisiken im Vermögen reduziert, einschließlich das wirtschaftliche Klumpenrisiko Deutschland. Derzeit hat nämlich 100% des Familienvermögens einen Deutschlandbezug. Insgesamt wurde hier also buchstäblich nichts getan, um das politische Risiko Deutschland im Vermögen abzumildern. Bedenkt man, dass viele Vermögende den ökonomischen, steuerpolitischen und gesellschaftspolitischen Weg, den Deutschland in den letzten etwa 20 Jahren eingeschlagen hat, zu Recht sehr kritisch betrachten, erstaunt eine solche unter wohlhabenden Familien in der Vermögensschutzphase typische Asset-Allokation umso mehr.

Was kann man allgemein über Klumpenrisiko sagen? Klumpenrisiko klingt als Risikokonzept im Vergleich zu vielen anderen Konzepten (man denke an Volatilität, an → Ausfallrisiko, Renditereihenfolgerisiko, Drawdown-Risiko) auf merkwürdige Weise »primitiv« oder neudeutsch »unsophisticated«. Vielleicht ist diese Einfachheit der paradoxe Grund, warum dieses wichtige Risiko auch von finanziell gebildeten Menschen so erstaunlich oft unterschätzt oder sogar ganz übersehen wird.

Klumpenrisiko ist das Gegenteil, quasi die Negation von Diversifikation. Bei Arbeitnehmeraushalten bis zu einem Alter von ungefähr 45 Jahren repräsentiert Humankapital das mit Abstand größte Klumpenrisiko. Dieses spezielle Klumpenrisiko lässt sich in der Praxis lediglich in begrenztem Umfang wegdiversifizieren oder anderweitig absichern (»hedgen«). Bei vielen normal vermögenden Privathaushalten oberhalb eines Alters von etwa 45 Jahren liegt ein großes Klumpenrisiko in ihrem Immobilieneigentum, typischerweise in Gestalt des Eigenheims (Nettowert – Objektwert – Schulden). Auch daran lässt sich in der Regel nicht viel ändern, solange der Haushalt aus Lifestyle-Gründen ein Eigenheim besitzen möchte. Was ein solcher Haushalt aber durchaus beeinflussen kann, ist, ob er dieses Klumpenrisiko Immobilien in Deutschland durch den Hinzukauf einer Vermietungsimmobilie noch erhöhen will.

Bei vermögenden Unternehmerhaushalten repräsentiert das Eigentum am Unternehmen häufig ein hohes Klumpenrisiko. Nicht selten sind über 80% des Gesamtvermögens in einem einzelnen Unternehmen konzentriert.

Eine weitere Form von Klumpenrisiko steckt im bei deutschen ETF-Anlegern inzwischen beliebtesten Index: dem MSCI World Index. Im Januar 2026 machten die Top-10-Aktien von etwa 1300 Aktien in diesem Index knapp 30% aus, der Sektor High Tech 27% bei 11 Sektoren und das Land USA 73% bei insgesamt 23 Industrieländern.

Fazit

Klumpenrisiko stellt für viele vermögende Haushalte, trotz seiner »Primitivität«, das wichtigste aller Risikothemen dar. Wer sich als Privathaushalt in der Vermögensschutzphase nicht »zuallererst« mit seinem Klumpenrisiko auseinandergesetzt hat und dabei zu einer für sich akzeptablen, bewussten Risikostrategie gekommen ist, für den ist die Beschäftigung mit anderen Risikotypen in gewisser Weise überflüssig. Fast so überflüssig wie die Beschäftigung eines Jachtkapitäns mit der Anordnung der Liegestühle auf dem Vorderdeck, während sein Schiff in tobender See bei Windstärke 12 in Seenot gerät. Insgesamt dürfte es wenige wichtige Risikothemen geben, die in der realen Privatanlegerpraxis so häufig verkannt, so sehr in ihrer Bedeutung unterschätzt und so fatal ignoriert werden wie Klumpenrisiko.

2.3 Wichtige Basiskonzepte im Kontext von Vermögensschutz

Ein wichtiges Element innerhalb der drei Hauptdimensionen des Vermögensschutzes besteht darin, die steuerliche Belastung des Vermögens möglichst niedrig zu halten – selbstverständlich unter Beachtung aller Steuergesetze.

Da die Welt der Steuern ihren eigenen Jargon und einige auf den ersten Blick nicht sehr intuitive, aber zugleich bedeutsame Konzepte beinhaltet, lohnt es sich, die aus Sicht des Vermögensschutzes besonders wichtigen Begriffe zu kennen. Dieses Wissen wird Ihnen, lieber Leser, helfen, einige zentrale Sachverhalte, denen wir im weiteren Verlauf des Buches begegnen werden, auf Anhieb zu verstehen.

Wir bitten Sie daher in diesem Abschnitt um Verständnis dafür, dass er einige trockene Theorie und nur begrenzt Praxis in Form kurzer Beispiele enthält. Aber wie heißt es im Leben so oft: »Da müssen wir durch.«

(a) Welteinkommensprinzip versus Territorialeinkommensprinzip

Das *Welteinkommensprinzip* ist ein Schlüsselkonzept im Einkommenssteuerrecht der meisten wohlhabenden westlichen Länder einschließlich Deutschland, Österreich, der Schweiz und den USA. Es besagt, dass eine natürliche oder juristische Person im Prinzip mit ihrem »gesamten Welteinkommen«, insbesondere auch mit Einkünften, die *außerhalb* des Ansässigkeitslandes entstehen, in ihrem Ansässigkeitsland steuerpflichtig ist. Als »Ansässigkeitsland« bezeichnen wir den Staat, in dem die natürliche Person ihren Wohnsitz oder gewöhnlichen Aufenthalt hat oder die juristische Person ihren primären Geschäftssitz unterhält. In Abschnitt 5.5 beschäftigen wir uns mit dem Thema Auswandern und gehen dabei genauer darauf ein, wie erstaunlich komplex der Nachweis einer solchen Ansässigkeit sein kann.

In einem Staat mit Welteinkommensprinzip ist man in diesem Ansässigkeitsland unbeschränkt steuerpflichtig (Steuerjargon). Auf dieses für Vermögensschutzzwecke wichtige Steuerkonzept gehen wir im nächsten Absatz zur »unbeschränkten Steuerpflicht« ein. Zunächst ein konkretes Beispiel: Lukas hat seinen Hauptwohnsitz in Deutschland, führt sein Depot bei einer Bank in Deutschland und hält Apple-Aktien im Wert von etwa 50 000 Euro. Er bezieht in dem Depot daher Dividendenerträge von Apple Inc. Die Apple-Dividende, die Lukas aus den USA bezieht, muss er in Deutschland versteuern, obwohl sie für ihn als (aus US-Perspektive) im Ausland lebender Empfänger nach US-Steuerrecht auch in den USA zu versteuern ist.[23] (Auf Ebene des Unternehmens wurde der Unternehmensgewinn vorher und zusätzlich zur Dividendenbesteuerung schon der nationalen Körperschaftssteuer unterworfen.)

In Schwellen- und Entwicklungsländern sowie zahlreichen kleineren Ländern (auch einigen in Europa) gilt nicht das Welteinkommensprinzip, sondern das Territorialeinkommensprinzip.[24] Von der unbeschränkten Steuerpflicht derjenigen, die in einem solchen Land ihren dauerhaften Hauptwohnsitz haben, werden nur inländische Einkünfte erfasst. Einkünfte, die ein solcher Bürger im Ausland erwirtschaftet hat (Einkünfte aus ausländischen Quellen) sind in seinem Wohnsitzland nicht zu versteuern. Würde Lukas aus dem vorigen Beispiel also nicht in Deutschland, sondern z.B. in Zypern leben, das ein weitgehend territorial ausgestaltetes Steuerrecht hat, wäre die Apple-Dividende in Zypern steuerfrei (egal, wo

23 Das ist die Quellensteuer auf Dividenden, die weiter unten genauer beschrieben wird.

24 In der Schweiz ist für sehr vermögende, in die Schweiz einwandernde Ausländer eine partielle, zeitlich begrenzte Aufweichung des Welteinkommensprinzips möglich.

Lukas sein Depot führt). An der Situation in den USA ändert sich hierdurch nichts, die Dividende wäre trotz des zypriotischen Wohnsitzes von Lukas in den USA, dem Quellenland, steuerpflichtig.

In der Schweiz besteht in Bezug auf das auch dort generell geltende Welteinkommensprinzip für vermögende Ausländer eine partielle Ausnahme, sofern diese der kantonalen zuständigen Schweizer Steuerverwaltung die sogenannte »Pauschalbesteuerung« vereinbart haben. Die Inanspruchnahme dieser Sonderregelung lohnt sich jedoch erst ab beträchtlichen Einkommen und Vermögen in der Größenordnung eines globalen Jahreseinkommens von etwa 500 000 Euro vor Steuern (Stand Ende 2025). Darüber hinaus ist sie an weitere Voraussetzungen geknüpft: keine Schweizer Staatsangehörigkeit, erstmalige Wohnsitznahme in der Schweiz oder nach mindestens zehnjähriger Abwesenheit, keine Erwerbstätigkeit in der Schweiz. Erlaubt sind Tätigkeiten im Ausland und die Verwaltung von in der Schweiz gehaltenem Privatvermögen. Bei Ehepaaren müssen beide Ehepartner die Bedingungen unabhängig voneinander erfüllen.

(b) »Weltvermögensprinzip«

Bei der deutschen Schenkungs- und Erbschaftssteuer gilt, dass alle unentgeltlichen weltweiten Vermögenstransfers, bei denen entweder der Erblasser/Schenker oder der Erbe/Beschenkte in Deutschland Inländer ist, grundsätzlich von der Steuer erfasst werden.[25] Wenn also ein in der Schweiz wohnender Vater seinem in Deutschland studierenden Sohn einen Rindermastbetrieb in Brasilien schenkt, wird deutsche Schenkungssteuer fällig. Es gilt das Weltvermögensprinzip.

Würde in Deutschland wieder eine Vermögenssteuer (eine Steuer auf die Vermögenssubstanz) eingeführt, ist davon auszugehen, dass – ähnlich dem Welteinkommensprinzip im Einkommenssteuerrecht – auch bei der Vermögenssteuer das gesamte »Weltvermögen« (also auch das Vermögen im Ausland) eines in Deutschland unbeschränkt Steuerpflichtigen in die vermögenssteuerliche Bemessungsgrundlage einflössen, sofern nicht ein Doppelbesteuerungsabkommen (DBA) auf dem Gebiet der Vermögenssteuern etwas anderes regelt.

25 Das Wort »grundsätzlich« verwenden wir in diesem Buch stets im juristischen Sinne. Es bedeutet hier »im Allgemeinen oder im Standardfall, wobei Ausnahmen möglich sind«, es bedeutet nicht »immer« wie zumeist in der Alltagssprache.

Das Welteinkommensprinzip und das Weltvermögensprinzip haben aus der Sicht des inländischen Fiskus den Zweck – und das wird keinen Leser überraschen – zu verhindern oder jedenfalls zu erschweren, dass der Steuerpflichtige durch die Verlagerung von Einkommensströmen oder Vermögen ins Ausland seine inländische Steuerbelastung reduziert. Der Fiskus will so also »Steuersubstrat vor der Abwanderung ins Ausland bewahren«.

(c) Unbeschränkte Steuerpflicht

Man ist als natürliche Person dort unbeschränkt steuerpflichtig, wo man seinen Wohnsitz hat und sich längere Zeit im Jahr aufhält (Details zum Wohnsitz aus steuerlicher Perspektive in Abschnitt 5.5). In den meisten Ländern führt bereits eines dieser beiden Merkmale zu einer unbeschränkten Steuerpflicht. Was das genau bedeutet, also ob dort nach dem Welteinkommens- oder Territorialeinkommensprinzip besteuert wird, hängt dann vom nationalen Steuerrecht des jeweiligen Landes ab. Bei vermögenden Privatpersonen in Deutschland sind die Kriterien der unbeschränkten Steuerpflicht, also des Wohnsitzes und des gewöhnlichen Aufenthaltsortes, nicht nur für einkommenssteuerliche, sondern auch für schenkungs- und erbschaftssteuerliche Zwecke maßgeblich.

Man kann als vermögende Person leicht in mehreren Ländern zugleich erbschaftssteuerpflichtig werden; die Konsequenzen können im Einzelfall sehr unerfreulich sein, wenn es zu einer Doppelbesteuerung kommt.

(d) Beschränkte Steuerpflicht und Belegenheitsprinzip

In einem Land, in dem eine Person keinen Wohnsitz oder gewöhnlichen Aufenthalt hat, kann die Person dennoch *beschränkt steuerpflichtig* sein. Beispiel: Caroline lebt in Deutschland und ist deswegen dort unbeschränkt steuerpflichtig. Ihr gehört eine zeitweilig vermietete Ferienwohnung in der Toskana. Mit den Mieteinkünften aus der Ferienwohnung ist Caroline in Italien beschränkt steuerpflichtig, sie muss diese dort versteuern. Die beschränkte Steuerpflicht gilt meist für Einkünfte aus Immobilien (wie im Beispiel) und Betriebsvermögen (unternehmerische Einkünfte) im jeweiligen Land.[26] Man spricht hier auch vom *Belegenheitsprinzip*, weil die Einkunftsquellen in besonderer Weise physisch mit dem jeweiligen

---

26 Einkünfte aus liquidem Vermögen (z.B. Bankguthaben, Wertpapierdepots) sind in dem Land, in dem das Depot geführt wird, für Steuerausländer häufig steuerfrei.

Land verbunden sind, dort »belegen« sind, was im Falle eines ausländischen Bankguthabens oder Depots z.B. nicht der Fall wäre. Einkünfte aus solchen »physischen« Vermögenswerten sind also in der Regel zunächst lokal im Belegenheitsland zu versteuern, auch wenn der Eigentümer (der »wirtschaftlich Berechtigte«) nicht in dem besagten Land lebt. In einem zweiten Schritt entscheidet sich dann, ob diese Einkünfte zusätzlich im Wohnsitzland zu versteuern sind. Wenn das Wohnsitzland dem Welteinkommensprinzip folgt, dann vermutlich ja. Gilt im Wohnsitzland das Territorialeinkommensprinzip, dann vermutlich nicht. Im Idealfall besteht ein DBA zwischen dem Ansässigkeitsstaat des Eigentümers und dem Belegenheitsstaat des Vermögens (siehe dazu nachfolgenden Abschnitt [f]).

Je nach Land kann es sehr unterschiedlich geregelt sein, welche Einkünfte von der beschränkten Steuerpflicht erfasst werden. Das gilt beispielsweise für Zinseinkünfte (in Abgrenzung zu Dividendeneinkünften). Diese sind in einigen Ländern beschränkt im Land des Zinsschuldners (dem Quellenland) steuerpflichtig, in anderen Ländern nicht. In fast allen (und natürlich in Deutschland) sind sie im Land des Zinsempfängers steuerpflichtig. Rentenzahlungen von staatlichen Versicherern sind nach den meisten Doppelbesteuerungsabkommen, aber eben nicht immer, nur im Quellenland zu versteuern, während Rentenzahlungen von nicht staatlichen Versicherern (Betriebsrenten) zumeist nur im Empfängerland steuerpflichtig sind.

Aufgrund der beschränkten Steuerpflichten und des Belegenheitsprinzips im Steuerrecht hilft auch der endgültige Wegzug aus Deutschland (siehe »Wegzugsbesteuerung« unter [h] weiter unten) selten dabei, die deutsche Besteuerung von Einkünften aus Immobilien oder Unternehmensbeteiligungen im Inland zu reduzieren oder gar zu beenden (mehr hierzu in Abschnitt 5.5).

Notabene: Mit »Unternehmensbeteiligungen« sind Beteiligungen von mindestens 1% gemeint. Ein normales Aktieninvestment (in diesem Buch vereinfachend als »Portfolioinvestment« oder »Streubesitz« bezeichnet) fällt naturgemäß nicht in diese Kategorie. Generell meinen wir in diesem Buch mit »Unternehmensbeteiligungen« oder »unternehmerischer Aktivität« oder »operativer Beteiligung« nicht börsennotierte, nennenswerte Eigenkapitalanteile an Unternehmen, z.B. eine Beteiligung am Familienunternehmen. Rein formal betrachtet ist der Besitz einer einzelnen Apple-Aktie natürlich ebenfalls eine »Unternehmensbeteiligung«.

(e) Steuerliche Transparenz und steuerliche Intransparenz

In vermutlich allen westlichen Steuerjurisdiktionen existiert das Transparenz-Intransparenz-Prinzip in Bezug auf verschiedene gesellschaftsrechtliche Vehikel, beispielsweise Einzelfirmen, Personengesellschaften (GbR, OHG, KG und andere), → Kapitalgesellschaften (GmbH, AG und andere) sowie Stiftungen.[27]

Eine Rechtsform ist steuerlich intransparent, wenn sie als eigenständiges Steuersubjekt behandelt wird, also selbst qua Rechtsform grundsätzlich eine eigene Steuerpflicht besitzt. Das trifft auf Kapitalgesellschaften wie die GmbH zu. Mit ihrem Einkommen (Vorsteuergewinn) ist sie selbst unmittelbar steuerpflichtig. Nimmt die GmbH Ausschüttungen an ihre in Deutschland oder im Ausland ansässigen Gesellschafter vor, müssen die Gesellschafter ihrerseits diese Ausschüttungen auf ihrer persönlichen Ebene versteuern.

Bei einer steuerlich transparenten Rechtsform, z.B. die Einzelfirmen und Personengesellschaften, verhält sich das anders. Diese Rechtsformen existieren steuerlich sozusagen nicht, bei ihnen besteht eine steuerliche Transparenz. Das heißt, der Fiskus blickt durch diese Rechtsformen hindurch direkt auf die Gesellschafter und rechnet das Vorsteuereinkommen der Gesellschaft unmittelbar diesen Gesellschaftern zu. Die Gesellschaft selbst zahlt keine Steuern auf ihr Einkommen. Hat die Gesellschaft mehr als einen Gesellschafter, dann sind diese mit ihren jeweiligen Anteilen am Vorsteuereinkommen der Gesellschaft steuerpflichtig.

Eine aus deutscher Sicht ausländische Familienstiftung kann, je nach Gestaltung und Einflussnahme des Stifters, sowohl steuerlich transparent als auch intransparent sein. In der Praxis wird fast immer die Intransparenz gewünscht, vor allem, wenn die Stiftung selbst steuerlich deutlich geringer belastet wird als der Stifter und/oder die Begünstigten. Damit die Intransparenz erzielt wird, müssen bestimmte steuerliche »Vorsichtsmaßnahmen« eingehalten werden. In Kapitel 9 werden wir diese erläutern.

(f) Doppelbesteuerungsabkommen (DBA)

Die obigen Ausführungen zeigen, dass im internationalen Einkommenssteuerrecht schon bei einer simplen grenzüberschreitenden Dividenden-

27 Die Rechtsform der Einzelfirma zählt formal nicht zu den Personengesellschaften (PG), wird aber steuerlich so wie eine PG behandelt.

oder Mietzahlung zwei Steuerpflichten in Konkurrenz zueinander treten können: die unbeschränkte Steuerpflicht im Wohnsitzland des Eigentümers und die beschränkte Steuerpflicht im Belegenheitsland bzw. Quellenland. Wenn beide Pflichten gleichzeitig zuschlagen (und das ist häufig der Fall), kommt es – vorbehaltlich der Regelungen in einem etwaig existierenden DBA – zu einer Doppelbesteuerung, einer besonders hohen Gesamtbesteuerung. Um Doppelbesteuerungen abzumildern oder zu verhindern, unterhalten die meisten entwickelten Länder, die keine Niedrigsteuerländer/»Steueroasen« sind, untereinander bilaterale ertragssteuerrechtliche DBAs, Deutschland z.B. mit über 120 der rund 195 Staaten der Erde, darunter mit Österreich, der Schweiz, Liechtenstein und den USA.

DBAs existieren selten zwischen einem »reichen westlichen Land« und einem Niedrigsteuerland (dazu gehören viele Schwellen- und Entwicklungsländer), weil das tendenziell zum Nachteil der Regierung des reichen westlichen Landes wäre.

DBAs sollen für die natürlichen und juristischen Personen, die in den beiden Partnerländern steuerpflichtig sind, verhindern, dass grenzüberschreitende Einkünfte doppelt besteuert werden, aber auch – was manchmal vergessen wird –, dass es zu einer »doppelten Nichtbesteuerung« kommt. Wer nennenswerte Einkünfte aus einem anderen Land bezieht, ist gut beraten, das entsprechende DBA zwischen dem eigenen Wohnsitzland und dem anderen Land zu kennen (oder einen Steuerberater zu haben, der das tut).

Einigermaßen flächendeckend existieren DBAs heute nur in Bezug auf Ertragssteuern, also Einkommens- und Körperschaftssteuern, nicht aber für Erbschafts- oder Schenkungssteuern. Schon eine Ferienwohnung an der Costa del Sol in Spanien kann problematisch werden, wenn bei einem Todesfall sowohl Deutschland als auch Spanien gleichzeitig Ansprüche auf ihre jeweiligen Erbschaftssteuern erheben sollten – vielleicht sogar jeweils auf das »Weltvermögen«. Auf die »vieldimensionale Aggressivität« der deutschen Schenkungs- und Erbschaftssteuer gehen wir näher in Abschnitt 3.4.1 ein.

Allgemeine Vermögenssteuern, die bspw. in der Schweiz und in Spanien existieren, werden in DBAs uneinheitlich geregelt.

(g) Quellensteuern

Quellensteuern werden von den meisten Staaten (einschließlich DE, AT, CH) erhoben, wenn Dividenden und oft (aber nicht immer) auch Zinsen, die aus Sicht des jeweiligen Staates aus inländischen »Quellen« stammen, an im Ausland ansässige Empfänger gezahlt werden.[28] Beispiel: Siemens zahlt eine Dividende an einen Aktionär, der steuerlich in Südafrika ansässig ist – hier muss Siemens für den deutschen Staat Quellensteuer einbehalten und abführen.

Quellensteuern auf Dividenden und Zinsen werden auch innerhalb der EU bei grenzüberschreitenden Sachverhalten erhoben. Über DBAs zwischen zwei Staaten können solche Quellensteuern unter bestimmten Voraussetzungen reduziert werden und/oder sie sind generell auf die Einkommenssteuer im Empfängerland anrechenbar – in Deutschland z.B. gemäß § 32d EStG. Von diesem Anrechnungsgrundsatz bestehen jedoch vielfältige Ausnahmen und in der Praxis stehen der Anrechnung oft beträchtliche administrative Hindernisse im Weg. Ein in Industrieländern typischer Quellensteuersatz auf Dividenden beträgt 25% (also ein Viertel der Dividende). Bei einer → Dividendenrendite von 2,5% p.a., würde das 0,625 »Renditeprozente« betragen (25% × 2,5%). Ob diese Quellensteuer mit Hilfe der Anwendung von DBAs oder der allgemeinen Anrechnungsmöglichkeit im deutschen Einkommenssteuerrecht effektiv reduziert wird oder nicht, spielt aus einer langfristigen Vermögensschutzperspektive eine beträchtliche Rolle.

(h) Wegzugsbesteuerung

In vielen Staaten existieren Formen einer »Wegzugsbesteuerung«, so natürlich auch in Deutschland. Die deutsche Wegzugsbesteuerung beinhaltet in erster Linie, dass der »Wegzug« (die Emigration/Auswanderung) eines vorher unbeschränkt Steuerpflichtigen in ein anderes Land bei unternehmerischen Beteiligungen ab 1,0% an einer Kapitalgesellschaft (nicht an einer Personengesellschaft) die Besteuerung von bisher nicht versteuerten »stillen Reserven« auslöst.

Beispiel: Unternehmer Julian (bisher Hauptwohnsitz und unbeschränkte Steuerpflicht in Leipzig) kaufte vor zehn Jahren 40% der Anteile einer GmbH in Deutschland und zahlte dafür 200 000 Euro. Die Anteile sind heute 3 Millionen Euro wert.[29] Julian möchte nun dauerhaft nach

---

28 Mieteinkünfte sind typischerweise sowieso im Belegenheitsland der Immobilie zu versteuern, auch wenn der Eigentümer im Ausland ansässig ist.

29 Eine solche Wertangabe kann auf vielfältige Weise zustande kommen. Für Steuerberater ist es ein Leichtes, hier klärende Auskunft zu geben.

Südfrankreich umziehen. Er muss daher beim Wegzug auf den Wertzuwachs von 2,8 Millionen Euro in Deutschland eine Einkommenssteuer von rund 28,5%, also rund 798 000 Euro bezahlen, obwohl er die Anteile nicht veräußert hat und in den nächsten Jahren auch nicht veräußern will (der genannte Steuersatz ergibt sich aus dem → Teileinkünfteverfahren).

Die Wegzugsbesteuerung kann auch greifen, wenn gar niemand umzieht: Vererbt oder verschenkt ein Unternehmer einen Unternehmensanteil an eine im Ausland wohnende Tochter, wird nicht nur Schenkungssteuer geschuldet, sondern auch die Wegzugssteuer, weil die Tochter im Ausland lebt.

Wie gerade erwähnt: Wegzugsbesteuerung betrifft in Deutschland nur unternehmerische Beteiligungen ab 1,0% und nur solche in Gestalt einer Kapitalgesellschaft, also im Normalfall keine Investments in börsennotierte Aktien (Streubesitz) oder anderes liquides Vermögen. Anteile an vermögensverwaltenden GmbHs einschließlich des darin enthaltenen liquiden Vermögens sind ebenfalls unternehmerische Beteiligungen. Bei Immobilien, die im Privatvermögen gehalten werden, greift die Wegzugsbesteuerung nicht. Allerdings sind hier die Erträge einschließlich etwaiger Wertsteigerungsgewinne typischerweise sowieso immer im Belegenheitsland (Standort der Immobilie) zu versteuern.

Seit Anfang 2025 gilt eine weitere, ebenfalls unschöne Form der Wegzugsbesteuerung, die sich auf unterschiedliche Formen von Investmentfonds bezieht, insbesondere auch auf ganz normale »Publikumsfonds« (UCITS-Fonds), zu denen aktiv gemanagte Investmentfonds und auch passiv gemanagte ETFs gehören (diese werden in den Abschnitt 7.1.6 näher erläutert). Hier ein Anwendungsbeispiel: Helena (59) besitzt Anteile am Aktien-ETF A (ein bestimmter Fonds ist definiert durch eine → WKN oder → ISIN). Die Anteile sind heute 720 000 Euro wert. Die aufsummierten Anschaffungskosten der Anteile betragen 420 000 Euro (Helena hat in der Vergangenheit zu unterschiedlichen Zeitpunkten über mehrere Jahre hinweg immer wieder neue Anteile nachgekauft.) Helena hatte schon immer ihren Erstwohnsitz in Deutschland, will aber nun nach Portugal emigrieren. Sie hat Glück. Sie ist nicht von der Wegzugsbesteuerung auf Fonds betroffen, da die Anschaffungskosten von Fonds A unter der im Gesetz definierten Grenze von 500 000 Euro liegen (der aktuelle Marktwert ist irrelevant). Es spielt hierbei auch keine Rolle, dass Helena noch drei andere Fonds B, C und D im Gesamtwert von 850 000 Euro in ihrem Depot hält, denn bei allen drei Fonds lagen jeweils individuell die Anschaffungskosten der Anteile unter 500 000 Euro.

Wären allerdings die aufsummierten Anschaffungskosten bei Fonds A nicht 420 000 Euro, sondern, sagen wir, 510 000 Euro gewesen, hätte Helena im Moment ihres Wegzuges 26,4% Abgeltungssteuer auf die stillen Reserven von in diesem Fall 210 000 Euro (720 000 Euro minus 510 000 Euro) an das deutsche Finanzamt abführen müssen. Man kann diesem »Unsinn« entgehen, indem man darauf achtet, von keinem individuellen Fonds Anteile mit summarischen Anschaffungskosten von mehr als 499 999 Euro im Depot zu halten. Das sollte angesichts der Vielzahl ähnlicher Fonds/ETFs zumindest für neu gekaufte Anteile kein Problem sein.

Die Wegzugsbesteuerung ist ein für Vermögende, die ihren Hauptwohnsitz ins Ausland verlegen, bedeutsames steuerrechtliches Thema, über dessen Tragweite sich mancher, der einen dauerhaften Umzug ins Ausland plant oder der Vermögensnachfolger im Ausland hat, zunächst nicht bewusst ist. Einen allerersten Überblick finden Sie unter dem Stichwort »Wegzugsbesteuerung« in der Wikipedia. Viele Juristen halten die deutsche Wegzugsbesteuerung bei Wegzügen innerhalb der EU für europarechtswidrig, weil sie die Freizügigkeit (der europarechtlich garantierten freien Wahl des Wohnortes in der EU) innerhalb der EU ziemlich eindeutig einschränkt und erschwert. Hierzu sind mehrere Klagen anhängig. Wann und wie diese von den zuständigen Gerichten endgültig entschieden werden, war jedoch zum Zeitpunkt der Abfassung dieses Buches offen.

(i) Erbschaftssteuer und Schenkungssteuer

Es klang in den vorherigen Absätzen schon ein paar Mal an: In Deutschland existiert eine im internationalen Vergleich hohe Erbschafts- und Schenkungssteuer. Mancher vermögende Bürger mag daher denken und hoffen, er könne sich dieser Steuer durch rechtzeitigen Wegzug ins Ausland entziehen. In der Realität wird das vielfach nicht funktionieren. Deshalb haben wir diesem Thema im nächsten Kapitel einen eigenen Abschnitt (3.4.1) gewidmet.

(j) Automatischer Internationaler Informationsaustausch (AIA)

Zwischen der deutlichen Mehrzahl aller Länder auf diesem Planeten existieren inzwischen Abkommen zum »Automatisierten Informationsaustausch« (»AIA-Abkommen«) in Bezug auf Bankkonten und -depots.[30] Der AIA soll bei der Bekämpfung von Steuerhinterziehung, Geldwäsche, Terrorismusfinanzierung, organisierter Kriminalität und damit verwandten Delikten helfen.

Es gibt derzeit zwei weltweit etablierte AIA-Plattformen, den »Common Report Standard« (»CRS«) der OECD und den »Foreign Account Tax Compliance Act« (→ »FATCA«), ein Gesetz in den USA, dem sich viele Banken und sonstige Finanzdienstleister außerhalb der USA in Bezug auf Finanzinformationen zu den von ihnen geführten Konten und Depots »freiwillig« unterwerfen.[31] Die FATCA-Gesetzgebung und die damit zusammenhängenden Regeln weichen zum Teil von den »normalen« CRS/AIA-Regeln ab, sind aber in Bezug auf → US Persons tendenziell eher noch weitgehender. Ebenfalls eher schärfer sind die Regeln zum entsprechenden Informationsaustausch zwischen den EU-Staaten. Das »in den guten alten Zeiten« noch sehr ernst zu nehmende Bankgeheimnis ist aufgrund des AIAs und vieler rein nationaler gesetzlicher Veränderungen in den einzelnen Ländern während der zurückliegenden zwei Jahrzehnte heute stark aufgeweicht – auch in der Schweiz und in Liechtenstein.

Heute tauschen bereits rund 120 der ca. 195 Staaten der Erde Finanzdaten zu Bankkonten und -depots der auf ihren Gebieten ansässigen Personen aus. In den nächsten Jahren wird sich das globale AIA-Netzwerk nahezu garantiert weiter ausdehnen, da die reichen westlichen Länder hier großen Druck auf die Noch-nicht-Teilnehmerstaaten ausüben. Mit anderen Worten: »Offshore«-Länder, die bisher noch keinen AIA mit Deutschland betreiben, könnten das in Zukunft irgendwann tun bzw. tun müssen.

Mit Deutschland praktizierten Ende 2025 die Schweiz, Österreich, Liechtenstein, alle EU-Staaten, fast alle übrigen europäischen Länder, die Vereinigten Arabischen Emirate (darunter Dubai) und viele weitere »Destinationen«, einschließlich einiger Steueroasen wie die Kanalinseln Jersey und Guernsey und die Karibikinseln Bahamas, Barbados und die Cayman Islands den AIA.

30 Engl. »Automatic Exchange of Information« (»AEOI«).
31 Zur OECD siehe erläuternde Infobox in Abschnitt 9.3.3.

Infobox: Barzahlungsgrenzen in Ländern der EU

In der EU wird ab 2027 eine einheitliche Obergrenze für Barzahlungen von 10 000 Euro bestehen, um den Missbrauch von Bargeld zu Geldwäsche- oder anderen illegalen Zwecken zu reduzieren. Jedem EU-Staat wird es dann freistehen, national eine niedrigere Obergrenze festzulegen. In Deutschland beträgt die Obergrenze aktuell bereits 10 000 Euro, in Italien 5 000 Euro. In vielen EU-Staaten existiert derzeit noch keine Obergrenze. In der Schweiz besteht keine Obergrenze, aber eine Identifikationspflicht bei Barzahlungen ab 15 000 CHF. In Liechtenstein muss die Ein- oder Ausfuhr von Bargeld ab 15 000 CHF angemeldet werden. Es ist davon auszugehen, dass Barzahlungsobergrenzen nach und nach in immer mehr Ländern der Welt eingeführt werden.

Vom AIA erfasst werden Finanzdaten (Transaktionsdaten und Bestandsdaten – oft allerdings nur in aggregierter Form) in Bezug auf liquides Vermögen bei Banken und anderen Finanzdienstleistern. Der betroffene Konto-/Depotinhaber wird nicht gesondert von seinem kontoführenden Institut darüber informiert, wenn es einen AIA-Datensatz an eine ausländische Finanzbehörde übertragen hat.

Zwar werden Bestandsdaten zu Immobilienbesitz oder unternehmerischen Beteiligungen im Rahmen des AIAs noch nicht erfasst, aber die Finanztransaktionsvorgänge (Zahlungen), die im Zusammenhang mit diesen Vermögenswerten stehen, naturgemäß schon.

Ein konkretes Beispiel: Laura (Hauptwohnsitz und unbeschränkte Steuerpflicht in Deutschland) hat vor vier Jahren ein Konto und ein Depot bei einer Schweizer Bank in Zürich eröffnet. Laura lässt dort von der Schweizer Bank liquides Vermögen im Umfang von 700 000 Euro verwalten. Auf dem Konto gehen außerdem Mieterträge zu einer Ferienwohnung von Laura in der französischen Schweiz ein sowie, voriges Jahr, eine größere Einmalzahlung aus einer Erbschaft von einer verstorbenen Großtante Lauras, die in der Schweiz lebte. Lauras Heimatfinanzamt in Hamburg wird von der Schweizer Steuerverwaltung automatisch und jährlich über einen standardisierten CRS/AIA-Datensatz über den Vermögensbestand und z.T. auch die laufenden Zahlungsvorgänge (Transaktionen) informiert.

Neben dem Automatischen Informationsaustausch existiert zwischen vielen Ländern auch ein »Informationsaustausch auf Anfrage«, der zumeist in den bestehenden DBAs und manchmal in anderen zwischenstaatlichen Abkommen, einschließlich Rechtshilfeabkommen, geregelt ist. Auf Basis dieser Verträge können zwischen den teilnehmenden nationalen Finanzverwaltungen steuerrechtliche Informationen kommuniziert werden, die durch den AIA noch nicht erfasst sind, beispielsweise steuerliche Informationen in Bezug auf den Bestand von Eigentum an Immobilien oder Unternehmensbeteiligungen.

(k) Transparenzregister

Das im deutschen »Geldwäschegesetz« (»GwG«) verankerte »Transparenzregister« (»TR«) ist ein auf einer EU-Richtlinie basierendes, in jedem EU-Land bestehendes Register, in das die »wirtschaftlich Berechtigten« (engl.: »Economic Beneficiaries«), die letztlich hinter juristischen Personen und Personengesellschaften stehen, eingetragen werden müssen. Schlussendlich gibt das öffentlich zugängliche deutsche TR (www.transparenzregister.de) jedem gegen eine geringe Gebühr Einblick in die Eigentumsverhältnisse von Firmen in Deutschland. Entsprechende TRs müssen in jedem anderen EU- oder EWR-Land (zum EWR siehe Infobox in Abschnitt 9.3.2) ebenfalls existieren. Das deutsche TR wird vom staatlichen Bundesanzeigerverlag geführt. Der Zweck des TRs besteht darin – auch im Falle verschachtelter juristischer Strukturen –, diejenigen natürlichen Personen kenntlich zu machen, die am Ende dieser Eigentumsstrukturen stehen. Ziel ist die Verhinderung von Rechtsgestaltungen zum Zweck der Geldwäsche und Terrorismusfinanzierung. Wirtschaftliche Berechtigte sind natürliche Personen, die direkt oder indirekt mehr als 25% der Kapitalanteile halten oder mehr als 25% der Stimmrechte kontrollieren.

Unabhängig vom TR unterliegen Unternehmen in Deutschland in Bezug auf ihre wirtschaftlichen Verhältnisse (Bilanz, Gewinn- und Verlustrechnung) bestimmten Offenlegungspflichten, für deren Einsammlung und Veröffentlichung wiederum der oben erwähnte Bundesanzeigerverlag zuständig ist. Diese Publizitätspflichten sind für kleine Unternehmen noch vergleichsweise moderat, dehnen sich aber mit der Größe des Unternehmens aus, sind also zunehmend granularer und weitgehender. Die wesentlichen Details zum Umfang der Publizitätspflicht finden sich unter dem Eintrag »Publizitätspflicht« in der deutschsprachigen Wikipedia.

(l) Ein Asset (Vermögenswert) ist ein Zahlungsstrom

Eine der faszinierendsten Einsichten, die sich ganz zu Anfang eines Wirtschaftsstudiums eröffnet, ist folgende: Der ökonomische Wert (der Preis) jedes Assets und jeder Verbindlichkeit zu einem gegebenen Zeitpunkt ergibt sich aus dem Zahlungsstrom (dem → Cashflow), den dieses Asset in Zukunft seinem Eigentümer liefern wird, und aus der Unsicherheit (dem Risiko) dieses Zahlungsstroms. In der Vergangenheit angefallene Cashflows spielen dabei letztlich keine Rolle. Einige Beispiele: Der Wert einer Immobilie besteht aus dem Barwert aller (geschätzten) zukünftigen Nettomieteinnahmen. Wenn die Immobilie nicht bis in alle Ewigkeit gehalten wird, dann aus dem Barwert der Nettomieteinnahmen bis zum Verkauf plus dem Nettoverkaufserlös (der finale Cashflow). Der Wert eines Unternehmens ist der Barwert (siehe dazu nachfolgend [m]) aller geschätzten Ausschüttungen an die Eigentümer plus Verkaufserlös des Unternehmens. Der Wert eines Kredits ergibt sich aus dem Barwert des künftigen Kapitaldienstes (Zins und Tilgung). Wie sieht es aus mit einer Aktie? Ist hier der Wert nicht einfach der Börsenkurs? Ja natürlich, aber der Börsenkurs ist nichts anderes als die kollektive Schätzung aller Marktteilnehmer über die zukünftigen Dividenden, die »bis in alle Ewigkeit« an den jeweiligen Inhaber der Aktie fließen werden. Der Verkauf eines Assets ist der finale Zahlungsstrom an den vorherigen Eigentümer, den Verkäufer. Eingangs haben wir die Unsicherheit oder Ungewissheit dieser Zahlungsströme erwähnt. Was hat es damit auf sich? Unsichere Cashflows sind weniger wert als betragsgleiche sichere Cashflows. Das entspricht auch unserer Intuition. Der Grad der Unsicherheit kommt im Abzinsungssatz für diese Cashflows zum Ausdruck.

(m) Barwertkonzept

Der Barwert, auch Gegenwartswert genannt, ist der heutige Wert einer erst in der Zukunft zu empfangenden Zahlung oder eines Zahlungsstroms, »abgezinst« (diskontiert oder abdiskontiert) auf die Gegenwart (zu Zahlungsstrom siehe oben [l]). Ein Beispiel: Eine Zahlung in einem Jahr von 105 Euro hat bei einer Abzinsungsrate (Abzinsungssatz) von 5% einen Barwert von 100 Euro, denn wenn man 100 Euro mit 5% Jahresrendite für ein Jahr anlegt, erzielt man 105 Euro. Deshalb haben beide Werte – 100 Euro jetzt oder 105 Euro in zwölf Monaten – bei dieser Abzinsungsrate denselben Barwert. Mit Barwerten kann man Zahlungen, die zu unterschiedlichen Zeitpunkten anfallen, vergleichbar machen. Die Formel für die Berechnung des Barwertes BW einer einmaligen zukünftigen Zahlung Z sieht so aus: $BW = Z \div (1 + r)^N$, wobei r die Abzinsungsrate und N die Anzahl der Perioden ist (hier 1). Die Formeln für eine Serie gleichbleibender oder variierender zukünftiger Zahlungen sind ähnlich, aber komplizierter. Der Zins bzw. Abzinsungssatz soll den Risikograd des betreffenden Zahlungsstroms reflektieren. Risikoreiche Zahlungsströme müssen mit höheren Diskontraten abgezinst werden. »Barwertmethode« ist der Sammelbegriff für die Berechnungsformeln und -methoden, mit denen man aus einem zukünftigen Geldzahlungsstrom einen Barwert (Gegenwartswert) ermittelt. Mit einem Tabellenkalkulationsprogramm wie Microsoft Excel kann man Barwerte recht einfach berechnen. Im Internet existieren zahlreiche Finanzierungsrechner, mit denen man einfache und auch anspruchsvolle Barwertberechnungen vornehmen kann, z.B. www.zinsen-berechnen.de.

Eine eminent praxisrelevante Anwendung des Barwertkonzeptes werden wir in Abschnitt 3.3 – »Steuern sparen durch Buy and Hold« – kennenlernen.

So, jetzt haben Sie's geschafft. Nun sind Sie technisch gerüstet und vorbereitet für die folgenden, weit weniger theoretischen, weniger trockenen Ausführungen zu unserem eigentlichen Thema: Wie können vermögende Familien ihr Vermögen effektiv schützen?

3 Grundelemente der Vermögensbewahrung

In Abschnitt 1.3 haben wir unser holistisches Vermögensschutzkonzept überblicksartig dargestellt. Vielleicht wollen Sie, lieber Leser, an dieser Stelle kurz einen Blick auf die dortige Abbildung 1 werfen, um sich darin die drei Hauptelemente unseres Vermögensschutzkonzeptes in der Gesamtschau in Erinnerung zu rufen.

Im vorliegenden Kapitel 3 zur Vermögensbewahrung beginnen wir mit einem der einfachsten, aber zugleich auch wichtigsten Aspekte von Vermögensschutz: die Nebenkosten der Vermögensanlage niedrig zu halten.

3.1 Die Belastung mit Kosten niedrig halten

Die meisten Leser werden es schon einmal gehört haben: Die Nebenkosten des Investierens haben auf lange Sicht eine verblüffend hohe Auswirkung auf den Vermögensendwert eines Investments und nur auf diesen kommt es am Ende an. Tabelle 3 illustriert diesen Sachverhalt anhand eines Zahlenbeispiels. Wir vergleichen darin die Entwicklung eines Aktien-ETFs mit laufenden Kosten von 0,15% p.a. (Fonds A) und eines »konventionellen«, aktiv gemanagten Aktienfonds mit laufenden Kosten von 1,45% p.a. (Fonds B). Diese Kostendifferenz ist typisch, wenn man normale passiv gemanagte Aktien-ETFs ohne Gimmicks mit normalen aktiv gemanagten Aktienfonds vergleicht. Auf das für Privatanleger geradezu geniale Anlageprodukt ETF gehen wir ausführlich in Abschnitt 7.1.6 ein.

»Laufende Kosten« (im Englischen → »Total Expense Ratio«/»TER«) sind eine Kostenquote, die sich auf das jahresdurchschnittliche Anlagevermögen des Fonds beziehungsweise auf den jahresdurchschnittlichen Wert Ihrer Fondsanteile bezieht. Beispiel: Sie haben im Jahresmittel 100 000 Euro in einen Fonds investiert. Dann zahlen Sie bei laufenden Kosten von 1,45% insgesamt 1 450 Euro an die Fondsgesellschaft, bei 0,15% hingegen nur 150 Euro. Diese Kosten begleichen Sie nicht direkt, sondern sie werden anteilsmäßig täglich dem Fondsvermögen entnommen.

Ein Praxisbeispiel zu laufenden Kosten: Der größte in Deutschland aufgelegte (»domizilierte«) aktiv gemanagte Aktienfonds, der DWS Top Dividende (WKN 984811), besitzt genau die oben erwähnte Kostenquote von 1,45% p.a. (Stand Dezember 2025). Der DWS Top Dividende ist ein weltweit in Industrieländer investierender, seit 2003 existierender Fonds. Die DWS gehört zum Deutsche-Bank-Konzern.

Der Anfang 2026 preisgünstigste in Deutschland vertriebene ETF auf den MSCI World Standard Index weist eine Kostenquote von 0,05% aus, doch wir verwenden großzügig die höhere und üblichere Kostenquote von 0,15%, die zu diesem Zeitpunkt 15 Aktien-ETFs auf globale breit diversifizierte »Developed Markets«-Aktienindizes erreichen oder unterschreiten. Wir unterstellen – wiederum realistisch –, dass der aktiv gemanagte Fonds und der ETF vor *Kosten* dieselbe durchschnittliche Rendite inklusive Inflation erzielen, nämlich nominal 9,0% p.a.

Tabelle 3 zeigt, wie negativ sich die fast zehnmal so hohe Kostenquote des aktiv gemanagten Fonds gegenüber dem ETF auf den Endvermögenswert auswirkt. Nach 20 Jahren hat der ETF-Anleger einen um 27% höheren und nach 30 Jahren sogar einen um 43% höheren Vermögensendwert. Aus der Wissenschaft wissen wir, dass es extrem unwahrscheinlich ist, dass ein Fondsmanager diesen Kostennachteil über einen Zeitraum von 20 Jahren durch eine entsprechend höhere Vor-Kosten-Rendite wettmacht.

Dass die Zahlen in Tabelle 3 nicht übertrieben kritisch gegenüber aktiv gemanagten Fonds sind, zeigen die umfangreichen statistischen Daten zu historischen Renditen und Risiko aktiv gemanagter Fonds (und anderer aktiv gemanagter Portfolios), die in den anderen drei Investmentbüchern von Gerd Kommer dokumentiert werden, aber in diesem Buch aus Platzgründen außen vor bleiben müssen. Eine weitere Illustration ist der Vergleich des DWS Top Dividende mit einem ETF auf den MSCI World Standard Index mit laufenden Kosten von 0,15% p.a. in den zehn Jahren bis Ende Dezember 2025. Der ETF outperformte den DWS Top Dividende um durchschnittlich 5,4 Prozentpunkte pro Jahr. Kumulativ war der Endwert des ETFs nach diesen zehn Jahren um 64% höher als der des aktiven DWS-Fonds. Die weit höheren Kaufkosten des DWS-Fonds (Ausgabeaufschlag) gegenüber einem ETF haben wir hier zugunsten des aktiven Fonds außer Acht gelassen.

Tabelle 3: Die langfristige Wertentwicklung einer anfänglichen Einmalanlage von 10 000 Euro in einem Aktienfonds in Abhängigkeit von den Anlagekosten bei einer nominalen Vor-Kosten-Rendite von 9% p.a.

	Wert des Investments in Euro		
Investmentlaufzeit in Jahren	**nach 10 Jahren**	**nach 20 Jahren**	**nach 30 Jahren**
Vermögensendwert Fonds A mit lfd. Kosten von 1,45% p.a. des Anlagevolumens – teurer aktiv gemanagter Fonds	20 700	42 900	88 800
Vermögensendwert Fonds B mit lfd. Kosten von 0,15% p.a. des Anlagevolumens – günstiger ETF	23 300	54 500	127 300
Endwertvorsprung von Fonds B (ETF) in Euro	2 600	11 600	38 500
Endwertvorsprung von Fonds B (ETF) in %	+13%	+27%	+43%

► Beträge gerundet auf volle 100-Euro-Beträge. ► Ohne Berücksichtigung von Steuern.

Grund für die hohen Endwertabweichungen von Investments, zwischen denen nur optisch geringe Unterschiede bei den laufenden Kosten bestehen, ist der – in diesem Fall – negative wirkende → Zinseszinseffekt: Schon relativ kleine Unterschiede bei der Nettorendite (Rendite nach Kosten) bewirken auf lange Sicht große Divergenzen beim Vermögensendwert.

Wer glaubt, durch Einzelwertanlegen (einzelne Aktien und Anleihen) könnten die konkurrenzlos niedrigen laufenden Kosten von ETFs noch unterboten werden, unterliegt einem Irrtum oder vergleicht Äpfel mit Birnen. Die enorm breite Diversifikation, die mit ETFs einhergeht und die ja einer ihrer größten Vorteile ist, kann ein Privatanleger mit Einzelwertanlagen niemals zu gleich niedrigen Kosten erzielen. Ein global investierender Aktien-ETF enthält mehrere Hundert bis mehrere Tausend Einzeltitel, je nach Index, den er abbildet. Darüber hinaus würde das Anlegen in Einzelwerte fast »unglaublich« viel mehr Arbeit und Zeitaufwand verursachen. Ein völlig rationaler Anleger wendet diesen Arbeitsaufwand nur auf, wenn er dafür in Gestalt von verlässlicher und deutlicher Mehrrendite »bezahlt« wird. Das dürfte bei Einzelwertanlegen auf einen Zeitraum von mehreren Jahren bezogen selten der Fall sein (umfassender zu den Nachteilen von Einzelwertanlegen mit Aktien siehe Kommer/Weis 2018i).

Viele Banken, Vermögensverwalter und Finanzberater versuchen, die hohen Gebühren ihrer Produkte und Dienstleistungen mit dem abgedroschenen Slogan »Qualität hat nun mal ihren Preis« schönzureden. Der mag bei Autos, Funktionskleidung, Restaurantmahlzeiten, Golfkursen und Unternehmensberatung zutreffen, für Anlageprodukte gilt er nicht. Das zeigen wir an den Beispielen geschlossene Fonds, Hedgefonds und Private-Equity-Fonds in Abschnitt 7.2. Diese Renditen waren langfristig klar schlechter als diejenigen breit diversifizierter einfacher ETFs. Der Hauptgrund: sehr hohe Kosten, die nicht durch ausreichend bessere Vor-Kosten-Renditen ausgeglichen werden.

Viele Privatanleger, die mit Banken oder bankunabhängigen Vermögensverwaltern zusammenarbeiten, lassen sich über die wahre Höhe ihrer Gesamtkosten täuschen. Gesamtkosten bedeuten hier die Summe aus Vermögensverwaltungsgebühr, Depotbankkosten, Transaktionskosten (Kosten für Kaufen, Verkaufen), Produktkosten (z.B. bei Fonds) und einer etwaigen »Performance Fee« (»gewinnabhängige Gebühr«).[32]

Fazit

Relativ harmlos aussehende, kleine prozentuale Unterschiede bei den laufenden Kosten von Anlageprodukten haben auf lange Sicht drastische Auswirkungen auf den Vermögensendwert. ETFs sind dasjenige Anlageprodukt mit den niedrigstmöglichen Kosten; ganz besonders, wenn man diversifiziert investieren möchte. Der oft gehörte Hinweis von Finanzdienstleistern, hohe Qualität habe nun einmal ihren Preis, ist Marketing-Blabla, auf das niemand hereinfallen sollte.

32 Performance Fees werden in einem Fonds oder in einem Vermögensverwaltungsmandat über einen längeren Zeitraum von z.B. 3+ Jahren absurderweise sogar dann anfallen, wenn die Renditeleistung des Fonds oder Vermögensverwalters insgesamt im fraglichen Zeitraum unterhalb der Schwellengröße liegt (aber nicht in jedem einzelnen Kalenderjahr). Aufgrund des bewusst »trickreichen«, kundenunfreundlichen Konstruktionsmechanismus der Performance Fee erkennen die meisten Privatanleger das jedoch nicht oder erst, wenn es zu spät ist (zur Schädlichkeit von Performance Fees siehe Kommer/Schweizer 2019i).

3.2 Die Belastung mit existierenden laufenden Steuern begrenzen

Neben der Belastung mit Gebühren ist auch die Belastung durch existierende Steuern eine für die Vermögensbewahrung wichtige Komponente, die in vielen Fällen unterschätzt oder zu passiv hingenommen wird. Diese Feststellung gilt, wie die Kostenbetrachtung im vorigen Abschnitt, für alle hier relevanten Anlageklassen: Unternehmensbeteiligungen, Immobilien, liquide Investments.

In Tabelle 4 zeigen wir, wie sich eine Einmalanlage von 1 Million Euro in Wertpapieren mit einer angenommenen Rendite von 8% p.a. entwickelt, wenn sie keiner laufenden Belastung durch die Einkommenssteuer unterliegt (Zeile 3), wenn sie der normalen jährlichen Abgeltungssteuer von 26,4% unterliegt (Zeile 2) und wenn der Vermögensendwert aus Zeile 2 am Ende der Anlageperiode beim Generationsübergang mit einer Erbschaftssteuer von 20% belastet wird (Zeile 1).

Tabelle 4: Die Wertentwicklung einer anfänglichen Einmalanlage von 1000000 Euro in Abhängigkeit von Einkommens- und Erbschaftssteuerbelastungen bei einer Vor-Steuer-Rendite von 8% p.a.

	Wert des Investments in Euro		
	nach 10 Jahren	**nach 20 Jahren**	**nach 30 Jahren**
Fall A: Vermögensendwert mit Abgeltungssteuerbelastung und Erbschaftssteuer von 20%	1418000	2513000	4453000
Fall B: Vermögensendwert mit normaler Abgeltungssteuerbelastung ohne Erbschaftssteuer	1772000 (+25%)	3141000 (+25%)	5567000 (+25%)
Fall C: Vermögensendwert ganz ohne Steuerbelastung	2159000 (+52%)	4661000 (+85%)	10063000 (+126%)

► Beträge gerundet. ► Ohne Berücksichtigung von Kosten. ► Die Prozentwerte in Klammern in Fall B und C zeigen den Endwertvorsprung gegenüber der Maximalbesteuerung in Fall A. ► Fall A: Wert aus Fall B nach einem einmaligen Erbgang mit 20% Erbschaftssteuer. ► Fall B: Wert aus Fall C mit einer laufenden Besteuerung von 26,4% (Abgeltungssteuer zzgl. SolZ). ► Fall C: 0% Steuern – keine Erbschaftssteuer im Generationswechsel, keine laufende Einkommenssteuer. ► Die Erbschaftssteuer variiert in Deutschland abhängig von der Höhe des vererbten Vermögens sowie vom Verwandtschaftsgrad zwischen Erblassern und Erben. Für unser Beispiel haben wir vereinfachend einen fixen Wert von 20% angenommen, die exakten Steuersätze finden sich in § 19 ErbStG.

Nach einer Anlagedauer von 30 Jahren ist bei einer ganz steuerfreien Anlage der Vermögensstartwert der nächsten Generation mehr als doppelt so hoch, wie wenn die gleiche Anlage laufend mit der Abgeltungssteuerlast von 26,4% und einer einmaligen Erbschaftssteuer im Generationswechsel in exemplarischer Höhe belastet wird (Fall C). Die Belastung mit Abgeltungssteuer und/oder Erbschaftssteuer zu reduzieren, ist realistisch. Daher sind diese Zahlen nicht nur graue Theorie oder Wunschdenken, sondern eminent praxisrelevant. Das werden wir im weiteren Verlauf dieses Buches zeigen. Im folgenden Abschnitt 3.3 beginnen wir damit.

Die tatsächlichen ökonomischen Folgen von Steuern auf die langfristige Wertentwicklung des Vermögens werden in Tabelle 4 eher noch untertrieben dargestellt. Die vollständige Steuerbelastung des vorhandenen Vermögens ist nämlich beträchtlich höher als diejenige, die in Tabelle 4 gezeigt wird. Wie das?

Zu der in Tabelle 4 berücksichtigten Kapitalertragssteuer (inkl. SolZ) von 26,4% kommen im Falle von Dividenden und realisierten Kursgewinnen bei Aktien in Deutschland ökonomisch noch die rund 32% hinzu, die der Dividendenzahler (das Unternehmen) zuvor auf seine Gewinne an den Staat entrichten musste (Körperschaftssteuer und Gewerbesteuer).[33] Bei einem Unternehmen in einem westlichen Industrieland läge diese Besteuerung in den meisten Fällen etwas, aber nicht dramatisch tiefer.

Werden also auf Unternehmensebene in Deutschland 100 Euro Gewinn erwirtschaftet und komplett ausgeschüttet, so werden rund 32 Euro Körperschaftsteuer und Gewebesteuer bezahlt und dann noch einmal 26,4% Kapitalertragssteuer auf die verbliebenen 68 Euro einbehalten, somit 18,20 Euro. Die aggregierte, echte Steuerbelastung liegt folglich bei knapp über 50% – ohne Berücksichtigung etwaiger Erbschaftssteuern, anderer Substanzsteuern (z.B. Grunderwerbssteuer im Falle einer Immobilieninvestition) oder Verbrauchssteuern wie der Mehrwertsteuer im Falle des Konsumierens des Ertrages.

Verkauft ein Unternehmer seine Firma (wir unterstellen, dass es sich

---

33 Die Körperschaftssteuer beträgt in Deutschland aktuell 15% + SolZ, sie soll bis 2032 auf 10% sinken, da Deutschland auch bei der Unternehmensbesteuerung weltweit in der unrühmlichen Spitzengruppe liegt. Die Höhe der Gewerbesteuer wird von der zuständigen Gemeinde erhoben, in der das Unternehmen seinen Sitz hat. Sie liegt in der Regel zwischen 7% und 24,5%. Die 32% sind in etwa der kombinierte Steuersatz für die Stadt München.

dabei um eine GmbH handelt), würden die zuvor generierten (nicht ausgeschütteten) laufenden Gewinne, wie oben erwähnt, mit rund 32% besteuert. Der Wertsteigerungsgewinn würde beim Verkauf nach dem sogenannten Teileinkünfteverfahren nach § 32d Abs. 2 Nr. 3 EStG für Personen mit einem gehobenen Einkommen zusätzlich mit rund 28% besteuert. Das ergibt eine effektive Steuerlast von rund 51% – auch hier wieder ohne Berücksichtigung weiterer anschließender Steuerlasten dieses bereits zweifach besteuerten Ertrages.

Ein einkommenssteuerlicher Grenzsteuersatz nahe 50% (ohne Berücksichtigung weiterer Runden der Mehrfachbesteuerung) kommt im deutschen Steuerrecht bei Personen schon ab gesamten Jahreseinkünften von etwa 280 000 Euro zur Anwendung. Diese prozentuale Steuerbelastung schließt die Sozialabgaben des Arbeitnehmers und Arbeitgebers (Kranken- und Pflegeversicherung, Arbeitslosenversicherung, Rentenversicherung) auf Gehaltseinkommen nicht mit ein.

Ein Rechenbeispiel für die Wirkung der allgegenwärtigen Mehrfachbesteuerung: Ein Unternehmer vererbt betraglich nennenswertes Vermögen, das aus an ihn ausgeschütteten Gewinnen seiner GmbH stammt, an eine nicht verwandte Person in Steuerklasse III der Erbschafts- und Schenkungssteuer mit dem Spitzensteuersatz von 50%. Es resultiert eine aggregierte Steuerbelastung von knapp 75%. Der Teil des Erbes, der nun für Konsum verwendet wird, unterliegt der Mehrwertsteuer von 19%, woraus eine aggregierte Steuerbelastung von knapp 80% resultiert. Dass das Erbe hierfür einen (niedrigen) zweistelligen Millionenbetrag ausmachen muss, ändert nichts an der Feststellung, dass aggregierte Steuerlasten von weit über 50% im deutschen Steuerreicht »völlig normal« sind. Ein beträchtlicher Teil der Mitglieder des deutschen Bundestages strebt weitere Steuererhöhungen an.

Im Falle der Ersetzung der Abgeltungssteuer durch den normalen progressiven Einkommenssteuertarif, wie es viele Politiker in der linken Hälfte des politischen Spektrums seit Jahren fordern, würde diese aggregierte laufende Steuerbelastung für Personen mit hohem Einkommen von etwa 50% auf rund 64% steigen – wiederum ohne Berücksichtigung der Erbschaftssteuer und anderer Mehrfachbesteuerungseffekte.

Eine vielen Anlegern nur rudimentär bekannte Steuerspartechnik ist Steuern sparen durch Buy and Hold. Wie das geht, schildern wir im folgenden Abschnitt.

Fazit

Soweit existierende Steuerbelastungen durch weise und legale Vorsorge und Gestaltung reduziert werden können, trägt das langfristig zu einer enormen Steigerung des effektiv beim Eigentümer ankommenden bzw. verbleibenden Vermögensendwertes bei. Im weiteren Verlauf dieses Buches werden wir zeigen, wie sich existierende Steuerbelastungen mildern lassen.

3.3 Steuern sparen durch Buy and Hold

»Buy and Hold« (»BAH«) ist ein zentraler Bestandteil des Weltportfolio-Konzeptes, das wir in Kapitel 8 vorstellen werden. BAH hat drei bekannte Vorteile und einen weitgehend unbekannten. Die bekannten sind Kostensenkung, geringerer laufender Arbeitsaufwand für denjenigen, der das Depot verwaltet, und Vermeidung von potenziell renditeschädlichen Timing-Fehlern. Eher unbekannt ist Vorteil Nr. 4: die Senkung der effektiven Steuerbelastung.

Gemeint ist der sogenannte Barwertvorteil »nachgelagerter Steuerzahlungen« auf Aktien, einschließlich Aktien-ETFs (auf das für rationale Anleger wichtige Barwertkonzept sind wir in Abschnitt 2.3 bereits kurz eingegangen). Dabei gilt die einfache Regel: Je länger die Halteperiode (je länger man BAH bei Aktien betreibt), desto stärker ist der Rückgang des *effektiven* Steuersatzes. Vom effektiven Steuersatz in Abgrenzung zum gesetzlichen oder statutarischen Steuersatz spricht man, wenn der Zeitwert (Barwert, Gegenwartswert) des Geldes, der Zinseszinseffekt und eventuell andere Faktoren die *tatsächliche* Steuerbelastung mindern.

Im Folgenden werden wir schrittweise erklären, woraus dieser Steuervorteil von BAH genau resultiert und wie hoch er ist.

Ein aktiver Anleger, der seine einzelnen Aktien oder Aktienfondsanteile mehr oder weniger laufend kauft und verkauft (also Aktien oder Aktien-ETF-Anteile im Depot durchschnittlich nur ein Jahr oder wenige Jahre hält), hat diesen Steuervorteil nicht bzw. nur in sehr geringem Maße.

Tabelle 5 illustriert und quantifiziert den Steuervorteil anhand eines konkreten Zahlenbeispiels. Die der Berechnung zugrunde liegenden Annahmen lauten wie folgt:

Anfängliches Einmalinvestment von 100 Euro in Aktien. Nominale Kursrendite 7% p.a., Dividendenrendite 2,5%, nominale Gesamtrendite 9,5% p.a. Der BAH-Anleger realisiert Kursgewinne jeweils erst am Ende der in der obersten Tabellenzeile genannten Anlageperiode, der aktive Anleger realisiert Kursgewinne einmal im Kalenderjahr oder häufiger. Die Dividendeneinkünfte werden bei beiden Anlegertypen jährlich besteuert. Der Steuersatz beträgt 26,375% (gerundet 26,4%) (Abgeltungssteuer + Solidaritätszuschlag, keine Kirchensteuer).

Tabelle 5: Der steuerliche Barwertvorteil bei Aktienanlagen durch Buy and Hold – Annahme anfängliches Einmalinvestment von 100 Euro (alle Zahlen gerundet)

Steuereffekte bei einem aktiven Anleger gegenüber einem Buy-and-Hold-Anleger	**Nach einem Jahr**	**Nach 10 Jahren**	**Nach 20 Jahren**	**Nach 30 Jahren**	**Nach 40 Jahren**
Vorsteuerrendite für beide Anlegertypen	9,5% p.a.	9,5% p.a.	9,5% p.a.	9,5% p.a.	9,5% p.a.
Aktiver Anleger: Vermögensendwert nach Steuer	€ 107	€ 197	€ 387	€ 730	€ 1494
BAH-Anleger: Vermögensendwert nach Steuer	€ 107	€ 205	€ 452	€ 1025	€ 2365
Vorsprung Endvermögen BAH-Anleger	0%	+5%	+18%	+33%	+58%
Aktiver Anleger: Effektiver Steuersatz	26,4%	26,4%	26,4%	26,4%	26,4%
BAH-Anleger: Effektiver Steuersatz	26,4%	21,4%	17,6%	15,1%	13,4%
Steuervorteil BAH-Anleger (Prozentpunkte)	0	5,0%	8,8%	11,3%	13,0%
Aktiver Anleger: Nachsteuerrendite	7,0% p.a.	7,0% p.a.	7,0% p.a.	7,0% p.a.	7,0% p.a.
BAH-Anleger: Nachsteuerrendite	7,0% p.a.	7,5% p.a.	7,8% p.a.	8,1% p.a.	8,2% p.a.
Renditevorteil BAH-Anleger (Prozentpunkte)	0,0% p.a.	0,5% p.a.	0,8% p.a.	1,1% p.a.	1,2% p.a.

► Die Wirkung der österreichischen Kapitalertragssteuer (KESt) von 27,5% ist der deutschen Abgeltungssteuer von 25% zzgl. SolZ und Kirchensteuer ähnlich, jedoch ist der vorteilhafte Effekt von BAH aufgrund der Besteuerung sogenannter »Ausschüttungsgleicher Erträge« geringer. In der Schweiz sind Kursgewinne von Wertpapieren für Privatanleger steuerfrei; auf Dividenden- und Zinserträge ist die normale Einkommenssteuer zu entrichten.

Woher kommt der Steuervorteil des BAH-Anlegers? Stellen Sie sich Anleger Lukas und Anlegerin Lena vor. Beide erzielen drei Jahre nacheinander mit ihren Investments Kursgewinne von genau 10% p.a. Sie starten zu Beginn von Jahr 1 mit 100 000 Euro (Gewinne aus laufenden Erträgen ignorieren wir für die Zwecke dieses Beispiels). Wir unterstellen der Einfachheit halber einen Steuersatz von 25%. Lukas ist ein aktiver Anleger. Die allermeisten seiner individuellen Investments (z.B. Aktien) hält er nicht länger als ein Jahr. Lena praktiziert konsequentes BAH. Am Ende von Jahr 1 muss Lukas 2 500 Euro Steuern abführen (25% von 10 000 Euro), Lena dagegen nichts. Daher kann Lukas am Beginn von Jahr 2 von seinem Vorjahresgewinn nur 7 500 reinvestieren, Lena hingegen die vollen 10 000 Euro. Beide verdienen wieder annahmegemäß 10%. Am Ende von Jahr 2 hat Lena somit 2 500 × 10% = 250 Euro mehr verdient als Lukas. Wenn dieser Prozess z.B. über 30 Jahre fortgesetzt wird, dann entsteht der Barwertvorteil, der anhand unterschiedlicher Zahlen in Tabelle 5 illustriert ist. Bezogen auf Gewinne aus Dividenden, die ja kalenderjährlich besteuert werden, gibt es keinen steuerlichen Barwertvorteil.

Warren Buffett hat die »Steuerstundung« bei noch nicht realisierten Kursgewinnen sehr anschaulich »ein zinsloses Darlehen vom Staat« genannt, mit dem der Anleger vorläufig weiter wirtschaften und Geld verdienen kann.

In Wirklichkeit dürfte der zu erwartende Endwertvorsprung eines BAH-Anlegers bei langen Anlageperioden noch größer sein als in Tabelle 5 beziffert, weil wir dort die höheren Transaktionskosten des aktiven Anlegers relativ zum BAH ignoriert haben.

Bei einem im Zeitablauf allmählich erfolgenden Investment, wie z.B. einem Fondssparvertrag, wäre der Vorteil – da die »geldgewichtete« Investitionsperiode (→ Duration) kürzer ist – naturgemäß geringer, aber auf jeden einzelnen Euro bezogen bestünde der Vorteil grundsätzlich in gleicher Weise.

Der Barwertvorteil von BAH in Euro ausgedrückt ist umso größer, je höher der zugrunde liegende Steuersatz auf Wertsteigerungsgewinne ist. Sollte es in Deutschland zur Erhöhung des Steuersatzes auf Kapitalerträge kommen, würde dadurch der relative steuerliche Barwertvorteil durch BAH noch weiter steigen. Auch eine dauerhafte Zunahme der Inflation, die mittel- und langfristig nahezu sicher mit einem Anstieg der nominalen Aktienrenditen einhergeht, würde den relativen Vorteil erhöhen.

Dieser Steuervorteil existiert in jeder Steuerjurisdiktion, in der Wertsteigerungsgewinne zu versteuern sind. Er ist also nicht Deutschland-spezifisch.

Banken und bankenunabhängige Vermögensverwalter praktizieren überwiegend eine Totschweigepolitik in Bezug auf den steuerlichen Barwertvorteil aus BAH, da er für sie ertragsschädigend ist. Sie verdienen am häufigen Kaufen und Verkaufen und vermarkten aktionistisches Rein-Raus bei ihrer gutgläubigen Klientel als »Kompetenz« oder »Risikomanagement«. Ähnliches gilt für die allermeisten Finanzjournalisten und Finfluencer. Sie ignorieren das Thema Steuern sparen durch BAH ebenfalls, weil sie andernfalls nicht mehr monatlich eine neue aktionistische Sau durchs Dorf treiben könnten, um Auflage oder Klickzahlen zu steigern.

Uns ist klar, dass viele Leser dieses Buches lebensaltersbedingt einen kürzeren Anlagehorizont als 40 Jahre haben (Familienstiftungen dagegen nicht), wir geben dabei aber zu bedenken, dass zumindest für einen Teil des Depotwertes ein jahrzehntelanger Anlagehorizont bestehen kann: Vermögensteile, die voraussichtlich vererbt werden. Für sie besteht grundsätzlich ein weit über das eigene Ableben hinausgehender Anlagehorizont.[34]

Fazit

Buy and Hold senkt die Belastung durch Transaktionskosten, reduziert tendenziell die Häufigkeit schädlicher Timing-Entscheidungen und mindert die effektive Steuerbelastung auf lange Sicht beträchtlich. Der Steuervorteil von BAH bei Aktieninvestments ist völlig legal, erfordert keinen steuerlichen »Strukturierungsaufwand«, resultiert nicht in einer fragilen steuerlichen »Gestaltung« und braucht nicht einmal einen Steuerberater.

Das Erzielen dieses Steuervorteils setzt beim Anleger lediglich Geduld und Disziplin voraus – und natürlich die Fähigkeit, »Nein, danke« zu sagen zum ewigen Hin und Her, Raus und Rein, das die traditionelle Finanzbranche und die Finanzmedien so innig lieben und uns immer wieder vorschlagen.

34 Auf nicht realisierte Kursgewinne entfällt erst bei Realisierung durch den Beschenkten oder den Erben Einkommenssteuer (Kapitalertragssteuer). Das ist die sogenannte Fußstapfentheorie in der Erbschaftssteuer. Der Erbe oder Beschenkte tritt einkommenssteuerlich in die Fußstapfen des Schenkers oder Erblassers.

3.4 Vermögensübertragung durch Schenkung oder Erbgang

3.4.1 Die Belastung mit Erbschafts- und Schenkungssteuern mindern

Deutschland ist bekanntermaßen ein Hochsteuerland. Das gilt nicht nur für laufende Ertragssteuern, sondern leider auch für die »Erbschafts- und Schenkungssteuer« (nachfolgend »E&S-Steuer«). In Österreich gibt es Letztere gar nicht und in der Schweiz liegt sie – je nach Kanton – bei null oder zumindest weit niedriger als in Deutschland, jedenfalls bei Übertragungen innerhalb der Familie. In den meisten anderen Ländern der Welt ist die E&S-Steuer, wenn es überhaupt eine gibt, niedriger als in Deutschland.

Aus unserer Sicht existieren eine Reihe legitimer Gründe, deretwegen man E&S-Steuern generell ablehnen kann, darunter, dass das betreffende Vermögen bereits vor der Übertragung mehrfach besteuert wurde und danach zwingend ebenfalls noch mehrfach besteuert werden wird. »Danach besteuert« gilt selbst für ererbtes Vermögen, dass sofort für Konsum aufgewendet wird statt weiter investiert zu bleiben. Im Falle von Konsum fällt eine 19%ige Mehrwertsteuer an, ganz abgesehen, dass in Unternehmen, die diese Konsumgüter herstellen aus dem damit generierten Umsatz wieder Einkommensteuer und Körperschaftssteuer bezahlen werden.

Verschiedene im Bundestag vertretene Parteien fordern eine Erhöhung der Erbschaftssteuer für größere Vermögen (Stand Anfang 2026). Medienberichten aus 2025 zufolge wird das Bundesverfassungsgericht in 2026 oder 2027 die Vereinbarkeit der sogenannten → Verschonungsabschläge bei der Vererbung von mittelständischem Unternehmensvermögen (Betriebsvermögen) mit dem verfassungsmäßigen Gleichheitsgrundsatz überprüfen. Möglicherweise werden die Verschonungsabschläge reduziert oder an weitere Bedingungen geknüpft.

Die deutsche E&S-Steuer kann durch Verlagerung des Wohnsitzes ins Ausland (Auswanderung) nicht so leicht vermieden werden, wie sich das viele Nichtsteuerexperten vorstellen. Der Grund: Für die E&S-Steuerpflicht muss *nur eines* der folgenden vier Anknüpfungsmerkmale erfüllt sein:

(a) Der Schenker oder Erblasser ist steuerlich in DE ansässig (typischerweise verursacht durch seinen Hauptwohnsitz in Deutschland), (b) das zu übertragende Vermögen liegt in Deutschland (ausgenommen es handelt sich um rein liquides Vermögen), (c) der Empfänger ist steuerlich in Deutschland ansässig oder (d) – selbst wenn Schenker oder Empfänger in der jüngeren Vergangenheit aus Deutschland ausgewandert sind – man befindet sich noch innerhalb der fünfjährigen Nachlauffrist.[35]

Die Belastung mit E&S-Steuern bei einer konkret geplanten oder erwarteten Übertragung von Vermögen lässt sich »für normale Konstellationen« ohne grenzüberschreitenden Aspekt relativ einfach mit einem der vielen im Internet verfügbaren E&S-Steuern-Rechner ermitteln. Das Gleiche gilt für einfache Tabellen, aus denen die Freibeträge und die volumensabhängigen Steuersätze in den drei E&S-Steuerklassen hervorgehen.

Stichwort »grenzüberschreitender Aspekt«: In Abschnitt 2.3 haben wir kurz geschildert, was Doppelbesteuerungsabkommen (DBAs) zwischen zwei Ländern sind und dass sie eine Doppelbesteuerung verhindern sollen. Dort erwähnten wir auch, dass sich die allermeisten DBAs lediglich auf laufende Einkommen und Erträge beziehen. DBAs, die auch Erbschaften und Schenkungen regeln, sind hingegen selten. Weil das so ist, kann es bei Erbgängen oder Schenkungen in grenzüberschreitenden Konstellationen leicht zur unschönen Doppelbesteuerung kommen. Um vermeidbare Steuerbelastungen zu umgehen, wird es bei nicht trivialen Vermögenswerten häufig sinnvoll sein, sich frühzeitig Beratung durch einen Experten einzuholen. Tut man das zeitlich deutlich vor dem Erbgang, können evtl. durch entsprechende Gestaltungen Steuerbelastungen gesenkt werden.

Bleiben wir bei der rein nationalen Konstellation: Trotz der im internationalen Vergleich hohen E&S-Belastung in Deutschland existiert für vermögende Familien eine Reihe von legalen, relativ einfachen Möglichkeiten und Wegen, die Belastung durch E&S-Steuern zu senken.

Die simpelste besteht in der möglichst umfangreichen Ausnutzung der E&S-Freibeträge. In Abschnitt 4.4 beschreiben wir diesen Weg. Wichtig im Zusammenhang mit der E&S-Steuerminimierung durch die Ausnutzung von Freibeträgen: Diese leben alle zehn Jahre neu auf. Im sehr langfristigen Zeitablauf kann man sie also mehrfach nutzen.

Ein Eigenheim (Steuerjargon: *Familienwohnheim*) kann bei Schenkung oder Erbgang zudem *zusätzlich* zu diesen Freibeträgen steuerfrei

---

35 Aus Platzgründen sind die meisten folgenden Aussagen zur E&S-Steuer zusammenfassende Vereinfachungen, die einige wichtige Details, Zusatzbedingungen und Ausnahmen nicht berücksichtigen.

an Ehepartner oder Kinder übertragen werden, wenn es vom Empfänger für weitere zehn Jahre als Eigenheim genutzt wird (es existiert eine Reihe von »Befreiungen« oder Abmilderungen von der 10-Jahres-Bedingung). Das Eigenheim bewegt sich damit außerhalb der allgemeinen E&S-Freibeträge.

Durch das alte zivilrechtliche Konstrukt *Nießbrauch* lässt sich die Bewertung einer Wohnimmobilie und – das ist wenig bekannt – auch eines Wertpapierdepots für die Zwecke der E&S-Bemessungsgrundlage deutlich senken und damit die steuerliche Belastung reduzieren. In Abschnitt 4.4 gehen wir hierauf näher ein.

Infobox: Erbengemeinschaft und Immobilien: »Der Vorhof zur Hölle«?

»Erbengemeinschaften sind der Vorhof zur Hölle« schrieb der kluge Finanzjournalist Volker Looman in der *FAZ* in einem Artikel über das Vererben von Immobilien in vermögenden Familien. Loomans Einschätzung dürfte nur moderat übertrieben sein. In Erbengemeinschaften (EG) gilt gesetzlich, soweit der Erblasser im Testament dazu nichts anderes bestimmt hat, das Einstimmigkeitsprinzip, d.h. jeder muss zustimmen, damit etwas passieren kann. Wenn man dann noch berücksichtigt, (a) dass Immobilien – anders als liquides Vermögen – aus offensichtlichen Gründen nicht (wie z.B. ein Wertpapierdepot) in einfacher Weise auf die einzelnen Mitglieder der EG aufgeteilt werden können, (b) dass Immobilien in einer Familie häufig »emotional vorbelastete Vermögenswerte« sind, (c) dass die wirtschaftliche Nutzung einer Immobilie fortwährend komplexe und oftmalig kostspielige Entscheidungen erfordert (Instandhaltung, Renovierung, Modernisierung, Vermietung, Kreditfinanzierung, Verkauf etc.) und (d) dass bei Wohnimmobilien Selbstnutzung versus Vermietung innerhalb der EG-Mitglieder ein wiederum emotional geladenes Thema sein kann, dann wundert es nicht, dass in den deutschsprachigen Ländern wohl Hunderttausende Immobilien leerstehen, weil sich die EG-Mitglieder seit Jahren über die Nutzung streiten und irgendwann »gar nichts mehr geht«, außer Leerstand.

Dabei existieren drei einfache, praxiserprobte Alternativen zur üblichen »Erblasser-Kamikazestrategie«, eine gegebene Immobilie (oder ein Immobilienportfolio) im Ganzen an eine Gruppe von Personen (z.B. Tochter und Sohn) zu vererben, die dann eine Erbengemeinschaft bilden (müssen).

Lösung 1: Die bzw. jede einzelne Immobilie wird nur an eine einzelne Person vererbt – mit der Verpflichtung für diese Person bei Eröffnung des Testamentes sofort ein, zwei oder drei unabhängige Wertgutachten erstellen zu lassen und auf der Basis des Mittelwertes dieser Gutachten, die übrigen Erben binnen z.B. 24 Monaten auszuzahlen. Die Finanzierung der Auszahlung kann über eine Kreditaufnahme, aus anderen Mitteln des Erben oder eventuell über einen Verkauf der Immobilie erfolgen. Der Auftraggeber der Gutachten sollten alle betroffenen Erben gemeinsam sein und alle gemeinsam suchen den oder die Gutachter aus.

Streitpotenzial dieser Lösung: Nahe null oder jedenfalls 99% weniger als der »Standardansatz Erbengemeinschaft«. Sollte unter den Nachkommen jemand enttäuscht über diese Vorgehensweise sein, dann trifft diese Enttäuschung einen jetzt Toten, was zweifellos weniger »Kriegspotenzial« in der Familie in sich birgt als bei einem lebenden Verwandten.

Das Grundprinzip »eine Immobilie – ein Erbe« (in Anlehnung an den alten demokratischen Schlachtruf aus der angelsächsischen Welt »One man one vote«) lässt sich auch leicht auf ein Portfolio von zu vererbenden Immobilien anwenden.

Lösung 2: Die Immobilie wird vor dem Erbgang steuerfrei als Sacheinlage in eine vermögensverwaltende Gesellschaft (z.B. eine GmbH oder eine Personengesellschaft) eingebracht. Danach werden die Anteile an dieser Gesellschaft an die EG-Mitglieder vererbt, nicht die Immobilie(n) selbst. In der Gesellschaft gibt es für die Gesellschafterversammlung per Satzung oder per Gesetz wie in jedem Unternehmen klare Abstimmungsregeln ohne Einstimmigkeitserfordernis, dazu, wer Geschäftsführer werden wird, wie man die Geschäftsführung ggf. abberuft und wie mit dem Vermögen umzugehen ist.

Lösung 3: Die Immobilie oder die Immobilien wird bzw. werden zu Lebzeiten des Erblassers von diesem veräußert, weil er weise und informiert genug ist, zu erkennen, dass Erbengemeinschaften in Bezug auf Immobilien langfristig »hervorragend« dazu geeignet sind, den Familienfrieden zu schädigen.

Lösung 3 wäre ideal, ist aber – da müssen wir realistisch sein – »schwierig«. Sie gelingt nur sehr selten. Die Gründe dafür sind vielfältig. Oft haben sie mit der mangelnden Begeisterung des Erblassers für diesen Weg zu tun.

Lösung 1 ist einfacher als Lösung 2, aber beide bergen drastisch weniger Risiko für die nachhaltige Schädigung des Familienfriedens als der Standardansatz Erbengemeinschaft und der gemeinsame Einzug in den Vorhof zur Hölle. Auch die Immobilie direkt oder indirekt in einer Familienstiftung einzubringen (siehe Kapitel 9), dürfte eine »friedfertigere« Lösung sein als die Erbengemeinschaft.

Generell empfehlen wir vermögenden Lesern im Alter von 50+ Jahren, sich mit dem Thema Minimierung E&S-Steuern bzw. Testamentsgestaltung[36] auseinanderzusetzen, soweit sie sich nicht bereits gut informiert fühlen. Kein Testament zu erstellen, birgt das beträchtliche Risiko in sich, dass das von der gesetzlichen Erbfolge produzierte Ergebnis nicht im Sinne des Erblassers und/oder nicht im Sinne aller oder mehrerer Erben ist. Dabei ist auch der potenziell besonders schwierige Aspekt des deutschen Erbrechtes, das Pflichtteilsrecht, zu bedenken. Wer kein Erbrechtsexperte ist, kann gerade hier gefährlichen Irrtümern unterliegen.

Jede vermögende Familie sollte ihre letztwilligen Verfügungen (Testament, Erbvertrag, Vermächtnis) alle zwei Jahre überprüfen und, wo nötig, an geänderte Umstände und Zielsetzungen anpassen.

In der Mehrzahl der Fälle dürfte es – wiederum mit Blick auf den langfristigen Familienfrieden – weise sein, ein Testament allen oder jedenfalls den für den Erblasser wichtigsten Betroffenen vor dem Erbgang offenzulegen. Nicht offengelegte, »geheime« Schenkungen an einzelne Familienmitglieder (z.B. einzelne Kinder) sind erfahrungsgemäß ein höchst zuverlässiges Mittel, den Familienfrieden umfangreich und oft sogar endgültig zu zerstören. Klar ist, dass versteckte Schenkungen, sofern sie nicht triviale Werte umfassen, mit großer Wahrscheinlichkeit spätestens bei der Eröffnung des Testaments für alle Beteiligten erkennbar werden.[37]

---

36 Mit »Testament« sind hier alle rechtlich unterschiedlichen letztwilligen Verfügungen gemeint, also Testament, Erbvertrag und Vermächtnis.

37 Rechtlich spricht man von *böswilligen Schenkungen*, insbesondere wenn ihr Zweck ist, den Wert von Pflichtteilen anderer zu reduzieren.

In Kapitel 9 gehen wir ausführlich auf die liechtensteinische Familienstiftung ein, mit der man neben einer Reihe anderer Ziele auch die Erbschaftssteuerbelastung größerer Vermögen deutlich abmildern kann.

Zum Erbrecht und zur Testamentsgestaltung existieren für jedes erdenkliche fachliche Niveau leicht zugängliche und laufend aktualisierte Informationsquellen in den Formaten Buch, Printartikel, Podcast oder YouTube-Video, sodass wir hier keine spezifischen Publikationen oder Experten nennen müssen.

Eine spezifische testamentarische Regelung, das »Berliner Testament«, behandeln wir im folgenden Abschnitt 3.4.2, da sie in Deutschland trotz einiger gravierender Nachteile sehr verbreitet ist.

Fazit

Bedenkt man die enorme Bedeutung, die ein Testament für den langfristigen Vermögensschutz und den Familienfrieden in einer wohlhabenden Familie hat, dann behandeln viele Familien die Frage der Gestaltung des Testaments und ggf. seiner Anpassung an sich verändernde Umstände und Zielsetzungen im Zeitablauf sowie die Frage der Kommunikation an alle Betroffenen seltsam unprofessionell und »lieblos«. Einen besonders häufigen Fehler, der in die Kategorie Unprofessionalität fällt, behandeln wir im nun folgenden Abschnitt.

3.4.2 Das »Berliner Testament« – ein verbreiteter Irrweg

Das »Berliner Testament« (»BT«) ist eine in Deutschland bei Ehepaaren mit Kindern sehr verbreitete Testamentskonstruktion, ein »gemeinsames Testament«, in dem sich die beiden Ehepartner gegenseitig als Alleinerben einsetzen. 60% aller Testamente von Ehepaaren (oder eingetragenen Lebenspartnerschaften) sind ein Berliner Testament. Das Ziel dabei: Der länger lebende Ehegatte soll zunächst »alles« erben, sprich nach dem Tod des Partners das gemeinsame eheliche Vermögen zu Lebzeiten nicht mit den in den meisten Fällen ja vorhandenen Kindern (oder ggf. Enkelkindern, wenn das Kind schon gestorben ist, aber das entsprechende Enkelkind noch lebt) teilen müssen und sich nicht mit ihnen in einer Erbengemeinschaft wiederfinden müssen.[38] In Wirklichkeit birgt das BT – jedenfalls in seiner Standardform – mehrere Risiken und Nachteile in sich. Paare sollten sich zweimal überlegen, ob sie diese in Kauf nehmen wollen. Warum das BT immer noch vielfach als »einfache Standardlösung« vorgeschlagen oder sogar empfohlen wird, das wissen wohl nur die Götter.

Die Herkunft der Bezeichnung »Berliner Testament« ist unklar und sie taucht in einem spezifischen Testament auch nicht auf. Die allermeisten »BT-Ehepaare« wissen gar nicht, dass sie ein Berliner Testament haben und dass in den meisten Fällen bessere Lösungen existieren. Hier in aller Kürze die BT-Nachteile:

- **Nachteil/Risiko 1:** Der überlebende Ehepartner kann das gemeinsame Testament nach dem Tod seines Partners typischerweise nicht mehr ändern. Dieser Nachteil wird naturgemäß umso größer sein, je mehr Zeit zwischen dem Tod von Ehepartner 1 und Ehepartner 2 verstreicht und/oder je größer die Zahl der Kinder und Enkelkinder ist.
- **Nachteil/Risiko 2:** Das Pflichtteilsrecht der Kinder kann mit dem BT *nicht* ausgeschlossen werden.[39] Die rechtlich betrachtet im Moment des Todes von Ehepartner 1 durch das BT enterbten Kinder müssen im Rahmen des Testamentsvollzuges *freiwillig* auf ihre Pflichtteile verzichten (oder vorher eine Pflichtteilsverzichtserklärung abgeben). Dass sie diesen freiwilligen Verzicht beim Tod des Erblassers wollen und auch tatsächlich leisten, ist naturgemäß nicht gewährleistet. Falls nicht, kann die »BT-Konstruktion« zu einem beträchtlichen Teil gegen die Intention des Ehepaares in sich zusammenfallen.

---

38 Oder ggf. Enkelkindern, wenn das betreffende Kind nicht mehr lebt. Mit »gemeinsamem ehelichem Vermögen« ist alles Vermögen gemeint, das den Ehepartnern rechtlich gemeinsam gehörte, sowie Vermögen, das rechtlich allein dem zuerst verstorbenen Ehepartner gehörte.

39 Der Pflichtteil ist die Hälfte des gesetzlichen Erbteils. Der gesetzliche Erbteil der Kinder (aller Kinder zusammen) ist die Hälfte des gemeinsamen Vermögens der Eltern. Im BT wird daher oft eine »Pflichtteilsstrafklausel« verwendet (»Verlangt ein Kind nach dem Tod des Erstversterbenden seinen Pflichtteil, so ist es auch nach dem Tod des Letztversterbenden nur auf den Pflichtteil gesetzt«). Ob das eine wirklich gute und weise Lösung ist, die den Familienfrieden bestmöglich bewahrt, darf ebenfalls bezweifelt werden.

- **Nachteil/Risiko 3:** Gegenüber smarter gestalteten Testamenten mit gleicher Hauptzielsetzung – der überlebende Ehepartner soll finanziell maximal abgesichert sein – werden die erbschaftssteuerlichen Freibeträge der Kinder und ggf. Enkelkinder nicht optimal ausgenutzt. Im Ergebnis wird die aggregierte Steuerbelastung, gerechnet ab dem Tod des zweiten Ehepartners, höher sein, als sie es bei einem klüger gestalteten Testament gewesen wäre. Die finanzielle Absicherung des überlebenden Ehepartners kann jedoch durch Nießbrauchkonstruktionen, Wohnrechte oder eine Reihe anderer testamentarischer Nutzungsbedingungen zugunsten des Ehepartners und zulasten der Kinder faktisch ebenfalls erreicht werden – ohne die steuerlichen Nachteile des BTs.
- **Nachteil/Risiko 4:** Ein aus Sicht der Eltern »fehlgegangenes« Kind kann beim BT zweimal den Pflichtteil geltend machen, bei klüger gestalteten Testamenten jedoch nur einmal, z.B. in Kombination mit einem Erbverzicht. Die Folge: Das betreffende Kind erbt unnötig viel.
- **Nachteil/Risiko 5:** In vielen nationalen Rechtsordnungen ist ein gemeinsames Testament gesetzlich gar nicht zulässig, z.B. in Frankreich und in Italien. Weil das so ist, kann bei grenzüberschreitenden Sachverhalten – der überlebende Ehepartner lebt im Ausland oder zieht vor der Testamentsvollstreckung dorthin – durch das BT ein unangenehmes Risiko entstehen: rechtliche Unklarheiten oder offene Flanken für eine Anfechtung.

Einige spezifische BT-Risiken und Nachteile, die nur in ungewöhnlichen Konstellationen auftreten, führen wir hier aus Platzgründen nicht aus.

Wer sich genauer mit dem BT befasst, muss eigentlich feststellen, dass diese scheinbar einfache und naheliegende Konstruktion eben nur *scheinbar* einfach und naheliegend ist. Dass sich die im BT enthaltenen Risiken nicht immer materialisieren oder die Beteiligten sie nach dem Tod von Ehepartner 1 erkennen, aber fatalistisch, ohne zu klagen, hinnehmen, ändert nichts daran, dass die Risiken *ex ante* bestehen.

Aus unserer Sicht wird das BT wohl auch deswegen so oft gewählt, weil es auf den ersten Blick als eine besonders simple, intuitive Lösung erscheint, bei der die Ehepartner bei der Testamentserstellung nicht viel nachdenken und – vielleicht ebenso wichtig – nicht viel besprechen müssen.

Fazit

Vermögende Ehepaare sollten ihr Testament generell nicht erstellen, ohne dabei qualifizierten erbrechtlichen Rat einzuholen, unter Umständen auch mehrfach, weil ein Testament über die Jahre hinweg vermutlich immer wieder angepasst werden sollte. Es ist ggf. ratsam, den Berater dabei auf die Nachteile der Standardvariante des Berliner Testaments anzusprechen und ihn zu bitten, Gestaltungsvorschläge zu machen, die diese Nachteile reduzieren oder bestenfalls ganz vermeiden.

4 Grundelemente der Asset Protection

In Abschnitt 1.3 haben wir unser holistisches Vermögensschutzkonzept überblicksartig dargestellt. Vielleicht wollen Sie, lieber Leser, an dieser Stelle kurz einen Blick auf die dortige Abbildung 1 werfen, um sich darin die drei Hauptelemente unseres Vermögensschutzkonzeptes in der Gesamtschau in Erinnerung zu rufen.

4.1 Politisches Risiko: »Deutschland und Eurozone«

In Abschnitt 1.3 (b) zu Asset Protection haben wir beschrieben, was politisches Risiko aus einer Vermögensschutzperspektive bedeutet. Wir bitten Sie, lieber Leser, daher an dieser Stelle noch einmal zurückzublättern, sofern Sie diesen fachlich wichtigen Sachverhalt noch einmal kurz für sich rekapitulieren wollen.

Politisches Risiko wird traditionell eher mit Schwellen- und Entwicklungsländern in Verbindung gebracht als mit den reichen westlichen Ländern, aber diese Denkweise erscheint seit einigen Jahren überholt. In Zeiten historisch hoher Staatsverschuldungsquoten in den reichen Ländern und einem immer offensichtlicheren Unwillen und Unfähigkeit von Regierungen (aber auch der Bevölkerungen), selbst nur geringe »wirtschaftliche Schmerzen« auszuhalten, die mit der langsamen Senkung dieser Verschuldungsquoten (einschließlich einer Sanierung der staatlichen Rentensysteme und staatlichen Krankenversicherungssysteme) einhergehen, besteht politisches Risiko für Vermögende zunehmend auch in den reichen Ländern.[40] Es kann sich in der Materialisierung eines der unter Abschnitt 1.3 aufgezählten Risiken äußern. Die Tatsache, dass das in Deutschland und Österreich während der letzten Jahrzehnte noch nicht oder nur gering-

40 Faktisch, in Abgrenzung zu rechtlich-formal, befinden sich Deutschland und Österreich als Mitglieder der Eurozone leider wohl bereits mit den individuell höher verschuldeten Ländern Südeuropas in einer Schuldenunion.

fügig der Fall war, muss nicht bedeuten, dass das auch in der relevanten Zukunft so bleiben wird.

Dieses Buch wird an vielfältigen Stellen zeigen, wie man sich konkret vor dem politischen Risiko eines Landes schützen kann. Ein allgemeines, einfach umzusetzendes Schutzprinzip ist, sein Vermögen im Sinne des *wirtschaftlichen Motors* eines Assets auf verschiedene getrennte Länder aufzuteilen. Ein Beispiel: Der wirtschaftliche Motor eines globalen Aktien-ETFs ist auf (je nach ETF) 23 bis 47 Länder aufgeteilt, der wirtschaftliche Motor einer Wohnimmobilie, die in Deutschland liegt, befindet sich in nur einem Land.[41]

Auch die Verlagerung des eigenen Wohnsitzes ins Ausland durch Auswanderung kann ein Mittel zur Senkung des relevanten politischen Risikos sein, wenngleich diese Route weiterhin schwieriger ist, als viele glauben (dazu mehr in Abschnitt 5.5). Ein zusätzliches Instrument zur Senkung des politischen Risikos besteht in der Übertragung von Vermögen an eine Familienstiftung mit Sitz im Ausland. Darauf gehen wir detailliert in Kapitel 9 ein. Wer im zinstragenden Teil eines Anlageportfolios (dieser fungiert typischerweise als schwankungsarmer Risikoanker) das politische Risiko senken möchte, für den stellen wir in Abschnitt 8.8 unser »Euroskeptiker-Portfolio« vor.

Fazit

Politisches Risiko ist heute für vermögende Familie auch in Deutschland und Österreich ein relevanter Risikotypus, den man managen sollte und – wie dieses Buch in vielfältiger Weise zeigt – auch managen kann.

4.2 Steuerliche Risiken: Steuererhöhungsrisiko

Steuererhöhungsrisiko könnte man als eine spezifische Ausprägung von politischem Risiko betrachten (siehe vorhergehender Abschnitt) oder aber

41 Dass das Depot, in dem dieses diversifizierte Aktieninvestment liegt, eventuell in Deutschland geführt wird, spielt in diesem Zusammenhang keine wesentliche Rolle, weil das Depotführungsland *nicht* der wirtschaftliche Motor des Investments ist.

als eigenständiges, »normaleres« Risiko. Wir tun Letzteres. Steuerhöhungsrisiko schließt auch die Einführung neuer Steuern mit ein, die es vorher nicht gab.

Hier einige Beispiele für das Steuererhöhungsrisiko in Deutschland:

- Die Erhöhung der Erbschafts- und Schenkungssteuer einschließlich der Reduktion oder Beseitigung von → Verschonungsabschlägen für unternehmerische Beteiligungen (unternehmerisches Vermögen) und ähnlichen Begünstigungen für vermietete Wohnimmobilien;
- Die Ersetzung der Abgeltungssteuer (Kapitalertragssteuer) durch den (für die meisten Steuerzahler) höheren normalen progressiven Einkommenssteuertarif;
- Die Abschaffung bestehender Befreiungsausnahmen in der Einkommenssteuer, wie z.B. die Steuerfreiheit von Veräußerungsgewinnen für vermietete Immobilien nach zehn Jahren Haltedauer und für Gold oder Kryptowährungen nach einem Jahr Haltedauer;
- Die allgemeine Erhöhung der Einkommenssteuer für Bruttoeinkommen in der oberen Einkommenshälfte;
- Die Wiedereinführung der Vermögenssteuer[42];
- Die Erhöhung der Mehrwertsteuer auf Luxusgüter;
- Die Erhebung einmaliger Sonderabgaben für Unternehmen oder »reiche« Haushalte, z.B. um die besonderen Lasten für den Bundeshaushalt aus der Bekämpfung von Covid oder des Klimawandels zu finanzieren.

Die meisten dieser Forderungen stehen in den Programmen verschiedener im Bundestag vertretener Parteien – wenig überraschend primär bei Parteien aus der linken Hälfte des Spektrums. Wo diese Erhöhungen ausnahmsweise nicht in Parteiprogrammen kodifiziert wurden, wurden sie in der jüngeren Vergangenheit mindestens von Bundestagsmitgliedern gefordert. Doch nicht nur in der Politik, sondern auch in der Bevölkerung werden immer mehr Stimmen laut, die eine höhere Besteuerung

42 In Deutschland gab es historisch eine allgemeine Vermögenssteuer, die aber aufgrund einer damaligen Entscheidung des Bundesverfassungsgerichts ab 1997 nicht mehr erhoben wird. Hauptgrund für das BVerfG-Urteil: Unterschiedliche Vermögensformen wurden durch die Steuer unterschiedlich stark belastet, wodurch der Gleichheitsgrundsatz in Art. 3 GG verletzt wurde.

von wohlhabenden Haushalten fordern. Im *ZDF Politbarometer* November 2025 sprechen sich 69% aller Befragten dafür aus, hohe Einkommen stärker zu besteuern.

Dass die Furcht vor nennenswerten Steuererhöhungen in Deutschland in der nahen und mittleren Zukunft nicht unbegründet ist, lässt sich leicht belegen.

Deutschland ist seit längerer Zeit eines der Länder mit der weltweit höchsten Steuer- und Abgabenbelastung von Arbeitseinkommen. Ein Beispiel: Unter den 38 Mitgliedsstaaten der OECD hatte Deutschland 2025 die zweithöchste Steuer- und Abgabenlast für Gehaltseinkommen (das bedeutet vermutlich weltweit die zweithöchste Last, wenn man kommunistische Staaten wie Nordkorea, Venezuela und Kuba ausnimmt).

Die deutsche Erbschafts- und Schenkungssteuer (E&S-Steuern) dürfte im weltweiten Ranking der ca. 195 Staaten ebenfalls »ganz weit oben« liegen, obwohl das schwerer zu belegen ist, da E&S-Steuern in Ländern, in denen sie bestehen, sehr individuell und oft komplex gestaltet sind. Sie lassen sich daher schwer vergleichend messen.

2009 wurde die Steuerfreiheit von Kursgewinnen auf im Privatvermögen liegende Kapitalmarktanlagen nach einer Spekulationsfrist von einem Jahr in Deutschland abgeschafft. Nach 2010 haben 15 von 16 Bundesländern die Grunderwerbssteuern vom damaligen einheitlichen 3,5%-Satz erhöht, manche beinahe verdoppelt. 2022 und 2025 verschärfte Deutschland zweimal die für vermögende Haushalte schmerzhafte Wegzugsbesteuerung, auf die wir in Abschnitt 2.3 eingegangen sind. Dass der Staat damit vermutlich europarechtswidrig handelt, kümmert ihn wenig. Das wenig rechtsstaatliche Motto, das in der Politik mehr und mehr praktiziert wird: Wir lassen's drauf ankommen.

Hätten wir hier mehr Platz, wäre es ein Leichtes, aus den letzten 30 Jahren zahlreiche weitere Belege für den unbeugbaren deutschen Steuererhöhungseifer und die leider schwach ausgebildete Neigung, Steuern zu senken, zu liefern. Dass in diesen drei Jahrzehnten das deutsche Steuerstrafrecht wie auch die Steuerstrafverfolgung deutlich verschärft und intensiviert wurden, sei nur der Vollständigkeit halber erwähnt.

Wie kann ein vermögender, aber nicht superreicher deutscher Haushalt dieses Steuererhöhungsrisiko für sich mindern, wenn man den zynischen Vorschlag »möglichst wenig verdienen und kein Vermögen bilden« einmal ignoriert?

Ein Königsweg für eine solche Minderung existiert nicht. Nicht einmal Auswandern ist hier ein Mittel, das schnell und uneingeschränkt hilft. Warum Auswandern gerade für vermögende Familien nur erstaunlich begrenzt hilft, schildern wir im gesonderten Abschnitt 5.5.

Den in wohlhabenden Familien beliebten, aber ebenfalls nicht ganz unproblematischen Ansatz, durch die frühzeitige und systematische Aufteilung des Vermögens auf »viele Familienmitglieder« die Steuerbelastung zu senken und das Steueränderungsrisiko zu mindern, behandeln wir in Abschnitt 4.4 am Ende dieses Kapitels.

Vermögen ins Ausland zu transferieren, hilft im Falle von steuerehrlichen Personen ebenfalls nicht, solange diese Personen weiterhin ihren Hauptwohnsitz in Deutschland beibehalten und damit hierzulande unbeschränkt steuerpflichtig bleiben. Die steuerrechtliche Logik dahinter haben wir bereits in Abschnitt 2.3 erläutert (Stichworte »Welteinkommensprinzip«, »Weltvermögensprinzip«).

In Kapitel 5 analysieren wir mehrere – gleichfalls häufig wirkungslose – Wege, die aber dennoch oft mit dem Ziel eingeschlagen werden, die Steuerlast in Deutschland und das Steueränderungsrisiko zu reduzieren: ein Konto oder Depot im Ausland, die Verlagerung von anderen Vermögenswerten ins Ausland, eine vermögensverwaltende GmbH in Deutschland, eine vermögensverwaltende Kapitalgesellschaft im Ausland, eine zweite Staatsbürgerschaft und nicht zuletzt Auswandern selbst.

Jedem rationalen Zeitgenossen müsste unmittelbar einleuchten, dass in Bezug auf das Steuererhöhungsrisiko die beiden Vermögensformen »Immobilien im Inland (Deutschland)« und »unternehmerisches Vermögen im Inland (Deutschland)« besonders stark exponiert sind – viel stärker als liquides Vermögen. Dies auch deswegen, weil inländische Immobilien und inländisches unternehmerisches Vermögen selbst dann noch in Deutschland besteuert werden, wenn der Eigentümer vollständig und endgültig ins Ausland weggezogen ist, und weil der Staat weiß, dass diese Vermögensformen so oder so nicht »abwandern« oder »fliehen« können.

In Kapitel 9 behandeln wir recht detailliert die Errichtung einer Familienstiftung in Liechtenstein, mit der man sich in Bezug auf liquides Vermögen deutschem Steueränderungsrisiko wirksam und natürlich rechtskonform entziehen kann.

Fazit

In Zeiten historisch hoher Staatsverschuldungsquoten, einem faktisch insolventen gesetzlichen Rentenversicherungssystem und einer Politikerkaste, für die Wahlgeschenke in Gestalt von Subventionen, Umverteilung und Transferleistungen Kernbestandteil der Karrierestrategie sind, ist das Steuererhöhungsrisiko realer denn je – obwohl Deutschland und Österreich bereits heute zu den Staaten mit den weltweit höchsten Belastungen aus Steuern und Sozialabgaben gehören.

4.3 Wichtige zivilrechtliche Risiken und wie man sich vor ihnen schützt

Aus den Erfahrungen, die wir in vielen Jahren Vermögensberatung und Vermögensverwaltung wohlhabender Familien in Deutschland gesammelt haben, leiten sich drei Feststellungen ab:

(a) Die meisten Vermögenden denken über den Schutz vor zivilrechtlichen Risiken seltener nach als über den Schutz vor steuerlichen oder sonstigen staatlichen/politischen Risiken.
(b) Zivilrechtliche Risiken materialisieren sich viel häufiger als politische oder steuerliche Risiken.
(c) Vor zivilrechtlichen Risiken kann sich ein normal vermögender Haushalt besser schützen als vor politischen und steuerlichen Risiken.

Soweit diese drei Feststellungen stimmen, dürfte die Schlussfolgerung daraus lauten: Die Identifikation zivilrechtlicher Risiken und konkreter Maßnahmen zu ihrer Reduktion lohnen sich. Vier besonders wichtige und sich in vielen konkreten Fällen überlappende zivilrechtliche Risikofelder behandeln wir im restlichen Teil dieses Abschnittes: (a) die unzureichende Trennung zwischen Privatvermögen und Unternehmensvermögen, (b) unnötige persönliche Haftungsverhältnisse, (c) zu hohe Verschuldung, (d) Ehescheidung. Das weitere Risikofeld Pflichtteilsergänzungsrisiken wird in Kapitel 9 über Familienstiftungen adressiert.

4.3.1 Die Trennung zwischen Privatvermögen und Unternehmensvermögen

Einer der ältesten Grundsätze des Vermögensschutzes im Falle von unternehmerisch tätigen Menschen besteht darin, ihre private Haftung für unternehmerische Risiken – Risiken, die ein Unternehmen eingeht, an dem man selbst beteiligt ist – maximal und zuverlässig zu begrenzen. Es ist keine Übertreibung, die Erfindung des rechtlichen Konzeptes der Gesellschaft mit beschränkter Haftung im 17. Jahrhundert in England als eine der bedeutendsten rechtlichen und institutionellen Innovationen für die Entwicklung und den Fortschritt in der modernen Marktwirtschaft zu betrachten (Magnuson 2022).

In einer »Unternehmensgesellschaft mit beschränkter Haftung«, der »Limited Liability Corporation«, haften die Gesellschafter (also letztlich die beteiligten Unternehmer) nur mit ihrer Einlage für die finanziellen Zahlungsverpflichtungen (Schulden) des Unternehmens, aber eben nicht persönlich mit ihrem Privatvermögen.

Ohne die Limited Liability Corporation wäre der enorme Anstieg des Wohlstandes der Menschheit in den gut 200 Jahren ab etwa 1800 bis heute so nicht möglich gewesen.[43] Erst der haftungs- und damit risikobegrenzende Limited-Liabiltiy-Mechanismus erlaubte es Unternehmern und ihren Familien, die in vielen Fällen ansonsten existenziellen finanziellen Risiken auf ein erträgliches Limit zu reduzieren, die mit Innovation und unternehmerischem Wachstum einhergehen. Deswegen machten erst die Einführung und die allmähliche weltweite Verbreitung der LLC in der zweiten Hälfte des 19. Jahrhunderts »innovatives Unternehmertum« auf breiter Front möglich.

In der Rechtsform des Einzelunternehmens, in der sich in den deutschsprachigen Ländern auch die allermeisten Freiberufler befinden, besteht hingegen keine haftungsrechtliche Trennung zwischen der »Firma« – dem Unternehmen und seinen Verbindlichkeiten – auf der einen Seite und dem Privatvermögen und der persönlichen Haftung des Unternehmers (Inhabers) auf der anderen Seite. Diese in Bezug auf Vermögensschutz potenziell fatale Konstellation sollte nur in den folgenden wohl definierten und wohl kalkulierten Ausnahmesituationen akzeptiert werden:

---

43 Von 1820 bis 2020 hat sich das globale Bruttoinlandsprodukt pro Kopf im Schnitt alle 15 Jahre verdoppelt. In den 1800 Jahren davor wuchs das BIP pro Kopf praktisch überhaupt nicht.

- Übergangsweise bei der Begründung, dem Start einer unternehmerischen Tätigkeit, wenn (a) Finanzmittel noch sehr knapp sind und/oder (b) noch nicht klar ist, ob das unternehmerische Vorhaben überhaupt langfristig fortgeführt oder in welchem Umfang es fortgeführt werden soll. Sobald aber die Bedingungen (a) oder (b) nicht mehr vorliegen, sollte das Einzelunternehmen in eine Rechtsform mit begrenzter Haftung umgewandelt werden. Das gilt letztlich auch für Freiberufler, die sich gar nicht als »Unternehmer« betrachten.
- Einzelunternehmer und Freiberufler, die eine selbstständige Tätigkeit ausüben, von der aufgrund ihres geringen Umfangs und/oder ihrer »harmlosen Natur« absolut *zweifelsfrei* feststeht, dass sie keine irgendwie nennenswerten Haftungsrisiken – einschließlich Produkthaftungsrisiken – mit sich bringt.

Generell sollten unternehmerisch tätige Menschen (einschließlich der Selbstständigen und Freiberufler) und damit ihre Familien zu jedem gegebenen Zeitpunkt »peinlich genau« die folgende Unterscheidung und Trennung zwischen drei Vermögenstypen verstehen und umsetzen: »Vermögen Typ A«, »Vermögen Typ B« und »Vermögen Typ C«.

Beginnen wir von hinten. Vermögen Typ C ist unmittelbar oder mittelbar betriebliche Haftungsmasse. Dieses Kapital befindet sich sozusagen in der »Hochrisikozone des Unternehmens«.[44] »Mittelbare Haftungsmasse« könnte z.B. Privatvermögen sein, wenn gleichzeitig eine persönliche Bürgschaft des Unternehmers zugunsten eines Gläubigers seines Unternehmens besteht.

Vermögen Typ B ist eines, das heute *de iure* und *de facto* keine betriebliche Haftungsmasse (mehr) ist, weil es zivilrechtlich sauber und eindeutig von der betrieblichen Haftungsmasse getrennt und ins Privatvermögen überführt wurde, aber – und das unterscheidet es von Vermögen Typ A – möglicherweise in der Zukunft wieder betriebliche Haftungsmasse werden könnte. Gründe dafür könnten ungeplante wirtschaftliche Engpässe im Unternehmen sein oder die Finanzierung gewünschter Erweiterungsinvestitionen, die das Unternehmen zu diesem Zeitpunkt nicht aus eigenen Mitteln stemmen kann.

---

44 Unternehmen leben in ihrer Mehrzahl nicht sehr lange. Ihre durchschnittliche Lebenserwartung entspricht mit etwa 20 Jahren der eines Pferdes (Kommer/Lauterwasser 2024h).

Vermögen Typ A ist das »edelste Vermögen«. Es ist heute keine betriebliche Haftungsmasse und wird nach der festen Überzeugung des Unternehmers und den objektiven Fakten nach »mit an Sicherheit grenzender Wahrscheinlichkeit« niemals mehr betriebliche Haftungsmasse werden, weder direkt noch indirekt. Was »indirekt« in diesem Zusammenhang meinen könnte, beschreiben wir weiter unten.

Infobox: Nicht betriebsnotwendige Liquidität im eigenen Unternehmen

Nach unserer Erfahrung belassen erstaunlich viele Unternehmer, denen kleinere oder größere mittelständische Unternehmen gehören, nicht betriebsnotwendige Liquidität oder auch nicht betriebsnotwendiges Immobilienvermögen aus nicht überzeugenden Gründen in ihren operativ tätigen Unternehmen, also Firmen, die operativen Risiken ausgesetzt sind. Mit »nicht betriebsnotwendiger Liquidität« meinen wir Cash oder Cash-nahes Vermögen (Geldmarktanlagen), also Geld, das mit großer Wahrscheinlichkeit in den nächsten 48 Monaten oder darüber hinaus nicht – auch nicht vorübergehend – für genuin operative Unternehmenszwecke benötigt werden wird. Mit »nicht überzeugenden Gründen« sind gemeint: (a) Vermeidung von Ausschüttungssteuern, (b) Bequemlichkeit oder Unschlüssigkeit, (c) blanke Torheit, sprich die Unterschätzung oder das Negieren des hiermit verbundenen Unternehmensrisikos.

Zur Vermeidung von Missverständnissen: Das klare unternehmerische Gebot, nicht betriebsnotwendige Liquidität aus einem operativen Unternehmen herauszunehmen, soll nicht heißen, ein operatives Unternehmen (die »Betriebsgesellschaft«) eigenkapitalmäßig auszuhöhlen, bis die Gesellschaft buchstäblich als wirtschaftliches Skelett dasteht. Das tut in Deutschland mancher Gesellschafter eines mittelständischen Unternehmens aus oft fragwürdigen Gründen, z.B. längst überholten steuerlichen Überlegungen.[45] Dann wundern sich die Unternehmer, warum Banken Kredite nur gegen persönliche Bürgschaften des Unternehmers oder gegen Besicherung des Kredites mit Privatvermögen (Immobilien, Kontoguthaben, Depot-

45 Die durchschnittlichen Eigenkapitalquoten nicht börsennotierter Unternehmen in Deutschland sind merklich niedriger als z.B. in Großbritannien und in den USA (Demirgüç-Kunt u.a. 2016).

vermögen) der Unternehmerfamilie gewähren. Diese »Entkernung« eines operativen Unternehmens meinen wir also ausdrücklich nicht mit unserer Empfehlung, nicht betriebsnotwendiges Vermögen aus der unternehmerischen Risikosphäre herauszuholen.

Ein kluger Unternehmer legt zu Vermögensschutzzwecken jedes Jahr eine Sollgröße für Vermögen Typ A als Betrag in Geldeinheiten für sich und seine Familie fest. Diese Sollgröße kann höher sein als die aktuelle Istzahl – oder auch niedriger –, aber sie muss auf alle Fälle zahlenmäßig fixiert werden, und das jedes Jahr neu, da sich Umstände und Ziele des Unternehmers ja jedes Jahr ändern können. Sofern die Sollgröße höher als die Istgröße ist, muss ein glaubhafter Plan mit Meilensteinen auf der Zeitachse formuliert werden, wie und wann die Sollgröße erreicht werden soll.

Wer als Unternehmer, ab einem Alter von etwa 50 Jahren oder später, eine Unterschreitung der besagten Sollgröße bei seinem Vermögen Typ A erfährt, der sollte dieses Defizit aus Eigeninteresse schnellstmöglich beheben. Diese Korrektur schließt das Anerkennen und Akzeptieren zweier »unbequemer Wahrheiten« mit ein: (1) Indem der Unternehmer »jetzt« Vermögen aus der unternehmerischen Sphäre in die private Sphäre transferiert, reduziert er in seiner Wahrnehmung oder Meinung – nicht zwangsläufig in der Realität – das Ertrags- oder Wachstumspotenzial dieses Kapitals. (2) Ferner bedeutet dieser Transfer (eine Entnahme oder Ausschüttung) häufig, dass es in diesem Moment zu einer unangenehmen Ausschüttungsbesteuerung kommt.[46]

Das kurzsichtige Vermeidenwollen dieser beiden unangenehmen Wahrheiten aus übersteigertem Selbstvertrauen heraus oder einer kurzsichtigen Steuerzahlungsaversion gehört zu den Hauptursachen für große Vermögensverluste bei wohlhabenden Unternehmerhaushalten.

Die private Haftung (die Haftung mit privatem Vermögen) für unternehmerische oder noch breiter und genereller definiert für »nicht private,

46 Schüttet eine operative GmbH oder eine AG Dividenden (Gewinne) an eine natürliche Person aus, kommt in Deutschland die Kapitalertragssteuer von 26,4% zur Anwendung (inkl. SolZ). Durch eine Holdingkonstruktion kann diese Steuerlast u.U. deutlich gesenkt werden. Hierzu mehr in Abschnitt 5.3.

nicht eigene« Risiken kann sich auch aus privaten Eventualverbindlichkeiten ergeben, beispielsweise aus der Bürgschaft eines Unternehmers oder des Ehepartners für betriebliche Bankkredite, aus Gesellschafterdarlehen, aus der Verpfändung von privatem Vermögen für nicht private Schulden (beispielsweise aus der Bürgschaft eines Elternteils für einen Immobilienkredit eines Kindes oder Freundes), ferner aus dem Mitunterzeichnen eines Kaufvertrages oder Kreditvertrages. So wie das Eltern oft für die Immobilienkredite ihrer Kinder tun.

Fazit

In Unternehmerfamilien gehört die systematische Unterscheidung zwischen Vermögen *vor* der Firewall (Vermögen, das unternehmerischem Risiko ausgesetzt ist) und Vermögen *hinter* der Firewall (Vermögen, das zu 100% und ohne jede auch nur potenzielle Einschränkung aus der unternehmerischen Risikozone herausgenommen wurde) zum Kern von Vermögensschutz. Diese Unterscheidung bringt tatsächlichen Vermögensschutz natürlich nur, soweit sie substanziell umgesetzt wurde.

Warum und inwiefern private Schulden und private Haftung einschließlich Eventualverbindlichkeiten für Menschen vor allem in der Vermögensschutzphase eine sehr ambivalente und in ihrem Risiko oft unterschätzte Angelegenheit darstellen, beschreiben wir im folgenden Abschnitt.

4.3.2 Verschuldung und Nutzung des Kredithebels

Dass Schulden aus wirtschaftlicher Sicht, und ganz besonders Schulden, für die man persönlich mit seinem Privatvermögen haftet, eine ambivalente Angelegenheit sind, dürfte allen Erwachsenen mit einem Minimum an Lebenserfahrung und Finanzwissen unmittelbar einleuchten.

Vermögende Haushalte, besonders diejenigen, die auf den Ruhestand zusteuern oder sich bereits in ihm befinden, sollten aus unserer Sicht idealerweise keine privaten Schulden mehr haben. Weil die Gründe dafür überwiegend simpel und offensichtlich sind, führen wir sie hier nur stichwortartig auf:

- **Schulden sind ganz einfach teuer.** Spätestens seit Ende der von etwa 2016 bis Ende 2021 währenden »Nullzinszeit« werden das nur noch wenige bestreiten. Viele – auch wir – glauben, dass die Ende 2025 in den allermeisten westlichen Ländern historisch einmalig hohen Verschuldungsquoten von Staaten, Unternehmen und privaten Haushalten in den nächsten 10 Jahren einen strukturellen Zinsanstiegstrend bewirken werden, obwohl die Zentralbanken vor allem die kurzfristigen Zinsen niedrig zu halten versuchen, soweit die Inflation dadurch nicht ungebührlich steigt. Ein »struktureller Zinsanstiegstrend« schließt nicht aus, dass die Zinsen in einem gegebenen 36-Monatszeitraum wieder vorübergehend fallen.
- **Beim Bezahlen von Zins und Tilgung gibt es oft keine echte Flexibilität.** Fehlende Flexibilität ist aus dem Blickwinkel Freiheit, Unabhängigkeit, Selbstbestimmung tendenziell schlecht.
- **Schulden bedeuten Risiko.** Man denke an die unendlich vielen Privathaushalte oder Unternehmen in Deutschland und anderswo auf der Welt, die jedes Jahr durch Schulden in die Insolvenz, in den Ruin gehen. Ein jüngstes Beispiel aus der Welt der Superreichen ist der ehemalige österreichische Milliardär René Benko. Er manövrierte sich in nur drei Jahren in den wirtschaftlichen Totalruin. Hauptursache: Zu viel Schulden kombiniert mit de facto privater Haftung für diese Schulden.[47]
- **Die Zeit zur Schuldentilgung wird immer kürzer.** Die Rückführung von privaten Schulden ist für Haushalte, die nicht mehr berufstätig sind, altersbedingt häufig schwer, weil diese Haushalte nur noch begrenzte Zeit zur Rückführung haben und zugleich ihr laufendes Einkommen und ihr Cashflow im Ruhestand üblicherweise niedriger sind als zuvor.

---

47 Manch einer wird einwenden, Benko habe durch die Etablierung mehrerer Familienstiftungen den größten Teil seines privaten Vermögens vor dem Zugriff der Gläubiger seiner Firmen geschützt, also nicht privat gehaftet. Diese zum Teil von wirtschaftsrechtlich eher unkundigen Journalisten verbreitete Sichtweise ist ökonomisch unzutreffend, weil die Stiftungen – soweit heute bekannt – das gleiche Geschäft mit ebenso viel Verschuldung betrieben wie vorher die Unternehmen außerhalb der Stiftungen. Der Transfer unternehmerischen Vermögens in die risikoarme private Sphäre fand also faktisch, trotz Stiftungskonstruktion, gerade nicht statt. In einer solchen Konstellation kann man weder von Diversifikation noch davon sprechen, dass vorheriges unternehmerisches Vermögen aus der Risikozone hinter die Firewall gebracht wurde.

- **Entfallen der wirtschaftlichen Logik von Schulden.** Wenn man in der Vermögensschutzphase und/oder Vermögensnutzungsphase angekommen ist, dann verschwindet bei vermögenden Haushalten die ökonomische Logik, (a) für die Nutzung des Kredithebels (risikoreich, durch Schulden raschen Vermögensaufbau zu betreiben) und zumeist auch (b) für das Erzielen nennenswerter Steuervorteile aus Fremdfinanzierung Komplexität und Risiko in Kauf zu nehmen. Diese Logik verschwindet generell allmählich und ganz besonders im privaten Vermögen.
- **Schulden vermindern Kontrolle.** Wer dieses offensichtliche Faktum nicht erkennt, hat noch nie Schulden gehabt oder lebt im Schulden-La-La-Land. Der Kreditgeber nimmt immer irgendwie – direkt oder indirekt, schwach oder stark – Einfluss auf das Leben des Schuldners, mindert also dessen Kontrolle über sein Dasein. Der Gläubiger beengt die Handlungsoptionen des Schuldners. Will man das nach dem 50. oder 60. Lebensjahr? Der frühere schwedische Ministerpräsident Göran Persson schrieb darüber einmal: »Those who are indebted are not free.« Persson hatte Recht.[48]
- **Schulden zu haben, heißt, gegenüber dem Gläubiger immer wieder die Hosen herunterlassen zu müssen.** Jedenfalls, wenn die Schulden nicht trivial niedrig sind. Jeder Kreditgeber will wissen, wie es um die finanziellen und sonstigen Verhältnisse des Kreditnehmers bestellt ist. Will man seine Privatsphäre auf diese umfassende Art im Alter noch Dritten gegenüber offenlegen müssen?
- **Im Alter ist Zeit – nicht Vermögen – die wichtigste Ressource.** Schulden zu machen, bedeutet letztendlich, Renditechancen und Risiko die Priorität über Zeit zu geben. Die Abwesenheit von Schulden – Schuldenfreiheit – ist generell gut für den Seelenfrieden eines Menschen. Ein Mindestmaß an Seelenfrieden zu erzielen, ist im Alter noch wichtiger als in der ersten Lebenshälfte.
- **Keine Schulden hinterlassen.** Aus unserer Sicht sollte ein Mensch anstreben, soweit es ihm wirtschaftlich möglich ist, zumindest in seiner Privatsphäre seinen Nachkommen und Erben keine Schulden zu hinterlassen. In seinem genialen, weltberühmten Roman *Der Graf von Monte Christo* lässt der Autor Alexandre Dumas Senior (1802–1870)

48 »Jene, die verschuldet sind, sind nicht frei.«

seinen Helden Edmond Dantès im Angesicht des drohenden Todes sagen: »Die Welt ist ein [Spiel-]Salon, den man höflich und seine Spielschulden bezahlend verlassen muss.«[49]

Die Ausnahme von den hier genannten Antischuldenregeln im Alter sind Verbindlichkeiten, die für *investive Zwecke* eingegangen wurden, z.B. zur Finanzierung einer Immobilie oder eines Unternehmens. Aber auch hier sollte ein Haushalt versuchen, eine rechtliche Struktur zu finden, in der er für diese Schulden nicht mehr persönlich und privat haftet. Auf diesen essenziellen Gesichtspunkt sind wir im vorhergehenden Abschnitt eingegangen.

Infobox: Versicherungen zur Reduktion zivilrechtlicher Risiken in der Privatsphäre

Der wohl wichtigste Zweck von Versicherungen besteht darin, unsere wirtschaftliche Existenz zu schützen, also zum Vermögensschutz beizutragen – das ist trivial und vermutlich werden die allermeisten Leser dieses Buches fast alle Versicherungen besitzen, die sie sinnvollerweise brauchen. Aber es mag doch die ein oder andere Ausnahme oder Lücke geben, und die kann im Fall der Fälle sehr unangenehm werden. Daher hier im Schnelldurchgang eine kurze Liste der für jedes Mitglied eines vermögenden Privathaushaltes essenziellen Versicherungen:

- Kranken- und Pflegeversicherung – gesetzliche Pflicht
- Privathaftpflicht – keine gesetzliche Pflicht, aber unerlässlich
- Kfz-Haftpflicht für Autobesitzer – gesetzliche Pflicht (Vollkaskoversicherung häufig empfehlenswert)
- Gebäudeschutzversicherung/Elementarschadenversicherung für Eigenheimbesitzer – in einer Mindestform gesetzliche Pflicht
- Hausratversicherung – keine gesetzliche Pflicht, aber bei vermögenden Haushalten wichtig. Die Versicherungssumme sollte von Zeit zu Zeit dem Wert des Hausrates einschl. etwaiger Kunst- und Sammlergegenstände im Haushalt angepasst werden

49 »Le monde est un salon dont il faut sortir poliment […] en payant ses dettes de jeu.»

- Rechtschutzversicherung – aus unserer Sicht optional
- Hundehaftpflicht bei Hundehaltern – keine gesetzliche Pflicht
- Fahrraddiebstahlversicherung (sofern nicht in der Hausratversicherung mit eingeschlossen)

Häufig unnötig unter den populären Versicherungstypen sind Unfallversicherungen, Reiserücktrittversicherungen und Handyversicherungen. Bei der Frage des Nutzens von Berufsunfähigkeitsversicherungen scheiden sich die Geister. Auslandskrankenversicherungen: Auch hier ist eine Einzelfallprüfung erforderlich.

Nach unserer Erfahrung glauben merkwürdig viele reiche Menschen, dass Schulden, oder genauer der Kredithebel, eine alles in allem unproblematische Route zu mehr Wachstum und Ertragskraft sei. Sie überschätzen die renditeerhöhende Wirkung des Kredithebels und sie unterschätzen seinen (ausnahmslos) risikoerhöhenden Effekt. Am häufigsten begegnet uns dieses Phänomen in Bezug auf Immobilieninvestitionen.

Die Wahrheit sieht jedoch so aus: Die Evidenz, dass der Fremdkapitalhebel die Eigenkapitalrendite von Immobilieninvestitionen systematisch (also zuverlässig) erhöht, ist aus wissenschaftlicher Sicht eher schwach. Kein Zweifel besteht hingegen über den risikoerhöhenden Effekt des Fremdkapitalhebels. Wer uns das nicht unmittelbar glauben möchte, den würden wir bitten, unseren Blogbeitrag Kommer/Jerschensky 2024k »Der Kredithebelmythos bei Immobilien« zu lesen. Dass die Inflation Schulden entwertet (also systematisch Schuldner begünstigt und Gläubiger benachteiligt) ist ein weiterer Mythos, den die Immobilienbranche und die Bankbranche seit Jahrzehnten jeden Tag über den Vorteil von Schulden neu verbreiten. Wir haben in Kommer/Lauterwasser 2023f »Die Inflation hilft mir als Kreditnehmer – Träum weiter!« gezeigt, warum diese »Theorie« gefährlicher Nonsens ist.

Selbst auf der Ebene von Unternehmen existiert keine eindeutige Evidenz dafür, dass Schulden nach Berücksichtigung des mit ihnen notwendigerweise einhergehenden Risikos für die Eigenkapitalgeber einen systematischen Renditevorteil haben (Kommer/Kanzler 2022k).

Fazit

Schulden mögen in der Phase des Vermögensaufbaus sinnvoll und nützlich sein, aber dieser Sinn und dieser Nutzen werden im Allgemeinen immer schwächer, je länger und weiter ein Haushalt vom Vermögensaufbau in die Phase der Vermögensnutzung und des Vermögensschutzes übergegangen ist. Schulden bedeuten ganz einfach zusätzliches Risiko, weniger Flexibilität und weniger Kontrolle über das eigene Leben. Ganz besonders übel sind Schulden, für die man mit seinem Privatvermögen haftet.

4.3.3 Ehescheidung

Dass die meisten Ehescheidungen bei vermögenden Paaren und oft genug auch bei nicht vermögenden Paaren für einen und manchmal sogar für beide Partner gravierende finanzielle Downsides verursachen, ist eine so unstrittige Feststellung, dass sie nicht weiter belegt werden muss. Gleichwohl dürften viele diese Downsides unterschätzen, weil sie noch keine Scheidung hinter sich haben oder noch nicht mit mehreren geschiedenen Personen über die finanziellen Aspekte ihrer Scheidung gesprochen haben. Lassen wir daher kurz drei Finanzexperten zu Worte kommen, die es wissen müssen:

- »Die finanziellen Folgen einer Scheidung sind in vielen Fällen schlimmer als Pest und Cholera.« – Finanzjournalist Volker Looman in der *FAZ.net* am 01.10.2019,
- »Divorce is one of the most destructive financial forces on the planet.«[50] – Lawrence Kotlikoff, Ökonomieprofessor und Finanzbuchautor,
- »There is no greater threat to your financial wellbeing than divorce. Unless you are very wealthy or extremely poor, both former spouses will see a decline in their lifestyle.«[51] – Rick Kahler, Vermögensverwalter in den USA.

50 »Scheidung ist eine der zerstörerischsten Finanzkräfte auf diesem Planeten.«
51 »Es gibt keine größere Bedrohung Ihres finanziellen Wohls als die Scheidung. Sofern die beiden Ehegatten nicht sehr vermögend oder sehr arm sind, werden sie eine Minderung in ihrem Lebensstandard erleben.«

Scheidungen, insbesondere nicht völlig einvernehmliche Scheidungen, können also veritable »Vermögensvernichtungsveranstaltungen« sein. Aus welchen typischen individuellen Ursachen diese Vermögensvernichtung im Einzelfall resultiert, beschreiben wir im Blogbeitrag Kommer/Stagnitti 2023b. Doch um diese Einzelfaktoren der Zerstörung soll es an dieser Stelle nicht gehen. Hier wollen wir ein gut bekanntes, seit Jahrzehnten erprobtes, aber eher selten genutztes Instrument benennen, mit dem man die finanziellen und zum Teil auch die emotionalen Schäden aus einer Scheidung zuverlässig abmildern kann. Und damit meinen wir nicht die alleroffensichtlichste Lösung: nicht heiraten.

Wir meinen den Abschluss eines Ehevertrags. Obwohl ein Ehevertrag aus unserer Sicht für fast alle neu geschlossenen Ehen hilfreich wäre – warum, erläutern wir weiter unten –, werden nach unserer Recherche in den USA, Großbritannien und Frankreich jeweils nur weniger als etwa 15% aller Ehen mit Ehevertrag geschlossen. Wie hoch der Anteil in Deutschland ist, konnten wir nicht eruieren, aber er dürfte ebenfalls in dieser Größenordnung oder darunter liegen. In Spanien scheint die Ehevertragsquote erstaunlicherweise über 30% zu betragen. In Italien sind Eheverträge erst seit jüngerer Zeit zulässig.

Wer in Deutschland ohne Ehevertrag heiratet, lebt danach familienrechtlich im gesetzlichen Güterstand, der sogenannten Zugewinngemeinschaft.[52] Wir unterstellen, dass Sie, lieber Leser, ein gutes Basisverständnis von den wichtigsten rechtlichen Regeln der Zugewinngemeinschaft haben und, sofern Sie verheiratet sind, sich einigermaßen korrekt vorstellen können, was sie strukturell für Ihre eigene Situation bedeutet. Sofern Sie hier unsicher sind, hilft die schnelle Lektüre des Artikels zu »Zugewinngemeinschaft« in der deutschen Wikipedia.

Wir sind uns sicher, dass bei einer Scheidung die Regeln der Zugewinngemeinschaft zur Vermögensaufteilung sehr häufig ein Ergebnis produzieren, das zumindest einer der beiden Ehepartner zum Zeitpunkt der Eheschließung und noch häufiger danach nicht gewollt hätte. Wenn diese Annahme stimmt, dann würden wohl mehr als die Hälfte aller Ehen von einem Ehevertrag profitieren.

Mit einem Ehevertrag kann man von den Regeln der Zugewinnge-

52 In den meisten westlichen Ländern dürften sehr ähnliche gesetzliche Regeln für Ehen ohne Ehevertrag bestehen, wie sie der deutschen Zugewinngemeinschaft zugrunde liegen.

meinschaft nach eigenen Wünschen recht weitgehend, wenn auch nicht beliebig, abweichen.

Die Verständigung über einen Ehevertrag vor dem Abschluss der Ehe ist eine – wir wählen dieses Adjektiv mit Bedacht – *exzellente Seelenprüfung* dahingehend, ob die beiden Ehekandidaten überhaupt ähnlich genug über die wirtschaftlichen Aspekte ihres »Merger-Projektes« denken. Ein Paar, das sich nicht im Vorhinein, wenn die Liebe noch frisch und heftig blüht, zu einvernehmlichen Regelungen über die Prinzipien der Vermögensaufteilung im Trennungsfall verständigen kann, muss sich fragen lassen, ob es das Projekt Ehe überhaupt gemeinsam unternehmen sollte. Man denke an den oft zitierten Vers aus dem Gedicht *Das Lied von der Glocke* von Friedrich Schiller (1759 – 1805): »Drum prüfe, wer sich ewig bindet, ob sich das Herz zum Herzen findet. Der Wahn ist kurz, die Reu' ist lang.«

Wir glauben, dass ein Ehevertrag während der Ehe tendenziell zum Seelenfrieden der beiden Partner beiträgt, weil er Unsicherheit, Unklarheit und potenziell regelrecht tragische Missverständnisse vermeiden hilft und weil er besser als die Zugewinngemeinschaft verhindert, dass sich einer der beiden Partner im Falle der Trennung übervorteilt und unfair behandelt fühlt. Darüber hinaus wird ein Ehevertrag in der Mehrzahl der Fälle das Streit- und Konfliktpotenzial im Rahmen der Scheidung relativ zur Zugewinngemeinschaft reduzieren. So kann die Scheidung schneller, emotional weniger destruktiv (vielfach wird das heißen: »mit weniger Hass«) und mit geringeren Anwalts- und Gutachterkosten abgewickelt werden.

Aus naheliegenden Gründen kommt der Abschluss eines Ehevertrages nach bereits erfolgter Heirat so gut wie nie vor. Nach der Heirat ist dieser Zug zumeist abgefahren.

Zu beachten ist, dass ein zu einseitiger Ehevertrag von dem im Rahmen der Scheidung sich benachteiligt fühlenden Partner möglicherweise rechtlich anfechtbar ist. Man kann zwar in einen Ehevertrag hineinschreiben, was man will, ob aber »extreme« oder gar »sittenwidrige« Regelungen vor Gericht Bestand haben werden, ist eine andere Frage – eine Beratung durch einen gemeinsamen oder zwei getrennte Anwälte ist daher in jedem Fall ratsam. Darüber hinaus schreibt das Gesetz die notarielle Beurkundung eines Ehevertrags vor. Sich darauf zu verlassen, dass der Notar die Rechtswirksamkeit des Textes prüft, ist keine gute Idee.

Es existieren viele Staaten, in denen Eheverträge nur eingeschränkt oder gar nicht anerkannt werden. Daher sollte derjenige, der eine Auswanderung in ein bestimmtes Land in Erwägung zieht oder diese bereits vollzogen hat, diesen Aspekt ggf. rechtlich prüfen lassen.

Ein Unternehmerehepaar, das »in guten Zeiten« als Teil seiner gemeinsamen Vermögensstrategie einvernehmlich eine Familienstiftung in Deutschland oder in Liechtenstein errichtet und Vermögen auf diese überträgt, regelt über die Bestimmungen in der Stiftungssatzung rechtssicher ein für alle Mal, was gelten soll, wenn die Ehe geschieden werden sollte. So kann das vermögensmäßige Zerstörungspotenzial in einem potenziellen späteren Scheidungsfall gesenkt werden. Selbstverständlich kann sie im Einzelfall auch für einen Partner allein zur Absicherung dienen.

Fazit

Ein Ehevertrag kann ein ausgezeichnetes Werkzeug des Vermögensschutzes sein. Zum Thema Ehevertrag existieren zahlreiche, gut lesbare Ratgeberbücher. Die Formulierung eines Ehevertrages hoher Qualität erfordert die Beratung durch einen Fachanwalt für Familienrecht.

4.4 Vermögen auf Familienmitglieder verteilen

Einer der unter wohlhabenden Familien am meisten verbreiteten, scheinbar einfachsten und – wie wir hier sehen werden – leider auch ambivalentesten Vermögensschutzansätze ist die Verteilung des Familienvermögens auf viele Familienmitglieder, präziser formuliert: die frühzeitige Übertragung des Familienvermögens des ursprünglichen Vermögensinhabers auf Ehepartner, Kinder und Enkelkinder. Mit »frühzeitig« ist in diesem Abschnitt eine Vermögensübertragung zeitlich deutlich vor dem Tod des Vermögensinhabers gemeint.

Diese Aufteilung geschieht üblicherweise durch lebzeitige Schenkungen an die besagten Personen durch denjenigen, der das Vermögen aufgebaut hat, oder allgemeiner formuliert: vor der Schenkung sein Eigentümer war. Neben Schenkungen (im Steuerjargon *unentgeltliche* Vermögensübertragungen) werden manchmal auch »entgeltliche Übertragungen« genutzt, nämlich Verkäufe zu einem Wert, der nach dem Verständnis der beteiligten Familienmitglieder unter dem tatsächlichen Marktwert liegt, wenn das Steuerrecht einzelfallbezogen solche »Nichtmarkttransaktionen« im Falle von nicht liquiden Vermögenswerten wie Unternehmensanteilen, Immobilien und Sammlergegenständen (Kunst etc.) relativ risikolos zulässt.[53]

Man kann solche Übertragungen aus Vermögensschutzsicht als eine Form von Diversifikation betrachten, nämlich »Diversifikation über verschiedene Eigentümer« hinweg. Diversifikation ist ein allgemeines, in seiner Bedeutung kaum zu überschätzendes Schlüsselkonzept im Vermögensschutz und wird uns in anderer Ausprägung in diesem Buch noch mehrfach begegnen.

Warum sind frühzeitige Schenkungen von Vermögenswerten unter vermögenden Familien so beliebt? Dafür gibt es primär zwei Gründe.

Steuern sparen. Solche Übertragungen helfen bei der Senkung der Belastung des Familienvermögens mit Erbschafts- und Schenkungssteuern, weil man so E&S-Freibeträge umfassender nutzen kann. Diese leben alle zehn Jahre neu auf. Ein Beispiel: Der E&S-Freibetrag zwischen einem Elternteil und einem Kind beträgt in Deutschland 400 000 Euro alle zehn Jahre. Angenommen, der Elternteil verstirbt im 90. Lebensjahr und hat im Alter von 40 erstmalig Vermögen im Wert von 400 000 Euro an ein Kind verschenkt, danach alle zehn Jahre wieder, zuletzt erbwegig den Rest des Vermögens nach dem Tod. Auf diese Weise beläuft sich der kumulative Freibetrag auf 5 × 400 000 = 2 Millionen Euro gegenüber nur 400 000 Euro ohne die lebzeitigen Schenkungen. Gleiches gilt – mit anderen Freibeträgen – für Ehepartner, Enkel und alle Personen, die verwandtschaftlich weiter entfernt sind. Vermutlich erzielt der Beschenkte nach der Schenkung Einkünfte aus dem verschenkten Vermögen und hier ist es ja wahrscheinlich, dass ein Kind für viele Jahre einen niedrigeren einkommenssteuerlichen Grenzsteuersatz hat als der Elternteil. Auf diese Weise resultiert auf der aggregierten Ebene des Familienvermögens durch die frühzeitige Schenkung ein weiterer Einkommenssteuervorteil.

---

53 Wenn der Käufer zum Zeitpunkt des Verkaufes nicht über ausreichende Mittel zur Bezahlung des Kaufpreises verfügt, kann der Kaufpreis steuerrechtlich zumeist problemlos langfristig gestundet werden, sprich, der Verkäufer räumt dem Käufer ein Darlehen ein.

Schutz vor zivilrechtlichen Risiken. Das allgemeine Muster: Durch eine rechtzeitige Schenkung von Person A (z.B. die Mutter) an Person B (z.B. der Ehemann oder die Tochter) ist das betreffende Vermögen aus der zivilrechtlichen Risikosphäre von Person A verschwunden. Die zivilrechtliche Schutzwirkung besteht allerdings typischerweise erst nach Ablauf von mehrjährigen Anfechtungsfristen. Einige der wichtigsten hier relevanten zivilrechtlichen Risiken haben wir in den vorhergehenden Teilen dieses Buches an verschiedenen Stellen kennengelernt. Allgemein formuliert handelt es sich um vielgestaltige zivilrechtliche Haftungsrisiken, denen vermögende Personen im Rahmen ihrer beruflichen und unternehmerischen Aktivitäten ausgesetzt sein können (Beispiel Geschäftsführerhaftung im GmbH-Gesetz), aber auch Risiken, die außerhalb des Unternehmensbereiches in der Privatsphäre bestehen – oftmals aus verlorenen Gerichtsprozessen oder bestimmten gesetzlichen Regelungen. Zur letzteren Kategorie gehören gerichtlich festgelegte Unterhaltsverpflichtungen und subjektiv unerwünschte Zwänge aus dem Scheidungsrecht oder dem erbschaftssteuerlichen Pflichtteilsrecht.[54]

Im Einzelfall können auch noch andere Ziele bei der frühzeitigen schenkweisen Übertragung von Vermögen an Kinder eine Rolle spielen, z.B. die Vorstellung, mit dieser Übertragung das Kind früh an den Umgang mit großen Vermögenswerten zu gewöhnen oder ihm »unternehmerische Mitverantwortung« zu übertragen. Ob diese Ziele mit der Schenkung tatsächlich erreicht werden, dürfte in nicht wenigen Fällen zweifelhaft sein. Das bringt uns zu den Risiken und Nachteilen, die mit der frühzeitigen Übertragung von Vermögen auf Familienmitglieder wie Ehepartner und Kinder einhergehen. Wir glauben, dass diese Risiken von den betreffenden Schenkern manchmal nicht ausreichend bedacht werden, und wollen dazu hier einige Denkanstöße geben.

Hauptrisiko und Hauptnachteil: Der Schenker bereut die Schenkung zu einem späteren Zeitpunkt. Es dürfte wenige Leser dieses Buches geben,

54 Ein ähnlich weitgehendes und »aggressives« Pflichtteilserbrecht, wie es in Deutschland besteht, dürfte in den meisten Ländern der Welt nicht existieren. Das gilt auf jeden Fall für die angelsächsischen Staaten USA, Kanada, Großbritannien und Australien. Gesetzliche Pflichtteile (bzw. vergleichbare Regelungen) existieren dort nur in Bezug auf Ehegatten, jedoch nicht oder nur im Vergleich zu Deutschland abgemilderter Form in Bezug auf Geschwister, Kinder, Enkelkinder oder die Eltern des Erblassers.

die kein Beispiel für das, was wir hier meinen, kennen: Kinder, die sich nach der großzügigen Schenkung von ihren Eltern (den Schenkern) entfremden, vielleicht ausgelöst durch eine Heirat. Oder Kinder, die nach der Schenkung »schuldhaft oder weniger schuldhaft« auf die sprichwörtliche »schiefe Bahn« geraten, sei es Kriminalität, Drogenabhängigkeit, innerfamiliäre Gewaltneigung, Verschwendungssucht, Unfähigkeit, mit Geld umzugehen, Faulheit oder vieles andere mehr.

Bei nicht superreichen Familien ist auch denkbar, dass nach der Schenkung beim Schenker eine nicht vorhergesehene Vermögensminderung eintritt und der Schenker (typischerweise die Eltern) nun im fortgeschrittenen Alter seine Jahre zuvor beschenkten Kinder wieder um finanzielle Unterstützung bitten muss oder – weil sich der Schenker schämt, das zu tun – seinen Lebensstandard ungewollt und ungeplant einschränken muss.

Einem der Autoren ist ein trauriger Fall aus dem eigenen Freundeskreis bekannt, in dem ein mittelständischer Unternehmer – nennen wir ihn Oliver – seinen 50%-Anteil an dem von ihm und einem Freund einige Jahre zuvor gegründeten kleinen, aber profitablen IT-Unternehmen im Wege einer Schenkung auf seine Ehefrau übertrug. Der Grund: Oliver hatte eine persönliche Bürgschaft für einen Bankkredit an das Unternehmen abgegeben und es existierte eine zumindest theoretisch gefährliche Konstellation aus der gesetzlichen Geschäftsführerhaftung des Unternehmers (der Anlass hierzu lag zwar schon viele Jahre zurück, aber die Sache war noch nicht endgültig ausgestanden). Beide Risiken störten Oliver, und ihre theoretisch zivilrechtlichen Downsides wollte er durch die Übertragung der Anteile auf seine Frau beseitigen. Einige Jahre nach der Schenkung kam es zu Eheproblemen und alsbald zur sprichwörtlichen »hässlichen Scheidung«. Aus emotionaler Verletzung heraus oder, je nach Perspektive, aus Rachsucht kombiniert mit Unwissen verkaufte die ansonsten vermögenslose Ehefrau den ihr gehörenden 50%-Anteil am Unternehmen kurz vor Vollzug der Scheidung zu einem weit unter dem tatsächlichen (geschätzten) Marktwert liegenden Preis an Olivers Kompagnon.[55] In böser Absicht

55 Unter bestimmten Umständen, die in der Realität bei kleinen und mittelständischen Firmen sehr häufig vorliegen, bietet das deutsche Steuerrecht großen Spielraum, den steuerlichen Unternehmenswert (hier also die Bemessungsgrundlage für die Schenkungssteuer) beträchtlich unter dem tatsächlichen Marktwert anzusetzen.

berief dieser schnurstracks eine Gesellschafterversammlung ein (er war jetzt Alleingesellschafter) und beschloss eine Abberufung von Oliver als Geschäftsführer. Das war das bittere Ende von Olivers Unternehmertum, für ihn ein drastischer Vermögensverlust und auf der seelischen Ebene ein noch viele Jahre später vorhandenes Trauma.

Die hier nur kurz und beispielhaft geschilderten Risiken aus frühzeitigen Vermögensübertragungen lassen sich relativ leicht absenken, ohne zugleich auf die oben geschilderten steuerlichen und zivilrechtlichen Vorteile solcher Übertragungen verzichten zu müssen. Diese Techniken zur Risikosenkung sind eigentlich einfach und sie funktionieren zuverlässig. Umso überraschender ist es, dass sie eher selten angewandt werden. Nachfolgend im Schnelldurchgang Aufzählung und Beschreibung der Techniken. In allen Fällen ist die grundsätzliche Logik zwar einfach und leicht zu verstehen, aber die rechtliche Gestaltung und Durchführung im Einzelfall komplex. Daher dürfte in allen diesen Fällen fachkundige Beratung durch einen Fachanwalt für Erbschafts- und Schenkungssteuerrecht angeraten sein.

Schenkungen mit Bedingungen versehen (»bedingte Schenkungen«). Das Schenkungssteuerrecht erlaubt einen großen Gestaltungsspielraum für *bedingte Schenkungen* bis hin zur Rückabwicklung einer Schenkung, sofern der Beschenkte nach der Schenkung bestimmte Dinge tut, z.B. eine schwere Straftat begeht, sich scheiden lässt, bestimmte im Schenkungsvertrag definierte Handlungen vornimmt oder unterlässt und vieles andere mehr.

Schenkungen unter Nießbrauchvorbehalt. Das Nießbrauchrecht ist ein jahrhundertealter Typ von Nutzungsrecht an zu übertragenden Wirtschaftsgütern. Diese »Güterlasten« sind umfangreich im deutschen BGB geregelt. Das Grundprinzip funktioniert so: Elternteil A schenkt seinem Kind B eine Immobilie (es könnte aber auch z.B. ein Wertpapierdepot sein). Die Schenkung erfolgt jedoch unter Nießbrauchvorbehalt, d.h., Schenker A behält bis zu seinem Tod ein Nießbrauchrecht – das ist das Recht, den laufenden wirtschaftlichen Nutzen aus dem Vermögenswert, hier die Immobilie, zu ziehen. Bei Immobilien sind das die Mieten (bei einem Bankdepot Zinsen oder Dividenden). Beschenkter B wird jedoch vollumfänglich rechtlicher Eigentümer der Immobilie. Dem neuen Eigentümer, hier B, kommen die gesamten Wertsteigerungen der Immobilie im Zeitablauf zugute. Zwei hier relevante besondere Vorteile: B kann das Asset ohne Zustimmung von A nicht veräußern oder »verbrauchen«. Somit behält A also zu Lebzeiten eine relativ weitgehende Kontrolle über die Immobilie, neben einem wirtschaftlichen Nutzen. Außerdem reduziert die sich aus dem Steuerrecht ergebende »Nießbrauchlast« die schenkungssteuerliche Bemessungsgrundlage, was zu beträchtlichen Steuerersparnissen gegenüber einer nießbrauchlosen (lastenfreien) Schenkung führen kann. Unser Kollege Luca Stagnitti hat zur Nießbrauchkonstruktion ein YouTube-Video erstellt (Stagnitti 2025).

Familiengesellschaften in Gestalt einer »Familien-GmbH« oder einer »Familien-KG«. Der betreffende Vermögenswert wird nicht direkt an den Empfänger (hier das betreffende Kind) verschenkt, sondern vom ursprünglichen Eigentümer (hier der Elternteil) zuerst steuerfrei als Einlage (Geldeinlage oder Sacheinlage) in die zuvor gegründete Familiengesellschaft eingebracht. Erst in einem zweiten Schritt schenkt der Elternteil dem Kind Gesellschaftsanteile an der Familiengesellschaft im gewünschten Umfang (Wert). Die Satzung der Gesellschaft gibt jedoch dem Elternteil bestimmte Sonderrechte, die typischerweise dazu führen, dass der Elternteil bei der Verwendung der Vermögenswerte (z.B. der Veräußerung) ein nicht überstimmbares Vetorecht hat. Mit anderen Worten: Der Elternteil behält ein bestimmtes, je nach Gestaltung sehr weitgehendes Maß an Kontrolle, obwohl das Eigentum am betreffenden Vermögen an das Kind übergegangen ist.

Familienstiftungen mit Sitz in Deutschland oder Liechtenstein. Mit diesem besonders mächtigen Vermögensschutzinstrument befassen wir uns umfassend in Kapitel 9 und verzichten daher hier aus Platzgründen auf nähere Ausführungen.

Eine Berufsgruppe in unserer Gesellschaft, die wohlhabende Personen, die frühzeitige Schenkungen in Erwägung ziehen, regelmäßig sehr eifrig zur tatsächlichen Durchführung derartiger Schenkungen ermuntert, ist die Steuerberatergilde. Typischerweise verdient ein Steuerberater bei einer solchen Schenkung ein hübsches Einmalhonorar (da normalerweise Einmalberatung in Anspruch genommen wird), und auch danach trägt die Schenkung zu Erhöhung des laufenden Honorars des Steuerberaters bei, denn jetzt müssen jedes Jahr zusätzliche Steuererklärungen für die nun vermögenden Kinder produziert werden. Wir empfehlen jedem, der seinen Steuerberater zum Thema Schenkungen anspricht, diesen Interessenkonflikt zu bedenken.

Fazit

Dieser Abschnitt sollte zeigen, dass lebzeitige Vermögensübertragungen auf Familienmitglieder und andere nahestehende Personen eine unter wohlhabenden Familien sehr populäre und scheinbar einfache Strategie zur Senkung von Steuerbelastungen und zum Schutz vor zivilrechtlichen Risiken sind, dass aber solche Transfers in Wirklichkeit einige oft übersehene oder bewusst ignorierte Risiken mit sich bringen. Diese Risiken und Nachteile können mit einigen einfachen Gestaltungen reduziert oder beseitigt werden. Insgesamt sollten solche Übertragungen genau überlegt, klug gestaltet und nur als ein integraler Bestandteil einer wohlüberlegten umfassenden Vermögensschutzstrategie vorgenommen werden.

5 Vermögensschutzmaßnahmen, die nur eingeschränkt oder gar nicht funktionieren

In diesem Kapitel analysieren wir sieben Maßnahmen des Vermögensschutzes, die in der Ratgeberliteratur und im Internet häufig beschrieben werden, sich aber bei einer wirklich kritischen Prüfung ihrer Schutzwirkung, wie wir sie hier durchführen, als teilweise ambivalent oder sehr ambivalent herausstellen. »Teilweise ambivalent« heißt, dass diese Maßnahmen nur in bestimmten Konstellationen oder Gestaltungen einen eingeschränkten Vermögensschutz bieten. »Sehr ambivalent« heißt, dass diese Maßnahmen entweder an der Lebenswirklichkeit halbwegs normaler Menschen ganz scheitern oder anderweitig in den meisten relevanten Konstellation keinen echten Schutz bieten, aber Kosten verursachen und unnötige Komplexität einführen. Wir beginnen mit einer Maßnahme, die in letztere Kategorie fällt – ein Konto oder Depot im Ausland.

5.1 Ein Konto oder Depot im Ausland

Mancher Vermögende in Deutschland, der in Bezug auf das Land besorgt in die Zukunft blickt, denkt, ein Konto oder ein Wertpapierdepot im Ausland, z.B. in der Schweiz, könnte zusätzliche Sicherheit bringen. In den allermeisten Konstellationen ist das eine Illusion.

Im Folgenden erläutern wir eine Reihe von Sachverhalten am spezifischen Beispiel eines Kontos oder Depots in der Schweiz aus Sicht eines in Deutschland ansässigen Haushaltes.[56] Zum großen Teil würden diese Sachverhalte jedoch in gleicher oder ähnlicher Weise auch auf ein Konto/Depot in Kanada oder Steueroasen wie Dubai, Guernsey/Jersey oder den British Virgin Islands zutreffen.

56 Im weiteren Verlauf des Buches werden wir – um Platz zu sparen und den Lesefluss zu erleichtern – häufig von »deutschen Steuerzahlern« oder »deutschen Stiftern« sprechen. Gemeint sind aber natürlich »in Deutschland steuerlich ansässige Personen«, egal welche Staatsbürgerschaft sie haben.

Zunächst sind einige Grundsachverhalte festzuhalten, um Missverständnisse zu vermeiden.

In Deutschland, wie in den meisten westlichen Ländern, ist es völlig legal, liquides oder nicht liquides Vermögen (und im Wesentlichen egal, welche Art von Vermögen) im Ausland zu halten. Das ist heute so und das war vor 30 Jahren so. Wir glauben nicht, dass sich dieser grundsätzliche Legalitätsaspekt in den nächsten Jahren ändern wird.

Für die deutsche Einkommenssteuer gilt das Welteinkommensprinzip (siehe dazu Abschnitt 2.3). Das bedeutet: Vorbehaltlich der Ausnahmen oder Abweichungen, die in einem etwaigen Doppelbesteuerungsabkommen geregelt sind, ist für einen in Deutschland unbegrenzt steuerpflichtigen Bürger (jemand mit Hauptwohnsitz in Deutschland) *jedes* inländische oder ausländische Einkommen in Deutschland steuerpflichtig – auch Zinsen, Dividenden und realisierte Kursgewinne auf einem Konto oder Depot im Ausland.

Deutschland hat den sogenannten Automatischen Informationsaustausch/AIA (siehe Details in Abschnitt 2.3) mit knapp 110 Staaten vereinbart (Stand Januar 2026), darunter auch die Schweiz, Liechtenstein und vielen Steueroasen. Diejenigen Niedrigsteuerländer, die in Bezug auf das AIA-Abkommen aktuell noch fehlen, könnten in den nächsten Jahren dazukommen, weil der Druck der reichen westlichen Länder in dieser Hinsicht hoch ist.

Allgemein dürfte das Entdeckungsrisiko bei Nichtdeklarierung von Erträgen in der Einkommenssteuererklärung oder Werten in einer Erbschafts- oder Schenkungssteuererklärung heute aufgrund des erwähnten zwischenstaatlichen AIAs, des Internets, legalem oder illegalem investigativem Journalismus, Whistleblowing bei Banken, Hacking von IT-Systemen von Banken und Steuerkanzleien hierzulande und in Steueroasen, illegaler oder halblegaler Datenkauf durch deutsche Finanzbehörden und – nicht zuletzt – Anzeigen durch nahestehende Personen drastisch höher sein als noch vor 20 oder 40 Jahren. Zudem sind die Zeiten lange passé, in denen entdeckte Steuerhinterziehungen von den Gerichten als Kavaliersdelikt mit milden Strafen bedacht wurden. Deswegen sind Überlegungen, die implizit oder explizit auf das Funktionieren »diskreter« oder illegaler Maßnahmen in der Vergangenheit als Argument abstellen, heute ganz einfach naiv und hochgefährlich.

Würde in Deutschland eine neue Vermögenssteuer eingeführt, dann unterläge diese sehr wahrscheinlich dem Weltvermögensprinzip. Vermögen im Ausland würde dann – vorbehaltlich eines etwaigen DBAs zwischen den beiden beteiligten Ländern – in Deutschland in die Bemessungsgrundlage für diese Vermögenssteuer einfließen, einschließlich ertraglosem Vermögen wie physisches Bargeld oder Gold in einem ausländischen Schließfach und Kryptoanlagen in einem ausländischen Wallet.

Das Führen von Konten und Depots im Ausland – das trifft besonders auf die Schweiz und Liechtenstein zu – ist mit eher seltenen Ausnahmen teurer als in Deutschland. Teurer bezieht sich dabei nicht nur auf Kosten für Konto- und Depotführung im engeren Sinne, sondern auch auf eine Reihe von indirekten Zusatzkosten. Ausländische Depotstellen behalten die deutsche Abgeltungssteuer (Kapitalertragssteuer) nicht automatisch ein, wie das inländische Depotstellen tun. Dies hat zur Folge, dass die entsprechenden Erträge im Einzelnen durch Fachkräfte manuell festgestellt und per Einkommenssteuererklärung deklariert werden müssen, ein aufwendiges und – je nach Anlagestrategie – teures Unterfangen. Für jede auf dem Auslandskonto im Laufe eines Jahres vollzogene Transaktion müssen die steuerlichen Konsequenzen in Deutschland festgestellt werden. Der deutsche Steuerberater des Kontoinhabers muss also jedes Jahr auf der Grundlage der von einer ausländischen Bank bereitgestellten, vielleicht fremdsprachigen Unterlagen die betreffenden Einkünfte aus Kapitalvermögen berechnen und in der Jahressteuererklärung angeben. Diesen Mehraufwand wird der Steuerberater nicht kostenlos erbringen.

Darüber hinaus existieren manchmal am Bankstandort zusätzliche Steuern, an die man als deutscher Anleger nicht denkt. In der Schweiz ist das beispielsweise die Finanztransaktionssteuer. Bei jedem Kauf oder Verkauf von Wertpapieren fällt eine »Stempelabgabe« von 0,15% oder 0,3% des Transaktionsvolumens an, die in der Regel zur Hälfte von der Depotbank und dem Anleger getragen wird. Nennenswerte Finanztransaktionssteuern, deren mögliche Einführung in Deutschland bislang die Mehrheit aller Privatanleger ablehnt, existieren außer in der Schweiz übrigens auch in Frankreich und in Großbritannien.

Im Ausland können zudem die Nebenkosten einer Transaktion, die neben den Orderkosten der Bank anfallen, je nach Land und Wertpapier deutlich höher als bei einer deutschen Bank ausfallen. Eine zusätzliche Belastung von bis zu rund 0,10% pro Transaktion ist keine Seltenheit.

Die gesetzliche oder staatliche Einlagensicherung ist in den allermeisten Ländern in Bezug auf ihre effektive Schutzwirkung wohl schlechter als in Deutschland. Das trifft auch auf die Schweiz und Liechtenstein zu. Das einzige uns bekannte staatliche Einlagensicherungssystem mit einer objektiv höheren Schutzwirkung als dasjenige in Deutschland ist das amerikanische (zur gesetzlichen Einlagensicherung in Deutschland siehe Abschnitt 7.1.4).

Die Vorstellung, dass Schweizer Banken im Allgemeinen stabiler, sicherer oder »seriöser« seien als deutsche Banken, lässt sich gewiss nicht mit harten Fakten belegen. Im Jahr 2008/2009 stand die größte Schweizer Bank, die UBS, vor der Pleite und überlebte nur, weil sie vom Staat gerettet wurde. 2024 wechselte die zweitgrößte Schweizer Bank, die Credit Suisse, unfreiwillig ins Jenseits. Stets war zu wenig Eigenkapital in Kombination mit Missmanagement und haarsträubender Inkompetenz die Ursache. Skandale, Betrug und einfache »Abzocke« gab es während der zurückliegenden 20 Jahre auch reichlich bei Schweizer Kantonalbanken und Genossenschaftsbanken, nicht nur bei deutschen oder österreichischen.

Wer in Fremdwährungsanlagen oder sonstige exotische Wertpapiere investieren möchte, kann das selbstverständlich genauso gut und vermutlich billiger von einem in Deutschland geführten Depot aus tun.

Wen all das nicht abschreckt, ein Konto oder Depot im Ausland zu eröffnen, der könnte mit einem weiteren, ganz praktischen Problem konfrontiert werden: Die Eröffnung von Konten und Depots durch nicht lokal ansässige, ausländische Kunden bei namhaften, seriösen Banken in vielen der attraktiven westlichen Rechtsordnungen wie Norwegen, Schweden, Kanada, Neuseeland, Australien usw. stellt sich heutzutage oft als schwierig und oft genug unmöglich heraus. Der Grund: die nationalen Compliance-Regularien, denen die örtlichen Banken unterliegen. Diese unterhalten Bedingungen für solche Eröffnungen, die eine normale ausländische Privatperson ohne nachgewiesene »Substanz« nicht erfüllen kann. Mit »Substanz« ist ein offizieller operativer wirtschaftlicher Hintergrund gemeint. Beispiele: ein Unternehmen in dem Land gründen und betreiben, eine Ferienwohnung besitzen, einen lokalen Arbeitsvertrag haben oder an einer lokalen Universität eingeschrieben sein. Reine Finanzinvestments erfüllen die Substanzbedingung häufig nicht. In Staaten, in denen solche Compliance-Hürden heute noch nicht bestehen, bspw. Paraguay, Thailand oder Russland, ist entweder das Bankensystem zu unterentwickelt und instabil, die Korruption zu hoch, die politischen Verhältnisse zu wackelig oder alles zusammen.

Fazit

Ein Konto oder Depot im Ausland eröffnen bringt für Menschen, die sich im Bereich der Legalität bewegen wollen, typischerweise keinen Vorteil und oft eher eine Reihe von Nachteilen. »Kontodestinationen«, die heute noch nicht in den AIA eingebunden sind, werden es möglicherweise in den nächsten Jahren sein.

5.2 Die Verlagerung von anderem Vermögen ins Ausland

Im vorhergehenden Abschnitt haben wir gesehen, dass Auslandskonten oder -depots für Bürger, die in der Legalität bleiben wollen, häufig zusätzliche Kosten und Mehraufwand, aber selten echte, objektive Vorteile erzeugen. Wie wir in den folgenden Abschnitten dieses Kapitels noch sehen werden, verhält es sich leider ähnlich mit der Etablierung vermögensverwaltender GmbHs im In- oder Ausland. Und wie wir in Abschnitt 5.5 zeigen werden, kommt Auswandern bei realistischer Betrachtung für die meisten Vermögenden ebenfalls selten in Betracht – nicht zuletzt auch deswegen nicht, weil der deutsche Staat mit erstaunlicher Aggressivität gerade die Auswanderung sehr vermögender Personen mit steuerlichen »Ketten« enorm erschwert.

Wie sehen Vermögensverlagerungen ins Ausland als Vermögensschutzmaßnahme aus, bei denen es sich nicht nur um reine Konto- oder Depotwerte im Ausland handelt?

Halten wird das Wichtigste in Bezug auf die Verlagerung von Vermögenswerten ins Ausland gleich zu Anfang fest: Im Regelfall wird eine Vermögensverlagerung ins Ausland steuerrechtlich nicht oder kaum helfen, solange der Eigentümer in Deutschland unbeschränkt steuerpflichtig bleibt, also seinen Hauptwohnsitz in Deutschland beibehält. Das gilt jedenfalls für diejenigen Personen, die sich steuerlich innerhalb der Legalität bewegen wollen.

Der Hauptgrund ist einer, der hier schon mehrfach zur Sprache gekommen ist und noch kommen wird: In Deutschland, wie in den meisten anderen reichen westlichen Ländern, gilt einkommenssteuerlich das Welteinkommensprinzip. Somit sind alle Einkommen, die im In- oder Ausland erzielt werden, in Deutschland grundsätzlich steuerpflichtig, wenn nicht Ausnahmetatbestände gelten. Sofern es zwischen den beiden betreffenden Ländern ein Doppelbesteuerungsabkommen gibt, wird zwar die besonders unangenehme Doppelbesteuerung vermieden, aber hier reden wir von der Vermeidung eines zusätzlichen Nachteils durch Auslandsvermögen, nicht von der Erzielung eines Vorteils. Im Übrigen entfalten die allermeisten DBAs nur Schutzwirkung in Bezug auf einkommenssteuerliche Sachverhalte, nicht aber in Bezug auf Substanzsteuern wie Erbschaftssteuern und (etwaige) Vermögenssteuern.

Wenn eine wohlhabende Person in Deutschland wohnhaft bleibt, aber einen großen Teil ihres Vermögens ins Ausland transferiert bzw. ausländische Vermögenswerte erwirbt, ändert das an ihren deutschen Steuerpflichten im Prinzip nichts. Das gilt für ein Konto oder Depot in Dubai, ein Schließfach mit Gold- und Silberbarren in der Schweiz, ein Bitcoin-Wallet bei einer Krypto-»Börse« in Singapur, und das gilt auch für nicht liquide Vermögenswerte im Ausland, z.B. die 10%-Beteiligung an einem IT-Startup im Silicon Valley (USA), ein Waldgrundstück in Neuseeland und eine zeitweilig an Freunde und Verwandte vermietete Finca auf Mallorca.[57] Alle diese im Ausland befindlichen Assets können und werden in einem gegebenen Zeitraum Einkünfte produzieren (laufende Einkünfte oder realisierte Wertsteigerungsgewinne), und all diese Einkünfte sind in Deutschland grundsätzlich einkommenssteuerpflichtig – hoffentlich (aber nicht immer) unter Anrechnung der bereits vor Ort bezahlten Steuern.

Würde in Deutschland wieder eine nennenswerte Vermögenssteuer eingeführt, können wir davon ausgehen, dass ihr das *Weltvermögensprinzip* zugrunde läge. Mit anderen Worten: Auch Vermögen im Ausland, einschließlich ertraglosem Vermögen wie Edelmetalle, Kryptoanlagen und Kunst, würde in ihre Bemessungsgrundlage einfließen. Und noch einmal: auch dann, wenn sich dieses Vermögen im Ausland befindet.

Eine besondere Form der Vermögenssteuer als eine Substanzsteuer, nämlich die Erbschafts- und Schenkungssteuer, existiert ja schon immer in Deutschland. Wie krakenhaft die deutsche E&S-Steuer auch bei grenz-

57 Das Wort »Börse« im Terminus Krypto-Börse haben wir hier wohlweislich in Anführungszeichen gesetzt. Der Grund wird im Abschnitt 7.1.9 über Kryptowährungen erläutert.

überschreitenden Sachverhalten wirkt, haben wir bereits in Abschnitt 3.4.1 beschrieben.

In Abschnitt 5.1 haben wir dargelegt, warum das strafrechtliche Risiko aus nicht deklariertem Einkommen und Vermögen (egal, ob sich das Vermögen im Inland oder Ausland befindet) immer weiter steigt.

Infobox: Immobilien in Deutschland aus einer Vermögensschutzperspektive

Wer befürchtet, dass sich einige der folgenden Deutschland-bezogenen Risiken in den nächsten zehn bis 20 Jahren in jeweils verschiedenem Ausmaße materialisieren könnten, der sollte sein → Exposure zur Anlageklasse »deutsche Immobilien« heute wohl eher reduzieren: (a) weiterhin (wie in den fünf Jahren bis Ende 2025) historisch schwaches Wirtschaftswachstum und damit vermutlich anämisches Wachstum der Haushaltseinkommen aufgrund hoher Steuerlasten, Überregulierung und »Hyperbürokratie« in Deutschland, (b) weitere Erhöhung der in Summe bereits sehr hohen Gesamtsteuerbelastung in Deutschland, einschließlich der denkbaren Abschaffung der Steuerfreiheit von Veräußerungsgewinnen von Mietobjekten im Privatvermögen nach zehn Jahren, (c) Verstaatlichung großer privater Wohnungsvermieter,[58] (d) weitere Verschärfung des weltweit einmalig hohen Mieterschutzes durch das nochmalige Anziehen der Mietpreisbremse oder anderer Maßnahmen und (e) weitere Verschärfung der hierzulande außerordentlich restriktiven staatlichen Bauvorschriften in Bezug auf Heizung, Dämmung, Barrierefreiheit, Brandschutz, sonstiger Umweltschutz, Milieuschutz in Großstädten, (f) weitere Verlangsamung der Erteilung von Baugenehmigungen, (g) strukturelle Erhöhung der Langfristzinsen aufgrund hoher Verschuldungsquoten von Staaten, Unternehmen und Privathaushalten in der Eurozone und (h) demografisch bedingter »Nachfragerückgang« nach Wohnfläche durch den Anstieg der Sterblichkeitsraten bei den Baby-Boomer-Jahrgängen 1959 bis 1969 ab etwa 2029. Diese geburtenstarken Jahrgänge bewohnen alters- und vermögensbedingt größere Flächen als jüngere Jahrgänge und repräsentieren zudem

58 Würde diese Forderung verschiedener im Bundestag vertretenen Parteien erfüllt, hätte das vermutlich eine negative Auswirkung auf das Preisniveau im gesamten Wohnimmobilienmarkt.

weit größere Alterskohorten als die jungen Leute, die nach dem Auszug von zuhause in den Markt eintreten. In dem Maße, wie diese großen Baby-Boomer-Jahrgänge »wegsterben« und dadurch große Flächen frei werden, wird die Gesamtnachfrage nach Wohnraum sinken.

Die Verlagerung von Vermögen ins Ausland erzeugt für in Deutschland Ansässige im Allgemeinen nur dann eine echte steuerliche Upside, wenn der Eigentümer parallel ebenfalls ins Ausland zieht, sprich auswandert. Und selbst das ist in der Praxis aufgrund der deutschen Wegzugsbesteuerung und einiger perfider Regelungen im deutschen Erbschaftssteuergesetz (siehe Abschnitt 3.4.1) steuerlich oft weniger attraktiv, als man zunächst glaubt. Ganz abgesehen davon, dass auch die in Frage kommenden Zielländer im Einzelfall unüberwindbare Barrieren errichtet haben können.

In Bezug auf den Schutz vor politischem Deutschlandrisiko – z.B. dem Schutz vor Enteignung – bringt die bloße Verlagerung von Vermögen ins Ausland vermutlich ebenfalls nichts, sofern man sich im Bereich der Legalität bewegen möchte. Würde eine in Deutschland ansässige Person von einer Enteignungsmaßnahme des deutschen Staates bedroht sein und in dieser Situation ihr Auslandsvermögen nicht herausrücken oder verstecken/verschweigen, machte sie sich damit strafbar – mit allen Konsequenzen, die dieses Vorgehen hat. Sofern aussichtsreich (und das wird es in den üblichen Destinationen wie der Schweiz und anderen EU-Staaten sein), würde der deutsche Staat in einem solchen Fall Rechtshilfe im Ausland beantragen und mit hoher Wahrscheinlichkeit auch bekommen. Dasselbe gilt für zivilrechtliche Urteile, z.B. eine von einer Bank oder einem ehemaligen Geschäftspartner durchgesetzte Vermögenspfändung, die gegen eine deutsche Person erwirkt wurde. Eine bemerkenswerte Ausnahme ist hier Liechtenstein, da das Fürstentum sich bei der Leistung von Rechtshilfe grundsätzlich zurückhält und relevanten Abkommen nicht beigetreten ist.

Fazit

Solange der Eigentümer weiterhin mit seinem Hauptwohnsitz in Deutschland lebt, bringt die Verlagerung von Vermögen ins Ausland als isolierte Maßnahme steuerlich selten substanzielle Vorteile. Ausnahmen existieren im Einzelfall aufgrund von unüblichen Spezialregelungen in einzelnen DBAs. Die Verlagerung von Vermögen ins Ausland ohne parallelen Wegzug aus Deutschland kann sogar zu einer effektiven Höherbesteuerung führen, besonders oft im Rahmen von Schenkungen und Erbschaften.

5.3 Eine vermögensverwaltende GmbH in Deutschland

In diesem Abschnitt gehen wir auf das Vehikel der vermögensverwaltenden Kapitalgesellschaft mit Sitz in Deutschland ein, eine »vermögensverwaltende GmbH« (»VV-GmbH«). Diese ist bei vermögenden Haushalten in Deutschland aus steuerlichen Gründen beliebt.

Wir wollen dazu folgende Fragen beantworten: Erstens, wie gut eignet sich eine solche Konstruktion, um steuerliche Belastungen und Kosten zu senken? Zweitens, wie gut ist sie geeignet, vor Steueränderungsrisiko und anderen Deutschland-bezogenen politischen Risiken zu schützen?

Um Missverständnisse zu vermeiden: Manches, was wir weiter unten zur VV-GmbH sagen, wird formal auch auf operativ tätige GmbHs – also normale gewerblich aktive Unternehmen in der Rechtsform einer GmbH oder anderen Formen von Kapitalgesellschaften (z.B. AGs) – zutreffen. Es ist dennoch nicht als Beurteilung einer normalen operativen GmbH gemeint und sollte auch nicht so interpretiert werden. Analog sollte das, was wir nachfolgend ausführen, auch nicht auf »echte Holdingstrukturen« bezogen werden, die typischerweise in einer normalen, operativ aktiven Unternehmensstruktur aus strategischen, haftungsrechtlichen und unternehmenssteuerlichen Gründen oder zur Erleichterung der Kapitalbeschaffung etabliert wurden.

Uns geht es hier nur um »rein vermögensverwaltende« GmbHs von vermögenden Familien, über die typischerweise vermietete Immobilien, Beteiligungen an Kapitalgesellschaften oder auch liquide Anlagen (verzinsliche Bankguthaben, Aktien, Anleihen, Fondsanteile) gehalten werden.

Die Anteile an der VV-GmbH wiederum werden von der vermögenden Privatperson im Privatvermögen gehalten.

In Tabelle 6 werden die effektiven Steuerbelastungen für die wichtigsten Vermögensanlagen in den beiden Konstellationen (i) »direktes Halten von Vermögenswerten im steuerlichen Privatvermögen« (nachfolgend abgekürzt »DHPV«) und (ii) Halten von Vermögenswerten in einer VV-GmbH quantifiziert und einander gegenübergestellt. Bevor wir diese Gegenüberstellung im Einzelnen betrachten, sollten Sie allerdings die folgenden acht allgemeinen Gesichtspunkte und Regeln lesen, damit Sie die Zahlen in Tabelle 6 richtig einordnen und interpretieren können.

(a) Durch die Nutzung einer VV-GmbH kommt es schlussendlich immer zu einer zweistufigen Besteuerung, sprich zuerst einer Besteuerung auf Ebene der GmbH (innerhalb der GmbH) *und* irgendwann später auf Ebene des Gesellschafters bei einer Ausschüttung von der GmbH an ihn. Typischerweise (wenn der Gesellschafter in Deutschland lebt und eine natürliche Person ist) erfolgt diese zweite Besteuerung im Wege der Kapitalertragssteuer von 26,4% (inkl. SolZ). Weil das so ist, ist eine isolierte Betrachtung der Besteuerungswirkung alleine auf Ebene der VV-GmbH ökonomisch fast immer falsch und produziert die hohe Gefahr, schädliche Schlussfolgerungen abzuleiten. Es kommt also auf die *aggregierte Endbesteuerungswirkung* an, nicht auf die isolierte Besteuerung innerhalb der GmbH, die in der Tat in vielen Fällen deutlich niedriger ist als die nur einmalige Besteuerung bei DHPV. Jedes Vermögen, auch das größte, wird irgendwann einmal konsumiert, ob in den nächsten 24 Monaten, in zehn Jahren, in 50 Jahren oder danach; wenn nicht von dieser Generation, dann von einer der nächsten – wer das bestreitet, lebt im finanziellen La-La-Land. Dieses Konsumieren heißt im Falle einer VV-GmbH: Ausschüttung an Privatpersonen und damit Steuern auf dieser Ebene. Dass Konstruktionen existieren, die diese Ausschüttungsbesteuerung verzögern (z.B. ein → Upstream-Darlehen), ändert nichts oder nur wenig am Grundsachverhalt.

(b) Sofern ein bestimmter Vermögenswert auf Ebene der GmbH deutlich gunstiger besteuert wird als in der Konstellation DHPV, wird die VV-GmbH im Sinne der aggregierten Endbesteuerungswirkung tendenziell nur dann steuerlich vorteilhaft sein, wenn dieser Vermögenswert abhängig von der Höhe des Steuervorteils für den jeweiligen Vermögenswert mindestens ca. zehn Jahre in der GmbH gehalten wird, bevor die daraus erzielten Erträge/Gewinne ausgeschüttet werden. Dann und nur dann kommt es – trotz zweistufiger Besteuerung – zu einem steuerlichen Barwertvorteil (Erläuterung in Abschnitt 2.3). Diese Aussage ist weniger banal, als sie auf den ersten Blick erscheinen mag. In der Theorie mag es einfach möglich sein, über einen so langen Zeitraum die Füße still zu halten. In der Praxis führt das reale Leben dazu, dass sich regelmäßig innerhalb eines solchen Zeitraums einschneidende Veränderungen der Gesamtsituation ergeben, die einen vorzeitigen Konsum oder eine fundamentale Umstrukturierung des eigenen Vermögens notwendig werden lassen.

(c) Der professionelle Betrieb einer VV-GmbH verursacht langfristig nicht unbeträchtliche Kosten für diverse Dienstleister, die beauftragt werden müssen, sofern die Gesellschafter keine Risiken aus Fehlern und Unprofessionalität eingehen und/oder mühselig alles selbst tun wollen (z.B. Buchhaltung, Erstellung des Jahresabschlusses und Steuererklärung). Teilweise werden im Internet lachhaft niedrige, unrealistische Größenordnungen für diese Betriebskosten genannt. Diese Kosten müssen in realistischer Größenordnung bei der Erwägung einer VV-GmbH in Betracht gezogen werden.

(d) Wer liquides Vermögen oder Immobilienvermögen in einer VV-GmbH hält und ins Ausland zieht, ist für diese beiden Vermögenstypen von der deutschen Wegzugsbesteuerung betroffen (siehe dazu Abschnitt 2.3). In der Konstellation DHPV wäre für dieses Vermögen hingegen im Normalfall keine Wegzugsbesteuerung angefallen.

(e) Wenn eine natürliche Person eine GmbH gründet und Vermögen in diese GmbH einbringt, dann reduziert sie ihre Kontrolle über dieses Vermögen. Das Vermögen gehört zivilrechtlich nun der GmbH und nicht mehr der natürlichen Person. Selbst wenn sie Alleingesellschafter ist, besteht diese *Kontrollreduktion* bis zu einem nennenswerten Grad (sie ergibt sich z.B., aber nicht nur, aus den Bestimmungen des GmbH-Gesetzes und vieler steuerlicher Bestimmungen). Viele Menschen, die zuvor keine Erfahrung mit dem Status eines GmbH-Gesellschafters haben, unterschätzen diesen Aspekt.

(f) Erbschaftssteuerlich haben VV-GmbHs keine Vorteile. Die erbschaftssteuerlich relevanten Verschonungsabschläge von 85% oder 100% werden VV-GmbHs – anders als für normale operative Unternehmen – nicht gewährt. Liquides Vermögen, soweit nicht objektiv betriebsnotwendig, wird auch in operativen GmbHs von der Begünstigung durch den Verschonungsabschlag ausgenommen.

(g) Da die VV-GmbH eine in Deutschland ansässige juristische Person ist, ist sie uneingeschränkt dem politischen Risiko Deutschland (und Eurozone) ausgesetzt. Die VV-GmbH bietet also keinerlei Schutz vor deutschem politischem Risiko und dem Steuererhöhungsrisiko.

Nachdem nun die wichtigsten Grundsachverhalte geklärt sind, kommen wir jetzt zum direkten Vergleich der Besteuerungsniveaus von VV-GmbH und DHPV.

Tabelle 6 ist ein Versuch, diese steuerlichen Belastungen für die wichtigsten Vermögenswerttypen übersichtlich und knapp zusammenzufassen. Wir weisen unsere Leser darauf hin, dass in der Tabelle aus Platzgründen viele wichtige Details sowie Effekte von Ausnahmen und Abweichungen fehlen. Erbschaftssteuerliche Sachverhalte und Wegzugssteuer werden in der Tabelle nicht berücksichtigt.

Tabelle 6: Vergleich der effektiven Besteuerungslasten einer vermögensverwaltenden GmbH mit dem direkten Halten der entsprechenden Vermögenswerte im Privatvermögen

Assetklasse	**Ertragsart (oder Vorsteuergewinn)**	**Effektive Steuerbelastung innerhalb des Privatvermögens [A]**	**Effektive Steuerbelastung innerhalb der VV-GmbH ohne Berücksichtigung der Ausschüttungsbesteuerung**
Immobilien	Laufende Erträge (Nettomieterträge)	Maximal 47,48% [C]	KöSt 15,83% [B]
Immobilien	Realisierte Wertsteigerungsgewinne	Steuerfrei nach Haltefrist von zehn Jahren (§ 23 EStG)	KöSt 15,83% + GewSt (Sonderfall sog. »6b-Rücklagenregelung«)
Liquides Vermögen (»Streubesitz«)	Dividenden bei Aktienfonds und ETFs	(1 – 30%) × 26,375% = 18,46% (30% ist der hier anwendbare Teilfreistellungssatz)	12,8% [D]
Liquides Vermögen (»Streubesitz«)	Realisierte Wertsteigerungsgewinne bei Aktienfonds	(1 – 30%) × 26,375% = 18,46%	12,8% [D]

Assetklasse	Ertragsart (oder Vorsteuergewinn)	Effektive Steuerbelastung innerhalb des Privatvermögens [A]	Effektive Steuerbelastung innerhalb der VV-GmbH ohne Berücksichtigung der Ausschüttungsbesteuerung
Liquides Vermögen (»Streubesitz«)	Zinsen bei Anleihenfonds + ETFs, Zinsen bei Bankguthaben	26,38%	KöSt 15,83% + GewSt
Liquides Vermögen (»Streubesitz«)	Realisierte Wertsteigerungsgewinne bei einzeln gehaltenen Aktien	26,38%	1,59% [E]
Beteiligungen an inländischen Kapitalgesellschaften >= 10%	Erträge aus Dividenden	26,38% oder unter bestimmten Voraussetzungen Teileinkünfteverfahren (ca. 28% beim maximalen Grenzsteuersatz auf die ESt)	1,59% [E] (KöSt 15,83% + GewSt, sofern Beteiligung <10%)
Beteiligungen an inländischen Kapitalgesellschaften (egal, welche Beteiligungshöhe)	Realisierte Wertsteigerungsgewinne	Beteiligung < 1%: 26,38%, Beteiligung >=1% ca. 28% beim maximalen Grenzsteuersatz auf die ESt	1,59% [E]
Physisches Gold (auch die meisten Gold-ETFs)	Realisierte Wertsteigerungsgewinne	Steuerfrei nach einer Haltefrist von einem Jahr (§ 23 EStG)	KöSt 15,83% + GewSt
Kryptowährungen (auch die meisten Krypto-ETFs)	Realisierte Wertsteigerungsgewinne	Steuerfrei nach einer Haltefrist von einem Jahr (§ 23 EStG)	KöSt 15,83% + GewSt

► KöSt = Körperschaftssteuer, ESt = Einkommenssteuer, GewSt = Gewerbesteuer. Die Höhe der GewSt variiert von Kommune zu Kommune, je nach GewSt-Hebesatz. Einfachheitshalber kann für die Zwecke dieser Tabelle die Zahl 16% angenommen werden. ► [A] Bei Konstellation Privatvermögen mögliche Kirchensteuerbelastung in allen Fällen ignoriert. ► [B] KöSt + SolZ = 15% + 15% × 5,5% = 15,825%, falls eine GewSt-Befreiung vorliegt, ansonsten gesamte Belastung inklusive GewSt ca. 31%. ► [C] Maximaler ESt-Satz + SolZ = 45% + 45% × 5,5% = 47,475%. Basierend auf dem individuellen progressiven ESt-Tarif. GewSt fällt hier nicht an. ► [D] Wenn man eine effektive GewSt-Belastung von 16% unterstellt: (1 – 80%) × 15,825% + (1 – 40%) × 16% = 12,8%. ► [E] → Schachtelprivileg: Veräußerungsgewinne aus Aktienanteilen sind innerhalb der VV-GmbH zu 95% steuerfrei. Wenn man die GewSt mit effektiv 16% ansetzt, folgt daraus: (1 – 95%) × (15,83% + 16%) = 1,59%.

Wie unter (a) erwähnt, werden Ausschüttungen aus der VV-GmbH in das Privatvermögen einer in Deutschland lebenden natürlichen Person auf ihrer Ebene mit 26,4% besteuert (= KESt + SolZ = 25% + 25% × 5,5%). Diese »zweite« Besteuerung wird in Tabelle 6, Spalte VV-GmbH, nicht berücksichtigt.

Fazit

Die Ausführungen in diesem Abschnitt und insbesondere Tabelle 6 sollten angedeutet haben, dass sich eine VV-GmbH im Inland – wenn es keine echte operative Tochtergesellschaft gibt – heute bei Betrachtung der aggregierten Steuerwirkung eher selten rechnet und tendenziell nur dann, wenn die auf Ebene der VV-GmbH entstehenden Erträge aus bestimmten Vermögenswerten Pi mal Daumen zehn Jahre oder länger in der VV-GmbH verbleiben, bevor sie ins Privatvermögen ausgeschüttet werden.

Die durch eine VV-GmbH entstehenden vorübergehenden Liquiditätsvorteile sind die steuerlichen Nachteile, die bei korrekter Evaluierung der langfristigen aggregierten Besteuerungswirkung sichtbar werden, sowie die Betriebskosten und rechtlichen Komplexitäten der GmbH meist nicht wert.

Warum sind VV-GmbHs unter vermögenden Familien in Deutschland trotzdem so stark verbreitet? Das hat drei Gründe und meistens wirken sie in Kombination: (a) Viele Vermögende haben eine starke Aversion, letztlich unvermeidliche Steuerzahlungen auf stille Reserven oder Ausschüttungen zeitnah zu leisten. Die VV-GmbH erlaubt es, diese Steuerzahlung ein paar Jahre in die Zukunft zu verschieben. Der echte ökonomische Vorteil aus diesem Verschieben ist aber in den meisten Fällen finanzmathematisch (also objektiv) zu gering, um die Nachteile einer VV-GmbH auszugleichen. (b) Interessenkonflikte bei deutschen Steuerberatern: Einige profitieren von der Gründung und/oder dem laufenden Betrieb einer inländischen VV-GmbH, da hier laufend Buchhaltungs- und Abschlussdienstleistungen zu erbringen sind. Mit nur moderat zynischer Übertreibung: Steuerberater lieben VV-GmbHs. (c) Historische Restposten: Bis 2013 genoss auch nicht betriebsnotwendiges liquides Vermögen in einer GmbH den oben erwähnten erbschaftssteuerlichen Vorteil aus dem Verschonungsabschlag. Man sprach von »Cash-GmbHs«. Aus dieser Zeit dürften noch eine Menge VV-GmbHs bestehen, die ihren einstmals bestehenden steuerlichen Nutzen seit über einem Jahrzehnt verloren haben (und nun alles in allem wirtschaftlich nachteilig sind), aber von ihren Gesellschaftern und deren Steuerberatern aus Trägheit oder Interessenkonflikten nicht liquidiert werden.

5.4 Eine vermögensverwaltende Kapitalgesellschaft im Ausland

Kommen wir zur Auslandskonstellation: eine VV-GmbH mit Sitz im Ausland, eine »vermögensverwaltende Kapitalgesellschaft« (»VV-KapG«). Wie im vorigen Abschnitt zur deutschen VV-GmbH erwähnt, ist die laufende Besteuerungshöhe innerhalb einer Kapitalgesellschaft für die meisten Vermögensarten auch im Ausland niedriger als in der oberen Hälfte des deutschen progressiven Einkommenssteuertarifs, der zur Anwendung käme, läge der Vermögensgegenstand im Privatvermögen einer natürlichen Person in DE.

Die stets irgendwann – nach zwei Jahren oder nach 70 Jahren – anfallende zweite Besteuerung, die Ausschüttungsbesteuerung (Kapitalertragssteuer von 26,4%), kann durch Nutzung einer ausländischen VV-KapG unter Umständen – wie auch im Inlandsfall – für lange Zeit in die Zukunft verschoben werden, bis es durch die Ausschüttung zur Besteuerung auf Anteilseignerebene kommt. Wenn lange Zeit tendenziell mehr als zehn Jahre bedeutet, kann sich so ein ausreichender steuerlicher Barwertvorteil relativ zum Halten dieser Vermögenswerte in der steuerlichen Privatsphäre ergeben.

Auf diese zweite Komponente hat es das deutsche Außensteuergesetz (AStG) in gleich sechs Paragrafen (§ 7 bis 13 AStG) abgesehen. Sie sind unter dem steuertechnischen Begriff → »Hinzurechnungsbesteuerung« (engl. »CFC Rules«/»Controlled Foreign Corporation Rules«) bekannt. Gründen deutsche Steuerpflichtige (natürliche oder juristische Personen) Kapitalgesellschaften im Ausland, können die Einkünfte der ausländischen Kapitalgesellschaft unter bestimmten Umständen direkt und sofort bei den deutschen Anteilseignern besteuert werden, so, als gäbe es die ausländische Kapitalgesellschaft gar nicht. Der ohnehin oft nur scheinbare bzw. vorübergehende Steuervorteil der VV-KapG (die Verschiebung der »zweiten Hälfte« der Besteuerung auf Ebene des Gesellschafters in die Zukunft) wird damit ausgehebelt.

Dies führt uns aber auch zu den drei wesentlichen Voraussetzungen dafür, dass eine VV-KapG im Ausland für in Deutschland ansässige vermögende Privatpersonen wenigstens grundsätzlich einen ertragssteuerlichen Vorteil bringen kann.

Erstens muss die laufende Belastung mit Körperschaftssteuern und ähnlichen Belastungen im Sitzland der Gesellschaft merklich geringer sein als in Deutschland mit seinen 15% Körperschaftssteuern zzgl. Solidaritätszuschlag und Gewerbesteuer (Größenordnung 16%). Findet sich kein geeignetes Land, lohnt die Übung nicht, denn die Ausschüttungsbesteuerung an deutsche natürliche Personen als Gesellschafter ist gleich hoch wie bei der inländischen VV-GmbH.

Zweitens müssen die Bedingungen des AStG oder vergleichbarer Missbrauchsvermeidungsvorschriften in anderen Ländern genau beachtet werden, um die oben beschriebene Hinzurechnungsbesteuerung zuverlässig abzuwenden. Gelingt dies nicht, bringt die ausländische Kapitalgesellschaft nichts, sie wird – im Gegenteil – auch steuerrechtlich betrachtet teurer als eine inländische VV-GmbH, denn im Ausland sind natürlich trotzdem und zusätzlich noch die dort üblichen Steuern zu bezahlen.

Hinsichtlich der Abwendung der Hinzurechnungsbesteuerung sind grundsätzlich zwei regionale Hemisphären zu unterschieden: EU- und EWR-Länder auf der einen Seite und sogenannte Drittländer (alle übrigen Staaten) auf der anderen Seite. Bei Kapitalgesellschaften in EU- und EWR-Ländern muss die Finanzverwaltung die europäischen Grundrechte der Niederlassungsfreiheit, der Kapitalverkehrsfreiheit und der Dienstleistungsfreiheit beachten. Das führt im Ergebnis dazu, dass sie EU- und EWR-Gesellschaften im Allgemeinen dann keiner Hinzurechnungsbesteuerung unterwerfen darf, wenn bei vergleichbar ausgestalteten Kapitalgesellschaften in Deutschland auch keine Hinzurechnungsbesteuerung erfolgt.

Bei allen Nicht-EU- und Nicht-EWR-Ländern (also auch Schweiz und Großbritannien) ist die Abwendung der Hinzurechnungsbesteuerung aufwendiger und komplizierter. Es wird besonders pedantisch sogenannte Substanz gefordert, also echte Büroräume, echte lokale Angestellte mit Gehalt, im Ausland benutzte Telefonanschlüsse, nachweisbar physisch im

Ausland getroffene Aktivitäten und Entscheidungen der Geschäftsleitung – mithin nachweisbar echte ökonomische Aktivitäten, nicht nur Briefkästen. Im Ergebnis funktioniert das fast nur noch bei echten gewerblichen Unternehmungen, was reine, klassische VV-KapGs ja typischerweise nicht sind. Außerdem stehen ausländische VV-KapGs mit deutschen Gesellschaftern im besonderen Fokus des AStG und der Finanzverwaltung, ziehen also die Aufmerksamkeit des deutschen Finanzamtes magisch an.

Infobox: Der »Overconfidence Bias« bei Unternehmern

Aus der wissenschaftlichen Forschung wissen wir, dass die Mehrheit aller Menschen am *Overconfidence Bias* »leidet«, also an der systematischen, sprich nicht nur gelegentlichen und nicht nur auf einzelne Gebiete oder Situationen beschränkten Überschätzung ihrer Fähigkeiten bzw. ihres Könnens.[59] Ein moderates Ausmaß von Overconfidence Bias, so der Forschungskonsens, kann für langfristigen wirtschaftlichen und vielleicht auch außerwirtschaftlichen Erfolg im Leben hilfreich sein, aber jenseits einer wohl schwer zu bestimmenden Obergrenze dürfte Overconfidence Bias statistisch schaden. Er tut das deswegen, weil er die realistische Abwägung von Chancen und Risiken zu sehr beeinträchtigt. Den eigenen »eingebauten« Overconfidence Bias zu erkennen, ist das beste Mittel, ihn und seine oftmals negativen Folgen zu mildern.

Betrachtet man einzelne Teilsegmente der Gesamtbevölkerung sind der Forschung zufolge unter einer Reihe von anderen die folgenden drei Untergruppen von besonders viel Overconfidence Bias betroffen: Männer, Unternehmer (auch Unternehmerinnen) und Ärzte. Unternehmer überschätzen z.B. als Existenzgründer ihre Chancen auf finanziellen Erfolg regelrecht dramatisch, was sich vergleichsweise leicht und eindeutig messen lässt.

Den beiden Autoren dieses Buchs begegnet der Overconfidence Bias von Unternehmern zuweilen in Gestalt ihrer Überschätzung des eigenen finanziellen Know-hows und Umsetzungskönnens in Bezug auf Investments außerhalb ihrer unternehmerischen Sphäre, also außerhalb ihres Kompe-

59 Mit »statistisch« meinen wir für ein zufällig ausgewähltes Mitglied einer ausreichend großen Stichprobe, man könnte auch sagen für das durchschnittliche Mitglied oder das Median-Mitglied dieser Stichprobe. Dass es selbstverständlich Ausreißer (Ausnahmen) gibt, ist Teil der gemessenen statistischen Verteilung und widerlegt diese nicht.

tenzkreises. Die betreffenden Unternehmer glauben, da sie über Jahrzehnte hinweg im Durchschnitt sehr erfolgreiche finanzielle Entscheidungen in ihrem Unternehmen (z.B. ein mittelständischer Maschinenbaubetrieb oder eine große Fast-Food-Franchise) getroffen haben, seien sie deswegen befähigt oder hätten damit bewiesen, erfolgreiche Investmententscheidungen auf den Feldern Immobilien, Private Equity, Kapitalmarktanlagen (Aktien, Anleihen, andere Wertpapiere), Edelmetalle oder Kryptoanlagen treffen zu können. Unseres Erachtens basiert diese »mutige« Transferannahme auf einem zu hohen Overconfidence Bias: Kompetenz bei Kapitalmarktanlagen hat mit spezifischer unternehmerischer Kompetenz so wenig zu tun wie Können beim Fliegenfischen mit Können beim Dressurreiten. Dass es unter reichen Unternehmerfamilien so oft zum Phänomen »von reich zu arm« kommt (siehe Abschnitt 1.2) könnte zu einem beträchtlichen Teil mit Overconfidence Bias zusammenhängen.

Drittens dürfen in der Geschäftsleitung der ausländischen VV-KapG ziemlich alle mitarbeiten, außer den in Deutschland mit Hauptwohnsitz ansässigen vermögenden Privatpersonen selbst, was viele als misslich empfinden. Im Zweifel wird seitens der Finanzverwaltung unterstellt, dass wesentliche Geschäftsleitungsentscheidungen der ausländischen Gesellschaft durch die in Deutschland ansässigen Personen auf deutschem Territorium vorgenommen werden. Dies wiederum birgt die Gefahr der Hinzurechnungsbesteuerung in Deutschland in sich, weil der Fiskus den Ort der Geschäftsleitung in Deutschland sieht. In Deutschland ansässige vermögende Privatpersonen müssen sich also auch noch um eine vertrauenswürdige Geschäftsleitung im Ausland kümmern und diese natürlich marktüblich bezahlen.

Selbst wenn das alles gelingen sollte und man den ganzen Aufwand betreibt, gilt, dass Einkünfte aus in Deutschland belegenem fremdvermietetem Immobilienvermögen und Beteiligungen sowieso immer im Inland (Deutschland) ertragsbesteuert werden, auch wenn der Eigentümer seinen Wohnsitz (natürliche Person) oder Sitz (Unternehmen) im Ausland hat.

Wenn eine ausländische VV-KapG also steuerlich günstig sein soll, dann kann das ohnehin nur mit aus deutscher Sicht ausländischen Quellen (ausländischen Vermögenswerten) gelingen, etwa im liquiden Vermögen in Form eines regional breit diversifizierten Anlageportfolios oder aber natürlich dem in Kapitel 8 vorgestellten Weltportfolio.

Auch im Falle der Einführung einer nennenswerten Vermögenssteuer in Deutschland brächte eine VV-KapG im Ausland möglicherweise keine Vorteile, wenn das Vermögen der ausländischen VV-KapG dann nach dem Weltvermögensprinzip in die steuerliche Bemessungsgrundlage eines in Deutschland steuerpflichtigen Gesellschafters fallen würde.

Schließlich ergeben sich auch in Bezug auf erbschaftssteuerliche Erwägungen durch ausländische VV-KapGs keine Vorteile, denn diese gehören gleichermaßen – und völlig unabhängig vom Sitzland – in das schenkungs- und erbschaftssteuerlich relevante Steuersubstrat Deutschlands, weil die Anteile im Eigentum einer in Deutschland wohnhaften natürlichen Person liegen.

Auch in Bezug auf deutsches Steuererhöhungsrisiko und sonstige politische Risiken bringt eine ausländische VV-KapG keinen Nutzen, solange der Gesellschafter seinen Hauptwohnsitz in Deutschland hat.

Fazit

Alles in allem ist eine vermögensverwaltende Kapitalgesellschaft im Ausland, wenn ihr kein normales operatives Unternehmen im Ausland gehört, selten ein steuerlich attraktives Vehikel. Aber das wird man nur erkennen, wenn die aggregierte Endbesteuerung über einen langen Zeitraum betrachtet wird (wie im vorhergegangenen Abschnitt dargelegt). Schutz vor deutschem politischem Risiko bietet eine VV-KapG im Ausland ebenfalls kaum, solange ihr Gesellschafter seinen Hauptwohnsitz in Deutschland hat.

5.5 Auswanderung zum Schutz vor deutschen Steuern

»Über das Auswandern nachzudenken, ist jetzt ein Massenphänomen«, so die Überschrift eines Artikels in der Tageszeitung *Die Welt* vom 06.10.2025. In der Tat ist das Nachdenken über das Auswandern inzwischen eine Volksbeschäftigung, weil ein mittlerweile beträchtlicher Teil der Bevölkerung mit verschiedenen politischen und ökonomischen Entwicklungen der letzten rund 20 Jahre in Deutschland sehr unzufrieden ist.

Das tatsächliche Auswandern hingegen findet hingegen immer noch sehr selten statt, jedenfalls, wenn man Auswandern korrekt definiert, nämlich als »den Wegzug ins Ausland einer originär deutschen Person[60] mit der Absicht, Deutschland wahrscheinlich oder definitiv dauerhaft zu verlassen, weil das Leben im Zielland aus den Gründen A, B und C insgesamt attraktiver erscheint«. So betrachtet emigrieren pro Jahr weniger als 0,1% der Bevölkerung aus Deutschland.

Wenn man sich die hohen praktischen Hürden (einige wichtige davon gezielt vom deutschen Staat errichtet) einer Auswanderung vergegenwärtigt, dann überrascht diese niedrige Quote trotz gerade bei Vermögenden verbreitetem und verständlichem Deutschlandfrust nicht. Die meisten dieser Hindernisse liegen auf den folgenden Feldern: Verfügbarkeit einer dauerhaften Aufenthaltsgenehmigung in einem hinreichend attraktiven Zielland, sprachliche Hindernisse, »kulturelle Kompatibilität«, Höhe der effektiven Lebenshaltungskosten nach Steuern im Zielland, Qualität der öffentlichen Infrastruktur, Qualität und Kosten der medizinischen Versorgung, Kriminalitätsraten, ausreichend warmes Klima, Entfernung und Zeitzonenunterschiede zur deutschen Heimat, wo Familie und Freunde leben, und nicht zuletzt »sonstige steuerliche Hindernisse«.

In diesem Abschnitt werden wir uns aus Platzgründen nur mit den sonstigen steuerlichen Hindernissen einer potenziellen Auswanderung aus Deutschland beschäftigen. Statt aber diese Hindernisse lehrbuchartig aufzuzählen und zu analysieren, illustrieren wir sie anhand einer Minifallstudie.

Erik ist 63 Jahre alt und deutscher Staatsbürger. Er lebt in Köln. Eriks Frau ist vor einigen Jahren tödlich verunglückt, danach hat er nicht wieder geheiratet und lebt auch sonst nicht in einer festen Partnerschaft. Seine zwei erwachsenen Kinder leben ebenfalls in Deutschland; beide haben bereits eine Familie gegründet und haben jeweils ein kleines Kind. Weitere sollen folgen. Erik hat soeben eine kleine Beteiligung und seinen Geschäftsführerjob im von ihm vor fast 30 Jahren gegründeten und seitdem mit viel harter Arbeit aufgebauten Unternehmen an einen angestellten Nachfolger übertragen. Er wird von nun an nur noch auf begrenzter Basis beraterisch für sein Unternehmen tätig sein. In Bezug auf einen möglichen

60 Mit »originär deutschen Person« sind Menschen gemeint, die nicht selbst als Erwachsene nach Deutschland eingewandert sind.

Verkauf seiner Mehrheitsbeteiligung hat Erik noch keine Entscheidung getroffen. So oder so wäre ein solcher Verkauf vermutlich ein komplizierter, zeitaufwendiger Prozess.

Erik möchte bald auswandern, weil er das Gefühl hat, dass hierzulande die Steuern zu hoch sind und politisch, rechtlich und wirtschaftlich viele für ihn wichtige Dinge in die falsche Richtung laufen. Aufgrund der deutlichen Reduktion seiner Arbeitszeit und der Beendigung seiner Geschäftsführerrolle müsste er im Prinzip auch nicht mehr physisch in Deutschland anwesend sein.

Eriks Vermögensverhältnisse sehen aus wie folgt: (a) 76% der Anteile an seiner oben erwähnten GmbH. Die Anteile sind (geschätzt) 3,5 Millionen Euro wert. In diesen 76% besteht ein nicht realisierter Wertsteigerungsgewinn von 3,0 Millionen Euro. (b) Ein selbst genutztes Eigenheim im Wert von 900 000 Euro (nicht realisierter Wertsteigerungsgewinn 400 000 Euro, seit Anschaffung vor 14 Jahren ununterbrochen selbst genutzt). (c) Eine vermietete Gewerbeimmobilie (im Privatvermögen) im Wert von 1,1 Millionen Euro (nicht realisierter Wertsteigerungsgewinn 500 000 Euro, Anschaffungszeitpunkt vor sechs Jahren). (d) Liquide Anlagen bei zwei Banken im Wert von 2,0 Millionen Euro (nicht realisierte Wertsteigerungsgewinne 300 000 Euro). Schulden bestehen – mit Ausnahmen geringer Bankverbindlichkeiten auf Ebene der GmbH – nicht. Eriks gesamtes Nettovermögen beträgt somit ansehnliche 7 500 000 Euro. Alle Assets liegen im steuerlichen Privatvermögen.

Im Zusammenhang mit seiner in Erwägung gezogenen Auswanderung ist die Aufgabe der unbeschränkten Steuerpflicht in Deutschland eine notwendige, wenn auch keine hinreichende Voraussetzung für die Erzielung nennenswerter Steuerersparnisse. Hierzu gehört, dass man weder einen Wohnsitz noch einen gewöhnlichen Aufenthalt (Steuerjargon) in Deutschland haben darf.

»Einen steuerlichen Wohnsitz hat jemand dort, wo er eine Wohnung unter Umständen innehat, die darauf schließen lassen, dass er sie beibehalten und benutzen wird« (§ 8 Abgabenordnung/AO). Ein gemietetes Kleinstapartment »mit Schlüsselgewalt« oder ein langfristig gemietetes Zimmer in einer Pension kann dafür bereits ausreichend sein. Darüber hinaus darf Erik in seinem bisherigen Heimatland Deutschland nur vorübergehend verweilen (§ 9 AO). Dies bedeutet in der Praxis zumeist: nachweisbar mindestens 183 Tage pro Kalenderjahr nicht in Deutschland aufhalten, typischerweise keine eigene Wohnung und keine Eigentumsimmobilie zur Selbstnutzung in Deutschland (selbst eine unbefristet gemietete Wohnung könnte ein Problem sein), kein festes Apartment oder Zimmer bei den Kindern und kein deutscher Handyvertrag.

Infobox: »Citizenship by Investment« in attraktiven Einwanderungsländern

In den letzten Jahren scheinen weltweit immer mehr Staaten vermögenden Privatpersonen den roten Einwanderungsteppich auszubreiten. Mit Hilfe sogenannter »Citizen by Investment«-Programme, die seitens des reichen Einwanderers typischerweise an substanzielle Investitionen im Zielland (beispielsweise in Immobilien, Unternehmensbeteiligungen oder Staatsanleihen), die Schaffung von Arbeitsplätzen oder schlicht eine happige Einmalzahlung gekoppelt sind, kann man – in manchen Fällen sogar innerhalb weniger Monate – eingebürgert werden. In der EU gibt es diesbezügliche Programme unter anderem in Bulgarien, Malta oder Zypern. Einbürgerungen dieser Art in manche Karibikstaaten sind z.T. in wenigen Wochen möglich. Das jeweilige Citizenship-by-Investment-Preisniveau variiert beträchtlich. Die Beratung vermögender Personen zur Citizen-by-Investment-Auswanderung in attraktive Destination ist, neben dem Erwerb einer zweiten Staatsbürgerschaft, die Kerndienstleistung einer steigenden Zahl von spezialisierten Dienstleistern.

Daneben bedeutet das in der Praxis: systematisch Belege (Flug- und Bahntickets, Tankquittungen etc.) sammeln und aufbewahren, die diese Sachverhalte gegenüber dem deutschen Finanzamt auf Anfrage dokumentieren, genauer gesagt zweifelsfrei und lückenlos dokumentieren.

Nehmen wir an, Erik unterwirft sich im fortgeschrittenen Alter diesem »buchhalterischem Martyrium« und es gelingt ihm, dem Finanzamt gegenüber durch echte und aufwendige »Sachverhaltsgestaltung« nachzuweisen, nicht mehr in Deutschland unbeschränkt steuerpflichtig zu sein, sondern in Kanada, wohin er ausgewandert ist. Was ändert sich dann für Erik? Nun, zunächst einmal wird er zur Kasse gebeten.

Die Wegzugssteuer auf seine Unternehmensbeteiligung greift (siehe Abschnitt 2.3 [h]) und er muss den Wertgewinn seiner GmbH von 3 Millionen Euro mit rund 28,5% versteuern (Teileinkünfteverfahren), d.h. rund 900 000 Euro an Steuern abführen. Diese Steuerbelastung finanziert er durch den Verkauf liquider Wertpapieranlagen. Sein Depot schrumpft damit von 2 Millionen Euro auf 1,1 Millionen (ohne Berücksichtigung etwaiger Steuerabflüsse aus der Realisierung von Kursgewinnen im Depot, die in Wirklichkeit vermutlich vorhanden wären).

Die jährlichen Gewinnausschüttungen aus seiner GmbH muss er ebenso wie seine in Deutschland bezogenen Beraterhonorare und Einkünfte aus Vermietung und Verpachtung in Deutschland ganz normal weiter versteuern, denn diese Einkünfte gehören zu den beschränkten Steuerpflichten gemäß § 49 EStG. Diese Einkünfte müssen immer in Deutschland versteuert werden, egal, wo der Eigentümer lebt (mit diesen Einkünften unterliegt Erik einer beschränkten Steuerpflicht in Deutschland).

Im Zuzugsland Kanada könnte es sein, dass Erik die Gewinnausschüttung noch zusätzlich versteuern muss – je nachdem, wie das im DBA zwischen Deutschland und Kanada geregelt ist.

Im Ergebnis bleibt man in Bezug auf die Höhe der Besteuerung dieser Einkünfte zumeist entweder auf dem deutschen Steuerniveau und in besonders ungünstigen Fällen sogar auf einem höheren länderübergreifenden Gesamtsteuerniveau. Hinzu kommt mühseliger Papierkrieg und zusätzliche Kosten bei Hinzuziehung von jetzt zwei Steuerberatern, einem in Deutschland und einem im Zuzugsland.

Sollte Erik seine vermietete Immobilie jetzt oder irgendwann in der Zukunft verkaufen wollen, dann muss er – wie ein steuerlicher Inländer – die zehnjährige »Spekulationspflicht« in Deutschland beachten. Der Verkauf des Eigenheims wäre hier normalerweise in Deutschland steuerfrei. Grundsätzlich sind Veräußerungsgewinne deutscher Immobilien auch nach Eriks Wegzug wegen seiner hiermit einhergehenden beschränkten Steuerpflicht in Deutschland zu versteuern. Sie fallen also unabhängig vom Wohnort des Eigentümers an. Soweit Immobilien nicht im Privatvermögen, sondern im Betriebsvermögen einer Kapitalgesellschaft oder Personengesellschaft gehalten werden, sind Wertsteigerungsgewinne unabhängig von der Haltedauer grundsätzlich immer steuerpflichtig.

Seine Verpflichtungen, in Deutschland laufende Ertragssteuern in Bezug auf die GmbH und die Immobilien zu zahlen, könnte er lediglich beenden, indem er mit oder nach der Auswanderung diese Anlagen veräußerte und den Erlös in Assets im Ausland an eine etwaig von ihm im

Ausland gegründete Familienstiftung (siehe Kapitel 9) oder in liquide Anlagen investiert.

Zumindest laufende Erträge (Dividenden, Zinsen) und Wertsteigerungsgewinne in seinen Bankdepots sind steuerlich unproblematisch. Sie muss Erik künftig nur noch in Kanada versteuern. Das wäre sogar dann so, wenn er sein Konto und Depot in Deutschland beließe, statt beides nach Kanada zu transferieren. Etwaige Quellensteuern auf Dividenden und Zinsen berücksichtigen wir hier nicht, da sie so oder so anfallen würden und ihre Höhe durch die Wohnsitzverlagerung effektiv nicht oder nur in sehr geringem Umfang beeinflusst würde.

Infobox: Emigration in ein Niedrigsteuerland mit territorialem Steuersystem

In den meisten Entwicklungsländern und Schwellenländern und innerhalb der EU auch in Malta und Zypern besteht ein sogenanntes territoriales Steuersystem, nach welchem nur inländische Einkünfte (»Einkünfte aus inländischen Quellen«) im Inland steuerpflichtig sind. Ein Deutscher, nennen wir ihn Alexander, der nach Malta emigriert, und dort eine Erwerbstätigkeit aufnimmt, aber ansonsten keine lokalen Einkünfte erzielt, wäre also nur mit diesem lokalen Gehaltseinkommen in Malta steuerpflichtig. Wenn Alexander in Deutschland bei einer deutschen Bank ein Wertpapierdepot unterhält und eine in Deutschland belegene vermietete Immobilie besitzt, dann ist er in Malta mit diesen Einkünften (Zinsen, Dividenden, realisierte Kursgewinne, Nettomieteinnahmen und, bei Verkauf der Immobilie, ein etwaiger Wertsteigerungsgewinn) nicht steuerpflichtig. In Deutschland wäre Alexander »Steuerausländer«. Damit wäre er mit seinen Einkünften aus liquidem Vermögen (Einkünfte aus Kapitalvermögen) in Deutschland nicht mehr steuerpflichtig, mit den Mieteinnahmen wäre er dort weiterhin beschränkt steuerpflichtig. Auslandseinkünfte werden von einem territorialen Steuersystem normalerweise nicht erfasst und bleiben deshalb im neuen Zuzugsland ertragssteuerfrei.

Auch eine Reihe von Staaten in Europa ohne territoriales Steuersystem (Staaten mit einem eher normalen Welteinkommenssteuersystem) haben für die Zielgruppe »vermögende Emigranten«, z.B. aus Deutschland, der Schweiz und Österreich, in den letzten Jahren bestimmte Steuervergünstigungen eingeführt, um sie ins Land zu locken. Zu diesen Staaten gehören Griechenland, Italien, Spanien und Portugal. Allerdings sind diese auf den ersten Blick attraktiven steuerlichen Anreize vielfach an Bedingungen geknüpft, die sie im Ergebnis für die meisten Emigranten dann doch wieder obsolet machen. Auch hier gilt die alte Regel: Der Teufel steckt im Detail, also im Kleingedruckten.

Allerdings: Zöge Erik in ein Niedrigsteuerland (eine Steueroase) – in diese Länderkategorie des deutschen Fiskus fällt Kanada nicht –, könnten sogar die Einkünfte aus dem deutschen Bankdepot für die nächsten zehn Jahre »erweitert beschränkt« einkommenssteuerpflichtig in Deutschland bleiben. Verzieht jemand ins Ausland, ohne irgendwo eine neue »feste« unbeschränkte Steuerpflicht zu begründen, greift dieser zehnjährige »Nachlauf« in jedem Fall.

Für den Fall, dass Erik unmittelbar nach seinem Wegzug Schenkungen vollzieht oder verstirbt und damit sein Vermögen an eine andere Person überträgt, ändert sich in Bezug auf die deutsche Schenkungs- und Erbschaftssteuerpflicht auch erst einmal nichts, solange seine Erben steuerlich weiterhin in Deutschland ansässig sind oder es sich um in Deutschland belegene Vermögenswerte handelt. Und: Aufgrund seines vorherigen steuerlichen Wohnsitzes in Deutschland und seiner deutschen Staatsbürgerschaft erlischt Eriks Schenkungs- und Erbschaftssteuerpflicht erst komplett fünf Jahre nach dem Wegzug aus Deutschland.

Durch Eriks Emigration nach Kanada kommt es erbschaftssteuerlich sogar zu einer Verschlechterung. Zwar gibt es keine Erbschaftssteuern in Kanada, jedoch wird beim Versterben einer natürlichen Person eine »abschließende Steuererklärung« erstellt, bei der eine fiktive Veräußerung sämtlicher Vermögenswerte unterstellt wird, wodurch stille Reserven aufgedeckt und versteuert werden müssen. Ein DBA zur »Aufteilung des Erbschaftssteuersubstrates« zwischen Deutschland und Kanada existiert nicht. Da es sich nicht um eine konventionelle Erbschaftssteuer handelt, kann die Steuerbelastung auch nicht mit der deutschen Erbschaftssteuer nach § 21 ErbStG gegengerechnet werden, sie kann lediglich als Nachlassverbindlichkeit angerechnet werden, sodass in Deutschland die Steuerbelastung niedriger ausfällt.

Fazit

Im Bereich der steuerlichen Vermögensbewahrung schafft der Wegzug ins Ausland als isolierte Maßnahme für die Eigentümer von deutschem betrieblichem Vermögen und von deutschen Immobilien keinen wirklichen Vorteil. Das gilt in den allermeisten Konstellationen sowohl für Einkommens- als auch für Erbschafts- und Schenkungssteuern.

Das politische Risiko Deutschland (einschließlich dem Steuererhöhungsrisiko) kann ein Auswanderer durch die Auswanderung für betriebliches Vermögen und Immobilienvermögen, das er weiterhin in Deutschland hält, nicht beseitigen, nicht einmal mindern.

Beim Wegzug sind zunehmend auch Besonderheiten wie z.B. Wegzugssteuern zu beachten, die im Einzelfall sehr schmerzhaft sein können. Im Bereich der zivilrechtlichen Risiken ändert sich ebenfalls wenig, solange Vermögenswerte des Wegziehenden in Deutschland verbleiben, denn zivilgerichtliche Urteile können auch in Abwesenheit des weggezogenen Schuldners gesprochen und in das im Inland verbliebene Vermögen vollstreckt werden.

Die Führung von operativen Beteiligungen an deutschen Unternehmen und die Beaufsichtigung von Immobilienportfolios in Deutschland aus der Distanz im Ausland ist eher schwieriger.

5.6 Eine zweite Staatsbürgerschaft

Seit der Reform des deutschen Staatsangehörigkeitsrechts Mitte 2024 in Gestalt des Staatsangehörigkeitsmodernisierungsgesetz (StARModG) müssen deutsche Staatsbürger beim Erwerb einer weiteren Staatsbürgerschaft nicht mehr so stark befürchten, ihre deutsche Staatsbürgerschaft zu verlieren. Dieses Risiko war vor der Gesetzesänderung größer. Das ist für die betreffenden Personen erst einmal eine vorteilhafte Entwicklung.

Und in der Tat denken Medienberichten zufolge seit einigen Jahren immer mehr nicht-vermögende und vermögende Menschen an eine zweite Staatsbürgerschaft. Das könnte die folgenden Gründe haben:

Der deutsche Pass ist hinsichtlich seiner »Mobilitätswirkung« zwar einer der »stärksten« der Welt (für einen Vergleich siehe die Website www.

passportindex.org), gleichwohl kann man im Prinzip durch eine geeignete Staatsbürgerschaftsergänzung die visafreie Mobilität auch in Länder mit komplett abweichenden rechtlichen und politischen Systemen (z.B. Russland, China, Südafrika) erreichen.

Die Covid-19-Reisebeschränkungen im Jahr 2020 zeigten, dass radikale Reisebeschränkungen grundsätzlich jederzeit in Kraft gesetzt werden können. In der Vergangenheit handelte es sich dabei zwar überwiegend um Einreisebeschränkungen (hinsichtlich von Nichtstaatsbürgern und Nichtaufenthaltsberechtigten), denkbar sind aber durchaus auch Ausreise- und Wegzugsbeschränkungen, die man in dem einen oder anderen Fall vielleicht durch zusätzliche Staatsbürgerschaften verhindern kann.

Infobox: Bankschließfächer und Tresore zu Hause aus Vermögensschutzperspektive

Im Dezember 2025 wurden in einer Sparkassenfiliale in Gelsenkirchen, NRW, rund 2500 Schließfächer aufgebrochen und ihr Inhalt gestohlen. Per heute (Februar 2026) sind weder die Täter gefasst noch die Beute wieder erlangt. Im Kontext des Medienrummels um dieses Ereignis wurde klar, dass die allermeisten der betroffenen 2500 Schließfachinhaber ihren Schließfachinhalt nicht eigens versichert hatten. Seitens der betroffenen Sparkasse war der Inhalt nur bis zu einem Maximalwert von 10300 Euro versichert. Diese betragliche Größenordnung ist im In- und Ausland die Norm, sprich standardmäßig gibt es seitens des Schließfachbetreibers nur eine Versicherung mit kleiner Deckungssumme oder überhaupt keine Versicherung. In anderen Ländern ist die Sachlage unseres Wissens grundsätzlich vergleichbar.

Die Moral von der Geschicht': (a) Schließfächer sind nicht 100% sicher. Mit Berichten über Diebstähle von Schließfachinhalten im In- und Ausland während der letzten 50 Jahre ließe sich wahrscheinlich eine kleine Enzyklopädie füllen. Solche Diebstähle geschehen manchmal im Wege eines Bankeinbruches wie in Gelsenkirchen, aber viel häufiger durch banale Entwendung des Schlüssels und evtl. des Zugangs-Codes, wenn es einen solchen gibt beim Schließfachinhaber. (b) Schließfachgebühren sind happig, wenn das Schließfach mehr Platz bieten soll als für einen dicken DIN-A4-Umschlag. (c) Wer wirklich wertvolle Dinge in einem Schließfach aufbewahren will, muss dafür eine eigenständige Versicherung abschließen. Diese Versicherungen sind für hohe Deckungssummen nicht günstig. (d) Schließfächer sind keineswegs völlig anonym. Finanzämter können bei Banken die Namen von Schließfachmietern abfragen und ggf. bei Versicherern die Höhe der Deckungssummen. (f) Trotz all ihrer hier genannten »Probleme« und Nachteile sind Schließfächer unseres Erachtens immer noch besser und sicherer als Tresore zu Hause. Tresore zu Hause stellen einen magischen Magneten dar für Einbrecher und im schlimmsten Fall für Einbrüche in der Präsenz von Bewohnern. Wir glauben, dass niemand dieses leicht vermeidbare, gefährliche Risiko seinen Familienmitgliedern zumuten sollte, die im gleichen Heim leben. Dass die Existenz eines Tresors auf Dauer wirksam verheimlicht werden kann, halten wir für eine naive Illusion. Irgendwann plaudern es die Kinder, die Putzfrau, »der gute Freund, der es mal erfahren hat« oder sonst jemand versehentlich oder nicht versehentlich aus. Wo diese Information dann hingelangt, das wissen nur die Götter.

Manche – zu diesen gehören wir nicht – befürchten, dass Deutschland der Rechtspraxis der USA folgen und künftig die unbeschränkte Steuerpflicht in Deutschland an die Staatsbürgerschaft knüpfen würde, nicht nur an die Ansässigkeit in Deutschland. Einige Parteien im linken Spektrum haben in der Vergangenheit kundgetan, dass sie diese antiliberale Regelung begrüßen würden. Das würde bedeuten, dass deutsche Staatsbürger selbst dann nach ihrem Welteinkommen (und ggf. Weltvermögen im Falle der Einführung einer Vermögenssteuer) in Deutschland besteuert würden, wenn sie durch Auswanderung dauerhaft ihren Hauptwohnsitz in ein anderes Land verlagert haben. In so einer Konstellation könnte eine zweite Staatsbürgerschaft einen Vorteil für diejenigen haben, die bereit sind, ins Ausland zu verziehen, unter der Voraussetzung, dass sie bereit wären, die deutsche Staatsbürgerschaft abzugeben.

Im Prinzip bietet eine zweite Staatsbürgerschaft potenziell nützliche »geomobilitätsmäßige Optionalitäten« in zahlreichen, wenn auch eher unwahrscheinlichen rechtlichen, politischen und steuerpolitischen Szenarien. Diese Szenarien sind zu vielfältig und vielleicht auch zu »exotisch«, um sie auch nur annähernd komplett aufzählen zu können. Wir nennen nur eines: Deutschland beteiligt sich im Rahmen seiner Nato-Mitgliedschaft an einem Krieg gegen Russland oder China. Aufgrund dessen erlassen diese beiden Länder und eine Reihe von mit ihnen verbündeten oder sympathisierenden Ländern in Afrika, Asien und Lateinamerika Einreisebeschränkungen für Deutsche. Jemand mit einer zweiten Staatsbürgerschaft könnte in diesem Szenario vielleicht einen für die Person relevanten Vorteil haben.

Fazit

Zweite Staatsbürgerschaften bringen Deutschen, Österreichern und Schweizern in der Regel keine oder wenig Vorteile. Die Pässe aus dem deutschsprachigen Raum zählen unter Mobilitätsgesichtspunkten zu den stärksten Pässen der Welt. Für einen möglichen Krisenfall können sich durch einen vorhandenen Zweitpass oder eine zweite dauerhafte Aufenthaltsberechtigung hingegen durchaus zusätzliche Handlungsoptionen eröffnen, die man mit nur einem Pass nicht hat. Er schadet somit nicht, bringt aber für die hier behandelten Kernfragen der Vermögensbewahrung, der Asset Protection und des Finanzrisikomanagements nur in seltenen Einzelfällen relevante zusätzliche Handlungsoptionen.

Nicht vergessen werden sollte in diesem Zusammenhang, dass Inhaber eines deutschen oder österreichischen Passes sich innerhalb der 27 EU-Staaten und der beiden zusätzlichen EWR-Staaten Norwegen und Island sowie – mit moderaten Einschränkungen – der Schweiz frei niederlassen können.

6 Grundelemente des Finanzrisikomanagements

In Abschnitt 1.3 haben wir unser holistisches Vermögensschutzkonzept überblicksartig dargestellt. Vielleicht wollen Sie, lieber Leser, an dieser Stelle kurz einen Blick auf die dortige Abbildung 1 werfen, um sich darin die drei Hauptelemente unseres Vermögensschutzkonzeptes in der Gesamtschau in Erinnerung zu rufen.

6.1 Aktives oder passives Investieren: Was ist rentabler?

Die drei bekanntesten sachlichen Kriterien zur Beurteilung einer Vermögensanlage oder allgemein eines Investments sind Rendite, Risiko und Liquidität. Dieses Trio wird oft auch als »magisches Dreieck der Geldanlage« bezeichnet.

Rendite: Sie ist der (finanzmathematisch korrekt gemessene) Gesamtertrag eines Investments in einem bestimmten Zeitraum relativ zum eingesetzten Kapital – unter Berücksichtigung der Nebenkosten der Anschaffung des Investments und seiner laufenden Verwaltungskosten. Bei manchen Investments besteht dieser Gesamtertrag rein aus Wertveränderungen (Beispiele: Gold, Kryptowährungen, unbebaute Grundstücke, Sammlerobjekte), bei anderen aus laufenden Erträgen und Wertveränderungen (Beispiele: Aktien, Anleihen, Immobilien).[61] Alle durch das und mit dem Investment entstandenen Kosten müssen von den Vorkostenerträgen abgezogen werden. Eine gegebene Rendite kann letztlich nicht im luftleeren Raum beurteilt werden, sondern immer nur relativ, sprich im Vergleich zu einem sinnvollen Vergleichsmaßstab (→ Benchmark). Wenn ich im Jahr 2024 mit meinen persönlichen Aktieninvestments 15% Rendite erwirt-

61 Aber auch einige der rentabelsten börsennotierten Firmen haben über Jahrzehnte hinweg keine Dividenden ausgeschüttet, darunter Apple, Amazon, Google und Berkshire Hathaway (Warren Buffett).

schaftet habe, klingt das zunächst einmal nicht schlecht. Wenn ich aber weiß, dass man 2024 mit einem typischen globalen Aktien-ETF MSCI-ACWI-IMI-ETF 23,5% verdient hat (in Euro), dann sind 15% eigentlich blamabel niedrig.

Risiko: Verglichen mit Rendite oder Liquidität ist es ein anspruchsvolleres Konzept, weil es viele unterschiedliche Risikotypen und -messmethoden gibt und weil zur Messung mancher Risikotypen die Daten gar nicht verfügbar sind, z.B. das Baufertigstellungsrisiko eines Einfamilienhauses oder das Pleiterisiko für die örtliche Volksbank. Zudem hat Risiko eine subjektive Komponente: Ein objektiv gegebenes Risiko (z.B. die Kursschwankungen der Tesla-Aktie in einem bestimmten Zeitraum) kann von verschiedenen Menschen sehr unterschiedlich wahrgenommen werden. Die beiden bei Börseninvestments am häufigsten genannten Risikoarten sind Schwankungsintensität der Renditen bzw. Kurse (im Fachjargon *Volatilität*) und der maximale kumulative (Buch-)Verlust in einem gegebenen Zeitraum (im Fachjargon → *Maximum Drawdown*).

Liquidität: Sie beantwortet die Frage, wie schnell und zu welchen Transaktionskosten (Nebenkosten von Kauf und Verkauf) und sonstigen Bedingungen man ein gegebenes Investment zu Cash (Barmitteln) machen kann, insbesondere wenn es zu einem ungeplanten Zeitpunkt geschehen soll. ETFs (auf die wir im Kapitel 7 eingehen) schneiden in Sachen Liquidität besonders gut ab. Innerhalb von zwei bis drei Werktagen kommt man an sein Geld. Die ETF-Transaktionskosten sind im Vergleich zu den meisten anderen Investments mikroskopisch. Vergleichen wir ETFs im Hinblick auf Liquidität mit der illiquiden Anlageklasse Immobilien: Die Transaktionskosten bei Immobilien bewegen sich relativ zu denjenigen von ETFs auf Mount-Everest-Niveau. Zwischen der Entscheidung über den Verkauf und dem finalen Kaufpreiseingang können bei Immobilien viele Monate und manchmal Jahre liegen. Die Beteiligung an einer nicht börsennotierten GmbH ist noch illiquider als das Eigentum an einer durchschnittlichen Immobilie.

Zurück zu den Renditen von ETFs, sie sind schließlich ein Kernthema dieses Buchs. Wie oben angedeutet, muss man Renditen *relativ* beurteilen. Vergleicht man die Renditen von passiven Indexfonds (klassischen

Indexfonds und ETFs) auf Buy-and-Hold-Basis mit denjenigen aktiv gemanagter Portfolios, dann zeigt sich folgendes Muster:[62]

(1) Je nach Zeitfenster (bspw. die letzten zwölf Monate, das Kalenderjahr 2019 oder die 15 Jahre von 2010 bis 2024) erzielen 50% bis 100% aller aktiv gemanagten Fonds oder Portfolios renditemäßig ein schlechteres Ergebnis als ein korrekt gewählter Vergleichs-ETF, der ganz einfach und demütig nur den Markt (eine bestimmte Anlageklasse) abbildet. Je länger das betrachtete Zeitfenster, desto stärker nähert sich die Quote der unter der ETF-Benchmark liegenden aktiv gemanagten Portfolios dem Wert 100% an. Zu den Gründen weiter unten mehr.
(2) Die Minderheit der aktiven Portfolios, die in einem gegebenen Zeitfenster eine höhere Rendite als ihr fachlich korrekt gewählter Vergleichs-ETF erzielen, ist nur mit ihren vergangenen Renditen nicht zuverlässig im Vorhinein prognostizierbar. Mit anderen Worten: Statistisch hilft es mir für die kommenden drei, fünf oder zehn Jahre nicht zu wissen, dass ein bestimmter aktiv gemanagter Fonds in den vergangenen zwölf Monaten oder drei Jahren unter den Top Ten seiner Kategorie war. Die Zusammensetzung der für jedes historische Zeitfenster vorhandenen Minderheit der → Outperformer-Fonds wechselt von Zeitfenster zu Zeitfenster rein zufällig – wie beim Würfeln.

Aus den beiden Aussagen (1) und (2) lässt sich schließen, dass langfristig Aktien- oder Anleihen-ETFs mit einer Wahrscheinlichkeit von zwischen 50% und 99% ein korrekt gewähltes aktiv gemanagtes Vergleichsportfolio renditemäßig schlagen werden.

Warum ist das so? Es gibt zwei Hauptursachen: Die erste liegt in der sogenannten *Informationseffizienz* der Kapitalmärkte (Märkte für börsennotierte Anlagen). Mehr dazu in der Infobox »Die Effizienzmarkthypothese – die Theorie hinter Indexfonds und ETFs« in diesem Abschnitt. Die zweite Ursache sind die weit, weit geringeren Kosten von ETFs (oder genauer gesagt von passivem Investieren) relativ zu aktiv gemanagten Portfolios. In unserem umfangreicheren und fachlich anspruchsvolleren Buch

62 Aktiv gemanagte Portfolios können aktiv gemanagte Fonds, Mandate bei aktiven Vermögensverwaltern oder in Eigenregie aktiv verwaltete Privatanlegerdepots sein.

Souverän Investieren mit Indexfonds und ETFs – Ein Investmentbuch für fortgeschrittene Privatanleger erläutern wir die Ursachen weit ausführlicher, belegen diese Aussagen in Zahlen und nennen dazu die renommiertesten wissenschaftlichen Analysen.

Die Informationseffizienz der Kapitalmärkte und die weit geringeren Kosten von ETFs zusammen bewirken, dass ein breit gestreutes ETF-Investment auf Buy-and-Hold-Basis – passives Investieren – langfristig besser rentiert als vergleichbare aktiv gemanagte Portfolios aus Einzelwerten, aus Fonds oder gemischte aktive Portfolios.

Infobox: Die Effizienzmarkthypothese – die Theorie hinter Indexfonds und ETFs

Stellt man die Frage, was der prinzipielle Hauptgrund für die in diesem Abschnitt dargestellte Überlegenheit von passivem Investieren gegenüber aktivem Investieren an der Börse ist, ist in erster Linie die sogenannte »Effizienzmarkthypothese« (»EMH«) zu nennen (engl. »Efficient Market Hypothesis«). Die EMH ist eine einfache Theorie, die sich ohne nennenswerten Präzisionsverlust in einem Satz zusammenfassen lässt: *Allein mit öffentlich verfügbaren Informationen ist es unwahrscheinlich, eine korrekt gewählte passive Benchmark zuverlässig (systematisch, also nicht durch Zufall/Glück) zu schlagen (zu outperformen).*

Welcher Sachverhalt steckt hinter der EMH? Zu einem gegebenen Zeitpunkt sind alle öffentlich verfügbaren Informationen über ein Wertpapier (eine bestimmte Aktie oder eine Anleihe), aber auch über Gold, Wechselkurse oder Kryptowährungen schon im Preis (Kurs) dieser Aktie enthalten. Anders als an normalen Märkten für Güter und Dienstleistungen werden neue Informationen an der Börse rasend schnell eingepreist, viel zu schnell, als dass ein typischer Anleger noch reagieren könnte, um rechtzeitig vorher kaufen oder verkaufen zu können.

Wenn eine bestimmte Information X zu einem gegebenen Zeitpunkt schon im Preis enthalten (eingepreist) ist, dann kann man damit als Anleger keinen systematischen Vorteil mehr erzielen, insbesondere auch deswegen nicht, weil Kaufen oder Verkaufen als Reaktion Kosten verursacht. Diese Kosten hat ein passiver Buy-and-Hold-Anleger nicht. In Anbetracht der EMH sagt er: »Ich tue lieber nichts in Bezug auf Information X, weil das ohnehin wahrscheinlich zu spät wäre und weil mein Tun meiner Rendite statistisch häufiger schaden als nutzen würde.«

Unser Instinkt, unser Bauchgefühl und der gesunde Menschenverstand kommen schwer mit der EMH zurecht. Es widerstrebt uns innerlich, die EMH zu akzeptieren, vor allem in konkreten Situationen (im Unterschied zum Zeitpunkt des Lesens über die EMH in diesem Buch oder woanders). Dieser instinktive mentale Widerstand hat zwei Gründe. Zum einen der oben beschriebene Inhalt der EMH selbst. Wir können einfach nur schwer und viele von uns gar nicht akzeptieren, dass der Markt da draußen im Mittel genauso schlau wie oder schlauer ist als wir selbst. Zum anderen die »Bedingtheit der EMH«. Damit ist gemeint, dass die Kapitalmärkte gerade deswegen informationseffizient sind (die EMH nur deswegen gilt), weil nicht alle Marktteilnehmer die EMH akzeptieren und danach handeln. Würden das alle Marktteilnehmer tun, würde sie nicht mehr wirken, da es keine aktiven Marktteilnehmer mehr gäbe, die neue Informationen in die Preise der Wertpapiere einfließen lassen. Das könnte man fast als »paradox« bezeichnen.

Passive Anleger – Anleger, die nicht nur in ETFs investieren, sondern diese auch langfristig über unterschiedliche Marktphasen halten, also nicht auf Basis von Prognosen und Einzelmeinungen kaufen und verkaufen – bilden entgegen häufiger Behauptungen in den Medien eine kleine Minderheit. Passives Investieren wird dort oft falsch mit ETF-Investieren gleichgesetzt. Mittlerweile setzen aktive Investoren ETFs auf einzelne Märkte, Sektoren, Themen oder Trends gezielt zur Spekulation auf gewisse Marktentwicklungen ein – mit einer Haltedauer von wenigen Tagen oder Monaten.

Natürlich klingt das in den vollmundigen Versprechen von Fondsmanagern, Bankern und traditionellen Vermögensverwaltern stets ganz anders. Das muss es auch, weil diese Institutionen an aktivem Investieren dreimal bis zehnmal so viel verdienen. Leider werden diese Versprechen in den meisten Fällen gebrochen. Die Konsequenz für die Anleger sind entgangene Gewinne und oft genug bittere Verluste.

Aufgrund des Zinseszinseffekts erreicht der durchschnittliche ETF-Anleger – sofern es sich um einen disziplinierten Buy-and-Hold-Anleger handelt – über einen Zeitraum von 15 bis 30 Jahren ein um 15% bis 50%

höheres Endvermögen als der typische aktive Anleger. In diesen Zahlen ist der Steuervorteil von Buy and Hold (siehe Blogbeitrag Kommer/Schweizer 2021j) noch nicht einmal enthalten.

Sowohl aktiv als auch passiv anlegen kann man in Eigenregie – oder indem man einen Dritten gegen Bezahlung damit beauftragt. Dieser Dritte kann eine Bank sein oder ein bankunabhängiger Finanzberater bzw. Vermögensverwalter.

In Tabelle 7 werden die Hauptunterschiede zwischen aktivem Anlegen und passivem Investieren einander gegenübergestellt.

Tabelle 7: Die größten Unterschiede zwischen aktivem und passivem Investieren

Unterscheidungskriterium	**Aktives Investieren**	**Passives Investieren (Buy and Hold mit ETFs)**
Grundphilosophie	Investieren *gegen* den Markt. Den Markt als Gegner sehen, den man schlagen muss.	Investieren *mit* dem Markt. Den Markt als Freund, also Verbündeten, betrachten.
Allgemeine Charakterisierungen	(a) Starke Emotionen, (b) Komplexität, (c) Siegeswille, (d) Rastlosigkeit	(a) Emotionslosigkeit, Rationalität, (b) Einfachheit, (c) Demut, (d) Seelenfrieden
Kaufen-Verkaufen-Frequenz	Häufig	Selten bis nie (Buy and Hold) [A]
Zeithorizont für ein einzelnes Investment	Tage, Wochen, Monate (seltener auch Jahre)	Optimalerweise Jahrzehnte, mindestens jedoch fünf Jahre
Konzentration versus Diversifikation	Hohe Konzentration (niedrige Zahl von Einzelwerten)	Hohe Diversifikation (Tausende Einzelwerte, den ganzen Markt kaufen)
Laufende Kosten	Hoch: 1% bis 5% p.a.	Niedrig: 0,1% bis 0,5% p.a.
Arbeitsaufwand	Höher	Niedriger
Anzahl Varianten	Beinahe unendlich viele	Theoretisch nur eine. In der Praxis eine überschaubare Zahl von Umsetzungsvarianten.

► [A] Umschichtungen aufgrund von regelbasiertem Rebalancing (siehe Abschnitt 8.6) und konsumgetriebene Verkäufe widerlegen das grundsätzliche Buy-and-Hold-Prinzip nicht.

Leser, die sich tiefgehender mit der Unterscheidung aktiv versus passiv investieren beschäftigen wollen, empfehlen wir den Blogbeitrag »Zehn Gründe, warum aktives Investieren schlecht funktioniert« von Kommer/Weis 2020b.

Für viele, die mit passivem Investieren nicht schon seit längerer Zeit und detailliert vertraut sind, klingt die Bezeichnung »passiv anlegen« merkwürdig und falsch. Vielleicht ganz besonders für Unternehmer oder leitende Angestellte, die typischerweise einen besonders starken mentalen »Action Bias« haben.[63] Wir glauben daher, dass es sich lohnt, eine Minute auf den Hintergrund dieser in gewisser Weise seltsamen Begrifflichkeit aufzuwenden. Dazu möchten wir vier Sachverhalte klären.

Erstens: Passives Investieren im eigentlichen Sinne des Wortes existiert nicht. Es existieren lediglich unterschiedliche Grade aktiven Investierens. Vereinfacht formuliert: gering aktiv, mittelmäßig aktiv, sehr aktiv und hyperaktiv. Auch der passivste Anleger dieses Planeten muss sowohl am Anfang als auch danach von Zeit zu Zeit aktive Entscheidungen treffen und sie dann umsetzen. Eine aktive Entscheidung kann übrigens auch darin bestehen, in einem bestimmten Augenblick nichts zu tun, wenn alle anderen wie kopflose Hühner umherrennen und panisch verkaufen.

Zweitens: Das Adjektiv »passiv« ist umgangssprachlich negativ belegt. Vermutlich weil auf den allermeisten Gebieten des Lebens aktives Handeln irgendwie besser klingt und wohl auch besser ist: besser als passiv zu sein, als abzuwarten, als nichts zu tun. Auch wir sind davon überzeugt, dass man sein Leben aktiv, oder neudeutsch »proaktiv«, gestalten und führen sollte, nicht passiv. Auf das Investieren trifft diese allgemeine Einsicht jedoch nicht zu, wohl wissend, dass wirklich passives Investieren sowieso nicht existiert.

Drittens: Passives Investieren hat nichts zu tun mit dem ähnlich klingenden, albernen und potenziell schädlichen Konzept des »passiven Einkommens«. Warum das Konzept des passiven Einkommens albern und oft schädlich ist, erläutern wir in der Infobox »Passives Einkommen existiert nicht« in Abschnitt 8.10.

Viertens: Wer glaubt, mit ETFs zu investieren, sei automatisch gleichbedeutend mit passivem Investieren, sitzt einem verbreiteten Irrtum auf (siehe weiter oben). Ein Anleger, der seine ETFs immer wieder verkauft und zwischen verschiedenen ETFs hin- und herwechselt (umschichtet), weil er glaubt, so mehr zu verdienen oder Risiken zu begrenzen, ist ein aktiver Anleger, ein Anleger, der Market Timing betreibt. Market Timing

63 Siehe die Artikel zu »Action Bias« in der deutschen und englischen Wikipedia.

ist spekulatives, prognosebasiertes »Rein-Raus-Anlegen«. Auch existieren längst »aktiv gemanagte ETFs« (siehe hierzu Abschnitt 7.2.4).

Zurück zum eigentlichen Thema: Aus Sicht der Wissenschaft – und wir schließen uns ihr an – ist passives Investieren der aktiven Alternative in deren unendlich vielfältigen Ausprägungen überlegen. Passives Investieren produziert statistisch gesehen bessere Rendite-Risiko-Kombinationen.

Warum investieren dann immer noch 95% aller Privatanleger auf diesem Planeten aktiv? Das hat drei Gründe. (a) Für die Finanzbranche ist aktives Investieren weit profitabler, fünf bis zehnmal profitabler. Vergleichen Sie einfach die laufende Gebühr eines aktiv gemanagten Aktienfonds mit der eines Aktien-ETFs. Deswegen promotet die Finanzbranche fast nur aktives Investieren. (b) Auch für die Finanzmedien sind die nie endenden »Geschichtchen«, die man über aktives Investieren jeden Tag neu erzählen kann, wirtschaftlich überlebensnotwendig. (c) Aktives Investieren passt viel besser zu unserem höchsteigenen Bauchgefühl, zu unseren Urinstinkten: »Wir alle werden als aktive Anleger geboren.« Einige wenige von uns wechseln später aus rationaler Einsicht heraus ins passive Lager.

Fazit

Passives Investieren ist letztlich falsch benannt, da in Wirklichkeit niemand rein passiv investieren kann. Diese zwar verunglückte, doch zugleich im Markt etablierte Benennung soll uns als rationale Menschen jedoch nicht weiter kümmern, da wir nicht auf bloße Namen Wert legen, sondern auf den Inhalt. In den Kapitalmärkten ist passives Investieren dem traditionellen und immer noch weiter stärker verbreiteten aktiven Investieren klar überlegen. Das wissen wir aus 60 Jahren Kapitalmarktforschung. Erfreulicherweise erkennen immer mehr Privatanleger weltweit die großen Vorteile von »Passive Investing«.

6.2 Asset-Allokation: Was die Rendite eines Portfolios tatsächlich bestimmt

> »Ihre Investment-Performance wird fast vollständig durch einen einzigen Faktor bestimmt – Ihre Asset-Allokation über breite Anlageklassen hinweg. Aktien- oder Fonds-Picking sowie Market Timing – die Faktoren, von denen traditionell angenommen wird, sie würden den Anlageerfolg bestimmen –, sind tatsächlich annähernd irrelevant.«
> *William Bernstein, Neurologe, Finanzbuchautor, Vermögensverwalter*

Manch einen Leser wird es überraschen: Die Entscheidung, die sich statistisch am stärksten auf die Rendite-Risiko-Kombination eines Portfolios aus Kapitalmarktanlagen auswirkt, ist die Auswahl der in dem Portfolio enthaltenen Anlagenklassen (engl. Asset Classes) und deren Gewichtung. Es kommt viel weniger auf die in den einzelnen Anlageklassen enthaltenen konkreten Wertpapiere an. Das gilt jedenfalls dann, wenn das Portfolio nicht nur aus ganz wenigen Einzelwerten besteht.

Anlageklassen sind sachlogisch sinnvoll definierte Kategorien von Anlagen (Assets), wie z.B. Aktien, Anleihen, Geldmarktanlagen (bargeldartige Anlagen, Cash), Immobilien, Rohstoffe, Edelmetalle, Kryptoanlagen und Sammlerobjekte. Diese Haupt-Anlageklassen lassen sich auf vielfältige Weise in Sub-Anlageklassen untergliedern. Einzelne Assets innerhalb einer Anlageklasse haben statistisch sehr ähnliche Eigenschaften in Bezug auf Rendite, Risiko und Liquidität. Beispielsweise besitzen die allermeisten Bankaktien oder Unternehmensanleihen mit identischem Rating ein frappierend ähnliches Profil bezüglich Rendite, Risiko und Liquidität in einem Zeitraum von zwei oder drei Jahren und aufwärts. Die Renditen dieser Wertpapiere korrelieren im Zeitablauf sehr hoch und reagieren auf Markteinflüsse (z.B. Marktzinsänderungen oder geopolitische Nachrichten) in ähnlicher Weise. Mit zunehmender Feindifferenzierung nimmt die Einheitlichkeit des Rendite-Risiko-Liquiditätsprofils in den dann resultierenden Anlageklassen immer weiter zu.

Anlageklassen lassen sich vielfältig bilden, nicht nur nach Branchen. Eine grobe Aufgliederung wird in Tabelle 8 gezeigt.

Finanzprodukte sollten nicht mit Anlageklassen verwechselt werden. Beispiele für Finanzprodukte sind Investmentfonds, einschließlich ETFs, kapitalbildende Lebensversicherungen, Zertifikate, geschlossene Immobilienfonds, Hedgefonds, Private-Equity-Fonds, Peer-to-Peer-Kredite oder

Crowdfunding. Finanzprodukte sind lediglich *Verpackungen* für eine oder mehrere darin enthaltene echte Anlageklassen.

Tabelle 8: Die wichtigsten Anlageklassen kurz erläutert

Haupt-Anlage-klasse	Beispiele für Sub-Anlageklassen	Bemerkung
Cash, »risikofreie« Anlagen, Geldmarktanlagen	Physisches Bargeld, unverzinsliche und verzinsliche Bankguthabenkonten, Geldmarktfondsanteile, Staatsanleihen bis zu 18 Monaten Laufzeit. Seitens der Schuldner dieser Anlagen wird hohe oder höchste Bonität unterstellt. Es darf kein Wechselkursrisiko bestehen.	Cash ist die Anlageklasse mit dem niedrigsten Risiko und der geringsten Rendite. Cash-Anlagen in Form von Bankeinlagen sollten nur bis zur Grenze der gesetzlichen Einlagensicherung bei einer einzelnen Bank vorgenommen werden oder nur in Staatsanleihen der höchsten Bonitätsstufen AAA–AA (Rating). Diese Anlageklasse gilt als risikofrei oder risikoarm, gemessen an den Risiken Volatilität, → Ausfallrisiko und Illiquidität.
Anleihen unterschiedlicher Bonität und Laufzeit	Anleihen mit einer Laufzeit ab ca. 18 Monaten, insbesondere Staatsanleihen, Pfandbriefe und andere Bankanleihen, Unternehmensanleihen solider Bonität (→ Investment Grade), Hochzinsanleihen (→ Sub-Investment-Grade, »Junk Bonds«), Schwellenländeranleihen, Wandelanleihen, → Cat Bonds, inflationsgesicherte Anleihen usw.	Die genannten Beispiele umfassen nur einen kleinen Teil der wesentlichen Typen von Anleihen. Wichtige Unterscheidungsmerkmale sind: Land des Emittenten (Schuldners), Kreditwürdigkeit des Emittenten (Rating), Währung, Laufzeit, Besicherung usw. Allgemein sind die wichtigsten Risikotreiber bei Anleihen ihre Laufzeit, das Bonitätsrisiko des Emittenten und ihr Währungsrisiko (Wechselkursrisiko). Für unsere Zwecke sind im Wesentlichen Staats- und Unternehmensanleihen mit kurzer oder mittlerer (Rest-) Laufzeit und hoher Bonität in der heimischen Währung des Anlegers relevant.
Aktien	Standardwerteaktien (Large Caps), Nebenwerteaktien (Small Caps), Growth-Aktien, Value-Aktien, Tech-Aktien, Immobilienaktien, Rohstoffaktien, deutsche Aktien, japanische Aktien, Schwellenländeraktien usw.	Die genannten Beispiele umfassen nur einen kleinen Teil der wichtigsten sachlogischen Gruppen von Aktien.

Haupt-Anlageklasse	Beispiele für Sub-Anlageklassen	Bemerkung
Devisen (»Fremdwährungen«, engl. »Foreign Exchange«/»FX«)	Cash- oder Geldmarktanlagen (siehe oben) in fremden Währungen	Es lässt sich sowohl theoretisch nachweisen als auch anhand historischer Daten zeigen, dass Devisen nach Transaktionskosten und Inflation langfristig keine systematische Überrendite gegenüber Anlagen in der heimischen Währung abwerfen. Die erwartete reale Rendite von Wechselkursschwankungen ist null, weil Währungskursverluste die möglicherweise höheren Zinserträge langfristig ausgleichen (siehe Infobox »Das Konzept der ›erwarteten Rendite‹« in Abschnitt 6.4).
Immobilien	Direktanlagen in Wohnimmobilien, Gewerbeimmobilien	Neben den links genannten Hauptsegmenten kann man Immobilien weiter nach Standorten im Inland oder Ausland, nach Büroimmobilien, Einzelhandelsimmobilien, Hotels usw. unterscheiden.
Rohstoffe (exklusive Edelmetalle)	Öl, Erdgas, Kohle, Basismetalle, Mineralstoffe, Agrarrohstoffe	Direkte Investments in Rohstoffe sind für Anleger de facto unmöglich. Möglich sind lediglich Rohstoff-Termingeschäfte, z.B. in Gestalt von Rohstoff-ETFs (siehe Abschnitt 7.1.8).
Edelmetalle	Gold, Silber, Platin, Palladium	In Gestalt physischer Investments oder in ETF-Form.
→ Optionen (Derivate)	Call-Optionen, Put-Optionen, Optionsscheine, »Contracts for Differences« (»CFDs«), Futures	Zwar basieren Optionen als spezielle Form von Derivaten auf einem zugrunde liegenden anderen Asset, sie sind aber aufgrund ihrer spezifischen Rendite-Risiko-Charakteristika als eigenständige Haupt-Anlageklasse zu sehen. Aus einer Reihe von Gründen (insbesondere Risiko und Komplexität) sind Optionen kein für normale Privatanleger geeignetes Investmentprodukt.
Kryptowährungen	Bitcoin, Ethereum oder eine der anderen mehr als 10 000 Kryptowährungen	Die älteste Kryptowährung (Bitcoin) ist erst rund 17 Jahre alt. Aus unter anderem diesem Grund sind viele Erkenntnisse über Kryptowährungen als besonders unsicher einzustufen (siehe auch Abschnitt 7.1.9).

Haupt-Anlage-klasse	Beispiele für Sub-Anlageklassen	Bemerkung
Sammlerobjekte: z.B. Gemäldekunst, Antiquitäten, Oldtimer-Autos, Sammlerweine, Luxusuhren	–	Aus Investmentsicht letztlich unattraktive Anlageklasse. Hohe Unklarheit hinsichtlich ihrer tatsächlichen Langfristrendite, hohes Risiko, hohe Illiquidität. Mangel an verlässlichen historischen Daten. Hohe Nebenkosten von Kauf und Verkauf, Lager-, Verwaltungs- und Versicherungskosten.
Humankapital (Barwert aller noch zu erwartenden Arbeitseinkünfte)	–	Humankapital wird zwar nicht oft als Anlageklasse wahrgenommen, ist jedoch ein und für die Mehrzahl der Anleger unter 50 Lebensjahren der wichtigste Vermögenswert überhaupt. Der Wert wird von der verbleibenden Lebensarbeitszeit bestimmt, vom zukünftigen Gehaltsniveau und dessen Sicherheit.

► Bei Unternehmern ist die Abgrenzung zwischen Humankapital im engeren Sinne (Barwert der künftigen Arbeitseinkommen) und des von ihnen geschaffenen Unternehmenswertes fließend.

Drei Beispiele: Eine kapitalbildende Lebensversicherung ist eine Anlage in Staatsanleihen oder in Aktienfonds gekoppelt mit einer Risikolebensversicherung; ein Hedgefonds ist eine aktive Investmentstrategie in bestimmte Wertpapiere; ein Zertifikat ist eine Bankanleihe, die statt Zinsen Teile der Rendite eines Korbes bestimmter Wertpapiere beinhaltet.

Als Faustregel lässt sich sagen: Anleger sollten anstreben, in Anlageklassen direkt ohne Verpackung oder in Anlageklassen mit möglichst wenig Verpackung zu investieren. »Dicke« Verpackungen bedeuten zumeist: Intransparenz, zusätzliche Kosten und oft auch versteckte oder schwer zu erkennende zusätzliche Risiken, die die Anlageklasse selbst, ohne die Verpackung, nicht hat.

Finanzprodukte wie kapitalbildende Lebens- und Rentenversicherungen, Investmentfonds, Bausparverträge, Zertifikate, offene Immobilienfonds, geschlossene Immobilienfonds, Private-Equity-Fonds und viele andere sind verpackte Anlageklassen, will heißen, dass solche Finanzprodukte ausnahmslos auf den Grund-Anlageklassen in Tabelle 8 basieren. Nur bei wenigen Finanzprodukten ist die Verpackung so dünn, transparent, nahezu kostenfrei und risikolos wie bei ETFs. Bei den meisten ist sie dagegen dick (rechtlich komplex und intransparent), teuer und verursacht sogar zusätzliche Risiken wie bei einer kapitalbildenden Lebensversicherung. Weil Verpackungen Kosten – oft sehr hohe Kosten – produzieren, *müssen* die Renditen von Finanzprodukten im Durchschnitt niedriger sein als die Renditen der unverpackten Anlageklassen.

Nach dieser Klassifizierungsübung kommen wir nun zur Hauptsache: der Bedeutung der Asset-Allokation für den Anlageerfolg.

Über 90% der Rendite und etwa 90% des Risikos eines Aktienportfolios werden von den in ihm enthaltenen (Sub-)Anlageklassen bestimmt. Weniger als 10% der Rendite und des Risikos gehen auf die innerhalb der einzelnen Sub-Anlageklassen enthaltenen konkreten Einzelwerte zurück.

Eine gute Zusammenfassung der Forschungen zu diesem Thema bieten Ibbotson/Kaplan 2000, Statman 2000, Balsamo u.a. 2017. Entscheidend ist die Hauptschlussfolgerung: Der Löwenanteil von Rendite und Volatilität eines Aktienportfolios wird von der Anlageklassen-Allokation (Asset Allocation), also der Aufteilung des Portfolios auf die einzelnen Anlageklassen, bestimmt.

Auch als Laie kann man dieses Phänomen beobachten. Vergleicht man in einem der regelmäßig publizierten Fonds-Vergleiche und -Rankings von Finanzzeitschriften oder Finanzportalen die Renditen von Fonds innerhalb klar definierter Anlageklassen (z.B. Tech-Aktien Global oder US-Small Caps) über Zeiträume von 24 Monaten und länger, wird man im Allgemeinen eine erstaunlich geringe Variation dieser Renditen zwischen den einzelnen Fonds feststellen. Vergleicht man hingegen Fonds aus unterschiedlichen Anlageklassen (etwa asiatische Technologiefonds mit deutschen Large-Cap-Fonds), streuen die Ergebnisse sehr viel breiter. Das ist zu erwarten, denn diese Fonds repräsentieren unterschiedliche Sub-Anlageklassen. Daher sind auch ihre Renditen mit höherer Wahrscheinlichkeit unterschiedlich, während die Fonds, die dieselbe (Sub-)Anlageklasse abbilden, ähnliche Renditen liefern.

Warum ist das so? Eine einfache Antwort lautet: Eine Anlageklasse wird dadurch definiert, dass die in ihr sachlogisch zusammengefassten Wertpapiere vergleichbare Merkmale hinsichtlich Rendite, Risiko und Liquidität aufweisen, weil die das Investment repräsentierenden Projekte, Unternehmen und Staaten über längere Sicht ähnlichen, oft sogar identischen ökonomischen, rechtlichen und politischen Einflüssen ausgesetzt sind und miteinander in unterschiedlicher Art und Weise konkurrieren, sich also zum Teil gegenseitig nachahmen. Es sollte daher nicht überraschen, wenn die Auswahl eines durchschnittlichen einzelnen Wertpapiers innerhalb einer Anlageklasse und im Durchschnitt vieler solcher Fälle langfristig einen geringen Einfluss auf die Rendite eines Portfolios hat.

Fazit

Asset-Allokation ist auf lange Sicht der Haupttreiber, der Hauptstellhebel für Rendite, Risiko und Liquidität in einem Portfolio. Weil das so ist, sind Anleger gut beraten, ihre Hauptaufmerksamkeit beim Investieren auf diesen Haupttreiber zu lenken, nicht auf die Nebenkriegsschauplätze Asset Selection (z.B. in Gestalt von Stock Picking) und Market Timing.

6.3 Gute versus schlechte Risiken

Nicht wenige Privatanleger glauben, ein zentrales Ziel beim Investieren im Kapitalmarkt müsse sein, Risiken zu vermeiden. Das stimmt so nicht. Ziel beim Investieren muss sein, *schlechte* Risiken zu vermeiden und *gute* Risiken bewusst im gewünschten Umfang ins Depot zu holen. Bei Risiken gilt demnach Aschenbrödels Leitspruch: »Die guten ins Töpfchen, die schlechten ins Kröpfchen.«

Schlechte Risiken sind solche, von denen der Anleger aus Sicht der Wissenschaft nicht erwarten kann, dass sie vorwärtsgerichtet durch eine angemessene Rendite belohnt werden. Schlechte Risiken sind sozusagen Schmerzen ohne Schmerzensgeld. Warum werden sie nicht belohnt? Weil schlechte Risiken sich ohne Renditeopfer wegdiversifizieren lassen (durch breite Streuung beseitigen lassen). Wenn sie sich wegdiversifizieren lassen, müssen sie auch nicht getragen werden.

Gute Risiken sind solche, von denen der Anleger langfristig erwarten kann, dass sie durch eine angemessene Rendite belohnt werden, also ein Schmerzensgeld gezahlt wird. Gute Risiken sind solche, die sich *nicht* wegdiversifizieren lassen. Und genau deswegen muss der Kapitalmarkt denjenigen entschädigen, der sie trägt.

Da, wo es im *Rückblick* eine »Renditebelohnung« für schlechte Risiken gab, war das Zufall – auch wenn das die betroffenen Anleger anders wahrnehmen mögen. Diesen Zufallsbelohnungen stehen in gleichem Umfang Verluste (oder entgangene Gewinne) gegenüber.

Wer hilft uns herauszufinden, was gute und was schlechte Risiken sind? Die Wissenschaft und nur die Wissenschaft; eher selten Finfluencer Andi, Wirtschaftsjournalistin Christa Schulze oder Ihr vertrauensvoller Bankberater.

In Tabelle 9 werden gute und schlechte Risiken bei Kapitalmarktanlagen einander gegenüberstellt.

Tabelle 9: Gute versus schlechte Risiken bei Kapitalmarktanlagen

Schlechte Risiken (wegdiversifizierbare Risiken)	**Gute Risiken (nicht wegdiversifizierbare Risiken)**
• Wetten auf einzelne Aktien oder einzelne Unternehmensanleihen (Einzelwertrisiko) • Wetten auf einzelne Staaten (Einzelländerrisiko) • Wetten auf einzelne Branchen (Einzelbranchenrisiko) • Wetten auf einzelne Fondsmanager • Wetten auf den richtigen Ein- und Ausstiegszeitpunkt (Market Timing) • Die meisten → Verpackungsrisiken bei Finanzprodukten • Bankguthaben oberhalb der gesetzlichen Einlagensicherung (siehe Abschnitt 7.1.4)	Investieren in ganze Anlageklassen mit breit gestreuten ETFs auf Buy-and-Hold-Basis, also in sehr breite (hoch diversifizierte) Segmente des globalen Aktien- und Anleihenmarktes ohne Branchen- oder Themenwetten. → Verpackungsrisiken und Gegenparteirisiken sind bei ETFs de facto null.

Sorgen Sie dafür, gute Risiken in Ihrem Portfolio zu haben, und meiden Sie schlechte Risiken wie der Teufel das Weihwasser. Gute Risiken sind letztlich leicht zu identifizieren: Es sind diejenigen, die mit dem Anlegen in ganze Anlageklassen auf Buy-and-Hold-Basis kommen. Tragen Sie diese Risiken und den damit verknüpften zeitweiligen Schmerz willig, denn er wird sehr wahrscheinlich mit Rendite belohnt. So wie ein Athlet die Anstrengung und den gelegentlichen Schmerz beim Ausüben seines Sports willig trägt, weil er weiß, dass er dafür am Ende mit Fitness, Stolz auf die eigene Leistung und sportlichen Erfolgen belohnt wird. Auch gute Risiken müssen sich irgendwann einmal materialisieren, sonst wären es keine Risiken. Wenn der globale Aktienmarkt deutlich einbricht, ist das ein Beispiel für ein gutes Risiko, das sich materialisiert hat.

Fazit

Die traditionelle Denke, der zufolge ein Anleger versuchen sollte, Risiken zu minimieren, ist falsch und schädlich. Ein kluger, rationaler Anleger nimmt sich bewusst gute Risiken in der gewünschten Menge ins Portfolio und versucht lediglich die Menge der schlechten Risiken zu minimieren.

6.4 Diversifikation – die wichtigste aller Risikomanagementtechniken

Warum ist Diversifikation (Streuung) die klügste Form der Risikoreduktion? Diversifikation, wenn korrekt umgesetzt, reduziert Risiko, ohne die erwartete Rendite zu senken. Sie ist also »kostenlos« (zum »Konzept der ›erwarteten Rendite‹« siehe Infobox weiter unten in diesem Abschnitt). Daher wird Diversifikation oft als der einzige Free Lunch (Gratismittagessen) beim Investieren bezeichnet. Der einzige Vorteil, der nicht mit einem Nachteil (weniger Rendite, mehr Risiko, höhere Kosten oder weniger Liquidität) bezahlt werden muss.

Warum ist Diversifikation ein so cleverer Weg zur Risikosenkung? Wir denken uns zwei Aktiengesellschaften. Ihre jährlichen Gewinne, die wir – in realitätsferner Vereinfachung – mit Aktionärsrenditen gleichsetzen, sind in Tabelle 10 dargestellt. Das eine Unternehmen stellt Badehosen her, das andere Wintermäntel. In überwiegend heißen Jahren geht es der Badehosen AG finanziell gut, ihr Gewinn steigt. In eher kalten Jahren hingegen geht er zurück. Genau umgekehrt verhält es sich mit der Wintermantel AG. Im langfristigen Durchschnitt gibt es gleich viele kalte wie heiße Jahre. Ein Investor hätte – vereinfacht gesagt – drei Möglichkeiten: Er könnte seine Geldmittel vollständig in die Badehosen AG, vollständig in die Wintermantel AG oder je zur Hälfte in beide Unternehmen investieren. Wie aus Tabelle 10 hervorgeht, ist die langfristige Durchschnittsrendite aller drei Portfolios identisch. Dennoch ist das diversifizierte »50/50-Gesamtportfolio« (Portfolio C) den beiden anderen Portfolios klar vorzuziehen, denn es weist keinerlei jährliche Renditeschwankungen und daher kein Risiko auf – hier gemessen als → Standardabweichung, einem Maß für die Volatilität von Renditen. Bei den anderen beiden Portfolios ist das nicht der Fall. Die Korrelation der Gewinne der beiden Firmen hat den Idealwert von –1,0.

Tabelle 10: Auswirkung von Diversifikation auf die Schwankung der jährlichen Renditen (Gewinn) eines gemischten Portfolios

	Jahr 1: Heiß	**Jahr 2: Kalt**	**Jahr 3: Heiß**	**Jahr 4: Kalt**	**Jahr 5: Heiß**	**Jahr 6: Heiß**	**Jahr 7: Kalt**	**Jahr 8: Kalt**	**Ø Jahresrendite**	**Risiko: Streubreite [A]**	**Risiko: → Standardabw.**
Portfolio A: 100% Badehosen AG	€ 10	€ 4	€ 10	€ 4	€ 10	€ 10	€ 4	€ 4	€ 7	€ 6	€ 3
Portfolio B: 100% Wintermantel AG	€ 4	€ 10	€ 4	€ 10	€ 4	€ 4	€ 10	€ 10	€ 7	€ 6	€ 3
Portfolio C: 50% Badeh. AG + 50% Winterm. AG	€ 7	€ 7	€ 7	€ 7	€ 7	€ 7	€7	€7	€ 7	€ 0	€ 0

► [A] Streubreite: Differenz zwischen maximaler und minimaler Rendite in einem einzelnen Jahr.

So unrealistisch das Badehosen-Wintermantel-Beispiel im Detail sein mag, so illustriert es doch korrekt, dass der Risikosenkungsvorteil, jedenfalls bei Diversifikation innerhalb von Anlageklassen, kostenlos erzielt wurde. Er musste nicht mit einem Renditeverlust erkauft werden.

Eingangs haben wir von Diversifikation innerhalb von Anlageklassen und über Anlageklassen hinweg gesprochen. Ein Beispiel für Diversifikation innerhalb einer Anlageklasse ist ein globaler Aktien-ETF. Ein Beispiel für Diversifikation über Anlageklassen hinweg ist eine 50/50-Mischung aus einem globalen Aktien-ETF und einem Geldmarkt-ETF. Ihr risikosenkender Effekt kommt in Abbildung 2 zum Ausdruck.

Abbildung 2: Vergleich einer 50/50-Asset-Allokation (globale Aktien/»risikofreie« Anlage) mit 100/0- und 0/100-Asset-Allokationen im Zeitraum von Januar 1995 bis Dez. 2025 (31 Jahre) – in DM bzw. Euro, inflationsbereinigte (reale) Entwicklung des Wertes einer anfänglich investierten Geldeinheit

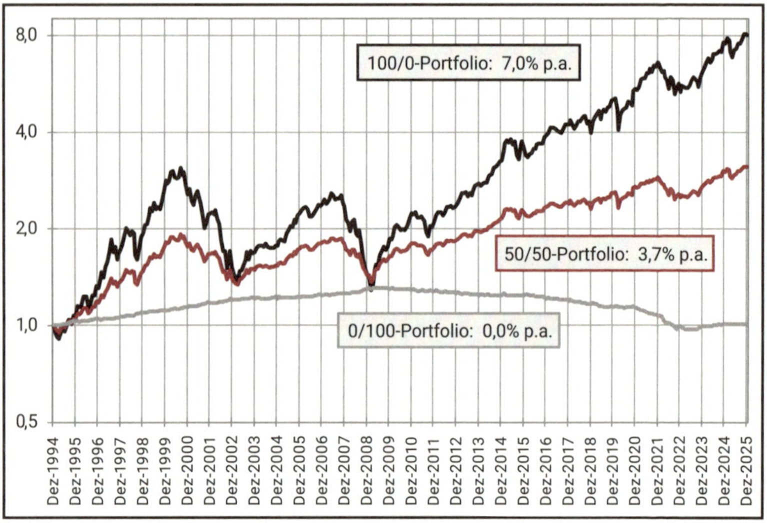

► Logarithmische vertikale Skala: Die absoluten Vermögenssteigerungen sind bei einer solchen Skala von links nach rechts nicht optisch verzerrt wie bei einer konventionellen linearen Skala. ► Ohne Kosten und Steuern. ► In den Namen der drei Portfolios wird der risikobehaftete Portfolioteil stets zuerst genannt – Beispiel »100/0« = 100% Aktien, 0% risikoarme Anleihen. ► Daten: Aktienteil: MSCI World Standard. Risikoarmer Portfolioteil: Deutsche Geldmarktrenditen. ► Datenquellen: MSCI, Deutsche Bundesbank.

Abbildung 2 lässt leicht erkennen, dass durch Beimischung risikoarmer Zinsanlagen zu einem Aktiendepot die Schwankungsintensität des Gesamtdepots abnimmt. Das 50/50-Portfolio (rote Linie) entwickelte sich während dieser gut drei Jahrzehnte stetiger und gleichförmiger (weniger volatil) als das »aggressivere« 100/0-Portfolio (schwarz Linie). Die Aktienmarkt-Drawdowns im Dotcom-Crash ab Anfang 2000, in der Weltfinanzkrise ab Anfang 2008 und in den kleinen Crashs 2020 (Corona) und 2022 (Ukrainekrieg, globale Zinswende nach oben) wurden durch die Beimischung um fast die Hälfte abgemildert. Bitte beachten Sie, dass es sich hier um inflationsbereinigte Renditen handelt. Die deutsche Inflation betrug in diesen rund 31 Jahren durchschnittlich 1,8% p.a. In diesen historisch ungewöhnlich nahe beieinanderliegenden Aktienmarkt-Crashs hätte ein 50/50-Anleger, der Entnahmen bzw. Ausschüttungen aus seinem Depot benötigte, diese aus dem risikoarmen Bestandteil ziehen können. Das ist in so einer Situation ein wichtiger Nerven- und Seelentrost.

Am wenigsten volatil war das 0/100-Portfolio (graue Linie) aus ausschließlich risikoarmen kurzfristigen Anleihen (Geldmarktanlage). Natürlich sank auch das Ertragspotenzial mit zunehmendem Anteil der risikoarmen Anlage.

Der reale Endvermögenswert des 100%-Aktienportfolios war das 8,1-Fache des Startwertes, der des 50/50-Portfolios das 3,1-Fache und der des Geldmarktportfolios das 1,0-Fache. (Wie wir in Abschnitt 7.1.4 zeigen werden, ist mit Geldmarktanlagen in Isolation, also verzinslichen Bankguthaben und Geldmarktfonds auf inflationsbereinigter Basis bestenfalls Vermögenskonservierung, aber kein Vermögensaufbau im Sinne von Renditen möglich.)

Infobox: Das Konzept der »erwarteten Rendite«

Die »erwartete Rendite« (engl. »Expected Return«) – nachfolgend abgekürzt »E.R.« – bezeichnet den auf Basis einer aus der Wissenschaft abgeleiteten Methode für die Zukunft prognostizierten langfristigen Mittelwert der Rendite eines bestimmten Assets, eines Portfolios oder einer Anlageklasse – den »statistischen Erwartungswert«. Die E.R. einer Anlageklasse oder eines Marktes wird oft ermittelt, indem man einen Durchschnitt aller Jahresrenditen während eines langen repräsentativen historischen Zeitraums errechnet, z.B. die zurückliegenden 80 Jahre, und diesen gegebenenfalls um bestimmte Sonderfaktoren bereinigt, beispielsweise eine besonders hohe oder niedrige Bewertung am Ende der Zeitreihe.

Was sollte man bei der Interpretation der E.R. konzeptionell beachten? (a) Erwartet oder Expected haben hier eine ganz andere Bedeutung als in der Alltagskommunikation oder Umgangssprache. (b) Die E.R. ist der arithmetische Mittelwert oder der → Medianwert einer bei Aktien oder anderen volatilen Anlagen breit streuenden Wahrscheinlichkeitsverteilung der Durchschnittsrenditen. Die Interpretation und ggf. Weiterverarbeitung des ermittelten E.-R.-Wertes differiert für die beiden Durchschnittstypen. (c) Man sollte bei risikoreichen Anlagen wie Aktien nicht annehmen, dass der tatsächliche Renditewert in einem gegebenen Jahr nahe an der E.R. liegt. (d) Die E.R. ist »die beste Schätzung der zukünftigen Rendite«. Da die meisten anderen Schätzungen erwartungsgemäß schlechter sein werden, ist die E.R. wertvoll und nützlich. (e) Je länger die Halteperiode, desto höher die Wahrscheinlichkeit, einen der E.R. nahekommenden Durchschnittswert tatsächlich zu erzielen. (f) In den Medien und im Internet wird in Bezug auf die in der Zukunft liegenden Renditen häufig schluderig von »Rendite« gesprochen, wenn eigentlich »erwartete Rendite« gemeint ist. (g) Bei Anlageklassen (weniger bei Einzelwerten) ist die erwartete Rendite eine Funktion des Bewertungsniveaus zum Zeitpunkt der Analyse. Wenn das Bewertungsniveau des Aktienmarktes (typischerweise aufgrund hoher unmittelbar zurückliegender Renditen) hoch ist, sinkt die E.R.; wenn das Bewertungsniveau aufgrund schlechter vergangener Renditen niedrig ist, steigt die E.R. (h) Bei Anleihen ist die E.R. bis zur Fälligkeit die → Umlaufrendite der Anleihe, also die durchschnittliche Rendite, die ein Käufer vereinnahmen wird, wenn er die Anleihe bis zur Fälligkeit hält und bis dahin kein Ausfall des Emittenten eintritt.

Da ab Ende 2009 bis Ende 2022 die realen Zinsen überwiegend negativ waren, knickt die gelbe Kurve (100%-Geldmarktanlage) ab Ende 2009 leicht nach unten. Erst als im Frühjahr 2023 die Nullzinszeit im Sinne realer Zinsen endgültig zu Ende war, begann die Geldmarktkurve wieder nach oben zu drehen. Das illustriert, was wir in Abschnitt 7.1.4 detaillierter zeigen: Mit Geldmarktanlagen, z.B. einem verzinslichen Tagesgeld, ist langfristig kein inflationsbereinigter Vermögensaufbau möglich. Mit Geldmarktanlagen kann man jedoch bereits bestehendes Vermögen konservieren und hat daneben die vorteilhaften Eigenschaften der geringstmöglichen Volatilität und der maximalen Liquidität, also keinen Stress in der kurzen und mittleren Frist.

Niemand wird bestreiten, dass Diversifikation kurz- und mittelfristige Risiken (z.B. Volatilität) mindert. Was sie aber auch tut: Sie bremst in guten Marktphasen – also etwa zwei Drittel der Zeit – die Aufwärtsentwicklung des Portfolios relativ zu einem Portfolio, das nur aus risikoreichen/ertragreichen Anlageklassen besteht, z.B. nur aus Aktien und Gold. Das sehen wir beim 50/50-Portfolio in Abbildung 2. Wer das nach einer längeren Aktien-Boomphase im Nachhinein als Nachteil empfindet und sich darüber ärgert, dass sein diversifiziertes Portfolio nicht so weit anstieg wie ein nicht diversifiziertes Portfolio, der hat im Vorhinein Diversifikation nicht verstanden.

Tabelle 11: Nützliche und nur scheinbar nützliche oder schädliche Formen von Diversifikation

Typus von Diversifikation	**Erläuterung**
Diversifikation innerhalb von Anlageklassen	Sinnvoll. Beispiel: Die Volatilität einer durchschnittlichen einzelnen Aktie ist mehr als doppelt so hoch wie die Volatilität eines global diversifizierten Aktienportfolios (in Gestalt eines globalen Aktien-ETFs). Hinzu kommt, dass bei einem Einzelwert theoretisch und praktisch ein Totalverlustrisiko besteht, das bei einem globalen Aktienportfolio komplett wegdiversifiziert (eliminiert) ist.
Diversifikation über Anlageklassen hinweg	Sinnvoll: Siehe Abbildung 2 in diesem Abschnitt und die Erläuterungen dazu.
Diversifikation eines Familienvermögens über verschiedene Eigentümer hinweg	In spezifischen Konstellationen sinnvoll. In Abschnitt 4.4 (»Vermögen auf Familienmitglieder verteilen«) haben wir diese Form der Diversifikation erläutert. In Kapitel 9 (»Familienstiftungen als Vermögensschutzlösung«) erläutern wir weitere Varianten der Eigentümerdiversifikation.
Diversifikation über verschiedene Banken hinweg (das Vermögen auf mehrere Konto- und Depotstellen im In- und Ausland aufteilen)	Im Allgemeinen eine sinnlose oder gar nachteilige Form der Diversifikation. Wie in Abschnitt 6.7 weiter unten in diesem Kapitel erläutert wird, besteht bei Wertpapierdepots kein Kontrahentenrisiko oder Ausfallrisiko in Bezug auf die depotführende Bank. Durch die Aufteilung eines gegebenen Vermögens auf mehrere Depots bei verschiedenen Banken wird also keine Risikosenkung erzielt, aber wahrscheinlich die Kosten erhöht und die Übersichtlichkeit und Transparenz gesenkt. Bei Kontoguthaben (in Abgrenzung zu Wertpapierdepots) ist eine Streuung auf mehrere Banken ambivalent. Warum das so ist, erläutern wir in den Abschnitten 6.7 und 6.8.
Diversifikation über verschiedene aktiv gemanagte Investmentfonds innerhalb einer Anlageklasse hinweg	Selten sinnvoll. Wenn zwei aktiv gemanagte Aktienfonds *tatsächlich* (statt nur scheinbar) deutlich unterschiedliche Anlagestrategien verfolgen, dann führt eine Diversifikation (z.B. eine 50/50-Aufteilung) wahrscheinlich zu einer teilweisen oder sogar vollständigen »Neutralisierung« der ja an sich angestrebten Unterschiede. Im Ergebnis resultiert ein passives Marktportfolio zu den hohen Kosten aktiven Managements. Verfolgen die beiden Fonds hingegen eine ähnliche oder sehr ähnliche Anlagestrategie, ist die Aufteilung des Vermögens auf zwei Fonds aus noch offensichtlicheren Gründen sinnlos. (Was wir hier der Kürze halber nur bezogen auf aktiv gemanagte Aktienfonds beschreiben, gilt auch für aktive Anleihenfonds oder andere Typen von aktiven Fonds.)

Diversifikation über verschiedene Vermögensverwaltungsmandate (Vermögensverwalter, Multi-Family Offices, Banken) hinweg	Selten sinnvoll und oft sogar schädlich. Die Gründe sind ähnliche wie diejenigen für die Diversifikation über verschiedene aktiv gemanagte Investmentfonds innerhalb einer Anlageklasse hinweg. Hier kommt aber noch ein weiterer Nachteil auf der Kostenseite hinzu: Die prozentuale Vermögensverwaltungsgebühr sinkt typischerweise mit steigendem Anlagevolumen. Durch die Aufteilung eines Vermögens auf zwei oder mehr Mandate wird dieser vorteilhafte Rabatteffekt jedoch wieder abgeschwächt.

Ein bekanntes Sprichwort lautet: »Den Kuchen essen und ihn zugleich behalten, das geht nicht«. Diversifikation kann man nicht an- und ausknipsen, wie es einem beliebt. Ihr Wesen besteht ja genau darin, dass von zwei Investments im Portfolio in einem gegebenen Zeitraum eines schlechter investiert als das andere. Wäre das nicht so, wäre es keine Diversifikation.

Wir haben gesehen, dass Diversifikation der einzige Free Lunch beim Investieren und daher für jeden langfristig orientierten Anleger hoch relevant ist, besonders aus einer Vermögensschutzperspektive. Allerdings existieren auch nutzlose oder schädliche Formen von Diversifikation oder genauer gesagt Scheindiversifikation. Die nützlichen und die nutzlosen Formen von Diversifikation stellen wir in Tabelle 11 einander gegenüber.

Fazit

Diversifikation ist sowohl theoretisch als auch praktisch die bedeutendste aller Vermögensschutztechniken. Diversifikation senkt Volatilität und Ausfallrisiken im Gesamtvermögensportfolio einer Familie und sie kann zu einer Verbesserung der Liquidität im Portfolio beitragen. Korrekt umgesetzte Diversifikation führt zu mehr langfristiger Resilienz im Familienvermögen und zu mehr Seelenfrieden.

Neben sinnvoller und nützlicher Diversifikation existieren jedoch auch sinnlose und nachteilige Formen der Diversifikation. Sie gilt es naturgemäß zu vermeiden oder, wo sie bestehen, zu beenden.

6.5 Was schützt vor Inflation, was vor Deflation?

Nach unserer Erfahrung führen Diskussionen über Inflationsschutz unter den Beteiligten oft zu heftiger Schnappatmung, verbunden mit spärlichem Erkenntnisgewinn für alle. Hauptursache: Es wird am Beginn des Gesprächs nicht klarstellt, was genau die Beteiligten jeweils individuell mit »Inflationsschutz« meinen. Ergebnis: Man redet aneinander vorbei, hält den anderen für ahnungslos oder uneinsichtig.

Grundsätzlich existieren zwei verschiedene Formen von Inflationsschutz, nämlich *kurzfristiger* und *langfristiger* Inflationsschutz. Sie haben wenig bis nichts miteinander zu tun.

Kurzfristigen Inflationsschutz kann man neudeutsch mit dem konzeptionell recht klaren Terminus »Inflation → Hedging« bezeichnen. So und nur so verstehen Wissenschaftler, Fondsmanager und andere Kapitalmarktteilnehmer Inflationsschutz. Es geht dabei um die *Intensität der Parallelentwicklung* oder im Fachjargon um die → Korrelation zwischen den Renditen eines Assets oder einer Anlageklasse mit der Inflation auf Basis von z.B. monatlichen, vierteljährlichen oder halbjährlichen (also kurzfristigen) Intervallen.

Davon abzugrenzen ist *langfristiger* Inflationsschutz. Hier kann man neudeutsch von »Inflation Beating« sprechen (»die Inflation schlagen«). So verstehen die meisten Privatanleger (aber nicht Wissenschaftler oder Kapitalmarktprofis) Inflationsschutz. Dahinter steht die Frage, ob ein Asset oder eine Anlageklasse *auf lange Sicht* eine nominale Rendite oberhalb der Inflation produziert, also eine real positive Rendite.

Infobox: Währungen verlieren im Zeitablauf an Kaufkraft. Na und?

Unser sogenanntes Papiergeldsystem, im Fachjargon *Fiat-Geldsystem (Fiat Money System)* genannt, wird häufig insofern kritisiert, als alle modernen Währungen wie z.B. der Euro (bzw. bis Ende 1998 die DM), der US-Dollar, der Schweizer Franken und die norwegische Krone mit der weltweiten Abschaffung des Goldstandards (goldgedeckte Währungen) in der Zeit zwischen 1914 und 1933 (je nach Land) bis heute um 90% ihrer damaligen Kaufkraft verloren hätten (USD 92%, CHF 79%, NOK 95%).[64] Das stimmt rechnerisch, ist aber dennoch bedeutungslos, solange die realen Haushaltseinkommen (nominale Einkommen nach Abzug der Inflation) langfristig zunehmen, also nominal stärker steigen als die Konsumgüterinflation, und solange Vermögensanlagen im Sinne von Anlageklassen positive Realrenditen aufweisen. Beides war in den letzten 125 Jahren für alle westlichen Länder und auch weltweit der Fall. Überdies waren das reale Wirtschaftswachstum und die realen Renditen von Finanzkapital (Aktien, Anleihen) nach Einführung des Papiergeldsystems *höher* als davor, wie in unserem Blogbeitrag (Kommer/Großmann 2024e) anhand von Zahlen gezeigt wird. Der Goldstandard war vermutlich ein Bremsklotz für das Wachstum und verstärkte Konjunktureinbrüche unnötig.

Ein ähnlich törichtes Inflationsargument, das unter zahlreichen Finfluencer-»Experten« im Internet, manchen radikalen Gold Bugs (Anhängern von Gold als Investment) und »Crypto Brothers« verbreitet ist, lautet so: »Für eine Unze Gold muss man heute zwanzigmal so viel bezahlen wie (z.B.) vor 50 Jahren. Das zeigt, dass Fiat-Währungen nichts taugen. Sie verlieren fortlaufend an Wert!«. Mit Verlaub: »Dümmer geht's nimmer«. Gold ist ein Investment, genauso wie Aktien, Immobilien, Anleihen, Rohstoffe, andere Edelmetalle, Finanzprodukte oder die eigene Firma. Für *jedes* dieser Investments muss man – sofern das Investment erfolgreich war – nach 10 oder 50 Jahren mehr Geldeinheiten aufwenden, um es zu kaufen. Das ist ja der Sinn von Investieren. Im Übrigen ist, der hier beklagte »Wertverlust« eines Dollars, Schweizer Frankens oder Euros relativ zur durchschnittlichen Aktie noch viel größer als derjenige relativ zu Gold. Das beschriebene Phänomen des Wertverlustes von Fiat-Währungen relativ zu Investments nennt man »Investmentrendite«. Für eine Einheit eines Aktienindex muss man heute mehr Gold aufwenden als vor 50 Jahren, weil Gold schlechter rentiert als Aktien. Im Übrigen träfe das absurde Argument »man muss heute mit Fiat-Währungen mehr Geldeinheiten für eine Unze Gold oder einen Bitcoin aufwenden, daher sind Fiat-Währungen schlecht«, sogar zu, wenn es 100 Jahre lang überhaupt keine Inflation gäbe (wenn also nominale und reale Rendite immer exakt identisch wären).

64 In den USA bestand von 1944 bis 1971 noch einmal vorübergehend ein Quasigoldstandard, das »Bretton-Woods-System«.

Wenn Sie also diesen Nonsens von einem Banker, Vermögensverwalter, Anlageberater oder Finfluencer hören, sollten Sie diesen unter der Rubrik »eher nicht vertrauenswürdig« ad acta legen.

Nun die Krux: Kurzfristig schützt überhaupt *keine* Anlageklasse zuverlässig vor Inflation, also weder verzinsliche Bankguthaben, Geldmarktfonds, Staats- und Unternehmensanleihen, Aktien, Gold, Kryptowährungen noch alle aus diesen Anlageklassen abgeleiteten Finanzprodukte, z.B. aktiv gemanagte Investmentfonds, passiv gemanagte ETFs, kapitalbildende Versicherungen, Zertifikate, Private Equity, Hedgefonds usw. Eine partielle Ausnahme von dieser Grundregel sind Rohstoffe (auf die wir in Abschnitt 7.1.8 eingehen) und inflationsgeschützte Anleihen (Abschnitt 7.2.7), aber auch diese nur begrenzt oder unter bestimmten Voraussetzungen, die in der Anwendungspraxis oft nicht vorliegen.

Langfristig schützen *alle* Mainstream-Anlageklassen (verzinsliche Anlagen, Aktien, Immobilien, Rohstoffe, Gold und Kryptoanlagen) vor Inflation, weil sie langfristig positive Realrenditen erzeugen.

Nur wenig überspitzt formuliert klappt damit die »ewige Diskussion« darüber, was wie gut vor Inflation schützt, wie eine sterbende Windhose in sich zusammen. Das fasst Abbildung 3 zusammen.

Abbildung 3: Kontrastierung von kurzfristigem und langfristigem Inflationsschutz

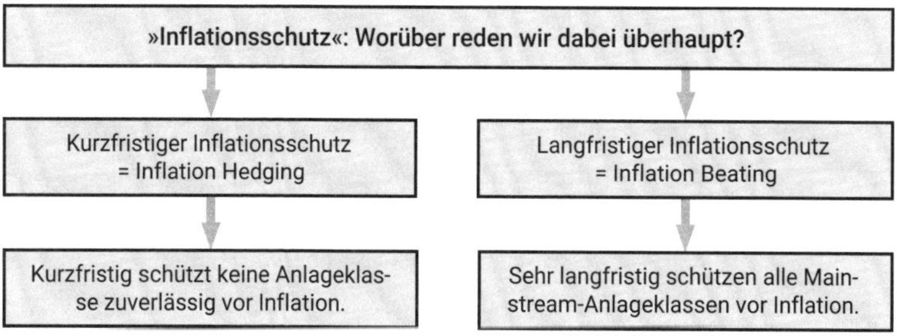

Die oft geäußerte Behauptung, dass Immobilien als Direktinvestments, Private Equity, Hedgefonds, offene Immobilienfonds, Geschlossene-Fonds-Investments und Sammlerobjekte kurzfristig vor Inflation schützen, können wir getrost ins Reich der Fabeln verweisen. Diese »lustige« Theorie lässt sich schon allein deswegen nicht beweisen, weil für diese Investments keine in hinreichend kurzen Abständen erhobenen echten Marktpreise verfügbar sind. Diese wären jedoch zwingende Voraussetzung, um kurzfristigen Inflationsschutz (Korrelation mit der Inflationsrate) überhaupt korrekt messen und dann möglicherweise beweisen zu können. Die im Performance Reporting der Vermarkter dieser Finanzprodukte verwendeten Pseudopreise aus Gutachterbewertungen und andere »schräge« Preisfiktionen erlauben ganz einfach keine irgendwie belastbare Korrelationsanalyse mit der Inflationsrate und damit keine Messung des kurzfristigen Inflationsschutzes.

Generell gilt: Jede Art von Inflationsschutz – kurzfristig und langfristig – funktioniert besser (zuverlässiger) auf Ebene der Anlageklasse als auf Ebene des Einzelwertes oder Einzelobjektes. Weil das so ist, kann man beispielsweise die Aussage: »Aktien und Immobilien schützen langfristig gut vor Inflation« nur auf die *Anlageklassen* Aktien und Immobilien beziehen, aber eben gerade *nicht* auf eine konkrete Aktie oder eine konkrete Immobilie (Investments in einzelne Aktien oder einzelne Immobilien). Dennoch geschieht das nach unserer Erfahrung implizit und explizit fortlaufend.

Die Überschrift dieses Abschnittes lautet: »Was schützt vor Inflation, was vor Deflation?« Auf Letztere sind wir noch nicht eingegangen. In einem modernen Währungssystem, also dem → Fiat-Geldsystem (das heute in ausnahmslos allen Staaten der Welt existiert) ist echte, d.h. nennenswerte oder lang anhaltende Deflation, sehr unwahrscheinlich, weil die Zentralbanken, die ja die Geldmenge steuern, sie nicht wollen – und zu Recht nicht wollen, denn sie wäre sehr wahrscheinlich schädlich.

Von einigen Finanzjournalisten, vielen Vertretern der Finanzbranche, die es – wie Politiker – mit der Wahrheit bekanntlich oft nicht so genau nehmen, und von zahlreichen Finfluencern wird seit Jahrzehnten behauptet, dass es in Japan bis vor kurzem Deflation gegeben habe.[65] Falsch. Die japanische Inflationsrate betrug über die 35 Jahre von 1990 bis 2024 etwas

65 Unter Deflation wird ein nennenswerter und anhaltender Rückgang des allgemeinen Konsumgüterpreisniveaus verstanden. Das in der Finanzbranche sozusagen »inflationär« gebrauchte Adjektiv »deflationär« heißt typischerweise nur, dass ein Faktor X unter sonst gleichen Umständen einen dämpfenden Einfluss auf die Inflationsrate hat, aber nicht, dass X eine Deflation bewirken wird.

über 0,7% p.a. 1990 fing die japanische Blase im Immobilien- und Aktienmarkt an zu platzen. Davor war die japanische Inflationsrate relativ hoch. Diese 0,7% waren im internationalen Vergleich zwar niedrig, lagen aber offensichtlich oberhalb der »negativen Zone«. Im Maximum (→ Maximum Drawdown) sank der japanische Verbraucherpreisindex während dieser 35 Jahre Ende 2012 vorübergehend einmal um 5%. Das ist jedoch kein ungewöhnlicher Rückgang. In den USA betrug der maximale Rückgang in den letzten 55 Jahren Ende 2008 ebenfalls fast 5%.

Wer dieses Gesamtergebnis als »Deflation« bezeichnet, hat das Thema Inflation/Deflation nicht verstanden. Doch wie dem auch sei: Den besten Schutz vor einer echten, d.h. schweren oder zumindest nennenswerten, lang anhaltendenden Deflation – so unwahrscheinlich sie heute ist – bieten Anleihen mit gehobener Bonität (Staatsanleihen, Unternehmensanleihen) und möglichst langer Restlaufzeit. Den schlechtesten Schutz vor Deflation bieten Immobilien (ganz besonders fremdfinanzierte Immobilien), Aktien, Gold und vermutlich auch Kryptowährungen.

Mit der Frage, ob die offizielle Inflationsrate »hinreichend korrekt« ist (ja, sie ist es), befasst sich das YouTube-Video Kommer 2021a.

Fazit

Unter der Überschrift »Inflationsschutz« wird viel Unsinn erzählt und ebenso viel Unsinn in Gestalt von Finanzprodukten und Anlagestrategien verkauft. Wer als Anleger sinnvoll und produktiv über Inflationsschutz nachdenken will, muss zwischen Inflation Hedging und Inflation Beating unterscheiden. Inflation Hedging funktioniert nur sehr begrenzt. Inflation Beating ist dagegen grundsätzlich mit allen Anlageklassen möglich und im Falle von Buy and Hold langfristig sehr wahrscheinlich.

6.6 Hilft »Downside Hedging«? (Absicherung nach unten)

In Abschnitt 1.1 erwähnten wir das eherne Gesetz der Vermögensanlage *Rendite kommt primär von Risiko* – oder salopper formuliert »There is no free lunch.« Die einzige Ausnahme vom »No Free Lunch«-Gesetz in der Welt des Geldes ist Diversifikation, auf die wir in Abschnitt 6.4 eingegangen sind.

Derjenige, der in der Zukunft mehr Rendite will, muss vorwärtsgerichtet mehr Risiko eingehen. Risiko kann und wird sich manchmal, aber nicht immer materialisieren. In welchen Fällen es sich materialisieren wird, lässt sich ex ante jedoch nicht zuverlässig prognostizieren, und je länger man investiert, desto tendenziell wahrscheinlicher oder regelmäßiger wird sich die Risikomaterialisierung einstellen. Derjenige, der weniger Risiko will, muss weniger Rendite akzeptieren.

Mit dieser eigentlich trivialen Selbstverständlichkeit können und wollen sich jedoch viele Anleger emotional nicht abfinden. Diese auf Unwissen oder Wunschdenken basierende Form menschlicher Irrationalität nutzt die Finanzbranche aus, um teure Finanzprodukte oder -strategien mit »Downside Protection« oder »Downside Hedging«-Charakter zu verkaufen. Downside Hedging (DH) steht hier vor allem für die Dämpfung von Drawdowns (Kursverlusten) in einem aktienlastigen Portfolio.

Die Finanzmedien wollen bei der Ausbeutung von verbreiteten Anlegerträumen naturgemäß nicht zurückstehen. Sie steigern Klickraten und Auflage mit Berichten à la: »So sichern Anleger ihr Depot erfolgreich ab« oder »Die Aufschwungphasen des Aktienmarktes mitnehmen und die Abschwungphasen vermeiden«.

Die Sicht der Wissenschaft auf die Vorstellung von »gleiche Rendite, weniger Risiko« kann man in zwei Worten zusammenfassen: »Träum weiter!« Die Legende von quasi »kostenlos«, ohne finanziellen Nachteil nach unten absichern und gleichzeitig die Upside einer Anlageklasse voll oder auch nur weitgehend voll mitnehmen, ist ein naiver Traum, allerdings einer, der niemals sterben wird – wie ein Zombie. Dafür sorgt die Finanzbranche, dafür sorgen die Finanzmedien und dafür sorgen unsere Urinstinkte wie Gier, »Fear of Missing Out« (»FOMO«), Selbstüberschätzung und Wunschdenken, die die Evolution in unsere DNA hineingebacken hat.

DH-Strategien und -Finanzprodukte existieren wie Sand am Meer. Die einzelnen Ansätze und Produkte weisen in ihrer Struktur große Unterschiede auf. In Bezug auf Aktien gehören die folgenden zu den wichtigsten: Put-Optionen (Verkaufsrechte) oder Put-Optionsscheine, Short-Zertifikate, Short-ETFs (auch inverse ETFs genannt), zahlreiche Finanzprodukte mit eingebauten Kapitalgarantien (beispielsweise Riester-Fondssparplan und andere Garantiefonds oder Garantiezertifikate), Derivate auf Aktienmarkt-Volatilität oder – für institutionelle Anleger – Absolute Return Hedgefonds und Tail Risk Hedgefonds.[66] Auf der reinen Instrumentebene werden auch → Stop Loss Orders und → Short Selling (Leerverkäufe) gerne für DH genutzt.

Die zwei ältesten, technisch einfachsten und am meisten verbreiteten DH-Ansätze sind das uralte, ganz banale Market Timing und die meisten Formen von Stock Picking. Market Timing heißt »Rein-Raus« im Zeitablauf. »Raus«, wenn der Anleger[67] meint, dass der Aktienmarkt bald deutlich nach unten drehen werde, »rein«, wenn es vermeintlich wieder dauerhaft aufwärtsgehe. Stock Picking ist DH, wenn damit das Umschichten in sogenannte defensive, resiliente, nicht zyklische Aktien oder Aktien, deren Dividende noch nie gefallen sei, vor einer erwarteten marktweiten Abwärtsbewegung angestrebt wird.

In diesem kurzen Abschnitt werden wir aus Platzgründen nur ein einziges Zahlenbeispiel zum Versagen von DH nennen können. Im Blogbeitrag »Downside Hedging – der heilige Gral des Investierens?« stellen wir (Kommer/Bartosch 2022g) den DH-Sachverhalt ausführlicher dar. Dort nennen wir auch 20 wissenschaftliche Studien, die die immer wieder neu und anders verpackte Bauernfängerei von DH für unterschiedliche Datensätze und Absicherungsansätze untersuchen.

Zum Zahlenbeispiel: Weltweit existieren über 10 000 Hedgefonds. Eine der vielen Hedgefonds-Kategorien sind sogenannte Tail Risk Hedgefonds, also Fonds, die anstreben, die recht häufig vorkommenden heftigen Drawdowns im Aktienmarkt merklich zu dämpfen, ohne dabei die intensive Partizipation an der Upside des Aktienmarktes aufzugeben. Tabelle 12 vergleicht die Renditen eines Tail-Risk-Hedgefonds-Index mit der Rendite eines einfachen passiven 60/40-Portfolios aus einem globalen Aktienindex und einer risikofreien Anlage auf Buy-and-Hold-Basis. Zu beachten ist, dass der ausgewiesene Zeitraum die große Finanzmarktkrise 2007/2008 und den kurzen, aber heftigen Corona-Aktiencrash Anfang 2020 sowie den Minicrash Anfang 2022 aufgrund von Zinserhöhungen und dem Russland-Ukraine-Krieg mit einschließt.

---

66 Mit »Tail Risk« sind hier hohe, kurzfristige Drawdowns über ca. 10% gemeint.
67 »Anleger« steht hier für Do-it-yourself-Anleger, Bankberater, Vermögensverwalter oder Fondsmanager.

Tabelle 12: Vergleich Rendite und Risiko in USD von Hedgefonds mit Downside Protection mit einem einfachen diversifizierten Anlageklassen-Portfolio, Zeitraum 01/2008 bis 11/2025 (17,9 Jahre)

In USD	Tail-Risk-Hedge-Fonds-Index [A]	Passives 60/40-Aktien-Anleihen-Portfolio [B]
Rendite	–2,9% p.a.	5,5% p.a.
Volatilität	13,7% p.a.	9,9% p.a.
Maximaler Drawdown	–64% (Jan. 2020)	–36% (Feb. 2009)

► [A] Eurekahedge Tail Risk Hedge Fund Index. Inwieweit beim Hedge-Fonds-Index bereits alle Kosten enthalten sind, ist unklar. Die verfügbaren Daten für diesen Index reichen nur bis Januar 2008 zurück. ► [B] 60/40-Portfolio aus dem MSCI ACWI IMI Index (globaler Aktienmarkt inkl. Schwellenländer) und kurzfristigen US-Staatsanleihen (One Month Treasury Bills). Kosten sind in diesen Indexrenditen nicht enthalten. Die Kosten für ein entsprechendes Indexfondsportfolio betrügen rund 0,35% p.a. ► Datenquellen: Eurekahedge, MSCI, Dimensional Fund Advisors. ► Ohne Steuern.

Wer selbst überprüfen will, wie renditeschädlich DH-Strategien über Zeiträume von fünf Jahren aufwärts in den meisten Fällen sind, der möge einfach die absolute Rendite und ggf. die → Sharpe Ratio eines einfachen Garantiezertifikats mit z.B. 90%-Kapitalschutz (maximale Downside 10%) mit einem entsprechenden ETF ohne Downside Protection vergleichen. Auch der Vergleich eines x-beliebigen Riester-Anlageproduktes mit einem MSCI World ETF über die letzten fünf oder zehn Jahre wird wahrscheinlich den Unsinn von Downside Protection zeigen. Riester-Anlageprodukte sind Aktienanlagen mit starker DH-Komponente. Bei ihnen wird der ursprüngliche Anlagebetrag durch den Emittenten garantiert – es besteht ein »100%-Kapitalschutz«. Die Kosten dieses besonders intensiven DHs sind für die insgesamt miserable durchschnittliche Rendite der über 16 Millionen Riester-Verträge in Deutschland verantwortlich.[68]

Hauptursächlich für die bei Betrachtung längerer Zeiträume konsistent enttäuschenden Zahlen von DH ist schlussendlich immer der gleiche Grundtatbestand: Auf lange Sicht sind die von DH verursachten echten Kosten und entgangenen Gewinne – die Opportunitätskosten – höher als der erzielte Nutzen, die Dämpfung der Kursverluste. Der zweitwichtigste

68 Hauptschuldige für diesen Altersvorsorgeskandal sind Politiker, allen voran der frühere Bundesarbeitsminister Walter Riester (SPD), die der Finanzbranche diesen dummen Kapitalschutz im Altersvermögensgesetz (AVmG) 2002 vorschrieben.

Grund besteht in den direkten Kosten vieler Absicherungsstrategien, beispielsweise den Kosten von Put-Optionen (Israelov/Nielsen 2015, Israelov 2019). In einem einzelnen Jahr oder bei einem einzelnen Investment mag sich die Absicherung lohnen, aber langfristig und auf das ganze Anlegerportfolio bezogen frisst DH wertvolle Renditeprozente auf, denn derjenige, der das Absicherungsrisiko trägt, »will auch leben«. Die Opportunitätskosten von DH sind langfristig einfach zu hoch, das jeweils rechtzeitige Anziehen und wieder Lösen der teuren »DH-Handbremse« funktioniert einfach zu unpräzise.

Fazit

Die schöne Welt, in der Risiko begrenzt wird, während die Upside, das Gewinnpotenzial, einer ertragsträchtigen Aktie oder der Anlageklasse Aktien weitgehend erhalten bleibt, existiert nicht. Der Traum von dieser nicht existenten Welt basiert auf dem eigentlich aberwitzigen Irrglauben, man könne langfristig attraktive Rendite ohne nennenswertes Downside-Risiko erzielen.

6.7 Die rechtliche Sicherheit von Bankguthaben und Bankdepots

Wer in ETFs oder andere Wertpapiere investieren möchte, braucht ein Depot und wir meinen hier explizit »Depot« in Abgrenzung zu einem Bankkonto. Warum diese Unterscheidung so bedeutend ist, werden wir nachfolgend klären.

Depots, jedenfalls wenn sie von regulierten Bank- und Wertpapierinstituten in Deutschland, Österreich, Liechtenstein und der Schweiz geführt werden, sind in einem wichtigen Punkt generell sicherer als ein Konto, also Bankeinlagen. In Bezug auf ein Depot agiert die depotführende Institution nämlich nur als »Verwahrer« oder »Treuhänder«. Der Depotinhalt bleibt im rechtlichen Eigentum des Depotinhabers und gehört eben *nicht* in das rechtliche Eigentum der Depotbank. Hierin besteht ein fundamentaler rechtlicher und wirtschaftlicher Unterschied zu einem Konto; der Kontoinhalt – das Guthaben – gehört hier nämlich rechtlich der Bank, nicht dem Kontoinhaber. Der Kontoinhaber hat lediglich einen schuldrechtlichen Rückzahlungsanspruch, aber kein Eigentum am Kontoguthaben. Vermutlich sind sich 95% aller Bankkunden über diesen zivilrechtlichen, schuldrechtlichen Sachverhalt nicht im Klaren.

Ein Konkurs (eine Insolvenz) der depotführenden Bank hätte daher in Bezug auf die Depotwerte keine wirklich relevante negative Auswirkung auf die Vermögensposition des Depotinhabers, weil die Depotwerte nicht in die Konkursmasse der Bank fallen.

Infobox: »The Great Taking« – verworrene Panikmache

Im Jahr 2022 publizierte der angebliche frühere amerikanische Hedgefondsmanager David Rogers Webb eine 93-seitige Broschüre mit dem Titel *The Great Taking*, übersetzt »die große Enteignung« oder »der große Raub«. Die Broschüre ist im PDF-Format auf verschiedenen Webseiten im Internet frei downloadbar, sowohl in der englischen Originalfassung als auch in einer schlechten deutschen Übersetzung (diese gleichfalls unter dem englischen Originaltitel).

Für den Leser ist *The Great Taking* (TGT) mit Ausnahme seiner Einleitung schwere Kost. Es hat keine klare Gliederung, springt fortwährend von wertpapierrechtlichen zu investmentbezogenen, dann zu geschichtlichen, sozialpolitischen oder wirtschaftspolitischen Sachverhalten vor und zurück, kommt nie zu endgültigen Schlussfolgerungen, wenn man damit klare Tatsachenfeststellungen oder eindeutige Urteile meint. Die Darstellung ist über weite Strecken sehr abstrakt. Konkrete, umsetzbare Handlungsanweisungen? Weitgehend Fehlanzeige.

Trotzdem hat die Broschüre in der globalen Privatanleger-Community einen Nerv getroffen. Es gibt inzwischen unzählige YouTube-Videos zu und über das Büchlein und zahllose YouTube-Interviews mit Rogers Webb selbst. TGT ist in bestimmten Nischen der Privatanlegergemeinschaft zu einer Art Geheimtipp »unter Eingeweihten« geworden.

Worum geht es in TGT? Rogers Webb behauptet darin, dass es einige in den letzten Jahrzehnten eingefügte Bestimmungen im amerikanischen und im europäischen Wertpapierrecht[69] in Verbindung mit der »Demate-

69 Ein europäisches Wertpapierrecht im wörtlichen Sinne existiert nicht. Es existieren lediglich Wertpapierrechte der einzelnen EU-Staaten.

rialisierung« von Wertpapierurkunden[70] dem »Establishment«, den »Eliten« jederzeit erlauben würden, die von ihnen verwalteten Wertpapierdepots (darunter Ihr Depot, lieber Leser) zu sich selbst zu transferieren, also »einzuziehen«, zu enteignen. Mit »Eliten« und »Establishment« sind große Banken und ganz allgemein »die Mächtigen« gemeint.

Seit 2022 wurden wir mehrfach von Mandanten auf TGT angesprochen. Um es kurz zu machen: TGT ist voll von verschwurbeltem Unsinn. Allerdings – und darin liegt ein Schlüssel für seinen Erfolg – Unsinn, der nur sehr mühselig und aufwendig zu widerlegen ist. Der Grund: Der Text ist »systematisch unkonkret«. Er enthält Unmengen von sehr radikalen, aber zugleich bewusst allgemein gehaltenen Aussagen, die größtenteils nicht »falsifizierbar«, also nicht abschließend überprüfbar sind. Sie sind nicht falsifizierbar, weil sie entweder keinen konkreten Akteur, keine konkret identifizierbare Handlung, kein konkretes Datum im Sinne »geschah am [Datum]« oder »wird bis [Datum] geschehen« benennen. Auch sind viele Argumente in TGT zirkulär. Das bemerkt man aber nur, wenn man sich der beträchtlichen Mühe unterzieht, die unzähligen darin enthaltenen Bezugnahmen und Querverweise auf andere Stellen im Text oder externe Dokumente bis zum Ende zurückzuverfolgen. Zahlreiche Zitate in TGT aus Gesetzestexten, Publikationen von Politikern oder Finanzbranchenvertretern sind *Context Dropping*, also aus dem Zusammenhang gerissene Statements, die in Isolation nicht das ausdrücken, was sie in ihrem ursprünglichen Kontext ausdrückten. Generell fehlen in TGT harte Fakten und Zahlen ebenso wie Bestätigungen von renommierten, bekannten Fachleuten.

Dass erst die weltweite Abschaffung von Papierurkunden bei börsengehandelten Wertpapieren (Aktien, Anleihen, Fondsanteile, Derivate und andere) in den 1980er- und 1990er-Jahren die Reduktion von Transaktionskosten im Wertpapierhandel und die Kosten der Wertpapierverwahrung bis heute

70 »Dematerialisierung« heißt, dass Wertpapierurkunden nicht mehr physisch existieren. Physische Wertpapierurkunden wurden für börsennotierte Unternehmen und Staatanleihen in den letzten 50 Jahren peu à peu in allen Ländern abgeschafft. Grund: Ihre Verwahrung und Übertragung waren teuer, langsam, pannenträchtig und anfällig für fahrlässigen Verlust und für kriminelle Eingriffe, z.B. Diebstahl oder Fälschung. Grundbücher und die meisten anderen rechtlich wichtigen »Urkundentypen« werden in Deutschland und anderen westlichen Staaten aus den gleichen Gründen heutzutage ebenfalls nur noch auf elektronischer Basis geführt.

um wohl über 90% ermöglichte und dass der größte Teil des heutigen unendlich nützlichen »Electronic Banking« auf der Basis von Papierurkunden entweder gar nicht möglich oder viel teurer wäre, das erwähnt Rogers Webb in seiner Broschüre mit keinem Wort. Unerwähnt bleibt »natürlich« auch, dass papierbasiertes Handling damals im enormen Umfang Diebstahl, Fälschung, Verlust, Insider Trading und andere unerfreuliche, heute vermutlich weniger häufig vorkommende Begleiterscheinungen hatte. (Auf letzteren Aspekt der »guten alten Zeit« gehen wir im folgenden Abschnitt 6.8 gesondert ein.) Ohne »Dematerialisierung« würden wir heute in prozeduraler *und* materieller (inhaltlicher) Sicht noch teures, langsames, fehlerträchtigeres und sachlich beschränktes Steinzeit-Banking und Steinzeit-Investing praktizieren.

Wer TGT zu widerlegen versucht, sieh sich mit »Brandolini's Law« konfrontiert, auch »Bullshit-Asymmetrie-Prinzip« genannt: »Die Menge an Energie, die für die Widerlegung von Bullshit notwendig ist, übersteigt die Menge, die zu seiner Erzeugung erforderlich war, um Größenordnungen« (siehe Artikel »Brandolini's Law« in der englischen Wikipedia).

Doch selbst wenn man das Verschwurbelungsproblem in TGT für einen Moment ignoriert, scheitert der Text bereits an zwei ganz einfachen Fragen: (1) Warum haben »die Eliten« den großen Raubzug nicht schon lange vollzogen, wenn die gesamte Vorarbeit dafür gemäß TGT seit langem abgeschlossen ist? (2) Angenommen, man nimmt die Thesen in TGT ernst, bleibt immer noch unklar, welche Konsequenzen man als Anleger daraus zu ziehen hat: alle Wertpapiere verkaufen und in Cash umschichten? Selbst Rogers Webb bestätigte in einem Videointerview, dass aus TGT keine spezifischen Handlungsempfehlungen abzuleiten seien.[71] Offensichtlich traut er sich bisher nicht, seinen Lesern zu raten, aufgrund des angeblichen Enteignungsrisikos aus dem Wertpapiermarkt auszusteigen. Vielleicht hat Rogers Webb Angst vor den damit verknüpften Haftungsrisiken, sollte die in seiner Broschüre beschriebene »große Enteignung« in den nächsten Jahren ausbleiben. Von letzterem können wir sicher ausgehen.

71 In anderen Publikationen, die TGT aufgreifen (nicht in TGT selbst), werden komplizierte, teure »Krückenlösungen« beschrieben, die für 98% aller Anleger zu kompliziert und zu aufwendig wären, für Fondsanteile gar nicht funktionieren, die schlussendlich einen Rückschritt in den Zustand der 1980er-Jahre darstellen und deren angeblich »robustere Eigentumsrechte« nur behauptet, aber nicht bewiesen werden.

Weil das so ist, spielt es in Bezug auf die Sicherheit keine Rolle, wo ein Anleger sein Depot führt, vorausgesetzt, es ist, wie bereits erwähnt, ein reguliertes Institut in Deutschland, Österreich, der Schweiz oder Liechtenstein. Daher sind nur Kosten und Servicequalität bei der Suche nach der »besten Depotbank« entscheidend. Man braucht aus Sicherheitsgründen daher auch keine zwei Depotbanken, jedenfalls nicht, wenn man kein Day Trader ist, der nur »aus Sicherheitsgründen« Depotbank A und B hat, um einen zweistündigen Computerausfall bei A durch die Alternative B zu überbrücken.

Zu einem Depot gehört auch immer ein paralleles Verrechnungskonto, auf das die depotführende Bank standardmäßig alle Ausschüttungen oder Verkaufserlöse bucht. Will der Anleger diese Ausschüttungen wegverfügen, geschieht das vom Verrechnungskonto.

In Abschnitt 8.15 gehen wir ausführlich auf die typischen Kosten für die Führung eines Depots und des dazu gehörigen Verrechnungskontos ein.

Fazit

Wertpapierdepots bei Banken in Westeuropa und Nordamerika sind aufgrund gesetzlicher und infrastruktureller Gegebenheiten, die schon seit Jahrzehnten bestehen und jede Menge Stresstests überstanden haben, in Bezug auf Gegenparteirisiko sehr sicher. Für Konten und die darauf liegenden Guthaben gilt diese Aussage, wie hier gezeigt, nur eingeschränkt.

6.8 Die technische Sicherheit der Systeme bei Banken und Börsen

Manche Privatanleger, die wenig mit den von Banken und Börsen für Wertpapierverwahrung und -handel eingesetzten technischen Systemen vertraut sind, fragen sich, wie sicher und stabil diese Systeme und diese Technik eigentlich sind. Oder anders formuliert: Sind diese Systeme aufgrund ihrer Komplexität nicht in Wirklichkeit weniger robust gegen kriminelle Einwirkung oder vielleicht unsicherer in Zeiten schwerer wirtschaftlicher Verwerfungen als die alten, einfacheren Systeme, die vor 25 oder 50 Jahren verwendet wurden?

Die schnelle und allgemeine Antwort auf die Sicherheitsfrage können wir gleich zu Anfang vorwegnehmen: In Bezug auf Bankkonten und Wertpapierdepots – also Konto- und Depotführung, Wertpapierverwaltung, Wertpapierhandel und das damit zusammenhängende Dokumentations- und Berichtswesen – ist die heute existierende technische Infrastruktur für Privatanleger in den relevanten Dimensionen eher sicherer als vor z.B. 25 oder 50 Jahren.

Die moderne technische Infrastruktur rund um Wertpapierhandel und -verwahrung hat aus Risikosicht gegenüber der älteren, einfacheren Technologie, die vor Jahrzehnten verwendet wurde, den Vorteil, dass die Systemarchitektur heute insgesamt rechtlich, technisch und infrastrukturell dezentraler (verteilter) und heterogener organisiert ist, als das historisch der Fall war. Das Gesamtsystem besteht heute aus mehr technisch und eigentumsrechtlich voneinander getrennten Subsystemen. Mit »Systemarchitektur« sind *alle* hier involvierten Systeme, Prozesse und Technologien gemeint, nicht nur IT-Systeme im engeren Sinne. Zur Illustration: Das routinemäßige Abheften von Papierkopien in einem Leitz-Ordner ist ebenfalls Teil einer Systemarchitektur.

Wenn ein Privatanleger ein Wertpapier (Einzelwertpapier oder ETF- bzw. Fondsanteil) kauft oder verkauft, dann sind dabei – unter der für den Anwender sichtbaren Oberfläche – mehr als ein halbes Dutzend rechtlich und wirtschaftlich eigenständige Institutionen und viele unterschiedliche technische Systeme, einschließlich voneinander unabhängiger Backup-Systeme und -Regeln, involviert – in den meisten Fällen sogar in unterschiedlichen Ländern.

Vor allem aufgrund dieser dezentralen Verteilung ist das Gesamtsystem aus unserer Sicht heute vermutlich sichererer als in der Vergangenheit. Das gilt selbst dann, wenn man unterstellt, dass eine einzelne System-Teilkomponente aufgrund ihrer im Vergleich zu früher höheren Leistungsfähigkeit für sich genommen fragiler ist.

Vor 25 oder 50 Jahren wurden bei Wertpapierverwahrung, -handel und -verwaltung noch in großem Umfang Papier, physische Wertpapierurkunden, Tresore, Telefonie ohne Aufzeichnung (ohne Taping), Faxe, der Postweg und vielerlei andere manuelle und analoge Systeme/Prozesse eingesetzt. Aus der Verwendung dieser alten, einfachen Systeme mehr Systemstabilität und Sicherheit abzuleiten, wäre allerdings ein Irrtum. Irrtum deswegen, weil Einfachheit eben nicht automatisch mit Stabilität und Sicherheit gleichzusetzen ist. Manchmal bedeutet Einfachheit das Gegenteil, nämlich weniger Sicherheit. Ein Beispiel: Moderne Automobile sind zweifellos technisch komplexer und »weniger einfach« als Fahrzeuge z.B. aus den 1980er- oder 1950er-Jahren. Gleichwohl sind Autos heute für Fahrer, Mitfahrer und andere Verkehrsteilnehmer um Größenordnungen sicherer, zuverlässiger und komfortabler. Das lässt sich leicht belegen: Trotz des gestiegenen Verkehrsaufkommens sind Verkehrsunfälle mit tödlichem Ausgang in den letzten Jahrzehnten stark gesunken. Auch die durchschnittliche Kilometerleistung von Autos hat zugenommen – sie halten also länger und sind in diesem Sinne resilienter.

Man kann davon ausgehen, dass in der alten Technikwelt die prozentuale Häufigkeit von Schäden für die Anleger/Kunden im Verhältnis zum Anlagevolumen und zum Wertpapierumschlag höher war als in der Gegenwart. Solche Schäden resultierten historisch aus Betrug, Diebstahl, Unterschlagung, Raub (einschließlich Raub mit Gewalt gegen Menschen), Erpressung, Fälschung sowie Schäden aus Systemdefekten, Kommunikationsfehlern, unabsichtlichem Verlust von Dokumenten und Daten, Gebäudebränden und allgemein Fehlern bzw. Schäden aufgrund von Inkompetenz oder Fahrlässigkeit.

Dass mittlere und schwere Kriminalität in den westlichen Ländern und vermutlich auch weltweit aufgrund vielerlei Ursachen, insbesondere besserer Verbrechensbekämpfung, in den zurückliegenden 50 Jahren relativ bezogen auf die Bevölkerungsgröße abgenommen hat,[72] lässt sich überwiegend gut mit Zahlen nachweisen, auch wenn ein großer Teil der Bevölkerung »gefühlt« einen anderen Eindruck hat.[73] Der amerikani-

72 Relativ abgenommen bedeutet hier eine Abnahme unter Berücksichtigung des etwaigen Wachstums der Bezugsgröße. Wahrscheinlich ist die absolute Anzahl der »reklamierten« Überweisungen innerhalb des deutschen Bankensystems heute höher als vor 20 Jahren, sie dürfte aber als Anteil am Transaktionsvolumen eher niedriger sein.

73 Eine der Ursachen für die gefühlt andere Realität ist bei genauer Überlegung banal: Es wird heute »diagnostisch« (a) mehr Kriminalität aufgedeckt und es wird (b) von den Medien mehr über Kriminalität berichtet. Beides ist jedoch nicht gleichbedeutend mit *tatsächlich mehr Kriminalität*. Diese dürfte bei Berücksichtigung des Bevölkerungswachstums für mittlere und schwere Delikte (z.B. schwerer Raub, schwerer Betrug, schwere Körperverletzung, Tötungsdelikte) in den westlichen Ländern niedriger sein als vor 30 Jahren, obwohl damals prozentual zur Bevölkerungsgröße weniger Delikte aufgedeckt (»diagnostiziert«) wurden.

sche Wissenschaftler Steven Pinker belegt diesen Rückgang detailliert mit harten Zahlen in seinen brillanten Büchern, beispielsweise in *Enlightenment Now* (Pinker 2018).

In Bezug auf Wertpapierverwahrung und -handel stammt dieser Sicherheitsfortschritt in erster Linie aus der Verwendung modernerer Technologie und in zweiter Linie aus engerer Regulierung sowie schärferen staatlichen Sanktionen für Fehlverhalten von Beteiligten. Auch der gesetzlich vorgeschriebene Versicherungsschutz, den Finanzdienstleister haben müssen, um Kundenschäden und operative Risiken abzudecken, sofern die eigene Bonität nicht ausreicht, ist heute umfassender als in der Vergangenheit.

Dass die alte Systemarchitektur für den Endkunden (den Anleger) überdies langsamer und teurer war, sei hier nur am Rande erwähnt; ebenso der Umstand, dass die alte Infrastruktur Geldwäsche und Steuerhinterziehung zulasten der Gemeinschaft weniger erschwerte als die heutigen Systeme und Regularien.

Weil die angeblich »gute und sichere alte Zeit« in Banking und Wertpapiergeschäft schon so lange zurückliegt und weil die Medien damals weniger und altmodischere Ressourcen und Werkzeuge besaßen (z.B. kein Internet für die Recherche oder weniger investigativer Journalismus), erinnern sich selbst die Älteren unter uns nicht mehr an die zahlreichen Fälle von Vermögensschäden, die Privatanleger und Privatkunden von Banken damals erlitten, z.B. in Form von Scheck-, Wertpapier- oder Immobilienbetrug, Urkundenfälschungen, Unterschlagung, Insider Trading oder Korruption, um nur einige zu nennen. Dagegen sind uns die in der Gegenwart von Finanzdienstleistern verursachten Anlegerschäden und »Skandale« aus den Medien mental detaillierter und zahlreicher präsent.

Teilweise existierte die Kriminalität im Finanzsektor, die uns heute in den Medien begegnet, in der Vergangenheit noch nicht einmal als Straftatbestand. Sie war also straffrei und deswegen fast zwangsläufig stärker verbreitet. Da sie straffrei war, wurde sie auch nicht oder kaum von den Medien aufgegriffen oder in Statistiken dokumentiert. Beispiele hierfür sind viele Ausprägungen von dem, was heute Datenmissbrauch und »Identitätsdiebstahl« (»Identity Theft«) oder Insider Trading ist. Identity Theft ist im Übrigen nicht erst durch das Internet entstanden, wie viele glauben. Die »traditionelle« Form von Identity Theft besteht in der ganz banalen »analogen« Fälschung sowie dem Missbrauch von Unterschriften und Ausweisdokumenten. Vor 25 Jahren wurden diese häufigen Straftaten lediglich noch nicht mit dem neumodischen Etikett *Identity Theft* versehen.

Insider Trading wurde in den angelsächsischen Ländern erst Anfang der 1990er-Jahre illegal, in den kontinentaleuropäischen Ländern sogar noch später. In Bezug auf ein bestimmtes Wertpapier schädigt Insider Trading alle ehrlichen Anleger, die das Wertpapier halten oder seinen Kauf in Betracht ziehen und nicht in die kriminelle Praxis involviert sind.

Würde die Argumentation der heute höheren Systemsicherheit im Wertpapiergeschäft auch noch im Rahmen einer Megakatastrophe zutreffen, z.B. im Falle eines Dritten Weltkriegs, eines großen Krieges in Westeuropa oder – weniger drastisch – eines chaotischen Zusammenbruchs der Eurozone, vielleicht ausgelöst von Staatskonkursen südeuropäischer Eurozonenmitglieder und/oder einer internationalen Schuldenkrise?

Wirklich endgültig lässt sich diese Frage naturgemäß nicht beantworten. Dafür fehlt die konkrete Erfahrung mit der Resilienz der heutigen technischen Infrastruktur im Wertpapierbereich in einem solchen Armageddon-Szenario. Eines ist aus unserer Sicht dennoch recht klar: Von den in diesem Zusammenhang denkbaren Alternativen ist nicht belastbar bekannt, ob sie tatsächlich sicherer oder de facto gar nicht umsetzbar sind.

Was meinen wir damit? Erstens, das Ausweichen *jetzt* (also rechtzeitig vor einer solchen wie auch immer unwahrscheinlichen Katastrophe) auf ein papierbasiertes System und analoge Prozesse ist für all jene unmöglich, die überhaupt Kapitalmarktanlagen tätigen möchten. Keine Bank in einem westlichen Land bietet heutzutage einen solchen »rein analogen« Arbeitsmodus an. Unseres Wissens haben alle namhaften börsennotierten Unternehmen weltweit schon vor vielen Jahren aufgehört, physische Papieraktien oder -anleihen zu emittieren. Das Gleiche gilt für Staaten in Bezug auf Staatsanleihen. Die guten alten Zeiten sind mithin lange vorbei, wenn sie überhaupt je existierten.

Zweitens liegt kein belastbarer Beleg dafür vor, dass ein papierbasiertes, analoges System (würde es noch existieren) in einer solchen Megakatastrophe wirklich sicherer wäre. Ein simples Beispiel: Würde in einem Dritten Weltkrieg ein solches »Papier-Archiv« von Bomben zerstört werden, wo wäre hier die Sicherheit? Falls es mehrere Papier-Archive mit identischen Datensätzen gäbe: Wie wird zuverlässig sichergestellt, dass die Daten dauerhaft und zuverlässig konsistent bleiben? Alles, was in diese Richtung zu deuten scheint, sind Behauptungen und Geschichten im Internet, allgemeiner Fortschrittspessimismus in manchen Medien oder das Bauchgefühl mancher Anleger.

Auch bei einer Megakatastrophe ist ein modernes System mit einem insgesamt höheren Grad an Dezentralität und Heterogenität einem alten System mit geringer Dezentralität und weniger Heterogenität im Hinblick auf Stabilität und Sicherheit wahrscheinlich überlegen.

Die in der Zukunft mögliche verstärkte Verbreitung der *Tokenisierung* von Assets und der Blockchain-Technologie wird an dem hier Gesagten nichts Grundsätzliches ändern; zudem wird sie tendenziell das aktuelle Sicherheitsniveau bei Handel und Verwahrung von Vermögenswerten erhöhen.

Zum Schluss: Wie ist die Sicherheitsfrage zu beurteilen in Bezug auf das Risiko von Cyberangriffen?

Zunächst ist hierzu festzuhalten, dass unseres Wissens keine Statistiken zu diesen Sachverhalten existieren, die belegen, dass sich das Risiko für Kunden durch die Verwendung moderner Technologie relativ zur alten Zeit erhöht hat. Auch hier steht zu vermuten, dass die recht oft sensationalistische Hacking-Berichterstattung in den Medien über Einzelfälle nichts darüber aussagt, ob das absolute Anwenderrisiko und das relative Risiko durch den Einsatz moderner Technologie zugenommen haben.[74] Hier sind zwei Aspekte zu unterscheiden:

(a) Hacking, das auf Ebene des einzelnen Anlegers geschieht, also Hacking eines *einzelnen* Bankkontos oder -depots im Gegensatz zu Hacking Hunderter oder Tausender Konten/Depots gleichzeitig. Einzelkunden-Hacking hat ihre Ursache überwiegend in »Fehlern« auf Kundenebene, z.B. der Benutzung zu einfacher Passwörter oder deren unvorsichtiger Aufbewahrung, fahrlässige Weitergabe, das Beantworten von Phishing-Mails oder generell in einem Kundenverhalten, das man unter der Überschrift »Unachtsamkeit/Naivität/Fahrlässigkeit des Anwenders« zusammenfassen kann. Das statistische Risiko, Opfer dieses Typus von Hacking

74 Hier muss zwischen absolutem Risiko und relativem Risiko unterschieden werden. Absolutes Risiko: Wie häufig erleiden Privatanleger endgültige, nicht kompensierte Schäden? Relatives Risiko: Haben sich Häufigkeit und Ausmaß nicht kompensierter Schäden im langfristigen Zeitablauf und unter Berücksichtigung der Gesamtanzahl der Nutzer materiell erhöht?

zu werden, kann der Anwender durch achtsames Verhalten sehr stark senken. Die 2015 erlassene *Überarbeitete Zahlungsdiensterichtlinie PSD2* der Europäischen Kommission, die unter anderem die »Zwei-Faktor-Authentifizierung« für Onlinebanking-Zugänge obligatorisch gemacht hat, hat den bereits hohen Sicherheitsstandard für Banken innerhalb der EU noch einmal erhöht.

(b) Hacking auf Ebene eines Finanzdienstleisters, also Hacking Hunderter oder Tausender Konten/Depots gleichzeitig, ohne direkte Verantwortung auf Ebene des Einzelkunden. Soweit dem Kunden hier Schäden durch Hacking entstehen, ist er nahezu sicher durch die Haftung des Finanzdienstleisters und seiner Versicherungen geschützt. Uns ist kein Fall bekannt, bei dem ein Privatanleger, der mit normalen, namhaften Finanzdienstleistern und Banken in Deutschland, Österreich oder der Schweiz zusammengearbeitet hat, aus dieser Art von Hacking nicht kompensierte Schäden erlitten hätte.

Über die speziellen technisch und rechtlich bedingten »Verlustrisiken« von direkten Investments in Kryptowährungen, die in einem Wallet oder alternativ bei einer sogenannten Krypto-»Börse« deponiert werden, gehen wir gesondert in Abschnitt 7.1.9 zu Kryptoinvestments ein.

Fazit

Wenn gelegentlich in Medienartikeln oder Internetforen behauptet wird, moderne Banken- und Börsentechnologie sei anfälliger gegen Missbrauch oder Manipulation und insgesamt weniger sicher als ältere, analoge Systeme, darf man solche Thesen getrost ins Reich der Spekulationen und Fabeln verweisen. Belastbare Belege dafür werden so gut wie nie geliefert, es existieren lediglich subjektive Geschichten über Einzelfälle, Zitate von Hacking-Opfern und Aussagen einzelner sogenannter Experten (z.B. Ratgeberbuchautoren oder »Untergangspropheten«[75]).

75 »Untergangspropheten« sind Buchautoren, Journalisten, Finfluencer, Verschwörungstheoretiker und andere »Experten«, die typischerweise seit Jahren oder sogar Jahrzehnten vor einer bevorstehenden, besonders schweren »Finanzkatastrophe«, dem »Untergang«, warnen. Unabhängige Wissenschaftler sind selten Teil dieser »illustren« Gruppe. Die allermeisten Untergangsprognosen verstreichen und werden dann vergessen.

In einem weiter oben bereits knapp angedeuteten Sinne ist die Frage nach der Sicherheit und Robustheit der modernen technischen Systeme, die Banken und Börsen in Wertpapierverwahrung und -handel verwenden, jedoch müßig: Privatanleger haben sowieso keine realistische Alternative zur Nutzung der heute vorhandenen Systeme. Eine Rückkehr in die gute alte Zeit – wenn sie denn je existierte – ist für den einzelnen Privatanleger realistisch betrachtet unmöglich.

Alles in allem wäre ein Verzicht auf Wertpapieranlagen und damit ein Verzicht auf ihr enormes Vermögensbildungspotenzial aus Sorge über die Systemsicherheit ein Fehler – gewissermaßen ein Fall von Selbstmord aus Angst vor dem Tod.

7 Finanzrisikomanagement in der Umsetzung: Gute und schlechte Vermögensanlagen

7.1 Gute, sinnvolle Vermögensanlagen

In diesem Unterkapitel gehen wir auf zehn verschiedene Anlageklassen und Finanzprodukte ein, die eine der folgenden zwei Bedingungen erfüllen: Sie sind entweder (a) uneingeschränkt nützlich und empfehlenswert oder, (b) wenn nicht ganz uneingeschränkt nützlich/empfehlenswert, so doch immerhin so gut oder jedenfalls so stark verbreitet, dass man sie nicht grundsätzlich in die Kategorie »hiervon besser die Finger lassen« einordnen kann. Auf letztere, die No-go-Finanzprodukte – kommen wir anschließend in Abschnitt 7.2 zu sprechen.

7.1.1 Unternehmerisches Vermögen (»die eigene Firma«)

Nennenswerte Vermögen entstehen in den allermeisten Fällen ganz oder zum größten Teil aus unternehmerischer Tätigkeit – entweder in der aktuellen Generation oder in den vorherigen Generationen.

Unternehmerisches Vermögen hat *einen* großen ökonomischen Vorteil, der aber mit einem ebenso großen ökonomischen Nachteil einhergeht.[76] Der Vorteil zuerst: Mit nichts, auch nicht mit Bitcoin, lassen sich höhere Eigenkapitalrenditen erzielen als mit unternehmerischen Aktivitäten, unternehmerischen Investments. Wer durch eigene Kraft schnell sehr reich werden möchte, dem bleibt letztlich nur die Route Unternehmertum. Naturgemäß hat Unternehmertum viele Varianten und Ausprägungen. Aus Sicht des betreffenden Akteurs besteht es nicht nur aus der Neugründung eines eigenen Unternehmens, sondern auch aus der Beteiligung an einem bestehenden Unternehmen oder Projekt und vielen anderen Konstellationen.

76 Wie zuvor bemerkt, ist mit »unternehmerischem Vermögen« typischerweise die eigene Firma gemeint, kein Depotvermögen, obwohl Aktien oder Aktienfonds in einem Depot formalistisch betrachtet auch unternehmerisches Vermögen darstellen.

Nun zum großen Nachteil unternehmerischer Tätigkeit: Mit nichts kann man mehr und schneller Geld verlieren, d.h. Vermögen vernichten, als mit unternehmerischen Fehlentscheidungen über einen mehr oder weniger langen Zeitraum. Weil diese Art von großrahmiger Vermögensvernichtung viel häufiger stattfindet, als die meisten Menschen einschließlich Unternehmer glauben, liegt die durchschnittliche Lebenserwartung von Unternehmen bei nur etwa 20 Jahren (Kommer/Lauterwasser 2024h).

Weil Unternehmertum auf lange Sicht neben einem hohen Upside-Potenzial auch ein sehr hohes Downside-Potenzial hat – wie wir in den ersten beiden Kapiteln dieses Buches gezeigt haben –, ist es für vermögende Familien, die nicht zu den Superreichen gehören, »kriegsentscheidend«, das Klumpenrisiko »eigene Firma« – sofern es existiert – aktiv und zielgerichtet zu managen. Das bedeutet konkret drei Dinge.

Erstens: Es besteht Klarheit darüber, wie groß das Risiko absolut und relativ (Unternehmenswert, Anteil desselben am Gesamtvermögen) ist. Zweitens: Im Zeitablauf wird ein in absoluten Zahlen (Geldbeträgen) steigender Betrag hinter die Firewall, also aus der Risikozone eigene Firma, herausgebracht. Drittens: Es wird zu gegebener Zeit sichergestellt, dass das eigene Unternehmen (und natürlich jede weitere Unternehmensbeteiligung) weniger als 50% des gesamten Familienvermögens ausmacht.

7.1.2 Das Eigenheim (Wohnung, Haus)

Selbstgenutzte Wohnimmobilien sind in Deutschland wie in buchstäblich allen Ländern eine beliebte Form der Altersvorsorge. 45% aller deutschen Haushalte leben im Eigenheim. Unter den 55% Mieterhaushalten streben rund zwei Drittel Eigenheimbesitz an, wenngleich das vielen nicht gelingen wird, da ansonsten die seit Jahrzehnten relativ unveränderte Eigentümerquote höher sein müsste.

Wenig überraschend ist die Eigenheimquote unter Wohlhabenden höher als in der Gesamtbevölkerung. Wohlhabende können sich ein Investment mit einer statistisch eher schlechten Kombination aus Rendite, Risiko und Liquidität, das aber aus Lifestyle-Gründen oft als attraktiv eingeschätzt wird, eher leisten als nicht wohlhabende Haushalte. Wenn Sie das überrascht, dann werden Sie es vielleicht durch einen Blick auf die Zahlen in Tabelle 13 nachvollziehen können. Sie fasst die niedrigen historischen Wertsteigerungen von Wohnimmobilien in Deutschland und anderen westlichen Ländern in den zurückliegenden fünf Jahrzehnten zusammen.

Tabelle 13: Inflationsbereinigte Wertsteigerung von Wohnimmobilien in 13 Ländern, 1970 – 2024 (55 Jahre) sowie maximaler kumulativer Wertverlust

	Deutschland	Schweiz	Österreich [A]	Niederlande	USA	Ø 13 Länder [B]
1970 bis 2024 (55 Jahre)	0,1% p.a.	1,3% p.a.	–	2,6% p.a.	1,8% p.a.	1,4% p.a.
1970 bis 1984 (15 J.)	0,3% p.a.	0,9% p.a.	–	0,9% p.a.	1,5% p.a.	1,5% p.a.
1985 bis 1994 (10 J.)	0,6% p.a.	−0,2% p.a.	–	3,6% p.a.	0,8% p.a.	0,6% p.a.
1995 bis 2004 (10 J.)	−2,1% p.a.	−0,4% p.a.	−2,0% p.a.	7,1% p.a.	5,2% p.a.	1,5% p.a.
2005 bis 2014 (10 J.)	−0,1% p.a.	4,3% p.a.	2,5% p.a.	−2,3% p.a.	−2,0% p.a.	2,2% p.a.
2015 bis 2024 (10 J.)	1,9% p.a.	2,3% p.a.	1,9% p.a.	4,8% p.a.	3,8% p.a.	1,8% p.a.
Maxim. kumulativer Preisrückgang (real)	−31% (2010)	−26% (2000)	–	−51% (1985)	−39% (2011)	–

► Ohne Transaktionskosten für Kauf und Verkauf. ► Alle Renditen in lokaler Währung. ► Die deutsche Inflation über diese 55 Jahre betrug 2,7% p.a. ► [A] Für Österreich Daten erst ab 1987 verfügbar. Daher hier kein maximaler kumulativer Verlust ausgewiesen. ► [B] Gewichteter Durchschnitt aus den Ländern DE, CH, AT, NL, USA, Frankreich, Italien, Spanien, Großbritannien, Schweden, Australien, Japan, Südafrika. Einzelländer gewichtet mit Bevölkerungsanteil an der Gesamtbevölkerung aller 13 Staaten. ► Datenquelle: Bank for International Settlements (BIS) in Basel.

Aber auch die gesamten »Eigenkapitalrenditen« (»EK«) (engl. »Total Returns«) von Investitionen in selbstgenutzte Wohnimmobilien sind statistisch schlechter als eine Kombination aus Mieten und einer einfachen ETF-Buy-and-Hold-Anlage in den globalen Aktienmarkt. Das haben wir kürzlich für Deutschland in einem Blogbeitrag gezeigt (Kommer/Jerschensky 2025b). Für eine Reihe anderer westlicher Länder liegen akademische Untersuchungen mit sehr ähnlichen Ergebnissen vor. Die Quintessenz: In den meisten Zeitfenstern seit ungefähr 1970 war »Mieten +

Kapitalmarktanlage« bei finanzmathematisch korrektem Vergleich rentabler als Kaufen. Dieses Gesamtergebnis schließt Kredithebeleffekte mit ein, die bei der Finanzierung von Immobilienanlagen in der Regel eine Rolle spielen.

Wie passen diese Ergebnisse mit der von der Immobilienbranche, Journalisten und Immo-Finfluencern seit Jahrzehnten immer wieder verbreiteten Aussage zusammen, dass Eigenheimbesitzerhaushalte im fortgeschrittenen Alter durchschnittlich ein höheres Nettovermögen haben als entsprechende Mieterhaushalte? Oberflächlich betrachtet stimmt diese Aussage, sie ist aber dennoch ein Fall von »Lügen mit Statistik«. Eigenheimbesitz ist bei den betreffenden Haushalten nicht die Ursache ihres höheren Vermögens, sondern die Folge – genauer gesagt, die Folge eines typischerweise über Jahrzehnte hinweg höheren Einkommens kombiniert mit einer dauerhaft höheren prozentualen und absoluten Sparneigung. Dazu kommt noch statistisch umfangreicherer und/oder früherer Vermögenszuwachs über Schenkungen oder Erbfälle bei Eigenheimbesitzerhaushalten relativ zu Mieterhaushalten.

Wie wird die Rentabilität von Wohnimmobilien in Deutschland in der Zukunft aussehen? Trotz der seit einigen Jahren in den Medien omnipräsenten These der Wohnungsnot in Deutschland, also einer Angebotslücke, dürften selbstgenutzte Wohnimmobilien auch künftig keine strukturell bessere Rendite-Risiko-Kombination erzeugen als in der langfristigen Vergangenheit. Beginnend vielleicht schon in wenigen Jahren wird die Nachfrage nach Wohnraum in Deutschland und anderen Industrieländern aufgrund demografischer Faktoren sinken und das Angebot relativ zur Nachfrage wachsen. Dies sogar ganz ohne gesteigerte Neubautätigkeit, da nämlich die geburtenstarken Jahrgänge – diejenigen, die heute ungefähr zwischen 55 und 70 Jahre alt sind – altersbedingt immer weiter steigenden Sterberaten ausgesetzt sind. Diese geburtenstarken Boomer-Jahrgänge wohnen heute vermögens- und biografiebedingt in überdurchschnittlich großen Wohnungen.[77] Diese Flächen werden dann sukzessive auf den Markt gelangen – am Anfang langsam,

---

77 Beispielsweise leben in Deutschland über 60% mehr Menschen in der Altersgruppe der 55- bis 70-Jährigen als in der Altersgruppe der 20- bis 35-Jährigen. Diese 60%-Lücke »untertreibt« den Unterschied sogar noch, weil aus der jüngeren Gruppe voraussichtlich ein nicht vernachlässigbarer Teil das Land aufgrund von Immigranten- oder Flüchtlingsstatus wieder verlassen wird.

dann immer schneller und umfangreicher. Es besteht also ein »Doppel-Wumms«: Schrumpfung der Einwohnerzahl in Deutschland ab ca. 2030 *und* Wegsterben genau derjenigen Haushalte, die derzeit die größten Flächen pro Person bewohnen.

Der Erwerb eines Eigenheims sollte primär als eine Lifestyle-Entscheidung betrachtet werden, weniger als ein besonders attraktives Investment. Diese Denke dürfte für die meisten wohlhabenden Familien zumindest unterbewusst auch zutreffen. Im nächsten Abschnitt werfen wir einen Blick auf Immobilien als reine Kapitalanlagen: vermietete Immobilien. Bei ihnen entfällt der Lifestyle-Aspekt und aus Investmentsicht sollten rein ökonomische Kriterien den Ausschlag geben.

7.1.3 Vermietete Immobilien

Der herrschenden Meinung in der Bevölkerung zufolge ist Vermietung ein lukratives Geschäft zulasten von Mietern. Insbesondere für vermögende Privathaushalte sei Vermietung von Wohnimmobilien eine clevere Route zu (a) einem stabilen Einkommensstrom (zu passivem Einkommen) und (b) attraktiven Eigenkapitalrenditen; dies verknüpft mit (c) vergleichsweise wenig Risiko.

Mit Fakten und harten Zahlen lässt sich diese verbreitete Auffassung allerdings schwer belegen. Ziel (a) – der stabile Einkommensstrom – wird mit Vermietungsimmobilien definitiv nicht dauerhaft erreicht. Dafür ist der Saldo aus Mietzahlungen und Instandhaltungsaufwendungen über einen Zeitraum von, sagen wir, zehn Jahren viel zu ungleichmäßig und zu risikoreich – generell und noch stärker, solange eine nennenswerte Kreditfinanzierung an der Immobilie hängt. Bei einer Immobilie wird es, anders als bei einer Kapitalmarktanlage, sogar ab und an so sein, dass in einem Jahr ein negativer Cashflow entsteht. Der Vermieter muss, obwohl er vielleicht nicht will, Geld in das Investment *einzahlen*.

Für Ziel (b) – durchgängig oder überwiegend attraktive EK-Renditen bei Vermietungsimmobilien, wenn diese nicht gewerblichen Kleinvermietern gehören[78] – liegt keine wissenschaftliche Evidenz vor. Wenn Sie uns nicht glauben, dann lesen Sie bitte die Blogbeiträge Kommer/Weis 2019j,

78 »Kleinvermieter« ist ein Terminus des statistischen Bundesamtes und bezeichnet Vermieter, die das Vermietungsgewerbe nicht hauptberuflich betreiben und typischerweise weniger als acht Wohneinheiten vermieten.

Kommer/Bartosch 2023e und Kommer/Jerschensky 2024k. Dass die Inflation die Schulden von Immobilieninvestoren »entwertet« ist ebenfalls ein (nicht tot zu kriegendes) Ammenmärchen (Kommer/Lauterwasser 2023f).

Infobox: Ist eine hohe nationale Eigenheimquote ein Zeichen nationalen Wohlstands?

Nach der herrschenden Meinung ist eine hohe nationale Eigenheimquote (engl. Home Ownership Ratio/ HOR) ein Zeichen für nationalen Wohlstand. Ein Land müsse, um im Zeitablauf wohlhabender zu werden, eine Erhöhung der HOR durch staatliche Fördermaßnahmen für Wohnimmobilieneigentum anstreben. Das behaupten seit Jahrzehnten viele Politiker, natürlich die gesamte Immobilienbranche und es entspricht auch der Ansicht der meisten Bürger. Gleichwohl ist diese Vorstellung falsch. Zunächst einmal haben wirtschaftlich arme Länder mit eher seltenen Ausnahmen höhere HORs als reiche Länder. Die reiche Schweiz hat unter den ca. 195 Staaten weltweit die niedrigste HOR, noch niedriger als Deutschland. Rumänien und Bulgarien gehören in der EU zu den ärmsten Ländern, haben aber HORs von 95% und 85%. Arme Entwicklungsländer haben im Allgemeinen merklich höhere HORs als reiche Industrieländer. Damit ist bereits empirisch widerlegt, dass eine Erhöhung der HOR mehr oder weniger direkt mit einer Verbesserung des nationalen Wohlstandsniveaus einhergeht.

In einem Land, in dem selbstgenutztes Wohnimmobilieneigentum nicht durch den Staat in Gestalt steuerlicher Maßnahmen und Subventionen relativ zu anderen privaten Vermögensbildungsformen begünstigt wird und das zugleich ein gut entwickeltes Mietrecht, hohen Mieterschutz (wie in den deutschsprachigen Ländern) und einen liquiden Mietmarkt hat, liegt die »natürliche HOR« vermutlich unter 60% und zwar unabhängig vom nationalen Wohlstandsniveau. Grund: Eine kreditfinanzierte selbstgenutzte Wohnimmobilie wäre unter diesen Umständen für einen großen Teil der Bevölkerung im Vergleich zu anderen Vermögensanlageformen lediglich das »zweitbeste« oder »drittbeste« Investment. Weil Immobilien statistisch ganz einfach schlechtere Gesamtrenditen produzieren als Aktien und weil Mieten für viele Haushalte in ihrem jeweiligen Lebensabschnitt offensichtliche, nicht-ökonomische Vorteile hat. Man denke an junge Menschen, die ihren Wohnort aus beruflichen oder Lifestyle-Gründen noch oft wechseln.

Wohneigentum würde bei ihnen leicht vermeidbare Risiken, viel Arbeit (Vermietung) und/oder exorbitante Transaktionskosten verursachen.

Ziel (c) – wenig Risiko – ist klar unrealistisch. Das gibt es bei vermieteten Immobilien nie – und ganz besonders selten, wenn noch Schulden auf ihnen lasten.

Bei vielen vermögenden Haushalten bilden Immobilien ein ungesundes Klumpen- und Konzentrationsrisiko. Soweit dieses Konzentrationsrisiko aus der Existenz eines Eigenheims (Haus, Wohnung) resultiert, in dem der Haushalt aus Lifestyle-Gründen leben will, ist das Risiko bis zu diesem Grad gerechtfertigt. Soweit ein Konzentrationsrisiko jedoch aus Vermietungsimmobilien resultiert, erscheint es vermögenden Haushalten, die nicht in die Superreichen-Kategorie fallen, aus fünf Gründen nicht wirklich attraktiv und in vielen konkreten Fällen regelrecht töricht:

- Weil ein Abbau des Risikos hier die mit einem Eigenheim verknüpften emotionalen Sachverhalte und Lifestyle-Aspekte des Haushaltes nicht tangieren würde.
- Weil der Risikograd des Gesamtportfolios (des Gesamtvermögens) durch den Abbau sänke.
- Weil die Liquidität durch den Abbau erhöht werden könnte.
- Weil die Rentabilität des Vermögens vermutlich zunähme, jedenfalls wenn das freiwerdende Kapital zur Hälfte oder mehr in ein global diversifiziertes Aktienportfolio flösse.
- Weil viele Vermieter im fortgeschrittenen Alter die Vermieterrolle zunehmend als Belastung empfinden.

Letztere Bürde wird durch die Zwischenschaltung eines (teuren) Immobilienverwalters nur partiell abgemildert. Auf alle Fälle gilt: Die Arbeitsbelastung und die »Freiheitsbeschränkungen«, die häufig mit Vermietung einhergehen, muss kein Haushalt im Rentenalter mehr auf sich nehmen, der diese Arbeitsbelastung und Einschränkung nicht aus echter Freude freiwillig übernimmt – sozusagen als Hobby oder Beschäftigungstherapie. Das dürfte bei Vermietern ab dem siebten Lebensjahrzehnt die Ausnahme sein und bei vielen schon lange davor.

Aus Risikogründen besonders stark abzulehnen, sind etwaige Schulden auf diesen Vermietungsimmobilien, wenn der betreffende Haushalt persönlich für diese Schulden haftet. Dann wäre ein Verkauf oder zumindest partieller Verkauf, um alle Schulden mit privater Haftung zu tilgen, noch klarer angeraten.

7.1.4 Verzinsliche Bankguthaben

Die Deutschen halten Bankguthaben für sicher. Anders lässt sich nicht erklären, dass seit vielen Jahren rund 40% des liquiden Vermögens der Haushalte hierzulande auf Bankkonten liegen.

Bankguthaben sind allerdings nur sicher, wenn man Sicherheit anhand der Volatilität des Saldos misst. Die ist bei einem Bankguthaben in der Tat null. Misst man Risiko hingegen im Sinne von Ausfallrisiko (auch Gegenparteirisiko oder Rückzahlungsrisiko genannt), dann sind Bankguthaben weit weg von einer Einstufung als risikofrei oder auch nur risikoarm.

Kontoguthaben bei Banken (Girokonten, Sparbücher, Festgelder, Termingelder, Tagesgelder) können ausfallen, wenn die kontoführende Bank in wirtschaftliche Schwierigkeiten gerät, was weltweit in den vergangenen zwei Jahrhunderten bei Tausenden von Banken geschah, und das in wohl jedem Land, einschließlich Schweiz, Schweden, Kanada, Australien, USA und natürlich Deutschland. Die letzte große systemische Bankenkrise ereignete sich von 2008 bis 2011. Sie führte zur Pleite oder De-facto-Pleite von Hunderten Banken weltweit, davon eine ganz Reihe in Deutschland. Auch die größte Schweizer Bank, die UBS, wäre damals ohne staatliche Rettung über den Jordan gegangen. Die zweitgrößte Schweizer Bank, die Credit Suisse kollabierte Anfang 2024.

Die Ursache für diese wirtschaftlichen Schwierigkeiten ist entweder Inkompetenz der Geschäftsführung inklusive Leichtsinn und Größenwahn, gelegentlich auch kriminelle Machenschaften einzelner Personen, oder schlechte staatliche Regulierung. Allerdings gehört das Auftreten von Konkursen oder Beinahekonkursen schlecht geführter Bankinstitute genauso wie Konkurse anderer Unternehmen zur Marktwirtschaft dazu. Konkurse geschehen ja in den meisten Fällen, weil ein Unternehmen deutlich schlechter geführt wird als das der Wettbewerber. Der österreichische Ökonom Joseph Schumpeter (1883–1950) nannte das klug und anschaulich *Creative Destruction (schöpferische Zerstörung).*

In Deutschland ist die staatlich vorgegebene Einlagensicherung durch das *Einlagensicherungs- und Anlegerentschädigungsgesetz* geregelt (in Österreich sehr ähnlich). Die daraus resultierende De-facto-»Garantie« des Staates sichert 100% der Einlagen bei deutschen Bank- und Kreditinstituten bis zum Maximalwert von 100 000 Euro pro Kunde und Bank ab. Bei Gemeinschaftskonten (z.B. einem Ehepaar) sind es 200 000 Euro. Geschützte Kunden sind Privathaushalte sowie kleinere und mittlere Unternehmen. Es handelt sich hier aber ausdrücklich nicht um eine echte, formale Staatsgarantie, wie sie in den USA bis zur Obergrenze von 250 000 Dollar pro Bank-Kunde-Kombination besteht. In Liechtenstein und der Schweiz existieren keine solchen de facto staatlichen Einlagensicherungssysteme, obwohl nicht wenige Schweizer irrtümlich von dem privaten System »esisuisse« annehmen, es sei eine staatliche Einrichtung.

Stichwort »privates Einlagensicherungssystem«: Auf diese betraglich umfangreicheren Versprechen des »privaten« (also nicht des gesetzlichen) Einlagenschutzes der Banken, unabhängig vom Typus der Bank (private Bank, Sparkasse oder genossenschaftliche Bank) kann man für den Fall einer systemischen Bankenkrise nicht viel geben. Bei einer systemischen Bankenkrise wie 2008 bis 2011 (im Unterschied zur Krise einer einzelnen Bank) werden diese privaten Systeme wenig oder gar nicht helfen, weil sie relativ zum Schaden aus einer systemischen Bankenkrise hoffnungslos unterdimensioniert sind.

Daher sollten vermögende Menschen Bargeldanlagen bei einer Bank längerfristig stets nur bis zur Maximalhöhe von 100 000 Euro halten (200 000 Euro bei Gemeinschaftskonten). Wer höhere Bargeldanlagen bei einer Bank tätigen will, sollte oder könnte sie auf mehrere unterschiedliche Bankkonzerne verteilen. Bei dieser populären »Verteilungsstrategie« entsteht allerdings ein neues, schwer zu beurteilendes Rechtsrisiko, da keineswegs endgültig klar ist, ob eine solche Strategie, die zwar nicht dem Buchstaben, aber dem Geist des Einlagensicherungsgesetzes zuwiderläuft, in einer schweren Krise rechtssicher wäre.

Neben diesem Sicherheitsproblem haben Bankguthaben einen weiteren gravierenden Nachteil. Man kann mit ihnen langfristig kein Geld verdienen, sofern man »Geld verdienen« korrekt misst. Das zeigt Tabelle 14 unmissverständlich. Nach Abzug von Steuern und Inflation sind die langfristigen Renditen auf verzinsliche Bankguthaben und entsprechende Geldmarktanlagen negativ.

Tabelle 14: Die durchschnittliche Rendite aus verzinslichen Bankguthaben (Geldmarktzinsen) von 1950 bis 2024 (75 Jahre)

	Mittelwert 22 westliche Länder	Deutschland
Nominale Rendite	5,2% p.a.	3,6% p.a.
abzgl. geschätzte Steuern auf nominale Rendite (25%)	−1,3% p.a.	−0,9% p.a.
= Nominale Rendite nach Steuern	3,9% p.a.	2,7% p.a.
abzgl. Inflation	−4,3% p.a.	−3,6% p.a.
= Rendite nach Steuern und Inflation	−0,4% p.a.	−0,8% p.a.

► Die 22 Länder in der mittleren Spalte sind die 22 größten westlichen Volkswirtschaften einschließlich USA, Japan, Deutschland, Österreich, Schweiz. Es handelt sich bei der Rendite von 5,2% p.a. in der obersten Zeile um den einfachen Mittelwert der Renditen in der jeweiligen nationalen Währung. Es liegen die Renditen kurzfristiger Staatsanleihen aus den jeweiligen Ländern in der lokalen Währung zugrunde, da für verzinsliche Bankguthaben keine Daten für alle Länder über den hier relevanten Zeitraum verfügbar sind. Bankguthaben hätten evtl. geringfügig höhere Vor-Kosten-Renditen gehabt. Im Gegenzug wurden hier keine Bankkosten abgezogen, die jedenfalls bis etwa 2010 in den meisten Ländern die partiell etwas höhere Rendite gegenüber Staatsanleihen aufgesogen hätten. ► Der Steuersatz von 25% wurde von uns angenommen. ► Datenquelle: Dimson/Marsh/Staunton.

Aus rationaler Sicht taugen Bankguthaben daher nur für zwei klar definierte Zwecke: (a) Als risikofreie Anlage, sofern der Anlagebetrag innerhalb der gesetzlichen Einlagensicherung liegt und der garantierende Staat ausreichend bonitätsstark ist, und (b) zum kurzzeitigen Geldparken, unabhängig von der Höhe des Betrags – allerdings nur für einen überschaubaren Zeitraum von wenigen Monaten, bis die Entscheidung und Umsetzung einer Anlage mit einer attraktiveren Kombination aus Rendite und Ausfallrisiko umgesetzt wurde.

Lesern, die sich noch detaillierter mit dem Thema der auf lange Sicht sehr niedrigen Realrendite von verzinslichen Bankguthaben und dem Ausfallrisiko von Bankguthaben beschäftigen möchten, empfehlen wir den Blogbeitrag Kommer/Lauterwasser 2024j.

7.1.5 Geldmarktfonds

»Geldmarktanlage« (engl. »Money Market Investment«) ist der ökonomische Fachbegriff für ein Cash-artiges oder Cash-nahes Investment, das in drei wichtigen Risikodimensionen im Prinzip nicht mehr oder kaum noch weiter verbesserbar ist: (a) bei der Reduktion der Volatilität, (b) bei der Reduktion des »Ausfallrisikos« (»Credit Risk«) und (c) bei der Maximierung seiner Liquidität, also der schnellstmöglichen Veräußerbarkeit gegen Cash binnen ein bis drei Werktagen zum Marktkurs mit vernachlässigbaren Verkaufskosten. Eine Geldmarktanlage darf aus Sicht des Anlegers und seiner → funktionalen Währung kein Wechselkursrisiko beinhalten.

Nur sogenannte Geldmarktanlagen – kein anderes Investment – erzielen in diesen drei Dimensionen gleichzeitig die in dieser Welt erzielbaren Höchstnoten, und wem diese drei Aspekte kombiniert in einer Anlage wichtig sind, der hat keine echte, sondern bestenfalls eine Pseudoalternative zu Geldmarktanlagen.

Geldmarktanlagen kann man salopp als die grundsätzlich »risikoärmsten Anlagen« bezeichnen, jedenfalls in Bezug auf die Kombination Volatilitätsrisiko + Ausfallrisiko + Liquiditätsrisiko. In der heutzutage vorwiegend auf Englisch formulierten ökonomischen Theorie werden im Zusammenhang mit Geldmarktanlagen auch oft die Bezeichnungen »Risk-free Investment«, »Risk-free Asset« oder »Risk-free Return« verwendet, obwohl das streng genommen nicht stimmt. Kein Investment war jemals in *jeder* Hinsicht risikofrei und kann es auch nicht sein.

Welche Geldmarktanlagen existieren? Zunächst einmal verzinsliche Bankguthaben (Tagesgelder, Termingelder, Festgelder, Sparkonten), soweit sie – wichtig – betraglich unter die gesetzliche Einlagensicherungsgrenze fallen. Auf Bankguthaben sind wir im vorigen Abschnitt eingegangen.

Um potenzielle Missverständnisse auszuräumen: Ein Tagesgeld in USD ist aus Sicht eines Anlegers mit funktionaler Währung Euro oder Schweizer Franken keine Geldmarktanlage, da es aufgrund des Wechselkursrisikos viel zu instabil, sprich zu volatil ist.

Daneben sind für Privat- und Profianleger die in der Praxis wohl relevantesten Geldmarktanlagen sogenannte klassische, aktiv gemanagte Geldmarktfonds und passiv gemanagte Geldmarkt-ETFs, die kurzlaufende High-Quality-Anleihen abbilden (Anleihen im oberen Bonitätsspektrum). Das können Staats- oder Unternehmensanleihen sein. Manche Geldmarkt-ETFs bilden statt eines Anleihenkorbs einen kurzfristigen Referenzzinssatz ab, z.B. den 3-Monats-Euribor oder den ESTR-Zinssatz.

Weil sie in Bezug auf ihre Volatilität (Renditeschwankungen) so risikoarm sind, haben Geldmarktanlagen logischerweise geringe reale Renditen. Diese niedrigen Renditen sind gewissermaßen die »Kosten« für die Sicherheit im Sinne kurzfristiger Stabilität und die maximale Liquidität von Geldmarktinvestments. Maximale Liquidität bedeutet zugleich maximale Flexibilität, Freiheit und maximale Optionalitäten.

Detaillierter als in diesem kurzen Abschnitt gehen wir im Blogbeitrag Kommer/Kanzler 2023h auf das für wirklich alle vermögenden Anleger wichtige Finanzprodukt Geldmarktfonds ein. Darin werden auch konkrete Geldmarktfonds und Geldmarkt-ETFs genannt.

7.1.6 ETFs – die Investmentwunderwaffe am Kapitalmarkt

Im folgenden wichtigen Abschnitt werden wir einen Kernbaustein einer rationalen Vermögensschutzstrategie kennenlernen: ETFs. Wir halten ETFs – im Unterschied zu vielen anderen Finanzprodukten – nicht einfach nur für interessant, wir halten sie für genuin faszinierend. Würde es sie nicht schon seit gut 30 Jahren geben, man müsste sie glatt erfinden.

7.1.6.1 Was genau sind ETFs?

Das Kürzel »ETF« steht für »Exchange Traded Fund«, zu Deutsch »börsengehandelter Fonds«. ETFs sind, trotz ihres nach komplexer Finanzinnovation klingenden Dreibuchstabenakronyms, ein einfaches und leicht zu verstehendes Investmentprodukt.

Zunächst einmal sind ETFs ganz normale Investmentfonds, aufsichtsrechtlich auch *Publikumsfonds* genannt. Das Wort »Publikum« bezieht sich hier auf die allgemeine Öffentlichkeit, also Verbraucher oder Privatanleger, in Abgrenzung zu gewerblichen Investoren oder Profianlegern.

Ein Investmentfonds bündelt die individuellen Anlagebeträge vieler einzelner Anleger und investiert dieses Geld als Pool gemäß seiner veröffentlichten Strategie in börsengehandelte Kapitalmarktanlagen. Das sind vor allem Aktien oder Anleihen, aber auch andere Anlageklassen.

Abbildung 4 gibt einen Überblick über die wichtigsten Fondstypen. Ihnen allen gemeinsam ist das Bündelungs- oder Pooling-Prinzip. Es wird im Finanzmarkt nicht nur für Fonds genutzt, sondern auch bei kapitalbildenden Lebensversicherungen und bei Immobilienprojekten mit mehr als einem Eigentümer.

Abbildung 4: Wie sich Investmentfonds und ETFs in das Universum aller Fondstypen einordnen lassen

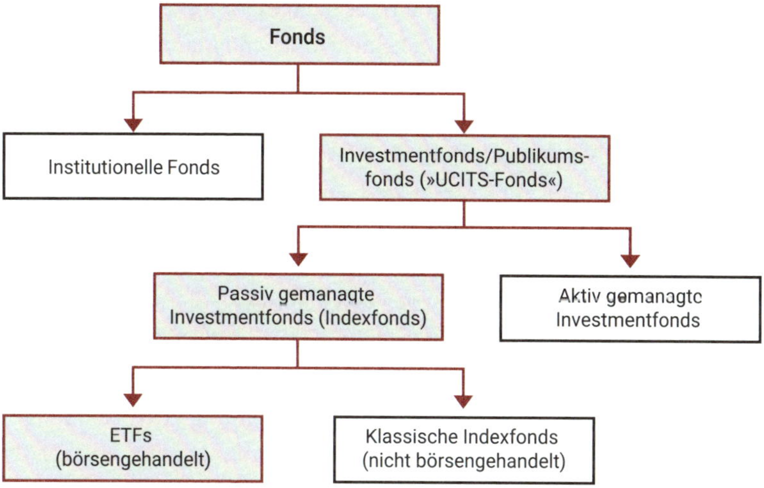

► Zur Erläuterung von UCITS-Fonds siehe Infobox zu UCITS-Fonds in diesem Abschnitt. ► Institutionelle Fonds umfassen Hedgefonds, Private-Equity-Fonds, → Sovereign Wealth Funds, → US Pension Funds, deutsche geschlossene Fonds und sonstige institutionelle Fonds. ► Klassische Indexfonds werden zwar in den USA und in der Schweiz auf dem Privatanlegermarkt angeboten, nicht jedoch in Deutschland. Weltweit haben klassische Indexfonds immer noch einen Marktanteil von über 30% an allen Indexfonds.

Investmentfonds für Privatanleger wurden 1924 in den USA erfunden. Es handelt sich somit um eine sehr alte, lang etablierte Anlageform. Investmentfonds verbreiteten sich ab den 1960er-Jahren in Europa und Asien. Im Verlauf dieser 100 Jahre sind sie in Bezug auf Transparenz und Sicherheit ihrer rechtlichen Struktur immer weiter verbessert worden. UCITS-Fonds in der EU dürften das am schärfsten und besten regulierte Finanzprodukt überhaupt sein. Uns fällt kein Finanzprodukt mit einem höheren Anlegerschutzlevel ein.

Indexfonds als eine Variante der Investmentfonds entstanden Anfang der 1970er-Jahre in den USA, sind also auch schon über 50 Jahre alt. ETFs als eine Sonderform von Indexfonds entstanden Anfang der 1990er-Jahre.

Geld via Investmentfonds anzulegen, hat für normale Privatanleger vier große Vorteile: (a) Es erfordert weniger Fachkenntnisse, als direkt in Einzelwertpapiere zu investieren; (b) es macht weniger Arbeit als Einzelwertpapiere; (c) es erlaubt Kleinanlegern, bereits ab geringen Anlagebeträgen eine risikoreduzierende Streuung (Diversifikation) zu erzielen, die mit Direktanlagen (Einzelwertanlagen) so günstig und so einfach niemals möglich wäre; und (d) im Falle von ETFs senkt es die Nebenkosten des Investierens auf ein Niveau, das von keinem anderen Finanzprodukt unterboten wird, sofern man systematisch und breit diversifizieren möchte – ein Ziel, das eigentlich jeder Privatanleger haben sollte, ganz besonders Anleger, denen Vermögensschutz wichtig ist.

Viele Leser werden aktiv gemanagte, sprich normale oder traditionelle, Investmentfonds besser kennen als ETFs. Bei einem normalen Investmentfonds wie z.B. einem Aktien- oder einem Anleihenfonds (auch altmodisch Rentenfonds genannt), gibt es einen Fondsmanager. Sein Job besteht darin, das Geld der Anleger auf Basis einer festgelegten Anlagestrategie möglichst erfolgreich zu investieren. Gegenüber den Anlegern wird diese Anlagestrategie fast ausnahmslos nur diffus in blumigen Worten festgelegt. Erfolgreich investieren heißt in diesem Zusammenhang, eine relativ zur sinnvoll vergleichbaren Konkurrenz attraktive Rendite-Risiko-Kombination zu erzielen.

Normale Investmentfonds werden als »aktiv gemanagte Fonds« oder einfach nur als »aktive Fonds« bezeichnet; aktiv deswegen, weil der Fondsmanager aktiv versucht, attraktive Wertpapiere herauszupicken bzw. unattraktive zu vermeiden. Dabei ist er bestrebt, gute Börsenphasen mitzunehmen und schlechte zu umgehen, also das Fondsvermögen vor deren Beginn in risikoarme Cash-Anlagen umzuschichten. Wie schlecht aktives Investieren bei liquiden Anlagen relativ zu passivem Buy-and-Hold-Investieren mit ETFs funktioniert, haben wir in Abschnitt 6.1 erläutert.

Wie oben erwähnt, sind ETFs (normalerweise) Indexfonds. Ein ETF bildet ganz unspektakulär einfach und »passiv« einen Börsenindex ab.[79] Fachjargon: Der ETF *repliziert* den Index. Bekannte Aktienindizes sind der DAX für Deutschland und der S&P 500 Index für die USA oder der MSCI World Index für den globalen Aktienmarkt. Statt »bilden einen Börsenindex ab« könnte man geringfügig vereinfacht auch sagen: »bilden den Markt ab«. Weil ETFs einen Index abbilden, sind sie Indexfonds. Mit einem Börsenindex misst man die Rendite und die Renditeschwankungen einer definierten Gruppe von Wertpapieren im Zeitablauf.

79 Inzwischen kommen zunehmend auch aktiv gemanagte ETFs auf den Markt. Derzeit haben sie aber noch einen sehr kleinen Marktanteil. Zu aktiven ETFs siehe Abschnitt 7.2.4.

Der DAX beispielsweise repräsentiert als Index die Aktien der 40 größten deutschen Unternehmen (Large Caps), der MSCI World Standard Index Aktien großer und mittelgroßer Unternehmen (Large Caps und Mid Caps) mit einer primären Börsennotierung in einem von 23 Industrieländern, der MSCI Emerging Markets Index Aktien großer und mittelgroßer Unternehmen in rund 24 Schwellenländern. Unter den etwa 195 Staaten der Erde existieren viele, die keine eigene Börse haben, z.B. Mikrostaaten wie Monaco, Liechtenstein oder San Marino und viele Entwicklungsländer wie beispielsweise Turkmenistan oder Sudan. Ein ausreichend großes Unternehmen aus einem solchen Staat würde sich, wenn es eine Börsennotierung anstrebte, in einem anderen Staat mit einer hinreichend großen und attraktiven Börse listen lassen.

Das Gewicht eines einzelnen Unternehmens im Aktienindex bemisst sich in den meisten Fällen nach seinem Börsenwert, seiner → Marktkapitalisierung, engl. »Market Capitalisation« – daher die englischen Bezeichnungen »Large Cap«, »Mid Cap«, »Small Cap« für unterschiedlich große Unternehmen.

Börsenindizes, oder allgemeiner Finanzmarktindizes, existieren für jede Art von Kapitalmarktanlage: für Aktien, Anleihen, Rohstoffe, Gruppen von Edelmetallen, Immobilien, Derivate, Kryptowährungen und sogar für Kunst, beispielsweise Gemälde klassischer Meister, Luxusuhren, Oldtimer-Autos oder historische Musikinstrumente. Ein Index kann sich geografisch auf ein Land, eine Region oder die gesamte Weltwirtschaft oder länderübergreifend auf Branchen beziehen. Auch Themenindizes existieren, beispielsweise Indizes auf Aktien mit den Themen künstliche Intelligenz, Blockchain, Cybersecurity, Cannabis-Bezug oder Produkte/Dienstleistungen für alte Menschen (die »Silver Economy«).

Börsenindizes werden auch als Benchmark (Vergleichsmarke) für aktiv gemanagte Portfolios, inklusive Fonds, verwendet.

Infobox: Investmentfonds (UCITS-Fonds) und ihr rechtlicher Hintergrund

Was in Deutschland häufig einfach Investmentfonds genannt wird, ist in der Rechtssprache ein *UCITS-Fonds*. »UCITS« steht für »Undertakings for Collective Investments in Transferable Securities« oder zu Deutsch: »Organismus für gemeinsame Anlagen in Wertpapieren« (»OGAW«). Bei allen ETFs, die in den EU-Staaten grenzüberschreitend zum Vertrieb an Privatanleger (Verbraucher) zugelassen sind, handelt es sich um UCITS-Fonds; dasselbe gilt für alle konventionellen (aktiv gemanagten) Investmentfonds. Nicht-UCITS-ETFs werden in Europa sehr selten vertrieben, wenn überhaupt, wohl nur in der Schweiz. Seit 1985 hat die EU fünf sogenannte UCITS-Richtlinien erlassen, die die 27 EU-Mitgliedsstaaten in nationales Recht umzusetzen hatten. Die Schweiz, Liechtenstein und Norwegen schließen sich bei solchen Sachverhalten in der Regel freiwillig an. In Deutschland geschah dies zuletzt 2013 in Gestalt des »Kapitalanlagengesetzbuchs« (»KAGB«-Gesetz). Die UCITS-Richtlinien haben die primären Ziele, (a) den europäischen Binnenmarkt für Fonds, die an Privatanleger vertrieben werden, zu stärken, also den Wettbewerb zu intensivieren (z.B. durch EU-weite, einheitliche aufsichtsrechtliche Standards), und (b) hierbei einen hohen Anlegerschutz zu gewährleisten. Ein UCITS-Fonds, der in einem einzelnen EU-Mitgliedsstaat eine rechtliche Zulassung erworben hat und dort der staatlichen Aufsicht unterliegt, darf in allen anderen EU-Mitgliedsstaaten an Privatanleger vertrieben werden. UCITS-Fonds sind in gewisser Weise die am schärfsten und engsten regulierten Anlageprodukte überhaupt. Besonders wichtig für Anleger ist auch, dass das Fondsvermögen als Sondervermögen nicht dem Insolvenzrisiko der Fondsgesellschaft ausgesetzt ist (mehr zum Aspekt Sondervermögen weiter unten im Abschnitt 7.1.6). Zur Abgrenzung zwischen echten ETFs und unechten ETFs (ETNs, ETCs) siehe weiter unten in diesem Abschnitt.

Wie sich ein Index zusammensetzt und von wem er in welchen Abständen (z.B. minütlich oder in längeren Zeitabständen) neu berechnet und veröffentlicht wird, ist nach einer schriftlich fixierten, transparenten, regelgebundenen, sachlogischen Methodik festgelegt. Diese Methodik erstellt ein anderes Unternehmen als dasjenige, das den Indexfonds auflegt. Jeder Anleger kann die Methodik des Index nachprüfen, da sie öffentlich zugänglich ist. Nach der anfänglichen Festlegung ändert sich die Methodik normalerweise nie mehr. Börsenindizes sind somit keine willkürliche und schon gar keine »firmeninterne« Angelegenheit der Fondsgesellschaft, die von der schwankenden Meinung und dem nie abschließend bestimmbaren Kompetenzniveau, dem Gesundheitszustand und der Motivation einer einzelnen Person wie einem Fondsmanager abhängen. Mit anderen Worten: Passive ETFs haben kein »Manager-Risiko«.

In Deutschland werden derzeit gut 3 000 ETFs an Privatanleger vertrieben, weltweit rund 12 000. Mit diesen 3 000 ETFs lassen sich fast alle für Privatanleger relevanten Indizes und dadurch alle wesentlichen Anlageklassen abdecken: Aktien einschließlich Immobilienaktien, Geldmarktanlagen, Anleihen, Edelmetalle, Rohstoffe und Kryptowährungen. Zum Vergleich: In Deutschland werden etwa 10 000 aktiv gemanagte Investmentfonds angeboten.

ETF-Anteile sind hochliquide. Das heißt, sie können – wie eine Aktie – jederzeit innerhalb von einem oder wenigen Werktagen zum Marktpreis verkauft und damit in Bargeld umgewandelt werden. Im Vergleich zu Immobilien, kapitalbildenden Lebensversicherungen, offenen Immobilienfonds, geschlossenen Fonds oder Private-Equity-Beteiligungen ist das ein großer Vorteil.

Viele → Direktbanken (Onlinebroker, Neobroker) offerieren Sparpläne auf populäre ETFs ganz ohne Ausführungskosten, also kostenlos. Auch die Umsetzung eines Auszahlplans, mit dem man sich beispielsweise im Ruhestand eine »private Rente« schafft, ist mit ETFs leichter möglich als mit nahezu jeder anderen Finanzanlage und viel leichter als mit einem Immobilieninvestment.

Erstaunlich viele Banker, Vermögensverwalter, Anlageberater und Finfluencer raten ihren Kunden immer noch von ETFs ab oder reden sie als Nischenprodukt für Spezialzwecke klein. Angesichts des weltweit spektakulären Erfolges von ETFs in den letzten gut 30 Jahren, angesichts ihrer Vielseitigkeit und Sicherheit erscheint dieses Kleinreden merkwürdig. Aber die Erklärung ist einfach: Banken, Vermögensverwalter und Fondsvermittler verdienen an ETFs nur ein Zehntel bis ein Fünftel dessen, was sie am Verkauf und der Vermittlung konventioneller Investmentfonds oder anderer Finanzprodukte verdienen. Deswegen finden diese Finanzdienstleister ETFs »wenig lustig«. Weil das so ist, kommen aus der traditionellen Finanzbranche bis zum heutigen Tage teilweise haarsträubend falsche Anti-ETF-Argumente. Auf die wichtigsten unter diesen gehen wir am Ende dieses Abschnittes ein.

7.1.6.2 In was man mit ETFs investieren kann

Anlegen in ETFs wird bewusst oder unbewusst oft mit einem Investment in Aktien gleichgesetzt. Das ist jedoch zu kurz gegriffen. Mit ETFs kann man in alle Anlageklassen investieren. Dieser Abschnitt gibt dazu einen kurzen Überblick.

- **Anlageklasse Aktien:** Weltweit existieren etwa 9 500 börsennotierte Unternehmen, die in den intensiv regulierten Listing-Segmenten der etwa 50 großen nationalen Börsen notiert sind. Das globale Aktienuniversum lässt sich in vielfältige Sub-Anlageklassen aufteilen: nach Ländern, Regionen, Branchen, Themen, Nachhaltigkeits-Level und anderen Kriterien. All diese Sub-Anlageklassen sind über spezielle Aktienindizes und damit über ETFs investierbar.
- **Anlageklasse Unternehmensanleihen:** Unternehmensanleihen werden von konventionellen Unternehmen und Banken emittiert, um sich Fremdkapital (in Abgrenzung zu Eigenkapital wie bei Aktien) zu besorgen. Die Welt der Unternehmensanleihen ist weitaus breiter gefächert als die der Aktien. Beispielsweise gab es von der Siemens AG im November 2025 nur eine Aktie (einen Aktientyp), aber über 30 verschiedene Anleihen.
- **Anlageklasse Staatsanleihen:** Wenn Staaten Schulden machen (Fremdkapital aufnehmen), dann tun sie das vorwiegend durch die Emission von Staatsanleihen (in geringem Umfang durch Aufnahme von Krediten bei Banken). Innerhalb eines gegebenen Staates gehören diese Anleihen gemessen am Risiko von Kursschwankungen (Volatilität) und am Ausfallrisiko (Rückzahlungsrisiko) normalerweise zu den risikoärmsten Investments.
- **Anlageklasse Geldmarktanlagen:** Geldmarktanlagen stellen eine spezifische Anleihenkategorie dar, die man als eigene Anlageklasse betrachten kann. Geldmarktanlagen sind Staats- und Unternehmensanleihen (a) hoher Bonität, (b) sehr kurzer Restlaufzeit (typischerweise unter 18 Monaten, also geringem Zinsänderungsrisiko), (c) maximaler Liquidität und (d) ohne Wechselkursrisiko. Maximale Liquidität bedeutet, dass die Nebenkosten der Umwandlung in Cash minimal sind und dass diese Umwandlung typischerweise innerhalb von weniger als vier Werktagen erfolgt. Immobilien sind in dem Sinne sehr

illiquide, da diese »Umwandlungskosten« (Transaktionskosten) sehr hoch sind und es üblicherweise Monate, manchmal Jahre bis zum vollständigen Vollzug des Verkaufes und dem Fließen des Kaufpreises dauert. Auch verzinsliche Bankguthaben innerhalb der gesetzlichen Einlagensicherung kann man zu Geldmarktanlagen rechnen. Geldmarktanlagen sind kein Cash im Sinne von »Barmittel«, aber die »Cash-nächste« Anlageform. Innerhalb einer gegebenen Währung stellen Geldmarktanlagen im Wesentlichen das Investment dar mit dem höchsten Liquiditätsgrad, der niedrigsten Volatilität und dem niedrigsten Ausfallrisiko.

- **Anlageklasse Immobilien:** Mit ETFs kann man in Immobilienaktien oder genauer gesagt in Immobilienaktienindizes investieren (nicht in einzelne Immobilienobjekte). Ein Beispiel für eine Immobilienaktie ist die der Vonovia SE (DAX-Mitglied und größter Wohnungsvermieter in Europa). Immobilienaktien-ETFs sind die überlegene Alternative zu offenen Immobilienfonds, die wir in Abschnitt 7.2.9 adressieren.
- **Anlageklasse Edelmetalle:** Mit ETFs, genauer ETPs, kann man in die Edelmetalle Gold, Silber, Platin und Palladium investieren. Den Unterschied zwischen ETPs und ETFs erläutern wir weiter unten in diesem Abschnitt.
- **Anlageklasse Rohstoffe:** Lässt man Edelmetalle außen vor, existieren vier weitere Rohstoffkategorien: Agrarrohstoffe (z.B. Weizen, Mais, Reis, Schweinebäuche, Baumwolle, Holz), Basismetalle (z.B. Kupfer, Nickel, Zink, Aluminium, seltene Erden), Energie (Kohle, Erdöl, Erdgas) und Mineralien (z.B. Bauxit, Phosphat, Schwefel). Privatanleger können in Rohstoffe überhaupt nur über ETFs investieren.
- **Anlageklasse Kryptowährungen:** In Kryptowährungen, allen voran Bitcoin und Ethereum, die beiden bedeutendsten Kryptowährungen, kann man via Krypto-ETF (ETP) wesentlich einfacher und bequemer investieren als über ein Direktinvestment in eine Kryptowährung.

Vielleicht werden sich einige Leser wundern, warum Bankguthaben hier nicht als Anlageklasse auftaucht. Die Antwort ist einfach: Bankguthaben sind keine Anlageklasse, sie sind ein Finanzprodukt, eine verpackte Anlageklasse, genauer eine Verpackung der oben erwähnten Anlageklasse. Aus Investmentperspektive bestehen für Bankguthaben einige große praxisrelevante Fragezeichen, insbesondere für Bankguthaben, die betraglich oberhalb der gesetzlichen Einlagensicherung liegen (100 000 Euro pro Bank-Kunde-Kombination). Diese wichtigen Fragezeichen haben wir in Abschnitt 7.1.4 erläutert.

7.1.6.3 Was ETFs für Privatanleger so besonders macht

ETFs vereinigen einen Strauß von elf vorteilhaften Eigenschaften, der sie für die Vermögensanlage von Privatanlegern einzigartig geeignet macht.

- **Eigenschaft 1: Verständlichkeit.** ETFs sind leichter zu verstehen als die allermeisten anderen Finanzprodukte und Formen der Vermögensbildung – auch leichter als beispielsweise die Vermögensanlage vermietete Immobilie.
- **Eigenschaft 2: Transparenz.** Bei einem ETF weiß der Anleger zu Beginn und fortlaufend klarer als bei jedem anderen Finanzprodukt, in was sein Geld tatsächlich investiert ist. In Sachen Transparenz liegen buchstäbliche Welten zwischen ETFs einerseits und beispielsweise kapitalbildenden Lebens- oder Rentenversicherungen oder einem Vermögensverwaltungsvertrag mit einer Bank andererseits.
- **Eigenschaft 3: Geringer Arbeitsaufwand.** Wer als Do-it-yourself-Anleger unterwegs ist, der wird keine Anlageform finden, mit der sich der Arbeitsaufwand im Zeitablauf besser minimieren lässt als mit ETFs.
- **Eigenschaft 4: Hohe Liquidität.** Niemand wird bei ETFs jemals in die Bredouille kommen: »Oh je, ich brauche in drei Wochen ungeplant soundso viel Bargeld, bin aber im Moment nicht liquide.« ETFs können typischerweise in weniger als fünf Werktagen über einen Verkauf in Cash zurückverwandelt werden.
- **Eigenschaft 5: Niedrige Kosten.** Investieren ist niemals frei von Transaktionskosten für Kauf und Verkauf sowie fortlaufenden Nebenkosten. Die in dieser Hinsicht teuersten Investments (abgesehen von nicht börsennotierten Unternehmensbeteiligungen) sind Immobilien. ETFs gehören zu den günstigsten. Selbst ein Portfolio aus einzelnen Aktien auf Buy-and-Hold-Basis ist realistisch betrachtet langfristig nicht günstiger als ein ETF, wenn man das für jeden rationalen Privatanleger anstrebenswerte Ziel breite Streuung (Diversifikation) zugrunde legt.
- **Eigenschaft 6: Sicherheit der rechtlichen Struktur.** Die rechtliche Struktur eines ETFs ist in Bezug auf ihre Robustheit unübertroffen. Im nächs-

ten Abschnitt zeigen wir, was ETFs so robust macht und was das bedeutet.

- **Eigenschaft 7: Scharfe Regulierung und Anlegerschutz.** ETFs sind das in Deutschland und der EU am schärften regulierte Anlageprodukt und diese Regulierung ist – fast sind wir geneigt zu sagen: ausnahmsweise – uneingeschränkt positiv. Auch dazu mehr im nächsten Abschnitt. ETFs werden als Finanzprodukt z.B. schärfer reguliert als Bankguthaben, kapitalbildende Lebensversicherungen, offene Immobilienfonds, Zertifikate, Private-Equity-Beteiligungen und natürlich auch als alle anderen Finanzprodukte, die nur an sogenannte professionelle Anleger vertrieben werden durfen.
- **Eigenschaft 8: Universalität/Flexibilität.** ETFs sind in ihrer praktischen Anwendbarkeit so vielfältig wie die ikonischen roten Schweizer Taschenmesser von Victorinox. Wie wir weiter oben erläutert haben, kann man mit keinem Finanzprodukt in mehr unterschiedliche Anlageklassen und dabei trennschärfer und übersichtlicher investieren als mit ETFs.
- **Eigenschaft 9: Wissenschaftliche Herleitung.** ETFs sind eine Variante von Indexfonds. Indexfonds entstanden Anfang der 1970er-Jahre, um die Ergebnisse einiger bahnbrechender wissenschaftlicher Forschungen aus der Zeit von ungefähr 1955 bis 1970 in die Praxis umzusetzen. Eine vergleichbar unmittelbare Ableitung aus der Wissenschaft statt aus Marketingerwägungen der Finanzbranche kann kein anderes Finanzprodukt für Privatanlegerhaushalte für sich reklamieren.
- **Eigenschaft 10: Modulares Baukastenprinzip.** ETFs bilden Anlageklassen direkt, rein, überlappungsfrei und transparent ab. Daher eignen sie sich konkurrenzlos gut zur Ergänzung der anderen Vermögensanlagen, die bei einem Privathaushalt fast unweigerlich schon vorhanden sind – ohne nachteilige Doppelabbildungen und damit Konzentrationsrisiken.
- **Eigenschaft 11: »Aktiv-Passiv-Flexibilität«.** Von ETFs heißt es in den Medien, dass sie »das Werkzeug für passives Investieren« seien. Das stimmt zwar, ist aber nur die halbe Wahrheit. Mit ETFs kann man auch aktiv investieren. Der größere Teil der gut 19 000 Milliarden US-Dollar, die Ende 2025 weltweit in ETFs steckten, repräsentiert aktives, nicht passives Investieren. Wer also spekulativ (aktiv) investieren möchte, der kann das auch mit ETFs umsetzen.

Nun haben wir eine Reihe von Vorteilen, die ETFs bieten, genannt. Daraus ergibt sich die naheliegende Frage, welche Nachteile sie haben. Auf die Nachteile von ETFs und der Kritik an ihnen kommen wir weiter unten in diesem Kapitel zu sprechen. Zunächst aber noch etwas tiefergehend zur oben erwähnten Eigenschaft 6: der Sicherheit der rechtlichen Struktur von ETFs. Diese ist insbesondere aus einer Vermögensschutzperspektive wichtig.

7.1.6.4 Warum die ETF-Struktur rechtlich sicher und robust ist

ETFs sind in zweierlei Hinsicht rechtlich besonders sicher. (a) Ein Konkurs (eine Insolvenz) der Fondsgesellschaft (des ETF-Anbieters) spielt für die Vermögensposition der entsprechenden ETF-Anleger keine Rolle. (b) Ein Konkurs der Depotbank des Anlegers ist für dessen Vermögensposition ebenfalls unschädlich.

Zu (a): Das Anlegervermögen in einem gegebenen einzelnen UCITS-Fonds (siehe Infobox »UCITS-Fonds« in diesem Abschnitt) ist rechtlich sowie technisch-infrastrukturell vom Vermögen der verwaltenden Fondsgesellschaft und auch vom Vermögen der anderen Fonds getrennt, die die Fondsgesellschaft sonst noch verwaltet – daher der Begriff »Sondervermögen«. Die Fondsgesellschaft ist nicht Eigentümer der Anlegergelder, sondern nur ihr Verwalter oder Treuhänder. Ein Konkurs der Fondsgesellschaft ist für die Vermögensposition eines Anlegers in einem von ihr verwalteten ETF unmaßgeblich. Das gilt für alle sogenannten UCITS-Fonds in der EU (konventionelle ETFs sind UCITS-Fonds) und für »Mutual Funds« in den USA.[80]

Die Sondervermögen-Struktur ist keine deutsche oder europäische Erfindung, sondern eine amerikanische. Sie ist steinalt, hat sich während Dutzender schwerer Marktkrisen in den vergangenen 100 Jahren bewährt und ist die globale Norm bei Investmentfonds für Privatanleger.

Die Trennung des Sondervermögens vom Vermögen der Fondsgesellschaft wird technisch auch dadurch sichergestellt, dass das Fondsvermögen bei einer separaten Depotbank verwahrt wird (nicht zu verwechseln mit der Depotbank des Anlegers). Die Depotbank der Fondsgesellschaft

80 Rohstoff-ETFs, Edelmetall-ETFs und Krypto-ETFs sind keine UCITS-Fonds. Inwieweit das ein Nachteil für die Anleger ist, behandeln wir weiter unten in diesem Kapitel.

unterliegt ihrerseits der nationalen Bankenaufsicht. Sowohl ein Konkurs der Fondsgesellschaft als auch der Konkurs der Depotbank der Fondsgesellschaft wären aus Anlegersicht unmaßgeblich, weil Anleger davon schlicht nicht betroffen sind.

Nun zum Gesichtspunkt (b): Habe ich als ETF-Anleger ein Gegenparteirisiko meiner Depotbank? Antwort: Nein, das habe ich nicht. Die Insolvenz der Depotbank des Anlegers wäre für dessen Vermögenspositionen und ETF-Bestände unerheblich, da die Wertpapiere und Fondsanteile in einem Wertpapierdepot wiederum nicht Eigentum der Bank sind, sondern nur von ihr *verwahrt* werden. Per Analogie: Der Inhalt eines Bankschließfachs ist nicht Eigentum der Bank, sondern wird – wie ETF-Anteile in einem Depot – ebenfalls nur von ihr verwahrt. Im Falle der Insolvenz der Bank verbleibt der Inhalt des Schließfaches natürlich beim Schließfachinhaber.

Dieser Schutzmechanismus (die Tatsache, dass die Bank bei Depots als reine Verwahrstelle fungiert) gilt nicht für Kontoguthaben (Girokonten, Sparkonten, Tagesgelder, Festgelder) und auch nicht in Bezug auf das zum Depot gehörende Verrechnungskonto, das die Depotbank des Anlegers führt. Das Thema Gegenparteirisiko oder Ausfallrisiko von Banken haben wir bereits in den Abschnitten 6.7 und 7.1.4 behandelt.

Die Kombination aus Sondervermögen bei UCITS-Fonds und dem Verwahrstellenstatus der Depotbanken existiert als Struktur nunmehr seit mehr als 100 Jahren und hat sich durch eine kaum noch zählbare Abfolge von internationalen und nationalen politischen und wirtschaftlichen Krisen bewährt. Diese Struktur ist sprichwörtlich »betonhart«. Wir erinnern nur an die jüngsten zurückliegenden Marktkrisen, den Dotcom-Crash ab Anfang 2000, die große Finanzkrise ab Anfang 2008, den Corona-Crash im ersten Halbjahr 2020, das Jahr 2022 und den Trump-Zollkrieg-Crash im ersten Halbjahr 2025. Diese Stresstests hätten kaum härter sein können und ETFs haben sie alle in Bezug auf die rechtliche ETF-Struktur mit Bravour bestanden.

7.1.6.5 Zwischen echten und unechten ETFs unterscheiden

Sofern ein Anleger nur in simple, breit gestreute ETFs auf Aktien und Anleihen ohne exotische Merkmale investiert, kann er diesen Abschnitt überspringen, weil sich der Anleger dann nahezu sicher nur in der vertrauenswürdigen Welt der echten ETFs bewegt. In Abbildung 5 entspricht das dem Kasten ganz links.

Anleger jedoch, die mit dem Gedanken spielen, auch in ETFs auf Edelmetalle, Rohstoffe, Kryptowährungen oder in sogenannte Zertifikate (siehe Abschnitt 7.2.4) zu investieren, werden von dem Hintergrundwissen profitieren, das dieser Abschnitt vermittelt.

Die Bezeichnung »ETF« ist rechtlich nicht geschützt. Im Prinzip kann jeder sein ABC-Finanzprodukt unter dem inzwischen weltweit populären und letztlich renommierten Etikett »ETF« vermarkten, auch wenn es sich in Wirklichkeit nicht um einen ETF handelt, so wie dieses Finanzprodukt üblicherweise unter Fachleuten verstanden wird und wir es in diesem Kapitel beschreiben.

In der Infobox »Investmentfonds (UCITS-Fonds) und ihr rechtlicher Hintergrund« in Abschnitt 7.1.6 haben wir geschildert, wie ETFs in der weiten Finanzproduktwelt einzuordnen sind. In der Infobox kam auch der furchtbar technisch klingende, aber wichtige Begriff »UCITS-Fonds« vor. Das sind Investmentfonds, die in der EU für den Vertrieb an Privatanleger vorgesehen sind und strengen aufsichtsrechtlichen Anlegerschutzvorschriften unterliegen. Die wichtigsten drei Vorschriften werden in Abbildung 5 im linken Kasten unter der Überschrift »Echte ETFs« genannt. Ein echter ETF muss zwingend den Status eines UCITS-Fonds haben. Hat er ihn nicht, handelt es sich – das ist unsere Wortwahl – um einen »unechten ETF«. Davon existieren im Wesentlichen drei Typen, die aber im Internet häufig einfach nur als »ETFs« bezeichnet werden, obwohl sie streng genommen keine sind, jedenfalls nicht im Sinne der Erfüllung der UCITS-Vorgaben.

Die beiden wichtigsten Schlussfolgerungen, die aus Abbildung 5 abzuleiten sind: (a) Investieren Sie nicht in traditionelle Zertifikate, weil dort ein unbesichertes Gegenparteirisiko besteht. Echte ETFs sind sie sowieso nicht. (b) Bei Krypto-ETNs wie auch bei Commodity-ETCs oder Gold-ETCs besteht zwar auch ein Gegenparteirisiko, aber es ist – in der Regel – vollständig besichert und dadurch im Prinzip akzeptabel. Von dieser Regel mag es Ausnahmen geben. Deswegen ist es doppelt wichtig, bei solchen unechten ETFs zu überprüfen, ob das unverzichtbare Kriterium der hundertprozentigen Besicherung erfüllt ist.

Abbildung 5: Die vier Grundtypen von Exchange Traded Products: Echte ETFs und drei Arten von unechten ETFs

Exchange Traded Products (ETPs)

Echte ETFs

- Sind »UCITS-Fonds« mit strenger Regulierung zum Anlegerschutz.
- UCITS-Fonds sind »Sondervermögen« (kein Emittentenrisiko).
- UCITS-Fonds müssen zu mindestens 90% in börsennotierte Wertpapiere investieren, typischerweise Aktien oder Anleihen. Bei ETFs sind es zumeist 100%, weil das der Index vorgibt.
- UCITS-Fonds unterliegen Mindestdiversifikationsvorgaben (hohe Streuung).
- Sie dürfen keine Schulden aufnehmen, außer sehr kurzzeitig und in geringem Umfang.

Unechte ETFs (Pseudo-ETFs)

- Sind keine UCITS-Fonds, insgesamt weniger streng reguliert, erfüllen keine Mindestdiversifikationsvorgaben, können Fremdkapital aufnehmen, investieren nicht oder nur partiell in börsennotierte Wertpapiere, sondern zumindest teilw. in illiquide Anlagen (z.B. einzelne Immobilien). Diese ETPs sind rechtlich gesehen von Banken emittierte Anleihen und weisen daher grundsätzlich ein → Gegenparteirisiko auf. Sie sind keine Sondervermögen.

Krypto-ETFs/Kryptozertifikate

- Sind »ETNs« (Exchange Traded Notes), somit rechtlich Bankschuldverschreibungen, werden jedoch häufig als ETFs bezeichnet.
- Investieren in eine Kryptowährung wie Bitcoin oder einen diversifizierten Korb mehrerer Kryptowährungen.
- 100%-Besicherung durch Kryptoinvestments, dadurch Gegenparteirisiko im Prinzip vollständig abgesichert.

Commodity-ETCs und Gold-ETCs

- Exchange Traded Commodities (ETCs). Sie sind ebenfalls ETNs (rechtlich Bankschuldverschreibungen).
- Investieren in Rohstoff-Termin-Verträge bzw. physische Edelmetalle.
- 100%-Besicherung durch sichere Anleihen (bei Rohstoff-ETC) oder durch Edelmetalle; dadurch Gegenparteirisiko im Prinzip vollständig abgesichert.

Traditionelle Zertifikate

- ETNs (Exchange Traded Notes), jedoch manchmal irreführend als ETFs bezeichnet.
- Stellen komplexe, oftmals exotische Investmentstrategien zu allem Möglichen dar, sind aber rechtlich selbst stets Bankanleihen. Oft hohe versteckte Kosten.
- Keine Besicherung, Gegenparteirisiko nicht abgesichert.
- Nicht empfehlenswert!

► Zu Commodity-ETCs: Es existieren auch Commodity-ETCs, die UCITS-Fonds, also echte ETFs, sind.

7.1.6.6 *Die Kritik an ETFs und passivem Investieren – was ist dran an ihr?*

In diesem Abschnitt adressieren wir im Schnelldurchgang 17 Anti-ETF-Argumente. Ausführlicher gehen wir auf diese Argumente im Blogbeitrag Kommer 2017b ein, den Leser bei Interesse konsultieren können.

Anti-ETF-Argument 1: Der Marktanteil von Indexing (passivem Investieren) ist mit über 25% schon gefährlich hoch und er steigt offenbar weiter. Die Fakten: Der globale Marktanteil von *passivem Investieren* – darum geht es hier letztlich – beträgt nicht 25%, sondern bewegt sich (Stand 2025) wohl eher bei 3% bis 5%. Die falschen Zahlen resultieren aus konzeptionellen Fehlern und aus der Nutzung fragwürdiger Datengrundlagen. In einem Blogbeitrag von Januar 2023 leiten wir den korrekten Marktanteil her (Kommer/Kapoor 2023a).

Anti-ETF-Argument 2: Indexing beeinträchtigt das angemessene Funktionieren der → Kapitalallokationsfunktion der Finanzmärkte. Wenn es zu viel Indexing gibt, kommt diese volkswirtschaftlich essenzielle Funktion zum Erliegen. Die Fakten: Das Traden (Handeln) von Aktien und Anleihen zwischen Börsenteilnehmern ist für die Emittenten von Aktien und Anleihen (Unternehmen und Staaten) Cashflow- und Gewinn-neutral – beeinflusst also beides nicht. Die Bedeutung der Kapitalallokationsfunktion der Finanzmärkte wird deswegen weit überschätzt. Tatsächlich ist es primär die Realwirtschaft, die Unternehmen durch den Kauf von Produkten und Dienstleistungen Kapital zuführt und durch Nichtkauf (indirekt) entzieht, sprich: Konsumenten und die Einkäufer in Unternehmen sind für eine effiziente Kapitalallokation hauptverantwortlich.

Anti-ETF-Argument 3: Wenn alle passiv investieren würden, wird es nicht mehr funktionieren. Deshalb ist passiv investieren fragwürdig. Die Fakten: Ja, die Vorteile des passiven Investierens setzen voraus, dass nicht alle Marktteilnehmer passiv anlegen. Genau dasselbe gilt allerdings für jede der unendlich zahlreichen aktiven Anlagestrategien, die weltweit existieren. Wenn der korrekt berechnete globale Marktanteil von passivem Investieren von aktuell wohl rund 3% bis 5% auf über 80% gestiegen ist, dann kann sich jeder passive Anleger auf Basis der dann vorliegenden Fakten immer noch überlegen, ob er von diesem Punkt an ins aktive Lager wechselt. Wir nehmen an, dass dieser Punkt in den nächsten 25 Jahren nicht und vielleicht sogar nie erreicht werden wird.

Anti-ETF-Argument 4: Passive Anleger sind Trittbrettfahrer der aktiven Anleger. Die Fakten: Ja, das sind sie, genauso wie die Käufer von Gebrauchtwagen Trittbrettfahrer des Neuwagenmarkts sind. Es existieren Tausende von Märkten, auf die das bizarre Trittbrettfahrerargument anwendbar wäre.

Anti-ETF-Argument 5: Aktiv gemanagte Fonds können im Crash das Geld sicher anlegen und Verluste dampfen, ein ETF muss dem Index hilflos nach unten folgen. Die Fakten: Diese Aussage ist einfach falsch. Und dass sie falsch ist, wird anhand der Argumente und Zahlen in Abschnitt 6.1 deutlich.

Anti-ETF-Argument 6: Indexfonds/ETFs tragen zur Erhöhung des Risikos an den Kapitalmärkten bei. Die Fakten: Mit von Wissenschaftlern ausgewählten objektiven Zahlen lässt sich dieses Argument nicht belegen, allenfalls mit gezielt ausgewählten Daten und mit selektiv ausgewählten Geschichtchen über Einzelfälle.

Anti-ETF-Argument 7: Indexfonds/ETFs haben die Korrelationen zwischen einzelnen Aktien erhöht und den Nutzen von Diversifikation gesenkt. Die Fakten: Die Wissenschaft ist sich uneins über dieses schwer eindeutig zu überprüfende Argument. Ein großer Teil der in den letzten 30 Jahren beobachteten Erhöhung dieser Korrelationen geht wohl auf andere Ursachen zurück als auf Indexfonds/ETFs.

Anti-ETF-Argument 8: Es gibt eine Blase bei Indizes und ETFs. Blasen, also relativ zu den realökonomischen Fundamentaldaten überhöhte Bewertungen, kann es nur bei Aktien oder Anleihen geben, nicht bei einer bloßen Verpackung – ETFs – von Aktien oder Anleihen. Die gleiche Logik könnte sonst übrigens auch auf aktive Fonds angewandt werden, insbesondere da diese häufig »Index-Hugging« betreiben – also letztendlich trotz aktiver Strategie mehr oder weniger den Vergleichsindex abbilden.

Anti-ETF-Argument 9: Die drei größten Indexfondsanbieter – BlackRock, Vanguard und State Street – halten bei einzelnen Unternehmen bis zu 25% der Aktienstimmrechte. Das ist gefährlich viel Marktmacht. Die Fakten: Hier werden willkürlich die Beteiligungsquoten rechtlich und wirtschaftlich getrennter, miteinander scharf konkurrierender Wettbewerber aufaddiert. Das ist ungefähr so »intelligent«, wie die Marktanteile von Volkswagen, Toyota und Tesla aufzuaddieren und dann zu behaupten, diese aufaddierte Zahl sei der Beleg für eine marktbeherrschende Einflussgröße.

Anti-ETF-Argument 10: Ein Zusammenbruch der genannten drei größten Indexfondsanbieter würde die globale Finanzarchitektur in Gefahr bringen. Die Fakten: Hinter diesem Argument steckt die Unkenntnis des grundlegenden Unterschieds zwischen Großbanken, deren Zusammenbruch tatsächlich Systemrelevanz haben kann, und dem ganz anderen Geschäftsmodell von Fondsgesellschaften. Selbst ein 90%iger Börsencrash würde das Vermögen der Fondsgesellschaften nicht schädigen, weil diese Verluste gar nicht deren Vermögen (deren Bilanz) beträfe, sondern das Vermögen der Anleger.

Anti-ETF-Argument 11: In einer Megakrise oder schweren Systemkrise sind Investments in Einzelwertpapiere technisch sicherer als Investments in ETFs. Ein Direktanleger in Einzelwertpapieren würde schneller und sicherer an sein Eigentum gelangen, als das bei ETFs der Fall wäre. Die Fakten: (a) Generell ist dieses Kontraargument eine rein theoretische Spekulation ohne Beleg durch empirisch-historische Daten, also konkrete Beispiele oder Analogien aus der Geschichte der Kapitalmärkte der letzten 150 Jahre. (b) Sollte in einer Megakrise eine Börsenschließung erfolgen, was in den meisten westlichen Ländern während des Zweiten Weltkriegs für mehrere Jahre der Fall war, würde das unterschiedslos jede Art von börsennotiertem Investment betreffen – natürlich auch Einzelwertpapiere. (c) ETFs sind eines der weltweit am schärfsten und engsten regulierten Finanzprodukte, schärfer reguliert als kapitalbildende Lebens- und Rentenversicherungen, Zertifikate, offene Immobilienfonds, geschlossene Fonds, direkte Investments in Edelmetalle oder Kryptowährungen und viele Finanzprodukte, einschließlich des Betriebs von Bankschließfächern und nicht börsennotierten Unternehmensbeteiligungen. (d) Das globale ETF-Volumen macht inzwischen rund 19 000 Milliarden USD aus (Stand

Ende 2025). Diese Größe stellt sicher, dass Staaten und Aufsichtsbehörden alles tun werden, um den ETF-Markt in einer Krise nicht schlechter funktionieren zu lassen als andere Segmente des Kapitalmarktes. (e) Die manchmal geäußerte These, dass der Eigentumsnachweis bei ETF-Anteilen in oder nach einer Megakrise oder in einem einzelnen rechtlichen Streitfall (außerhalb einer Megakrise) schwerer zu führen sei als bei Einzelwertpapieren (Aktien, Anleihen), ist wenig plausibel, wenn man sich vergegenwärtigt, dass ETF-Anteile und Einzelwertpapiere mit den gleichen technischen Systemen gehandelt und verwaltet werden. Sollte eine Börse vom Staat geschlossen werden, sind davon Einzelwertpapiere und andere Finanzprodukte genauso betroffen wie ETFs.

Anti-ETF-Argument 12: Die Struktur mancher ETF-Typen ist risikoreich für die Anleger. Gemeint sind Swap-ETFs, sogenannte gehebelte ETFs (Leveraged-ETFs) und Short-ETFs. Die Fakten: Der globale Marktanteil von Swap-ETFs liegt bei rund 3%. Die Marktanteile von Leveraged-ETFs und Short-ETFs sind noch deutlich kleiner.

Anti-ETF-Argument 13: Wertpapierleihe bei ETFs ist ein obskures, risikoreiches Seitengeschäft von ETFs und kann schwer beurteilbare Risiken mit sich bringen. Die Fakten: Wertpapierleihe darf unterschiedslos von *allen* Investmentfonds – aktiven und passiven – praktiziert werden, nicht nur von ETFs, also auch von aktiv gemanagten Investmentfonds, Hedgefonds, Sovereign Wealth Funds, amerikanischen Pensionsfonds und anderen institutionellen Fonds. Warum Wertpapierleihe erstens harmlos und zweitens nützlich ist, haben wir in einem Blogbeitrag beschrieben (Kommer/Großmann 2020m).

Anti-ETF-Argument 14: Mit ETF-Investieren erzielt man nur die Marktrendite (nur die jeweilige Anlageklassenrendite). Die Fakten: Dieses Argument ist technisch und formal gesehen richtig. Trotzdem produziert Buy-and-Hold-Anlegen mit ETFs statistisch höhere Renditen als aktives Anlegen – siehe Abschnitt 6.1.

Anti-ETF-Argument 15: Ein ETF investiert automatisch auch in die schlechten Aktien. Diesen Nachteil hat man bei aktiv gemanagten Fonds oder beim Stock Picking nicht. Die Fakten: Was die schlechten Aktien sind, weiß man nur zuverlässig hinterher. Aktive Anleger (z.B. Fondsmanager, Vermögensverwalter, Do-it-yourself-Anleger) wissen es offenbar in der Mehrzahl der Fälle nicht im Voraus. Ansonsten rentierten nicht mehr als 50% aller aktiv gemanagten Portfolios schlechter als ihre passive ETF-Benchmark.

Anti-ETF-Argument 16: Ein MSCI World ETF ist »kopflastig«. Die USA als Region macht über 60% aus und die größten zehn Einzelpositionen über 15%. Das ist schlechte Diversifikation. Die Fakten: Ja, das stimmt, aber wer sich daran auf Depotebene stört, der kann das leicht über die Nutzung anderer oder zusätzlicher ETFs nach eigenem Gusto korrigieren.

Anti-ETF-Argument 17: In ETFs auf Buy-and-Hold-Basis zu investieren, ist langweilig und unsexy. Die Fakten: Sofern ein Anleger die Geldanlage primär durch die Brille des Unterhaltungswertes und der damit vielleicht erzielbaren »Bragging Rights« (das »›Recht‹, mit etwas anzugeben«) betrachtet, stimmt diese Kritik am passiven Investieren mit ETFs. Wer im Investieren maßgeblich Entertainment sucht, wird an breit gestreuten ETF-Investments auf Buy-and-Hold-Basis in der Tat keinen Gefallen finden. Unser Kompromissvorschlag an einen Anleger, der ETFs für zu langweilig hält: Investieren Sie 90% Ihres liquiden Vermögens über ETFs auf Buy-and-Hold-Basis, so wie es in diesem Buch in Kapitel 8 vorgeschlagen wird, und 10% sozusagen in ein kleines Zockerdepot, mit dem Sie Ihren sportlichen Finanzehrgeiz ausleben.

Wie wir nun gesehen haben, ist der größte Teil der ETF-Kritik einseitig oder falsch und kommt von Personen mit einem Interessenkonflikt oder von Journalisten, die mit Angstmache und Sensationalismus Auflagen und Klickraten steigern wollen. Immerhin: In einigen technischen Spezialaspekten hat diese Kritik im Laufe der Jahre dazu beigetragen, ETFs noch sicherer und noch transparenter zu machen.

ETFs haben in den vergangenen gut 30 Jahren mehrere denkbar harte Stresstests sowie weitreichenden strukturellen und regulatorischen Wandel in den Kapitalmärkten problemlos überstanden. Darunter die schweren Stresstests Dotcom-Crash ab Anfang 2000, große Finanzkrise ab 2007/2008, Corona-Crash in der ersten Hälfte 2020 und Anleihen-Crash in 2022. In diesen drei Jahrzehnten gab es außerdem noch viele, viele kleinere, speziellere oder lokale Krisen am Kapitalmarkt. Aus der rechtlichen

Struktur von ETFs hat unseres Wissens bis zum heutigen Tag kein Privatanleger weltweit je einen Schaden erlitten. Kein Finanzprodukt hat in den vergangenen 50 Jahren global einen größeren Nutzen für Privatanleger generiert als Indexfonds, einschließlich ihrer ETF-Variante.

7.1.7 Gold

Gemäß Tabelle 15 lieferten Aktien in den gut 50 Jahren von Anfang 1975 bis August 2025 eine mehr als dreimal so hohe Realrendite wie Gold, obwohl Gold beim Risiko (Volatilität und Maximum Drawdown) schlechter abschnitt als Aktien. In den letzten zehn Jahren sah das Renditebild allerdings ausgeglichener aus. Soweit die nackten Zahlen.

Tabelle 15: Inflationsbereinigte Rendite und Risiko von Gold im Vergleich zu Aktien in USD seit 1975

	Gold	Aktien (MSCI World Index)
Rendite		
01/1975 bis 12/2025 (51 Jahre)	2,8% p.a.	7,3% p.a.
01/2016 bis 12/2025 (10,0 Jahre)	11,6%% p.a.	9,3%% p.a.
Risiko (Gesamtzeitraum)		
Volatilität	18%	15%
Maximum Drawdown	−83% (03/2001)	−54% (02/2009)
Korrelation Gold zu Aktien	+0,14	

► Inflationsbereinigte Renditen in USD. ► Volatilität = annualisierte Standardabweichung der Monatsrenditen. ► Datenquelle: Dimensional Fund Advisors.

Goldbugs führen die folgenden Argumente für ein Investment in das Edelmetall ins Feld: (a) Gold ist nicht beliebig vermehrbar und soll daher langfristig attraktive Renditen haben. (b) Gold wird über 3000 Jahre lang bis 1971 als Zahlungsmittel (Währung) und bis heute als Wertaufbewahrungsmittel eingesetzt. (c) Gold ist inflationsfest, gleicht also die Geldentwertung auch in Hochinflationsphasen gut aus. (d) Gold schneidet in schweren weltpolitischen Krisen renditemäßig gut ab. (e) Gold wird in Zukunft (noch) rentabler sein als in der Vergangenheit, weil die Staatsschuldenquoten in den letzten Jahren weltweit stark gestiegen sind. (f) Gold ist als Beimischung in einem Aktienportfolio nützlich, weil es eine geringe Korrelation zu Aktien hat. (g) Gold hat (in Deutschland) steuerliche Vorteile. (h) Seit einigen Jahren wollen die Regierungen großer Volkswirtschaften, wie z.B. China und Indien, aus politischen Gründen die umfangreichen Bestände an Dollaranleihen in ihren Währungsreserven abbauen und schichten einen Teil davon in Gold um.

Argument (a) ist irrelevant, auch wenn das die allermeisten Goldbugs mental nicht akzeptieren können oder wollen. Tatsache ist, dass unendlich viele Dinge auf unserem schönen Planeten Erde existieren, die nicht beliebig vermehrbar sind und von denen trotzdem kein Mensch auf die Idee käme, sie als Investment zu betrachten, z.B. Kieselsteine oder Kohlenstoffatome. Das Edelmetall Platin ist weit seltener als Gold, hat aber in den fünf Jahrzehnten von 1975 bis heute eine negative reale Rendite. Argument (b) sagt nichts aus über die in der Zukunft zu erwartende Rendite-Risiko-Kombination von Gold und auf diese kommt es ja an. Außerdem war Gold in diesen 3 000 Jahren bis 1971 ein allgemein gebräuchliches Zahlungsmittel bzw. eine Währung, was aber heute nicht mehr der Fall ist und für die nächsten Jahrzehnte sehr unwahrscheinlich erschient. Argument (c) ist gewiss nicht so klar und eindeutig, wie in der Gold-Community geglaubt oder behauptet wird. In Abschnitt 6.5 haben wir das näher erläutert. Argument (d) steht ebenfalls auf wackeligen Beinen. Beispiel: Am Ende des Zweiten Weltkriegs lag der Goldpreis in Dollar unter dem Level zu Kriegsbeginn September 1939. Bei der Anlageklasse Aktien Global war das nicht so. Argument (e) ist ganz einfach Meinung oder Spekulation.

Am überzeugendsten finden wir die Argumente (f), (g) und (h). Eine Goldbeimischung von maximal rund 10% des Gesamtvermögens eines Haushaltes kann die erzielbare Rendite-Risiko-Kombination für das Gesamtvermögen verbessern. Ob das für in einem gegebenen 10- oder 20-Jahres-Zeitraum in der Zukunft tatsächlich der Fall sein wird, ist jedoch nicht garantiert. Grund für den potenziellen Beimischungsvorteil: Goldrenditen einerseits und die Renditen von Aktien, Immobilien und zinstragenden Anlagen andererseits entwickeln sich zumindest zeitweilig gegenläufig. Die Korrelation zwischen Gold und dem Weltaktienmarkt war von 1975 bis heute erfreulich niedrig.

Außerdem hat im Privatvermögen gehaltenes Gold, einschließlich Gold in Gestalt von Gold-ETFs/ETCs, in Deutschland steuerliche Vorteile. Nach einem Jahr Haltefrist sind die Wertsteigerungen von Gold, das im Privatvermögen gehalten wird, steuerfrei.

Ein maßgeblicher Treiber für die hohe Goldrendite in den letzten 15 Jahren waren die im historischen Vergleich umfangreichen Käufe der Zentralbanken (die Aggregation aller Käufe und Verkäufe durch Zentralbanken). Dieser Preistreiber kann im Prinzip jederzeit wegfallen – auch weil Zentralbanken nicht gewinnorientiert agieren.

Gold über einen ETF (oder genauer ETP oder ETC) zu kaufen und zu halten, bedeutet zudem geringe Transaktionskosten und eine bequemere Verwaltung. Physisches Gold zu Hause im Tresor zu verwahren, wäre uns in Bezug auf die damit einhergehende Einbruchs- und Überfallgefahr persönlich zu gefährlich.

Alles in allem sind uns die Vorteile von Gold in Anbetracht seiner relativ zu Aktien deutlich schlechteren Langfristrendite zu gering. Dass Goldrenditen in den rund zehn Jahren bis heute (Ende 2025) attraktiv hoch waren, zählt für uns nicht.

Wenn Sie sich genauer über Gold als Investment informieren wollen, dann empfehlen wir unsere Blogbeiträge Kommer/Weis 2019k und Kommer/Riemensperger 2026a.

7.1.8 Rohstoffe

Die Anlageklasse Rohstoffe besteht aus fünf Rohstoffhauptgruppen: Energie (Kohle, Erdöl, Erdgas), Edelmetalle (Gold, Silber, Platin, Palladium), Basismetalle (Kupfer, Blei, Zink, Aluminium und andere), Mineralien (Bauxit, Phosphat, Schwefel und andere) sowie Agrarrohstoffe (z.B. Getreide, Tabak, Kaffee, Fleisch). Edelmetalle und ganz besonders Gold kann man aus Anlegersicht als Sonderfall betrachten, was wir in diesem Buch auch tun. Mit Gold haben wir uns bereits im vorigen Abschnitt befasst. Daher soll es in diesem Abschnitt primär um Rohstoffe exklusive Edelmetalle gehen.

Als Anleger kann man – mit Ausnahme von Edelmetallen – nicht in Rohstoffe direkt investieren.[81] Für Direktanlagen in Rohstoffe – im Finanzjargon *Commodity Spot Market Investments* – wären die Lagerkos-

81 Eine Scheinausnahme von dieser Grundregel sind Rohstoffzertifikate. Zur Finanzproduktkategorie Zertifikate siehe Abschnitt 7.2.14. Über Zertifikate kann man auf viele individuelle Rohstoffe, z.B. Zucker oder Aluminium, und auch auf Spotmarkt-Rohstoffe, also nicht nur Futures, spekulieren. Von diesen Anlagen raten wir jedoch ab, da Zertifikate konstruktionsbedingt unattraktiv sind, denn dabei liegt gar kein »physisches« Rohstoffinvestment zugrunde und die Diversifikation fehlt zumeist.

ten, Transportkosten und Versicherungskosten viel zu hoch. Man versuche einmal, für 10 000 Euro Eisenerz, Öl oder Weizen zu kaufen und dann notwendigerweise in Empfang zu nehmen. Jede denkbare Rendite eines solchen Vorhabens würde für Privatanleger durch die Kosten von Transport und Lagerung aufgefressen.

Wer als Privatanleger in Rohstoffe investieren möchte, der muss das über »Rohstoff-Futures« tun, zu Deutsch »Rohstoff-Termingeschäfte«. Alle Rohstoff-ETFs (wiederum exklusive Edelmetall-ETFs) repräsentieren Rohstoff-Futures. Rohstoff-Futures sind nichts Esoterisches und letzten Endes nicht komplizierter als Aktien oder Anleihen, aber sie funktionieren völlig anders. Wer Rohstoffinvestments tätigen will, sollte diese Funktionsweise verstehen. Deren Grundzüge und andere wissenswerte Fakten zu Rohstoffinvestments beschreiben wir im Blogbeitrag Kommer/Kanzler 2021a.

Die Anlageklasse Rohstoffe, oder genauer gesagt Rohstoff-Futures, hat in den gut 55 Jahren seit 1970 im Vergleich zu Aktien bescheiden rentiert. Wer die niedrige Langfristrendite von Rohstoffen und ihre analog zu Aktien ebenso hohe Volatilität unattraktiv findet, der wird auf diese Anlageklasse verzichten wollen. Für diejenigen Leser, die ein Rohstoffinvestment dennoch in Erwägung ziehen, nachfolgend die aus unserer Sicht wichtigsten Informationen.

Dass Rohstoffe »endlich« seien oder »zwangsläufig immer knapper werden« und ihre Preise deswegen langfristig unweigerlich steigen würden, ist ein nicht ausrottbares Ammenmärchen, das Untergangspropheten und faktenignorierende Radikalökologen schon seit gut 150 Jahren verbreiten. Energierohstoffe sind schon deswegen nicht endlich, weil die Sonne jeden Tag eine gigantische Menge Energie kostenlos auf die Erde sendet. Öl kann aus Kohle erzeugt werden, die noch mindestens 300 Jahre reicht. Agrarrohstoffe sind ebenso wenig endlich. In Bezug auf die allermeisten übrigen Rohstoffe gilt, dass wir wahrscheinlich 90% der auf diesem Planeten vorhandenen Mengen noch nicht abgebaut haben, weil das bisher ganz einfach nicht nötig oder technisch-ökonomisch noch nicht möglich war (z.B. Bergbau am Meeresgrund). Die allermeisten endlichen Rohstoffe können bei entsprechenden Preisverhältnissen durch Alternativen substituiert werden. Diese Substituierbarkeit wird durch den technischen Fortschritt mit der Zeit tendenziell immer leichter und häufiger umsetzbar. Weil das Knappheitsargument nicht stimmt, kann es auch keine strukturell preistreibende Wirkung haben.

Die für uns überzeugenden Argumente zugunsten von Rohstoffinvestments sind die folgenden:

Rohstoffe haben zumeist dann gute Renditen, wenn die Inflation merklich steigt oder hoch ist. Das war in den 1970er-Jahren der Fall und auch in der jüngeren Hochinflationszeit von Mitte 2020 bis Ende 2023. Sollte die Inflation wieder stark und über längere Zeit anziehen, dürften Rohstoff-Futures davon renditemäßig profitieren. In diesem Sinne tragen Rohstoffe zum kurz- und mittelfristigen (aber nicht zum langfristigen) Inflationsschutz in einem Portfolio bei.

Rohstoffpreise steigen oft – aber beileibe nicht immer – in schweren politischen Krisen, wenn diese ökonomisch bedeutende große Staaten einschließen. Allerdings: Nach Ende solcher Krisen fallen die Preise wieder – manchmal bald danach, manchmal später und langsamer.

Rohstoffrenditen korrelieren schwach mit den Renditen von Aktien und Anleihen und eignen sich insofern gut zur Diversifikation eines Aktien-Anleihen-Portfolios.

Im deutschen Privatanlegermarkt waren Stand Dezember 2025 etwa 120 Rohstoff-Futures-ETFs (oder exakter ETCs) verfügbar, die verschiedene breite Rohstoff-Futures-Indizes oder Futures auf einzelne Rohstoffe abbilden. Aufgrund der Unterschiede bei den Indizes bzw. einzelnen Rohstoffen unterscheiden sich die historischen Renditen der einzelnen ETFs/ETCs über Zeiträume von bis zu rund fünf Jahren zum Teil recht stark. Im Einzelfall führen auch Spezialeigenschaften zu abweichenden Renditen, wie beispielsweise das Hedging von Wechselkursen.

Wer in Rohstoffe investiert, sollte das aus Risikogründen über einen breit diversifizierten Rohstoffindex tun, der alle oben genannten Rohstoffhauptgruppen abbildet.

7.1.9 Kryptowährungen (Bitcoin, Ethereum)

Kryptowährungen – es gibt rund 10 000 »aktive« Währungen und weit mehr »inaktive«, also »tote« Währungen mit 100% Kursverlust – sind für normale Privathaushalte kein Muss-Investment. Unseres Erachtens braucht sie ein normaler Privathaushalt in seinem Investmentportfolio nicht. Auf alle Fälle sollte jeder, der ein Kryptoinvestment in Betracht zieht, das in Kenntnis der folgenden Fakten und Überlegungen tun:

Die meisten Kryptoenthusiasten in den Medien und im Internet unterscheiden nicht sauber zwischen dem Thema (A) Kryptowährungen als »Revolution« in der Geldpolitik, im Zahlungsverkehr und vielleicht auch in der Gesellschaftspolitik auf der einen Seite und dem letztlich ganz anderen Thema (B) Bitcoin als Vermögensanlage und Altersvorsorge für Privathaushalte auf der anderen Seite. Diese beiden völlig verschiedenen Seiten von Kryptos (und Bitcoins im Speziellen) und dazu noch technische Aspekte der Blockchain-Technologie werden in den Medien und im Internet leider chaotisch miteinander verquirlt. Das macht viele Aussagen, die aus so heillos verquirltem Denken abgeleitet werden, fragwürdig oder ganz falsch. Nachfolgend geht es uns allein und ausschließlich um Thema (B).

Für ein Investment kommen u.E. nur die zwei nach ihrer Marktkapitalisierung und damit nach ihrem bisherigen Markterfolg größten Kryptowährungen in Betracht, Bitcoin oder Ethereum. Von anderen Währungen sollte man die Finger lassen, weil es bei ihnen noch mehr Unwägbarkeiten und Renditerisiko gibt. Die meisten von ihnen haben miserable Langfristrenditen. Wo nicht anders angegeben, beziehen sich die folgenden Ausführungen ausschließlich auf Bitcoin. Sogenannte *Stablecoins* sind ein nicht mit »normalen« Kryptowährungen vergleichbarer Sonderfall. Ihre Renditen bewegen sich konstruktionsbedingt auf lange Sicht nahe null. Soweit diese an den US-Dollar gebundenen Zahlungsmittel erfolgreich sind, ist das eher schlecht für echte Kryptowährungen. Auch eine in Zukunft durchaus denkbare »Tokenisierung« des allgemeinen Wertpapierhandels (Wertpapierhandel über die Blockchaintechnologie) hat nichts mit Kryptowährungen und ihren Renditen zu tun.

Die exorbitant hohen Kryptorenditen von Bitcoin in der Zeit von Dezember 2009 bis November 2021 sollte heute niemand als primären Grund für ein Kryptoinvestment betrachten. Diese extremen Renditen werden sich für längere Perioden in der Zukunft nicht mehr wiederholen. In den gut vier Jahren von November 2021 bis Januar 2026 als dieser Text erstellt wurde, war die Rendite von Bitcoin negativ und die von Ethereum nur moderat positiv. Ja, würde man mehr als vier Jahre zurückgehen oder nur drei Jahre, wären die Bitcoin-Renditen deutlich höher, aber einen Vierjahreszeitraum, in dem Bitcoin den globalen Aktienmarkt unter-performte, gab es vorher noch nie. Die risikogewichtete Rendite von Bitcoin in Gestalt der → Sharpe Ratio ist seit Ende 2019 bis Januar 2026 deutlich und konsistent schlechter als die des MSCI World Aktien-Index. Wir vermuten daher, dass inzwischen eine »Normalisierung der Bitcoin-Renditen« eingesetzt hat, die allerdings angesichts der extremen Volatilität von Bitcoin schwer erkennbar ist.

Bitcoin hat – genauso wie Gold – keinen »intrinsischen« (»fundamentalen«) Wert, weil es (a) keinen Cashflow erzeugt und (b) bisher keinen nennenswerten kommerziellen Nutzen hat.[82]

Der Wert einer Coin entsteht lediglich daraus, dass ein Dritter einen bestimmten Preis in konventioneller Währung bezahlen will. Der hierzu manchmal von Kryptofans vorgebrachte Einwand, normale Papiergeldwährungen hätten ebenfalls keinen intrinsischen Wert, ist falsch, da diese Währungen gesetzliche *und* tatsächliche Zahlungsmittel sind, was für Kryptowährungen per heute (Anfang 2026) in keinem einzigen Land der Welt der Fall ist.[83] Gold existiert als Wertaufbewahrungsmittel seit mindestens 3000, vielleicht 6000 Jahren, Bitcoin seit gut 17 Jahren.

Dass speziell Bitcoin – die bedeutendste Kryptowährung – jemals in nennenswertem Umfang im Zahlungsverkehr eingesetzt wird, erscheint aus zwei mächtigen Gründen unwahrscheinlich. Erstens wollen es die allermeisten Regierungen und Zentralbanken nicht. Zweitens ist Bitcoin als Zahlungsmittel genuin ungeeignet. Es ist hierbei regulären Währungen in Kombination mit kommerziellen Zahlungsverkehrsdienstleistern technisch, verbreitungs- und kostenmäßig hoffnungslos unterlegen und zudem viel zu volatil. Diese Unterlegenheit hat sich in den letzten Jahren vergrößert, nicht verkleinert. Auch gegenüber anderen Kryptowährungen kann Bitcoin aus technischen Gründen nicht mithalten.

Warum wollen Regierungen und Zentralbanken keine wirkliche Verbreitung von Bitcoin als Zahlungsmittel? In dem Maße, wie Kryptowährungen die reguläre Währung eines Landes als Zahlungsmittel und Wertaufbewahrungsmittel verdrängen, würde das die Geldpolitik dieses Landes

82 Der bisher – Stand Januar 2026 – begrenzte kommerzielle Nutzen der gesonderten Kryptowährung *Bitcoin-Cash* als Zahlungsmittel ist hier irrelevant, da Bitcoin-Cash nicht das Gleiche ist wie Bitcoin. Auch waren die historischen Renditen von Bitcoin-Cash bisher drastisch niedriger als die von Bitcoin. Das sogenannte *Staking* von Nicht-Bitcoin-Kryptowährungen, um eine Cash-Flow-Rendite zu erzielen, führt schwer zu beurteilende zusätzliche Gegenparteirisiken ein. Bei Bitcoin ist direktes Staking nicht möglich.

83 Bitcoin war in El Salvador in der Central African Republic (CAR) vorübergehend eines der gesetzlichen Zahlungsmittel und verlor diesen Status dann vor allem wegen mangelnder Akzeptanz in der Bevölkerung wieder.

zunehmend wirkungslos, machtlos machen. Neben der Fiskalpolitik ist die Geldpolitik einer der zwei Hauptarme der staatlichen Wirtschaftspolitik und damit natürlich auch der Sozialpolitik. Staaten – Demokratien nicht und Autokratien noch weniger – werden nicht zulassen, dass ihnen durch Kryptowährungen ein großer Teil der Einflussnahme und Steuerung auf Wirtschaft und Soziales in einem Land genommen wird.

Außerdem würde Bitcoin aufgrund seiner fixen Mengenbegrenzung, im Unterschied zu Ethereum und anderen Kryptowährungen, als dominierendes Zahlungsmittel möglicherweise deflationär wirken. Geschätzt 95% aller Volkswirte an Universitäten, Forschungsinstituten, in Finanzaufsichtsbehörden und Zentralbanken glauben, dass eine strukturell deflationäre Währung volkswirtschaftlich schädlich wäre. So wie die starke Deflation in den USA von Dezember 1929 bis März 1933 mit einer Schrumpfung der US-Wirtschaftskraft einherging.

Die Volatilität von Bitcoin und Ethereum ist eingeweidezerreißend hoch, seit 2015 rund fünfmal so hoch wie die eines global diversifizierten Aktienportfolios, das ja aus Privatanlegersicht seinerseits schon sehr volatil ist. In den 17 Jahren seiner Existenz erlebte Bitcoin sechs verschiedene Crashs mit maximalen Drawdowns von 50% oder mehr. Die allermeisten Anleger halten diese exorbitante Volatilität nur aus, wenn sie lediglich einen kleinen Teil des Gesamtvermögens betrifft.

Auch Mitte Februar 2026, als diese Zeilen geschrieben wurden, lag Bitcoin in USD und in Euro wieder mehr als 40% unter seinem vorherigen Allzeithoch vom Oktober 2025. Bei Ethereum war der Drawdown noch höher. Wieder einmal war »Crypto Winter«. Und wieder, wie auch bei jedem vorherigen Krypto-Crash, kursierten in den Medien plausible Argumente, denen zufolge Bitcoin noch weiter sinken könnte.

Bei Direktinvestments in Kryptowährungen bestand und besteht das statistisch sehr relevante Risiko, direkt oder indirekt Opfer eines Hacks zu werden, also eines elektronischen Diebstahls oder einer anderen kriminellen Schädigung von Kryptoguthaben. Die amerikanische Programmiererin Molly White führt auf ihrer Website *web3isgoinggreat.com* seit Jahren ein frei zugängliches, laufend aktualisiertes Verzeichnis dieser Vorfälle.

Auch das Risiko des unabsichtlichen Verlusts der sogenannten Private Keys, den ein Eigentümer von »physischen Bitcoins« braucht, um seine Coins zu verwalten und zu nutzen, ist statistisch beträchtlich. Es wird geschätzt, dass zwischen 2% und 20% aller jemals produzierten Bitcoins in der Vergangenheit auf diese Weise unwiderruflich verloren gegangen sind. Das entspricht einem 100%-Verlust für den jeweiligen Investor.

Die meisten sogenannten Krypto-»Börsen« sind in Bezug auf ihr Sicherheitsniveau nicht mit regulierten Wertpapierbörsen vergleichbar, da sich Kryptobörsen oft »offshore« in Staaten mit niedrigem aufsichtsrechtlichem Qualitätsstandard befinden,[84] und sie – im Unterschied zu regulierten Wertpapierbörsen – gleichzeitig als *Verwahrstellen* für Kryptoanlagen, nicht nur als reine Handelsplattformen, agieren. Als Verwahrstellen verschaffen sich diese »Börsen« somit rechtlich Besitz an den Coins. Das verursacht Interessenkonflikte und Risiken für die Nutzer der Börse. Die vielen und oft betrügerischen Konkurse von Kryptobörsen in der Vergangenheit führten vor allem aus diesem Grund zu oftmals großen Anlegerverlusten. Die zwei bekanntesten Fälle der jüngeren Vergangenheit waren die Pleiten der Kryptobörsen und -händler Terra/Luna, Celsius Network und FTX im Jahr 2022. Dabei verloren die Nutzer/Kunden der Börsen nach Medienberichten geschätzt etwa 600 Milliarden US-Dollar.

Eine Reihe von im Internet verbreiteten und gebetsmühlenartig wiederholten Pro-Bitcoin-Argumenten sind falsch, darunter, dass der Preis von Bitcoin deswegen weiter steigen müsse, weil Bitcoin nicht beliebig vermehrbar sei, dass Bitcoin Inflationsschutz böte (zum nicht vorhandenen Inflationsschutz von Bitcoin im Sinne von Inflation Hedging siehe Abschnitt 6.5), dass Bitcoin nicht von Staaten oder Notenbanken kontrolliert oder beschlagnahmt werden könne,[85] dass Bitcoin die Anonymität von Zahlungen garantiere und dass man mit Bitcoin relativ gefahrlos Steuern hinterziehen könne.

Positiv zu vermerken ist, dass Kryptorenditen eine niedrige Korrelation zu anderen Anlageklassen haben, und Bitcoin oder Ethereum daher im Prinzip gute Diversifizierer in einem größeren Vermögensportfolio

---

84 Im Januar 2026 hatten von den weltweit zehn größten Kryptobörsen sieben (darunter auch Binance, die größte) ihren Unternehmenssitz in Offshore-Standorten wie den Seychellen, den Cayman Islands und Dubai oder waren ehemals chinesische Firmen, die jetzt angaben, gar keinen bestimmten Unternehmenssitz zu haben.

85 Beispielsweise wurde von der US-Regierung 2025 Bitcoins der Mafia-Organisation des chinesischen Kriminellen Chen Zhi im Wert von 15 Mrd. Dollar beschlagnahmt. Ende 2025 wurde Chen Zhi in Kambodscha verhaftet und im Januar 2026 nach China ausgeliefert, wo ihn eine langjährige Gefängnisstrafe oder Schlimmeres erwartet.

sind, wenngleich die Korrelation zu Tech-Aktien in den letzten Jahren stark zugenommen hat.

Und auch wenn das kein ethisch attraktives Argument ist: Bitcoin wird in großem Umfang in der weltweiten Schattenwirtschaft eingesetzt, also zu Zahlungs- und Investmentzwecken im illegalen Sektor. Das wirkt tendenziell wertstabilisierend, zumindest in Sinne einer Wertuntergrenze oberhalb von null.

Wertsteigerungen von Kryptowährungen sind in Deutschland nach einer Haltefrist von zwölf Monaten steuerfrei, sofern sich die Coins im steuerlichen Privatvermögen befinden. Bei der Besteuerung existiert nach derzeitiger Rechtslage in Deutschland kein Unterschied zwischen direkt erworbenen Bitcoins und indirekt über einen ETN erworbenen Coins.

Dass Kryptowährungen in den nächsten Jahren ähnlich hohe Durchschnittsrenditen wie im Mittel der letzten, sagen wir, zehn Jahre haben werden, erscheint uns extrem unwahrscheinlich, da nach über eineinhalb Jahrzehnten Kryptowährungen immer noch kein echter Use-Case außerhalb der Schattenwirtschaft erkennbar ist. Wenn man dennoch annimmt, dass Bitcoin und/oder Ethereum trotz der genannten Risikofaktoren in der mittel- und langfristigen Zukunft weiterhin einigermaßen attraktive Renditen erzeugen, wie würde man dann ein Investment in Kryptowährungen konkret umsetzen?

Wer sich dazu entscheidet, Kryptowährungen »physisch« zu erwerben, sollte sich über diesen für Laien relativ komplexen Weg zuerst umfassend informieren. Hierzu kann dieses Buch aus Platzgründen nichts sagen. Ein technisch einfacherer und für normale Privatanleger mit weniger Arbeitsaufwand und operativem Risiko einhergehender Weg besteht darin, einen Bitcoin- oder Ethereum-ETF, genauer gesagt ETN , zu kaufen. Weniger risikoreich ist dieser Weg insofern, als hier kein Verlustrisiko für die Private Keys besteht. Auch andere potenzielle teure operative Fehler, die ein nicht versierter Privatanleger beim Kaufen, Lagern und Verkaufen von Coins in ein Krypto-Wallet machen könnte, werden hier seltener vorkommen oder sind de facto ganz ausgeschlossen. Einfacher ist dieser Weg definitiv, weil Krypto-ETNs genauso gekauft und verkauft werden wie normale ETFs. Der Krypto-ETN liegt bequem und übersichtlich im Wertpapierdepot. Auch Hacking-Risiken und Risiken aus der Pleite einer Krypto-»Börse« sind auf diesem Wege weit niedriger.

Wer in Bitcoin oder Ethereum investieren möchte, sollte diese Anlagen dem risikobehafteten Portfolioteil im Weltportfolio-Konzept zuordnen. Kryptoinvestments sollten nur dann erfolgen, wenn man für den betreffenden Investmentbetrag akzeptieren kann, dass der Kryptokurs um über 80% fallen kann und mehrere Jahre braucht, um nach einem starken Einbruch den vorherigen Höchststand wieder zu erreichen. Wie groß ein Kryptoinvestment innerhalb des Gesamtportfolios aus Sicht eines vermögenden Privathaushaltes maximal sein sollte, wird in Abschnitt 8.5 behandelt.

7.1.10 Ausländische kapitalbildende Lebensversicherungen

Kapitalbildende Lebens- und Rentenversicherungen bei Versicherungsgesellschaften mit Sitz in Deutschland (die damit deutschem Versicherungsrecht unterliegen) besitzen substanzielle Nachteile. In den Abschnitten 7.2.1 und 7.2.2. beschreiben wir diese Nachteile. Für all diejenigen Leser, die keine Lebensversicherungsexperten sind, dürfte es hilfreich sein, ausnahmsweise kurz vorzublättern und sich vor der Lektüre des vorliegenden Abschnittes zu ausländischen KLVs den beiden kurzen Abschnitten 7.2.1 und 7.2.2 zu deutschen kapitalbildenden Versicherungen zu widmen. Die besagten Nachteile deutscher kapitalbildender Versicherungen bestehen sowohl bei »klassischen« kapitalbildenden Policen, die die Beiträge der Versicherungsnehmer in Anleihen investieren, als auch für fondsgebundene Policen, die diese Beiträge in Aktienfonds anlegen.

KLVs bei einem Versicherungsgeber (der Versicherungsgesellschaft) mit Sitz in Liechtenstein, Luxemburg, Österreich oder der Schweiz haben einen entscheidenden Vorteil gegenüber solchen, bei denen der Versicherungsgeber seinen Sitz in Deutschland hat. Er besteht darin, dass der Versicherungsnehmer in diesem Fall kein »Ausfallrisiko Versicherer« tragen muss. Seine Prämieneinzahlungen und die Erträge darauf bilden rechtlich ein Sondervermögen – so wie das auch bei UCITS-Fonds EU-weit der Fall ist –, werden also rechtlich nicht mit dem Vermögen der Versicherungsgesellschaft oder dem Vermögen der anderen Versicherten gemischt (siehe Erläuterungen zum wichtigen Aspekt des Sondervermögens in Abschnitt 7.1.6.). Die verbleibenden Ausführungen in diesem Abschnitt beziehen sich jedoch nur auf KLVs nach Liechtensteiner, Luxemburger, Österreicher oder Schweizer Recht. Solche KLVs könnten für Menschen in der Vermögensschutzphase (Reich-bleiben-Phase) interessant sein.

Nehmen wir als Beispiel Robert, der mit 55 Jahren einen fondsgebundenen Lebensversicherungsvertrag mit einem luxemburgischen oder liechtensteinischen Versicherungsunternehmen mit einer Einmalprämie von 1 Million Euro zugunsten seines heute einjährigen Enkelkindes abschließt. Die Million wird gemäß Vertrag in ein in Bezug auf die laufenden Kosten preisgünstiges globales Aktien-ETF-Portfolio auf Buy-and-Hold-Basis investiert. Das Wertpapierportfolio wird als »Sondervermögen« dem Vertrag von Robert zugeordnet.

Aus rechtlicher Sicht wird die Kapitalanlage nicht von Robert persönlich gehalten. Er hat einen »abstrakten Anspruch« gegenüber der Versicherungsgesellschaft. Die Rendite des Versicherungsleistungsanspruches (die laufenden Gewinne aus thesaurierten Dividenden und die nicht realisierten oder realisierten Wertsteigerungsgewinne) ist steuerrechtlich weder für das deutsche Finanzamt noch für das Finanzamt in Liechtenstein oder Luxemburg von Belang. Dass für Robert die Option besteht, den Versicherungsvertrag jederzeit ganz oder teilweise kündigen zu können, ändert daran nichts.

Wenn Robert z.B. mit 85 stürbe, täte sich in den 30 Jahren davor steuerrechtlich erst einmal nichts. In den idealerweise vielen Jahren bis zu seinem Ableben muss Robert die Erträge innerhalb der Versicherungspolice nicht in seiner Steuererklärung angeben. Sollte er in dieser Zeit aus Deutschland auswandern, verursacht das i.d.R. ebenfalls kein Problem, da Lebens- und Rentenversicherungsverträge vor dem Auszahlungsfall von den meisten Ländern steuerrechtlich ignoriert werden. Ferner können Erlebens- und Kündigungsleistungen in vielen Ländern einkommenssteuerfrei bezogen werden. Auch von einer Wegzugsbesteuerung werden Lebensversicherungsverträge (ob in- oder ausländische) in Deutschland nicht erfasst.

Wie enorm sich der Steuerstundungseffekt auf die gesamte Wertentwicklung eines Investments über beispielsweise 30 Jahre auswirkt, haben wir bereits in Tabelle 5 in Abschnitt 3.3 aufgezeigt.

Wenn Robert verstirbt, wird die Todesfallleistung fällig. Dann wird aus der bisherigen einkommenssteuerlichen Steuerstundung eine endgültige Einkommenssteuerbefreiung, denn die Versicherungsleistung im Todesfall ist für seine Enkelin nach deutschem Steuerrecht einkommenssteuerfrei. Dies gilt sowohl für die eingezahlten Prämien als auch für die Renditen aus den Einzahlungen. Die Versicherungsleistung selbst (unter Berücksichtigung des Freibetrags) unterliegt der Erbschaftssteuer – doch das träfe auch auf das Vererben eines normalen Depots zu.

Die Bestellung eines unwiderruflich Begünstigten – hier Roberts Enkelin – ist unseres Wissens nach das einzige Instrument, bei dem eine zivilrechtlich wirksame Entreicherung einer Privatperson stattfindet, ohne dass nach deutschem Steuerrecht gleichzeitig sofort eine Schenkungssteuerpflicht ausgelöst wird. Die Bestellung eines unwiderruflich Begünstigten ist bei kapitalbildenden Versicherungsverträgen jederzeit möglich.

Andere zivilrechtliche Vorteile solcher Policen mit unwiderruflichen Begünstigungen könnten sein: Die Ansprüche aus Lebensversicherungen fallen nach Ablauf der zehnjährigen Anrechnungsfristen nicht mehr in die Bemessungsgrundlage für zivilrechtliche Pflichtteilsergänzungsansprüche.

Im Falle einer von einem Dritten angestrengten Pfändung in das Privatvermögen des Versicherungsnehmers (also desjenigen, der die Versicherungsbeiträge bezahlt hat), ist das eingebrachte Vermögen nach deutschem Recht im Regelfall vier Jahre nach Bestellung der unwiderruflichen Begünstigung vor solchen Pfändungsversuchen geschützt.

Im Falle von Verträgen mit liechtensteinischen Versicherungsunternehmen lassen sich die Anfechtungsfristen durch geeignete Vertragsergänzungen um bis zu ein Jahr verkürzen.

Auch in Hinsicht auf die mögliche Einführung einer Vermögenssteuer in Deutschland könnten derartige Verträge mit unwiderruflichen Begünstigungen interessant werden: Robert kann nach der unwiderruflichen Begünstigungsbestellung über das Vertragskapital nicht mehr verfügen, was eine Vermögensbesteuerung, dem Leistungsfähigkeitsprinzip im Steuerrecht folgend, ausschließen dürfte. Zugleich kann die Enkelin aber eben auch (noch) nicht darüber verfügen, was die Einbeziehung dieser Ansprüche in die Bemessungsgrundlage einer möglichen Vermögenssteuer auch bei der Enkelin erschweren dürfte.

Solche KLVs nach Liechtensteiner, Luxemburger, Österreicher oder Schweizer Recht sind allerdings kein »Massengeschäft«, wie es das KLV-Geschäft in Deutschland ist. Aufgrund der Beratungsintensität und einzelfallbezogenen Gestaltung dürften sich solche Verträge erst ab einem Prämienvolumen von etwa 500 000 Euro bis 1 Million Euro lohnen. Sehr darauf zu achten ist, dass die offen erkennbare und die nicht offen erkennbare summarische Kostenbelastung seitens Berater, Makler, Versicherungsgesellschaft und zugrunde liegendem ETF-Depot in Summe ausreichend niedrig sind. Ohne sachkundigen Berater wird es hier nicht gehen.

Von kapitalbildenden Rentenversicherungen (privaten Rentenversicherungen) nach Luxemburger oder Liechtensteiner Recht raten wir allerdings ab, da sie am gleichen Inflationsproblem leiden wie private Rentenversicherungen nach deutschem Recht (siehe Abschnitt 7.2.2).

Fazit

Fondsgebundene kapitalbildende Lebensversicherungspolicen mit Versicherungsgesellschaften, die ihren Sitz in Luxemburg oder Liechtenstein haben, können attraktive Vorteile auf dem Gebiet der Vermögensbewahrung liefern, aber nur, wenn man kostengünstige Verträge und ein kostengünstiges Asset Management für den Deckungsstock des Versicherungsvertrages wählt.

7.2 Ambivalente oder schlechte Vermögensanlagen

In diesem Unterkapitel 7.2 nennen wir Finanzprodukte und Anlageformen, die wir für »zwiespältig« oder – jedenfalls per Saldo über alle ihre Eigenschaften hinweg – für richtig schlecht halten. Soweit Sie, lieber Leser, diese Anlagen aktuell nicht besitzen und auch nicht in Erwägung ziehen, sie zu erwerben, und Zeit sparen wollen, könnten Sie auf das Lesen der entsprechenden Abschnitte verzichten.

7.2.1 Kapitalbildende Lebensversicherungen nach deutschem Recht

Gemeint sind »kapitalbildende Lebensversicherungen« (»KLVs«) nach deutschem Recht, bei denen eine Todesfallabsicherung und – im Erlebensfall – eine Auszahlung von Kapital erfolgt, also »klassische« Kapitallebensversicherungen und fondsgebundene Lebensversicherungen. Nicht gemeint sind kapitalbildende Lebensversicherungen nach österreichischem, Schweizer oder liechtensteinischem Recht und nicht gemeint sind einfache Risikolebensversicherungen (reine Todesfallabsicherungen), egal, nach welchem Recht.

Klassische KLVs investieren die Beiträge der Versicherungsnehmer vorwiegend in Anleihen, fondsgebundene KLVs vorwiegend in aktiv gemanagte, kostspielige Aktienfonds – zumeist hauseigene Fonds oder Fonds von mit der Versicherungsgesellschaft verbandelten Firmen. Bei einigen wenigen Versicherungsgesellschaften stehen dafür auch ausnahmsweise preisgünstige Indexfonds/ETFs zur Auswahl.

Nachteil Nr. 1: Die überwiegend lausigen Renditen. Hauptverantwortlich für diese sind die hohen versteckten oder offenen Kosten. Nach einer Auswertung der BaFin im Jahr 2022 betragen die laufenden Kosten für klassische Lebensversicherungen im Durchschnitt 1,1% p.a., für fondsgebundene Lebensversicherungen 1,9% p.a. Beide Werte sind ungefähr zehnmal so hoch wie bei entsprechenden unmittelbaren ETF-Anlagen. Im Falle einer vorzeitigen Kündigung der Police durch den Versicherungsnehmer, also vor Ablauf der steuerlich vorgesehenen mindestens zwölfjährigen »Planlaufzeit« oder vor Erreichen des ebenfalls steuerlich relevanten 62. Lebensjahres sind die Renditen noch schlechter, als wenn Sie nicht vorzeitig kündigen. Schätzungen zufolge werden die Hälfte aller KLV-Policen vorzeitig gekündigt.

Nachteil Nr. 2: Die Versicherungsgesellschaft repräsentiert für den Versicherungsnehmer ein Ausfallrisiko. Die in eine KLV eingezahlten Beiträge bilden eben gerade *kein* Sondervermögen wie das in Bezug auf die Fondsgesellschaft bei einem ETF der Fall ist.

Eine simple, kostengünstige ETF-Anlage bzw. ein ETF-Fondssparplan ist einer KLV praktisch immer vorzuziehen. Wer unbedingt Todesfallschutz benötigt, kann ihn maßgeschneidert zu einem Bruchteil der monatlichen KLV-Prämie als reine Risikolebensversicherung erhalten.

Lediglich klassische KLV-Altverträge – das sind fast immer KLVs, die vor 2005 abgeschlossen wurden – sind es überwiegend wert, weiter bespart zu werden, da sie einen beträchtlichen Steuervorteil in Verbindung mit oft relativ hohen sogenannten Garantieverzinsungen bieten. Auf diese zeitlich bedingt immer seltener werdenden Policen gehen wir hier aus Platzgründen nicht ein.

Lesern, die sich genauer über KLVs und ihre vielfältigen Nachteile sowie vorwärtsgerichtete Handlungsoptionen zu einer vorhandenen KLV informieren wollen, empfehlen wir den Blogbeitrag von Kommer/Schweizer 2020c und/oder den »Lebensversicherungsrechner« auf der Website www.finanztip.de.

7.2.2 Private Rentenversicherungen nach deutschem Recht

Bei »privaten Rentenversicherungen« (»PRVs«) nach deutschem Recht unterscheidet man zwei Grundtypen: (1) Die »Sofort-PRV«. Bei ihr zahlt der Versicherungsnehmer eine einzelne, mehr oder weniger große Einmalprämie ein. Zumeist unmittelbar danach beginnt die Rentenbezugsphase. (2) Die »aufgeschobene PRV«. Hier werden monatliche Prämien über einen langen Zeitraum, z.B. 20 Jahre, eingezahlt. Danach beginnt die Rentenbezugsphase.

Formal handelt es sich bei einer PRV um eine lebenslang gezahlte Rente, im Fachjargon eine *Leibrente* – in Abgrenzung zu einer befristeten Zeitrente. Ist damit das sogenannte → Langlebigkeitsrisiko des Versicherten abgesichert, wie die Vermarkter von PRVs behaupten? Nein, nicht wirklich.

Warum nicht? (a) Der Versicherte erfährt auch bei einer aufgeschobenen PRV erst bei Beginn der Rentenbezugsphase verbindlich und endgültig die genaue Höhe der monatlichen Leibrente. (b) Sollte die Versicherungsgesellschaft während der Rentenbezugsphase (die ja oft Jahrzehnte andauert) in wirtschaftliche Schwierigkeiten geraten, dann könnte die Rentenzahlung dauerhaft gesenkt werden und nicht nur um vernachlässigbare, vielleicht gerade noch zu verschmerzende Prozentwerte. Aber das sind noch nicht alle Fragezeichen bei PRVs. Die weiteren sind: (c) schlechte Renditen für die eingezahlten Prämien, was in den oft schockierend niedrigen monatlichen Rentenzahlungen zum Ausdruck kommt. Man muss schon alt wie Methusalem werden, bis sich die PRV renditemäßig lohnt. Wer uns das nicht glaubt, möge einfach ein konkretes (unverbindliches) Angebot von einer oder zwei Versicherungen einholen. (d) Für den Versicherten besteht ein beträchtliches Inflationsrisiko. Sollte die Inflation während der Rentenbezugsphase im Durchschnitt höher sein als die eingepreiste Markterwartung am Beginn der Bezugsphase, dann wird das die Kaufkraft der Rentenzahlungen im Lauf der Zeit entwerten, unter Umständen gravierend entwerten. Wirtschaftlich kommt es für den Versicherten auf die echte Kaufkraft seiner Rentenzahlung an, nicht auf ihre nominale Höhe. Die sogenannte Dynamisierung der Auszahlungen, die PRV-Anbieter gegen eine höhere Einzahlung anbieten, soll dieses Inflationsrisiko angeblich beseitigen. Die Auszahlung steigt dann pro Jahr, je nach Tarif, um 1, 2 oder 3%. In Wirklichkeit ist die Dynamisierung der berühmte Tropfen auf den heißen Stein, denn wenn die Inflationsrate die Dynamisierung über einen längeren Zeitraum übersteigt, hilft das Ganze nicht viel. Man stelle sich eine Inflationsrate im hohen einstelligen Bereich vor. Die hat es in vielen westlichen Ländern nach dem Zweiten Weltkrieg oft für viele Jahre gegeben. In Schwellenländern sind solche Inflationsraten fast die Norm. (e) PRVs sind für die Erben ein schlechter Deal, wenn der Versicherte vor seiner statistischen Restlebenserwartung verstirbt. (f) Wie auch bei einer KLV bestehen bei einer PRV die »drei bösen Is«: Illiquidität, Inflexibilität und Intransparenz. (g) Die Steuervorteile von PRVs sind zu gering, um all diese Nachteile auszugleichen.

Etwas vereinfacht formuliert könnte man das alles so zusammenfassen: Arme Menschen können sich eine PRV nicht leisten, reiche brauchen sie nicht.

7.2.3 Aktiv gemanagte Aktienfonds, Branchenfonds, Mischfonds, Dachfonds, Anleihenfonds

Die meisten Privatanleger, die in Kapitalmarktanlagen investieren wollen, tun das über aktiv gemanagte Fonds. Von ihnen werden etwa 10 000 in Deutschland vertrieben. In diesem Abschnitt gehen wir kurz auf fünf große Fondstypen im Markt für aktiv gemanagte Investmentfonds ein.

(a) Regional oder national investierende aktiv gemanagte Aktienfonds: Was wir in Abschnitt 6.1 allgemein über aktives Investieren gesagt haben, gilt uneingeschränkt auch für die am meisten verbreitete Kategorie aktiv gemanagter Aktienfonds: Fonds mit nationalem oder regionalem Anlagefokus. Die meisten dieser Fonds unterperformen eine korrekt gewählte passive Benchmark, also einen entsprechenden ETF in einem gegebenen Zeitfenster. Die wenigen Outperformer, die in einem Zeitfenster existieren, sind es wahrscheinlich aus Zufall geworden. Wer vorwärtsgerichtet auf sie wettet, wird dabei statistisch gesehen Geld verlieren – entweder in absoluten Geldwerten oder in Form von entgangenen Gewinnen relativ zu einem vergleichbaren passiven Fonds (ETF).

(b) Aktiv gemanagte Branchenfonds: Die wissenschaftliche Finanzökonomie hat über 60 Jahre lang dazu geforscht, ob Branchen einen systematischen (also zuverlässig nutzbaren) Einfluss auf die risikobereinigte Rendite von Aktien haben. Nahezu einhelliges Ergebnis: Es gibt keinen solchen Einfluss – auch wenn das unserer Intuition oder dem gesunden Menschenverstand zuwiderläuft. Ja, in einem gegebenen Zeitfenster unterhalb von – sagen wir – 20 Jahren rentieren Branchen geringfügig und in einigen wenigen Fällen deutlich unterschiedlich, aber diese Unterschiede sind *unsystematisch* und vorwärtsgerichtet nicht zuverlässig prognostizierbar. Beispielsweise glauben viele Privatanleger, die Technologiebranche (Tech-Aktien) liefere langfristig höhere Renditen als andere Branchen. Tut sie nicht. Der rentabelste von zehn Sektoren (»Makrobranchen«) in den gut 45 Jahren in den USA von Januar 1980 bis Februar 2025 war nicht Tech, sondern Health Care. Doch damit nicht genug: Der Tech-Sektor produzierte über diesen Zeitraum nur eine minimal höhere Rendite als der Gesamtmarkt bei zugleich deutlich höherem Risiko, gemessen an Volatilität und Maximum Drawdown. Daraus ergibt sich eine schlechtere → Sharpe Ratio (risikogewichtete Rendite) für Tech.[86] Im Blogbeitrag Kommer/Kanzler 2020j zeigen wir, warum das so ist. Unter rund 45 US-Branchen, für die für börsennotierte Unternehmen Renditedaten seit 1926 vorliegen, war bis Mitte 2025 *Tabak* für Aktionäre am rentabelsten – eine Branche mit besonders geringem technischem Fortschritt, einem ausnehmend schlechten Image und seit etwa 1980 einem geradezu unglaublichen Tsunami an Schadenersatzzahlungen zugunsten von Privatpersonen, die aus gesundheitlichen Gründen gegen Tabakproduzenten klagten.

(c) Aktiv gemanagte Mischfonds: Sie werden oft auch als »vermögensverwaltende Fonds«, »Multi-Asset-Fonds« oder »Asset-Allocation-Fonds« bezeichnet – sie sind eine als Liebesheirat vermarktete, aber in Wirklichkeit traurige Zwangsehe aus einem Aktien- und einem Anleihenfonds. Aktive Mischfonds haben typischerweise eine unklare aktive Wischiwaschi-Anlagestrategie, die primär auf Market Timing basiert und kollektiv eine besonders miserable Rendite-Risiko-Bilanz aufweist, jedenfalls wenn man richtig rechnet und vergleicht (Ptak 2023). Besonders unschön ist das Gebührenniveau von aktiven Mischfonds relativ zu einer entsprechenden Kombination aus Aktien- und Anleihen-ETF, weil der Mischfonds-Anleger die hohen Aktienfondsgebühren auch auf den Anleihenteil zahlt. Der größte und bekannteste deutsche Mischfonds, der Flossbach

86 Den Startzeitpunkt 1980 wählten wir für diese Auswertung, weil Anfang der 1980er Jahre das Internet erfunden wurde und sich damit angeblich »alles änderte«.

von Storch Multiple Opportunities (WKN: A0M430) mit laufenden Kosten von 1,61%, rentierte in den zehn Jahren bis zum 31.12.2025 mit 4,8% p.a. gegenüber einer 60/40-Mischung aus einem globalen Aktien-ETF auf den MSCI ACWI IMI und einem ETF auf mittelfristige deutsche Staatsanleihen mit 6,7% p.a. – bei nahezu identischer Volatilität und maximalem Drawdown des ETF-Portfolios. Hätten wir den Ausgabeaufschlag des FvS-Fonds von bis zu 5% nicht großzügig ignoriert, läge dessen durchschnittliche Rendite um weitere etwa 0,5 Prozentpunkte tiefer. Die Gründe für den klaren Vorsprung der ETF-Variante: ihre deutlich niedrigeren Kosten und die Abwesenheit der in Summe offenbar eher schlechten Anlageentscheidungen im FvS-Fonds.

(d) Aktiv gemanagte Dachfonds: Ein Dachfonds investiert nicht direkt in Aktien oder Anleihen, sondern in andere Fonds (»Zielfonds« oder »Unterfonds«). Dachfondsmanager geben vor, für ihre Anleger die besten Zielfonds aus mehreren Tausend Publikumsfonds zu finden. Der größte Nachteil von Dachfonds ist ihre »doppelte Verpackung« und die damit einhergehenden doppelten Kosten – doppelt, weil Kosten auf Ebene des Dachfonds und auf Ebene der Zielfonds entstehen. Diese Kosten wären nur gerechtfertigt, wenn es den Dachfondsmanagern gelänge, eine besonders gute Rendite vor Kosten zu erzielen. Das ist für längere Zeiträume allerdings selten der Fall. Nach Kosten haben diese Fonds statistisch gesehen eine noch schlechtere Rendite als herkömmliche aktiv gemanagte Fonds.

(e) Aktiv gemanagte Anleihenfonds: Anleihenfonds wurden noch bis vor wenigen Jahren üblicherweise als »Rentenfonds« bezeichnet. Da aber die ältere und stärker verbreitete Bezeichnung Rentenfonds einer Umfrage zufolge bei vielen Bundesbürgern zu dem Irrtum führt, es handele sich dabei um eine Art »Rentenversicherung«, ist ihr die moderne und ohnehin präzisere Bezeichnung »Anleihenfonds« vorzuziehen. Anleihenfonds unterperformen eine passive ETF-Benchmark genauso häufig wie aktiv gemanagte Aktienfonds. Einer der maßgeblichen Gründe dafür: Die Gebühren aktiv gemanagter Anleihenfonds relativ zur niedrigeren durchschnittlichen Rendite von Anleihen fallen noch stärker ins Gewicht als bei Aktienfonds und wirken dadurch noch mehr als Eisenkugel am Bein der Rendite.

7.2.4 Themen-ETFs und aktiv gemanagte ETFs

Themenfonds existieren sowohl in aktiv gemanagter Form als auch als ETFs. Die Abgrenzung von Themenfonds zu Branchenfonds ist fließend und überlappend. Themen sind in gewissem Sinne nur besonders enge oder neu und skurril definierte Branchen außerhalb der offiziellen Branchensegmentierung und -klassifizierung.

Hier eine eher kleine Auswahl an Themen, für die Ende 2025 ETFs existierten, also ETFs, die in börsennotierte Unternehmen investieren: Blockchain, künstliche Intelligenz, Cloud-Technologie, Cybersecurity, Digitalisierung, Gaming/Glücksspiel, grüne Mobilität, Wasserstoff, Wasser, Cannabis, Gender Equality, Seniorenwirtschaft (»Silver Economy«), IPOs (erstmalige Börsengänge), M&A (Unternehmensfusionen), Islam-Kompatibilität und viele andere. In fünf Jahren werden die meisten dieser Themen aus Investmentsicht in der Versenkung verschwunden sein und im Rückblick überwiegend bizarr oder lachhaft erscheinen.

Dass Investieren in passive Themen-ETFs eine Loser-Strategie ist, zeigen Ben-David u.a. 2023. Die Wissenschaftler weisen nach, dass Themenfondsanleger in der ersten fünf Jahren nach Auflage des jeweiligen Fonds schlechtere Renditen einfahren als vergleichbare Fondsanleger, die nicht nach Themen auswählen. Der Grund: Die Themen-ETFs werden dann aufgelegt, wenn der positive Trend und die Bewertungen der entsprechenden Unternehmen schon nahe am Gipfel sind oder diesen sogar schon hinter sich gelassen haben. Das muss auch so sein, denn andernfalls könnte man ja keinen beeindruckenden historischen Track Record des Themas in den vorhergehenden drei oder fünf Jahren zeigen. Dass die laufenden Kosten von Themen-ETFs höher sind als die konventioneller passiver ETFs, trägt ebenfalls zu ihrer schlechten Rendite bei.

Themen-ETFs sind in gewisser Weise aktiv gemanagte ETFs, denn die Indizes, die Themen-ETFs zugrunde liegen, werden letztlich so konstruiert, als wären es aktive Anlagestrategien. Themen-ETFs sind bestenfalls scheinbar passiv ETFs.

Davon abgesehen existieren schon seit rund zehn Jahren aktiv gemanagte ETFs, zunächst nur im US-ETF-Markt, aber zunehmend auch im europäischen Markt. Diese aktiven ETFs replizieren eben gerade nicht passiv einen mehr oder weniger breiten Börsenindex für Aktien oder Anleihen. Im Aktienbereich gehören zu den aktiv gemanagten ETFs Stock-Picker-ETFs (wie die der bekannten amerikanischen Tech-Investorin Cathie Wood), algorithmisch gemanagte aktive ETFs (die zwar regelgebunden, aber nicht indexbezogen investieren), Single-Stock-ETFs,[87] inverse ETFs[88] und geleveragte ETFs. All diese aktiven ETFs mit Ausnahme von Single-Stock-ETFs waren Ende 2025 in Deutschland verfügbar.

Gelegentlich werden auch sogenannte Smart-Beta-ETFs, auch Factor-Investing-ETFs genannt, zu den aktiven ETFs gezählt. Da Factor Investing ein aus der Wissenschaft abgeleitetes Anlagekonzept für Aktien ist, sehen wir es positiv – unabhängig davon, ob man Factor-ETFs nun dem aktiven oder passiven Lager zurechnet.

Ohnehin kann man auch mit traditionellen, breit diversifizierten passiven ETFs aktiv investieren, indem man mit solchen ETFs Market Timing praktiziert, also laufendes Rein-Raus mit Anlageklassen, motiviert von taktischen Erwägungen, die sich aus kurzfristigen Finanzmarktentwicklungen oder politischen Geschehnissen ableiten. In Abschnitt 6.1 haben wir erläutert, dass und warum aktive Investieren schlecht funktioniert. Das gilt auch für aktives Investieren mit ETFs.

7.2.5 Aktien und Anleihen in Form von Einzelwerten

In Einzelwerte zu investieren – Aktien, Staatsanleihen oder Unternehmensanleihen – sollten aus unserer Sicht nur Personen in Betracht ziehen, die (a) klar fortgeschrittene Kapitalmarktkenntnisse besitzen und (b) Vermögensanlage als eine Art Hobby betrachten, für das sie freiwillig und fortlaufend in nicht unbeträchtlichem Umfang Zeit aufwenden wollen, die sie aus Renditegesichtspunkten ziemlich klar nicht nur nicht aufwenden müssten, sondern nicht aufwenden sollten.

Nicht sollten, weil die Mehrzahl aller Privatanleger, die im Do-it-yourself-Modus aktiv in Aktien oder Anleihen investieren, nach Kosten schlechtere risikogewichtete Renditen erzielen als bei einer passiven Buy-and-Hold-Alternative. An diesem Faktum lässt die Forschung keinen Zweifel.

In Bezug auf Aktien haben wir die Nachteile von Einzelwertinvestieren in einem Blogbeitrag zusammengefasst (Kommer/Weis 2018i). Darin nen-

87 Single-Stock-ETFs bilden nur eine einzelne Aktie ab, die allerdings im ETF geleveraged wird (Investieren mit Kredithebel).

88 Mit inversen ETFs (auch Short-ETFs genannt) kann man auf fallende Kurse spekulieren.

nen wir auch einige wissenschaftliche Untersuchungen, auf denen diese in der Wissenschaft völlig unstrittige Erkenntnis basiert.

An dieser Stelle fassen wir die Nachteile daher nur stichwortartig zusammen: (a) Statistisch schlechtere Rendite nach Kosten aufgrund zu vieler ungünstiger Timing-Entscheidungen und höherer Transaktionskosten relativ zu einem ETF-Investment auf Buy-and-Hold-Basis. (b) Mehr Risiko aufgrund geringerer Diversifikation. (c) Zusätzlich auch mehr *operatives* Risiko – das bedeutet Risiko in der bloßen praktischen Umsetzung einer Anlage, außerhalb ihres reinen Investmentrisikos. (d) Signifikant mehr Zeit- und Arbeitsaufwand. (e) Nachteile bei der Quellensteuerbelastung auf Dividenden. (f) Keine rechtlichen Strukturvorteile gegenüber einem entsprechenden ETF-Investment, obwohl viele Einzelwertanleger irrtümlich an die Existenz solcher Strukturnachteile von ETFs glauben.

Wer deswegen in Aktieneinzelwerte investiert, weil ihm die erwartete Rendite aus Aktien-ETFs zu niedrig ist, sollte sein Glück eher in moderatem (mit Betonung auf »moderatem) Kredithebeln eines Aktien-ETF-Portfolios statt in Stock Picking mit Einzelaktien suchen. Diese Route zu erhöhten Renditen ist zwar auch mühsam, aber insgesamt aussichtsreicher als Einzelwertanlegen. Dazu haben wir einen eigenen Blogbeitrag verfasst: Kommer/Kanzler 2022k. Dieser enthält hier auch weiterführende Literaturhinweise.

Der Anleihenmarkt, ganz besonders Unternehmensanleihen, ist für Anleger in Bezug auf Einzelanlagen eher noch schwieriger als der Aktienmarkt. Die Gründe: Die Konstruktion von Anleihen ist generell komplexer als die von Aktien (Anleihen haben viel mehr »bewegliche Teile«). Außerdem ist der Anleihenmarkt in seiner Zusammensetzung unübersichtlicher und vielfältiger. Weltweit dürfte es vielleicht einhundertmal mehr Anleihen als Aktien geben. Generell ist es für Privathaushalte weiser, in Anleihen – das gilt auch für Hochzinsanleihen[89] – via ETFs statt in Einzelwerte zu investieren.

---

89 »Hochzinsanleihen« (engl. »High Yield Bonds« oder missverständlich »Junk Bonds« genannt) existieren primär in zwei Varianten: Als Unternehmensanleihen mit einem → Sub-Investment Grade Rating und als Schwellenländerstaatsanleihen in Hartwährung oder Lokalwährung. Ein Investment in Schwellenländerstaatsanleihen via ETF kann für gut informierte, ehrgeizige Anleger eventuell Sinn ergeben, ist aber keineswegs zwingend erforderlich. Mehr dazu im Blogbeitrag »Schwellenländerstaatsanleihen – eine bedenkenswerte Anlageklasse?« (Kommer/Weis 2019g).

Wer sich einen Überblick darüber verschaffen möchte, wie Anleihen und der Anleihenmarkt funktionieren, dem empfehlen wir unseren umfassenden Blogbeitrag »Anlageklasse Anleihen: Von den Basics zum Spezialwissen« (Kommer/Schweizer 2024a).

7.2.6 Laufzeiten-ETFs (Fälligkeitsanleihen-ETFs)

»Laufzeiten-ETFs« (»LZ-ETFs«) (engl. »Target Date ETFs«) sind Anleihen-ETFs, bei denen der Anleihenkorb, den der ETF abbildet, keine im Zeitablauf fixe Restlaufzeit (eine gleichbleibende Duration) hat wie bei einem normalen Anleihen-ETF, sondern ein festes, kalendermäßig fixiertes Fälligkeitsdatum (Ablaufdatum). Daraus ergibt sich, dass die Restlaufzeit eines Laufzeiten-ETFs jeden Tag um einen Tag abnimmt – genau wie bei einer einzelnen konventionellen Anleihe.

Laufzeiten-ETFs existieren sowohl für Staatsanleihen als auch für Unternehmensanleihen, obwohl Laufzeiten-ETFs im Falle von Staatsanleihen relativ zu einzelnen Staatsanleihen letztlich keinen Sinn ergeben, sprich mangels Mehrwert eigentlich überflüssig sind. Unsere folgenden Ausführungen beziehen sich deswegen ausschließlich auf LZ-ETFs im Segment Unternehmensanleihen.

Konventionellen Anleihen-ETFs und LZ-ETFs ist gemeinsam, dass sie über viele Unternehmen (Emittenten) hinweg diversifiziert sind. Das ist relativ zu einer einzelnen Anleihe oder einer kleinen Zahl einzelner Anleihen ein beträchtlicher Vorteil, weil so das Ausfallrisiko für den Anleger wegdiversifiziert wird. Außerdem muss man sich in einem ETF nicht ständig um die Reinvestition fällig gewordener Anleihen kümmern – wie bei einem Portfolio von Einzelanleihen.

Worin sich konventionelle Anleihen-ETFs und LZ-ETFs hingegen deutlich voneinander unterscheiden, ist der eingangs bereits angedeutete Aspekt: Konventionelle Anleihen-ETFs (bzw. der Anleihenkorb darin) haben eine stabile, sich nie ändernde (Rest-)Laufzeit (z.B. drei, fünf oder 20 Jahre), während LZ-ETFs zu einem unveränderlichen Kalenderdatum fällig werden (alle darin enthaltenen Anleihen werden im gleichen Monat oder jedenfalls nahe um einen bestimmten Termin herum fällig). Deswegen sinkt die Restlaufzeit eines LZ-ETFs jeden Tag. Wenn das Fälligkeitsdatum erreicht ist, wird der LZ-ETF planmäßig liquidiert und das ETF-Vermögen an die Anleger ausgeschüttet (dem Verrechnungskonto der einzelnen Anleger gutgeschrieben). Dagegen hat ein konventioneller Anleihen-ETF planmäßig eine »unendliche« Lebensdauer.

Von vielen Finanzbuchautoren, Finanzjournalisten und Finfluencern wird seit Jahr und Tag behauptet, dass LZ-ETFs in gewisser Weise risikoärmer seien als ihre konventionellen Pendants, weil man nur bei LZ-ETFs genau wisse, was der Wert (Kurs) am Fälligkeitsdatum sein werde. Diese »Theorie« ist in hohem Maße fragwürdig, wenn nicht sogar falsch. Schlussendlich unterscheiden sich konventionelle Anleihen-ETFs und LZ-ETFs in einem zentralen Merkmal – ihrer Duration – so sehr, dass sie relativ zueinander letztlich Äpfel und Birnen darstellen und »ein eindimensionaler Risikovergleich«, wie er der Behauptung, risikoärmer zu sein, zugrunde liegt, latent irreführend oder ganz falsch ist.

Für uns besteht wenig Zweifel daran, dass konventionelle Anleihen-ETFs – wenn man alle in diesem Zusammenhang relevanten Faktoren berücksichtigt – für die meisten Privatanleger besser geeignet sind. LZ-ETFs sind ein Nischenprodukt, das für normale Privatanleger relativ zu einem konventionellen ETF eher nachteilig ist.

7.2.7 Inflationsindexierte Anleihen

Bis etwa Ende 2021 wussten selbst versierte Börsianer selten etwas Genaues von inflationsindexierten Anleihen, auch inflationsgeschützte Anleihen genannt. »Inflationsindexierte Anleihen« (»IIAs«) wurden in Deutschland in der Privatanleger-Community erst 2022 etwas bekannter, kurz nachdem die Inflation in den meisten Industrieländern zum ersten Mal in über 30 Jahren scharf angezogen hatte. Ab Anfang 2023 sank die Inflationsrate wieder und bewegte sich im vierten Quartal 2025 wieder nahe am Zielwert der EZB von 2% p.a. bis 2,5% p.a. Das dürfte der Hauptgrund sein, warum das Interesse an inflationsindexierten Anleihen inzwischen wieder abgeflaut ist.

IIAs werden nahezu ausschließlich von Staaten und nicht von Unternehmen emittiert. Die ersten IIAs gab Großbritannien im Jahr 1981 aus. Seitdem kam eine sehr überschaubare Zahl von Ländern einschließlich der USA und Deutschland als Emittenten hinzu. Österreich und auch die Schweiz emittieren bis heute keine IIAs.

Der zentrale Unterschied zwischen einer IIA und einer »konventionellen Anleihe« (»KA«) besteht darin, dass das Risiko der sogenannten »unerwarteten Inflation« (»Unexpected Inflation«) unterschiedlich zwischen Emittent und Investor verteilt ist. Bei einer IIA trägt der Emittent, also der Staat, das Risiko unerwarteter Inflation, bei einer KA trägt es der Anleger.

Was bedeutet »Unexpected Inflation Risk«? Zu jedem gegebenen Zeitpunkt besteht in der Anlegergemeinschaft für ein gegebenes Land bzw. eine gegebene Währung eine kollektive Inflationserwartung, die sogenannte »erwartete Inflation« (»Expected Inflation«). Wichtig: Die erwartete Inflation ist immer bereits in die nominale Umlaufrendite einer KA eingepreist. Die Umlaufrendite einer KA ist beim Kaufzeitpunkt ja exakt bekannt, und sie enthält die kollektive Inflationsschätzung des Marktes zum Zeitpunkt des Kaufes bis zur Fälligkeit der Anleihe, sei es nun drei oder 30 Jahre später. Das bedeutet auch, dass KAs vor erwarteter Inflation schützen. Vielen Privatanlegern fällt es schwer zu glauben, dass die erwartete Inflation bei KAs stets bereits eingepreist ist, obwohl dieser Sachverhalt in der wissenschaftlichen Finanzökonomie vollkommen unstrittig ist.

Die unerwartete Inflation ist, wie auch die tatsächliche Inflation, immer erst im Rückblick beobachtbar. Die unerwartete Inflation ist so definiert: Unerwartete Inflation = Tatsächliche Inflation – Erwartete Inflation.

Die unerwartete Inflation kann negativ oder positiv sein, d.h., der Markt kann die tatsächliche Inflation für einen bestimmten künftigen Zeitraum über- oder unterschätzen. Im Falle einer Überschätzung ist die unerwartete Inflation negativ, bei einer Unterschätzung positiv. Für einen gegebenen Zeitraum sind die erwartete Inflation und die tatsächliche Inflation naturgemäß erst *ex post* bekannt, während die erwartete Inflation in die Zukunft gerichtet ex ante bekannt ist.

IIAs schützen den Anleger vor erwarteter und vor unerwarteter Inflation. Sie bieten also Schutz für den Fall, dass der Markt die Inflation über einen gegebenen Zeitraum hinweg signifikant unterschätzt – als Abschirmung gegen sogenannte Inflationsschocks, also eine nicht zuvor schon eingepreiste Inflation. KAs schützen lediglich vor erwarteter Inflation. Die zu jedem gegebenen Zeitpunkt in die Umlaufrenditen von KAs für bestimmte Restlaufzeiten eingepreiste Inflation lässt sich durch einen Abgleich mit den Umlaufrenditen entsprechender IIAs messen. Auf diesen faszinierenden Gesichtspunkt kommen wir gleich noch zurück.

Eine IIA hat von Haus aus – anders als eine KA – keinen nominalen Kupon (der Kupon ist die periodische Zinszahlung) und somit auch keine nominale Umlaufrendite, sondern lediglich einen niedrigeren realen Kupon. Ein solcher Kupon schließt die Konsumgüterinflation nicht mit ein. Dementsprechend wird die Umlaufrendite von IIAs auch stets als reale Rendite angegeben. Der emittierende Staat legt dem Anleger jedoch zusätzlich zu dem niedrigeren realen Kupon die tatsächliche Inflation bei jeder Kuponzahlung obendrauf. In diesem Zuschlag besteht die Inflationsindexierung der IIA.[90]

Die gesamte Zinszahlung bei einer IIA entspricht dadurch der realen Kuponrendite plus einer Zuzahlung für die realisierte Inflation.

Wie die Mechanik dieser Zuschlagszahlung im Detail funktioniert, übergehen wir hier aus Platzgründen, zumal sich die IIAs unterschiedlicher Länder teilweise unterscheiden. Das ökonomische Ergebnis ist aber bei allen IIAs, unabhängig von etwaigen kleinen Konstruktionsunterschieden, das gleiche.

Subtrahiert man nun zu einem gegebenen Zeitpunkt von der nominalen Umlaufrendite einer KA die reale Umlaufrendite der IIA mit gleicher Restlaufzeit, dann resultiert daraus die für die Restlaufzeit dieser Anleihen vom Markt eingepreiste, erwartete Inflation. Im Fachjargon heißt sie *Break-Even-Inflation*. Sie ist die in KAs eingepreiste Inflation für diesen spezifischen Zeitraum. (Auf den Websites der Zentralbanken oder bestimmten Finanzportalen kann man sich über die Break-Even-Inflation informieren.)

Ist ein Anleger für einen bestimmten künftigen Zeitraum hinreichend fest davon überzeugt, dass die tatsächliche Inflation höher sein wird als die Break-Even-Inflation, dann sollte er eine IIA kaufen. Falls er das nicht denkt, ist er mit einer KA genauso gut oder besser bedient. Überzeugende Evidenz, dass jemand die Höhe der künftigen Inflation systematisch besser schätzen kann als der Anleihenmarkt, existiert jedoch nicht.

Nachdem wir nun eine grobe Vorstellung davon haben, was eine IIA ist und wie sie funktioniert, nun im Schnelldurchgang einige wesentliche Anlegerfragen zu IIAs und unsere kurzen Antworten darauf.

---

90 Da die tatsächliche Inflation für einen bestimmen Zeitraum immer erst einige Wochen nach Ablauf dieser Periode bekannt ist, wird für die Inflationsanpassung die tatsächliche Inflation aus der entsprechenden Vorperiode verwendet. Insofern erfolgt die Inflationsanpassung leicht zeitverzögert. Dieser rein logistische, nicht vermeidbare technische Aspekt repräsentiert im Durchschnitt jedoch keinen finanziellen Nachteil oder Vorteil für den Anleger.

Haben inflationsindexierte Anleihen attraktivere Langfristrenditen als konventionelle Anleihen? Nein. Das verfügbare historische Datenmaterial hierzu ist begrenzt und hat seine qualitativen Fragezeichen, aber nach allem, was wir auf Basis der längsten verfügbaren Datenreihe für britische IIAs sagen können, die bis Januar 1985 zurückreichen, sind die nominalen und realen Renditen zwischen IIAs und KAs auf lange Sicht fast identisch. Rein theoretisch müssten IIAs etwas niedrigere Renditen haben, weil hier ja bekanntlich der Emittent und nicht der Anleger das Risiko unerwarteter Erhöhungen der Inflationsrate trägt (im Ökonomenjargon das Risiko von *Inflation Shocks*). Die Volatilität beider Anlageklassen im Gesamtzeitraum von 1985 bis 2024 lag in der gleichen Größenordnung, der reale maximale Drawdown war jedoch bei IIAs mit 17% (Juni 2022) gegenüber 31% (ebenfalls Juni 2022) für KAs weit geringer. IIAs sind für den Anleger also empirisch risikoärmer. Auch das entspricht der ökonomischen Sachlogik, da der Anleger bei einer IIA kein Inflationsrisiko trägt.

Schützen IIAs kurzfristig vor Inflation? In diesem Zusammenhang möchten wir die wichtige Unterscheidung zwischen kurzfristigem Inflationsschutz (Inflation Hedging) und langfristigem Inflationsschutz (Inflation Beating) in Erinnerung rufen, die wir in Abschnitt 6.5 kennengelernt haben. IIAs haben bei ihrer Emission typischerweise sehr lange Restlaufzeiten von über zehn Jahren. Die Korrelation der Monatsrenditen einer IIA mit einer Restlaufzeit ab zehn Jahren mit der monatlichen Inflationsrate liegt nahe null und ist nur minimal höher als bei einer entsprechenden KA. So betrachtet besteht kein Inflationsschutz. Das wäre nur unwesentlich besser, wenn man statt monatlicher Intervalle jährliche Intervalle zugrunde legte. IIAs haben nur dann eine Korrelation von oberhalb +0,5 mit der Inflation, wenn ihre Restlaufzeit hinreichend kurz ist. Selbst in Phasen plötzlich stark ansteigender Inflation wie ab Anfang 2021 bis Ende 2022 können inflationsindexierte Anleihen negative Renditen haben, wie es 2022 auch tatsächlich der Fall war.

Warum schützen IIAs kurzfristig so schlecht vor Inflation? Warum sind sie so erstaunlich schlechte Inflation Hedges? Weil ihr Zinsänderungsrisiko ihren Inflationsschutz völlig »überschwemmen« (dominieren) kann und das auch häufig tut. Das ist nur dann nicht der Fall, wenn die IIA eine sehr kurze Restlaufzeit hat. Aufgrund ihres Zinsänderungsrisikos wird man mit IIAs auch über einen Zeitraum von mehreren Jahren nicht immer »mindestens die Inflation hereinverdienen«, wie mancher Anleger angesichts der Bezeichnung »inflationsgeschützte« Anleihen glauben könnte. In diesem Zusammenhang erinnern wir uns auch, dass langfristig alle Anlageklassen vor Inflation schützen, ganz einfach deswegen, weil alle Anlageklassen für Zeiträume von etwa 25 Jahren aufwärts mit sehr großer Wahrscheinlichkeit eine positive Realrendite produzieren. Das ist Inflationsschutz im Sinne von Inflation Beating.

Wie gut sind ETFs auf IIAs? Das hierzulande verfügbare Angebot von IIA-ETFs ist immer noch kümmerlich klein und für Anleger in Deutschland und Österreich – jedenfalls in der u.E. relevanten Standardkonstellation eines Buy-and-Hold-Anlegers, der keine aktiven, spekulativen Wetten eingehen will – kaum brauchbar, da keine IAA-ETFs spezifisch auf die deutsche oder österreichische Inflation angeboten werden. Für die Schweiz in CHF existieren, wie erwähnt, überhaupt keine IIAs und somit auch keine IIA-ETFs.

Unter den im Februar 2026 auf dem deutschen Markt verfügbaren rund 35 IIA-ETFs bezog sich ein Drittel auf die US-Inflation, ein Drittel auf eher »kuriose« globale Inflationsindizes, sieben auf die Eurozoneninflation, einer auf die britische Inflation und, wie erwähnt, keiner auf die Inflation in Deutschland, Österreich oder der Schweiz.

Sie haben aber noch weitere Nachteile: (a) ausnahmslos Durationen (durchschnittliche Restlaufzeiten) von über fünf Jahren und damit beträchtliches oder sehr hohes Zinsänderungsrisiko; (b) in allen diesen ETFs sind italienische und in manchen auch spanische und/oder griechische Anleihen enthalten. Für manch konservative Anleger ist das unattraktiv.

Zusammenfassend lässt sich sagen, dass IIAs nicht die Wunderwaffe gegen Inflationsrisiko im Anlegerdepot sind, die man aufgrund ihres Namens erwarten könnte. Generell gilt: Finanzinstrumente, die zuverlässigen kurzfristigen Inflationsschutz und attraktive Renditen bieten, existieren nicht.

Wer als aktiver Anleger mit IIAs Überrenditen erzielen will, muss sie zeitlich vor Auftreten eines Inflationsschocks kaufen. Wenn die Inflation schon hoch ist, ist es letztlich zu spät. Wir glauben allerdings nicht, dass jemand hinreichend zuverlässig Zeitpunkt und Ausmaß von Inflationsschocks prognostizieren kann.

Tiefergehender beschäftigen wir uns im Blogbeitrag Kommer/Stagnitti 2022h mit IIAs.

7.2.8 Fremdwährungsguthaben bei Banken

In verzinsliche Bankguthaben in Währungen mit einem höheren Zinsniveau als dem Euro oder dem Schweizer Franken zu investieren – das war von 2015 bis zur Niederschrift dieses Abschnittes im Januar 2026 z.B. für den USD der Fall – ist für Privatanleger in der Regel keine gute Idee. Das gilt auch für das Anleihenäquivalent verzinslicher Bankguthaben, also sehr kurzfristige Staats- oder Unternehmensanleihen hoher Bonität (Geldmarktanlagen). Tabelle 16 illustriert, warum diese Vorgehensweise nicht besonders schlau ist. Tagesgeldkonten in Fremdwährung, vor allem USD, kann man bei fast jeder Bank in Deutschland führen.

Um Missverständnisse zu vermeiden: Ein höherer Zinssatz für ein verzinsliches Bankkonto ließe sich naturgemäß auch erzielen, indem man ein solches Konto bei einer Bank mit niedriger/schlechter Bonität führt, was bspw. für viele osteuropäischen Banken gilt und umso mehr, wenn die Kontostelle selbst in Osteuropa statt in Deutschland liegt. Diese unkluge Route zu erhöhten Zinsen risikoreiche Gegenparteien mit schlechter Bonität zu akzeptieren – meinen wir in diesem Abschnitt ausdrücklich nicht.

Tabelle 16: Lohnt es sich, das zeitweilig höhere Zinsniveau in bestimmten Fremdwährungen »mitzunehmen«?

1	2	3	4	5
Zeitraum: 11/2015 bis 11/2025 (10,0 Jahre)	3-Mon.-Zinsen Eurozone in Euro	3-Mon.-Zinsen USA in USD	3-Mon.-Zinsen USA in Euro	50/50 Aktien/ Eurozonenzinsen in Euro
Rendite	0,6% p.a.	2,1% p.a.	1,2% p.a.	5,8% p.a.
Volatilität	0,5%	0,6%	7,0%	6,7%
Max. Drawdown	–3%	0%	–14%	–11%

► Ohne Kosten und Steuern. ► Spalte 5: MSCI ACWI Index + 3-Monats-Zinsen Eurozone. ► Volatilität: annualisierte → Standardabweichung der Monatsrenditen. ► Datenquelle: Dimensional Fund Advisors.

Auf den ersten Blick schien sich das Investieren in USD-Geldmarktanlagen in diesem speziellen 10-Jahres-Zeitraum (darunter die ca. sieben Nullzinsjahre in Deutschland von Mitte 2015 bis Mitte 2022) für deutsche Anleger gelohnt zu haben (Vergleich Renditen in den Spalten 2 und 4). Doch wenn man das Risiko sowie verfügbare Alternativen in Betracht zieht, war dieser → Carry Trade kein attraktiver Deal. Seine Volatilität war vierzehnmal so hoch (Spalte 4 vs. Spalte 2), der maximale kumulative Verlust fünfmal so hoch (Spalte 4 vs. Spalte 2).

Die starken Schwankungen von Wechselkursen, das Wechselkursrisiko, überschwemmen die geringe Volatilität (die Stabilität) einer verzinslichen Geldmarktanlage in der originären Währung nach »Übersetzung« in die → Heimatwährung des Anlegers vollkommen. Damit wird der Grundcharakter einer Geldmarktanlage (Volatilität nahe null) zerstört.

Aber selbst wenn man eher schräg argumentiert (»die gestiegene Volatilität stört mich nicht«), hätte man für das betreffende Vermögen leicht eine überlegene Alternative finden können, nämlich eine 50/50-Anlage in globale Aktien und eine verzinsliche Geldmarktanlage in Euro (Spalte 5 vs. Spalte 4), und eine doppelt so hohe Rendite bei etwa gleichem Risiko erzielen können. Fremdwährungsguthaben sind außerhalb von nicht planbaren Glücksfällen in relativ kurzen Zeitspannen keine attraktiven Vermögensanlagen. (Zum hier nicht adressierten Ausfallrisiko von Banken und Bankguthaben siehe Abschnitt 4.5.)

7.2.9 Offene Immobilienfonds

»Offene Immobilienfonds« (»OIFs«) sind ein von der Zeit überholtes, »risikounehrliches« Anlageprodukt, das in moderneren und besser regulierten Kapitalmärkten als Deutschland – beispielsweise USA und Großbritannien – für den Vertrieb an Privatanleger wegen seiner »Risikounehrlichkeit« gar nicht zugelassen ist. Risikounehrlichkeit bedeutet, dass die veröffentlichte, scheinbar geringe Volatilität dieser Fonds mit einem riesengroßen Fragezeichen zu versehen ist. In einer schweren Marktkrise würde sie sich wahrscheinlich als Fake herausstellen (das tatsächliche Risiko ist dann viel größer).

Anteile an OIFs können nur nach Ablauf einer zwölfmonatigen Kündigungsfrist zum »offiziellen Kurswert« (dem »Net Asset Value« oder »Nettoinventarwert«) an die Fondsgesellschaft zurückveräußert werden. Wer seine Anteile vorfristig verkaufen will, muss das mühselig und mit einigem Arbeitsaufwand über den sogenannten Zweitmarkt tun. Dort bestehen für diese Anteile je nach Fonds zumeist beträchtliche Kursabschläge zwischen 5% und 30%.

Die langfristigen Renditen von OIFs sind kümmerlich und liegen klar unter denen von Immobilienaktien-ETFs.

Detaillierter gehen wir im Blogbeitrag Kommer/Großmann 2022a auf die OIFs und ihre vielen Nachteile ein.

7.2.10 Geschlossene Fonds (»Beteiligungsinvestments«)

Mit dieser typisch deutschen Fondsfehlkonstruktion werden Immobilien, Flugzeuge, Schiffe, Windfarmen, Hollywoodfilme und andere »Sachwerte« finanziert.[91] In den USA, Großbritannien und den Niederlanden, drei Ländern mit besserem gesetzlichem Anlegerschutz als Deutschland, sind GFs für den Vertrieb an normale Privatanleger aus gutem Grund nicht zugelassen. (Der in den USA vorhandene Nischenfondstypus »Closed End Funds« hat letztlich fast nichts mit der rechtlich und wirtschaftlich anderen Konstruktion von GFs in Deutschland gemeinsam.)

Da das Image von GFs aufgrund einer schier unendlichen Zahl von Pleiten und Skandalen in den vergangenen 25 Jahren stark gelitten hat, werden sie seit einiger Zeit von ihren Anbietern unter dem euphemistischen Etikett »Unternehmensbeteiligungen« oder »Beteiligungsinvestments« vermarktet.

Von GFs ist aus vielen Gründen abzuraten: (a) Sie haben exorbitant hohe offene und versteckte Nebenkosten, darunter bis zu 30% anfängliche »Set-up-Kosten« (*Weichkosten* im Branchenjargon), die aber von außen kaum erkennbar sind. (b) Sie sind rechtlich und wirtschaftlich hochkomplex und intransparent. (c) Der Anleger geht unübersehbare Rechts- und Haftungsrisiken ein (einschließlich einer denkbaren Nachschusspflicht, wenn der Fonds in Schieflage gerät). (d) Es existieren keine objektiven historischen Renditedaten zu GFs (wenn es gute historische Renditen gäbe, dann wären diese Renditen verfügbar, das ist sicher). (e) GFs enthalten substanzielle

91 Warum das deutsche Konzept des Sachwerte-Investments rationales Investieren eher behindert als befördert und es aus diesem Grund in der angelsächsischen Welt so nicht existiert, erläutern wir im Blogbeitrag Kommer/Weis 2019d.

Klumpenrisiken wegen der Beschränkung auf einige wenige Investitionsobjekte. (f) Die vom Fondsinitiator gemachten Renditevorhersagen sind oft überoptimistisch und stammen von einer Institution, die einem eklatanten Interessenkonflikt unterliegt. (g) Etwaige Miet- oder Abnahmegarantien werden unrealistisch als hundertprozentig sicher angenommen, was sie aber nicht sind. (h) Die der Prognose zugrunde liegenden steuerlichen Parameter können sich in der Realität beinahe jederzeit ändern. (i) Diese Investments sind völlig illiquide und können normalerweise nur mit hohen Preisabschlägen vor Fälligkeit verkauft werden.

Aus all diesen Gründen sind die Erfahrungen mit GFs aus den vergangenen 25 Jahren insgesamt geradezu katastrophal.

7.2.11 Private Equity, Venture Capital

Bei Private Equity (PE) handelt es sich um Eigenkapitalinvestments in nicht börsennotierte Unternehmen – daher der Terminus »Private Equity« (»PE«) in Abgrenzung zu »Public Equity«, also Aktien. Private Equity wird von der PE-Branche seit ungefähr 2023 aggressiver als je zuvor an vermögende Privathaushalte und zunehmend auch an normal verdienende Haushalte vermarktet. Warum es 2023 zu dieser »Marketing-Offensive« kam, erläutern wir weiter unten.

Das PE-Universum besteht aus drei Hauptkategorien: »Buyouts« (oder genauer »Leveraged Buyouts«/»LBOs«), »Growth Equity« (»GE«) und »Venture Capital« (»VC«).[92] Buyout-Fonds erwerben Eigenkapital an etablierten, recht großen Unternehmen mit Umsätzen, die typischerweise 500 Millionen Euro übersteigen und eine eher niedrige Bewertung aufgrund niedriger Rentabilität erhalten. In der Regel kommt es dann zu operativen Eingriffen bis hin zu umfassenden Restrukturierungen. Bei GE erwirbt der Fonds Beteiligungen an etablierten kleinen bis mittelgroßen Unternehmen mit guter Rentabilität, die eventuell zusammengelegt werden können, um als größere Einheit eine höhere Bewertung (also Bewertungsgewinne) zu erzielen. VC-Fonds beteiligen sich an vergleichsweise winzigen, zumeist noch defizitären Startups mit hohem Wachstumspotenzial und hoher Be-

92 Venture Capital (Wagniskapital) fällt unter den Sammelbegriff Private Equity. Trotzdem grenzen sich viele VC-Branchenvertreter aus Marketinggründen terminologisch von PE ab (da diese ein schlechteres Image hat), indem sie leicht irreführend von PE *und* Venture Capital sprechen.

wertung. Dabei kommt, anders als bei LBOs und GE, meist kein oder nur wenig Fremdkapital zum Einsatz.

Das globale Volumen für Buyout-Transaktionen, gemessen am Marktwert, übersteigt dasjenige für GE- und VC-Transaktionen deutlich. Deswegen wird die Gesamtrendite des weltweiten PE-Marktes stärker von Buyout-Renditen als von den beiden anderen Kategorien bestimmt.

Ein Standardinvestment in einen PE-Fonds hat in der Regel eine Laufzeit von vier bis zehn Jahren. Vor Ablauf dieser Periode ist eine Veräußerung, ein »Exit« (»planmäßige Fondsauflösung«), seitens des Anlegers normalerweise nicht oder nur mit beträchtlichen Abschlägen auf den vom Fonds quartalsmäßig berichteten Anteilswert möglich. Am Ende der planmäßigen Laufzeit veräußert der PE-Fonds die Investments (gelegentlich auch im Wege eines Börsengangs) und schüttet die Erlöse an die Fondsanteilseigner aus. Sollten sich die Unternehmen im Fonds per Saldo stark unterplanmäßig entwickeln, kann es länger bis zur Veräußerung dauern oder es muss nochmal Geld nachgeschossen werden. Generell sind PE-Investments also äußerst illiquide.

Über die Renditen von PE-Fonds besteht in der Wissenschaft keine Einigkeit, außer darüber, dass die von der Branche selbst und nach dem Rosinenpickerprinzip veröffentlichten Renditeangaben aus einer Reihe von Gründen nach oben verzerrt und nicht repräsentativ für den Gesamtsektor und die lange Sicht sind (Phalippou 2020).

Worüber in diesem Zusammenhang allerdings Klarheit besteht: Weil PE-Investments nicht börsennotiert sind, rechnen PE-Fonds die Werte der Fondsanteile zum Quartalsultimo letztlich selbst aus. Dass dabei in beträchtlichem Umfang »Renditeglättung« (»Return Smoothing«) stattfindet, ist unbestritten (Chandra u.a. 2019, Jackson u.a. 2022). Der Chef der US-Fondsgesellschaft AQR Capital Management, Cliff Asness, nennt das »Volatility Laundering«, in sarkastischer Anlehnung an den Begriff »Money Laundering« (»Geldwäsche«) (Asness 2023). Die Forschung hat diese manipulative Rendite- und damit Risikoglättung in den letzten Jahren erfreulicherweise verstärkt in Augenschein genommen. Weil im PE-Sektor Volatility Laundering betrieben wird, lässt sich aus den ausgewiesenen Wert- und Renditeschwankungen eines einzelnen PE-Investments oder konventionellen PE-Indizes nichts wirklich Verlässliches über das *tatsächliche* Risiko des Investments ableiten. Nach unserer Überzeugung ist Volatility Laundering der wichtigste Einzelgrund für den großen Absatzerfolg von PE bei vermögenden Privatanlegern in den vergangenen zehn Jahren – die Fiktion, man bekomme hier aktienmarktartige Renditen mit deutlich weniger Risiko.

Generell kann man wohl sagen, dass die Renditen des durchschnittlichen PE-Fonds auf lange Sicht in einer ähnlichen Größenordnung wie die eines breit diversifizierten Public-Equity-ETF-Investments (Aktien) liegen – bei zugleich höherem Risiko und niedrigerer Liquidität. Das höhere Risiko wird aber nur dann sichtbar, wenn man sich vom Volatility Laundering bei individuellen PE-Fonds oder konventionellen PE-Fonds-Indizes nicht täuschen lässt.

Da originäre PE-Fonds-Indizes an den oben angedeuteten Problemen leiden (Volatility Smoothing und möglicherweise Verzerrung nach oben durch den → Survivor Ship Bias in den berücksichtigten Fonds), erscheint es für die Zwecke einer Betrachtung historischer PE-Renditen verlässlicher, Aktienrenditen börsennotierter PE-Fonds-Anbieter zu betrachten. Das tun wir in Tabelle 17.

Tabelle 17: Rendite und Risiko von Private Equity und Public Equity in Euro, nominal im Vergleich

	Private Equity: LPX50 Index Total Return	Public Equity: MSCI World Small Cap TR
Rendite		
02/1999 bis 09/2025 (26,5 Jahre)	8,2%	10,7%
02/1999 bis 06/2012 (13,3 J.)	1,8%	9,1%
06/2012 bis 09/2025 (13,3 J.)	14,9%	12,2%
Risiko (Gesamtzeitraum)		
Volatilität	24%	20%
Maximum Drawdown	–83%	–51%
Vereinf. Sharpe Ratio (Gesamtzeitraum)	0,13	0,18
Korrelation mit MSCI USA Index (Gesamtzeitr.)	+0,78	+0,82

► Ohne Kosten und Steuern. ► Renditen in Euro inkl. Dividenden (Total Returns). ► Datenquelle: Bloomberg.

Zu den Hauptgründen für die hitzige Liebe der Finanzbranche zu PE gehören: (a) Als Anbieter verdient man mit PE besonders viel. Die laufenden Vermögensverwaltungsgebühren summieren sich aus mehreren

Einzelkomponenten auf 2% bis 5% p.a. (b) Da PE nicht börsennotiert ist, kann man über dessen Renditen, die angeblich höher seien als die des Public-Equity-Marktes (Aktienmarktes), sehr leicht Photoshop-Zahlen verbreiten. (c) PE hat für die Fondsanbieter den Vorteil im Reporting, risikoarm auszusehen, weil bei den periodischen Renditedaten kaum Volatilität sichtbar ist (Volatility Laundering). Auf der Basis der optisch, aber nicht tatsächlich geglätteten Renditen ist auch deren Korrelation mit dem Aktienmarkt scheinbar sehr niedrig. Die Realität dürfte aber eher so aussehen, wie sie in Tabelle 17 angegeben ist. Viele Privatanleger finden die scheinbare Renditestabilität von PE attraktiv, da es sich gut anfühlt, ein anscheinend wenig schwankendes, risikoarmes Investment zu besitzen. (d) Bei PE ist der Anleger gefühlt in ein »unternehmerisches Vorhaben« involviert, dessen zukünftige Entwicklung zum Teil von ihm selbst (von seinem individuellen Kapitalbeitrag) abhängt. In seiner subjektiven Wahrnehmung wird er so zum »Mitunternehmer«. Sein Handeln »bewegt etwas« und es gibt eine »Story« dazu, die er beim Schwiegervater, bei Freunden und bei Arbeitskollegen erzählen kann. Das ist ein starker Kontrast zu der gefühlt anonymen Rolle, die er als »bloß passiver« Anleger im Falle eines herkömmlichen Börseninvestments und zumal eines ETFs einnimmt. (e) Viele Privatanleger und Finanzjournalisten verwechseln den oft märchenhaften persönlichen Reichtum der Eigentümer großer PE-Firmen mit dem Investmenterfolg der Kunden dieser Firmen. Der Reichtum der PE-Firmeneigentümer und der Investmenterfolg der Kunden haben jedoch wenig miteinander zu tun – und wenn überhaupt, geht ersterer oft zulasten des letzteren.

Eingangs erwähnten wir, dass die PE-Branche in den USA und Europa ab etwa 2023 ihre Marketing-Maschinerie zwei Gänge hochschaltete. Warum das? Mitte 2022 ereignete sich ein scharfer Zinsanstieg. Dieser Zinsanstieg war für die PE-Branche aufgrund des hohen Kredithebels, den PE-Fonds einsetzen, sehr negativ, negativer als für den Aktienmarkt. Zugleich wurde seitdem immer deutlicher, dass in den meisten PE-Fonds die Bewertungen der Firmen über dem aktuell (Ende 2025) realisierbaren Marktwert liegen. Beide Effekte zusammen führten zu einer drastischen Abnahme der »normalen« Exits (Verkäufe der Unternehmen in einem gegebenen PE-Fonds). Das führte bei institutionellen PE-Anlegern zu einer »neuen« Kaufzurückhaltung. In dieser Situation entdeckte die PE-Branche den Privatanlegermarkt. Solange diese Situation anhält (zu hohe Bewertungen), sollten Privatanleger mit neuen PE-Investments besonders vorsichtig sein.

Ausführlicher, als wir es hier tun, gehen wir in den Blogbeiträgen Kommer/Weis 2021d und Kommer/Stagnitti 2024m auf Private Equity ein. Diese beiden Publikationen enthalten auch weiterführende Literaturhinweise.

7.2.12 Private Debt (Private Credit) und Peer-to-Peer-Kredite

Auf ihrer seit über 100 Jahren anhaltenden Suche nach neuen Finanzprodukten mit für die Anbieter hohen Margen hat die moderne Finanzbranche viele »kreative« Ideen hervorgebracht. Eine im Privatanlegermarkt relativ neue Idee sind Investments in »private Kredite« (neudeutsch »private credit«, »private debt« oder »private lending«). Das können Kredite an große, an mittelständische und an kleine Unternehmen sein, aber auch Konsumentenkredite an Privatpersonen sowie Immobilienkredite an gewerbliche Immobilieninvestoren oder private Häuslebauer.

Normalerweise werden solche Kredite von Banken ausgereicht, nicht so bei Private Credit. Hier sind die Kreditgeber – via spezielle Private-Credit-Fonds – Privathaushalte und gelegentlich auch institutionelle Investoren. Die Arbeit, Kreditnehmer zu finden, die Kreditverträge und Kapitaldienstmodalitäten (einschl. Zinshöhe) auszuhandeln und den Kredit zu verwalten, macht jedoch ein spezieller Private-Debt-Fondsmanager oder vergleichbare Intermediäre und Dienstleister, also nicht die Kreditgeber selbst. Für diese Arbeit erhält der Dienstleister eine saftige Gebühr.

Wenn dieser Privatkredit auf kleinem Niveau stattfindet, also für Investmentbeträge eines Privathaushaltes von, sagen wir, 1000 bis 10 000 Euro pro Transaktion, dann heißt diese Anlageform *Peer-to-Peer-Kredite*, engl. abgekürzt »P2P-Lending«. Wenn es im größeren Rahmen für vermögende Privathaushalte oder institutionelle Anleger geschieht, dann heißt es nobler Private Credit. (Gelegentlich wird missverständlich oder bewusst irreführend die Bezeichnung »Crowdfunding« für P2P verwendet. Bei echtem Crowdfunding handelt es sich allerdings um Spenden, also Schenkungen oder »Kredite« ohne Gewinnerzielungsabsicht.)

Bei P2P-Lending investiert der Intermediär kein eigenes Geld in die von ihm vermittelten Kredite oder – in Ausnahmefällen – prozentual nur sehr kleine Beträge. Hieraus resultieren oftmals beträchtliche Interessenkonflikte.

Zunächst einmal ist festzuhalten, dass es sich bei Private Debt/Private Credit um absolut nichts Neues handelt, obwohl viele Vermarkter, Wirtschaftsjournalisten oder Finfluencer von Private Debt als neu oder als Innovation sprechen.[93] Das Gegenteil ist der Fall: Kredite an Privatpersonen oder Unternehmen sind das älteste Investment der Menschheitsgeschichte. P2P und Private Credit sind lediglich neue, hip daherkommende *Verpackungsformen* für ein Uraltfinanzprodukt, das kurz nach der Steinzeit entstand.

In der Regel werden für diese Finanzprodukte von ihren Vermarktern unrealistische Risiko-Rendite-Kombinationen verbreitet. Vor allem bei der Beschreibung des Risikos handelt es sich oft um Photoshop-Angaben auf Basis von selbst erstellten periodischen Bewertungen, die keine echten Marktpreise sind. Auf den Hintergrund dieses Volatility Laundering sind wir bereits im vorigen Abschnitt zu Private Equity eingegangen. Will man ein Private-Debt-Investment auf dem Zweitmarkt vorfristig verkaufen, wird man häufig feststellen, dass sich diese illiquiden Investments überhaupt nicht oder nur mit schmerzvollen Abschlägen zum offiziellen Berichtswert, dem NAV/NIV (Net Asset Value oder Nettoinventarwert), veräußern lassen.

Generell fehlen zu Private Debt unabhängig dokumentierte, verlässliche Renditedaten über einen hinreichend langen Zeitraum (25+ Jahre). Die bisher vorliegenden, zumeist weniger als 20 Jahre in die Vergangenheit zurückreichenden historischen Renditen sind aus Sicht der Wissenschaft nichts Besonderes, wenn man dabei das *echte* Risiko (nicht das geglättete, berichtete Risiko) und die Illiquidität berücksichtigt (Dömötör u.a. 2023, Erel u.a. 2024, Schrager 2025). Nicht nur sind diese Zeitreihen letztlich zu kurz, sie sind auch deswegen vermutlich nicht für die Zukunft repräsentativ, da im Verlauf des Jahres 2022 der von 1981 bis 2021 über 40 Jahre anhaltende starke Zinssenkungstrend in den westlichen Ländern endete und damit die Insolvenzhäufigkeit (Default Rate) der Kreditnehmer in diesem Marktsegment nach oben treiben wird.

In den Produktunterlagen zu Private Debt sind die Angaben zu offenen und versteckten Nebenkosten, Interessenkonflikten, Illiquidität, zur Schuldnerstruktur und -bonität, Einfachheit und ganz allgemein zur Pro-

93 Private Equity und Private Debt werden auch zu den sogenannten Alternativen Investments gezählt (»alternativ« relativ zu »etablierten« Investmentformen wie Aktien und Anleihen).

duktverständlichkeit überwiegend mangelhaft. In mindestens einer dieser Dimensionen, zumeist in mehreren, schneiden Private-Debt-Produkte, die an normale oder wohlhabende Privatanleger vermarktet werden, bei genauer fachkundiger Analyse schwach ab. Beim vierteljährlichen Reporting der Renditen dieser risikounehrlichen Investments findet systematisches Volatility Laundering statt.

7.2.13 Hedgefonds

Noch bis ungefähr 2015 wurden Hedgefonds von Journalisten und Bloggern regelmäßig und devot als »Königsklasse des Investierens« bejubelt. Aufgrund der schlechten Performance bei der Mehrzahl der Hedgefonds, die dann immer offensichtlicher wurde, übernahm im Anschluss Private Equity zunehmend den zweifelhaften Titel in den Finanzmedien. Doch wie dem auch sei, das Renditedesaster bei Hedgefonds hat sich bis heute weiter verschlimmert. Das zeigt Tabelle 18.

Tabelle 18: Rendite und Risiko von Hedgefonds im Vergleich mit einem Aktien-Anleihen-Portfolio und einem reinen Aktienportfolio – in USD inflationsbereinigt

	HFRX Global Hedge Fund Index	40/60 MSCI World Index/mfr. US-Staatsanleihen	MSCI World Index
Rendite			
12/1997 bis 12/2025	1,5% p.a.	3,3% p.a.	5,4% p.a.
01/2016 bis 12/2025 (10,0 Jahre)	–0,1% p.a.	3,0% p.a.	9,2% p.a.
Risiko Gesamtzeitraum			
Volatilität	6%	6%	15% p.a.
Maximum Drawdown	–32% (10/2023)	–23% (09/2022)	–54% (02/2009)

► Reale Renditen in USD. ► Die Datenreihe für den HFRX-Index reicht lediglich bis Januar 1998 zurück. ► Beim Hedgefonds-Index sind die Fondskosten bereits berücksichtigt. Bei den beiden anderen Portfolios wurden keine Kosten berücksichtigt. Hier wären jeweils laufende Kosten von ca. 0,3% p.a. abzuziehen (Mittelwert über die Gesamtperiode). ► Die Anleihenkomponente im gemischten Aktien-Anleihen-Portfolio besteht aus fünfjährigen US-Staatsanleihen. ► Volatilität: annualisierte Standardabweichung der Monatsrenditen. ► Ohne Steuern und Kosten. ► Datenquellen: Hedge Funds Research (HFR), Dimensional Fund Advisors, MSCI.

Die in der Tabelle dargestellten Hedgefonds-Renditen sind aus Gründen, die wir hier, um Platz zu sparen, nicht einzeln ausführen, möglicherweise noch nach oben hin verzerrt, da unklar ist, ob in der zugrunde liegenden Hedgefonds-Datenbank der sogenannte → Survivorship Bias komplett eliminiert ist. Ferner wird die Volatilität der Renditen möglicherweise zu niedrig ausgewiesen, da manche Hedgefonds in illiquide Assets investieren, deren Preis sie dann von Monat zu Monat selbst schätzen (Return Smoothing, also das in Abschnitt 7.2.11 zu Private Equity erwähnte Volatility Laundering). Hedgefonds hatte in den gezeigten 25 Jahren somit höhere Renditen bei eher geringerem Risiko als ein 40/60-Aktien-Anleihenportfolio.

Hedgefonds als »Anlageform für Millionäre«[94] hatten ihre goldene Zeit von etwa 1980 bis 2000, weil es damals nur wenige von ihnen gab, der Wettbewerb zwischen ihnen also schwach war. 1990 existierten weltweit erst ungefähr 100 Fonds, heute sind es über 20 000. Ein zweiter wichtiger Grund für die guten Hedgefonds-Renditen in den guten alten Zeiten ist, dass illegales Insider Trading bis ungefähr 2007 rechtlich weniger risikoreich als heute war, weil die diesbezügliche Strafverfolgung damals kaum existierte (Bhattacharya 2023).

Bei Hedgefonds existiert – genauso wie bei normalen Investmentfonds – keine nennenswerte Performance-Konstanz, die man als Anleger ausnutzen könnte (Guirguis 2021, Ipatova u. a. 2022). Es hilft also eher nicht, in einen Hedgefonds zu investieren, der in der jüngeren Vergangenheit besonders gute Renditen erzielt hat.

Zu zwei besonders berühmten Hedgefonds haben wir detaillierte Blogbeiträge veröffentlicht (Kommer/Ganowski 2021c und Kommer/Weis 2021i). Der eine Fonds ist der berühmteste und größte Hedgefonds der Welt, der »Bridgewater Pure Alpha II Fund« (Ray Dalio, Bridgewater), der andere ist der angeblich »rentabelste Hedgefonds aller Zeiten«, der »Medallion Fund« (Jim Simons, Renaissance Technologies). Bei beiden Fonds sehen die Fakten weniger grandios aus als die Mythen um diese Fonds in den Medien und im Internet.

94 Wenn man als Privatanleger direkt in einen Hedgefonds investieren möchte, erfordert das nicht selten einen Minimumbetrag von 250 000 Euro oder mehr.

7.2.14 Zertifikate (Structured Notes)

Generell leiden »Zertifikate«, in den USA »Structured Notes« genannt, an der schlimmen Finanzproduktkrankheit »zu viel Verpackung«. Zu ihren vielen Nachteilen und schlechten Risiken (zur Unterscheidung zwischen guten und schlechten Risiken siehe Abschnitt 6.3) gehören: (a) Zertifikate sind rechtlich gesehen Bankschuldverschreibungen, unabhängig davon, welches »exotische«, man könnte auch weniger nett sagen: »abstruse«, Rendite-Risiko-Profil sie dem jeweiligen Zocker (Pardon! – Investor) geben sollen. Wenn die Emissionsbank in Schwierigkeiten gerät, wird auch ein von ihr emittiertes Zertifikat wackeln, egal, wie gut oder schlecht sich das → Underlying entwickelt haben mag. Man denke an die von Lehman Brothers emittierten Zertifikate, bei denen Tausende Anleger 2008 sehr viel Geld verloren haben. Anders formuliert: Zertifikate sind – im Gegensatz zu UCITS-Fonds und ETFs – kein Sondervermögen.[95] Das Ausfallrisiko von Zertifikaten wird nicht durch eine entsprechende Zusatzrendite kompensiert. (b) Die meisten der sage und schreibe über 1,5 Millionen verschiedenen Zertifikate in Deutschland sind intransparent und zu komplex für normale Privatanleger, sehr viele geradezu albtraumartig komplex. (c) Ihre wahren Kosten (einschließlich der versteckten Kosten) liegen weit über denen, die in den Produkt-Fact-Sheets angegeben werden.

Zertifikate sind die Schmuddelecke des Finanzproduktgeschäfts. Sie sind in Ländern mit besserem Verbraucherschutz bei Vermögensanlagen, wie USA, Kanada, Australien und Großbritannien, aus guten Gründen nicht zum freien Vertrieb an Privatanleger zugelassen.

7.2.15 Optionen und andere Derivate

Für die allermeisten normalen Privathaushalte sind die unter der Überschrift dieses kurzen Abschnittes zusammengefassten »exotischen« Anlageprodukte und Anlagestrategien, die auf Optionen oder ähnlichen Derivaten basieren, von vornherein nicht relevant, weil ihr Praktizieren in Eigenregie hohe Kapitalmarktkenntnisse *und* einen hohen Zeitaufwand voraussetzt – beides für die meisten Privathaushalte, insbesondere vermögende Haushalte mit besonders knapper und wertvoller freier Arbeits-

95 Zu UCITS-Fonds siehe Infobox »Investmentfonds (UCITS-Fonds) und ihr rechtlicher Hintergrund« (Abschnitt 7.1.6).

zeit, sozusagen Showstopper. Aber selbst wenn man annimmt, dass diese zwei Hindernisse im Falle eines spezifischen Privatanlegers nicht bestehen, wäre diese Art von Investment für ihn vermutlich der falsche Weg.

Die Begründung für diese Schlussfolgerung ist einfach: Die Wissenschaft hat Do-it-yourself-Trading von Privatanlegern mit Derivaten, aber auch mit konventionellen Wertpapieren, beispielsweise Aktien, Anleihen und ETFs, in den letzten ca. 30 Jahren in inzwischen vielen Dutzend renommierten Studien untersucht. Die Ergebnisse sind insgesamt nicht nur entmutigend, sondern alles in allem niederschmetternd. Do-it-yourself-Privatanleger, die mit Trading-orientierten Anlagestrategien auf Basis von Short-Term-Strategien Geld verdienen wollen, legen in der großen Mehrzahl der Fälle über längere Zeiträume viel Geld drauf. Nach Berücksichtigung von Kosten und Risiko verdienen sie weniger als mit einem vergleichbaren passiven ETF-basierten Buy-and-Hold-Investment, obwohl der Zeitaufwand für dieses Trading natürlich weit höher ist. In solchen akademischen Analysen sind steuerliche Nachteile und die »kalkulatorischen Kosten« für den Arbeitslohn des Anlegers noch nicht einmal berücksichtigt.

Den bei diesen Trading-Strategien oft wichtigen Spezialaspekt Downside Hedging haben wir in Abschnitt 6.6 adressiert.

Wer unsere Skepsis nicht teilt, der möge sich die folgenden akademischen Untersuchungen ansehen: Beckmeyer u.a. 2023, Naranjo u.a. 2023, Swedroe 2023, Chague u.a. 2024, Haghani/White 2024, Asness/Villalon 2025. Aber man kann es sich auch einfacher machen, als lange wissenschaftliche Studien zu lesen. In Deutschland tätige CFD-Broker müssen aus aufsichtsrechtlichen Gründen auf ihrer Website angeben, welcher Prozentsatz ihrer Trading-Kunden in einem von der Aufsicht bestimmten Zeitfenster absolute Verluste erwirtschaften. Typischerweise sind das über 80% bis 90%. Wäre das Zeitfenster länger, läge die Verliererquote wohl noch höher.

Die eindeutigen wissenschaftlichen und statistischen Ergebnisse halten jedoch eine Armada schräger Gestalten, die für teures Geld Trading-Seminare, Coaching zu Trading und teure Newsletter offerieren, nicht davon ab, diese Anlagestrategien weiter zu vermarkten. Der Grund liegt auf der Hand: Mit ihren »Schulungsangeboten« verdienen die Anbieter verlässlich gutes Geld. Mit dem Investieren auf Basis des Inhaltes dieser Seminare wird man hingegen über längere Zeiträume hinweg ziemlich verlässlich Geld verlieren – absolut oder in Gestalt von Opportunitätskosten.

7.2.16 Sammlerobjekte: Gemäldekunst, Luxusuhren, Vintage Cars und anderes

Es erstaunt uns immer wieder, wie viele ansonsten kluge, abgeklärte Menschen behaupten, man könne mit Sammlerobjekten, beispielsweise Gemäldekunst, Vintage Cars, Luxusuhren, Edel-Whiskys oder historischen Musikinstrumenten, systematisch – also nicht nur mit Glück oder durch Zufall – Geld verdienen. Leider gibt es dafür keine überzeugenden wissenschaftlichen Belege, also solide Evidenz von einer hinreichend großen Gruppe von Fachleuten ohne Interessenkonflikte. Mit einzelnen Sammlerobjekten kann man selbstverständlich viel Geld verdienen. Das beantwortet aber nicht die Frage, ob man systematisch und wiederholbar mit vielen Sammlerobjekten über einen nennenswert langen Zeitraum nach Berücksichtigung aller Kosten Geld verdient. Geschichten über Einzelfälle und nicht dokumentierte Behauptungen, also »Daten«, die nicht mit harten, überprüfbaren Zahlen unterlegt sind, überzeugen hier leider nicht; egal, wer diese Geschichten erzählt.

Ja, die Marketingabteilungen der Verkäufer von Sammlerobjekten publizieren »Indizes« zu vielen Typen von Kunst, Sammlerautos, Edel-Weinen und anderen »Collectibles«, die vermeintlich anzeigen, dass diese Investmenttypen in der Vergangenheit hohe Wertsteigerungen produzierten. Diese Indizes sind jedoch das sprichwörtliche »Papier nicht wert«, auf dem sie gedruckt sind. Aus Platzgründen verzichten wir hier darauf, die haarsträubenden Methodenfehler zu beschreiben, die bei ihrer Konstruktion unbewusst oder bewusst begangen wurden. Doch selbst, wenn diese Indizes keine fachlichen Lachnummern wären, würden sie immer noch wenig darüber aussagen, ob für einen *bestimmten* Sammler oder für Sammeln auf der Basis einer *bestimmten* Sammelmethode eine hinreichende Rendite und Renditekontinuität erzielbar sind. Nur wenn das der Fall wäre, wäre systematische Outperformance des jeweiligen allgemeinen Marktes vorstellbar. Im Blogbeitrag Kommer/Jerschensky 2025a gehen wir auf die unattraktiven Renditen von Gemäldekunst und auf die häufigen, oben angedeuteten Manipulationen in sogenannten Gemäldekunstindizes ein.

Ergo: Wer teure Dinge sammelt, sollte das alleine aus Liebhaberei tun und in dem ehrlichen, reifen Bewusstsein, dass er damit auf lange Sicht nach Berücksichtigung von Kosten, Risiko und Illiquidität wahrscheinlich Geld drauflegen wird – entweder in Gestalt absoluter Verluste oder in Gestalt finanzieller Opportunitätskosten.

8 Finanzrisikomanagement: Das Weltportfolio-Konzept

8.1 Was es ist und auf welchen Prinzipien es basiert

Das Weltportfolio-Konzept ist gleichermaßen ein Investmentansatz für Privatanleger und institutionelle Investoren. Sein Zweck ist langfristige Vermögensbildung, Altersvorsorge und Vermögensschutz – nicht das spekulative Ziel, schnell reich zu werden. Das Weltportfolio-Konzept kann von normalen Menschen in Eigenregie umgesetzt werden oder von einem Finanzdienstleister für den Vermögensinhaber. »Normale Menschen« heißt hier Menschen, die nicht jede Woche Stunden mit ihren Finanzmarktanlagen verbringen und Menschen, die kein Profi-Kapitalmarkt-Know-how haben.

Den »Weltportfolio-Ansatz« (nachfolgend der Kürze halber »WPF-Ansatz«) kennzeichnen folgende Grundmerkmale:

- **Ableitung aus der Wissenschaft:** Das WPF basiert nicht auf subjektiven taktischen (häufig wechselnden) Einschätzungen oder allgemeinen Ansichten einer Einzelperson oder einzelnen Institutionen.
- **Prognosefreiheit:** Es werden keine Wertpapierprognosen, keine volkswirtschaftlichen oder politischen Prognosen oder andere kurz- und mittelfristige Prognosen genutzt, da prognosebasiertes Investieren statistisch häufiger Schaden anrichtet, als dass es Nutzen bringt.
- **Vermeidung von aktivem Investmentmanagement:** Dieses produziert auf lange Sicht eine unattraktive Rendite-Risiko-Kombination. Auch das statistisch kontraproduktive »Warten auf einen ›günstigen‹ Einstiegszeitpunkt« ist aktives, prognosebasiertes Investmentmanagement, das vermieden wird.
- **Diversifikation:** Es wird in wohldefinierte, breit diversifizierte Anlageklassen statt in Einzelwerte investiert. So werden Einzelwertrisiken und Gegenparteirisiken (Ausfallrisiken) bestmöglich eliminiert. Klumpen- und Konzentrationsrisiken in Bezug auf einzelne Länder, einzelne

Branchen oder einzelne Unternehmen werden systematisch auf ein definiertes Zielniveau reduziert.

- **Buy and Hold:** Es gibt kein meinungsbasiertes, taktisches Hin und Her oder Rein und Raus im Zeitablauf, also kein Market Timing. Buy and Hold wird ergänzt um regelbasiertes Rebalancing, dessen Nutzen in Bezug auf Rendite und Risiko ebenfalls aus der Wissenschaft abgeleitet ist.
- **Hohe Liquidität:** Das Weltportfolio besteht nur aus hochliquiden Anlageklassen und Finanzprodukten, da normal vermögende und hochvermögende Haushalte in der Regel außerhalb des Weltportfolios anteilsmäßig bereits viel oder sogar »zu viel« illiquide Investments halten. Auch ist bei vielen »scheinliquiden« Investments für Vermögende, wie z.B. Private Equity Fonds, unklar, ob sie ihre Liquiditätsnachteile durch entsprechende Mehrrendite kompensieren.
- **Via Negativa:** Dieser Terminus ist eine Metapher für (a) die Beseitigung oder zumindest die Reduktion vorhandener schlechter Investmentprodukte im eigenen Vermögensportfolio und (b) für die Vermeidung von Investmentfehlern, die von mangelndem Wissen oder von für Menschen typischen und vielleicht genetisch bedingten »kognitiven Verzerrungen« (Denkmustern) herrühren. Der langfristige finanzielle Erfolg eines Haushaltes ergibt sich nicht nur aus »positiven Entscheidungen« *für* die guten Investments, sondern in ebenso großem Umfang aus der »negativen Entscheidung« *gegen* schlechte Investments bzw. die Beendigung solcher Investments, soweit sie schon existieren. Die am meisten verbreiteten schlechten Finanzprodukte haben wir in Abschnitt 7.2 beschrieben. Soweit sich solche vor Etablierung des Weltportfolios im Vermögensportfolio des Haushaltes befinden, werden sie veräußert oder ihr Gewicht im Portfolio reduziert, wenn das aus steuerlicher und rechtlicher Sicht möglich und sinnvoll ist. Auf das Via-Negativa-Prinzip gehen wir weiter unten in Abschnitt 8.3 näher ein.
- **Produktmäßige Umsetzung:** Das WPF-Konzept wird primär über ETFs umgesetzt, für eine betraglich begrenzte Komponente des Portfolios eventuell auch über ein Tagesgeld, soweit dieses betraglich innerhalb der gesetzlichen Einlagensicherung liegt und damit vor dem Ausfallrisiko geschützt ist, das Kontoguthaben bei Banken notwendigerweise repräsentieren.

Der WPF-Ansatz ist einfacher, weniger arbeitsaufwendig, kostengünstiger und transparenter als jede Form traditionellen, aktiven Investierens jenseits eines verzinslichen Tagesgelds. Wenn der WPF-Ansatz über einen Vermögensverwalter (Bank oder bankunabhängiger Vermögensverwalter) umgesetzt wird, dann müsste das deutlich preisgünstiger geschehen als im Falle von traditionellem aktiven Investieren.

Der WPF-Ansatz eignet sich gleichermaßen für Anleger in der Vermögensaufbauphase und für Anleger in der Vermögensschutzphase – mit oder ohne Entnahmen.[96] In Abbildung 6 wird die zweisäulige Grundstruktur des WPF-Konzeptes dargestellt.

Abbildung 6: Schematische Darstellung eines Weltportfolios

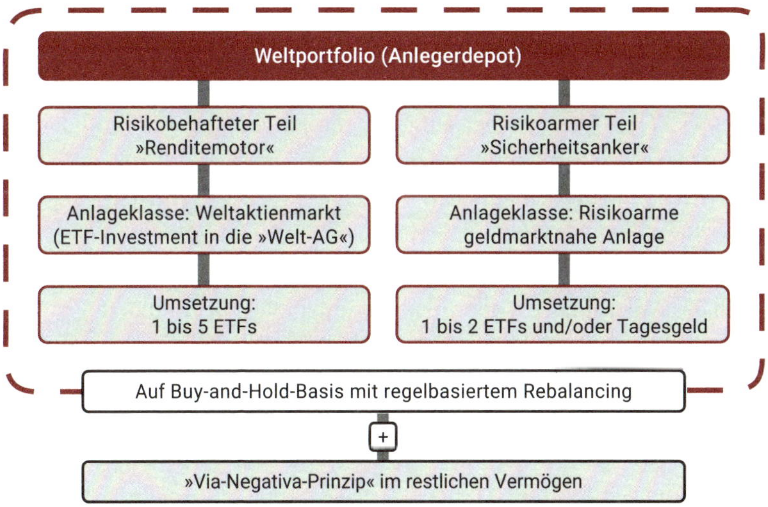

► Tagesgeld/Bankguthaben nur bis zur Obergrenze der gesetzlichen Einlagensicherung, also in der EU 100 000 Euro pro Bank-Kunde-Kombination.

Im WPF-Konzept wird Rendite primär als Kompensation, als »Schmerzensgeld« für bewusst auf sich genommenes, »gutes Risiko« betrachtet. Rendite ist keine Belohnung für »brillante Investmentideen«, »Guru-Kön-

96 »Entnahme« heißt hier jede Art des Verbrauchs von Rendite, also sowohl das Nicht-Reinvestieren (der Verbrauch) etwaiger Ausschüttungen (Dividenden, Zinsen etc.) als auch der Verbrauch durch Veräußerung von Anteilen (»Substanz«, »Kapital«). In den Abschnitten 8.10 bis 8.12 behandeln wir die wesentlichen Aspekte von Verbrauchszenarien.

nen« oder richtige Prognosen, weil diese drei Anlageelemente keinen systematisch positiven und im Gegenteil sogar oft einen negativen Einfluss auf den Anlageerfolg haben. Ein WPF-Anleger lehnt Investmentpornografie à la »Rendite ohne Risiko« oder »garantierte Rendite« oder »jetzt auf *dieses* sichere Investment umsteigen, um dem nahenden Crash zu entgehen« als törichte, gefährliche Sirenengesänge ab.

Es wird in Anlageklassen investiert, also »Märkte«, auf Buy-and-Hold-Basis abgebildet, denn Asset-Allokation in Bezug auf Anlageklassen hat den stärksten Einfluss auf die Rendite-Risiko-Kombination von Portfolios. Einzelwertrisiko soll vollständig oder, soweit es irgend möglich ist, wegdiversifiziert sein.

Einen Markt abzubilden, ist gleichbedeutend mit dem Verzicht darauf, den Markt zu schlagen, also dem Verzicht auf die Nutzung expliziter oder impliziter Prognosen beim Anlegen. Eine implizite Prognose ist eine Vorhersage, die nicht wie eine Vorhersage aussieht, aber trotzdem eine ist. Beispiel: »Tech-Aktien haben aufgrund der KI-Fantasie im Markt derzeit besonders attraktive Renditeaussichten.« Der Anleger geht also keine im statistischen Mittel schädlichen Wetten auf einzelne Wertpapiere, einzelne Branchen, einzelne Themen, einzelne Länder, einzelne Fondsmanager oder einzelne Marktphasen ein.

In der Anlageklasse Aktien, dem Renditemotor im Weltportfolio, werden mit einem oder mehreren ETFs mehrere Tausend Einzelwerte aus allen rund 195 Ländern der Erde abgedeckt (ca. 50 dieser Länder haben nennenswerte Börsen, aber die Unternehmen selbst können auch aus Ländern kommen, die keine Börse haben und daher an einer Börse in einem anderen Land gelistet sind). Dieser Teil des Weltportfolios soll »in die Welt-AG investieren«, weil die Welt-AG (der börsennotierte Teil der Weltwirtschaft) ein resilienter, antifragiler Organismus ist. Woher diese Resilienz und Antifragilität kommen, haben wir im Blogbeitrag Kommer/Riemensperger 2025a dargelegt.

In der Anlageklasse risikoarme geldmarktnahe Anlage, dem Stabilitätsanker im Weltportfolio, werden zinstragende Anlagen in Gestalt von Staats- und Unternehmensanleihen abgebildet. Im wissenschaftlichen Jargon handelt es sich hierbei um eine *pragmatische Annäherung* an das theoretische Konstrukt des »Risk-free Assets« oder des »Risk-free Returns«. Soweit dabei Staatsanleihen eingesetzt werden, müssen diese Staaten zu denjenigen mit der höchsten Bonität weltweit gehören. Soweit Unternehmensanleihen eingesetzt werden, müssen die emittierenden Unternehmen im oberen Bonitätsdrittel liegen (→ Investment-Grade-Anleihen). Das Einzelemittentenrisiko bei Unternehmensanleihen wird wegdiversifiziert, indem mindestens 150 verschiedene Emittenten im Portfolio sein sollen. Das Zinsänderungsrisiko wird auf ein sehr niedriges Niveau gesenkt, indem die Restlaufzeit (Duration) dieser Anleihen im Mittel unter zwei Jahren beträgt. Relativ zur funktionalen Währung des Anlegers darf kein Wechselkursrisiko bestehen. Soweit Anleger, die in Deutschland, Österreich oder einem anderen Eurozonenland ansässig sind, eine starke negative Meinung zum Euro und der Eurozone haben, kann diese Meinung im zinstragenden Teil des Weltportfolios ebenfalls adressiert werden. Diesen Spezialfall behandeln wir in Abschnitt 8.8.

Das Weltportfolio soll maximal liquide sein – auch deswegen, weil die meisten nennenswerten anderen Vermögenswerte von Privathaushalten typischerweise sehr illiquide sind, z.B. Immobilien, das Humankapital bei noch berufstätigen Haushalten, Beteiligungen an Unternehmen (»die eigene Firma«), Ansprüche an die gesetzliche, an private und an betriebliche Rentenversicherungen, Beteiligungen an geschlossenen Fonds, Private-Equity-Beteiligungen sowie Sammlerobjekte.

Die anlegerspezifische prozentuale Gewichtung zwischen dem risikobehafteten und dem risikoarmen Portfolioteil im WPF-Ansatz heißt »Level-1-Asset-Allokation«. Sie ist der wichtigste einzelne Stellhebel, um die Mischung aus Rendite und Risiko, die Ertragserwartung und den Risikograd des Portfolios zu bestimmen. Dieses Gewichtungsverhältnis kann 100/0, 90/10, 80/20, 70/30, 60/40, 50/50, 40/60, 30/70, 20/80, 10/90 und 0/100 betragen. Auf die Auswahl der für Sie richtigen Level-1-Asset-Allokation gehen wir im folgenden Abschnitt ein.

Kosten sollen, soweit es sinnvoll ist, reduziert werden, weil beim Investieren der Grundsatz teurer = besser, der bei Gütern und Dienstleistungen außerhalb des Kapitalmarktes in der Regel gilt, hier nicht zutrifft. Die Minimierung von Kosten ist allerdings kein Selbstzweck – ansonsten würde man nur in kostenfreie Bankguthaben investieren.

Bestimmte begrenzte Beimischungen (Gold, Rohstoffe, Kryptoanlagen) zum risikobehafteten Teil des Weltportfolios sind denkbar, gehören aber nicht zur Standard- oder Basisversion des WPF-Konzeptes (siehe Abschnitt 8.7). Diese potenziellen Beimischungen werden in Abbildung 6 nicht gezeigt.

Finanzberatung, Produktverkauf und Vermögensverwaltung, die mit Interessenkonflikten beim Berater, Verkäufer oder Vermögensverwalter einhergehen, lehnt ein rationaler WPF-Anleger ab.

Ein WPF-Anleger evaluiert den Erfolg seiner Anlagestrategie nicht über sinnlos kurze 12-Monats-Zeiträume, sondern gibt seinem Portfolio mindestens fünf, besser aber zehn Jahre Zeit, um sich zu beweisen. Ein WPF-Anleger weiß, dass zu jedem Zeitpunkt bestimmte konzentrierte Investments existieren, die für bestimmte rückwärtsgerichtete Anlageperioden seine WPF-Anlage geschlagen haben. Er ist zu klug, um aus dieser banalen Tatsache abzuleiten, dass sein WPF-Investment ein Fehler oder nur die zweitbeste Lösung war.

Ein WPF-Anleger bemüht sich generell, so rational wie möglich zu agieren und Emotionen und Meinungen aus seinen Vermögensanlagen so weit wie irgend möglich herauszuhalten. Der Anleger übt kritische Selbstreflektion und Demut angesichts der eigenen historischen Investmentfehler und der grundsätzlichen Unfähigkeit des Menschen, die Zukunft von sozialen Systemen wie dem Kapitalmarkt verlässlich vorhersehen zu können.

8.2 Ein simpler Weltportfolio-Vorschlag zur Umsetzung

Die nachfolgenden zwei Abschnitte erläutern, wie ein konkretes Weltportfolio aufgebaut ist. Das geschieht in zwei Schritten. Im ersten Schritt legt der Anleger seine sogenannte Level-1-Asset-Allokation (»Level-1-AA«) für sich fest, im zweiten seine Level-2-Asset-Allokation (»Level-2-AA«). Was sich hinter diesen beiden simplen Konzepten verbirgt, erfahren Sie jetzt.

8.2.1 Die »Level-1-Asset-Allokation« festlegen

Aus der Helikopterperspektive besteht das Weltportfolio lediglich aus zwei Komponenten: einer risikobehafteten Aktienkomponente und einer risikoarmen zinstragenden Komponente (siehe Abbildung 6 im vorhergehenden Abschnitt 8.1). Nichts im WPF-Konzept hat mehr Einfluss auf die erwartete Rendite, das erwartete Risiko oder die Liquidität als diese einfache Aufteilung – auch nicht die Entscheidung zwischen ETF A versus ETF B innerhalb der einzelnen Anlageklassen.

Der risikobehaftete Teil (global diversifizierte Aktien) dient – wie Mast und Segel bei einer Segeljacht – als das Fahrzeugelement, das den Vortrieb erzeugt, vorausgesetzt, der Wind (die Märkte) ist freundlich.

Der risikoarme Portfolioteil entspricht bei der Jacht den Vorrichtungen und Geräten, die der Sicherheit dienen, wie z.B. Rettungsboot, Schwimmwesten und Anker. Diese Gerätschaften geben dem Schiff keinen Vortrieb. Im Gegenteil, sie bremsen den Vortrieb aufgrund von Gewicht und Luftwiderstand, nehmen knappen Platz weg und kosten sogar Geld. Diese scheinbaren Nachteile sind aber dennoch okay, denn jeder Skipper weiß, dass es ohne Anker, Schwimmwesten und Rettungsboote nicht geht, wenn man jahrelang auf den Ozeanen kreuzen will. Ganz ähnlich geht es beim risikoarmen Portfolioteil – dem Stabilitätsanker im Portfolio – ausdrücklich nicht darum, die Rendite des Portfolios zu erhöhen, sondern ihm den gewünschten Sicherheitsgrad – man könnte auch Resilienz oder Antifragilität sagen – zu verleihen.

Ein anderer guter Vergleich zum risikoarmen Portfolioteil ist die Gebäudebrandversicherung bei einem Wohnhaus. Die Versicherung trägt nicht nur nichts zur Rendite (Wertsteigerung plus Miete minus Instandhaltung) des Hauses bei, sie reduziert diese Rendite sogar noch. In den allermeisten Fällen wird der Hauseigentümer nach 30 Jahren feststellen können, dass die Versicherungsbeiträge (Prämien) scheinbar für die Katz waren, denn es hat keinen Feuerschaden gegeben. Trotzdem wäre es sehr irrational, beim Erwerb des Hauses keine solche Versicherung abzuschließen. Oder anders formuliert: Die wenigsten Eigentümer werden sich nach 30 Jahren darüber aufregen, dass ihre Immobilie nicht gebrannt hat.

Hohe und überhöhte Renditeerwartungen an den Stabilitätsanker zu stellen, ist ein verbreiteter und gefährlicher Anlegerfehler. Wir rufen uns in Erinnerung: Risikoarm heißt hier kein oder nur ein ganz geringes Volatilitätsrisiko, das niedrigstmögliche Ausfallrisiko, kein Wechselkursrisiko und maximale Liquidität. Wie hoch (oder besser formuliert: wie niedrig) realistische Langfristrenditen nach Abzug der Inflation für sichere zinstragende Anlagen sind, habe ich in Abschnitt 4.5 dargestellt.

Tabelle 19 zeigt elf Level-1-AAs für ein WPF mit ihren jeweiligen Rendite- und Risikoeigenschaften. Im folgenden Abschnitt 8.2.2 kommen wir zur Level-2-AA. Sie ist die Übersetzung einer Level-1-AA in einen konkreten Anlagevorschlag auf Produktebene.

Tabelle 19: Kennzahlen für Risiko und Rendite von elf Portfolios aus global diversifizierten Aktien und einer »risikofreien« Anlage auf Basis von inflationsbereinigten Renditen in Euro von 1970 bis 2024 (55 Jahre)

Portfolio-Nr.	1	2	3	4	5	6	7	8	9	10	11
Risikobehafteter Portfolioteil (Aktien)	100%	90%	80%	70%	60%	50%	40%	30%	20%	10%	0%
Risikoarmer Portfolioteil (zinstragende Anlagen)	0%	10%	20%	30%	40%	50%	60%	70%	80%	90%	100%
Maximaler kumulativer Verlust, nominal	–53%	–48%	–43%	–38%	–32%	–26%	–19%	–13%	–7%	–3%	–4%
Erwartete reale Rendite p.a.	5,4%	5,1%	4,9%	4,6%	4,2%	3,9%	3,5%	3,1%	2,7%	2,2%	1,7%

► Ohne Kosten und Steuern. ► Indizes Aktienteil: MSCI World Standard 1970 bis 1987, MSCI ACWI Standard 1988 bis 1995, danach MSCI ACWI IMI. Indizes »risikofreier« Portfolioteil: 50/50-RexP (deutsche mittelfristige Staatsanleihen) und deutscher Geldmarkt (Frankfurter Geldmarkt 3-Monats-Gelder bis Ende 1998, danach 3-Monats-Euribor). ► Datenquellen: MSCI, Deutsche Bundesbank.

Zur Interpretation der Zahlen in der untersten Tabellenzeile, »Erwartete reale Rendite p.a.«, bitte noch einmal einen Blick auf die Infobox »Das Konzept der ›erwarteten Rendite‹« in Abschnitt 6.4 werfen. Neben den dort genannten Erläuterungen bitte beachten: (a) Es handelt sich hier um sogenannte geometrische Durchschnittsrenditen (arithmetische Durchschnittsrenditen wären höher). (b) Das jeweils aktuelle Bewertungsniveau spielt bei der Berechnung erwarteter Renditen eine große Rolle. Ist es beispielsweise zwölf Monate später deutlich niedriger, dann steigen die erwarteten Renditen, ist es höher, dann fallen sie. Den Werten in Tabelle 19 liegt ein »normales«, »mittleres« Bewertungsniveau zugrunde.

Bei entsprechenden Anlegerpräferenzen können dem risikobehafteten Portfolioteil im WPF im begrenzten Umfang optionale Beimischungen hinzugefügt werden, die jedoch nicht zur Standardversion des WPFs gehören. Solche Beimischungen werden in Abschnitt 8.7 erläutert.

Vielen Lesern werden die Renditezahlen in Tabelle 19 enttäuschend niedrig und die Risikokennzahlen beunruhigend hoch erscheinen, aber so sind nun einmal die Fakten.

Für uns sind in diesem Zusammenhang vor allem drei Feststellungen wichtig: Entscheidend ist weniger die absolute Höhe der Renditen als die relative Höhe, also die Höhe im Verhältnis zu den verfügbaren Alternativen. Beispielsweise besteht für die Anlageklasse Aktien eine etwa doppelt so hohe Renditeerwartung wie für die Anlageklasse Wohnimmobilien und eine rund sechsmal so hohe wie für verzinsliche Bankguthaben.

Außerdem sind die Renditen in Tabelle 19, so niedrig sie erscheinen mögen, Renditen, die wohl mehr als 90% aller aktiv gemanagten Portfolios (aktiv gemanagte Fonds, Vermögensverwalterdepots, Do-it-yourself-Depots) über Zeiträume von fünf Jahren und aufwärts *nicht* erreichen. Dass das so ist und warum es so ist, haben wir in den Abschnitten 6.1 und 6.2 beschrieben.

Zu guter Letzt zeigen wir in dieser Tabelle reale Renditen, weil für einen rationalen Anleger nicht entscheidend ist, welchen nominalen Wert sein Portfolio oder die Erträge haben, sondern ob sich seine Kaufkraft langfristig verbessert oder verschlechtert. Das wird nur aus realen, nicht aber aus nominalen Renditen ersichtlich.

Die für Sie passende Level-1-AA wählen Sie folgendermaßen aus: Studieren Sie ausgiebig den für die einzelnen Portfolios genannten maximalen kumulativen Verlust (Maximum Drawdown). Wenn Sie eine bestimmte Level-1-AA auswählen, müssen Sie sich sicher sein, dass Sie diesen Verlust mental und liquiditätsmäßig aushalten können, ohne schlaflose Nächte zu haben, ohne das Handtuch zu werfen, sprich zu verkaufen, und natürlich ohne den Familienfrieden zu gefährden.

Nützlich ist dabei das Gedankenexperiment, die Prozentwerte in der Tabelle durch die Anwendung auf Ihren absoluten Geldbetrag, den Sie investieren möchten, anzuwenden. Nehmen wir an, dass Sie einen Betrag von 1,5 Mio. Euro investieren möchten. Sie spielen mit dem Gedanken, eine 70/30-Aufteilung des Portfolios zu wählen. Stellen Sie sich nun vor, dass zeitweise auf Ihrem Depot nur noch 930 000 Euro zur Verfügung stehen bzw. in roten Lettern ein fett gedrucktes rotes Minus von 570 000 Euro steht. Macht Sie das nervös oder können Sie mit diesem Gedanken leben? Falls nicht, sollten Sie eher einen Blick auf eine der konservativeren Allokationen im rechten Teil der Tabelle werfen.

Man kann es auch anders formulieren: In den risikobehafteten Portfolioteil darf man nur Mittel investieren (oder investiert lassen), die man zu jedem gegebenen Zeitpunkt (also nicht nur anfänglich) mit an Sicherheit grenzender Wahrscheinlichkeit (und wir meinen »mit an Sicherheit grenzender Wahrscheinlichkeit«) in den folgenden fünf, besser zehn Jahren nicht benötigt.

Historisch gesehen ist eine nominale Nullrenditeperiode für ein 100%-Aktienportfolio (gemeint sind Aktien Global) von zehn Jahren in den zurückliegenden 100 Jahren mehrfach aufgetreten, und darauf müssen Sie mit dem Aktienteil Ihres Portfolios grundsätzlich gefasst sein.[97] Bei einer einzelnen Immobilie dürfte eine zehnjährige Nullrenditeperiode für den eigenkapitalfinanzierten Teil in den zurückliegenden 100 Jahren noch viel häufiger vorgekommen sein, aber das lässt sich mit den verfügbaren historischen Zahlen nicht belegen, ganz abgesehen davon, dass das die betreffenden Haushalte oft gar nicht voll realisieren oder realisieren wollen. Auch bei Gold waren die historischen maximalen Drawdowns und Nullrenditeperioden schlechter als bei Aktien.

Wer in einer Aktiencrashphase teilweise oder ganz aussteigt (verkauft) und älter als 35 Jahre ist, wird den damit vermutlich angerichteten Renditeschaden statistisch in seinem verbleibenden Anlegerleben wohl nicht mehr aufholen. Das wollen wir unbedingt vermeiden, und deswegen sollte man im Zweifel lieber eine konservativere Level-1-Asset-Allokation wählen, vor allem, wenn man weniger als fünf Jahre Erfahrung mit Aktieninvestments hat.

Die folgende Tabelle 20 fasst die Faktoren zusammen, die die Risikotragfähigkeit eines Haushaltes bestimmen. In der linken Spalte sind drei Risikobegrenzungskriterien genannt. Sie sind alle drei gleich wichtig. Dasjenige der drei Kriterien, bei dem ein Haushalt am konservativsten (risikoscheuesten) abschneidet, bestimmt schlussendlich die Risikotragfähigkeit des Haushaltes.

97 Würde man diese Feststellung nur auf amerikanische Aktien statt auf Aktien Global beziehen, wäre das Bild noch negativer.

Tabelle 20: Die drei Kriterien, die die Risikotoleranz nach oben begrenzen: »Fähigkeit«, »Notwendigkeit« und »Bereitschaft«, gutes Investmentrisiko zu tragen

Risikobegrenzungskriterium	**Subjektiv versus objektiv**	**Erläuterung**
Die wirtschaftliche *Fähigkeit*, Risiko zu tragen	Objektiv	Die objektiven Ausgangsbedingungen des Haushaltes: z.B. (i) das Startvermögen, also das gesamte Nettovermögen einschließlich Humankapital, nach Abzug aller Schulden (Leverage ist risikoerhöhend), (ii) die Stabilität (der Risikograd) dieses Vermögens, (iii) das laufende Einkommen des Haushaltes nach Abzug aller Lebenshaltungskosten, (iv) die Stabilität dieses Einkommens, (v) der Anlagehorizont und (vi) der Liquiditätsbedarf in den kommenden fünf Jahren. Je besser diese Bedingungen insgesamt sind, desto tendenziell höher ist die Risikotragkapazität bei diesem Kriterium.
Die wirtschaftliche *Notwendigkeit*, Risiko zu tragen	Objektiv	Die notwendige Investmentrendite, die der Haushalt rein theoretisch bei einem vorgegebenen Endvermögensziel an einem vorgegebenen Zeitpunkt erzielen müsste. Diese ergibt sich aus dem Zielvermögenszuwachs bei einem gegebenen Startvermögen während des Anlagehorizontes. Je höher diese notwendige Minimumrendite, desto tendenziell höher ist die Risikotragnotwendigkeit hinsichtlich dieses Kriteriums.
Die nervlich-emotionale *Bereitschaft*, Risiko zu tragen	Subjektiv	Die nervlich-emotionale Bereitschaft und tatsächliche mentale Fähigkeit, verlustbedingten Stress auszuhalten. Je stressresistenter das risikoscheueste Mitglied des Haushaltes ist, desto tendenziell höher ist die Risikotragkapazität bei diesem Kriterium. Die nervlich-emotionale Bereitschaft, Risiko zu tragen, wird im Zeitablauf üblicherweise durch wachsendes Investmentwissen und wachsende Erfahrung mit Aktien erhöht. Bei manchen Menschen nimmt diese Bereitschaft nach Erreichen des etwa 50. bis 60. Lebensjahrs wieder ab.

Ein Beispiel für die nervlich-emotionale Bereitschaft, Risiko zu tragen: Wir nehmen dabei an, Anleger Sebastian wählt heute WPF-Variante 2 (90/10) aus Tabelle 19. Ein Jahr nach Aufsetzen des Portfolios beginnt ein Aktiencrash. Nach vier Monaten Marktabschwung beginnen die Dinge ernsthaft ungemütlich zu werden. Nach 14 Monaten hat sich Sebastians Portfolio um 35% in Richtung Süden bewegt. Schon als sein Depot die 10%-Verlustmarke durchbrach, begann er eine psychische Belastung zu empfinden. Jetzt, bei minus 35%, ist er verzweifelt, hat vorher nicht gekannte Einschlafprobleme und kann tagsüber oft stundenlang kaum noch an etwas anderes denken als an seine (Buch-)Verluste. Gegenüber seiner Lebenspartnerin Sabrina hat Sebastian ein schlechtes Gewissen, denn sie votierte ursprünglich für die weniger renditeträchtige WPF-Variante 6 (50/50), da ihr das Drawdown-Risiko von Variante 2 zu hoch erschien. Aber Sebastian überredete seine Partnerin vor zwei Jahren, seiner Präferenz zu folgen.

Wenn Sebastian und Sabrina nun aus Stress, also der Angst davor, dass es noch schlimmer kommen könnte, oder aus einem Liquiditätsengpass heraus einen Teil der Aktienkomponente ihres Portfolios oder sogar das ganze Portfolio verkaufen, machen Sie Buchverluste zu endgültigen Verlusten. Mit großer Wahrscheinlichkeit zementieren die beiden damit ihr Unglück. Sie nehmen ihrem Portfolio vermutlich die Chance, sich wieder aus der Verlustzone heraus aufzurappeln.

Wir wollen damit nicht sagen, dass ein solcher Verkauf immer die falsche Entscheidung ist. Erstens kann man das erst nach Jahren endgültig beurteilen, und zweitens kann es dann die richtige Entscheidung sein, wenn man feststellt, dass man seine ursprüngliche Risikotragfähigkeit falsch eingeschätzt, nämlich überschätzt hat. Das ist sehr bedauerlich, aber es ist auch menschlich. Am besten ist es, man macht diesen Fehler gar nicht erst. Deshalb gilt: Wenn Sie sich nicht sicher sind, dann wählen Sie ein Portfolio, das eine oder zwei Stufen konservativer ist (in der Tabelle 19 nach rechts gehend) als das, was Ihnen vorschwebt. Nachdem Sie einige Jahre Zeit hatten, sich an das mit einer bestimmten Level-1-AA einhergehende Schwankungspotenzial Ihres Portfolios zu gewöhnen, können Sie auf Basis realer, eigener Erfahrungen und Lerneffekte später ja immer noch einen Gang hochschalten.

Risikotoleranz besitzt eine Person also genau bis zu dem Punkt, an dem die Person angesichts eines Drawdowns des Gesamtportfolios von Intensität X eine deutliche Beeinträchtigung ihres Seelenfriedens empfindet oder anfängt, ihr Verhalten zu ändern.

Je weiter Sie weg sind von der Phase, in der Sie wahrscheinlich oder sicher Entnahmen aus Ihrem Portfolio tätigen werden, desto länger ist unter sonst gleichen Umständen Ihr Anlagehorizont. Ein Beispiel: Gloria ist 66 Jahre alt und wird ihre Berufstätigkeit bald beenden. Sie hat ein Bankdepot, das sie mit großer Wahrscheinlichkeit nie anrühren muss, weil ihre sonstigen Einkünfte aus einer Rente und einer vermieteten Immobilie ihre Lebenshaltungskosten merklich übersteigen werden.

Gregor ist gleich alt, wird ebenfalls bald in den Ruhestand gehen. Er wird aus seinem Bankdepot jedoch Entnahmen von über 4% im Jahr tätigen müssen, um die Lücke zwischen seiner Rente und seinen Lebenshaltungskosten zu schließen. Unter sonst gleichen Umständen könnte man sagen, dass der Anlagehorizont von Gloria länger ist und sie sich im Prinzip eine höhere Aktienquote erlauben könnte. Das heißt auch: Je näher Ihr Haushalt in Bezug auf das Depot auf die Vermögensverbrauchsphase zusteuert (vielleicht, weil Sie bald in den Ruhestand gehen), desto kürzer wird Ihr Restanlagehorizont tendenziell. Das könnte bedeuten, dass Sie – unter sonst gleichen Umständen – Ihre Level-1-AA von Jahr zu Jahr etwas konservativer ausgestalten müssen. Wie das praktisch geht, wird weiter unten in Abschnitt 8.6 (Rebalancing) erläutert.

In gewisser Weise stellt die in Tabelle 19 genannte Risikokennzahl (maximaler Drawdown) eine praxisfremde Worst-Case-Perspektive dar. Praxisfremd insofern, als dabei realitätsfern unterstellt wird: (a) Ein Anleger investiert exakt am schlechtestmöglichen Tag und (b) er gibt den gesamten Betrag in einer Summe in den Markt (also nicht über einen längeren Zeitraum verteilt). Unter 50 Aktienanlegern wird es vermutlich nur einen geben, auf den diese beiden Bedingungen zutreffen. Vermögen in Form von Humankapital oder anderes Vermögen außerhalb des WPFs wird in dieser Betrachtung ebenfalls nicht berücksichtigt, denn würde man den Drawdown auf Basis des echten Gesamtvermögens berechnen, wäre er unter Umständen geringer.

Die WPF-Rendite wird, nach allen Kosten und Steuern, auf lange Sicht mit großer Wahrscheinlichkeit höher sein als die der meisten vergleichbaren aktiven Anlageportfolios – vergleichbar im Sinne des eingegangenen erwarteten Risikos. Das hat einige einfache Gründe: niedrigere Kosten, die Vermeidung schlechter Finanzprodukte, die Vermeidung renditeschädlicher Effekte aus → Return Chasing und ein vorteilhafter steuerlicher Barwerteffekt durch Buy and Hold (siehe Abschnitt 3.3).

8.2.2 Die »Level-2-Asset-Allokation« festlegen

Kommen wir nun zur Level-2-Asset-Allokation. Sie ist das Befüllen der beiden Gefäße *Risikobehaftet* und *Risikoarm* in Abbildung 6, Abschnitt 8.1

mit granulareren Anlageklassen, die durch konkrete Anlageprodukte abgebildet werden.

Das Weltportfolio kann in unterschiedlichen Komplexitätsstufen realisiert werden – je nach Anlegerpräferenz und -bedürfnissen. In diesem Buch stellen wir lediglich die »WPF-Variante 1« vor, weil sie aufgrund ihrer Simplizität für die allermeisten normalen Privathaushalte am besten geeignet ist. Das Buch *Souverän investieren mit Indexfonds und ETFs – Ein Investmentbuch für fortgeschrittene Privatanleger* (Gerd Kommer) enthält zusätzlich noch drei komplexere Varianten. Variante 1 ist am einfachsten aufzusetzen, am pflegeleichtesten – und sie funktioniert auch gut bei kleinen Anlagevolumina.

Eine Vorbemerkung zur Frage der Auswahl spezifischer ETF-Produkte: Wir nennen nachfolgend lediglich *Indizes* für die einzelnen Anlageklassen. Für diese Indizes werden im deutschsprachigen Raum jeweils mehrere ETFs von verschiedenen Anbietern vertrieben. Wir geben jedoch keine spezifischen ETFs an. Das Benennen spezifischer ETFs wäre aus einer Reihe von Gründen nicht zielführend. Erstens, weil eine konkrete Produktliste angesichts der laufenden und begrüßenswerten Fortentwicklung des ETF-Marktes bereits in wenigen Monaten anfangen würde zu veralten. Dieses Buch wird jedoch mehrere Jahre im Druck sein. Zweitens ist es natürlich so, dass für eine gegebene Anlageklasse innerhalb des WPFs nicht nur ein, zwei oder drei bestimmte ETFs in Frage kommen, die man in einem Buch erwähnen könnte. Eine ETF-Liste in diesem Buch würde also lang werden und wäre dennoch nie lang genug. Drittens existieren exzellente Onlinetools, die für die Suche und Identifikation von ETFs strukturell besser geeignet sind als ein Buch. Auf sie gehen wir weiter unten in Abschnitt 8.13 ein.

Wer in Eigenregie ein WPF aufbauen möchte, der sollte die Voraussetzung mitbringen, die dafür passenden ETFs selbst auswählen zu können.

Nun zu den beiden Hauptelementen des WPFs, dem risikobehafteten Portfolioteil und dem risikoarmen Teil.

Der risikobehaftete Teil besteht im einfachsten Fall aus einem einzelnen ETF, der den Weltaktienmarkt einschließlich Schwellenländer umfasst, überlappungsfrei (möglichst ohne Doppelabbildungen) und lückenlos abdeckt. Dafür existieren derzeit (Dezember 2025) mehrere globale Aktienindizes, zu denen in Deutschland zahlreiche ETFs vertrieben werden:

- FTSE All-World Index – Regionen: Industrieländer + Schwellenländer; Größenklassen: Large Caps + Mid Caps
- MSCI ACWI (All Country World Index) – Regionen: Industrieländer + Schwellenländer; Größenklassen: Large Caps + Mid Caps
- Solactive GBS Global Market Large Cap & Mid Cap – Regionen: Industrieländer + Schwellenländer; Größenklassen: Large Caps + Mid Caps
- MSCI ACWI IMI (All Country World Investable Market Index) – Regionen: Industrieländer + Schwellenländer; Größenklassen: Large Caps + Mid Caps + Small Caps

Der berühmte MSCI World (Standard) Index fehlt in der Auflistung, weil er nach unserem Dafürhalten nicht ausreichend breit und gut diversifiziert ist. Er enthält keine Schwellenländeraktien, obwohl Schwellenländer inzwischen rund 50% der Weltwirtschaftsleistung ausmachen, und er enthält keine Small-Cap-Aktien (Nebenwerte), obwohl diese auf sehr lange Sicht eher höhere Renditen erzeugen als Large Caps und Mid Caps. Zudem leidet der MSCI World Index aktuell (Januar 2026) besonders stark an drei Konzentrations- und Klumpenrisiken in den hoch bewerteten (teuren) Teilen des globalen Aktienmarktes: USA, Tech-Sektor und Top-Ten-Einzelaktien. Diese Probleme und Schwächen bestehen in den oben aufgelisteten Indizes weniger.

Für einige dieser Indizes existieren Aktien-ETFs, bei denen der USD-Euro-Wechselkurs gehedgt (abgesichert) ist. Von solchen globalen Aktien-ETFs mit Wechselkurssicherung ist abzuraten. Warum das so ist, haben wir in Abschnitt 8.5 begründet.

Diese Indizes decken je nach Index zwischen 85% und 99% des Weltaktienmarktes ab. Die einzelnen Aktien und damit auch das Land oder die Region, denen eine Aktie nach dem Ort ihres Börsenlistings zugeordnet ist, sind nach ihrer Marktkapitalisierung gewichtet.

An dieser Stelle eine kurze Werbeeinblendung: Unser Unternehmen hat zusammen mit dem großen britischen Finanzkonzern Legal & General einen globalen Aktien-ETF aufgelegt, den L&G Gerd Kommer Multifactor Equity UCITS ETF (WKN: WELT0A für die thesaurierende und WELT0B für die ausschüttende Variante). Dieser ETF ist in der Breite seiner Abdeckung vergleichbar mit anderen ETFs auf den o.g. MSCI ACWI IMI, unterscheidet sich aber von diesen, weil der GK-ETF sogenannte Faktorprämien berück-

sichtigt und andere Merkmale hat, die die von uns geschilderten Konzentrationsrisiken abmildern.

Natürlich kann man die Abdeckung des Weltaktienmarktes (also der Weltwirtschaft) in geografischer Dimension und in der Dimension Unternehmensgrößenklassen auch modular über die Kombination mehrerer jeweils engerer ETFs erreichen. Das wird häufig dann der Fall sein, wenn man mit dem Aufsetzen des Weltportfolios nicht bei null anfängt, sondern schon ältere ETFs im Depot hat, die man aus steuerlichen Gründen nicht verkaufen möchte.

Der risikoarme Portfolioteil kann ebenfalls auf unterschiedliche Weise umgesetzt werden. Für alle Lösungen gilt: (a) Es sollte aus Sicht des Anlegers (bzw. seiner funktionalen Währung/Heimatwährung) kein Wechselkursrisiko bestehen, (b) es sollten nur oder jedenfalls größtenteils Anleihen mit gehobener Bonität enthalten sein (Investment Grade), (c) die Laufzeit (Duration) der Anleihen im ETF sollte nicht über drei Jahre liegen, um das Zinsänderungsrisiko auf ein akzeptabel niedriges Niveau zu begrenzen.

Alles in allem soll der risikoarme Portfolioteil High-Quality-Anleihen repräsentieren. Bei Unternehmensanleihen sollten insgesamt mindestens 150 verschiedene Emittenten im Portfolio vertreten sein, um das Einzelwertrisiko wegzudiversifizieren. Die Mischung zwischen Staatsanleihen und Unternehmensanleihen könnte im Verhältnis ein Drittel Staatsanleihen zu zwei Drittel Unternehmensanleihen liegen. Abweichungen von dieser Gewichtung sind akzeptabel und in den meisten Fällen unproblematisch.

Nach unserer Erfahrung sind Privatanleger weniger vertraut mit der Anlageklasse Anleihen als mit der Anlageklasse Aktien, obwohl die Anlageklasse Anleihen weltweit größer und für risikoarme Anlagen besonders relevant ist. (Eine kurze, aber nicht trivial kurze Einführung in das Thema Anleihen geben Kommer/Schweizer 2024a.)

Auch ein verzinsliches Tagesgeld, soweit es betraglich innerhalb der gesetzlichen Einlagensicherung liegt *und* der »garantierende« Staat mindestens ein Bonitätsrating von AA– besitzt (Ratingstufe 4 von etwa 25),[98] ist im risikoarmen Portfolioteil akzeptabel. Allerdings dürfte die Rendite

98 Eine Tabelle mit allen Ratingnoten finden Sie auf der deutschen Wikipedia unter dem Stichwort »Liste der Länder nach Kreditrating« und im Blogbeitrag Kommer/Schweizer 2024a.

eines durchschnittlichen Tagesgeldes auf lange Sicht um einen halben bis einen Prozentpunkt p.a. niedriger als die von Anleihen liegen, die die o.g. Kriterien erfüllen.

Wer mit der Rendite seines *Gesamt*portfolios – und nur auf diese Gesamtrendite kommt es an (nicht auf die Rendite von einzelnen Komponenten bzw. einzelnen ETFs) – unzufrieden ist, muss den Anteil des risikobehafteten Portfolioteils erhöhen und den Anteil des risikofreien Portfolioteils dementsprechend senken – unter bewusster Inkaufnahme der damit einhergehenden Risikozunahme. Rendite ist die Belohnung für das Tragen von (gutem) Risiko. Hingegen wäre die Umwandlung des Sicherheitsankers im Portfolio in eine risikobehaftete Komponente mit höherer erwarteter Rendite ein grundsätzlicher Fehler.[99] Er beruht auf der gefährlichen Illusion, dass man Sicherheit und Rendite *zugleich* haben könne.

Folgende Indizes kommen für einen Anleger mit der funktionalen Währung Euro in Frage:

Staatsanleihen:

- FTSE MTS Highest Rated Macro-Weighted Government Bond Index 1–3 Years
- iBoxx € Germany 1–3 TR Index
- eb.rexx Government Germany 1.5–2.5 Index
- ICE US Treasury 1–3 Year (EUR Hedged) Index
- EuroMTS Cash 3 Months Index (sehr kurzlaufende Staatsanleihen in Euro)

Unternehmensanleihen:

- Solactive Euro Corporates 0–3 Year Liquid EUR Index,
- Bloomberg Euro Corporate Bond 0–3 Index
- iBoxx EUR Liquid Investment Grade Ultrashort Index
- JP Morgan Global Credit Index Ultra Short ex Banks 2% Issuer Capped (EUR Hedged) Index

Wie dieser Abschnitt gezeigt hat, ist das WPF im einfachsten Fall schon mit zwei ETFs oder einem ETF und einer Tagesgeldanlage realisierbar.

---

99 Dieses Ziel könnte man z.B. über die Nutzung von Anleihen mit schlechterer Bonität (Hochzinsanleihen), von Anleihen mit längerer Laufzeit oder von Anleihen in Fremdwährungen mit einem höheren Marktzinsniveau erreichen.

Wenn es um Geldanlagen geht, bringen Einfachheit und Transparenz enorme Vorteile: Erstens bedeuten sie niedrige Kosten und erhöhen damit die Renditeerwartung. Zweitens senken sie den einmaligen Arbeitsaufwand am Anfang und dauerhaft beim »Betrieb« des Portfolios. Sie senken auch das operative Risiko. Drittens erlauben sie auch ganz »normalen« Privatanlegerhaushalten, ihr Depot wirklich zu verstehen und sich, weil sie es verstehen, damit zu identifizieren. Niedriger Arbeitsaufwand und hohe Identifikation erhöhen wiederum die Wahrscheinlichkeit, dass der Anlegerhaushalt über Jahre und Jahrzehnte bei diesem Ansatz bleibt und seinem Portfolio damit die Chance gibt, die Risikoprämien, die im Portfolio stecken, auch tatsächlich zu ernten und von der Macht des Zinseszinses zu profitieren. Ohne diese beiden Effekte wird erfolgreiche Altersvorsorge kaum funktionieren.

In den verbleibenden Abschnitten dieses Kapitels beschäftigen wir uns mit weiteren praktischen Umsetzungsaspekten, denn der Teufel steckt bekanntlich im Detail, und das gilt auch fürs Geldanlegen.

8.3 Das Via-Negativa-Prinzip: Schlechte Investments vermeiden oder beenden

Erfolgreich Vermögen bilden oder vorhandenes Vermögen bewahren und schützen ist nicht nur eine Frage des »Was tun?«, sondern auch eine Frage von »Was nicht tun?«, »Was unterlassen?«, »Was beenden?« – also von Fehlervermeidung und Fehlerbeendigung.

»Vermeide Fehler!« – das klingt als Ratschlag in Gelddingen und auch im Leben allgemein langweilig und altbacken. Man kann dieses handlungsleitende Konzept allerdings auch sexyer benennen, beispielsweise als Via-Negativa-Prinzip, *lateinisch »Via Negativa«,* der negative Weg oder der Weg des Vermeidens. Via Negativa in diesem Sinne steht für die Methode, gute Ergebnisse zu erzielen, indem man schädliche Entscheidungen vermeidet und negative Zustände beendet. Im Vordergrund steht hier also nicht das positive Tun, sondern das negative Vermeiden und Beenden.

Der »Via Negativa«-Terminus kommt ursprünglich aus der Philosophie Platons (428–347 v. Chr.) und wurde auch in der frühzeitlichen christlichen Theologie verwendet. Der Denker Nassim Taleb hat den Begriff in seinem Buch *Antifragile* (Taleb 2012) in jüngerer Zeit neu popularisiert.

Derjenige allerdings, der das Konzept vor fast 50 Jahren zum ersten Mal im Kontext von Privatanlegerinvestieren formulierte, war der Amerikaner Charles Ellis in seinem Aufsatz »The Loser's Game« (Ellis 1975) – ohne jedoch die Bezeichnung »Via Negativa« zu benutzen. Dieser Aufsatz war es auch, der John Bogle, den legendären Gründer von Vanguard, der heute zweitgrößten Fondsgesellschaft der Welt, 1976 inspirierte, den weltweit ersten Indexfonds für Privatanleger aufzulegen.

Das Via-Negativa-Prinzip besagt im Wesentlichen, dass der kumulative finanzielle und auch sonstige Erfolg in unserem Leben – so wie er sich in einem bestimmten Lebensalter darstellt – eben nicht nur davon bestimmt wird, was wir bis zu diesem Zeitpunkt Schlaues, Richtiges und Gutes getan haben (die »positiven« Entscheidungen), sondern genauso oder vielleicht sogar mehr noch, was wir Dummes, Falsches und Schlechtes unterlassen oder beendet haben (die »negativen« Entscheidungen).

Das lässt sich hervorragend an der Sportart Tennis illustrieren. Hier kann man ein Match gewinnen, indem man den Fokus darauf legt, weniger Fehler als der Gegner zu machen. In der Tat argumentiert Ellis in seinem oben erwähnten Aufsatz, dass im Amateurtennis (in Abgrenzung zum Profitennis) typischerweise derjenige Spieler mit der geringeren Zahl an »unerzwungenen Fehlern« (»Unforced Errors«) gewinnt. Das sind die eigenen Fehler (Punktverluste), für die man selbst die Hauptverantwortung trägt, nicht Fehler, die aus dem überlegenen Spiel des Gegners resultieren.

Zur Veranschaulichung: Ein Privatanleger setzt – z.B. weil er eines unserer Bücher gelesen hat – ein Weltportfolio aus preisgünstigen Indexfonds bzw. ETFs auf und praktiziert außerdem Buy and Hold sowie regelbasiertes Rebalancing. Zugleich hat dieser Privatanleger aber noch nennenswerte Investments in teuren, renditearmen kapitalbildenden Lebensversicherungen, Cash auf einem Bankkonto oberhalb der gesetzlichen Einlagensicherung und Anteile an einem geschlossenen Fonds, der in Containerschiffe investiert. Dieser Privatanleger hat auf der Seite des positiven Tuns das Kluge und Richtige getan. Auf der Seite des negativen Tuns, der Via Negativa, hat er aber versäumt, gleichermaßen konsequent zu handeln. Dazu müsste er Schritte unternehmen, die drei genannten Investmentfehler zu beenden.

Ein struktureller Grund dafür, dass der Fokus auf die negative Seite, auf die Vermeidung des Schlechten und Falschen, so mächtig ist, liegt in dem merkwürdigerweise oft übersehenen Faktum, dass unser Wissen und unser Verstehen über Downsides (nachteilige Effekte) und darüber, was *nicht* funktioniert, umfassender, präziser und verlässlicher ist als unser Wissen und Verstehen darüber, was funktioniert. Das lässt sich auch an der jahrtausendealten Frage zeigen, was den Menschen zufrieden oder glücklich macht. Wir können ziemlich gut beurteilen, was Zufriedenheit und Glück von Menschen reduziert, aber wir können viel weniger gut beurteilen, was Zufriedenheit und Glück bewahrt oder erhöht. Vermutlich können Zufriedenheit und Glück besser gesteigert werden, indem man Handlungen und Zustände unterlässt bzw. beendet, die unglücklich machen, anstatt danach zu suchen, was einen glücklich macht.

Würde man einen finanziell sehr erfolgreichen Menschen befragen, welche praktischen und messbaren »Top-Ten-Financial-Success-Ratschläge« er einem jungen Menschen geben würde, der ebenfalls finanziellen Erfolg im Leben anstrebt, dann enthielte diese Zehnerliste vermutlich mehr Hinweise à la »Vermeide die Verhaltensweise X« als »Tue Y«.

Vermögende Menschen, die aus eigener Kraft reich geworden sind oder ein großes Vermögen über lange Zeit erfolgreich bewahrt haben, schafften das praktisch ausnahmslos auch deswegen, weil sie das Via-Negativa-Prinzip bewusst oder unterbewusst begriffen und konsistenter angewendet haben als weniger vermögende Menschen. Vermögende machen tendenziell weniger wirtschaftliche Fehler und beenden gemachte Fehler schneller als ärmere Menschen. Es sind also nicht nur ihre besonders klugen positiven Entscheidungen, also dieses oder jenes Investment zu tätigen, die den Reichtum bewirken, sondern ebenso ihre Fähigkeit, weniger schlechte, negative Finanzentscheidungen zu treffen als andere, also dieses oder jenes Investment zu vermeiden oder abzustoßen.

Die große finanzielle und nichtfinanzielle Bedeutung des Via-Negativa-Prinzips für den Erfolg in unserem Leben – dabei ist es fast egal, wie man Erfolg definiert – kommt plastisch in den folgenden sechs Zitaten zum Ausdruck:

- »The 20 percent of really dumb decisions that we make in life tend to hurt us a lot more than the smartest 20 percent of our decisions tend to help us.«[100] – Nate Silver (amerikanischer Statistiker, ehemaliger Berufspokerspieler und Ratgeberbuchautor)

100 »Die 20% wirklich dummen Entscheidungen im Leben schaden uns mehr, als die 20% wirklich smarten Entscheidungen uns helfen.«

- »You only have to do a few things right in your life so long as you don't do too many things wrong.« – Warren Buffett (Milliardär, Gründer und CEO von Berkshire Hathaway)
- »It is remarkable how much long-term advantage people like us have gotten by trying to be consistently not stupid, instead of trying to be very intelligent.«[101] – Charly Munger (1924–2023) (Milliardär, Geschäftspartner und Stellvertreter von Warren Buffett)
- »Sometimes your best investments are the ones you don't make.« – Donald Trump (Immobilienunternehmer und derzeitiger US-Präsident)
- »I am as proud of many of the things we [Apple] haven't done as the things we have done.«– Steve Jobs (1955–2011) (Mitgründer und langjähriger CEO von Apple)
- »While the rest of us are chasing victory, the best in the world know they must avoid losing before they can win. It turns out this is a surprisingly effective strategy.«[102] – Shane Parrish (Unternehmensberater, Gründer, Ratgeberbuchautor, Podcast-Host)

Erfolgreich investieren ist selten ein einmaliges Ereignis oder das Ergebnis weniger einzelner Ereignisse, sondern ein fortlaufender Prozess, der dann zum Erfolg führt, wenn darin über einen langen Zeitraum (a) möglichst viele kluge Entscheidungen, die zu einer Upside (einem vorteilhaften Effekt) führen, *und* zugleich (b) möglichst wenig unkluge Entscheidungen getroffen werden, die Verluste oder Opportunitätskosten (entgangene Gewinne) bewirken – das Via-Negativa-Prinzip. Durch diese Kombination kann der Zinseszinseffekt seine gute exponentielle Wirkung entfalten.

Wir glauben, dass viele Privatanleger ihr Nachdenken und ihre notwendig begrenzte Aufmerksamkeit für das Thema Vermögensbildung und Vermögensschutz zu sehr auf (a) und zu wenig auf (b) lenken. Die Gründe für diese falsche Balance sind vielseitig.

Erstens: Der Via-Negativa-Teil beim erfolgreichen Investieren ist weniger spektakulär, weniger sexy als die positive Suche nach dem sprichwört-

101 »Es ist bemerkenswert, wie groß der Langfristvorteil ist, den wir erzielen, indem wir versuchen, konsistent nicht dumm statt sehr schlau zu sein.«

102 »Während die Mehrheit dem Sieg hinterherjagt, wissen die Besten, dass man vermeiden muss zu verlieren, wenn man gewinnen will. Und diese Strategie ist erstaunlich effektiv.«

lichen »Jackpot-Investment«. Zweitens: Der Erfolgsbeitrag negativer Entscheidungen (Vermeidung, Unterlassen, Beendigung) lässt sich weniger leicht messen als der Beitrag positiver Entscheidungen. Drittens: Die traditionellen Medien, das Internet und die Werbung im Finanzsektor konzentrieren sich viel stärker auf die Berichterstattung rund um »Gewinne machen« und »reich werden« als auf die Berichterstattung rund um »Wie verhindere ich, dass ich Geld verliere oder ärmer werde?«.

Bis hierher haben wir nur von Theorie gesprochen. Wie aber äußert sich die Via Negativa in der Praxis des Investierens für Privathaushalte?

Sie äußert sich praktisch primär darin, (a) die klassischen verhaltensmäßigen Anlegerfehler möglichst selten zu machen und (b) möglichst selten oder in geringem Umfang in schlechte Finanzprodukte zu investieren. Mit (b) haben wir uns in Abschnitt 7.2 befasst. Daher nun noch kurz zu (a), d.h. zu den gravierendsten verhaltensmäßigen Anlegerfehlern:

- Bevorzugt in das investieren, was in den letzten Jahren gut lief (prozyklisches Anlegen, Recency Bias);
- Klumpen- und Konzentrationsrisiken im eigenen Vermögen ignorieren, also zu wenig echte Diversifikation praktizieren;
- Den fundamentalen Unterschied zwischen Vermögensaufbau und Vermögensbewahrung/Vermögensschutz in der eigenen Vermögensanlage ignorieren und die Maßnahmen nicht umsetzen, die die Einsicht in diesen Unterschied haben sollte;
- Die auf lange Sicht hohen Opportunitätskosten (entgangenen Gewinne) verzinslicher und unverzinslicher Bankguthaben nicht erkennen;
- Schulden im Privatvermögen nicht so schnell wie möglich tilgen;
- Bei Unternehmen: die haftungsmäßige Trennung zwischen Privatvermögen und Firmenvermögen nicht konsequent durchhalten;
- Kursprognosen oder andere Prognosen von »Experten« oder sich selbst zur Grundlage der eigenen Investmententscheidungen machen;
- Glauben, dass »Experten« oder man selbst verlässlich den besten Einstiegszeitpunkt im Aktienmarkt finden könnte und danach investiert;
- Glauben, dass sich das Nehmen bzw. Tragen von Einzelwertrisiko bei Aktien und Unternehmensanleihen langfristig lohne;
- Immobilien als besonders sichere Investments einschätzen;
- Auf die durch finanzmathematische Tricks nach oben verzerrten »Fake-Renditen« der Private-Equity-Branche hereinfallen;

- Verpackung und Inhalt bei Finanzprodukten nicht auseinanderhalten können, z.B. bei kapitalbildenden Lebensversicherungen oder bei Private-Equity-Investments;
- Die Bedeutung von Nebenkosten des Investierens für das erzielbare Endvermögen unterschätzen;
- Die schädlichen Interessenkonflikte, die in der Finanzberatung und Vermögensverwaltung bei nahezu allen Banken bestehen, nicht wirklich ernst nehmen.

Die Summe der Entscheidungen und Handlungen, die einen auf lange Sicht erfolgreichen Vermögensaufbau oder eine langfristig erfolgreiche Vermögensbewahrung befördern, lässt sich konzeptionell in eine positive und eine negative Sphäre aufteilen. Beide Sphären sind für den Langfristerfolg gleichermaßen wichtig, aber wir alle widmen der positiven Sphäre, dem »Was jetzt tun?« instinktiv leider viel mehr Aufmerksamkeit als der negativen Sphäre, dem »Was jetzt nicht tun?« oder »Was jetzt abstellen?«. Die Finanzmedien verstärken dieses schädliche Ungleichgewicht. Eine ausgewogenere Vorgehensweise wäre besser. Wer das Via-Negativa-Prinzip ernst nimmt und in seinen monetären Entscheidungen umsetzt, wird damit seinen finanziellen Erfolg erhöhen.

8.4 Die persönliche Liquiditätsreserve

Die »persönliche Liquiditätsreserve« (»PLR«) ist Ihr Notgroschen, Ihre eiserne Reserve für Notfälle –, so etwas wie das Extrapaar Socken auf der Gebirgswanderung oder die zusätzliche Powerbank für Handy und Laptop auf der Dienstreise. Eine PLR zu haben, schenkt mentale Stärke, Seelenfrieden und verhindert, dass man bei einem ungeplanten Liquiditätsengpass Anteile aus dem risikobehafteten Teil des Weltportfolios mit Verlust verkaufen muss. Letzteres wäre das Gegenteil von Buy and Hold und könnte die »Zementierung von Verlusten«, den Verzicht auf die »Magie des Zinseszinses« und die Reduktion des Steuervorteils im Weltportfolio-Konzept (siehe Abschnitt 3.3) bedeuten. Eine ausreichend dimensionierte PLR soll dazu beitragen, dass ein derartiges Malheur, ein derartiges Abweichen vom Weltportfolio-Ansatz – da leicht vermeidbar – nicht geschehen muss.

Die PLR sollte bei vermögenden Haushalten das Sechs- bis Zwölffache der geschätzten durchschnittlichen monatlichen Lebenshaltungskosten betragen. An welchem Ende dieses Spektrums Sie persönlich liegen wollen, müssen Sie selbst entscheiden. Im Optimalfall brauchen Sie Ihre PLR über Jahrzehnte hinweg nie zu nutzen, weil Ihr laufender Cash-Inflow, also die laufenden Einnahmen, stets hoch genug sind, um alle Ihre Ausgaben zu decken. Wenn Sie – in einem ungeplanten Liquiditätsengpass oder einem sonstigen Notfall – Mittel aus Ihrer PLR entnehmen, müssen Sie diese bei der nächsten Möglichkeit wieder auffüllen.

Besonders wichtig ist eine eigenständige PLR für einen Haushalt mit einer Level-1-Asset-Allokation (L-1-AA) von 100/0, denn hier existiert definitionsgemäß kein risikoarmer Anleihenteil im WPF. Zwei konkrete Fälle zur Illustration: Wir stellen uns die beiden Haushalte Bergmann und Petersen vor. Beides sind Ehepaare, die sich in der Vermögensschutzphase befinden. Alle vier Personen sind 65 Jahre alt. Die durchschnittlichen Lebenshaltungskosten der jeweils in einem schuldenfreien Eigenheim lebenden Paare betragen 8 000 Euro je Haushalt. Nehmen wir an, die PLR soll das Zwölffache dieser Ausgaben betragen, also 96 000 Euro.

Die Bergmanns und die Petersens haben jeweils ein Weltportfolio im Wert von 3 Millionen Euro. Bei den Bergmanns beträgt die L-1-AA 80/20, bei den Petersens 100/0 (die Gründe für diesen Unterschied seien hier unbeachtlich). Die Bergmanns können, wenn sie wollen, auf das Anlegen einer eigenständigen PLR verzichten, denn bei ihnen beläuft sich der risikoarme WPF-Teil auf 20% × 3 Millionen = 600 000 Euro. Im Falle eines ungeplanten Liquiditätsbedarfes könnten die Bergmanns jederzeit liquide Mittel aus diesem Portfolioteil abziehen, auch in einer Phase, in der der risikobehaftete Portfolioteil sich im roten Bereich befindet oder – allgemeiner ausgedrückt – soeben einen starken Kurseinbruch erfahren hat (von welchem vorherigen Niveau auch immer). Bei den Petersens mit ihrer 100/0-L-1-AA verhält es sich anders. In ihrem WPF existiert kein risikoarmer Teil. Sie sollten daher auf jeden Fall eine *eigenständige* PLR außerhalb des WPFs anlegen.

Praktisch gesehen kann die PLR der »nie unterschrittene Mindestguthabensaldo« auf dem laufenden Girokonto sein, das eine Person oder ein Haushalt für die Bestreitung der Lebenshaltungskosten nutzt. Die PLR könnte aber auch separat z.B. als verzinsliches Tagesgeld (innerhalb der gesetzlichen Einlagensicherung) auf einem gesonderten Bankkonto geparkt werden. So oder so ist hier maximale Liquidität, maximale Verfügbarkeit (buchstäblich innerhalb von Minuten oder Stunden) und maximale Sicherheit wichtig. Rendite ist sekundär.

8.5 Wechselkursrisiko – wie man es managt

Wer in liquide Anlagen, einschließlich ETFs in Aktien oder Anleihen, investiert, der sollte sich grundsätzlich über die Frage des Wechselkursrisikos (auch Währungsrisiko genannt) Gedanken machen. Erfreulicherweise ist diese Thematik für ETF-Investments, wie sie in diesem Buch empfohlen werden, simpel. Gleichwohl existiert nach unserer Erfahrung kaum ein Teilgebiet von Investieren, bei dem selbst fortgeschrittene Privatanleger so häufig und so eindeutig klaren Verständnisfehlern unterliegen, wie es beim Wechselkursrisiko passiert. Doch wie dem auch sei – die wesentlichen Einsichten und Umsetzungsaspekte aus Sicht eines Privatanlegers lassen sich folgendermaßen zusammenfassen. Zunächst zur Anlageklasse Aktien.

Die in der Praxis vielleicht wichtigste Feststellung ist, dass die »Fondswährung« (ökonomisch präziser die *Berichtswährung*) eines ETFs für sich genommen rein gar nichts über das Wechselkursrisiko des Investments aussagt, insbesondere nicht bei Aktien-ETFs. Die Fondswährung ist bei manchen, aber nicht bei allen außerhalb von Deutschland investierenden ETFs ein Namensbestandteil, zumeist am Ende des ETF-Namens. Ein Beispiel hierfür sind die folgenden beiden willkürlich ausgewählten ETFs auf den bekannten US-Aktienindex S&P 500: (a) Amundi ETF S&P 500 UCITS ETF USD (WKN: A2H575) und (b) BNP Paribas Easy S&P 500 UCITS ETF EUR (WKN: A1W4DP). Beim ersten ETF ist der USD die Fondswährung, beim zweiten der Euro. Beide ETFs haben für den Anleger, egal, ob Deutscher, Österreicher, Schweizer, Brite, Amerikaner oder Japaner, jedoch exakt das gleiche Wechselkursrisiko – ganz einfach deswegen, weil die Fondswährung für das tatsächliche Wechselkursrisiko komplett irrelevant ist. Diese Regel gilt für Aktien-ETFs allgemein, egal, ob sie den US-Aktienmarkt, den chinesischen Aktienmarkt oder den globalen Aktienmarkt abbilden.

In einem halbwegs global diversifizierten Aktienportfolio (das mit ETFs ja leicht zu erstellen ist) ergibt es ökonomisch keinen Sinn, einen bestimmten Wechselkurs, beispielsweise den USD-Euro-Wechselkurs, abzusichern.

Das hat folgende Gründe: (a) Realwirtschaftlich auf Ebene der Einzelunternehmen in dem oder den ETFs sind in einem solchen Portfolio *Hunderte* von Wechselkursen und Wechselkursrisiken enthalten – und eben nicht nur der USD-Euro-Kurs. Das trifft bereits auf große einzelne Unternehmen zu, wie z.B. Apple, und es trifft natürlich noch mehr zu auf ein Portfolio aus Hunderten Großunternehmen, die aus Dutzenden Währungsräumen Vorleistungen beziehen und in diesen Währungsräumen Umsätze erzielen. Wenn das so ist, ist es nicht nur sinnlos, sondern kontraproduktiv, nur eines dieser Risiken, einen einzelnen Wechselkurs, durch Absicherung (Hedging) zu fixieren. In gewissem Sinne kann man hier von Pseudowechselkurssicherung sprechen. (b) Wechselkurse schwanken zwar kurz- und mittelfristig stark und nicht verlässlich prognostizierbar, haben in der funktionalen Währung des Anlegers aber inflationsbereinigt eine Renditeerwartung von null. Weil das so ist, können Wechselkursveränderungen die Rendite eines Portfolios, gemessen in der Heimatwährung des Anlegers, über einen Monat oder fünf Jahre sowohl erhöhen als auch senken, ihr Einfluss wird aber mit zunehmender Länge des Zeitfensters, gerechnet in realer Rendite in der Heimatwährung, tendenziell immer weiter abnehmen. (c) Wechselkursrisiko und Wechselkurschance sind zwei Seiten derselben Medaille. (d) Wechselkursgesicherte Aktien-ETFs sind teurer als solche ohne Sicherung. Aufgrund dieser vier Argumente waren im Dezember 2025 von etwa 1900 in Deutschland vertriebenen Aktien-ETFs nur 180 wechselkursgesichert.

Dass die Aktienmärkte aus Ländern mit »Weichwährung« (Währungen, die langfristig gegenüber den sogenannten Hartwährungen verlässlich abwerten) wegen dieser chronischen Abwertungstendenz zwangsläufig niedrigere Renditen, gemessen in einer Hartwährung, produzieren, ist falsch, auch wenn es unserem Bauchgefühl entspricht. Schwellenländer als Gruppe haben gegenüber Hartwährungen notorisch abwertende Währungen. Trotzdem weisen sie von Januar 1988 bis Oktober 2025 (knapp 36 Jahre) in Euro oder Dollar gemessen leicht höhere Aktienrenditen auf als Industrieländer.

Nun zu Anleihen oder generell zinstragenden Anlagen. Bei Anleihen-ETFs gelten grundsätzlich andere Regeln. Sofern die Anleihen im Portfolioteil die Funktion des Stabilitätsankers haben, sollte bei einem Anleihen-ETF kategorisch *kein* Wechselkursrisiko relativ zur Heimatwährung des Anlegers bestehen. Warum nicht? Weil Wechselkurse kurz- und mittelfristig stark und nicht zuverlässig prognostizierbar schwanken, würde ein Wechselkursrisiko die Risikopufferfunktion solcher ETFs vollkommen »überschwemmen« und zerstören (Sicherheit im Sinne von geringen Kurs- und Renditeschwankungen, gemessen in der Heimatwährung des Anlegers). Wer mit dem Euro als Heimatwährung beispielsweise in US-Staats- oder US-Unternehmensanleihen investieren möchte, sollte das über einen Anleihen-ETF mit Wechselkurssicherung tun, im Ökonomenjargon mit *Hedging des Wechselkurses.* Anders sieht es eventuell aus, wenn jemand gezielt auf Wechselkursänderungen spekuliert (wovon wir abraten) oder in internationale Anleihen geringer Bonität investiert (Hochzinsanleihen), die dem risikobehafteten Portfolioteil zuzuordnen sind.

Wie sieht es aus mit Wechselkurseffekten in Bezug auf Gold, Kryptoanlagen und Rohstoffanlagen? Auch hier ist der Sachverhalt im Grunde genommen ebenso einfach und dennoch wird er erstaunlich häufig missverstanden. Leider tragen Finanzbranche und schlecht informierte Wirtschaftsjournalisten und Finfluencer zu diesen Missverständnissen bei.

Zunächst einmal zur Hauptfeststellung: Gold, Kryptowährungen und Rohstoffe (genauer Rohstoff-Futures) haben überhaupt keine spezifische Währung – auch gewiss nicht den US-Dollar. Wenn (falsch) behauptet wird, dass diese Assets »US-Dollar-Assets« seien, dann ist damit gemeint, dass der Dollarwechselkurs zu anderen Währungen die Kurse bzw. Preise dieser drei Assets strukturell beeinflusse, in dem Sinne, dass ein schwacher Dollar tendenziell einen steigenden Kurs (Preis) bewirke und ein starker Dollar einen fallenden Kurs (Preis). Diese Denke ist jedoch ohne Wenn und Aber falsch, auch wenn dieser Nonsens jeden Tag irgendwo auf der Welt neu verbreitet wird. Gold, Kryptoanlagen und die meisten Rohstoffe hängen ökonomisch mit überhaupt keiner bestimmten Währung zusammen.

Dass der Goldpreis, Kryptowährungen und Rohstoffe weltweit überwiegend in Dollar quotiert werden, ist nur eine Konvention, hat jedoch keine fundamentale ökonomische Substanz; genauso wenig wie Entfernungen davon abhängen, ob sie in Meilen oder Kilometern angegeben werden. Vor dem Zweiten Weltkrieg wurden Gold und Rohstoffe international in britischem Pfund quotiert.

Gold, Kryptos und Rohstoffe wären nur dann US-Dollar-Assets, wenn ein sehr großer, dominierender Teil der jährlichen globalen Produktion *und* der Nachfrage aus den USA stammte. Das ist jedoch für keine der drei Anlagen der Fall. Beschränken wir uns zur Beweisführung, um Platz zu sparen, auf Gold: Im Durchschnitt der letzten Jahre betrug der US-Produktionsanteil lediglich rund 7%. Die Nr. 1 bei der Produktion ist mit großem Abstand China. Auch bei der Nachfrage rangieren die USA weit hinter China und Indien und nur unwesentlich vor Deutschland.

Wenn eine Währung X relativ zu einem Korb der wichtigsten Weltwährungen aufwertet (man spricht in diesem Moment von einer »starken« Währung), dann hat das – unter sonst gleichen Umständen – immer den Effekt, dass der Goldpreis, der Bitcoinpreis oder der Preis für einen bestimmten Rohstoff in der Währung X sinkt oder jedenfalls geringer rentiert als in den anderen Währungen. Dieses Phänomen hat jedoch nichts zu tun mit dem US-Dollar, sondern ist eine mathematische Trivialität. Dieser Arithmetikeffekt würde genauso auf Nvidia-Aktien oder Hosenknöpfe zutreffen.

Infobox: Kann man der offiziellen Inflationsrate in Deutschland trauen?

Um die Antwort kurz zu halten: Ja, das kann man, auch wenn diese Aussage bei einem Teil der Bevölkerung vermutlich Widerspruch erregen würde. Auf alle Fälle kursiert im Internet eine schon lange nicht mehr zählbare Menge an YouTube-Videos, die mit zumeist haarsträubend geringer harter Evidenz, einer rücksichtslosen Gleichgültigkeit gegenüber dem Wissenskanon im Fachgebiet Inflationsmessung und den Mitarbeitern im Statistischen Bundesamt Wiesbaden sowie selektiv ausgewählten schrägen Beispielen letztlich einfach behaupten, die wirkliche Inflation in Deutschland und in anderen Ländern sei deutlich höher als die veröffentlichten Daten. Wir und unsere Kollegen haben dazu in der Vergangenheit zwei YouTube-Videos und einen Blogbeitrag publiziert, denen Wissenschaft und Fachveröffentlichungen zu diesem in der Tat sehr wichtigen Sachverhalt zugrunde liegen: Kommer 2021a, Kommer 2021b und Kommer/Großmann 2021f. Relevant in diesem Zusammenhang könnte für unsere Leser auch die Infobox »Währungen verlieren im Zeitablauf an Kaufkraft. Na und?« in Abschnitt 6.5 des vorliegenden Buches sein.

Man kann das, was wir hier argumentieren, auch durch die Betrachtung der Korrelation der Vierteljahresrenditen veranschaulichen. Diese Korrelation zwischen Goldpreisveränderung und Veränderung des USD-Euro-Wechselkurses lag in den letzten zehn Jahren nahe null. Wenn Gold systematisch von einem abwertenden USD profitieren würde, müsste die Korrelation deutlich negativ sein. Weil Gold, Kryptos und Rohstoffe systematisch mit keiner bestimmten Währung und auch nicht mit dem Dollar oder genauer dem Dollarwechselkurs zum Euro oder einer anderen Währung verbunden sind, wäre auf lange Sicht auch das Hedging des Dollarwechselkurses in Bezug derartiger Investments kontraproduktiv.

Dass der Euro eine Weichwährung oder »Wackelwährung« sei, ist von manchen »Experten« im Kontext von oft berechtigter, aber manchmal auch überzogener EU-Skepsis verbreiteter Unsinn, der sich mit Zahlen gut widerlegen lässt. In den 26,8 Jahren von Januar 1999 (Einführung des Euros) bis Ende September 2025 wertete der Euro gegenüber einem handelsstromgewichteten Korb von 70 Währungen um kumulativ 27% auf. Gegenüber dem US-Dollar ergab sich in diesem Zeitraum zufälligerweise fast exakt eine Nullveränderung, d.h., der USD-Euro-Wechselkurs war am 1.1.1999 nahezu der gleiche wie am 30.10.2025. Natürlich traten in den rund zweieinhalb Jahrzehnten zwischendurch starke Wechselkursschwankungen in beide Richtungen auf. Beispielsweise wertete der Euro in den zwölf Monaten bis zum 30.11.2025 gegenüber dem Dollar um etwa 10% auf. Die deutsche Inflationsrate (Verbraucherpreisinflation) war im Mittel in den 27 Jahren seit Einführung des Euros niedriger als in den 27 Jahren bis zu seiner Einführung.[103]

Was in diesem Zusammenhang ebenfalls oft übersehen wird: Eine abwertende heimische Währung (für einen Anleger in Deutschland ein abwertender Euro) ist unter sonst gleichen Umständen in Bezug auf die Rendite seiner internationalen Investments ein Vorteil, eine Aufwertung hingegen ein Nachteil.

Das bringt uns zum letzten Gesichtspunkt. Finanzportfolionachteile aus der Aufwertung der Heimatwährung gegenüber anderen Währungen werden durch Vorteile aus dieser Aufwertung bei der Kaufkraft des Haushaltes für importierte Güter und Dienstleistungen oder Auslandsreisen ausgeglichen – eine *natürliche Hedge*, wie man im Ökonomenjargon sagen könnte. Wechselkurseffekte wirken sich für einen gegebenen

103 Der Objektivität halber sei erwähnt, dass die Inflationsrate wohl in den meisten Industrieländern während der 27 Jahre ab Anfang 1999 niedriger war als in den 27 Jahren davor.

Haushalt in dessen Anlageportfolio und in seiner Konsumsphäre tendenziell entgegengesetzt aus.

Lesern, die sich tiefgehender mit dem oft missverstandenen Aspekt Wechselkursrisiko für ETF-Anleger befassen möchten, empfehlen wir unseren Blogbeitrag »Währungsabsicherung: Wann sinnvoll, wann nicht?« (Kommer/Weis 2018a).

8.6 Rebalancing – das Portfolio auf Kurs halten

Wer sich für passives Investieren mit ETFs entscheidet, der sollte auch das »Rebalancing-Konzept« (»RB-Konzept«) kennen und grundsätzlich verstehen.

Tabelle 21 illustriert den Hintergrund von »Rebalancing« (»RB«) anhand eines Zahlenbeispiels für ein simples Portfolio aus drei Einzelbestandteilen (drei ETFs) mit einem gesamten anfänglichen Anlagebetrag von 10 000 Euro. Die unterschiedlichen Renditen der drei Portfoliokomponenten in der Betrachtungsperiode – hier ein Jahr – führen zu einer deutlichen Verschiebung der Asset-Allokation zwischen Beginn und Ende des Jahres.

Am Ende des Jahres hat sich der Rendite-Risiko-Charakter des Portfolios in Richtung mehr Risiko und mehr Renditeerwartung (mehr Renditechancen) entwickelt. Die risikoreichste Komponente im Portfolio, ETF 3, hat jetzt ein Gewicht von 37% statt zuvor 30%. Relativ betrachtet sind das 23% zu viel (37% ÷ 30% – 1), jedenfalls wenn man annimmt, dass die ursprüngliche Asset-Allokation immer noch Gültigkeit haben soll. Umgekehrt sieht es bei den risikoärmeren Komponenten (ETF 1 und 2) aus. Sie sind im Portfolio nun zu gering gewichtet.

RB ist der »regelbasierte Prozess«, Ungleichgewichte wieder ins Lot zu bringen, die im Zeitablauf durch Marktentwicklungen, nicht durch den Willen des Anlegers, entstanden sind. Die Motivation dabei besteht darin, den ursprünglich bewusst gewählten Rendite-Risiko-Charakter des Portfolios nicht durch Marktentwicklungen zu verlieren. In diesem Sinne ist RB zunächst einmal eine Form von Risiko- und Rendite-Management, weil damit verhindert wird, dass das Portfolio im Zeitablauf risikoreicher oder risikoärmer (und ertragsschwächer) wird.

Ein anderer Grund, der für RB spricht, ist sein tendenziell renditefördernder Effekt bezogen auf RB innerhalb von Anlageklassen mit ähnlichen erwarteten Renditen, also Anlageklassen ähnlichen Risikos. Im günstigsten Fall kann das langfristig um 0,2 bis 0,4 Prozentpunkte pro Jahr zusätzliche Rendite ausmachen. Dieser Effekt wird in der Literatur als »Rebalancing-Bonus« oder »Diversifikationsrendite« bezeichnet.

Tabelle 21: Illustration der Notwendigkeit von Rebalancing

	Portfolio-komponente A (ETF 1)	**Portfolio-komponente B (ETF 2)**	**Portfolio-komponente C (ETF 3)**	**Gesamt-portfolio**
Erwartete Rendite	**niedrig**	**mittel**	**hoch**	
Erwartetes Risiko	**niedrig**	**mittel**	**hoch**	
Ausgangssituation am Anfang von Jahr 1				
Gewichtung im Gesamtportfolio (Asset-Allokation)	40%	30%	30%	100%
Geldbetrag	4000 €	3000 €	3000 €	10000 €
Situation am Ende von Jahr 1				
Rendite der Einzelkomponenten in Jahr 1	0%	–10,0%	+30,0%	6,0%
Neuer Geldbetrag Ende Jahr 1	4000 €	2700 €	3900 €	10600 €
Neue Gewichtung im Portfolio Ende Jahr 1 (Asset-Allokation)	38%	25%	37%	100%

► Zahlen kaufmännisch gerundet. ► Alle Berechnung ohne Berücksichtigung etwaiger Steuereffekte.

Keinen solchen Effekt hat RB hingegen zwischen Anlageklassen mit deutlich unterschiedlicher erwarteter Rendite (also z.B. zwischen Aktien und risikoarmen Anleihen). Hier senkt RB tendenziell die Portfoliorendite, da man mit RB ja gerade verhindert, dass die höher rentierlichen Anlageklassen ihr Portfoliogewicht im Zeitablauf ausdehnen.

Wie wird RB konkret praktiziert und wie wird es umgesetzt? »Richtiges«, diszipliniertes RB erfordert nicht, dass in jedem Moment exakt oder fast exakt die Zielstruktur des Portfolios realisiert sein muss. Vorübergehende Abweichungen sind durchaus erlaubt, sofern die Befolgung der RB-Methode (a) strikt und mechanisch ist (also einer generell formulierten Regel folgt), (b) über einen Zeitraum von maximal 24 bis 36 Monaten die realistische Aussicht besteht, wieder nahe zur Zielstruktur zurückzukommen, und (c) Verzögerungen/Abweichungen beim/vom Erreichen der Zielstruktur primär motiviert sind durch Einsparungen von Transaktionskosten oder Steuern.

Bezogen auf das Beispiel in Tabelle 21 wäre somit das Gewicht von Portfoliokomponente A (ETF 1) noch nicht unbedingt zu korrigieren, weil es nur geringfügig vom Zielgewicht abweicht.

Grundsätzlich existieren die folgenden vier Konzepte und Techniken, die beim RB eine Rolle spielen: In Bezug auf den Auslösungsmechanismus von RB unterscheidet man (a) kalenderbasiertes RB und (b) bänderbasiertes RB. In Bezug auf die Umsetzung (Durchführung) von RB gibt es (a) Cashflow-basiertes RB und (b) Umschichtungs-RB.

Anleger in der Vermögensaufbauphase verwenden im Normalfall neue Finanzmittel für das RB, einschließlich eines Fondssparplans, den man etwa alle zwölf Monate aus RB-Gesichtspunkten ändert. Nachinvestments (Zuführungen zum Depot) werden stets in die Depotkomponente investiert, die relativ zum Zielgewicht am stärksten untergewichtet ist. Hier handelt es sich um Cashflow-basiertes RB. Es kann zu jedem beliebigen Zeitpunkt und auch in kleinen Beträgen stattfinden. Über einen ETF-Sparplan, den man jährlich oder in größeren Abständen entsprechend anpasst oder umstellt, lässt sich wunderbar CF-basiertes RB im Weltportfolio betreiben.

Anleger in der Vermögensverbrauchsphase bewerkstelligen RB über Entnahmen. Diese finden aus derjenigen Anlageklasse statt, deren prozentuales Gewicht über dem Zielgewicht liegt. Auch hier handelt es sich um CF-basiertes RB. CF-basiertes RB hat gegenüber Umschichtungs-RB den Vorteil, dass keine Transaktionskosten oder Steuerabflüsse anfallen, die nicht sowieso anfallen würden. Es ist in diesem Sinne also kostenlos.

Infobox: Ist Investieren mit ETFs wirklich so einfach und leicht?

Das kann man wohl in neun von zehn Büchern oder Artikeln über ETFs lesen. Aussagen wie *Geldanlage war noch nie so einfach wie heute* oder *ETFs – Der einfache Weg zum Reichtum* (zwei Buchtitel) sind bauernfängerischer Unsinn, also Finanzpornografie. In Eigenregie klug mit ETFs auf Buy-and-Hold-Basis zu investieren, ist in der Tat technisch einfacher und weniger arbeitsaufwendig, als auf andere Weise zu investieren, aber mental und in vielerlei anderer Hinsicht ist es nicht weniger schwierig. »Investing is not supposed to be easy. Anyone who finds it easy is stupid.«[104] Das sagt einer, der es wissen muss, nämlich Charlie Munger (1924–2023), Milliardär und Vorstandskollege von Warren Buffett. Munger hatte es nicht nötig, Marketing-Blabla für ein ETF-Buch zu verbreiten. Harold Evensky, ein renommierter Finanzberater und Fachbuchautor in den USA ist der Meinung: »Unfortunately, investing is not a simple task.«[105] William Bernstein, der aus unserer Sicht einige der besten Investmentratgeberbücher und -artikel überhaupt geschrieben hat, sieht es ebenso.

Einer anderen Legende zufolge seien kaufmännisches Wissen oder ein BWL-Studium fürs Investieren an der Börse hilfreich. Unsere berufliche Erfahrung mit vielen Privatanlegern, die beides besitzen, sagt etwas anderes. Ja, Börseninvestments haben etwas mit Finanzen zu tun, aber das macht jemanden mit kaufmännischer Erfahrung noch lange nicht zu einem guten, erfolgreichen Börseninvestor. Ein Biologiestudium erzeugt ja auch keine Kompetenz beim Fliegenfischen oder Pferdezüchten.

Erfolgreich an der Börse zu investieren, kann man lernen, und mit ETFs schneller und besser als auf anderen Wegen, aber erfolgreiches ETF-Investing als »leicht« oder gar »kinderleicht« zu bezeichnen, wie es viele in den Medien und im Internet tun, das ist unverantwortlich.

Ausführlicher als hier gehen wir auf die gefährliche und irreführende Behauptung »Investieren mit ETFs ist leicht« im Blogbeitrag von Kommer/Moser 2025b ein.

Soweit kein Cashflow-basiertes RB möglich ist oder es volumenmäßig nicht ausreicht, um nahe genug an die Zielgewichtung zurückzukommen, ist Umschichtungs-RB erforderlich. Volumenmäßig nicht ausreicht bedeutet: Es besteht keine realistische Aussicht, dass die erwarteten Cashflows (Zuflüsse, Entnahmen) das Portfolio innerhalb von etwa 24 Monaten wieder einigermaßen ins Lot (in die Zielstruktur) zurückbringen werden. Umschichtungs-RB kann auf zwei Arten erfolgen:

Als kalenderbasiertes Umschichtungs-RB: Einmal im Jahr in einem bestimmten Monat (z.B. immer im Januar) überprüft der Anleger die

104 »Warum soll Investieren leicht sein? Jemand, der es leicht findet, ist dumm.«
105 »Leider ist Investieren keine einfache Aufgabe.«

Abweichungen der einzelnen Portfoliokomponenten vom Zielgewicht. Da, wo diese Abweichungen nicht trivial klein sind, nimmt er entsprechende Umschichtungen (Verkäufe, Käufe) vor, um die Zielstruktur wiederherzustellen.

Als bänderbasiertes Umschichtungs-RB: Hier werden zunächst RB-Bänder definiert. Ein Beispiel: Bei einer gegebenen Asset-Allokation bleibt man im Falle von prozentualen Verschiebungen, wie sie in Tabelle 21 beschrieben sind, so lange untätig, bis mindestens eine Anlageklasse ihre Zielallokation bspw. um 20% über- oder unterschreitet. Das RB-Band hat also eine Weite von plus/minus 20%. Soll die risikoarme Portfoliokomponente beispielsweise 40% in einem Portfolio umfassen, würde das bedeuten, dass sich diese Portfoliokomponente zwischen 32% und 48% bewegen darf. Außerhalb dieses Bandes werden Umschichtungen vorgenommen.

In einem Aktiencrash ist RB auf Sicht von fünf Jahren aufwärts vermutlich besonders rentabel, da man damit antizyklisch (kontrarisch) günstige oder günstiger bewertete Aktien nachkauft. Zugleich erfordert RB in dieser Situation besonders viel Disziplin. Viele Privatanleger werden diese Disziplin und den Mut dazu in dieser Situation nicht haben, obwohl Rebalancing dann tendenziell besonders renditeträchtig ist.

Kalenderbasiertes und bänderbasiertes RB lassen sich auch miteinander kombinieren, wenngleich wir eine solche Kombination eher für zu viel des Guten halten.

Aus wissenschaftlicher Sicht gibt es keine klare Aussage, ob die Kalender-Methode (z.B. fortlaufend, jährlich oder zweijährlich) oder die Bänder-Methode zu bevorzugen sind. Die Wahl ist also Geschmacksache.

Keinesfalls sollte man RB in Form eines verkappten Market Timing betreiben. RB sollte ein strikt mechanischer, disziplinierter und regelbasierter Vorgang sein und nicht in taktische Spekulation auf steigende oder fallende Kurse ausarten.

Im Internet finden sich mehrere kostenlose RB-Rechner, mit denen Sie für eine gegebene Depotstruktur leicht ermitteln können, was die Zielbeträge in einer gegebenen Situation für Ihr Depot sind (Sie könnten das natürlich auch mit einer selbst gebastelten Excel-Tabelle herausfinden). Googeln Sie einfach die Worte »extraETF rebalancing-rechner« oder »finanzfluss rebalancing-rechner«.

Wenn Sie sich tiefergehend mit dem für einen passiven Anleger wichtigen Thema Rebalancing auseinandersetzen wollen, dann empfehlen wir unsere zwei Blogbeiträge dazu: Kommer/Schweizer 2021m und Kommer/Ganowski 2024c. Der letztere Text stellt ein von uns formuliertes, alternatives Rebalancing-Konzept dar, das wir »Safe Asset Floor Rebalancing« genannt haben. Es kann besonders für sehr vermögende Haushalte interessant sein.

8.7 Potenzielle Beimischungen zum Weltportfolio

Wie wir in den vorangegangenen Abschnitten dieses Kapitels gesehen haben, besteht das Weltportfolio-Konzept in seiner Standardversion lediglich aus den beiden Anlageklassen Aktien und Anleihen, genauer der Anlageklasse Aktien Global für den risikobehafteten Portfolioteil (der Renditemotor) und der Anlageklasse Anleihen in Gestalt eines diversifizierten Korbes von High-Quality-Anleihen für den risikoarmen Portfolioteil mit guten bis sehr guten Bonitäten, kurzer Restlaufzeit und ohne Währungsrisiko (der Sicherheitsanker).[106] Jemand könnte nun die Frage aufwerfen: »Wenn Diversifikation so nützlich und vorteilhaft ist, wie in Abschnitt 6.4 und an anderen Stellen dieses Buches beschrieben, warum sollte man sich dann nur auf diese zwei Anlageklassen beschränken?« Die Antwort auf diese Frage ist letztlich einfach.

Mit den beiden genannten Anlageklassen deckt ein WPF-Anleger das gesamte Geschehen der Weltwirtschaft ab, man könnte im Jargon der Wirtschaftswissenschaft auch sagen: *das (globale) Marktportfolio*. Der Aktienteil besteht dabei aus Aktien mehrerer Tausend börsennotierter Unternehmen aus allen Branchen und allen Ländern und allen drei Größenklassen. Darunter auch Firmen, die Gold und andere Edelmetalle fördern und verkaufen, Unternehmen, die Rohstoffe fördern und verkaufen, viele Firmen, die im Immobiliensektor angesiedelt sind (Bau, Immobilienhandel und Vermietung), und sogar börsennotierte Unternehmen, deren Hauptgeschäftszweck es ist, in Kryptowährungen auf Buy-and-Hold-Basis zu investieren.[107]

Der Anleihenteil besteht aus Staats- und Unternehmensanleihen hoher Bonität. Staaten sind inhärent hochdiversifizierte Wirtschaftsgebilde, weil

106 Sofern der risikoarme Teil, in Euro gerechnet, den Betrag von 100 000 Euro pro Depotinhaber nicht übersteigt, könnte man ihn auch mit einem Tagesgeld innerhalb der gesetzlichen Einlagensicherung umsetzen.

107 Strategy Inc. (USA) war im Januar 2026 die größte dieser Firmen.

sie Cashflows (also Einnahmen) in Gestalt von Zwangsabgaben (Steuern aus unzähligen Quellen) beziehen, nämlich von praktisch allen erwachsenen steuerzahlenden Einwohnern und Unternehmen in ihrem Hoheitsgebiet.[108] Dazu kommen im risikoarmen Portfolioteil noch Unternehmensanleihen, die von mehreren Hundert Unternehmen emittiert werden, wiederum aus allen Branchen und einer zweistelligen Zahl von Ländern. Auch im Anleihenteil des Weltportfolios kann man somit sagen, dass darin eigentlich jede erdenkliche wirtschaftliche Tätigkeit als Quelle des Kapitaldienstes für diese Anleihen erfasst wird.

Ein Weltportfolio aus Aktien- und Anleihen-ETFs, wie in diesem Buch dargestellt, ist somit denkbar breit diversifiziert und bildet praktisch die gesamte ökonomische Aktivität – soweit frei investierbar – auf diesem Planeten ab. Nichts Wesentliches fehlt.

Auch andere Finanzprodukte als ETFs würden hier im Prinzip keinen weiteren Vorteil bringen, da nahezu alle Finanzprodukte (z.B. kapitalbildende Lebens- oder Rentenversicherungen oder Zertifikate) sowie aktive Anlagestrategien nur Verpackungen der Anlageklassen Aktien (bzw. unternehmerisches Eigenkapital) oder Anleihen sind. Etwas wirklich Neues auf den Tisch bringen könnten nur andere Anlageklassen als Aktien und Anleihen.

Natürlich sind Direktinvestments in Gold, Rohstoffe, Immobilien und Kryptowährungen nicht genau das Gleiche wie die Aktien von Gold-, Rohstoff- und Energieproduzenten, Immobiliendirektinvestments oder direkte Kryptoanlagen, aber die Behauptung, dass in einem Weltportfolio diese Anlageklassen fehlen, wäre jedenfalls nicht zutreffend.

Dies vorausgeschickt sind aus unserer Sicht (a) Gold, (b) Rohstoffe und (c) Kryptoanlagen denkbare, wenngleich keine notwendigen Beimischungen für ein Weltportfolio. Auf mögliche Gewichtungen im Portfolio kommen wir am Ende des Abschnittes zu sprechen.

Zu Gold: Die wichtigsten Informationen zu diesem Edelmetall aus Privatanlegersicht haben wir in Abschnitt 7.1.7 zusammengefasst. Aus Gründen der Bequemlichkeit, Einfachheit und Sicherheit geben wir Goldinvestments in Gold-ETF/ETC-Form den Vorzug vor Goldbarren oder -münzen. Physisches Gold müsste man in einem Schließfach oder in einem Tresor

108 Auch natürliche Personen mit sehr geringem Einkommen zahlen Steuern in Gestalt von Verbrauchssteuern, darunter insbesondere die Mehrwertsteuer.

aufbewahren. Das ist im Vergleich zur ETF-Alternative teuer, arbeitsaufwendig, unübersichtlich und in Bezug auf die Lösung Tresor zu Hause risikoreich (siehe Infobox in Abschnitt 5.6). Gewichtungsvorschläge für alle potenziellen Beimischungen machen wir weiter unten.

Zu Rohstoffen: Wer unsere in Abschnitt 7.1.8 begründete Skepsis zu Rohstoff-Futures nicht teilt, der könnte entsprechende Rohstoff-ETFs/ETCs als Beimischung in sein Weltportfolio aufnehmen.

Zu Kryptoanlagen in Bitcoin und Ethereum: Die Grundzüge unserer Einschätzung haben wir in Abschnitt 7.1.9 geschildert. Wer sich mit diesen beiden Kryptowährungen eingehend vertraut gemacht hat, wer die martialische Volatilität von Kryptoanlagen versteht und wer sich nicht von den vielen teils schrägen, oft genug »religiös« mit Bitcoin verbundenen, fragwürdigen Figuren in der Krypto-Community manipulieren lässt, der könnte Bitcoin und Ethereum als Beimischung in einem Weltportfolio nutzen. Vor allem aus Sicherheitsgründen, aber auch um den Arbeitsaufwand gering zu halten, empfehlen wir normalen Privatanlegern, dies über einen Krypto-ETF/ETP statt über ein physisches Investment (ein Wallet) zu tun.

Zur Gewichtung: Alle drei hier genannten Beimischungen sind dem risikobehafteten Teil des Weltportfolios zuzuordnen. Gold und Rohstoffe *individuell* sollten maximal 10% und Kryptowährungen maximal 5% Gewicht im gesamten Weltportfolio ausmachen, alle drei in Summe nicht mehr als 15%. Unabhängig vom gewählten Gewichtungsprozentsatz sollte der *individuelle* Prozentsatz jeder einzelnen der drei Beimischungen durch in diesem Fall besonders diszipliniertes, regelbasiertes Rebalancing (siehe Abschnitt 8.6) im Zeitablauf beibehalten werden, also bei positiver Renditeentwicklung im Zeitablauf nicht merklich steigen. Krypto-Investments sollten nur dann erfolgen, wenn man für den betreffenden Investmentbetrag akzeptieren kann, dass der Krypto-Kurs um über 90% fallen kann.

8.8 Ein Weltportfolio für Euroskeptiker

In den deutschsprachigen Ländern ist die Gruppe der Euroskeptiker unter Privatanlegern nicht eben klein. Angesichts der seit 2007 trendmäßig in den meisten Eurozonenländern stark gestiegenen Staatsverschuldungsquoten und angesichts der Schulden- und Transferunion mit den südlichen Eurozonenmitgliedern (einschließlich Frankreich), in der sich Deutschland und Österreich faktisch (wenngleich noch nicht rechtlich) wohl schon befinden, sollte diese unter Vermögenden verbreitete Sichtweise nicht überraschen.

Mit »Euroskeptikern« meinen wir Anleger, die der Ansicht sind, der Euro als Währung bzw. die Eurozone habe mittelfristig keine Zukunft oder zumindest eine schlechte. Wir persönlich zählen uns nicht zu den Euroskeptikern, haben aber Verständnis für sie und ihre Überlegungen. Dass der Euro in Deutschland und Österreich seit seiner Einführung Anfang 1999 eine höhere Inflation als zuvor bewirkt habe oder dass der Euro eine dauerhaft abwertende Wackelwährung sei, lässt sich mit Daten und Fakten nicht belegen. Das haben wir in Abschnitt 8.8 gezeigt. Der Euro als Währung hat wenig bis nichts mit einer etwaigen Schulden- und Transferunion in der EU zu tun, auch wenn dieses Missverständnis verbreitet ist.

Sollte es zu einer existenziellen Krise der Eurozone oder des Euros kommen, ist aus heutiger Sicht unklar, wie sie sich konkret manifestieren oder entfalten würde. Was man aber recht sicher sagen kann, ist, dass dann der Wechselkurs des Euros gegenüber anderen wichtigen Währungen stark einbräche.

Für ein global diversifiziertes Aktienportfolio, wie es das WPF-Konzept enthält, wäre ein solcher Euro-Wechselkurs-Crash vermutlich nicht *dauerhaft* schädlich. In Euro gerechnet würden die Renditen dann sogar steigen.

Und da die meisten Argumente in der Welt des Investierens relativer, nicht absoluter Natur sind, sollte man nicht unerwähnt lassen, dass die aus Sicht von Privatanlegerhaushalten typische Hauptalternative zu globalen Aktieninvestments – Direktanlagen in Immobilien in Deutschland oder Österreich – in einem solchen Szenario nahezu sicher die schlechtere Option wäre – vor allem deswegen, weil ein globales Aktienportfolio sehr wenig »Deutschland → Exposure« hat, eine in Deutschland belegene Immobilie dagegen ein maximales.

Bei zinstragenden Investments, z.B. verzinsliche Bankguthaben und Anleihen in Euro (einschließlich Fremdwährungsanleihen, die in Euro gehedgt sind), könnte das allerdings anders – nämlich schlechter – aussehen.[109] Deutschen und österreichischen Weltportfolio-Anlegern, die

109 Der Anleihenmarkt sieht die Wahrscheinlichkeit eines solchen Szenarios (Stand Februar 2026) als außerordentlich niedrig an. Das lässt sich beispielsweise erkennen an (a) den nicht grundsätzlich höheren Zinsen (Umlaufrenditen) für

sich vor einer solchen Konstellation schützen wollen, bietet sich folgende Möglichkeit:

Den risikoarmen Portfolioteil würde man nicht wie im Standardfall über High-Quality-Anleihen in Euro darstellen, sondern über entsprechende Anleihen in anderen Hartwährungen, beispielsweise US-Dollar, Schweizer Franken oder britische Pfund. Eine Währungsabsicherung (Hedge) in den Euro ist dann ausdrücklich nicht erwünscht. Soweit es sich hier um Unternehmensanleihen-ETFs handelt, hat naturgemäß nur ein kleiner Teil der Emittenten seinen Sitz in der Eurozone.

Auch für solche Anleihen-ETFs in Fremdwährung sollten die folgenden Kriterien für High-Quality-Anleihen erfüllt sein: (a) Bonitätsrating im oberen Drittel (besser als BBB–), (b) bei Unternehmensanleihen Diversifikation über mehr als 100 bis 200 Emittenten, (c) kurze Restlaufzeit (idealerweise kürzer als 24 Monate). Derzeit (Dezember 2025) verfügbar sind solche ETFs für den US-Dollar, den Schweizer Franken, das britische Pfund, den japanischen Jen und den chinesischen Renminbi. Akzeptiert man nicht nur kurze, sondern auch mittlere Durationen von fünf bis zehn Jahren, kommt noch der australische Dollar dazu.

Wer einzelne Staatsanleihen erwerben kann und will, für den bestehen diese Restriktionen naturgemäß nicht (einzelne Unternehmensanleihen kommen aus Bonitätsgründen für den risikoarmen Portfolioteil an sich nicht in Betracht).

Der eine große Nachteil, den ein Euroskeptiker mit der funktionalen Währung Euro bei derartigen Fremdwährungsanlagen akzeptieren muss, besteht im partiellen Verlust der Stabilitätsankerfunktion des risikoarmen Portfolioteils. Da nunmehr Wechselkursrisiko in die Gleichung eingeführt wird, hat der Anleihenteil des Portfolios eine drastisch höhere Volatilität gemessen in Euro. Das Portfolio wird damit insgesamt volatiler. Dieser Nachteil wird umso größer sein, je größer die Anleihenkomponente im Weltportfolio ist. Ein Zahlenbeispiel: Die Volatilität der Kalenderjahresrenditen kurzfristiger US-Staatsanleihen (One-Month Treasury Bills) im Zeitraum 1970 bis 2025 war zehnmal so hoch in DM bzw. Euro wie in USD. Beim Maximum Drawdown war die Verschlechterung durch den Wechsel-

---

Staatsanleihen der Eurozone gegenüber denen für die USA, Australien oder Kanada, (b) den niedrigen Kosten für sogenannte Kreditausfallversicherungen solcher Anleihen (→ Credit Default Swap Spreads) und (c) den stabilen Bonitätsratings für solche Anleihen.

kurseffekt sogar noch »übler« bedingt durch die zeitweilig starke kumulative Abwertung des US-Dollars gegen die DM oder den Euro. Auch hier kommt die altbekannte No-Free-Lunch-Anlegerweisheit zum Ausdruck.

8.9 Den richtigen Kaufzeitpunkt für ein Aktieninvestment identifizieren

»Jetzt ist kein guter Einstiegszeitpunkt!« Dieser Glaube dürfte der wichtigste einzelne Grund dafür sein, dass Privatanleger Aktien-ETF-Investments und auch geplante Nachinvestments immer und immer wieder in die Zukunft verschieben, oft Jahre und Jahrzehnte, und dabei oft enorme Gewinne verpassen, also Opportunitätskosten verursachen.

Im Folgenden nennen wir fünf Argumente, warum dieses Warten und Aufschieben in Bezug auf den Aktienmarkt eigentlich immer der schlechtere Weg ist – jedenfalls für Menschen, die sich nicht einbilden, die Zukunft vorhersehen zu können. Beim Investieren in risikoarme Anleihen-ETFs erübrigt sich die Frage des Zeitpunkts von vornherein, weil Anleihen mit guter Bonität, kurzer Restlaufzeit unter ca. drei Jahren und ohne Wechselkursrisiko wenig volatil und nach menschlichem Ermessen zu keinem Zeitpunkt nennenswertem Crash-Risiko ausgesetzt sind.

Argument 1: Kurz- und mittelfristig, also über Zeiträume von bis zu etwa fünf Jahren, folgen Aktienkurse einem → »Random Walk«, einem »Zufallsverlauf«. Diese Feststellung ist in der Wissenschaft unstrittig. Aktienkurse sind kurz- und mittelfristig nicht zuverlässig prognostizierbar. Versucht man es dennoch, wird man mit diesen Prognosen nach Risiko, Kosten und Steuern statistisch eine schlechtere Rendite erzielen als mit einer passiven, breit gestreuten Buy-and-Hold-Aktienanlage, die im ganzen Betrag sofort beginnt. Wenn Sie das unplausibel finden, dann gehören Sie zu einer vermutlich 90%-Mehrheit; das ändert aber nichts an den wissenschaftlichen Fakten.

Argument 2: Aufgrund von Argument 1 ist »Crash Timing« – das »Warten auf einen milden oder schweren Aktienmarkteinbruch«, um dann bei einem günstigeren Bewertungsniveau einzusteigen – verglichen mit dem sofortigen Einstieg statistisch ebenfalls renditeschädlich. Das ist Konsens in der Wissenschaft und das haben wir in zwei verschiedenen statistischen Untersuchungen auf Basis historischer Aktienmarktdaten ab 1970 gezeigt: Kommer/Weis 2019c und Kommer/Riemensperger 2025b. Dass antizyklisches (»kontrarisches«) → Buy-the-Dip schlechte Renditen produziert, ist in der Forschung weitgehend unstrittig. Im letztgenannten Blogbeitrag nennen wir dazu auch Forschungsstudien.

Argument 3: Selbst wenn Aktien um 100% (!) höher bewertet sind als in ihrem historischen Mittel (z.B. gemessen am → KGV), hätten sie immer eine höhere statistische Renditeerwartung als das Sparbuch oder ein Tagesgeld und etwa eine gleich hohe Renditeerwartung wie Wohnimmobilien. Generell ist es verkehrt, das wie auch immer geartete hohe Bewertungsniveau einer einzelnen Anlageklasse in Isolation als Hinderungsgrund für ein Investment in die besagte Anlageklasse zu betrachten. Soweit das Bewertungsniveau als Richtschnur für die Frage: »Einstieg jetzt oder erst später?« herangezogen wird, muss man die Bewertungsniveaus und die erwarteten Renditen *aller* relevanten Anlageklassen gleichzeitig betrachten.

Argument 4: Die beiden am häufigsten in der Praxis (in den Medien, von Finfluencern und in der Bankenbranche) angeführten Indizien für den aktuell angeblich schlechten Zeitpunkt zum Einstieg in den Aktienmarkt sind Feststellungen wie: »Die Kurse bewegen sich nahe dem Allzeithoch« oder »Die Kurse sind seit soundso viel Jahren fast ununterbrochen gestiegen, das kann nicht gut sein«. Beide Argumente sind falsch. Allzeithochs sind kein Warnsignal für »gefährlich teuer« und kommen im Übrigen unweigerlich ständig vor. Beispielsweise trat in den vier Jahren bis zum 31.10.2025 (rund 1000 Trading-Tage oder Werktage) an etwa jedem zehnten Tag ein Allzeithoch auf. (Zum Nonsens des Konzeptes Allzeithoch als Warnsignal siehe den Blogbeitrag Kommer/Ganowski 2021b). Und ob Aktienbewertungen nach beispielsweise zehn Jahren per saldo niedrig, normal oder hoch sind, kann man allein aus der Aussage »zehn Jahre Kursanstieg« nicht schließen, auch wenn das in den Medien fortlaufend geschieht. Grund: Die zeitliche Periode (hier zehn Jahre Anstieg) sagt uns nichts über das nun erreichte *Bewertungsniveau* des Aktienmarkes. Sind die Gewinne der Unternehmen über die besagten zehn Jahre genauso stark gestiegen wie die Aktienkurse, dann sind Aktien heute nicht höher bewertet als vor einem Jahrzehnt. Auch übergeht das Argument vom jahrelangen Kursanstieg den wichtigen Gesichtspunkt des Ausgangsniveaus. War dieses sehr niedrig, können selbst zehn Jahre Anstieg harmlos sein.

Argument 5: Wen die Argumente 1 bis 4 nicht überzeugen, der kann sein geplantes Aktieninvestment trotzdem sofort starten, indem er einen von zwei Psychotricks anwendet. Psychotrick Nr. 1: Wer Angst hat, jetzt einzusteigen, könnte mit einer 10%-Allokation (10% seines Gesamtportfolios) in einen breit diversifizierten Aktien-ETF anfangen und ein oder zwei Jahre lang beobachten, wie er damit nervlich und anderweitig zurechtkommt. Nach dieser Zeit könnte er dann auf 20% aufstocken usw. Investieren in Aktien ist – ebenso wie Tangotanzen, Skifahren oder Kochen – etwas, das man Schritt für Schritt über einen längeren Zeitraum in Gestalt von konkretem Tun hinweg lernt (also nicht in kurzer Zeit und ganz gewiss nicht nur durch theoretisches Lesen und Lernen). Psychotrick Nr. 2: Die folgende, an der Anlegerpsychologie orientierte Einstiegsstrategie mag demjenigen weiterhelfen, der einen größeren Einmalbetrag erstmalig in den Aktienmarkt investieren möchte und den der Standpunkt der Wissenschaft (»Investiere stets sofort«) nicht überzeugt: die Aufstellung eines Investmentphasenplans mit Selbstverpflichtung. Dieser Phasenplan könnte beispielsweise wie folgt aussehen: (a) Man investiert ein Viertel heute und in jedem der drei folgenden Quartale ein weiteres Viertel. (b) Man investiert ein Sechstel des Anlagebetrages sofort und dann alle zwei Monate ein weiteres Sechstel. In jedem Fall muss man den ursprünglichen Plan konsequent und rein mechanisch umsetzen, egal, in welche Richtung sich die Märkte kurzfristig bewegen. Mit einem solchen Plan kann ein Anleger gefühlsmäßig eigentlich nur gewinnen: Steigt der Markt nach dem Anfangsinvestment, freut sich der Anleger über den Wertzuwachs seines Portfolios und über seine Klugheit, das Investment nicht aufgeschoben zu haben. Fällt der Markt, hat er nun die Gelegenheit, zu günstigeren Preisen zu kaufen, und wird sich in der Entscheidung bestätigt fühlen, nicht alles auf einmal investiert zu haben.[110]

Wir raten Ihnen, das abgehalfterte Märchen vom richtigen Timing und von der Umschiffung von Markteinbrüchen nicht oder nicht mehr zu

---

110 Statistisch betrachtet ist es rentabler, sofort zu investieren. Warum das so ist, wird im Blogbeitrag Kommer/Weis 2019c gezeigt.

glauben. Viele Bauernfänger aus der Finanzbranche und eine nicht zählbare Armee von Wirtschaftsjournalisten, Finfluencern und Untergangspropheten verbreiten es seit Jahrzehnten jeden Monat neu, doch davon wird es nicht weniger falsch und auf lange Sicht nicht weniger vermögensschädlich.

Peter Lynch, der möglicherweise erfolgreichste Manager eines aktiv gemanagten Aktienfonds der vergangenen 60 Jahre, sagte einmal: »Far more money has been lost by investors trying to anticipate corrections, than has been lost in the corrections themselves.«[111]

Bestimmen Sie ruhig und abgeklärt die für Sie richtige Asset-Allokation, die Ihre fundamentale Risikotragfähigkeit reflektiert, und investieren Sie in den Aktienmarkt auf dieser Grundlage immer genau und sofort dann, wenn Ihnen Liquidität zufließt, die Sie grundsätzlich anlegen wollen. Folgen Sie dieser einfachen Regel bis an Ihr Lebensende. Praktizieren Sie radikales Buy and Hold. Falls Sie die Angst vor dem Einstieg nicht überwinden können, steigen Sie mit Hilfe von einem der beiden Psychotricks ein. Oder – auch das kann helfen – Sie delegieren das Investieren an einen interessenkonfliktfreien Dienstleister (siehe Abschnitt 10.2).

8.10 Anlagen mit hohen Ausschüttungen (Dividenden, Zinsen): Sollte man sie bevorzugen?

Die kurze Antwort auf die in der Überschrift formulierte Frage lautet: Nein. Es gibt keine aus wissenschaftlicher Sicht überzeugenden Gründe, denen zufolge z.B. Aktien mit hoher Dividendenrendite und ausschüttende Aktienfonds (einschl. ETFs) gegenüber Aktien mit niedriger Dividendenrendite und nicht ausschüttenden Aktienfonds (thesaurierenden Fonds) zu bevorzugen wären. Wenn überhaupt, trifft das Gegenteil zu, auch wenn das vielen Privatanlegern unplausibel erscheint. Warum uns unsere Intuition wie auch viele Banker, Finanzberater, Finfluencer und Ratgeberbuchautoren oft mit Überschriften oder Statements à la »Dividenden: Wichtiger denn je!« oder »Mit Dividenden passives Einkommen erzeugen« in die Irre führen, werden wir in diesem Abschnitt zeigen.

111 »Weit mehr Geld wurde beim Versuch verloren, Marktkorrekturen zu antizipieren, als durch die Korrekturen selbst.«

Um das zu tun, stellen wir uns für einen Augenblick die vermögende Familie Schneider mit einem Wertpapierdepot im Volumen von z.B. 4 Millionen Euro vor, das zu 100% aus Aktieninvestments besteht. Die Familie möchte im Monat 6 500 Euro aus dem Depot »entnehmen«, also 78 000 Euro im Jahr, um damit laufende Ausgaben zu finanzieren. 78 000 von 4 Millionen sind 1,95% im Jahr. Es gibt grundsätzlich die folgenden zwei Möglichkeiten, diese 78 000 Euro aus dem Depot zu entnehmen: aus laufenden Erträgen (Ausschüttungen) oder aus Anteilsverkäufen.

In diesem Zusammenhang begegnet man in der Beratungspraxis oftmals einem verbreiteten Irrtum: Viele Anleger bewerten Entnahmen, die aus laufenden Erträgen stammen (z.B. Dividenden, Zinsen, Nettomieterträge bei Immobilien[112]) systematisch anders als Entnahmen, die über Anteilsverkäufe erfolgen, also Verkäufe einzelner Wertpapiere oder Fondsanteile.

Diese Anleger empfinden das Verbrauchen bzw. das Entnehmen von Ausschüttungen aus einem verzinslichen Konto oder einem Wertpapierdepot als eine irgendwie geringere Vermögenseinbuße als das betragsgleiche Konsumieren/Entnehmen von Erlösen aus Anteilsverkäufen. Diese unterschiedliche Bewertung eines betraglich identischen »Verbrauchs« begründen sie mit einem vermeintlichen Unterschied zwischen »Substanz« bzw. »Kapital« einerseits und »laufendem Ertrag« oder »Ausschüttungen« andererseits. Das Verbrauchen laufender Erträge bzw. von Ausschüttungen sei weniger schädlich als das Verbrauchen von Substanz oder Kapital. Wer lediglich laufende Erträge/Ausschüttungen verbrauche, der verzehre kein Kapital.

In diesem Abschnitt zeigen wir, dass diese Unterscheidung in die Irre führt. Wirtschaftlich und rational betrachtet besteht kein Unterschied zwischen Verbrauch/Entnahme von/aus laufenden Erträgen und Verbrauch/Entnahmen von/aus Anteilsverkäufen, und wer diese beiden Entnahmewege als ökonomisch grundsätzlich unterschiedlich betrachtet, trifft tendenziell schlechtere Entscheidungen für sein Vermögen.

Um die Logik hinter unserer Argumentation nachzuvollziehen, ist zunächst eine begriffliche Klärung erforderlich, die wir schon an anderer Stelle im Buch angedeutet haben. Wir verwenden nachfolgend die Be-

112 Nettomiete = Bruttomiete minus vom Vermieter zu tragende Ausgaben, z.B. Grundsteuer und Gebäudeversicherungskosten.

zeichnung »Entnahmen« für zwei verschiedene Typen von Zahlungsströmen oder Cashflows aus dem Finanzportfolio bzw. Depot heraus an den Anleger:

- *»A-Entnahmen«:* Das sind für die Zwecke dieses Beitrages Entnahmen aus einem Depot (oder mehreren Depots), die aus laufenden Erträgen (Zinsen und Dividenden) finanziert werden. Solche laufenden Erträge werden oft auch einfach als »Ausschüttungen« bezeichnet.
- *»V-Entnahmen«:* Damit sind hier Entnahmen gemeint, die durch Verkäufe von Anteilen finanziert werden, also aus der Veräußerung einzelner Wertpapiere oder Fondsanteile. Anteilsveräußerungen werden gelegentlich mit »Substanzverkäufen« oder »Kapitalverkäufen« umschrieben. Soweit diese beiden Bezeichnungen in den Ohren eines Lesers einen spezifisch negativen Beiklang relativ zu A-Entnahmen haben, ist das ein Irrtum, von dem sich – wie wir hier darlegen werden – ein rationaler Anleger zu seinem eigenen Nutzen freimachen sollte.

Im Folgenden legen wir sieben Argumente dar, die belegen, dass der unterschiedlichen Bewertung der beiden Entnahmetypen in Bezug auf ihre vermögensmindernde Wirkung durch Privatanleger eher Meinungen als Fakten zugrunde liegen.

Argument 1: Bei der Steuerbelastung gibt es keinen nennenswerten Unterschied zwischen A-Entnahmen und V-Entnahmen. Aus steuerlicher Sicht besteht zwischen A-Entnahmen und V-Entnahmen bei Kapitalanlagen im Privatvermögen in den meisten Ländern, so auch in Deutschland, kein wesentlicher Unterschied. Wenn überhaupt, werden realisierte Kurssteigerungen (Wertsteigerungen im Allgemeinen) steuerlich in vielen Staaten vorteilhafter behandelt als laufende Erträge wie etwa Dividenden oder Nettomieterträge. (Notabene: Wir unterstellen bei allen steuerlichen Aussagen in diesem Abschnitt, dass die betreffenden Vermögenswerte im Privatvermögen, nicht im betrieblichen Vermögen, gehalten werden, aber auch wenn das nicht der Fall ist, dürfte es überwiegend keinen wirtschaftlich substanziellen Unterschied geben.)

Argument 2: Bei Transaktionskosten existiert kein materieller Unterschied zwischen A-Entnahmen und V-Entnahmen. Aus Transaktionskostensicht

(Kosten für Käufe und Verkäufe von Wertpapieren oder Fondsanteilen) haben A-Entnahmen bei oberflächlicher Betrachtung Vorteile. Wer allerdings inhaltlich in die Tiefe geht, wie wir das in unserem Blogbeitrag »Ausschüttende vs. thesaurierende Fonds« (Kommer/Weis 2017c) getan haben, wird erkennen, dass dieser Vorteil in der Praxis in den meisten relevanten Anlegerkonstellationen entweder gar nicht besteht oder vernachlässigbar gering ist. Das oftmals vorgebrachte Argument »Ausschüttungen verursachen keine Transaktionskosten, Anteilsverkäufe jedoch schon« greift in diesem Zusammenhang zu kurz. Warum das so ist, wird im besagten Blogbeitrag dargelegt.

Argument 3: Anlagen mit hoher Ausschüttungsrendite sind mit Blick auf ihre Gesamtrendite nicht grundsätzlich attraktiver als solche mit niedriger Ausschüttungsrendite. Vermögensanlagen sollten in die Zukunft gerichtet – das ist banal – auf Basis ihrer sogenannten erwarteten *Gesamt*rendite und ihres erwarteten Risikos ausgewählt werden. Die Gesamtrendite besteht bei den meisten Kapitalanlagen aus einer Ausschüttungs- und einer Wertsteigerungsrendite. Dabei gilt ausnahmslos der Grundsatz: Je höher die Ausschüttungsrendite, desto niedriger die Wertsteigerungsrendite. Beispielsweise geht eine hohe Dividendenrendite einer Aktie eins zu eins zulasten ihrer Wertsteigerungsrendite; Gleiches gilt bei Anleihen und Immobilien.

Tabelle 22 veranschaulicht den Zusammenhang zwischen Ausschüttungsrendite und Wertsteigerungsrendite anhand von Zahlenbeispielen für verschiedene Anlageklassen. Eine hohe Ausschüttungsrendite ist kein Geschenk. Sie reduziert in voller Höhe die ansonsten mögliche Wertsteigerungsrendite. Scheinbare Ausnahmen von diesem Grundsatz sind in der Regel Verwechslungen von »optisch sichtbaren« Vorgängen mit *allen* wirtschaftlichen Vorgängen. Ergo: Nur die Gesamtrendite zählt. Dieses ökonomische Grundprinzip kann nicht stark genug betont werden.

Viele Finanzanlagen – auch attraktive – weisen im Übrigen überhaupt keine Ausschüttungsrendite auf. Sechs Beispiele dafür sind in Tabelle 22 enthalten. Bei manchen Typen von Anleihen kann der Anleger beinahe beliebig zwischen Varianten mit hoher, mittlerer oder niedriger Ausschüttungsrendite (Kuponrendite) wählen.[113] Diese bloß formalen Abweichun-

113 Die spezifische Höhe der Kuponrendite (die Ausschüttungsrendite) ist für die Gesamtrendite (→ Umlaufrendite) einer Anleihe letztlich irrelevant.

gen haben jedoch keine systematische Auswirkung auf die erwartete Gesamtrendite. Wäre es anders, würde eines der fundamentalsten Gesetze des Kapitalmarktes nicht mehr gelten: There is no free lunch.

Tabelle 22: Konzeptioneller Vergleich von Anlagen, die jeweils unterschiedliche Kombinationen von (nominaler) Ausschüttungsrendite und Wertsteigerungsrendite repräsentieren

		Ausschüttungsrendite p.a. [A]	**+**	**Wertsteigerungsrendite p.a. [B]**	**=**	**Gesamtrendite p.a.**
Anlage 1	Aktien ohne Dividende [C]	0	+	9,0%	=	9,0%
Anlage 2	Aktien mit hoher Dividende [D]	4,0%	+	5,0%	=	9,0%
Anlage 3	Konventionelle Unternehmensanleihe im Hochzinssegment [E]	5,0%	+	0	=	5,0%
Anlage 4	Nullkupon-Unternehmensanleihe im Hochzinssegment [E] [F]	0	+	5,0%	=	5,0%
Anlage 5	Kurzlaufende Staatsanleihe	3,0%	+	0	=	3,0%
Anlage 6	Vermietete Wohnimmobilien [G]	2,5%	+	2,5%	=	5,0%
Anlage 7	Unbebaute Innenstadtgrundstücke	0	+	3,0%	=	3,0%
Anlage 8	Gold	0	+	4,0%	=	4,0%
Anlage 9	Kryptowährungen	0	+	unklar [H]	=	unklar [H]
Anlage 10	Sammlerobjekte (Kunst, Luxusuhren etc.)	0	+	1,0%		1,0%

► Die Werte in der Spalte Gesamtrendite sind bloße Annahmen, die wir sehr grob aus der langfristigen Historie abgeleitet haben, die aber nicht überall mit den tatsächlichen Daten, z.B. über die letzten 50 Jahre, übereinstimmen. Kosten und Steuern wurden nicht abgezogen. ► [A] Ausschüttungsrendite: Bei einer Aktie ist das die Dividende, bei einer Anleihe die Kuponrendite, bei einer Immobilie die Nettomietrendite. ► [B] Wertsteigerungsrendite: Bei einer Aktie oder Anleihe ist das die Kurssteigerung, bei einer Immobilie die Preissteigerung. Die Werte in der Spalte Wertsteigerungsrendite sind grob aus den historischen Wertsteigerungsrenditen für die jeweiligen Anlageklassen abgeleitet. ► Diese nominalen (nicht inflationsbereinigten) Renditeangaben sind rein fiktiv. ► [C] Beispiel: Die Aktie von Warren Buffett (Berkshire Hathaway Inc.). Sie hat seit über 60 Jahren keine Dividende gezahlt, produzierte dennoch eine weit überdurchschnittliche Gesamtrendite. ► [D] Beispiel: Die Aktie der Münchner Rück hatte in den letzten Jahren eine Dividendenrendite von rund 4% p.a. Weltweit zahlen in einem gegebenen Jahr nur rund 60% aller börsennotierten Unternehmen eine Dividende. Eine Dividendenrendite von über 2% bis 3% p.a. gilt als hoch. ► [E] Bei Anleihen heißt die beim Kauf erwartete Gesamtrendite aus Ausschüttungsrendite und Wertsteigerungsrendite bis zur Fälligkeit Umlaufrendite. ► [F] Beispiel: Ein Zero-Coupon-Bond (Nullkupon-Anleihe) einer Bank aus Südeuropa. ► [G] Bei Immobilien entspricht die Ausschüttungsrendite der Nettomietrendite. Diese ist die Bruttomietrendite minus Kosten für Instandhaltungskosten und Versicherung. ► [H] Die älteste von rund 20 000 Kryptowährungen ist erst gut 16 Jahre alt (Bitcoin). Über die zukünftige Renditeerwartung von Kryptowährungen kann aus diesem und anderen Gründen keine seriöse Aussage getroffen werden.

Wer sich die zehn in Tabelle 22 aufgeführten Anlagen mit ihren jeweils verschiedenen Kombinationen von Ausschüttungsrendite und Wertsteigerungsrendite vergleichend durch den Kopf gehen lässt, wird schlussfolgern müssen, dass die Bevorzugung von Anlagen allein oder primär wegen ihrer Ausschüttungsrendite statt ihrer Gesamtrendite und anderer wichtiger Eigenschaften wie Risiko und Liquidität wenig logisch erscheint.

Damit wir hier nicht nur über theoretische oder angenommene Renditen reden, hier noch tatsächliche Kapitalmarktdaten, die illustrieren, dass die Gesamtrendite aus Kurssteigerungen und Dividenden von Aktien mit hoher Dividendenrendite tendenziell niedriger ist als diejenige des Gesamtmarktes oder von Aktien mit niedriger Dividendenrendite. Auch beim Risiko (Volatilität und Maximum Drawdown) haben Hochdividendenaktien keine Vorteile.

In den knapp 25 Jahren von Anfang 2000 bis November 2025 (längste verfügbare Datenreihe) lieferte der MSCI World Standard Index eine um 0,5 Prozentpunkte pro Jahr höhere Rendite als der MSCI World High Dividend Yield (Hochdividendenaktien). Die Volatilität der beiden Indizes war nahezu identisch, der Maximum Drawdown des Hochdividendenindex mit minus 59% höher als der des Gesamtmarktes mit minus 54%.

Argument 4: Die Dividendenpolitik eines Unternehmens hat keinen systematischen Einfluss auf die Gesamtrendite seiner Aktien. Die beiden amerikanischen Finanzprofessoren Franco Modigliani und Merton Miller erhielten unter anderem dafür den Wirtschaftsnobelpreis, dass sie gezeigt hatten, dass die Dividendenpolitik (die Höhe und der zeitliche Verlauf von Dividenden, also Ausschüttungen) von Unternehmen keinen systematischen Einfluss auf den Unternehmenswert und damit die

Aktionärsrendite hat. Es ist im Vorhinein irrelevant, ob man eine Aktie mit hoher oder niedriger Ausschüttungsrendite kauft. Weil das so ist, haben sogenannte »Income Funds« oder »Dividendenfonds« – ausschüttende Aktienfonds, die sich auf Aktien mit hohen Dividendenrenditen konzentrieren – keinen Renditenutzen und sind zumindest dann schädlich, wenn sie unnötig hohe Kosten aufweisen. Andere Missverständnisse von Profi- und Privatanlegern rund um das Thema Erzielung hoher Ausschüttungen haben wir ebenfalls im Blogbeitrag Kommer/Weis 2018b analysiert. In der wissenschaftlichen Literatur werden diese Denkfehler unter dem Sammelbegriff »Dividend Fallacy« (»Dividenden-Denkirrtümer«) zusammengefasst.

Argument 5: Der Verzehr von Ausschüttungen ist nicht weniger schädlich als der Verzehr von Substanz (Kapital). Ein besonders stark verbreiteter Denkirrtum innerhalb der Dividend Fallacy taucht in gleicher Form auch bei Anleihen und Fondsanteilen (einschließlich ETF-Anteilen) auf. Dieser Fehler geht so: Wenn der Anleger, um Cash aus seinem Portfolio zu entnehmen, fortwährend Anteile verkauft (Aktien bei einem Aktienportfolio, Anleihen bei einem Anleihenportfolio oder Fondsanteile bei einem Fondsportfolio), wird er irgendwann einmal nichts mehr haben, da er dann alle Anteile verkauft haben wird. Hingegen bestehe diese Gefahr bei Entnahmen lediglich von Dividenden oder Zinsen nicht, denn hier werde ja keine Substanz oder Kapital veräußert. Da der grundsätzliche Denk- und Rechenfehler in diesem Argument schon in unserem oben genannten Blogbeitrag Kommer/Weiis 2018b zum Thema Dividendenstrategien widerlegt wird, werden wir das hier aus Platzgründen nicht noch einmal zu tun.

Infobox: Passives Einkommen existiert nicht

Passives Einkommen im Sinne einer vermeintlich mit besonders wenig Arbeit verknüpften, sozusagen automatisierten Einkommensform kommt im Titel oder Untertitel einer schon lange nicht mehr zählbaren Menge an Ratgeberbüchern, Internetblogs und YouTube-Videos vor. Dabei gilt die grobe Faustregel: Wenn der Begriff »passives Einkommen« im Titel vorkommt, hat ein Teil des Inhalts wahrscheinlich fachliches Stammtischniveau oder ist einfach nur → Clickbaiting. In dieser spezifischen Variante von Finanzpornografie geht es häufig um die »passive«, also vorgeblich keine oder nur sehr wenig Arbeit verursachende Einkommenserzielung aus Investments in vermietete Immobilien (»Zinshäuser«), dividendenstarke Aktien und ETFs, Bitcoins, Internetaktivitäten, z.B. »Dropshipping« oder den Onlineverkauf bedruckter T-Shirts, oder das »Prinzip der multiplen Einkommensströme«. Hier beispielhaft der Titel eines YouTube-Videos: »So baust Du von 0 auf 1000 Euro passives Einkommen mit Dividendenaktien auf« und eines Artikels: »Passives Einkommen durch Immobilien: So erzielen Sie finanzielle Freiheit«.

Passives Einkommen ist ein alberner Begriff, der mit der Realität von Vermögensaufbau, Vermögensnutzung und Vermögensschutz wenig zu tun hat. *Jedes* Einkommen und ganz besonders Einkommensquellen, die nicht trivial klein sind, sowie Einkommensquellen, die nicht schon nach kurzer Zeit wieder versiegen, basieren über längere Zeit betrachtet auf einer nennenswerten Aktivität, auf aktiven Entscheidungen, auf aktiver geistiger oder körperlicher Arbeit.

Und selbst wenn jemand »passiv« von den Erträgen seines Vermögens leben kann, dann hat er sich dieses Vermögen davor zuerst einmal aktiv erarbeiten und aufbauen müssen, zumeist mit viel Arbeit, Konzentration und Konsumverzicht. Im Volksmund heißt es nicht ohne Grund: »Von nix kommt nix.« Weil das so ist, sagt der Finanzbuchautor Markus Miller korrekt: »Es gibt kein ›passives Einkommen‹. Das ist schlicht Unsinn. Jedes Einkommen basiert auf einer Aktivität« (Miller 2019).

Selbst großes ererbtes Vermögen oder ein großer Lotteriegewinn (beides im Übrigen in Bezug auf die Gesamtbevölkerung viel seltener, als uns die Medien glauben machen wollen) und das daraus erzeugte Einkommen widerlegt nicht, dass passives Einkommen insgesamt eine naive Illusion ist. Ein bestehendes hohes Vermögen zu verwalten, ist selbstverständlich mit aktiver, typischerweise anspruchsvoller Arbeit verknüpft. Wenn diese Arbeit nicht erbracht wird, wird dieses Vermögen bald anfangen zu schrumpfen, bis hin zur Gefahr des Totalverlustes in dieser oder der nächsten Generation. (In Abschnitt 1.2 haben wir das gezeigt.) Mit anderen Worten: »Passives Nichtstun« ist bei Erben zwar technisch gesehen möglich, aber nicht ohne finanziell negative und oft fatale Konsequenzen.

Der steuerrechtliche Terminus »passive Einkünfte« (z.B. Einkommenssteuer, Körperschaftssteuer) hat ebenfalls nichts zu tun mit Passivität in der Alltagssprache (also für diese Einkünfte weder früher noch aktuell arbeiten müssen).

Das Gerede von passivem Einkommen in übersimplistischen Internetvideos und schlechten Finanzratgeberbüchern ist ganz einfach Clickbaiting und Investmentpornografie. Wenn Privatanleger von sich aus von sogenanntem passivem Einkommen reden, dann steckt dahinter in der Regel eine Kombination aus Wunschdenken, Prahlen gegenüber Dritten oder fehlendem Zu-Ende-Denken des Sachverhaltes.

Wie schnell ein gegebenes Vermögen verbraucht ist, hängt für ein gegebenes Investment nicht davon ab, ob man eine gegebene Summe in Form von laufenden Erträgen oder über betragsgleiche Anteilsverkäufe entnimmt, sondern allein davon, wie hoch die Entnahmen relativ zum Vermögen sind. Soweit bei einer gegebenen Entnahme keine nennenswerten Differenzen hinsichtlich Steuern oder Transaktionskosten bestehen (was die Regel ist), wird ein rein rational agierender Anleger indifferent sein, ob eine gegebene Entnahme aus laufenden Erträgen oder aus Anteilsverkäufen erzeugt wird. Die einzige Entnahme-Policy, die tatsächlich einen Unterschied macht, heißt »weniger entnehmen«.

Argument 6: Die Unterscheidung zwischen Erträgen und Substanz ist ohnehin vielfach künstlich und ohne ökonomischen Gehalt. Die Unterscheidung zwischen Substanz oder Kapital einerseits und laufenden Erträgen andererseits ist in vielen Fällen künstlich und konstruiert: Beispielsweise zahlen viele Unternehmen mit traditionell hoher Dividendenrendite in Jahren schlechter Unternehmensgewinne diese Dividenden aus Eigenkapitalreserven oder verschulden sich ihretwegen sogar zusätzlich. Hier wird also ein laufender Ertrag, eine Ausschüttung für den Anleger, aus Substanz auf der Unternehmensebene bezahlt. Aber es kommt noch bunter: Schüttet ein Unternehmen in Jahr 1 eine Dividende aus, die niedriger ist als sein Jahresgewinn, findet bekanntlich eine Gewinnthesaurierung auf Ebene des Unternehmens statt. So weit, so gut. Nehmen wir nun an, in Jahr 2 schrumpft der Unternehmensgewinn auf null und das Unternehmen zahlt diesmal eine Dividende in Höhe des nicht ausgezahlten Gewinns aus Jahr 1. »Kommt die Jahr-2-Dividende nun aus der Substanz oder aus laufenden Erträgen?« Auf diese Frage gibt es keine eindeutige Antwort. Ähnlich verhält es sich oft mit Immobilieninvestments, bei denen direkt oder indirekt schuldenfinanzierte Ausschüttungen erfolgen. Schlussendlich stammt praktisch jegliches Kapital, also jegliche Substanz aus zuvor nicht ausgeschütteten Erträgen – die übliche Schwarz-Weiß-Unterscheidung zwischen den beiden Konzepten erscheint vielfach naiv.

Argument 7: Ohne Anteilsverkäufe lässt sich eine nachhaltige Entnahmestrategie in den meisten Fällen sowieso nicht bewerkstelligen. Ohne die Bereitschaft, in manchen Jahren Substanzverkäufe (Anteilsverkäufe) zu tätigen, ist eine jährliche Entnahmerate von mehr als 3,5% des Depotwertes in typischen Konstellationen ohnehin nicht konsistent möglich, also nicht nachhaltig. Und selbst für diese moderate Entnahmerate dürfte eine Aktienquote von 50% oder mehr erforderlich sein. Das haben wir in unserem Blogbeitrag »Kapitalverzehr vermeiden: kein erstrebenswertes Anlegerziel« gezeigt (Kommer/Bartosch 2022d).

Das bewusste Ignorieren des Unterschiedes zwischen A-Entnahmen und V-Entnahmen schärft nicht nur das Investmentdenken, es hat auch einen enormen praktischen Nutzen: Mit Anteilsverkäufen kann ein auf Entnahmen aus seinem Depot angewiesener Haushalt die Höhe dieser Auszahlungen im Zeitablauf präzise und bequem steuern und ist nicht den Unwägbarkeiten von einmalig oder chronisch zu niedrigen, gelegentlich zu hohen und stets schwankenden Ausschüttungsrenditen ausgesetzt.

Es wird also Zeit, dass Privatanleger das tun, was die Wirtschaftswissenschaft schon vor Jahrzehnten getan hat, nämlich den alten Zopf, A-Entnahmen seien V-Entnahmen grundsätzlich vorzuziehen, abzuschneiden.

Wenn dennoch nennenswerte Unterschiede zwischen A-Entnahmen und V-Entnahmen genannt werden, dann basieren sie nahezu ausnahmslos auf in der wissenschaftlichen Literatur seit Jahrzehnten widerlegten Denkirrtümern und Rechenfehlern, auf der Verwechslung der optisch sichtbaren Oberfläche mit den ökonomisch fundamentalen Effekten – allgemeiner auf unvollständigem Denken oder auf bloß gefühlter Verschiedenheit. Wer die hier diskutierte unnütze oder schädliche Unterscheidung ad acta legt, hat eine überflüssige Sorge weniger und wird in manchen Abwägungssituationen finanziell vorteilhafter agieren.

8.11 Das Konzept der »nachhaltigen Entnahmerate« (»Save Withdrawal Rate«)

In unzähligen Ratgeberbüchern und Veröffentlichungen von Finanzjournalisten oder Finfluencern ist zu lesen, eine »4%-Entnahmerate« sei »machbar« oder sei »eine gute Faustformel« für eine nachhaltige Entnahmerate, die über einen Zeitraum von 30 oder mehr Jahren bei einem diversifizierten Aktien-Anleihen-Portfolio (z.B. bei einer 60/40-Asset-Allokation) sehr selten oder nie zu einem vollständigen Aufbrauchen (vollständigen Verzehr) des Portfolios führe.

Entnahmerate ist dabei definiert als der prozentuale jährliche Entnahmebetrag im Verhältnis zum Depotwert am Beginn der Entnahmeperiode. Dabei ist es gleichgültig, ob die Entnahme über Ausschüttungen oder Anteilsverkäufe erfolgt, wie wir im vorhergehenden Abschnitt 8.10 dargelegt haben. Es liegt standardmäßig die Annahme zugrunde, dass dieser absolute Geldbetrag im Zeitablauf mit der Inflationsrate (genauer gesagt der Inflationsrate des Vorjahres) zunimmt, damit er seine Kaufkraft dauerhaft beibehält.

Leider ist die 4%-Regel, wie im ersten Absatz formuliert, unrealistisch, da zu optimistisch. Auf Basis einer sogenannten »Monte-Carlo-Simulation« (»MCS«) – siehe nachfolgende Infobox – führt eine 4%-Entnahme über ein Zeitfenster von 30+ Jahren zu einer »Pleitequote« von über 20% (und oft sogar beträchtlich darüber), jedenfalls wenn die MCS mit aus der Wissenschaft abgeleiteten, realistischen Annahmen für Rendite und Risiko gefüttert wird. Pleite heißt in diesem Zusammenhang, dass das Portfolio vor Ende des Betrachtungszeitraum (des Planungszeitraums) vollständig aufgezehrt wird.

Infobox: Monte-Carlo-Simulation: Was ist sie? Was kann sie?

MCS als Simulations- und Vorhersage-Technik wurde während des Zweiten Weltkriegs von den in Fachkreisen berühmten Mathematikern Stanislaw

Ulam und John von Neumann im Rahmen eines Nuklearwaffenprojekts im Los Alamos Scientific Laboratory in den USA entwickelt. Aufgrund der Geheimhaltungspflicht des Projekts war ein Codename für das neue Verfahren erforderlich. Die beiden wählten »Monte-Carlo-Simulation«, weil Ulams Onkel gelegentlich im Monte-Carlo-Casino in Monaco dem Glücksspiel frönte. MCS wird heutzutage in praktisch allen naturwissenschaftlichen Disziplinen wie der Biologie, der Chemie, der Mathematik und der Physik eingesetzt – und auch in der Ökonomie.

Die typischen Erkenntnisziele einer MCS im Investmentkontext sind die Beantwortung von in die Zukunft gerichteten Fragen wie: »Reicht mein vorhandenes Vermögen bei Entnahmen pro Monat von soundso viel bis zu meinen Lebensende, wenn ich (bspw.) 95 Jahre alt werde?«, »Wann kann ich frühestens aufhören zu arbeiten, wenn ich mir einen gegebenen Lebensstandard erlauben möchte und noch soundso lang zu leben erwarte?«, »Wie viel Geld (bzw. Vermögen) muss ich noch ansparen, bis ich genug habe, um mir einen gegebenen Lebensstandard bis zu meinem 95. Lebensjahr leisten zu können?«, »Wie sicher ist es, dass mein vorhandenes Vermögen bei einem gegebenen Lebensstandard bis zu meinem 95. Lebensjahr ausreichen wird?«

In dem für unsere Zwecke relevanten Investmentkontext werden bei einer MCS auf Basis von Annahmen über die erwartete Rendite und Volatilität dieser Rendite eines Portfolios, einen vom Nutzer festgelegten Analysezeitraums von mehreren Jahrzehnten Länge (z.B. 20 Jahre oder 50 Jahre)[114] sowie der im Zeitablauf angenommenen Portfoliozuführungen und -entnahmen berechnet. Der Computer spuckt dann einige Hunderte oder Tausende unterschiedliche Fälle, sogenannte Iterationen, aus. Ein Fall oder eine Iteration entspricht einer einzelnen Prognose. Der Computer sortiert dann die resultierenden Fälle vom besten bis zum schlechtesten Fall und bereitet diesen Strauß von Iterationen mit einfachen statistischen Kennzahlen in tabellarischer und grafischer Form für den Anwender auf.

Monte-Carlo-Simulationen sind einfachen »Bierdeckel-Kalkulationen« (rein linearen Berechnungen ohne Berücksichtigung von Unsicherheit in

---

114 Wird eine MCS nur für das Vermögen einer einzelnen Person erstellt (das ist in dieser Hinsicht der einfachste Fall), ergibt sich dieser Zeitraum aus der statistischen Restlebenserwartung der Person.

Gestalt von Volatilität), wie sie Privatanleger für sich selbst und auch viele Finanzberater zum Thema »Reicht mein Geld?« für ihre Kunden anstellen, in Bezug auf Aussagekraft und Beschreibung der Zukunft weit überlegen.

Manche Leser mögen sich fragen, warum eine 4%-Entnahmerate zu hoch sein soll. Schließlich erzielt man mit einem passiv gemanagten Aktien-Anleihen-Portfolio bei einer Asset-Allokation von z.B. 100/0, 90/10 bis hinunter zu 50/50 über lange Zeiträume vor Kosten und Steuern eine nominale Durchschnittsrendite merklich oberhalb von 4% p.a.

Hier sind die Gründe für den mangelnden Realismus der 4%-Regel bei einem Entnahmezeitraum von 30 oder mehr Jahren, sofern man eine statistische Pleitehäufigkeit von ungefähr 20% nicht überschreiten will:

(1) Das Renditereihenfolgerisiko muss berücksichtigt werden. Da, wo es besteht, ist die Annahme falsch, dass eine Entnahmerate, die unterhalb der langfristig durchschnittlichen Nettorendite (Bruttorendite minus Kosten und Steuern) des Vermögens liegt, sicher funktionieren wird, also nie zu einer vorzeitigen Pleite führt.

(2) Abgesehen vom Renditereihenfolgerisiko bezieht sich die 4%-Regel auf eine *reale*, nicht auf eine *nominale* Entnahmerate, da ja der (absolute) jährliche Entnahmebetrag mit der Inflation erhöht wird. Das bedeutet, man muss diese 4% p.a. korrekterweise zu inflationsbereinigten (realen) historischen Renditen ins Verhältnis setzen, und die sind um ca. 2,8 Prozentpunkte[115] niedriger als die nominalen Renditen.

(3) Ferner sind bei einer solchen Berechnung Kosten und Steuern zu berücksichtigen, die die nominalen historischen Renditen eines über Anlageklassen hinweg diversifizierten Portfolios, je nach Jurisdiktion, noch einmal um grob geschätzt 1 bis 2,5 Prozentpunkte senken.

(4) Viele Autoren, die nachhaltige Entnahmeraten auf Basis von historischen Daten berechneten, verwendeten dazu US-Kapitalmarktdaten (typischerweise monatliche Renditedaten ab 1926, dem Jahr, in dem die Datenreihen einer berühmten Datenbank der Universität Chicago zu

115 Das ist ungefähr die durchschnittliche jährliche Inflationsrate in Deutschland oder den USA seit 1965.

den historischen Renditen von US-Aktien und -Anleihen beginnen). Die Renditen von Aktien und Anleihen im US-Markt waren aber vor allem im Zeitraum von 1926 bis etwa 1950 weit höher als in fast allen anderen westlichen Ländern (und im Durchschnitt von 1926 bis heute immer noch merklich höher). Anders formuliert: Diese Datenreihe ist aus Sicht der Wissenschaft nach oben verzerrt. (Mehr zu dieser in der Privatanleger-Community beträchtliche Missverständnisse stiftenden »Datenanomalie« siehe Kommer/Kanzler 2024g.)

Tatsache ist, dass bei Entnahmezeiträumen von über 30 Jahren eine Entnahmerate von 4% p.a. statistisch häufig zu einem vorzeitigen vollständigen Portfolioverbrauch führt, also zu einer Depotpleite. Bei Entnahmezeiträumen, die nennenswert kürzer als 30 Jahre sind, sind Entnahmeraten von 4% oder höher dann naturgemäß eher realistisch.

Ein weiterer Grund, warum Entnahmeraten von 4% und höher im Falle von angenommenen Restlebenserwartungen ab 30 Jahren »zunehmend problematisch« werden, liegt darin, dass der Zinseszinseffekt umso geringer wirken wird, je höher die Entnahmerate relativ zur erwarteten Rendite oder Durchschnittsrendite des Investments ist. Diese Faustregel gilt jedenfalls für in diesem Kontext relevante Zeitfenster von 20 bis 40 Jahren.[116]

Manche Leser werden sich an dieser Stelle fragen, warum angesichts dessen die 4%-Rate in Ratgeberbüchern, in Medien, im Internet und von Finanzberatern so häufig »als machbar« bezeichnet wird. Dafür gibt es mehrere Gründe:

1994 veröffentlichte der US-Ökonom William Bengen zur Fragestellung der nachhaltigen Entnahmerate die erste systematische Untersuchung (Bengen 1994). Der Studie lagen historische US-Kapitalmarktdaten von 1926 bis 1992 zugrunde. In dieser Studie kam Bengen zu dem Ergebnis, dass man aus einem 50/50-Aktien-Anleihen-Portfolio jährlich 4% des Anfangswerts in Geldeinheiten plus Inflation entnehmen kann, ohne Gefahr zu laufen, das Portfolio über einen 30-Jahres-Zeitraum jemals ganz aufzubrauchen. Das entspricht einer 0%-Pleitewahrscheinlichkeit. Die Bengen-Ergebnisse wurden in den Jahrzehnten danach von vielen Finanzjournalisten und Finanzberatern unkritisch übernommen und

116 Würde man einen unrealistischen Zeitraum von z.B. 200 Jahren zugrunde legen, dann gäbe es sogar bei einer durchschnittlichen Rendite von nur 1% p.a. einen nennenswerten Zinseszinseffekt.

versteinerten seitdem in der populären Finanzratgeberliteratur, obwohl sie aus heutiger Sicht überholt und zu optimistisch sind.[117] Aber erstens ist ein Betrachtungszeitraum von 30 Jahren heute angesichts der gestiegenen Lebenserwartung für viele »Jung-Rentnerhaushalte« im Falle von vorzeitigem Ruhestand zu kurz, ganz besonders, wenn man nicht die mittlere Lebenserwartung, sondern die 80.-Perzentil-Erwartung ansetzt. Zweitens benutzte Bengen, wie oben erwähnt, nicht repräsentative historische US-Daten. Drittens ignorierte Bengen Kosten und Steuern, die aber natürlich die tatsächlich erzielbare Rendite eines Anlegers senken. Viertens verwendete Bengen eine Variante der Monte-Carlo-Simulations-Technik, die zwar nicht falsch ist, aber relativ zur heute verwendeten Standardvariante eine weitere optimistische Tendenz beinhaltete. Fünftens kam es sogar bei Bengen in der Mehrzahl der Einzelprognosen zu einem teilweisen und in einigen wenigen zu einem weitgehenden (wenn auch nicht vollständigen) Kapitalverzehr.

Neben diesem Hauptgrund spielen bei vielen »Experten«, die immer noch behaupten, eine 4%-Entnahmerate sei »eine gute Richtgröße«, Interessenkonflikte eine Rolle. Sie wollen ihrer Klientel möglichst optimistische Zahlen präsentieren, umso mehr Geschäft zu machen.

Für Leser, die sich mit der aktuellen wissenschaftlichen Literatur zur Save Withdrawal Rate beschäftigen wollen, empfehlen wir zum Start Anarkulova u.a. 2023.

8.12 Depotauszahlpläne

Ein Haushalt, der ein Wertpapierdepot zur Finanzierung der laufenden Lebenshaltungskosten nutzen will, muss sich darüber klar werden, wie er diese langfristige »Subventionierung« der Lebenshaltung klug umsetzt. Es geht um die fachliche Frage, wie man eine periodische Auszahlung (z.B. monatlich oder vierteljährlich), eine Art selbst erzeugte Rente, aus seinem ETF-Depot (evtl. in Kombination mit einem Tagesgeldkonto) generieren kann.

---

117 Gelegentlich wird auch die 1998er-Untersuchung von Cooley, Hubbard und Walz (die sogenannte Trinity-Studie) als Ursprung der 4%-Regel genannt, die zu ähnlichen Ergebnissen wie Bengen kam. Die Bengen-Studie erschien jedoch vier Jahre früher.

In den zwei unmittelbar vorhergehenden Abschnitten haben wir uns bereits mit konzeptionell und praktisch wichtigen Fragen zum Thema Ausschüttungen befasst:

(a) »Soll man als Investor Anlagen mit hohen Ausschüttungen (Dividenden, Zinsen) bevorzugen?« Die Antwort der Wissenschaft ist: Nein, man sollte solche Anlagen nicht bevorzugen, jedenfalls nicht wegen ihrer hohen Ausschüttungen. Entnahmen via Anteilsverkäufen haben keinerlei Nachteile (und in bestimmten häufig vorzufindenden Konstellationen sogar klare Vorteile) gegenüber Entnahmen via Ausschüttungen.

(b) »Was ist eine nachhaltige Entnahmerate, also ein Entnahmebetrag, der im Zeitablauf mit der Inflation steigt und der mit einer vom Anleger vorgegebenen Wahrscheinlichkeit (z.B. 90%) *nicht* zu einer Depotpleite (kompletter Depotverzehr) innerhalb des wiederum vom Anleger vorgegebenen Zeitraums (z.B. 30 Jahre) führt?«

Bevor wir hier zu den vier Formen von Auszahlplänen kommen, ein praktischer Hinweis, der – obwohl banal – oft übersehen wird: Wer einen Betrag X aus einem Depot zur Bestreitung von Lebenshaltungskosten benötigt, muss normalerweise einen höheren Betrag als X entnehmen, weil ja zumeist noch Steuern und Nebenkosten des Investierens anfallen. Daher muss man präziser von einer Brutto- und einer Nettoentnahmerate sprechen. In der Tasche des Anlegers kommt nur die Nettoentnahme an, die Bruttoentnahme ist in der Regel aber höher. Der Gewinnanteil einer Depotentnahme wird in Deutschland mit 26,4% Kapitalertagssteuer (inkl. SolZ) belastet.

Letztlich existieren in Bezug auf das Konzept eines Depotauszahlplans grundsätzlich die vier nachfolgend genannten Entnahmemethoden oder -produkte, von denen aus unserer Sicht die beiden erstgenannten nicht empfehlenswert sind.

Private Rentenversicherungspolice: Auf dieses ambivalente Finanzprodukt sind wir in Abschnitt 7.2.2 eingegangen. Ja, eine PRV-Rente ist in der Theorie eigentlich (aber leider nur eigentlich) dafür prädestiniert, eine bequeme monatliche Rentenzahlung bis zum Tod zu erzeugen (eine Leibrente). Der Versicherer trägt dabei das Langlebigkeitsrisiko des Versicherten (des Anlegers), was für den Anleger im Prinzip ein Vorteil ist. Trotzdem überwiegen bei PRVs die Nachteile. Bei den folgenden drei Auszahlplanvarianten verbleibt das Langlebigkeitsrisiko hingegen beim Anleger.

Bankauszahlplan: Bei einem Bankauszahlplan schließt der Anleger mit der Bank einen Vertrag ab, gemäß dem die Bank dem Anleger für einen spezifischen eingezahlten Cash-Betrag auf einem Konto bei einer garantierten festen Verzinsung eine monatliche Auszahlung zusichert. Sollte zuvor ein ETF-Depot bestanden haben, wird dies nun von der Bank liquidiert und in ein verzinsliches Guthaben umgewandelt. Die Länge der mehrjährigen Auszahlphase (bis das Kapital aufgezehrt ist) richtet sich nach dem Verhältnis der periodischen Entnahme zum Einzahlungsbetrag, also der Entnahmerate, und wird von der Bank ermittelt. Die Versteuerung der Zinsen nimmt die Bank automatisch vor, sofern die Depotstelle im Inland liegt. Eine vorzeitige Kündigung des Bankauszahlplans seitens des Anlegers ist nicht oder nur gegen Strafzahlung möglich. Unsere generelle Einschätzung: Letztlich ist ein normales Tagesgeldkonto oder eine Festgeldanlage mit »manueller« Entnahme vermutlich besser, wenngleich etwas arbeitsaufwendiger. Bankauszahlpläne, die zusammen mit den sonstigen Guthaben des Anlegers bei der betreffenden Bank die Obergrenze der gesetzlichen Einlagensicherung (100 000 Euro pro Bank-Kunde-Kombination) überschreiten, sind für den überschießenden Betrag kritisch zu sehen.

Automatisierter Fondsauszahlplan/ETF-Auszahlplan: Diese Auszahlplanform läuft folgendermaßen ab: Ein Anleger beauftragt seine Depotbank (eine traditionelle Bank oder eine Direktbank/Onlinebank), einen Robo-Advisor (eine digitale Vermögensverwaltung) oder seinen traditionellen Vermögensverwalter, jeden Monat oder jedes Quartal einen fixen Auszahlbetrag (entweder vor Steuern oder nach Steuern) aus seinem ETF-Depot auf ein vorbestimmtes Girokonto auszuzahlen. Die Bank oder der Vermögensverwalter kümmern sich um die Prüfung, ob nach Berücksichtigung etwaiger Ausschüttungen im Depot (Dividenden, Zinsen etc.) auf das Verrechnungskonto noch Anteile verkauft werden müssen, um den vorbestimmten Zielauszahlungsbetrag pro Periode zu produzieren. Dabei müssen Bank oder Vermögensverwalter an sich transaktionskostenminimierend vorgehen. Anteile im Volumen von unter ungefähr 5 000 Euro zu verkaufen, dürfte aus Transaktionskostensicht z.B. selten sinnvoll sein. Die Institution führt auch den Verkauf durch. Wie lange das Vermögen bis zum vollständigen Kapitalverzehr reicht (oder ob es überhaupt zu einem solchen kommt), hängt – wie stets – vom Verhältnis zwischen Entnahmen und Depothöhe und der Rendite ab (zur langfristig durchschnittlichen Entnahmerate siehe Hinweise im vorigen Abschnitt 8.11). Der Hauptvorteil eines solchen Auszahlplans ist seine Bequemlichkeit. Der Nachteil sind seine Kosten, deren Höhe jedoch kaum pauschal bezifferbar sind. Manche Banken und Vermögensverwalter, insbesondere viele Robo-Advisor, führen solche Auszahlpläne kostenlos durch, wenn das zugrunde liegende Depot eine bestimmte Mindestgröße hat.

Manueller Auszahlplan kombiniert mit unterschiedlichen Anlageformen: Ob man diese Variante überhaupt »Auszahlplan« nennen sollte, sei dahingestellt. Automatisch geschieht hier nämlich nichts. Der Anleger stellt sich ein Portfolio aus Anlagen zusammen (z.B. ein ETF-Aktiendepot und eine Tagesgeldanlage innerhalb der gesetzlichen Einlagensicherung) und führt alle drei, sechs oder zwölf Monate eine Entnahme durch. Diese Entnahme kann – je nach Anlageformen – eine Cash-Auszahlung sein oder ein Verkauf von Anteilen aus einem ETF-Depot. Bei Anteilsverkäufen sollte der Betrag nicht unter der Peilgröße von 5000 bis 10000 Euro liegen, damit die Transaktionskosten in einem vernünftigen Verhältnis zur Entnahme stehen. Vorteile des manuellen Auszahlplans sind seine hohe Flexibilität, die hohe Einwirkungsmöglichkeit durch den Anleger sowie seine geringen Kosten (jedenfalls fallen keine gesonderten Kosten für die Durchführung des Auszahlplans durch eine dritte Partei an). Ein Nachteil ist, dass sich der Anleger um alles selbst kümmern muss.

Für Haushalte, die eine »Depot-Rente« wünschen, kann ein Auszahlplan eine sinnvolle Einrichtung sein. Auszahlpläne erzeugen ein Element der Regelmäßigkeit und der Bequemlichkeit bei der dauerhaften Finanzierung von Lebenshaltungskosten. Bei der Wahl der spezifischen Auszahlplanvariante sollte man pragmatisch vorgehen und eine der hier vorgestellten bevorzugten Varianten wählen, sich dabei aber in jedem Fall nicht scheuen, Auszahlungen, wo nötig, mit Anteilsverkäufen zu finanzieren. Auch in der Entnahmephase sollte diszipliniertes, regelbasiertes Rebalancing praktiziert werden (siehe Abschnitt 8.6). Entnahmen sollten dabei aus dem Portfolioteil kommen, der relativ zu seinem Asset-Allokations-Zielgewicht zu hoch gewichtet ist. Das gilt auch dann, wenn man damit Buchgewinne realisieren muss und somit Steuerliquidität abfließt.

8.13 Die richtigen ETFs finden

Angesichts der über 4000 in Deutschland an Privatanleger vertriebenen ETFs, von denen viele den gleichen Index oder jedenfalls die gleiche Anlageklasse replizieren, tun sich viele Privatanleger verständlicherweise schwer bei der Suche und Auswahl der für sie am besten geeigneten ETFs. Daher liefert dieser Abschnitt Regeln, Kriterien, Werkzeuge und Hinweise, um Suche und Auswahl von ETFs zu erleichtern.

Die beiden im deutschsprachigen Raum führenden Websites, die bei der ETF-Suche helfen, sind www.justETF.com und www.extraETF.com. Die reine ETF-Suche ist bisher auf beiden Websites kostenfrei. Einige weitergehende Services sind kostenpflichtig. Wir empfehlen Ihnen, eine dieser beiden Websites zu nutzen. Auch einige der im Anhang genannten weiteren Finanzportale können bei der Auswahl von ETFs behilflich sein.

Über die folgenden 16 Auswahlmerkmale sollten Sie sich bei der ETF-Suche Gedanken machen. Einige sind naturgemäß bedeutender als andere.

- **Welche Anlageklasse? Welcher Index?** Die essenziellste Frage bei der Suche nach dem für Sie richtigen ETF lautet: »Welche Anlageklasse, sprich welchen Index, soll der ETF abbilden?« Viele Anleger haben primär deswegen Schwierigkeiten bei der ETF-Suche und -Auswahl, weil sie diesen ersten entscheidenden Schritt auf dem Weg zum geeigneten ETF nicht oder nicht abschließend vollzogen haben. Wer nicht weiß, was er sucht, kann es nicht finden. Die Auswahl der Anlageklasse führt zu einer stärkeren Einengung des ETF-Kandidatenfelds als jedes andere der nachfolgend genannten Auswahlkriterien. Statt Anlageklasse kann man eigentlich auch Index sagen. Allerdings kann ein und dieselbe Anlageklasse durch verschiedene Indizes von verschiedenen Indexanbietern abgebildet werden. Ein Beispiel: Für die Anlageklasse Aktien Large & Mid Caps Industrieländer existieren zahlreiche ETFs auf den bekannten MSCI World Standard Index, den FTSE Developed World Index und den Solactive GBS Developed Markets Large & Mid Cap Index (Stand Anfang 2026). ETFs auf unbekanntere Indizes sind nicht selten günstiger, dafür aber genauso gut, weil der ETF-Anbieter in diesem Fall geringere Lizenzgebühren an den Indexanbieter zahlen muss.
- **Art der Indexreplikation:** ETFs können einen Index physisch oder via »Swap« (»Tauschvertrag«) zwischen dem ETF und einer dritten Partei,

typischerweise einer Bank, nachbilden. Noch vor einigen Jahren konnte man argumentieren, dass Swap-ETFs (gelegentlich auch falsch »synthetische ETFs« genannt) für den Anleger minimal risikoreicher waren als konventionelle, physisch-replizierende ETFs. Inzwischen trifft dieser Einwand nicht mehr zu. Aufgrund ihrer oft etwas niedrigeren laufenden Kosten und aufgrund möglicher (aber nicht garantierter) Vorteile bei der Quellensteuerbelastung können Swap-ETFs relativ zu identischen physisch-replizierenden, konventionellen ETFs eine lohnenswerte Alternative sein. Wer sich allerdings mit Swap-ETFs aufgrund ihrer höheren Konstruktionskomplexität unbehaglich fühlt, muss deswegen keine großen Opfer bringen. Inzwischen existieren für alle wichtigen Anlageklassen physische ETFs.

- **Laufende Kosten:** Unter sonst gleichen Umständen sollte ein Buy-and-Hold-Anleger den ETF mit den niedrigsten laufenden Kosten (der aufsichtsrechtlich definierten Kostenquote) auswählen (Total Expense Ratio/TER).
- **Ausschüttend oder thesaurierend:** In den meisten Fällen sind thesaurierende den ausschüttenden ETFs vorzuziehen, schon allein deswegen, weil man damit nicht in Versuchung kommt, die Ausschüttungen zu »verballern«. Viele Anleger glauben, dass derjenige, der dauerhaft Entnahmen aus dem Portfolio wünscht oder plant, mit ausschüttenden ETFs besser bedient sei. Das ist ein Irrtum, dessen Hintergrund wir in Abschnitt 8.10 erläutern.
- **Die Marke (der Anbieter):** Die Marke – sei es die des globalen ETF-Marktführers iShares (BlackRock) oder die des Zacharias-Zamperl-Anbieters – sollte bei der Auswahl eines ETFs keine Rolle spielen, weil aufsichtsrechtlich alle in der EU offiziell an Privatanleger vertriebenen ETFs der gleichen strikten EU-UCITS-Regulierung unterliegen und Sondervermögen darstellen. Fast alle restlichen Auswahlkriterien sind wichtiger.
- **Nachhaltigkeit (ökologische und soziale Anlagekriterien):** Auf diesen Aspekt gehen wir in diesem Buch nicht ein. Sofern Sie sich dafür genauer interessieren, empfehlen wir das YouTube-Video unseres Kollegen Daniel Kanzler (Kanzler 2021b).
- **Wertpapierleihe ja/nein:** Viele ETFs betreiben die sogenannte Wertpapierleihe, um die TER des Fonds niedrig zu halten. Das Risiko von Wertpapierleihe für den ETF-Anleger wird im Internet und in manchen

ETF-Ratgeberbüchern übertrieben. In Wirklichkeit ist das mit ihr verknüpfte Risiko für Anleger vernachlässigbar gering. Wertpapierleihe trägt zu niedrigen Kosten im ETF bei. Lesern, die sich mit dieser Frage genauer auseinandersetzen möchten, könnten das anhand unseres Blogbeitrages Kommer/Großmann 2020m tun.

- **Fondsdomizil:** Ein ETF ist eine juristische Person (eine Körperschaft), die ihren rechtlichen Sitz (ihr Fondsdomizil) in einem bestimmten Land haben muss. Die häufigsten Fondsdomizile von in Deutschland an Privatanleger vertriebenen ETFs sind (in dieser Reihenfolge): Irland (mit großem Abstand), Luxemburg, Frankreich und Deutschland. Das Fondsdomizil dürfte selten ein wichtiges Auswahlkriterium sein. Die einzige Ausnahme sind physisch replizierende Aktien-ETFs, die US-Aktien halten. Bei ihnen hat es quellensteuerliche Vorteile, wenn sie in Irland domiziliert sind.
- **Steuerliche Gesichtspunkte:** Im Normalfall sind Steuern kein Auswahlkriterium zwischen ETFs. Allerdings sollten Anleger darauf achten, dass in Frage kommende ETFs ein steuerliches Reporting (steuerliche Unterlagen, die die Depotbank oder der Steuerberater nutzen kann) für das eigene Ansässigkeitsland besitzen. Das ist für die in Deutschland vertriebenen ETFs in Bezug auf das deutsche Steuerreporting nahezu ausnahmslos der Fall.

Infobox: Kryptische Abkürzungen und Angaben in den Namen von ETFs

Die folgenden Abkürzungen werden Ihnen früher oder später in den Namen von ETFs begegnen: ► UCITS = siehe Infobox zum UCITS-Begriff in Abschnitt 4.6.1. ► Dist = »Distributing« (»ausschüttend«). ► Acc = »Accumulating« (»thesaurierend«). ► TR = »Total Return«: Gesamtrendite aus laufenden Erträgen und Kursveränderungen. Die Angabe bezieht sich in der Regel auf den abgebildeten Index. TRN = »Total Return Net«: Gesamtrendite abzüglich theoretisch maximaler Quellensteuer. ► DR = »Direct Replication«: Physische Indexreplikation in Abgrenzung zur Swap-Replikation. ► Swap = ETF mit Swap-Replikation (synthetischer Replikation). ► SRI = »Socially Responsible Investing«: Kennzeichnung für einen Typus nachhaltiger ETFs. ► ESG = »Environmental, Social and Governance«: Kennzeichnung für einen

Typus nachhaltiger ETFs. ► H = Als einzelner Buchstabe steht das oft für »Hedged« (Wechselkurssicherung). ► ETC = »Exchange Traded Commodity«, ► ETN = »Exchange Traded Note«, ► ETP = »Exchange Traded Product«. ► WKN = »Wertpapierkennnummer«. ► ISIN = »International Security Identification Number«.

- **Fondsalter:** Das Alter eines ETFs mag im Einzelfall eine interessante Information sein, ist aber letztlich für die Auswahl unmaßgeblich. Junge ETFs werden unter sonst gleichen Umständen ein kleineres Fondsvolumen haben als ältere ETFs.
- **Fondsgröße und Schließungsrisiko:** Das Risiko oder die Nachteile der Schließung eines ETFs mit kleinem Volumen wird in den Medien und im Internet erstaunlich regelmäßig übertrieben. In Wirklichkeit ist dieses Risiko niedrig bzw. harmlos. Die folgende simple Faustregel zur Einschätzung eines ETF-Schließungsrisikos genügt vollkommen: Ist der ETF älter als drei Jahre, hat weniger als 50 Millionen Euro Volumen und ist man Buy and Holder, dann sollte man zumindest vorerst nicht in ihn investieren. In allen anderen Fällen ist das Schließungsrisiko kein rationaler Grund, nicht in einen gegebenen ETF zu investieren. Davon abgesehen ist die Fondsgröße für sich genommen kein wichtiges und sogar ein irrelevantes Auswahlkriterium.
- **Sparplanfähigkeit:** Fondssparpläne sind vor allem in der Vermögensaufbauphase ein geniales und wunderbar einfaches Instrument zur langfristigen Vermögensbildung. Im vorliegenden Buch gehen wir aus Platzgründen nicht näher auf sie ein. Wir weisen nur darauf hin, dass die Kosten pro (z.B. monatlicher) Ausführung bei einem ETF-Fondssparplan nicht über 1% des periodischen Sparbetrages ausmachen sollten. Die meisten Onlinebanken führen eine lange, aber nicht unendlich lange Liste mit ETFs, bei denen diese Ausführungskosten null betragen.
- **Wechselkursabsicherung (Währungssicherung) ja/nein:** Dieser Aspekt ist primär bei Anleihen-ETFs relevant. Details dazu in Abschnitt 8.5.
- **Börsenplatz für Kauf und Verkauf:** Für Privatanleger, die ETFs auf Basis eines Buy-and-Hold-Ansatzes halten, spielt die Auswahl der Börse (XETRA Frankfurt, Frankfurt Präsenzhandel, Stuttgart, Zürich, Wien,

London, New York etc.) in der Regel keine große Rolle. In den meisten Fällen fahren Anleger mit Sitz in Deutschland oder Österreich am besten, wenn sie ihre Orders an der XETRA oder an der Stuttgarter Börse platzieren, weil diese oft die günstigsten und für die meisten ETFs hinreichend liquiden Börsen im deutschsprachigen Raum sind. Im Allgemeinen dürfte es sinnvoll sein, eine ETF-Order nicht außerhalb der jeweiligen Börsenhandelszeiten (also nicht nachts oder am Wochenende) aufzugeben, weil sich die Geld-Brief-Spannen ausweiten könnten, wenn die Order direkt nach Handelsbeginn einer Börse durchgeführt wird. Ein hilfreicher kurzer Artikel hierzu mit dem Titel »Wie funktioniert der ETF-Handel?« findet sich auf der Website www.justETF.com.

- **Produkttyp:** Hier geht es um die Unterscheidung zwischen echten ETFs (UCITS-Fonds) und unechten ETFs (ETPs, ETCs, ETNs) – siehe Abbildung 5 in Abschnitt 7.1.6.5.
- **Produktunterlagen:** Zu jedem ETF existieren ein sogenanntes Fact Sheet und ein Dokument mit dem eher uncoolen Namen »Wesentliche Anlegerinformationen« (im aufsichtsrechtlichen Jargon: *KIID* für *Key Investor Information Document*). Dies sind kurze PDF-Dokumente von wenigen Seiten Umfang, die von der Fondsgesellschaft erstellt werden. Inhalt und Form des KIIDs sind aufsichtsrechtlich vorgeschrieben, Inhalt und Form des Fact Sheets dagegen nicht. Zum Teil überlappen sich die Inhalte der Dokumente, aber das spielt keine große Rolle, da sie ja kurz sind und sich insgesamt ergänzen. Zusammen enthalten sie die zentralen Informationen, die ein Privatanleger zur Entscheidungsfindung und zum Verständnis seiner Investments braucht. Lediglich die aufsichtsrechtlich vorgeschriebene Risikoeinstufung (Risikoprofil) im KIID hat einen fundamentalen Defekt: Sie ist eine »Risikobewertung in Isolation«. Das tatsächliche Risiko eines ETFs sollte aber in seiner Zusammenwirkung mit allen übrigen Vermögenskomponenten und ihrer jeweiligen Gewichtung im Anlegervermögen bestimmt werden.

Insgesamt empfehlen wir auf jeden Fall, beide Dokumente zu jedem ETF, den man kaufen möchte, aufmerksam zu lesen. Wer es ganz genau wissen möchte, könnte in Ergänzung auch noch das gesonderte Fact Sheet zum Index googeln, den der ETF abbildet. Es wird vom Indexanbieter erstellt und oftmals nur in englischer Sprache verfügbar sein.

8.14 Was tun mit bisherigen Anlagen, deren Nutzen man bezweifelt?

Ein Leser dieses Buches, der sich bis zu diesem Punkt vorgekämpft hat, wird sich vielleicht fragen, wie er mit bereits existierenden Vermögensanlagen verfahren sollte, mit denen er nicht zufrieden ist. Das könnten Anlagen sein, die wir in Abschnitt 8.14 in jeweils knapper Form beschrieben und analysiert haben, das könnten auch Riester- oder Rürup-Anlagen sein, die in Kapitel 3 nicht adressiert werden, weil sie (mit seltenen Ausnahmen) aus Sicht aller fachkundigen Betrachter ohne Interessenkonflikt so grausig schlecht sind, dass man das gar nicht mehr erwähnen und erklären muss.

Auf alle Fälle ist es oft erstaunlich schwierig, alte schlechte Vermögensanlagen loszuwerden. Erstens, weil die wirklich *verlässliche* Beurteilung, wie schlecht die Vermögensanlage X relativ zu möglichen Alternativen tatsächlich ist bzw. in Zukunft weiterhin sein wird, für Nichtexperten oft eine große fachliche Herausforderung darstellt. Zweitens, weil mentale Hürden wie Entscheidungsscheu und/oder der → Sunk-Cost-Denkfehler dem Anleger im Wege stehen. Drittens, weil – wenn es sich um delegiertes Investieren handelt – der Banker oder Vermögensverwalter aus Interessenkonflikten heraus den Verkauf einer vorhandenen, schlechten Anlage oft hintertreibt und dabei auch vor üblen Manövern und Tricks nicht zurückschreckt. Selbstverständlich sind diese in Realzeit für seinen Mandanten zumeist nicht als üble Manöver und Tricks erkennbar.

Vorhandene schlechte Anlagen haben Opportunitätskosten, will heißen: Das Geld, das in diesen »Bad Products« steckt, könnte in einem guten Produkt (z.B. einem Aktien-ETF oder Anleihen-ETF) vorwärtsgerichtet höhere Renditen produzieren oder eine ähnliche Rendite bei weniger Risiko und höherer Liquidität. Weniger Risiko bedeutet häufig auch wesentlich weniger Konzentrationsrisiko. Dessen Vorhandensein ist typischerweise leicht zu beurteilen.

Wer in der Vermögensschutzphase angekommen ist, sollte die in der Vermögensaufbauphase vorhandenen und vielleicht unvermeidbaren Konzentrations- und Klumpenrisiken nun reduzieren.

Als grobe Faustregel gilt: Eine alte schlechte Anlage, mit der man nicht zufrieden ist, wird selten dadurch besser und weniger unbefriedigend, dass man sie weitere zwölf Monate oder fünf Jahre hält. In der großen Mehrzahl der Fälle bleiben schlechte Anlagen schlechte Anlagen. Um Missverständnisse zu vermeiden: Wer mit einem oder mehreren ETFs diversifiziert in den globalen Aktienmarkt investiert hat und seit seinem Einstieg oder seit dem letzten Allzeithoch 20% oder 50% verloren hat, hat nicht in eine schlechte Anlage investiert. Das Materialisieren reiner Marktrisiken auf Ebene von sauber definierten Anlageklassen konstituiert nicht das, was eine schlechte Anlage ist.

Die oft beobachtete und menschlich verständliche Scheu, auf aufgelaufene, nicht realisierte Gewinne beim Verkauf jetzt Steuern zahlen zu müssen, ist in der Mehrzahl der Fälle kein Grund, die Gültigkeit der o.g. Faustregel im konkreten Fall in Frage zu stellen.

Ein anderer, gewissermaßen entgegengesetzter, aber ebenfalls eher schlechter Grund, der viele davon abhält, das Ende mit Schrecken zu wählen, statt den Schrecken bis auf Weiteres und damit de facto oft »ohne Ende« fortzusetzen, liegt darin, dass man keine Verluste realisieren möchte. Grund: Solange zumindest im Prinzip die Hoffnung besteht, diesen Verlust in der Zukunft wieder aufzuholen, muss man sich mental nicht endgültig eingestehen, ins Klo gegriffen zu haben. Wir glauben, dass man am ehesten aus dieser Denkfalle herauskommt, indem man sich das o.g. Opportunitätskostenargument vergegenwärtigt, zusammen mit dem Erkennen und Verstehen des bereits erwähnten Sunk-Cost-Denkfehlers.

Jenseits der genannten groben Faustregel haben wir noch folgende konkrete Tipps, wie man bei der Frage: »Was tun mit vorhandenen schlechten Anlagen?« vorgehen könnte:

Wenn in Ihrem Portfolio eines der fraglichen Anlageprodukte aus Abschnitt 7.2 enthalten ist, lesen Sie dort noch einmal nach, was genau die Nachteile sind. Vielleicht hilft Ihnen das beim Treffen der Entscheidung, ob Sie das Produkt behalten oder abstoßen sollen. Im Internet existieren zudem umfangreiche Informationen und Handlungsanweisungen zu einer angemessenen Vorgehensweise bei Riester- und Rürup-Produkten. Auf dem Finanzportal finanzfluss.de gibt es einen in dieser Hinsicht nützlichen Rechner: »Soll ich meinen ETF wechseln?« Dieser lässt sich trotz seines Titels auch für die Fragestellung: »Soll ich meinen aktiv gemanagten Fonds oder andere Finanzprodukte wechseln?« verwenden.

Wenn Sie, lieber Leser, auf dem Do-it-yourself-Wege beim Beseitigen der potenziellen oder tatsächlichen Leichen im Keller Ihres Portfolios nicht weiterkommen, dann könnten Sie unter Umständen vorübergehend (einmalig) die Hilfe eines Honorarberaters oder interessenkonfliktfreien Vermögensverwalters in Anspruch nehmen und diesen dann auf Basis eines Stundenhonorars oder Festpreishonorars bezahlen. Hinweise, wie man einen solchen Dienstleister findet, geben wir in Abschnitt 10.2.

8.15 Wo führe ich mein Depot?

Wer in ETFs oder andere Wertpapiere investieren möchte, braucht ein Depot. Die allermeisten der rund 1400 Finanzinstitute mit einer Banklizenz in Deutschland, der 450 in Österreich und der rund 240 in der Schweiz – also traditionelle Filialbanken und reine Onlinebanken – bieten auch Depots für Privatkunden an. Mit Onlinebanken sind auch Direktbanken, Broker oder Neobroker gemeint – alle vier Bezeichnungen sind austauschbare Marketingbegriffe, die keine echte, stringente abgrenzende Bedeutung haben.

Depots, jedenfalls wenn Sie von regulierten Bank- und Wertpapierinstituten in Deutschland, Österreich, Liechtenstein und der Schweiz geführt werden, sind in einem wichtigen rechtlichen Punkt generell sicherer als ein Konto, sprich Bankguthaben. In Abschnitt 6.7 haben wir den Hintergrund erläutert. In zwei Sätzen zusammengefasst: Bei einem Depot bleibt der Depotinhaber alleiniger zivilrechtlicher Eigentümer des Depotinhalts, sodass im Konkursfall der Bank der Depotinhalt nicht in deren Konkursmasse fällt. Bei einem Kontoguthaben ist das nicht so. Hier ist die Bank Eigentümer des Guthabens (dieses würde also in die Konkursmasse der Bank fallen) und der Kontoinhaber hat lediglich einen schuldrechtlichen Rückzahlungsanspruch.

Steuerlich ist es nach deutschem, österreichischem und schweizerischem Steuerrecht unbeachtlich, ob ein Depot im Inland oder Ausland geführt wird. Eine mögliche Abweichung vom Welteinkommensprinzip für vermögende Ausländer mit Hauptwohnsitz in der Schweiz ist die sogenannte Pauschalbesteuerung. Auf diese Ausnahme sind wir in Abschnitt 2.3 eingegangen.

Somit können wir schlussfolgern, dass das »Standortland« des Depots sowohl in Bezug auf die Sicherheit als auch in Bezug auf die Besteuerung für steuerehrliche Anleger normalerweise keine Rolle spielt, vorausgesetzt, es ist, wie bereits erwähnt, ein reguliertes Institut in Deutschland, Österreich, der Schweiz oder Liechtenstein. Daher sind nur Kosten und Servicequalität bei der Suche nach der »besten Depotbank« ausschlaggebend. Man braucht aus Sicherheitsgründen deswegen auch keine zwei Depotbanken, jedenfalls wenn man kein Day Trader ist, der lediglich im Hinblick auf die Absenkung seines operativen Risikos eventuell zwei Depotbanken wünscht, um beispielsweise einen zweistündigen Computer- oder Stromausfall bei Bank A durch die Alternative Bank B zu überbrücken.

Infobox: Hilft wirtschaftspolitisches und volkswirtschaftliches Wissen beim Investieren?

Die kurze Antwort auf die im Titel dieser Infobox formulierte Frage lautet: Nein. Theoretisches Wissen und tagesaktuelle Informationen auf den Gebieten Volkswirtschaftslehre, Wirtschaftspolitik, Sozialpolitik, Innenpolitik und Geopolitik lassen sich für Investmentzwecke nicht zuverlässig ausbeuten, auch wenn das kontraintuitiv und enttäuschend klingt. Diese Art von Wissen und Informationen sind für Investmentzwecke sozusagen vergeudete Liebesmüh oder, wenn sie aktiven Anlageentscheidungen zugrunde gelegt werden, oft schädlich. Hier nur zwei Beispiele: Zwischen dem Wirtschaftswachstum eines Landes und den Renditen seines Aktienmarktes existiert aus Anlegersicht keinerlei nutzbarer Zusammenhang. Länder mit hohem Wirtschaftswachstum werden im gleichen Jahr, im Jahr danach oder in den fünf Jahren danach deswegen keine besseren Renditen in ihrem nationalen Aktienmarkt produzieren; umgekehrt werden Länder mit niedrigem Wachstum keine schlechteren Renditen erzeugen. Dasselbe gilt für Staatsverschuldungsquoten und viele andere volkswirtschaftliche oder konjunkturelle Kennzahlen. In unserem Blogbeitrag »Hilft Wirtschaftswissen beim Investieren?« haben wir das Fehlen eines solchen Zusammenhangs umfassend anhand empirischer Daten und Sachlogik belegt (Kommer/Schweizer 2023c).

Zu einem Depot gehört auch immer ein paralleles Verrechnungskonto, auf das die depotführende Bank automatisch alle Ausschüttungen oder Verkaufserlöse bucht.

Generell gilt, dass die Gesamtkosten für ein Depot mit Verrechnungskonto bei einer Onlinebank deutlich günstiger sind als bei einer traditionellen Filialbank. Wir selbst führen unsere Depots daher bei Onlinebanken. Jedem, der kostenbewusst ist und seine Hauptbankverbindung bei einer traditionellen Filialbank hat, empfehlen wir daher, für Wertpapiergeschäfte eine Onlinebank zu nutzen. Aber grundsätzlich ist natürlich auch eine traditionelle Filialbank möglich, in der man eventuell sogar einen bestimmten menschlichen Ansprechpartner hat (der jedoch erfahrungsgemäß alle naslang wechselt und – sofern Sie sich mit dem notwendigen Basiswissen ausgerüstet haben – keinen Mehrwert für Sie schafft).

Die Depotkosten setzen sich aus Transaktionskosten (Kosten für Kauf und Verkauf von Wertpapieren) sowie Depotführungsgebühren im engeren Sinne zusammen (z.B. eine fixe Gebühr pro Monat und/oder eine prozentuale Gebühr bezogen auf den Depotwert). Die Transaktionskosten spalten sich auf in Ordergebühren, Handelsplatzentgelte und Ausführungskosten für Sparpläne oder Auszahlungspläne (zum Thema Auszahlungspläne siehe Abschnitt 8.12). Denkbar sind ferner »Spezialkosten« für Zusatzleistungen, wie die Anmeldung zur Hauptversammlung oder die Eintragung in das Aktienregister bei einzelnen Aktien. Die Geld-Brief-Spanne ist ein Transaktionskostentypus, der nichts mit dem Depot oder der depotführenden Bank zu tun hat, sondern von der für eine Order gewählten Börse (dem Handelsplatz) abhängt.

Eine allgemeine Empfehlung für eine gute Depotbank in diesem Buch ist unmöglich, weil sich die Angebote und Konditionen der Banken im Zeitablauf recht häufig ändern und weil viele Anleger die verschiedenen Kriterien unterschiedlich gewichten.

Bei der Identifikation einer geeigneten Depotbank in Deutschland sind die beiden Finanzportale www.finanzfluss.de und www.finanztip.de nützlich. Sie bieten laufend aktualisierte und umfassende Depotvergleiche an. Googeln Sie auf beiden Portalen einfach den Begriff »Depot-Vergleich«.

8.16 Was das Weltportfolio nicht ist

Um das Weltportfolio-Konzept angemessen und anwenderfreundlich zu beschreiben, ist es nach unserer Erfahrung hilfreich, es von Ansätzen abzugrenzen, die ihm oberflächlich ähneln, ihm aber dennoch widersprechen. Das hat nachteilige »Verwechslungsgefahr« und Missverständnisse zur Folge. Nachfolgend daher eine kurze Auflistung von Investmentansätzen, die die Nutzung von ETFs beinhalten, aber kein Weltportfolio-Konzept darstellen, so wie in diesem Buch propagiert.

- **Aktiv investieren mit ETFs.** Der größere Teil der rund 19 Billionen US-Dollar, die Ende September 2025 weltweit in ETFs investiert waren, wurde *aktiv,* also spekulativ investiert, d.h. gerade nicht passiv breit diversifiziert auf Buy-and-Hold-Basis. Es wird Market Timing mit ETFs betrieben. Das geschieht über taktisch motiviertes Rein-Raus bzw. Hin und Her, also die kurz- oder mittelfristige Über- und Untergewichtung bestimmter ETFs im Depot, die Regionen, Länder, Branchen oder Themen abbilden, mit dem Ziel, eine Überrendite zu erzielen. Die Forschung hat dieses aktive Investieren mit ETFs untersucht, soweit es durch Privatanleger geschieht. Mehrheitlich produziert es Minderrenditen (Bhattacharya u.a. 2017).
- **Investieren in nur einen oder wenige ETFs, ohne auf systematische, weltweite Diversifikation zu achten.** Ein DAX-ETF oder ein Nasdaq-100-ETF allein oder mit dominierendem Gewicht im Gesamtportfolio repräsentiert kein »Investieren in die Welt-AG«, keine systematische Diversifikation und kein spekulationsfreies, prognosefreies Anlegen, weil hier relativ kleine, nur begrenzt diversifizierte Teilsegmente des Weltaktienmarktes einer neutralen, agnostischen Gewichtung, die alle Länder, alle Branchen, alle Größenklassen und alle Themen in der Welt-AG gleichermaßen berucksichtigt, gegenüberstehen. Ohne dass das den betreffenden Anlegern unbedingt immer klar ist, wettet derjenige, der nur in ein Teilsegment des Weltaktienmarktes investiert, damit zugleich *gegen* den Rest des Marktes. Das ist aktives, spekulatives Investieren.
- **Die Verwendung von Hedging-Techniken zur Absicherung von Kursrisiken nach unten.** Warum Downside Hedging per saldo schädlich ist, haben wir in Abschnitt 6.6 dargelegt.
- **Die »Töpfestrategie«.** In Finanzratgebern, im Internet und in den traditionellen Medien finden sich buchstäblich Hunderte von »Experten«, die den Begriff »Töpfestrategie« oder »Töpfeprinzip« im Zusammenhang mit Kapitalmarktanlagen propagieren, sowohl unter Einschluss von ETFs als auch ohne ETFs. Da sollen die liquiden Vermögenswerte eines Haushaltes z.B. in einen Topf »Lebenshaltungskosten«, einen Topf »Rücklagen« und einen Topf »Langfristige Investments/Vermögensaufbau« aufgeteilt werden. Anderswo heißen die drei Töpfe »Notfallre-

serve«, »Sichere Anlagen« und »Vermögensaufbau«. Wieder anderswo sind es vier Töpfe mit wieder anderen Namen. Das Hauptproblem der Töpfestrategie: Sie repräsentiert letzten Endes eine Infantilisierung der Vermögensanlage, die bei der Vereinfachung des Themas ganz einfach zu weit geht. Diese »übereinfachen«, beinahe kindlichen »Finanzphilosophien« werden von ihren Advokaten aus zwei Gründen verbreitet: Erstens, weil sie gut mit unserem Bauchgefühl, unserer Intuition zusammenpassen und daher wenig Widerspruch erzeugen. Sie sind sozusagen der Weg des geringsten Widerstandes. »Denken in Töpfen« ist eine dem Menschen sozusagen angeborene Analysetechnik oder Konzeptionalisierungstechnik, und wir praktizieren sie auf allen möglichen Gebieten, besonders auf Gebieten, wo wir über wenig echtes Wissen verfügen. Zweitens erspart die Töpfestrategie ihrem Verbreiter das Formulieren eines wirklich konsistenten und fachgerechten Anlagekonzeptes. Summa summarum ist die Töpfestrategie, ob mit oder ohne ETFs, ein netter Start auf dem Weg, ernsthaft und rational über Vermögensaufbau und Vermögensschutz nachzudenken, aber nicht viel mehr.

9 Familienstiftungen als Vermögensschutzlösung

9.1 Familienstiftungen – ein kurzes Intro

In diesem Kapitel werden wir zeigen, warum Familienstiftungen (FS) ein exzellentes Vermögensschutzinstrument sein können und wie solche Stiftungen errichtet und betrieben werden. Um uns bequem und didaktisch effektiv diesem Thema zu nähern, wollen wir im ersten Kapitelabschnitt einen schnellen Helikopterüberblick geben. Wir werden dazu kurz sieben Fragen beantworten, die Stiftungsneulinge erfahrungsgemäß zuallererst stellen. In den darauffolgenden Abschnitten werden wir dann alle genannten Aspekte vertiefen.

Es liegt auf der Hand, dass wir nicht jede Facette in aller Ausführlichkeit behandeln können, aber nach der Lektüre dieses Kapitels werden Sie einschätzen können, ob es sich für Sie lohnen kann, die Idee einer FS in Liechtenstein oder Deutschland weiter zu verfolgen oder nicht.

(a) Was ist der Zweck einer Familienstiftung? Welche Ziele werden mit ihr aus einer Vermögensschutzperspektive angestrebt?

Der übergeordnete Zweck einer FS besteht in Bezug auf das Vermögen einer Familie darin, zur Erreichung der nachfolgend genannten Vermögensschutzziele beizutragen:

- *Vermögensbewahrung:* (a) Senkung der Belastung des Vermögens durch Kosten und existierende Steuern und (b) Steuerung der aktuellen und künftigen Vermögensnutzung durch Angehörige (z.B. Kinder, Enkelkinder) einschließlich der Vermeidung der Zersplitterung eines Familienvermögens;
- *Asset Protection:* (a) Schutz vor politischen Risiken und (b) Schutz vor Steuererhöhungsrisiken und (c) Schutz vor zivilrechtlichen Risiken (Haftungs-, Güterstandausgleichs- und Pflichtteilsrisiken, denen der Stifter und evtl. die Begünstigten als natürliche Personen ausgesetzt sind);

- *Finanzrisikomanagement:* (a) Steuerung von Markt- und Produktrisiken (die Vermögensschutzmaßnahmen, die wir in diesem Buch in den Kapiteln 6, 7 und 8 beschrieben haben) sowie (b) Steuerung von Regulierungs- und Compliance-Risiken (was darunter zu verstehen ist, wird später in diesem Kapitel erläutert).

Einfacher formuliert könnte man auch sagen, dass der primäre Zweck einer FS in der wirtschaftlichen Versorgung der vom Stifter bestimmten (designierten) Begünstigten besteht, also seiner Familie und evtl. anderer Personen und Institutionen. Dabei können abstrakt auch Personen designiert werden, die bei der Errichtung der Stiftung noch gar nicht leben. Die Errichtung einer FS ist letztlich nur sinnvoll, wenn eine langfristige, typischerweise generationenübergreifende Vermögensnutzung und Vermögensschutzperspektive angenommen und erwartet wird.

Dabei sind die Gewichtungen, d.h. die relative Bedeutung dieser verschiedenen Ziele, für jede Stifterfamilie individuell. Zu bedenken ist auch, dass nur selten das gesamte Vermögen einer Familie an ihre FS übertragen wird, sondern nur ein Teil. Und schließlich erfordert eine FS, um wirtschaftlich sinnvoll zu sein, ein Mindestvermögen, da sie Kosten verursacht, die prozentual in einem vernünftigen Verhältnis zum Vermögen der Stiftung, aber auch zum Gesamtvermögen der Familie stehen müssen. Als grobe Faustregel – jedoch mit der Betonung, dass die individuellen Ziele der Stifterfamilie die genannten Grenzen in beide Richtungen verschieben kann – sollte eine deutsche FS ein anfängliches Mindestvermögen von 500 000 Euro haben, eine liechtensteinische eines von 1,5 Millionen Euro.[118]

Mit einer FS wird unter anderem auch das bewirkt, was im normalen Rechtsverkehr mit einem Testament bewirkt und bezweckt wird. Aber eine FS geht in ihrem Gestaltungspotenzial und ihrer Wirkungskraft weit über die Möglichkeiten eines Testamentes hinaus, wie dieses Kapitel zeigen wird.

FS werden umgangssprachlich oft auch »Privatstiftung« genannt. Die Familienstiftung zählt zu den privatnützigen Stiftungen in Abgrenzung zur allgemein in Deutschland bekannteren gemeinnützigen Stiftung.

---

118 Im Internet und anderswo wird zum Teil mit wesentlich niedrigeren Einstiegsschwellen (z.B. 250 000 Euro bei liechtensteinischen FS) geworben. Wir halten das für latent unseriös.

(b) Was sind die wichtigsten Besonderheiten und Merkmale einer Stiftung? Was unterscheidet sie von anderen gesellschaftsrechtlichen Konstruktionen, wie z.B. einer GmbH?

Eine Stiftung ist ein gesellschaftsrechtliches Vehikel, wie eine GmbH, eine AG, eine KG, eine Genossenschaft, ein eingetragener Verein und eine Reihe anderer Konstruktionen gesellschaftsrechtliche Vehikel sind. Stiftungen sind juristische Personen, sie zählen jedoch nicht zu Kapitalgesellschaften wie eine GmbH oder AG.

In den angelsächsischen Rechtsordnungen (USA, Großbritannien, Australien u.a.) hat sich hingegen das Instrument des Trusts etabliert. In seiner Funktion kommt er der im deutschsprachigen Raum verbreiteten Stiftung am nächsten, unterscheidet sich jedoch rechtlich in vielerlei Hinsicht, ein Trust ist z.B. keine juristische Person. Die steuerrechtliche Behandlung eines Trusts und Zahlungen des Trusts an Begünstigte in Deutschland kann schwierig sein.

Eine Stiftung ist »ein verselbstständigtes Zweckvermögen mit Rechtspersönlichkeit ohne Anteilseigner oder Mitglieder«. In dieser formalen Bezeichnung kommt zum Ausdruck, dass eine Stiftung einen Zweck haben muss und keinen Eigentümer hat.[119] So wie auch ein Mensch keinen Eigentümer hat oder eine öffentlich-rechtliche Körperschaft, z.B. eine Kommune, keine (zivilrechtlichen) Eigentümer hat. Dieses Fehlen eines Eigentümers bereitet Personen, die mit Stiftungen und Stiftungsrecht noch nicht vertraut sind, anfänglich oft Verständnisprobleme.

Wer als Stifter Vermögen im Wege einer Widmung (Schenkung, Erbgang) auf eine Stiftung überträgt, entreichert sich damit. Das so übertragene Vermögen gehört nun nicht mehr dem Stifter. Neben der Widmung existieren auch andere Übertagungswege, bei denen die Einflussnahme oder Kontrolle des Stifters nach der Übertragung größer ist als bei einer Widmung und somit der sogenannte Kontrollverlust über das eingebrachte Vermögen geringer ist. Jeder individuelle Übertragungsweg hat – wie wir in späteren Abschnitten sehen werden – seine spezifischen Vor- und Nachteile.

Hier im Schnelldurchgang jeweils eine kurze Charakterisierung der im Rahmen einer Stiftung relevanten »beteiligten Akteure« und Organisationselemente:

---

119 Mit »Eigentümer« ist hier natürlich jede Form von Eigentümer gemeint. Bei einer GmbH heißen diese Gesellschafter, bei einer Aktiengesellschaft Aktionär, bei einer Genossenschaft Genosse oder Mitglied, bei einem Verein Mitglied.

- *Stifter:* Der Stifter (oder die Stifter, denn eine Stiftung kann problemlos mehrere Stifter haben) ist die Person, die die Stiftung gründet und sie anfänglich durch eine Widmung (zivilrechtlich ist das eine Schenkung oder ein Erbe) mit einem vom Gesetzgeber vorgegebenen Mindestkapital ausstattet und – in der Regel – darüber hinaus im Zeitablauf weiteres Vermögen auf die Stiftung überträgt.
- *Stiftungsdokumentation:* die Gesamtheit der Bestimmungen und Regelungen innerhalb einer Stiftung. Sie umfasst die Stiftungssatzung bzw. Stiftungsurkunde, also die »Verfassung« der Stiftung, und weitere Dokumente, die bestimmte Aspekte des Stiftungsbetriebes regeln. Große Teile der Stiftungsdokumentation können nach der Gründung der Stiftung zum Schutz des Stifterwillens nicht mehr einfach geändert werden.
- *Geschäftsleitung:* Je nach Standort (Deutschland, Liechtenstein, Schweiz, Österreich etc.) hat die Geschäftsleitung der Stiftung abweichende Namen, z.B. Vorstand oder Stiftungsrat. Wir sprechen in diesem Buch verallgemeinernd von der Geschäftsführung, der Geschäftsleitung oder dem Vorstand. Der Vorstand ist eines der Organe einer Stiftung: Juristische Personen können zwar rechtlich, jedoch nicht faktisch selbst handeln. Das faktische Handeln erfolgt durch natürliche Personen, die innerhalb eines Organs für die Stiftung tätig werden.
- *Aufsichtsorgan:* Eine Familienstiftung kann ein Aufsichtsorgan haben, das die Geschäftsleitung kontrolliert und beaufsichtigt, aber auch berät. Ein Aufsichtsorgan ist jedoch in Deutschland und Liechtenstein nicht zwingend vorgeschrieben.
- *Aufsichtsbehörde:* In jedem Standort existiert eine staatliche Behörde, deren Aufgabe die Aufsicht über die rechtsfähigen Stiftungen ist, die ihr unterstellt sind. Wie wir später sehen werden, unterliegt nicht jede Stiftung der laufenden Aufsicht.
- *Stiftungsvermögen:* das Vermögen der Stiftung. Dieses Vermögen wurde entweder unentgeltlich von dem oder den Stiftern per Widmung (Schenkung, Erbgang) und ggf. zusätzlich entgeltlich (durch Verkauf oder eine Kombination aus Verkauf und Gewährung eines Kredits durch den Verkäufer) auf die Stiftung übertragen.
- *Begünstigte:* der in der Stiftungsdokumentation bestimmte Personenkreis, der in der Gegenwart und in der Zukunft der Nutznießer des Stiftungsvermögens sein soll. In welchem Umfang und unter welchen Bedingungen ein Begünstigter Zuwendungen erhält, wird ebenfalls von

der Stiftungsdokumentation und die sie interpretierende und umsetzende Geschäftsleitung der Stiftung bestimmt.

(c) Warum wissen die meisten von uns wenig über Familienstiftungen, und warum ist das wenige, das wir wissen, oft in wichtigen Aspekten falsch?

Zunächst ein paar Zahlen: Ende 2024 gab es in Deutschland rund 26 300 rechtsfähige Stiftungen des bürgerlichen Rechts, davon 89% gemeinnützig und 11% privatnützig. In Österreich gab es rund 3 500 Stiftungen (etwa 25/75-Aufteilung zugunsten privatnütziger Stiftungen) und in der Schweiz etwa 13 700 gemeinnützige Stiftungen (privatnützige Stiftungen werden nicht erfasst, es dürfte sich jedoch aus den in Abschnitt 9.3.2 genannten Gründen um eine geringe Anzahl handeln), in Liechtenstein rund 9 200 Stiftungen mit einer 15/85-Aufteilung (anteilig mehr privatnützige Stiftungen als gemeinnützige Stiftungen). Es versteht sich von selbst, dass die Stifter im Falle von Liechtenstein, anders als bei den anderen drei genannten Staaten, überwiegend keine Inländer waren.

Wenn man sich diese Daten vergegenwärtigt, dann kann man eigentlich nicht aus ihnen ableiten, dass FS »sehr seltene Kreaturen« sind. Andererseits dürfte es niemanden überraschen, dass eine FS, anders als ein Unternehmen, nach außen normalerweise keine Werbung und kein Marketing betreibt und unmittelbar als Stiftung vermutlich selten am Rechts- und Geschäftsverkehr teilnimmt. Das tun eher und viel häufiger von der Stiftung angestellte Dienstleister oder etwaige Tochtergesellschaften der Stiftung. In Deutschland kommt hinzu, dass Vermögende es aus gutem Grund vorziehen, die Existenz ihrer FS nicht öffentlich kundzutun, wenngleich das künftige Stiftungsregister in Deutschland für jeden interessierten Bürger einsehbar ist.[120] In Liechtenstein existiert kein öffentlich einsehbares Stiftungsregister und in das Handelsregister müssen FS dort nur in Ausnahmefällen eingetragen werden.

Nach unserer Wahrnehmung schwingt in der Berichterstattung deutscher Medien über (ausländische) FS leider sehr häufig ein vermutlich neidgetriebener Unterton von »hier wird Vermögen versteckt« oder »hier

120 Eine in der jüngeren Vergangenheit durchgeführte Befragung in 13 westlichen Ländern, darunter Deutschland, ergab, dass nur in Frankreich der Sozialneid gegen Reiche noch stärker ist als in Deutschland, während etwa Polen oder Japaner viel weniger neidisch sind (Zitelmann 2024).

wird dem deutschen Staat Steuersubstrat entzogen und in Niedrigsteuerländer geschafft« mit. Soweit dieser Eindruck stimmt, trägt die Medienberichterstattung naturgemäß nicht zu einem besseren Wissen der Öffentlichkeit über FS bei.

(d) Ist Liechtenstein nicht ein zwielichtiger Standort für eine Familienstiftung?

In Abschnitt 9.3.3 gehen wir ausführlich auf den in weiten Teilen der deutschen Öffentlichkeit immer noch vorhandenen, aber seit rund 15 Jahren eindeutig falschen Glauben ein, dass deutsches Geld sozusagen regelmäßig oder in großem Umfang zum Zwecke der Steuerhinterziehung oder gar der Geldwäsche illegaler Gelder nach Liechtenstein verschafft wird.

Wer sich von diesem Nonsens, der leider immer noch gelegentlich von aktivistischen Journalisten und Influencern wiederholt wird, nicht beeinflussen lässt und die Fakten betrachtet, der wird feststellen, dass Liechtenstein heute in dieser Hinsicht zu 100% clean ist. Darüber hinaus wird, das können wir garantieren, nichts von dem, was wir in diesem Buch zu Liechtenstein darstellen, für einen deutschen Steuerpflichtigen zu Schwierigkeiten mit seinem Finanzamt führen.

(e) Bringt ein Stifter bzw. eine Stifterfamilie üblicherweise sein/ihr gesamtes Vermögen in eine Familienstiftung ein?

Nein, in der Regel nicht. Wie bereits weiter oben angedeutet, wird jedenfalls zu Lebzeiten des Stifters oder der Stifter selten das ganze Vermögen auf die FS übertragen. Eine FS fungiert bei wohlhabenden Familien zumeist als *ein* Instrument des Vermögensschutzes, aber nicht als das einzige. Auch geschieht die Übertragung von Vermögen auf die Stiftung bei den meisten Stiftungen evolutionär, es wird bei der Stiftungsgründung ein kleiner oder jedenfalls begrenzter Vermögensteil übertragen und im Laufe der Jahre und Jahrzehnte kommt es dann zu weiteren Übertragungen. Daneben wächst das Stiftungsvermögen auch aus sich heraus, wenn es gut investiert wird und wenn die Auszahlungen an Begünstigte nicht zu hoch sind.

(f) Wie lange existiert eine Familienstiftung? Wann verschwindet sie?

Im Prinzip kann eine Stiftung – so wie ein Unternehmen – unendlich lange leben. Die Voraussetzungen dafür sind: (a) In der Stiftungsdokumentation wurde kein Auflösungsdatum festgelegt (was jedoch möglich wäre). (b) In der Stiftungsdokumentation wurden keine Bedingungen für eine potenzielle Auflösung formuliert, die eingetreten sind. (c) Die Stiftung ist nicht insolvent (sie ist nicht in Konkurs gegangen), was bei einer Kombination aus zu hohen Ausschüttungen und Investitionsverlusten ja denkbar ist. (d) Die Existenz der Stiftung steht nicht mit wesentlichen alten oder neuen gesetzlichen Bestimmungen in Konflikt.

(g) Welche Nachteile kann eine Familienstiftung haben? Für wen ist eine Familienstiftung nicht geeignet?

In diesem Kapitel werden wir penibel alle Vor- und Nachteile von Familienstiftungen in Deutschland und Liechtenstein darstellen. Ganz am Ende des Kapitels, in Abschnitt 9.9, werden wir die Umstände und Bedingungen zusammenfassen, die einzeln oder in Kombination einen Leser dieses Buches eher von der Errichtung einer Familienstiftung abhalten sollten.

9.2 Die zentralen Unterschiede zwischen gemeinnützigen Stiftungen und Familienstiftungen

Wie im vorigen Abschnitt kurz erwähnt, waren 2024 von den 26 300 Stiftungen in Deutschland rund 90% gemeinnützig. Die Unterschiede zwischen einer gemeinnützigen Stiftung (GS) und einer Familienstiftung (FS) liegen einerseits auf der Hand, sind aber andererseits nicht so offensichtlich.

Die wichtigsten Merkmale einer FS haben wir bereits kurz skizziert. In den nachfolgenden Abschnitten werden wir sie noch deutlich umfassender herausarbeiten. Hier die Hauptmerkmale und -eigenschaften einer GS in Deutschland:

- Sie muss einen vom Staat anerkannten gemeinnützigen Zweck verfolgen. Die Liste der steuerbegünstigten gemeinnützigen Zwecke in § 52 der deutschen Abgabenordnung (DE-AO) ist lang. Über zwei Dutzend Bereiche zivilrechtlichen Engagements werden dort aufgezählt, von der Förderung von Wissenschaft und Forschung über die Unterstützung der Jugend- und Altenhilfe bis zum Umwelt- und Tierschutz. Neben den zuvor genannten »üblichen Verdächtigen« finden sich in der Auflistung auch unerwartete Tätigkeitsfelder wie die Förderung der Fürsorge für Strafgefangene, des Faschings oder der Kleingärtnerei.

- Generell sind die Einkünfte einer in Deutschland steuerlich ansässigen GS weitgehend von der deutschen Körperschafts- und Gewerbesteuer befreit, auch bei den beiden für viele wichtigen Einnahmequellen aus der Verwaltung von liquidem Vermögen und Immobilien. Wenn die GS einen gewinnorientierten Gewerbebetrieb unterhält, der nicht direkt zur Erfüllung des Stiftungszwecks beiträgt, und dieser Erträge oberhalb eines Freibetrags erwirtschaftet, werden hingegen Steuern fällig.
- Wird Vermögen in eine GS per Widmung (Schenkung oder Erbgang) eingebracht, unterliegt dieser Vorgang nicht der Schenkungs- bzw. Erbschaftssteuer (E&S-Steuer), wie das bei einer FS der Fall wäre. Die finanziellen Mittel kommen dem gemeinnützigen Zweck also ungemindert zugute.
- Neben der Befreiung von der E&S-Steuer für gewidmetes Vermögen kann ein Schenker alle zehn Jahre bis zu 1 Million Euro – 2 Millionen Euro bei Ehepaaren – einkommenssteuerlich geltend machen, also von seinem Vorsteuereinkommen abziehen.
- Eine Person kann jährlich Spenden an eine GS in Höhe von bis zu 20% des eigenen zu versteuernden Einkommens als Sonderausgaben in der Steuererklärung geltend machen. Beträge darüber hinaus können in die Folgejahre zur Verrechnung vorgetragen werden. Spenden, anders als die Widmungen an eine GS, müssen üblicherweise innerhalb von etwa drei Jahren für den gemeinnützigen Zweck ausgegeben werden. Viele GS sind beim Einwerben von Spenden von Dritten bekanntlich sehr aktiv. Im Gegensatz zu einer FS kann eine GS Zuwendungsbestätigungen (Spendenquittungen) ausstellen, die den Spender zum Sonderausgabenabzug berechtigen. Wenn also der gemeinnützige Zweck nicht nur mit vorhandenen Mitteln verfolgt werden soll, sondern im großen Stil Spender akquiriert werden sollen, bietet sich die Errichtung einer GS an.
- Wird eine Erbschaft von den Erben nach dem Empfang an eine GS gestiftet, erlischt nachträglich die sonst fällige deutsche Erbschaftssteuer, wenn seit dem Tod des Erblassers maximal zwei Jahre vergangen sind.

Für vermögende Alleinstehende und Ehepaare ohne Nachkommen bietet die Errichtung einer GS die Möglichkeit, dafür zu sorgen, dass mit ihrem Vermögen dauerhaft Zwecke verfolgt und Einrichtungen unterstützt werden, die ihnen schon zu Lebzeiten wichtig waren und die ihren eigenen Wertvorstellungen entsprechen.

Für in der Öffentlichkeit stehende Personen und Unternehmen kann die Aussicht auf die Steigerung des eigenen gesellschaftlichen Ansehens aufgrund des wohltätigen Engagements einen attraktiven Nebeneffekt der Gründung einer GS darstellen.

Aufgrund ihrer unvermeidlichen Betriebskosten, die von Außenstehenden wohl oft unterschätzt werden, muss auch eine GS in Bezug auf ihr anfängliches und fortlaufendes Vermögen eine Mindestgröße erreichen. Wo diese Mindestgröße liegt, ist allerdings gerade bei einer GS allgemein schwer zu beurteilen, weil es (a) stark abhängig vom verfolgten Zweck ist und (b) ihre Stiftungsorgane (Geschäftsleitung und ggf. das Aufsichtsorgan) möglicherweise unentgeltlich/ehrenamtlich tätig sind, was die laufenden Kosten deutlich mindert.

Neben der GS existieren weitere karitative Gestaltungsmöglichkeiten in Deutschland, die je nach Vorhaben ebenfalls in Frage kommen können. Soll ein sozial orientiertes Unternehmen gegründet werden, bietet eine gGmbH (gemeinnützige GmbH) möglicherweise mehr Flexibilität als eine GS. Diese Flexibilität ist bei Start-ups in den ersten Jahren oft entscheidend, um sich schnell an neue Märkte anzupassen. Möchten sich mehrere Personen zusammenschließen, um an einer gemeinsamen Vision zu arbeiten, die großen ehrenamtlichen Engagements, aber geringeren Kapitals bedarf, könnte ein gemeinnütziger Verein besser passen. Ein guter Berater wird an diese Fragestellung ergebnisoffen herangehen und diese Optionen ebenso durchdenken.

9.3 Eine deutsche oder eine ausländische Familienstiftung?

Grundsätzlich könnte ein in Deutschland ansässiger Stifter (eine natürliche Person) in jedem Land der Welt eine Familienstiftung (FS) gründen, wenn das Gesellschaftsrecht des jeweiligen Staates eine solche zulässt. Sofern und solange der Stifter seinen Hauptwohnsitz und damit seine unbeschränkte Steuerpflicht aber in Deutschland hat, sind de facto wohl primär Stiftungen mit Sitz in Deutschland und Liechtenstein relevant. Warum das so ist, werden wir nachfolgend zeigen.

Im Anschluss beschreiben wir den »erstaunlichen« Werdegang des Finanzplatzes Liechtenstein von einer »Steueroase« hin zu einem international anerkannten Finanzplatz und vergleichen die beiden Stiftungsstandorte Deutschland und Liechtenstein im Detail. In aller Kürze gehen wir auch auf die Situation von potenziellen Stiftern in Österreich und der Schweiz ein.

9.3.1 Warum die meisten Staaten als Sitz einer Familienstiftung ausscheiden

Die große Mehrzahl der etwa 195 Staaten weltweit kommt als Standort für die Familienstiftung (FS) eines deutschen Stifters deswegen nicht in Frage, weil sie aus einem der fünf nachfolgenden Gründe ausscheiden:

- Das Land ist allgemein politisch und ökonomisch zu instabil und zu unsicher – also nicht »berechenbar« genug.
- Die Rechtsordnung sieht keine Rechtsform der Stiftung bzw. einer Konstruktion vor, die dem deutschen zivilrechtlichen und steuerrechtlichen Verständnis einer FS ausreichend nahekommt. Somit ist eine zivilrechtliche Anerkennung als solche in Deutschland nicht möglich. Alternative Gestaltungen wie den in angelsächsischen Rechtsordnungen verbreiteten Trust kennt die deutsche Rechtsordnung nicht, weswegen dieser in Deutschland zum aktuellen Zeitpunkt häufig so unvorteilhaft besteuert wird, dass er sich für einen deutschen Stifter (im Kontext von Trusts spricht man vom »Settlor«) nicht lohnt.
- Der Staat verfügt zwar über ein Stiftungsrecht (ermöglicht also die Errichtung von Stiftungen), ist aber nicht Mitglied der EU oder des EWRs. Zumindest in der Vergangenheit konnte diese Tatsache auf Ebene des Stifters und der Begünstigten in Deutschland zu steuerlich unerwünschten Implikationen führen. Aufgrund der aktuellen Rechtsprechung des deutschen Bundesfinanzhofs könnte dieser Punkt in die Zukunft gerichtet entfallen. Mehr dazu in Abschnitt 9.7.5 (unter »Aktuelle Entwicklungen der Rechtsprechung«).
- Es existiert in der Rechtsordnung zwar ein Stiftungsrecht, allerdings

ist dieses (a) vor nicht allzu langer Zeit etabliert worden oder (b) es besteht seit längerer Zeit, hat sich aber bisher nicht wirklich durchgesetzt. Sofern (a) zutrifft, existiert mit hoher Wahrscheinlichkeit keine ausreichende Menge an Dienstleistern (und ausreichend intensiver Wettbewerb unter diesen) mit hoher Stiftungsexpertise. Ein tiefes Reservoir solcher Dienstleister ist für den langfristig nachhaltigen, professionellen und hinreichend risikoarmen Betrieb einer FS erforderlich. Beide Fälle, (a) und (b), sorgen für Stifter und deren Berater für Rechtsunsicherheit, da es vor Ort noch zu wenig höchstrichterliche Entscheidungen im Stiftungsrecht gibt und daher unklar ist, wie örtliche Gerichte bestimmte Sachverhalte entscheiden werden.
- Die FS wird als juristische Person im betrachteten Staat relativ zur Situation in Deutschland oder Liechtenstein unattraktiv hoch besteuert.

Diese fünf Kriterien führen in Summe zu dem Ergebnis, dass für Stifterfamilien in Deutschland wohl vorwiegend FS mit Sitz in Deutschland oder Liechtenstein attraktiv sind. »Stifterfamilien in Deutschland« soll hier aber nicht heißen, dass Begünstigte der FS nicht auch außerhalb Deutschlands leben können.

9.3.2 Liechtenstein als Standort für eine Familienstiftung versus Österreich und die Schweiz

Bei ausländischen Familienstiftungen (FS) führt die deutsche Finanzverwaltung im ersten Schritt einen sogenannten Rechtstypenvergleich durch. Dabei ermittelt sie diejenige inländische (deutsche) Rechtsform, die der ausländischen Rechtsform am nächsten kommt. Dieses Vorgehen dient dazu, eine zumindest steuertechnisch angemessene Besteuerung der ausländischen Rechtsform in Deutschland zu ermöglichen.[121] Aus Sicht des deutschen Stifters, der eine ausländische FS errichten möchte bzw. bereits errichtet hat, muss das eine deutsche FS sein.

Zunächst nimmt der Fiskus bei einer durch einen deutschen Stifter gegründeten ausländischen Stiftung an, dass diese als steuerlich transparent zu klassifizieren ist (zum Konzept der steuerlichen Intransparenz

121 »Angemessen« soll hier *nicht* notwendigerweise heißen: aus Sicht des Stifters der Höhe nach angemessen.

siehe Abschnitt 2.3 [e]). Das tut der Fiskus deswegen, weil er zum einen steuerrechtlich »missbräuchlichen Gestaltungen« von Anfang an entgegenwirken möchte, und zum anderen, da diese Betrachtungsweise für ihn am vorteilhaftesten ist, also das maximale Steuersubstrat sichert. Bei einer transparenten Stiftung werden nämlich sämtliche erwirtschafteten Erträge nicht der Stiftung, sondern anteilig dem Stifter und den Begünstigten zugerechnet, sofern sie in Deutschland steuerlich ansässig sind. Selbst wenn kein Cent an sie geflossen ist, müssen sie die rein fiktiven Zuflüsse sofort in Deutschland versteuern. Konkret ist das in § 15 Abs. 1 des deutschen Außensteuergesetzes (DE-AStG) geregelt. Es gibt jedoch eine Ausnahmeregelung (»Escape-Klausel«) in § 15 Abs. 6 DE-AStG, für deren Anwendung eine ausländische FS alle drei nachfolgenden Bedingungen erfüllen muss:

- Die FS muss ihren Sitz in der EU oder im EWR haben (zum EWR siehe Infobox weiter unten in diesem Abschnitt).
- Die Verfügungsmacht über das Stiftungsvermögen muss dem Stifter und den Begünstigten rechtlich und tatsächlich entzogen sein. Das schließt z.B. mit ein, dass der Stifter keine Möglichkeit haben darf, die Stiftungserrichtung zu widerrufen, und er sowie die Begünstigten keinen beherrschenden Einfluss auf die operative Tätigkeit (die Geschäftsführung) haben dürfen.
- Zwischen Deutschland und dem Staat, in dem die ausländische FS ihren Sitz hat, muss es ein Abkommen zum Austausch von Steuerinformationen (bestenfalls ein AIA – siehe dazu Abschnitt 2.3 [j]) geben.

Erfüllt eine ausländische FS bzw. ihr Standort alle genannten Voraussetzungen, so wird ihre steuerliche Intransparenz von der deutschen Finanzverwaltung – so wie das zumeist vom Stifter gewünscht wird – üblicherweise anerkannt. Ihre Erträge werden ausschließlich ihr und nicht mehr dem Stifter und den Begünstigten anteilig zugerechnet. Somit kommt es auf Ebene der Begünstigten erst dann zu einer Besteuerung, wenn die ausländische FS Auszahlungen an sie vornimmt. Auszahlungen sind in erste Linie Begünstigungsleistungen, Zins- oder Tilgungszahlungen (siehe Abschnitt 9.6.1).

Infobox: Der Europäische Wirtschaftsraum (EWR) – eine unbekannte, aber für Stifter wichtige Einrichtung

»EWR« steht für »Europäischer Wirtschaftsraum«, engl. »European Economic Area« (»EEA«). Der EWR besteht aus den 27 Mitgliedern der EU plus Norwegen, Island und Liechtenstein (30 Staaten in Summe). Die Schweiz ist nicht Mitglied des EWRs. Der EWR ist eine Freihandelszone, in der die »vier Grundfreiheiten« der EU gelten – also der freie Verkehr von Waren, Dienstleistungen, Personen und Kapital. Trotz seiner beträchtlichen wirtschaftlichen Bedeutung kennt ihn kaum ein Deutscher oder Österreicher.

In Bezug auf die steuerlichen Vorteile einer Familienstiftung in Liechtenstein ist die Mitgliedschaft Liechtensteins im EWR für Deutsche ein essenzieller Vorteil, den Stiftungen außerhalb des EWRs nicht haben oder hätten. Dieser Vorteil besteht – vereinfacht formuliert – darin, dass der deutsche Staat inländische Personen und Unternehmen, die die steuerlichen Regelungen eines anderen EWR-Staates für sich nutzen, »nicht diskriminieren« darf, also nicht schlechter behandeln darf, als wenn diese Personen oder Unternehmen in vergleichbarer Weise »rein inländisch« gehandelt hätten. Konkreter ausgedrückt: Ein in Deutschland ansässiger Stifter, der eine Familienstiftung in Liechtenstein gegründet hat, darf steuerlich nicht grundsätzlich schlechter behandelt werden als ein entsprechender Stifter mit einer deutschen Familienstiftung.

In der Praxis sind in diesem Zusammenhang noch zwei – allerdings bei korrekter Gestaltung zumeist eher unkritische – Paragrafen der deutschen Abgabenordnung (DE-AO) zu berücksichtigen. § 39 DE-AO betrifft die Frage, wem Vermögenswerte steuerlich zuzurechnen sind – es muss glaubhaft gemacht werden, dass kein »Treuhandverhältnis« vorliegt. § 42 DE-AO ist eine allgemeine Missbrauchsverhinderungsvorschrift, auf die die deutsche Finanzverwaltung zurückgreifen kann, wenn sie eine sonstige steuerlich missbräuchliche Gestaltung vermutet, jedoch keine andere Vorschrift greift. Bei einer auslandischen FS ist hier primär der Nachweis zu erbringen, dass durch ihre Errichtung wesentliche Zwecke abseits einer Steueroptimierung (z.B. Nachfolgeplanung, Asset Protection) verfolgt werden. Würde einer der beiden AO-Bestimmungen greifen, käme es erneut zu einer anteiligen Zurechnungsbesteuerung beim Stifter und den Begünstigten.

Der Nachweis, dass die oben genannten drei Hauptkriterien erfüllt sind, muss anfänglich und fortlaufend erbracht werden. Zur erstmaligen Prüfung kommt es entweder bei Einholung der verbindlichen Auskunft vor Stiftungserrichtung oder bei Abgabe der Schenkungssteuererklärung des Stifters (siehe Abschnitt 9.8.3). Als Grundlage werden die Satzungsdokumente herangezogen. Im laufenden Betrieb erfolgen in regelmäßigen Abständen Kontrollen durch die deutsche Finanzverwaltung, z.B. im Rahmen der Einkommenssteuererklärung des Stifters und der Begünstigten. Die Verwaltung prüft, ob die Bestimmungen der Satzungsdokumente, die die steuerliche Intransparenz der ausländischen FS bei der erstmaligen Überprüfung gerechtfertigt haben, in der Praxis gelebt werden. Daher ist es ratsam, Entscheidungsprozesse und Abläufe innerhalb der Stiftung sorgfältig zu dokumentieren. Das ist eine der routinemäßigen Aufgaben der Geschäftsführung einer FS, auf die wir in Abschnitt 9.8.4 noch näher eingehen werden.

Obwohl ein in Deutschland steuerlich ansässiger Haushalt also theoretisch überall auf der Welt eine FS errichten kann, bieten sich aus den oben genannten Gründen primär unsere deutschsprachigen Nachbarstaaten Liechtenstein, Österreich und Schweiz an, da die dortige Gesetzeslage dem deutschen Stiftungsrecht ähnlich ist und diese Länder über eine ebenso weit zurückreichende und beständige Stiftungstradition verfügen. Hinzu kommt bei allen genannten Staaten die räumliche Nähe zu Deutschland und die Amtssprache Deutsch, die dem »Heimwärtsstreben« eines Stifters Genüge tut.

Österreichische und liechtensteinische FS profitieren von der EU- bzw. EWR-Mitgliedschaft ihres Heimatlandes. Ihre zivilrechtliche Anerkennung ist europarechtlich geboten. Die zivilrechtliche Anerkennung einer Schweizer Stiftung ist in der Regel ebenso unproblematisch.

Doch welche Gründe sprechen nun für einen deutschen Stifter gegen die Stiftungsstandorte Österreich und Schweiz? Und inwiefern kann eine liechtensteinische FS für Österreicher und Schweizer ebenso interessant sein?

Familienstiftungen mit Sitz in Österreich: Die Besteuerung österreichischer Privatstiftungen wurde über viele Jahre vom österreichischen Steuergesetzgeber zunehmend unattraktiver ausgestaltet. Die laufende Besteuerung des Stiftungsvermögens fällt signifikant höher aus als bei deutschen

FS. Ein weiterer Malus aus steuerlicher Perspektive stellt die Stiftungseingangssteuer von 3,5% dar, die bei Errichtung einer Privatstiftung in Österreich zu entrichten ist und zusätzlich zur Besteuerung der Vermögenseinbringung von deutscher Seite berücksichtigt werden muss. Allein die steuerliche Situation macht den Stiftungsstandort Österreich aus der Perspektive eines in Deutschland steuerpflichtigen Stifters somit ökonomisch unattraktiv.

Ein weiterer Punkt, der sowohl Österreich als auch die Schweiz für deutsche, aber auch für österreichische und Schweizer Stifter aus Vermögensschutzperspektive weniger attraktiv macht: Durch die EuGVVO[122] werden in Deutschland in vielen Bereichen ergangene zivilrechtliche Urteile in Österreich quasi automatisch anerkannt und sind vollstreckbar, sofern die formalen Bedingungen erfüllt sind. Gleiches gilt für die beiden potenziellen EU-Stiftungsstandorte Malta und Luxemburg, die wir unter anderem aus diesem Grund nicht weiter in Erwägung ziehen. Durch das Lugano-Abkommen (siehe dazu die Infobox in diesem Abschnitt), dem die Schweiz beigetreten ist, ergibt sich eine ähnliche Verpflichtung, die an etwas strengere Formalia geknüpft ist. Da die EuGVVO für EU-, aber nicht für EWR-Mitgliedsstaaten gilt und Liechtenstein dem Lugano-Abkommen im Gegensatz zur Schweiz nicht beigetreten ist, ist die Schutzwirkung bei zivilrechtlichen Sachverhalten dort ausgeprägter.

Infobox: Das Lugano-Abkommen

2007 schlossen die EU-Mitgliedsstaaten, die Schweiz, Norwegen und Island das Lugano-Übereinkommen. Es regelt die gerichtliche Zuständigkeit und die Vollstreckung gerichtlicher Entscheidungen bei grenzüberschreitenden Sachverhalten zwischen den Ländern in Zivil- und Handelssachen. Zwar ist es nicht allumfassend, straf- und steuerrechtliche Urteile werden z.B. vom Abkommen nicht erfasst, dennoch ist es aus einer Vermögensschutzperspektive von großer Bedeutung. Vereinfacht ausgedrückt ermöglicht das Lugano-Übereinkommen, dass deutsche zivilrechtliche Urteile in den anderen Vertragsstaaten zügig vollstreckt werden können. Vollstreckung

122 Verordnung (EU) Nr. 1215/2012 des Europäischen Parlaments und des Rates vom 12. Dezember 2012 über die gerichtliche Zuständigkeit und die Anerkennung und Vollstreckung von Entscheidungen in Zivil- und Handelssachen.

kann dabei bedeuten, dass durch Einbindung von lokalen Behörden Bankkonten und -depots sowie immobile Vermögenswerte wie Immobilien gepfändet werden können.

Liechtenstein ist bis heute weder dem Lugano-Übereinkommen noch einem vergleichbaren multilateralen völkerrechtlichen Vertrag beigetreten. Im Umkehrschluss zu den bisherigen Ausführungen bedeutet dies, dass die Vollstreckung ausländischer Urteile in Liechtenstein belegenes Vermögen für Gläubiger nicht ohne erheblichen zeitlichen und monetären Zusatzaufwand möglich ist und keine Erfolgsgarantie bei dem Versuch besteht.

Für Österreicher selbst bietet die österreichische Privatstiftung keine nennenswerten Vorteile in der laufenden Ertragsbesteuerung im Vergleich zum Privatvermögen. Sowohl für in- als auch ausländische FS entfällt für Österreicher ein Argument, das für Deutsche höchst relevant ist: In Österreich gibt es keine Erbschaftssteuer, somit können hierzu keine Vorteile durch die Errichtung einer FS erwirkt werden. Dennoch kann eine österreichische Privatstiftung ein nützliches Vehikel sein, wenn der Schutz vor zivilrechtlichen Risiken und die Vermögensnachfolge im Vordergrund stehen. Liechtenstein liegt hier als Standort dennoch weiterhin aufgrund der niedrigeren laufenden Ertragsbesteuerung sowie der eben aufgebrachten EuGVVO-Thematik vorne.

Die zivilrechtliche Anerkennung einer liechtensteinischen FS ist in Österreich ebenso wie in Deutschland unproblematisch. Bei der steuerrechtlichen Anerkennung achtet der Fiskus insbesondere auf die Einflussrechte des Stifters und der Begünstigten – diese sollten nach Möglichkeit nicht in den Stiftungsorganen vertreten sein. Die Sichtweise ist hier noch strenger als in Deutschland. Etwas ärgerlich ist der Umstand, dass die Stiftungseingangssteuer bei Errichtung einer liechtensteinischen FS höher ausfällt.

Familienstiftungen mit Sitz in der Schweiz: In der Schweiz wiederum sind die Möglichkeiten zur Ausgestaltung von FS stark eingeschränkt. Diese werden seit vielen Jahrzehnten nicht anerkannt, wenn der Zweck ausschließlich darin besteht, den Lebensunterhalt der Familie oder einzelner Angehöriger des Stifters *voraussetzungslos* zu bestreiten. Stattdessen sind Begünstigungsleistungen an strenge gesetzliche Bedingungen geknüpft.

Dies macht die Schweizer FS derzeit als Werkzeug zur Vermögensnachfolge nicht nur für Deutsche, sondern auch für die Schweizer selbst zumeist unattraktiv. Es gibt zwar Bestrebungen, die Gesetzgebung im Bereich der FS an moderne internationale Standards anzugleichen und liberal weiterzuentwickeln, aber bis dieser Prozess abgeschlossen ist, werden voraussichtlich noch Jahre vergehen.

In Bezug auf eine FS mit Sitz in der Schweiz sorgte 2024 ein Urteil des deutschen Bundesfinanzhofs (BFH) aus Sicht deutscher Stifter für Aufsehen. In diesem argumentierten die obersten Richter, dass es für die Anwendung des § 15 Abs. 6 DE-AStG unschädlich sei, wenn die ausländische FS ihren Sitz außerhalb der EU oder des EWRs habe (wir erinnern uns: eines der wesentlichen Kriterien für die steuerliche Intransparenz), da dies sonst gegen die europarechtlich gebotene Kapitalverkehrsfreiheit verstoßen würde. Im konkreten Fall klagten die in Deutschland ansässigen Begünstigten einer Schweizer FS, die die auf Ebene der Stiftung angefallenen Erträge versteuern sollten, obwohl sie keine Ausschüttungen erhalten hatten (BFH-Urteil vom 03.12.2024 – IX R 32/22).

Erfreulich für deutsche Stifter und Begünstigte von Schweizer FS – ob diese höchstrichterliche Rechtsprechung in der Praxis dazu führt, dass es außerhalb der EU, des EWRs und der Schweiz zu vermehrten Stiftungserrichtungen durch vermögende Privathaushalte in Deutschland kommt, bleibt abzuwarten. Neben der zivil- und steuerrechtlichen Anerkennung spielen viele – wie bereits geschildert – weitere Faktoren eine Rolle, damit eine Auslandsstiftung und ihr Ansässigkeitsstaat ein attraktives Gesamtpaket darstellen. Die besten Beispiele hierfür sind die beiden zuvor genannten Kandidaten Österreich und Schweiz, deren FS zwar die zivil- und steuerrechtliche Anerkennung erreichen können, jedoch aus anderen Gründen für die meisten deutschen Stifter unattraktiv sind.

Aufgrund der stark eingeschränkten Möglichkeiten von FS in ihrem Heimatland bietet sich auch für Schweizer ein Blick über die eigene Grenze nach Liechtenstein an, das für sie als Standort attraktiver als Deutschland oder Österreich ist. Die zivil- und steuerrechtliche Anerkennung einer liechtensteinischen FS ist möglich. Ein besonderes Augenmerk bei der Ausgestaltung der Stiftungsdokumentation sollte auf die steuerliche Perspektive gelegt werden, um nicht ungewollt eine steuerlich transparente FS zu errichten oder bei der unentgeltlichen Vermögensübertragung eine unschöne Überraschung zu erleben, da Schenkungssteuern in der Schweiz nicht auf Ebene des Bundes, sondern kantonal individuell geregelt werden. Eine frühzeitige Einbindung der Steuerbehörden ist unerlässlich.

9.3.3 Wie Liechtenstein seine Reputation als Steuer- und Schwarzgeldoase beendete

In Abschnitt 9.3.4 werden wir die Stiftungsstandorte Deutschland und Liechtenstein aus Sicht eines deutschen Stifters detailliert vergleichen. Dabei wird deutlich werden, dass Liechtenstein für die meisten, wenn auch nicht für alle potenziellen Stifter, die attraktivere »Destination« ist. Bevor wir diesen technischen Vergleich vornehmen, wollen wir jedoch hier das Land Liechtenstein als Stiftungsstandort kurz vorstellen.

Man kann wohl davon ausgehen, dass 99,5% aller Deutschen das kleine Land Liechtenstein nur aus oberflächlichen Medienberichten – viele davon von fragwürdiger Qualität –, aber nicht aus eigener Anschauung oder einer intensiven Beschäftigung her kennen. Deswegen braucht es diesen Abschnitt.

Fangen wir mit dem an, wofür das Fürstentum Liechtenstein bei vielen Deutschen bekannt ist. Bis einschließlich 2008 war es in der Tat eine »Schwarzgelddestination« und »Steueroase«, sprich ein Land, in dem Bürger anderer Länder unversteuerte oder anderweitig »illegale Gelder« vor dem heimischen Finanzamt versteckten. Obwohl dieser Zustand 2009 und in den Jahren danach von der Regierung und der Finanzbranche Liechtensteins erstaunlich schnell und umfassend beendet wurde, ist in der Wahrnehmung der deutschen Öffentlichkeit und den deutschen Medien »von den alten Zeiten« heute immer noch ein »Nachhall« vorhanden. Ein Nachhall, der allerdings auf inzwischen lange überholten Informationen basiert.

Im Jahr 2008 übergab ein Whistleblower (ehemaliger Mitarbeiter) einer liechtensteinischen Bank einen Datensatz mit Informationen zu Treuhandgesellschaften und Stiftungen sowie deren u.a. in Deutschland ansässigen »Nutzern« an den deutschen Bundesnachrichtendienst. Der bekannteste Einzelfall in dem folgenden Steuerskandal war Klaus Zumwinkel, damals Vorstandschef der Deutschen Post AG. Im Januar 2009 wurde Zumwinkel vom Landgericht Bochum wegen Steuerhinterziehung zu einer Freiheitsstrafe von zwei Jahren und einer hohen Geldstrafe verurteilt (die Freiheitsstrafe wurde zur Bewährung ausgesetzt). Es ist davon auszugehen, dass danach viele andere weniger prominente Deutsche ebenfalls wegen

Steuerdelikten verurteilt wurden, statistische Zahlen dazu konnten wir jedoch nicht finden.

In der Folgezeit wurde der Datensatz auch an Behörden anderer Länder weitergereicht. In Deutschland, Österreich und wohl vielen anderen Ländern kam es zu zahlreichen Steuerstrafverfahren und einer Welle vorsorglicher Selbstanzeigen von Personen, deren Namen (noch) nicht in geleakten Datensätzen enthalten waren.

Vor diesem Hintergrund übten verschiedene westliche Regierungen, darunter naturgemäß die deutsche, ab 2008 zu Recht starken politischen Druck auf Liechtenstein aus, dieses »Geschäftsmodell« zu beenden. Darüber hinaus fand sich das kleine Land in einem weltweiten medialen Shitstorm wieder.

Die liechtensteinische Regierung und das Fürstenhaus gaben daraufhin 2009 die »Liechtensteiner Erklärung« ab. Das Land verpflichtete sich darin, künftig die OECD-Standards (zur OECD siehe Infobox in diesem Abschnitt) in steuerlichen Angelegenheiten zu erfüllen und einen signifikanten Beitrag zu leisten, um internationalen Steuerbetrug und Geldwäsche zu bekämpfen. In den Jahren danach folgte eine Serie weitreichender Gesetzesreformen sowie andere politische und regulatorische Maßnahmen in Liechtenstein, die zusammengenommen Teil der neuen »Weißgeldstrategie« (ein in Liechtenstein selbst geprägter Begriff) des Landes waren.

Infobox: Die OECD – eine bedeutende supranationale Organisation in Steuersachen

»OECD« steht für »Organisation für wirtschaftliche Zusammenarbeit und Entwicklung«, engl. »Organisation for Economic Co-operation and Development«. Die OECD (gegründet 1948) ist eine internationale Organisation mit 38 Mitgliedsstaaten und Sitz in Paris, »die sich Demokratie und Marktwirtschaft verpflichtet fühlen« (eine aus unserer Sicht treffende Formulierung aus einem Wikipedia-Artikel). Die meisten Mitglieder gehören zu den Ländern mit hohem Pro-Kopf-Einkommen und gelten als entwickelte Länder (Industrieländer). Die OECD ist der treibende Motor in Sachen internationale steuerliche Zusammenarbeit und Koordination der Steuerpolitik zwischen ihren Mitgliedsstaaten und zum Teil auch über ihre Mitgliedsstaaten hinaus. Beispielsweise basieren die meisten in den letzten 40 Jahren neu abgeschlossenen Doppelbesteuerungsabkommen (DBAs) auf einem Mustertext, den die OECD entwickelt hat und von Zeit zu Zeit an neue Gegebenheiten anpasst. Auch beim Thema Transfer Pricing im Unternehmenssteuerrecht ist die OECD ein weltweit wichtiges Entscheidungsforum. Dabei geht es um das seit Jahren in der Öffentlichkeit kontrovers diskutierte Thema, wie Großkonzerne mit Betriebsstätten in verschiedenen Ländern die Lieferungen und Leistungen zwischen diesen Betriebsstätten bepreisen dürfen. Transfer-Pricing-Regeln sollen gewährleisten, dass Vorsteuergewinne in den Staaten versteuert werden, wo sie auch tatsächlich erwirtschaftet werden.

Vor 2009 unterhielt Liechtenstein nur mit einem Land – nämlich Österreich – ein Doppelbesteuerungsabkommen – ein Zustand, der selbst Indikator für einen mutmaßlichen Steueroasenstatus des betreffenden Landes ist. Nun gelang es dem »reuigen Sünder« Liechtenstein, innerhalb kurzer Zeit sukzessive DBAs mit anderen Ländern abzuschließen. Wie wir in Abschnitt 2.3 (f) erläuterten, ist ein DBA zwischen zwei Staaten sozusagen der Beweis dafür, dass die Regierungen und Parlamente beider Staaten der gemeinsamen Meinung sind, dass die beiden Vertragspartner untereinander steuerlich fair und mit offenen Karten spielen.

Stand Januar 2026 bestehen zwischen Liechtenstein und etwa zwei Dutzend Staaten DBAs, darunter Deutschland, Österreich, die Schweiz und Großbritannien. Sechs weitere DBAs sind in Arbeit und dürften mittelfristig umgesetzt werden. 2016 wurde zwischen Deutschland und Liechtenstein der bilaterale Automatisierte Informationsaustausch (AIA) eingeführt (zum AIA siehe Abschnitt 2.3 [j]). Inzwischen bestehen AIA-Vereinbarungen mit über 100 anderen Staaten.

Liechtenstein ist heute einer der am stärksten regulierten Finanzplätze in Europa und vermutlich weltweit. Die relevanten verantwortlichen internationalen Organisationen bestätigen, dass Liechtenstein sowohl bei der Bekämpfung von Geldwäsche und Terrorismusfinanzierung als auch bei Fragen der Steuertransparenz und dem Informationsaustausch alle wichtigen internationalen Standards erfüllt, in manchen Sachverhalten sogar eine Vorreiterrolle übernimmt. Heute befindet sich das Fürstentum auf keiner grauen oder schwarzen Liste einer ausländischen Finanzverwaltung mehr – weder in Deutschland noch der EU oder der OECD.

9.3.4 Vergleich der Stiftungsstandorte Deutschland und Liechtenstein

In den vorangegangenen Abschnitten 9.3.1 und 9.3.2 haben wir dargestellt, warum für in Deutschland ansässige Stifter (deutsche Stifter) wohl nur Familienstiftungen (FS) mit Sitz in Deutschland oder Liechtenstein hinreichend attraktiv sind. In diesem Abschnitt werden wir die wichtigsten rechtlichen Rahmenbedingungen der beiden Stiftungsstandorte vergleichen. Bevor wir das tun, zunächst einige wichtige Hintergrundinformationen zum Land Liechtenstein.

Das Fürstentum Liechtenstein existiert in seiner jetzigen Staatsform seit 1719 und ist damit über 300 Jahre alt – älter als die meisten der ca. 195 Staaten der Welt. Zum Vergleich: Die Bundesrepublik Deutschland und die Republik Österreich wurden kurz nach dem Zweiten Weltkrieg gegründet, die Schweizerische Eidgenossenschaft 1848. Hier sehen wir bereits den ersten Indikator für Stabilität und Kontinuität in Liechtenstein.

Gemessen an der Fläche ist Liechtenstein mit 160 Quadratkilometern einer der kleinsten Staaten der Welt. In Europa sind nur San Marino, Monaco und die Vatikanstadt noch kleiner. Zum Vergleich: Der flächenmäßig kleinste deutsche Landkreis Main-Taunus in Hessen ist 223 Quadratkilometer groß. Liechtenstein hat rund 41 000 Einwohner. Das liechtensteinische Staatsgebiet ist vollständig von Österreich und der Schweiz umschlossen.

Liechtenstein ist eine konstitutionelle Monarchie, so wie elf andere Staaten in Europa noch monarchische Elemente aufweisen (Großbritannien, Spanien, Schweden, Norwegen, Dänemark, die Niederlande, Belgien, Luxemburg, Monaco, Vatikanstadt und Andorra).

Seit 1923 unterhält Liechtenstein eine Währungs- und Zollunion mit der benachbarten Schweiz. Daher ist der Schweizer Franken die Landeswährung. Die einzige Amtssprache ist Deutsch.

Liechtenstein ist kein NATO-Mitglied. 1868 schaffte das Land seine eigene Armee ab (die aufgrund ihrer notwendig winzigen Größe naturgemäß sinnlos wäre) und verfolgt seither weitestgehend eine Politik der Neutralität.

Das Fürstentum ist ein besonders wohlhabendes Land. Das »Bruttoinlandsprodukt« (»BIP«) pro Kopf, also die Wirtschaftsleistung, ist eines der höchsten der Welt und über dreieinhalbmal so hoch wie das von Deutschland. Allerdings ist das BIP pro Kopf für Kleinstaaten wie Liechtenstein oder

Singapur oft keine gute »Leistungskennzahl«, da hier die Gehälter ausländischer Pendler (von denen es in Liechtenstein viele gibt) mitgezählt werden.[123]

Da Liechtenstein im Gegensatz zu Deutschland und Österreich nicht Mitglied der EU ist, bleibt das Land von den typischen EU-Verpflichtungen verschont, die »reiche Länder« als Geberland in der EU zu erfüllen haben. Gleichzeitig profitiert es wirtschaftlich von der Mitgliedschaft im Europäischen Wirtschaftsraum/EWR (siehe dazu die Infobox »Der Europäische Wirtschaftsraum (EWR) – eine unbekannte, aber für Stifter wichtige Einrichtung« in Abschnitt 9.3.2). Die EWR-Mitgliedschaft ist aus Vermögensschutzperspektive eines in Deutschland steuerlich ansässigen Stifters bedeutsam. Dass die Schweiz weder ein EU- noch ein EWR-Mitglied ist, kann aus deutscher und österreichischer Vermögensschutzperspektive als Nachteil gegenüber Liechtenstein gesehen werden.

Das Staatsoberhaupt des Fürstentums ist seit 1989 Fürst Hans-Adam II (geb. 1945), wobei sein Sohn Erbprinz Alois (geb. 1968) seit 2004 die Regierungsgeschäfte ausübt. Der Fürst hat in der Gesetzgebung ein Vetorecht, er kann im Prinzip einen vom Parlament beschlossenen Gesetzesvorschlag ablehnen. In den deutschen Medien wurde daraus in der Vergangenheit ab und an bösgläubig behauptet, Liechtenstein sei »keine echte Demokratie«. Das ist natürlich blanker Unsinn. Würde der Fürst sein Vetorecht aus Sicht des Volkes missbrauchen, hätte das ein rasches Ende dieses Rechtes zur Folge. Das Liechtensteiner Volk besitzt ein verfassungsmäßiges Recht, die Monarchie per Volksentscheid mit einfacher Mehrheit abzuschaffen und damit das Vetorecht zu beenden. Weil die Liechtensteiner Monarchen aber klug genug waren und sind und weil sie um diesen Umstand wissen, übten sie ihr Vetorecht in den letzten 100 Jahren lediglich viermal aus.

Die Innen- und Wirtschaftspolitik Liechtensteins zeichnet sich durch eine marktwirtschaftliche Grundtendenz aus. Das Rechtssystem ist generell unternehmerfreundlich ausgestaltet, was vermutlich zwei Hauptgründe hat.

Erstens: Die Fürstenfamilie ist selbst seit Generationen erfolgreich unternehmerisch tätig und deswegen sehr vermögend. Über die privatnützige *Stiftung Fürst Liechtenstein* und die ihr gehörende, international tätige *Liechtenstein Gruppe* verfügt das Fürstenhaus über großes Vermögen

123 Wir wissen wohl, dass Einkommensgrößen wie BIP pro Kopf nicht gleichzusetzen sind mit dem *Vermögen* der Bürger eines Landes. Allerdings sind statistische Daten zu Einkommensgrößen besser verfügbar und verlässlicher als Daten zu Vermögen.

aus Beteiligungen, in Agrar- und Forstwirtschaft, Nahrungsmittelherstellung, erneuerbare Energien, Immobilien und Finanzdienstleistungen. Das wohl bekannteste Unternehmen im Besitz des Fürstenhauses dürfte die LGT sein, die größte Bank Liechtensteins mit Fokus auf Private Banking und Asset Management.

Zweitens: Liechtenstein war noch vor 120 Jahren, Anfang des 20. Jahrhunderts, bettelarm. Die damalige Regierung beauftragte den Schweizer Juristen Emil Beck und den Liechtensteiner Juristen Wilhelm Beck (nicht verwandt), für den noch unterentwickelten mikroskopischen Agrarstaat ein modernes, liberales Wirtschaftsrecht zu entwerfen. Ein primäres Ziel war, die Attraktivität des Standorts für Vermögende aus aller Welt zu steigern, um Arbeitsplätze außerhalb der Landwirtschaft und zudem Wohlstand ins Land zu bringen.

Die beiden Becks waren mit der Schaffung des liechtensteinischen »Personen- und Gesellschaftsrechts« (»PGR«) sehr erfolgreich. Die Einführung des PGRs im Jahr 1926 wurde in den Folgejahren flankiert durch eine Anpassung des Steuerrechts. Das und die Nichtbeteiligung am Zweiten Weltkrieg waren die Grundlage dafür, dass sich Liechtenstein in den folgenden Jahrzehnten zu einer dynamischen Volkswirtschaft mit einem starken Finanzzentrum für Vermögensstrukturierung und Vermögensschutz entwickelte. Auf die zeitweilig unschönen Elemente dieser Entwicklung sind wir gesondert in Abschnitt 9.3.3 eingegangen.

Viele Deutsche glauben fälschlicherweise, Liechtenstein bestünde quasi nur aus Finanzunternehmen. In Wirklichkeit hat Liechtenstein, bedenkt man seine geringe Größe, eine erstaunlich diversifizierte Volkswirtschaft. Nur knapp 17% der Bruttowertschöpfung werden durch den Finanzsektor sowie beratende Berufe in verwandten Bereichen erwirtschaftet, mit etwa 38% macht das produzierende Gewerbe den größten Anteil aus. Das ist ein höherer Wert als in Deutschland. Das bekannteste Industrieunternehmen und zugleich einer der größten Arbeitgeber in Liechtenstein ist die Hilti AG, ein auf Bau- und Befestigungstechnik spezialisierter und weltweit tätiger Konzern.

Nun zu unserem Hauptthema in diesem Kapitel. In Tabelle 23 geben wir einen kurzen Überblick über die wichtigsten Unterschiede zwischen Deutschland und Liechtenstein im Hinblick auf FS. Die hier in Stichpunkten herausgearbeiteten Unterschiede werden in den nachfolgenden Abschnitten dieses Kapitels präzisiert und weiter ausgeführt.

Tabelle 23 – Vergleich der rechtlichen Rahmenbedingungen für Familienstiftungen (FS) in Deutschland und Liechtenstein

Kriterium	Deutschland	Liechtenstein
Ziviles Stiftungsrecht	§§ 80–88 BGB (Bürgerliches Gesetzbuch), darüber hinaus noch verschiedene Landesstiftungsgesetze	Art. 552 §§ 1–41 PGR (liechtensteinisches Personen- und Gesellschaftsrecht)
Anzahl rechtsfähiger Stiftungen (Stand 2024)	Etwa 26 300, davon ca. 11% FS	Etwa 9 200, davon ca. 85% FS
Zulässiger Zweck der Stiftung	Frei wählbar, solange der Zweck legal und das Gemeinwohl nicht gefährdet ist [A]	Frei wählbar, solange der Zweck nach außen gerichtet und legal ist [A]
Gesetzlich vorgesehene Organe	Stiftungsvorstand, bestehend aus mind. einer natürlichen oder juristischen Person (§ 84 Abs. 1 und 2 BGB). Die Etablierung weiterer Organe ist möglich (§ 84 Abs. 4 BGB).	Stiftungsrat, bestehend aus mind. zwei natürlichen oder juristischen Personen (Art. 552 § 24 PGR). Die Etablierung weiterer Organe ist möglich: Kontrollorgan (§ 11) und weitere Organe (§ 28).
Errichtung und Anerkennung	Anerkennung erfolgt durch Stiftungsaufsichtsbehörde, sofern die Bedingungen in § 82 BGB gegeben sind.	Durch schriftliche Stiftungserklärung; keine Anerkennung durch eine Behörde notwendig, in der Regel lediglich deklaratorische Hinterlegung der Gründungsanzeige im Handelsregister. [B]
Staatliche Aufsicht	Laufende Rechtsaufsicht durch Landesstiftungsbehörde, allerdings abhängig vom Bundesland eingeschränkte oder keine Aufsicht für privatnützige Stiftungen (z.B. in Bayern)	Keine laufende Beaufsichtigung der FS durch die Stiftungsaufsichtsbehörde, außer Stiftung wird dieser freiwillig unterstellt. [C]
Publizität (Veröffentlichung von Finanzdaten)	Landesstiftungsregister: Der Inhalt wird durch das jeweilige Bundesland geregelt. Bundesweites Stiftungsregister: ursprünglich geplant ab 2026, wird nun vermutlich ab 2028 umgesetzt; bei großen Stiftungen kommen weitere Publizitätspflichten hinzu; Eintragung der wirtschaftlich Berechtigten im öffentlich einsehbaren Transparenzregister.	Hinterlegung der Gründungsanzeige im Handelsregister (öffentlich nicht einsehbar); falls ein kaufmännisch geführtes Gewerbe betrieben wird oder freiwillig: Eintragung ins Handelsregister; Eintragung im »Verzeichnis der wirtschaftlich berechtigten Personen« (»VwbP«), das nicht öffentlich einsehbar ist.

Kriterium	Deutschland	Liechtenstein
Behördliche Zustimmung zu Satzungsänderungen notwendig?	Ja	Nein
Drohende erbschaftssteuerliche Konsequenzen bei Stiftungsänderungen	Ja	Nein
Auflösung der Stiftung (übliche Gründe)	(a) Zweck kann langfristig nicht mehr erfüllt werden, z.B. aufgrund von finanziellen Engpässen oder weil sich die Voraussetzungen geändert haben; (b) Zweck wurde erfüllt und es sind keine weiteren Zwecke definiert; (c) der in der Satzung vorgesehene Zeitraum ist abgelaufen; (d) Gefährdung des Gemeinwohls	(a) Zweck kann langfristig nicht mehr erfüllt werden, z.B. aufgrund von finanziellen Engpässen oder weil sich die Voraussetzungen geändert haben; (b) Zweck wurde erfüllt und es sind keine weiteren Zwecke definiert; (c) der in der Satzung vorgesehene Zeitraum ist abgelaufen; (d) Aufhebung durch gesetzliche Vorgabe
Stiftung als Holding für haftungsbeschränkte Beteiligungen (Beteiligungsstiftung)	zulässig	zulässig
Stiftung als persönlich haftende Gesellschafterin einer Personengesellschaft	zulässig	nur unter strengen und in den seltensten Fällen zutreffenden Voraussetzungen zulässig
Stiftung als selbst gewerblich tätiger Unternehmensträger [D]	zulässig	nur unter strengen und in den seltensten Fällen zutreffenden Voraussetzungen zulässig
Besteuerungsprinzip	Welteinkommensprinzip, siehe Abschnitt 2.3 (a)	überwiegend Territorialprinzip, siehe Abschnitt 2.3 (a)
Körperschaftssteuersatz	15% (soll von 2028 an bis 2032 jedes Jahr um einen Prozentpunkt auf final 10% abgesenkt werden); hinzu kommt ggf. GewSt, die effektiv bis zu 18% betragen kann	12,5%, jedoch weitreichende Steuerbefreiungen (siehe Abschnitt 9.6.1)
Mindestbesteuerung	keine	1800 CHF Mindestertragssteuer

Kriterium	Deutschland	Liechtenstein
Erbersatzsteuer für FS [E]	alle 30 Jahre bei einer Steuerbelastung von bis zu 30%	keine

► [A] In Liechtenstein und in Deutschland sind »Selbstzweckstiftungen«, deren einziger Zweck die Thesaurierung des Stiftungsvermögens ist, nicht zulässig. ► [B] In seltenen Einzelfällen ist eine Eintragung ins Handelsregister notwendig. ► [C] Während die FS ohne expliziten Wunsch des Stifters zwar nicht der Stiftungsaufsichtsbehörde unterstellt wird, werden die involvierten Treuhänder sehr wohl von der Finanzmarktaufsicht kontrolliert. ► [D] Das starre Korsett einer Stiftung eignet sich typischerweise nicht als Mantel für unternehmerische Tätigkeit. Daher wird meist die Stiftung als Holding für Beteiligungen an Personen- und Kapitalgesellschaften genutzt, da die Unternehmen so im Alltag flexibler agieren können. ► [E] Da eine FS im Standardfall nicht stirbt, kommt es nicht zu einem Erbfall. Bei der Erbersatzsteuer wird alle 30 Jahre ein Erbfall fingiert, der zu einer erheblichen Steuerbelastung führen kann. Details hierzu in Abschnitt 9.6.1 (b).

9.3.5 Zusammengefasst: Wie wähle ich einen geeigneten Standort für meine Familienstiftung?

Für in Deutschland steuerlich ansässige Stifter sind derzeit primär zwei Standorte für die Errichtung einer Familienstiftung (FS) attraktiv. Auf der Poleposition: Liechtenstein. Darauf folgt – mit einigem Abstand, wie wir sehen werden – Deutschland.

Für welchen Standort sich ein Stifter entscheiden sollte, ist in erster Linie abhängig von seinen individuell verfolgten Zielen sowie seinen Werten und politischen Überzeugungen. Die Wahl sollte zusammen mit fachlich kompetenten und erfahrenen Beratern getroffen werden, die länderübergreifendes Know-how im Zivil- und Steuerrecht vorweisen können.

In Bezug auf gesellschaftliche, politische und ökonomische Faktoren bietet aus unserer Sicht das Fürstentum das bessere »Gesamtpaket«. Die Abwesenheit geopolitischer oder finanzieller Verpflichtungen gegenüber anderen Staaten sowie der schuldenfreie Staatshaushalt sind ein starker Indikator für die volkswirtschaftliche und steuerliche Stabilität sowie die Unwahrscheinlichkeit stark steigender Steuern aus Umverteilungsgründen. Diese Vorteile bestehen so nicht für Deutschland.

Steht umfassender Vermögensschutz – wie er in diesem Buch thematisiert wird – im Vordergrund, empfiehlt sich Liechtenstein, da üblicherweise ein erheblicher Anteil des Vermögens wohlhabender Privatpersonen bereits auf vielfältige Weise mit Deutschland verflochten ist, also Deutschlandrisiko ausgesetzt ist. Sei es durch in Deutschland belegenes

Immobilienvermögen (Eigenheim und vermietete Immobilien) oder durch deutsche nicht börsennotierte Unternehmensbeteiligungen. Eine liechtensteinische FS, die ihr Vermögen außerhalb von Deutschland investiert, kann im Vergleich zu einer deutschen FS nicht nur Schutz vor zivilrechtlichen Risiken (unternehmerische Haftungsrisiken, Zugewinnausgleichsrisiken, Pflichtteilsrisiken) bieten, sondern auch vor politischen und steuerrechtlichen Änderungsrisiken in Deutschland.

Auch steuerlich oder allgemeiner finanziell hat der Standort Liechtenstein einige Vorteile. Diese werden tendenziell umso größer sein, je länger der Betrachtungshorizont und je größer das Vermögen der Stiftung ist. Wer nur die nächsten zehn Jahre betrachtet und/oder nur Vermögen von – sagen wir – weniger als 1,5 Millionen Euro in der Stiftung hält, für den wird eine liechtensteinische FS gegenüber den Alternativen deutsche FS, deutsche vermögensverwaltende GmbH oder Verbleib des Vermögens im Privatvermögen vermutlich keine ausreichend große wirtschaftliche Upside erkennen lassen.

Ist das primäre Ziel stattdessen die geordnete und nach den Wünschen des Stifters ausgestaltete Vermögensnachfolge an die kommenden Generationen der Familie, die lebzeitige Mitwirkung des Stifters in der Geschäftsleitung der Stiftung und/oder der Wunsch nach dem Verbleib in der ihm bekannten deutschen Rechtsordnung, kann eine deutsche FS trotz der im Vergleich zum liechtensteinischen Pendant ungünstigeren Besteuerung (höhere laufende Steuern, Erbersatzsteuer) das Mittel der Wahl sein.

Bedenken in Sachen »Liechtenstein-Image« mögen bei manchen in Deutschland aufgrund veralteter Informationslage noch vorhanden sein, wir halten sie im Jahre 2026 und danach jedenfalls nicht mehr für ein valides Argument. Die Gründe und Fakten dafür haben wir in diesem Kapitel umfassend dargelegt.

9.4 Nutzen und Vorteile einer Familienstiftung

Familienstiftungen (FS) mit Sitz in Deutschland und Liechtenstein bieten vermögenden Familien mit (anfänglicher) Ansässigkeit in Deutschland eine Reihe grundsätzlicher Vorteile, die in diesem Abschnitt detailliert dargestellt werden. Naturgemäß werden nicht alle Vorteile für jede individuelle Familie gleichbedeutend oder überhaupt relevant sein. Bei einigen dieser Vorteile gibt es zudem beträchtliche Unterschiede zwischen deutschen und liechtensteinischen FS.

Wir beginnen mit einer überblicksartigen Auflistung der Vorteile. Da der Nutzen liechtensteinischer FS oftmals umfangreicher und komplexer ist als der deutscher FS, ergänzen wir punktuell, wo signifikante Unterschiede zu verzeichnen sind. Im Abschnitt 9.9 dieses Kapitels gehen wir darauf ein, was für einzelne Vermögensinhaber gegen die Errichtung einer FS sprechen kann.

- **Zivilrechtliche Risiken:** Das Vermögen einer FS ist vor zivilrechtlichen Risiken, denen der Stifter, seine Familienmitglieder und andere Begünstigte ausgesetzt sind, z.B. zivilrechtliche Haftungsrisiken, die sich aus Bürgschaften dieser Personen oder anderen Haftungsverhältnissen ergeben können, geschützt. Dieser Schutz ist bei einer liechtensteinischen FS in Kombination mit einem bei einer liechtensteinischen Depotbank gehaltenen Wertpapierportfolio noch ausgeprägter als bei deutschen FS mit Vermögenswerten in Deutschland, wie wir noch sehen werden.
- **Politische Risiken:** Eine liechtensteinische FS, die ausschließlich Vermögenswerte außerhalb von Deutschland hält, schützt das Familienvermögen zudem vor politischen Risiken wie Enteignungen im eigenen Land; eine deutsche FS kann diesen Schutz – das liegt in der Natur der Sache – nicht bieten.
- **Generationenübergreifende Vermögensnachfolge:** Mit einer FS wird über Generationen eine nachhaltige und professionelle Verwaltung des Familienvermögens sichergestellt, weil (a) – anders als bei einem konventionellen Testament – vermieden wird, dass die Nachfahren schlagartig nach der Schenkung oder dem Erbgang über das gesamte ihnen übertragene Vermögen verfügen, und (b) der Vermögensbestand professionell und integriert von dafür ausgebildeten Experten verwaltet wird. Dieser Vorteil ist besonders wichtig, wenn bereits bekannt ist, dass die betreffenden Kinder/Enkelkinder möglicherweise oder definitiv nicht das Wissen oder die mentalen Voraussetzungen besitzen, mit großen Vermögenswerten verantwortungsvoll umzugehen.
- **Vermeidung der Aufsplitterung von Vermögen:** Mit einer FS können die vielfältigen potenziellen Nachteile und Risiken vermieden werden, die sich aus der Zersplitterung und Aufteilung von Familienvermögen nach der gesetzlichen Erbfolge oft ergeben.

- **Steuerlicher Vorteil 1:** Die Belastung mit existierenden Steuern kann mit einer FS relativ zur Konstellation, dass die Assets sich im steuerlichen Privatvermögen befinden, deutlich gesenkt werden. Hier sprechen wir von der laufenden Ertragsbesteuerung.
- **Steuerlicher Vorteil 2:** Bei liechtensteinischen FS kann zusätzlich die Erbschaftssteuerbelastung für das eingebrachte Vermögen auf null reduziert werden. Dieser Vorteil besteht aufgrund der sogenannten Erbersatzsteuer (siehe Abschnitt 9.6.1 [b]) bei deutschen FS nicht. Außerdem ist zumindest der liquide/transportable Teil nicht mehr von etwaigen Steuererhöhungen in Deutschland betroffen – sowohl im Hinblick auf die laufende Ertragsbesteuerung als auch auf Substanzsteuern.

Aufgrund der genannten Steuervorteile kann das in die Stiftung eingebrachte Vermögen innerhalb einer FS schneller und stärker wachsen als im Privatvermögen – dies gilt mehr noch in Liechtenstein als in Deutschland. Das zeigen wir auch anhand einer Modellrechnung in Abschnitt 9.4.3. Analysieren wir nun die genannten Vorteile auf einer granulareren Ebene.

9.4.1 Vermögensschutz durch »Eigentümerdiversifikation«

In Abschnitt 4.4 (»Vermögen auf Familienmitglieder verteilen«) sind wir auf den naheliegenden und altbewährten Vermögensschutzmechanismus der Verteilung eines Familienvermögens auf verschiedene Eigentümer (z.B. Angehörige und vereinzelt auch Vertraute) eingegangen – in der Praxis zumeist beginnend mit dem Ehepartner und später eventuell Kinder und Enkelkinder. Motiviert werden solche Maßnahmen durch leicht erzielbare und offensichtliche steuerliche Vorteile sowie Asset-Protection-Vorteile – primär dem Schutz vor zivilrechtlichen Haftungsrisiken durch »Absenkung der Haftungsmasse« beim ursprünglichen Vermögensinhaber. Gleichzeitig gehen mit dieser alten Form der Eigentümerdiversifikation vielfach übersehene oder unterschätzte neue Risiken und Nachteile einher, die wir in Abschnitt 4.4 stichpunktartig genannt haben. Angeführt haben wir dort jedoch auch einfache rechtliche Gestaltungsformen, die diese Risiken/Nachteile mildern. Es gibt darüber hinaus zwei anspruchsvollere, »mächtigere« Schutzvarianten unter Hinzunahme einer Familienstiftung (FS).

Die nächste Stufe der Eigentümerdiversifikation sieht vor, die Unsicherheit und Risiken aus »dieser Gleichung« herauszunehmen, die sich aus der Variable »natürliche Person als Eigentümer« in all ihren Facetten fast zwingend ergibt. Gesucht wird ein neuer Eigentümer, bei dem der Fortbestand und die Verwaltung des Familienvermögens nicht abhängig ist von (a) dessen Gesundheit und generell dessen Persönlichkeitsentwicklung, der (b) dauerhaft rechtlich und formal an den schriftlich und granular manifestierten Willen des derzeitigen Eigentümers, der sein Vermögen übertragen möchte, gebunden ist und (c) bei dem sichergestellt ist, dass fachliche Kompetenz im Bereich Vermögensverwaltung für unterschiedliche Vermögenstypen vorhanden ist.

Die Stiftung kann als einzige juristische Person all diese Kriterien erfüllen. Sie ist – wenn richtig aufgesetzt – ein »institutionalisiertes Familienmitglied mit ewiger Treueverpflichtung«. Keine relevante Alternative – Personen- und Kapitalgesellschaften, Genossenschaften usw. – kann diese Funktionen so gut erfüllen wie eine Stiftung. Nur die Stiftung kann – wie eine natürliche Person – im Rechtsverkehr als eigenständige ultimative Vermögensinhaberin auftreten. Sie ist ein verselbstständigtes Zweckvermögen ohne Anteilseigner oder Mitglieder, das dem Privatvermögen des Stifters nach zivil- und steuerrechtlich erfolgreicher Übertragung nicht mehr zugerechnet wird.

Metaphorisch gesprochen ist die Errichtung einer FS mit der Geburt oder der Adoption eines neuen Familienmitglieds zu vergleichen, das sich jedoch im Gegensatz zu natürlichen Personen nicht vom Stifter (dem ursprünglichen Eigentümer des übertragenen Vermögens) abwenden oder entfremden kann und zugleich nicht stirbt.[124] Die Stiftung ist dem Stifter, genauer dem historischen Stifterwillen, zur ewigen Treue verpflichtet. Eine ähnlich starke Bindungswirkung, die unabhängig von persönlichen Befindlichkeiten und dem Gesundheitszustand Einzelner ist, lässt sich zwischen natürlichen Personen nicht erreichen. Durch geeignete Ausgestaltung der Organe der Stiftung sowie umsichtige Regelungen zur Berufung und Abberufung ist sichergestellt, dass die Stiftung stets handlungsfähig ist, auch wenn einzelne Organmitglieder ausfallen (siehe Abschnitt 9.7).

124 Außer der Stifter sieht in der Stiftungsdokumentation vor, dass die Stiftung zu einem festgelegten Zeitpunkt in der Zukunft oder bei Eintritt bestimmter Bedingungen aufgelöst werden soll.

Der Stifter kann über eine FS in mehrerlei Hinsicht sicherstellen, dass Angehörige, die sich von ihm abgewandt haben oder von denen er sich abgewandt hat, aus seinem Vermögen nie mehr wirtschaftlichen Nutzen ziehen.

Beispiel 1: Das Stiftungsvermögen steht nach Ablauf gewisser Fristen nicht mehr für einen Güterstandausgleich im Falle einer Scheidung oder für Pflichtteilsansprüche bei Ableben des Stifters zur Verfügung. Das gilt für die ursprünglich eingebrachte Substanz ebenso wie für künftig erzielte Erträge.

Beispiel 2: Ist ein Familienmitglied nicht als Begünstigter der Stiftung vorgesehen oder wird aus dem Kreis der Begünstigten nachträglich ausgeschlossen, erhält er keinerlei Zuwendungen aus dem Stiftungsvermögen. In dem in Abschnitt 4.4 beschriebenen Szenario könnte ein per Schenkung oder Erbschaft bedachter Angehöriger hingegen gegen den Willen des Schenkers oder Erblassers seine eigenen Mittel aus Sympathiegründen einsetzen, um die »in Ungnade gefallene Person« zu unterstützen.

Eine FS als nächste Stufe der Eigentümerdiversifikation verbindet also die Vorteile, die sich durch eine Übertragung von Vermögen an natürliche Personen erreichen lassen, mit weiteren Vorzügen, die lediglich juristische Personen bieten können.

Solange sich jedoch die neuen Eigentümer (seien es natürliche oder juristische Personen) und deren Vermögenswerte zum größten Teil oder ausschließlich weiterhin in Deutschland befinden, gibt es aus Vermögensschutzsicht eine wichtige verbleibende Risikodimension: Es besteht kein Schutz vor gesellschafts- und steuerpolitischen Änderungsrisiken in Deutschland, also vor dem politischen Risiko Deutschland. Dieser Schutz kann nur durch eine internationale Diversifikation von Eigentümern und Vermögenswerten, sofern und soweit diese außerhalb von Deutschland lokalisiert sind, erreicht werden.[125]

125 Wir klammern nachfolgend die Option aus, dass eine weltweite Streuung auf mehrere Eigentümer und Vermögenswerte auch dadurch erreicht werden kann, dass an nahe Angehörige im Ausland nicht in Deutschland belegene Assets geschenkt werden. Erstens wird die Voraussetzung, dass überhaupt langfristig im Ausland lebende Familienmitglieder existieren, häufig nicht gegeben sein. Zweitens erhöht diese Variante die steuerliche Komplexität für das Familienvermögen (z.B. bei künftigen Erbgängen, da ggf. ausländisches Erbrecht neben dem inländischen zu berücksichtigen ist). Auch die Risiken und Limitationen der in Abschnitt 4.4 beschriebenen Eigentümerdiversifikation bestehen weiterhin ungemindert.

Die höchste Stufe der Eigentümerdiversifikation stellt somit die Errichtung einer ausländischen FS dar, die ausschließlich im Ausland belegene Vermögenswerte hält, damit weder die Eigentümerin, die FS, noch ihr Eigentum (von der FS gehaltene Assets) dem Recht des Ansässigkeitsstaates des Stifters unterliegen. Von politischen Eingriffen wie Enteignungen in Krisensituationen im Heimatland des Stifters ist das Stiftungsvermögen fortan nicht mehr betroffen. Gleiches gilt für die Erhöhung von Substanzsteuern (z.B. Vermögenssteuer, Schenkungs- und Erbschaftssteuer, denkbare einmalige Vermögensabgaben, die der deutsche Staat einführen könnte) und Ertragssteuern (z.B. Einkommenssteuer, Körperschaftssteuer, Gewerbesteuer). In der beschriebenen Konstellation bietet eine Auslandsstiftung daher den umfassendsten Vermögensschutz. Für deutsche Stifter ist der Standort Liechtenstein hier besonders attraktiv, wie wir im weiteren Verlauf dieses Kapitels zeigen werden.

Die Einbringung von Vermögen in eine inländische FS, also eine deutschen FS, kann naturgemäß nur vor Steuererhöhungsrisiken schützen, die auf der privaten Ebene des Stifters und seiner Familienmitglieder wirken. Sie hat ihren Sitz im Inland und kann sich daher einer Änderung der Gesellschaftsbesteuerung oder möglichen familienstiftungsspezifischen Steuern nicht entziehen – sie ist allgemein abhängig von der inländischen Gesetzgebung. Ein Beispiel, in dem sich dieses Risiko manifestiert hat, ist die im Jahr 1974 eingeführte Erbersatzsteuer in Deutschland (siehe Abschnitt 9.6.1 [b]), die eigens für im Inland unbeschränkt steuerpflichtige FS entwickelt wurde. Sollte in Deutschland eine neue Vermögenssteuer eingeführt werden, besteht eine hohe Wahrscheinlichkeit, dass diese nachteiligen Veränderungen auch deutsche FS träfen.

All das bedeutet nicht, dass ein vermögender Privathaushalt deswegen bei der Ausarbeitung einer langfristigen Strategie für das Familienvermögen die Eigentumsverhältnisse ausschließlich auf diese höchste Stufe der Eigentümerdiversifikation ausrichten sollte. Eine ausländische FS kann ein Baustein von mehreren in einer ganzheitlichen Vermögensstrategie sein, muss es aber nicht. Gleiches gilt für eine inländische FS.

Generell werden selten alle Vermögenswerte einer Familie in eine FS – egal, ob im In- oder Ausland – eingebracht. Stattdessen werden gemischte Modelle umgesetzt, um den langfristigen Zielen der Familie, der individuellen Vermögensstruktur und den steuerlichen Gegebenheiten gerecht zu werden. Gemischt kann beispielhaft bedeuten: Ein Teil der gesamten

Assets verbleibt im Privatvermögen (allen voran ein etwaiges Eigenheim, aber potenziell auch andere Vermögenswerte), andere Teile mögen in einer inländischen vermögensverwaltenden GmbH oder in anderen Gestaltungen angesiedelt sein, weitere Teile werden per Schenkung in das Privatvermögen von Familienmitgliedern übertragen und der letzte Teil in eine in- oder ausländische FS eingebracht. In Abschnitt 9.9 beschreiben wir Szenarien und Bedingungen, unter welchen Voraussetzungen eine FS generell nicht »die bevorzugte Lösung« sein dürfte.

9.4.2 Systematische Vermögensnachfolge und Nachfolgeplanung

Die »Unsterblichkeit« einer Familienstiftung (FS) eröffnet dem Stifter besondere Gestaltungsmöglichkeiten bei der Planung der eigenen Vermögensnachfolge. Im Vergleich dazu ist der Spielraum gewöhnlicher schenkungswegiger oder testamentarischer Übertragungen gestalterisch weit begrenzter. Das gilt sowohl für die lebzeitige als auch die todeszeitige, die teilweise (schrittweise) oder vollständige Übertragung seines Vermögens auf die Personen seiner Wahl. Üblicherweise ist das die nächste Generation einschließlich Personen, die zum Zeitpunkt der Übertragung auf die Familienstiftung noch gar nicht leben (z.B. Urenkel).

Gleichwohl sollte hierbei nicht vergessen werden, dass die Etablierung einer Stiftung nahezu immer *in Ergänzung* zu Schenkungen und einem Testament geschieht. Auch ist die lebzeitige Übertragung des *gesamten* Vermögens eines Stifters oder Stifterpaares in eine FS eine seltene Ausnahme. In der Praxis wird zu Lebzeiten zumeist nur ein wie auch immer begrenzter Teil des Vermögens (ggf. auch in mehreren Schritten) auf die FS übertragen. Oft erfolgt dann eine weitere Übertragung beim Ableben des oder der Stifter.

Auch ein Testament muss nicht zwangsläufig bedeuten, dass das darin übertragene Vermögen mit dem Tod des Erblassers sofort und in einer Summe auf die Erben übergeht, wenngleich das die Regel ist. Eine in gewisser Weise schrittweise Übertragung kann über die Rechtskonstruktion der Dauertestamentsvollstreckung erreicht werden. Diese ist jedoch auf einen maximalen Zeitraum von 30 Jahren begrenzt (unter engen Voraussetzungen kann sie zeitlich unwesentlich verlängert werden). Für manche mag dieser Zeitraum ausreichend sein – für vermögende Privatpersonen, die über mehrere Generationen denken, ist dies jedoch keine zufriedenstellende Lösung.

Die FS kann bei diesem Dilemma Abhilfe schaffen. Der Stifter legt in der Stiftungsdokumentation fest, wer zu welchem Zeitpunkt in welcher Höhe unter welchen Bedingungen eine Zuwendung erhalten kann. Er und seine Familienmitglieder können dabei auf vielfältige Weise unterstützt werden. Eine dauerhafte Absicherung des Lebensunterhalts ist ebenso möglich wie der Beistand in Notsituationen (z.B. gesundheitliche Bedürftigkeit, rechtliche Verfolgung) oder die Finanzierung von Berufsausbildung, Studium oder Fortbildungen. Denkbar ist auch die Unterstützung neuer Lebensabschnitte wie Einmalzahlungen bei Heirat, bei Geburt eines Kindes oder bei der Existenzgründung.

Bei der Wahl des Kreises der Begünstigten ist der Stifter frei. Neben Angehörigen kann er enge Vertraute oder Freunde der Familie benennen. Wenn darüber hinaus ein Teil der Erträge der FS einem gemeinnützigen Zweck zukommen sollen, ist dies ebenso möglich.

Mit einer FS können familienindividuelle Ausgangssituationen innerhalb des Begünstigtenkreises systematisch adressiert werden, die sonst den Fortbestand des Familienvermögens gefährden könnten. Das in der Stiftung befindliche Vermögen wird in seiner Gesamtheit zusammengehalten und bleibt somit für möglichst viele Generationen nutzbar, ohne Zersplitterung oder Aufteilung, was gerade bei Vermögenswerten wie Unternehmen oder Immobilien von großer Bedeutung sein kann. Welche familienindividuellen Ausgangssituationen hier eine Rolle spielen können und wie in einer FS mit ihnen umgegangen werden kann, sollen die folgenden Beispiele illustrieren.

Beispiel 1: Den Nachkommen fehlen aus Sicht des Stifters die Kenntnisse oder die Reife zur Verwaltung des Vermögens und mangels Interesses ist nicht anzunehmen, dass sie sich das notwendige Wissen und die relevante Erfahrung zu Lebzeiten des Stifters aneignen. Es ist somit ungewiss, wie es mit den Vermögenswerten nach seinem Ableben weitergeht.

Innerhalb einer liechtensteinischen FS wird die satzungsgemäße und sachgerechte Verwaltung des Vermögens der Stiftung durch die gesetzliche Verpflichtung in Liechtenstein sichergestellt, dass ein professioneller Stiftungsmanager Teil des Vorstands sein muss. In der Regel handelt es sich dabei um einen Treuhänder (siehe Infobox in diesem Abschnitt), der von der lokalen Finanzmarktaufsicht und der Treuhandkammer beaufsichtigt wird. Eine ähnlich strenge Beaufsichtigung existiert für Vorstände deutscher FS nicht. Abhängig von den der FS anvertrauten Vermögenswerten wird der Treuhänder ggf. weitere Experten (z.B. Vermögens- und Immobilienverwalter) hinzuziehen und deren Tätigkeit überwachen.

Beispiel 2: Einzelne Familienmitglieder haben besondere Bedürfnisse, die eine lebenslange Betreuung oder Pflege notwendig machen, da sie den Alltag nicht selbstständig bestreiten können. An die Übernahme von Verantwortung für das eigene Vermögen ist nicht zu denken. Stattdessen muss sichergestellt werden, dass die Betroffenen zeit ihres Lebens die bestmögliche Versorgung erhalten und individuell gefördert werden. In den Bestimmungen über die Zuwendungen (Ausschüttungen) in der Stiftungsdokumentation kann ihnen eine priorisierte Position eingeräumt werden, die sicherstellt, dass ihre Versorgung stets gewahrleistet ist. Falls notwendig, geschieht dies unter Kürzung der Zuwendungen an die anderen Begünstigten oder die Inkaufnahme eines temporären und teilweisen Verzehrs des Stiftungsvermögens.

Beispiel 3: In der Vergangenheit hat sich ein Mitglied der Familie durch eine unangemessene Verwendung des Vermögens negativ hervorgetan. Das kann konventionelle Verschwendung sein, die die Gefahr in sich birgt, dass das Vermögen zu schnell verbraucht wird. Das kann aber auch das Risiko sein, aufgrund von Naivität oder Inkompetenz durch Dritte finanziell umfassend ausgenutzt zu werden. Möglich ist auch das Risiko, potenziell illegale Ausgaben zu tätigen oder generell das übertragene Vermögen für Zwecke einzusetzen, die der ursprüngliche Vermögensinhaber als nicht akzeptabel einschätzt. All diese Gefahren sind besonders groß, wenn – wie es bei testamentarischen Übertragungen die Regel ist – das betreffende Vermögen sozusagen schlagartig und im Ganzen auf den Empfänger übergeht. Begünstigte einer FS profitieren von den satzungsgemäßen Zuwendungen, haben aber keine Verfügungsgewalt über die wirtschaftliche Grundlage, »das Kapital« – dieses befindet sich im Eigentum der FS.

Infobox: Was ist ein »Treuhänder«?

In der allgemeinen Rechtssprache ist ein Treuhänder ein *Rechtssubjekt* – eine natürliche Person oder ein Unternehmen –, das aufgrund eines Treuhandvertrages oder von Gesetzes wegen dazu verpflichtet ist, die Interessen eines anderen Rechtssubjekts wahrzunehmen. Anders formuliert: Der Treuhänder ist durch Vertrag oder Gesetz dazu verpflichtet, bestimmte

Teile des Vermögens einer anderen natürlichen Person oder eines Unternehmens zu überwachen (das »Treuhandverhältnis«). Die »Treuhandpflicht« des Treuhänders besteht in seiner Verpflichtung, die Vermögensinteressen des Auftraggebers loyal und sorgfältig zu wahren. Der Treuhänder muss dem Auftraggeber (Treugeber) die für die Treuhandaufgabe relevanten auftragsspezifischen Unterlagen, Daten und Informationen jederzeit offenlegen. Dadurch wird die Tätigkeit des Treuhänders in der Praxis mehr oder weniger fortlaufend juristisch kontrollierbar.

In Liechtenstein ist der Begriff des »Treuhänders« eine gesetzlich geschützte Berufsbezeichnung. Wer als Treuhänder im Kontext von Vermögensstrukturen wie Stiftungen, Trusts oder unternehmerischen Körperschaften wie AGs tätig werden möchte, benötigt eine Bewilligung durch die liechtensteinische »Finanzmarktaufsicht« (»FMA«). Diese wird durch Nachweis mehrjähriger Erfahrung, fachlicher Befähigung und durch Ablegen einer gesetzlich vorgeschriebenen Prüfung erlangt.

Zwar ist ein Treuhänder bei einer liechtensteinischen FS grundsätzlich mit der Überwachung des Stiftungsvermögens betraut. Daraus sollte aber nicht zwangsläufig abgeleitet werden, dass der Treuhänder die tatsächliche »Verwaltung« im Sinne des ertragsorientierten Managements jedes Vermögenswertes (Unternehmensbeteiligungen, Immobilien, Kapitalmarktanlagen, Sammlerobjekte etc.) selbst kompetent durchführen kann. Häufig sind weitere Dienstleistungsexperten erforderlich, die von der Stiftung hierzu mandatiert werden.

In Deutschland wiederum ist der Begriff im Allgemeinen weder geschützt, noch existiert der Berufsstand des Treuhänders. Grundsätzlich kann sich jeder Treuhand oder Treuhänder nennen, einige Wirtschaftsberatungen und Stiftungsmanager verwenden den Begriff auch tatsächlich.

In Deutschland existiert eine spezielle Stiftungsform, die sogenannte Treuhandstiftung. Sie ist eine »nicht selbstständige« oder »nicht rechtsfähige Stiftung«, also eine rein vertragliche Gestaltung, bei der das Eigentum an den Verwalter (in dem Kontext ebenfalls als Treuhänder bezeichnet) übergeht und dieser es gemäß dem vertraglich fixierten Treuhandverhältnis verwaltet und verwendet. Eine staatliche Anerkennung ist im Gegensatz zur in diesem Buch dargestellten rechtsfähigen Stiftung mit Sitz in Deutschland nicht notwendig. Die Treuhandstiftung wird auch nicht staatlich beaufsichtigt. Da die Treuhandstiftung für unsere Überlegungen im Kontext des Vermögensschutzes keine Rolle spielt, gehen wir an dieser Stelle nicht weiter auf diese Gestaltung ein.

Ein weiterer inhaltlich verwandter Aspekt: Menschen, die sich ihr Vermögen selbst aufbauen mussten, ist es oftmals ein besonderes Anliegen, einer Überversorgung der Nachfolgegeneration entgegenzuwirken, um bei ihr Eigenständigkeit und Leistungsbereitschaft zu wahren. William Vanderbilt (1821–1885), der älteste Sohn und Haupterbe von Cornelius Vanderbilt (1794–1877), den wir in Abschnitt 1.1 kennengelernt haben, sagte hierüber einmal etwas zugespitzt: »Inherited wealth is as certain a death to ambition as cocaine is to morality.«[126]

Die Übertragung des Eigentums und der gebündelten Verantwortung für die Verwaltung des Vermögens an die FS adressiert die geschilderten personenspezifischen Risiken der Begünstigten bei für sie gleichbleibendem wirtschaftlichen Nutzen und stellt sicher, dass ein Ausgleich zwischen den Interessen der heutigen und der zukünftigen Begünstigten stattfindet.

Es wird deutlich, dass eine professionell geführte FS eine erhebliche administrative Entlastung darstellt. Fachlich anspruchsvolle Verwaltungsaufgaben wie die Festlegung einer sinnvollen strategischen Vermögensallokation, individuelle Investitionsentscheidungen und ggf. unternehmerische Verantwortung werden den Angehörigen abgenommen. Zugleich ist das Management des Familienvermögens nicht mehr abhängig von der Person des Stifters oder generell eines bestimmten Familienmitglieds, insbesondere nicht von der körperlichen und geistigen Verfassung dieser Person. Die Nachfolge ist gesichert, was erheblich zum Seelenfrieden aller Beteiligten beiträgt.

Bei deutschen FS können der Stifter lebzeitig und nach seinem Tod Familienmitglieder, die auch designierte Begünstigte sind, im Vorstand (der Geschäftsleitung) der Stiftung mitwirken, sogar als Vorstandsvorsitzender bzw. einziges Vorstandsmitglied. Diese Konstellation ist für liechtensteinische FS zwar nicht grundsätzlich ausgeschlossen, es ist aber

126 »Ererbtes Vermögen ist so tödlich für den Ehrgeiz [einer Person] wie Kokain für ihre Moral.«

aus mehreren Gründen nicht ratsam, wie wir in den Abschnitten 9.7.1 und 9.7.5 noch darstellen werden. In einer deutschen FS hat der Stifter, wenn er Mitglied der Geschäftsleitung ist, somit mehr direkte Kontrolle über das Stiftungsvermögen als bei einer liechtensteinischen FS. Wird eine deutsche FS in dieser Hinsicht jedoch so ausgestaltet wie eine liechtensteinische FS, also ein von der Familie unabhängiger, professioneller Stiftungsmanager in den Stiftungsvorstand berufen, können mit ihr die gleichen Vorteile erzielt werden. Die gelebte Praxis ist jedoch eine andere. In Deutschland steuerlich ansässige Stifter machen in den meisten Fällen von der Möglichkeit Gebrauch, die Geschicke der deutschen FS als (einziger) Vorstand selbst zu lenken. In vielen Fällen ist eine solche Konstruktion aus unserer Sicht als ambivalent zu betrachten. Nicht zuletzt impliziert sie, dass das Stiftungsvermögen operativ weiterhin dem Key Person Risk des Stifters ausgesetzt ist. In dieser Konstellation erscheint es als angeraten, dass er frühzeitig die nachfolgende Generation oder professionelle Stiftungsmanager einbindet, die übernehmen können, wenn er als Vorstand ausfällt.

9.4.3 Stärkeres Wachstum des Familienvermögens durch Steuervorteile

Um die Frage »Wie attraktiv wäre die Errichtung einer Familienstiftung (FS) in Deutschland oder in Liechtenstein für mich und meine Familie?« beantworten zu können, müssen – das wird niemanden überraschen – sowohl qualitative als auch quantitative Faktoren eingeschätzt werden. Qualitative Faktoren sind diejenigen, die generell nicht oder jedenfalls nicht relativ einfach für eine Allgemeinheit in Geld ausgedrückt (quantifiziert) werden können. Quantifiziert werden können hingegen diejenigen Faktoren, die auf der Basis realistischer, transparent formulierter Annahmen in Geld (finanziellem Nutzen) ausgedrückt werden können.

Gleichwohl werden in der Abwägung »Familienstiftung ja/nein?« qualitative Faktoren für einen individuellen potenziellen Stifter oft genauso großes oder sogar größeres Gewicht haben wie quantitative Faktoren.

Zu den nicht einfach quantifizierbaren Faktoren gehören bspw. der monetäre Wert des Schutzes vor (a) zivilrechtlichen Risiken (z.B. Haftungsrisiken aus Unternehmertätigkeit, eheliche Güterstandausgleichsrisiken, erbrechtliche Pflichtteilsrisiken) und vor (b) staatsspezifischen Risiken (z.B. Steuererhöhungsrisiko oder anderen politische Risiken). Risiko (a) ließe sich nur auf Basis der spezifischen Lebensumstände einer individuellen Familie finanziell modellieren. Auch für Risiko (b) muss diese Familie für sich individuell Wahrscheinlichkeiten des Eintretens und spezifische Formen der Ausprägung bei Eintritt dieser schädlichen Änderungen formulieren, damit sie finanziell modelliert werden können. Beides geht, würde aber selbst nur für Beispielkonstellationen den vertretbaren Umfang dieses Buches sprengen.

Was sich aber gut quantifizieren und modellieren lässt, ist die heute bereits bestehende steuerliche Situation sowie der Nutzen aus Kosteneinsparungen der in diesem Buch vorgestellten Konzepte der Vermögensbewahrung und des Finanzrisikomanagements. Das tun wir in den Abbildungen 7 und 8.

Der Einfachheit halber betrachten wir in unserer nachfolgenden Fallstudie ausschließlich die Entwicklung von liquidem Stiftungsvermögen, weil mit dieser Vermögensart (a) der finanzielle Hebel und der Vermögensschutzvorteil am höchsten ist und (b) die Darstellung und Berechnung ohne Berücksichtigung vielfältiger komplexer Annahmen, die bei Immobilien und unternehmerischem Vermögen erforderlich wären, möglich ist. Die Einbeziehung von Immobilien und Unternehmensbeteiligungen würde jedoch die Grundtendenz, die sich in der Berechnung zeigt, nicht verändern.

Harry ist 60 Jahre alt, verwitwet und hat eine erwachsene Tochter, Hermina (38), die mit ihrem Ehemann ein Kind hat. Harry möchte nun bald seine Vermögensnachfolge regeln und denkt darüber nach, eine FS in Deutschland oder Liechtenstein zu errichten. Derzeit befindet sich sein liquides Vermögen in Höhe von 5 Millionen Euro in einem Wertpapierdepot bei der Plutus Privatbank in Düsseldorf. Zusätzlich hält er 1,5 Millionen Euro Cash auf Bankkonten und in Geldmarktfonds. Er sieht drei mögliche Wege, wie er seine Vermögensnachfolge gestalten kann, und möchte deren finanzielle Auswirkungen untereinander vergleichen:

- **Option 1 (»Konventionelle aktiv gemanagte Vermögensverwaltung«):** Er belässt es beim Status quo und tut nichts. Sein Wertpapierdepot lässt er weiterhin von der Plutus Privatbank verwalten. Hier entstehen jährlich Kosten all-in von etwa 2,4%. Darin enthalten sind die Kosten für die Vermögensverwaltung, die Produktkosten sowie die Kosten, die für Depotführung und Transaktionen anfallen. Zu den Kosten der Vermögensverwaltung gehört zumeist neben einer Assets-under-Management-Fee eine gewinnabhängige Gebühr, die aber in der Realität trotz ihres Namens und ihrer Vermarktung auch bei langfristig mittelmäßiger Rendite anfallen wird (siehe dazu Blogbeitrag Kommer/Schweizer 2019i).

- **Option 2 (»Deutsche FS«):** Er errichtet eine deutsche FS und lässt das Vermögen von einem kostengünstigen, passiv investierenden Vermögensverwalter managen.
- **Option 3 (»Liechtensteinische FS«):** Er errichtet eine liechtensteinische FS und lässt das Vermögen von einem kostengünstigen, passiv investierenden Vermögensverwalter managen.

Die durchschnittliche mittlere Lebenserwartung von Harrys Alterskohorte liegt bei 82 Jahren, er hat also rein statistisch noch 22 Jahre Lebenszeit vor sich.

In den nächsten zehn Jahren benötigt Harry keine Entnahmen aus seinem Wertpapierdepot, da er mit den verbliebenen 1,5 Millionen Euro Cash-Guthaben und anderen Einkommensquellen gut klarkommt. Ab dem elften Jahr möchte er dann jährlich 125 000 Euro netto und inflationsbereinigt (also nach Berücksichtigung von Inflation, Kosten und Steuern) an Ausschüttungen erhalten, um seinen Lebensunterhalt damit zu bestreiten.

Das Wertpapierdepot soll möglichst breit gestreut in den weltweiten Aktien- und Anleihenmarkt investiert werden, wobei die Aktienquote 90% betragen soll. Die erwartete nominale Rendite für ein solches gemischtes Portfolio liegt vor Kosten und Steuern bei 7,8% pro Jahr. Für alle drei Optionen nehmen wir vor Kosten und Steuern die gleiche oben genannte »Bruttorendite« an.

Harry würde bei Option 2 und Option 3 jeweils 100 000 Euro per Schenkung an die FS geben, den Rest würde er per Cash-Darlehen einbringen. Bei einer deutschen FS fiele auf die Schenkung keine Schenkungssteuer an, da 100 000 Euro genau dem Freibetrag entspricht, wenn er seine Angehörigen in gerader Linie begünstigt. Im Falle der liechtensteinischen FS wären etwa 31 200 Euro[127] Schenkungssteuer zu bezahlen, den Hin-

127 Sofern der Schenker die Schenkungssteuer bezahlt, wie es aus unserer Sicht sinnvoll ist.

tergrund erläutern wir in Abschnitt 9.5.2 (a) – dieser Betrag wird von der anfänglichen Darlehenssumme abgezogen. Das Darlehen selbst wird mit 3,24% p.a. verzinst. Während der Niedrigzinsphase von etwa 2016 bis Mitte 2022 war es nicht ungewöhnlich, dass der fixierte Zins nur etwa 1% p.a. betrug. Die Darlehenszinsen müssen beim Empfänger in Deutschland mit 26,4% Abgeltungssteuer inkl. SolZ versteuert werden, also fallen anfänglich jährlich 0,86% Steuer an – mit der durch die angenommene Tilgung im Zeitablauf abnehmenden Darlehenssumme nimmt der absolute Zinsbetrag ab. In unseren Kalkulationen setzen wir auch sonst jeweils das für Harry, seine Familie und für die FS relevante ertrags- und erbschaftssteuerliche Regime an.

Die Errichtungskosten für die deutsche FS und die liechtensteinische FS belaufen sich gleichermaßen auf etwa 20 000 Euro, inkludiert sind Rechts- und Steuerberatungskosten. Die einmaligen Setup-Kosten entsprechen damit einmalig 0,4% bezogen auf 5 Millionen Euro. Für den laufenden Betrieb veranschlagen wir in beiden Fällen das professionelle Stiftungsmanagement mit 10 000 Euro pro Jahr. Die Kosten für die Vermögensverwaltung belaufen sich bei einem kostengünstigen Vermögensverwalter, der eine Anlagestrategie gemäß den Vorgaben dieses Buchs verfolgt, etwa auf 0,6% bei einer deutschen FS und 0,5% bei einer liechtensteinischen FS pro Jahr inkl. der jeweils gültigen Umsatzsteuer (der Unterschied zwischen Deutschland und Liechtenstein ergibt sich durch die niedrigere Umsatzsteuer in Liechtenstein von 8,1% statt 19% in Deutschland). Hinzu kommen ETF-Produktkosten von 0,15% und Depotgebühren von 0,1% für die deutsche FS und 0,2% für die liechtensteinische FS pro Jahr (deutsche Depotbanken sind im Schnitt etwas günstiger als liechtensteinische Depotbanken). Die Gesamtkostenquote liegt damit für Harry anfänglich bei ca. 0,85% pro Jahr all-in für beide Stiftungsvarianten, also deutlich niedriger als die aktuellen Kosten bei der Plutus Bank. Das ist beachtlich, wenn man bedenkt, dass er aktuell bei der Plutus Bank etwas mehr als 2,4% pro Jahr allein für die Vermögensverwaltung bezahlt, ohne jedoch von den vielfältigen Vermögensschutzvorteilen einer FS zu profitieren.

Wir sagen »anfänglich«, weil diese Kosten prozentual über die Zeit sinken werden, da die Fixkosten für das Stiftungsmanagement im Zeitablauf (trotz eines höheren Depotvolumens) unwesentlich steigen und bei Vereinbarung einer Rabattstaffel mit dem Vermögensverwalter prozentual seine Kosten über die Zeit ebenfalls sinken werden.

Wie oben erwähnt, wird ab Jahr 11 in allen drei Szenarien eine jährliche Entnahme unterstellt, welche die heutige Kaufkraft von 125 000 Euro hat. Bei 2% jährlicher Inflation wären das z.B. nach 30 Jahren etwa 226 000 Euro.

Das Ergebnis unserer Berechnungen sehen wir in Abbildung 7. Die untere Linie zeigt Option 1, das Halten des Wertpapierdepots im Privatvermögen auf der Basis eines aktiv gemanagten Vermögensverwaltungsmandates. Die mittlere Linie zeigt die Entwicklung des Familienvermögens bei Wahl der zweiten Option, der deutschen FS mit Weltportfolio-Ansatz. Die obere Linie zeigt den Verlauf, falls sich Harry für Option 3, die liechtensteinische FS, ebenfalls mit einem Wertpapierdepot nach dem Weltportfolio-Ansatz, entscheidet.

Abbildung 7: Vergleich der Wertentwicklung eines konventionellen aktiv gemanagten Wertpapierportfolios mit den zwei Alternativen deutsche und liechtensteinische Familienstiftung über einen Zeitraum von 47 Jahren

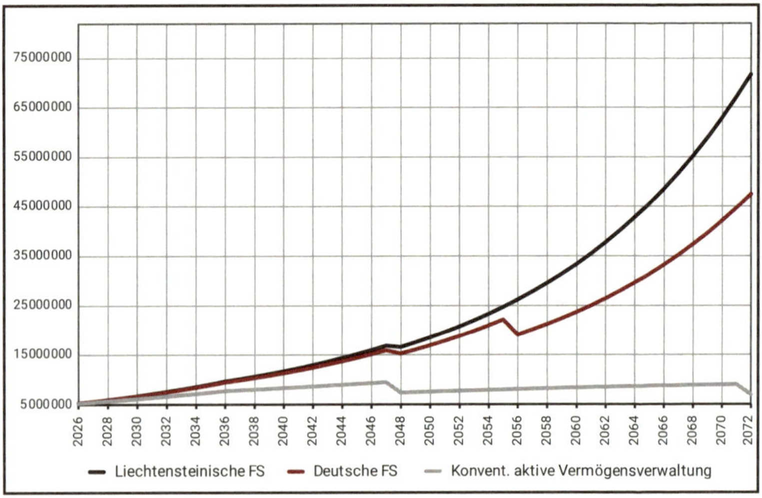

Bei allen drei Optionen gibt es nach 22 Jahren (im Jahr 2048) in den Kurven einen Knick nach unten. Dieser rührt jeweils von den anfallenden Erbschaftssteuerzahlungen bei Harrys angenommenem Todeszeitpunkt. Harrys einziges Kind Hermina erbt bei Option 1 das Wertpapierdepot, bei den Optionen 2 und 3 hingegen die verbliebenen Rückzahlungsansprüche aus den Darlehensverträgen – darauf fällt jeweils Erbschaftssteuer an.

Bei Option 2, der deutschen Familienstiftung, gibt es einen weiteren Knick im Jahr 2056, die Erbersatzsteuer. Sie mindert das nun gewachsene Stiftungsvermögen deutlich. Im Jahr 2072, 25 Jahre nach Harrys Tod, kommt es dann erneut zu einem Erbgang, nämlich von Hermina an ihr Kind. Die Darlehen bei den FS-Varianten sind allerdings mittlerweile fast vollständig getilgt. Somit existiert auf Ebene von Hermina kein Erbschaftssteuersubstrat bezogen auf Harrys ursprüngliches 5-Millionen-Euro-Depot – bei Option 1 fällt allerdings erneut die volle Erbschaftssteuer auf das Depot im Privatvermögen an, was wiederum zu einem Knick führt.

Es wird schnell ersichtlich, dass die Einbindung einer FS (im Vergleich zum Privatvermögen) zu einem deutlich höheren Vermögenswachstum und damit höherem Endwert führt – übersetzt bedeutet das mehr finanzielle Mittel zur langfristigen Versorgung der Familienangehörigen. Dies ist auf die deutlich geringere laufende Besteuerung von Kapitalerträgen in den FS zurückzuführen. Im Falle der liechtensteinischen FS kommt hinzu, dass das Vermögen nicht mehr der deutschen Erbschaftssteuer unterliegt, was im Privatvermögen und bei einer deutschen FS (durch die Erbersatzsteuer, die wir in Abschnitt 9.6.1 [b] genauer erläutern) naturgemäß nicht der Fall sein kann.

Im konkreten Beispiel beläuft sich das Familienvermögen nach 47 Jahren auf privater Ebene mit dem konventionellen Vermögensverwaltungsmandat auf 6,9 Millionen Euro. Die deutsche FS kommt im gleichen Zeitraum auf ein Endvermögen von 47,4 Millionen Euro, Spitzenreiter ist die liechtensteinische FS mit 71,6 Millionen Euro. Selbst wenn es am Ende des Betrachtungszeitraums zu einer vollständigen Ausschüttung des gesamten Stiftungsvermögens käme und darauf die Abgeltungssteuer inkl. SolZ von 26,4% auf die Begünstigungsleistungen anfallen würden, wäre das »Nettoendvermögen« der Stiftungsoptionen höher als bei Option 1.

In Abbildung 8 stellen wir die Wertentwicklung der einzelnen Optionen nochmals auf andere Weise dar, nämlich auf der vertikalen Achse mit logarithmischer Skala. Die zugrunde liegenden Daten in den Abbildungen 7 und 8 sind völlig identisch, aber die vertikale Skala differiert. Eine logarithmische Skala wie in Abbildung 8 führt dazu, dass ein gegebener prozentualer Zuwachs in einem Intervall – z.B. 5% pro Jahr – optisch immer der gleichen Steigung der Kurve entspricht, egal, ob dieser 5%-Zuwachs am Anfang der horizontalen Zeitachse oder am Ende stattfindet. Das ist bei der linearen vertikalen Achse in Abbildung 7 im Falle von langfristig positiven Renditen nicht der Fall. Daher führt sie unsere Intuition in die Irre, denn sie vermittelt typischerweise den Eindruck, dass die Renditen im letzten Drittel des Zeitstrahls viel höher waren als am Anfang. In Wirklichkeit sind die prozentualen Renditen sozusagen immer die gleichen, sie führen aber im Zeitablauf durch den Zinseszinseffekt zu höheren absoluten Zunahmen.

Abbildung 8: Logarithmische Darstellung des Vergleichs der Wertentwicklung eines konventionellen aktiv gemanagten Wertpapierportfolios mit den zwei Alternativen deutsche und liechtensteinische Familienstiftung über einen Zeitraum von 47 Jahren

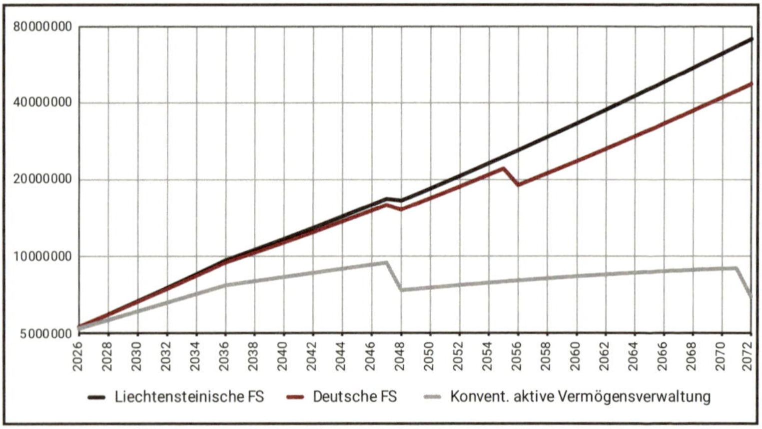

Ein Endvermögensvorteil der FS-Varianten wird wahrscheinlich stets dann bestehen, wenn folgende vier Bedingungen erfüllt werden:

- Das Stiftungsvermögen ist hinreichend groß, weil nur so die Erträge in einem vernünftigen Verhältnis zu den Betriebskosten stehen.
- Der Betrachtungshorizont beträgt 40 oder mehr Jahre, weil damit sichergestellt ist, dass im Privatvermögen mindestens ein Erbgang enthalten ist. Die geplanten Ausschüttungen (Zuwendungen an Begünstigte, Darlehenszinszahlungen und -tilgungen) bewegen sich relativ zum Stiftungsvermögen und seiner Ertragskraft in einer Größenordnung, die einigermaßen sicherstellt, dass das Vermögen langfristig mit hoher Wahrscheinlichkeit nicht aufgebraucht wird.

- Das Stiftungsvermögen besteht zu einem nennenswerten Teil aus liquidem/transportablem Vermögen, weil bei diesem der liechtensteinische »Steuerkicker« in der Regel größer ist als bei illiquidem Vermögen.
- Das Stiftungsvermögen wird zu mindestens 50%, besser zu mindestens 70% in hinreichend ertragreiche Anlageformen (z.B. in den globalen Aktienmarkt) investiert.[128]

Abschließend noch zwei aus unserer Sicht sehr wichtige Hinweise.

Erstens: Wir rechnen in diesem Fallbeispiel wie erwähnt mit einer jährlich zuverlässig anfallenden Rendite von 7,8%. In der Realität unterliegen die Renditen des globalen Aktienmarkts auf jährlicher Basis teils hohen Schwankungen. Daher muss in Entnahmeszenarien wie diesen das Renditereihenfolgerisiko beachtet werden. Die Berücksichtigung würde an dieser Stelle jedoch zu weit führen. Selbst wenn man dies für alle drei Optionen täte, würde sich an den relativen Schlussfolgerungen nichts Wesentliches ändern.

Zweitens: Potenzielle Stiftungsgründer sollten generell keine Entscheidung ausschließlich auf Basis dieses quantitativen Fallbeispiels treffen. Wird eine FS gemäß den Vermögensschutzüberlegungen in diesem Buch ausgestaltet und gelebt, führen die Steuervorteile unweigerlich zu einem beeindruckenden Vorsprung beim Endvermögenswert – in Abschnitt 9.9 gehen wir jedoch bewusst auf diejenigen Gründe ein, deretwegen eine FS für manche Leser nicht das Mittel der Wahl ist.

Wir glauben, dass jemand, der eine FS *allein und ausschließlich* aus Steuerersparnisgründen errichtet, am Ende wahrscheinlich nicht mit ihr glücklich werden wird. Zweifelsohne sind sie ein wichtiges Motiv – aber sie sollten nicht das einzige, im Idealfall auch nicht das dominierende Motiv sein.

9.4.4 Steuerliche Vorteile in der »Geomobilität« der Familienmitglieder

Für Steuerpflichtige in Deutschland mit signifikantem unternehmerischem Vermögen, die sich dauerhaft im Ausland niederlassen wollen, hält

128 Verzinsliche Tagesgelder bei einer Bank, nahezu egal, wie hoch das jeweilige nominale Zinsniveau ist, fallen nicht in diese Kategorie (siehe Abschnitt 7.1.4).

das deutsche Steuerrecht eine »besondere Überraschung« bereit: Die sogenannte Wegzugsbesteuerung. Diese unschöne Regelung haben wir in Abschnitt 2.3 [h] beschrieben.

Eine deutsche oder liechtensteinische Familienstiftung (FS) kann die steuerliche Downside dieser Bestimmung – die steuerlich bedingte Einschränkung der »Geomobilität« von Familienmitgliedern – mildern.

Wir rekapitulieren Abschnitt 2.3. Betroffen von der Wegzugsbesteuerung sind Beteiligungen von 1% oder mehr an einer deutschen Kapitalgesellschaft (gilt nicht für Personengesellschaften) sowie Investments in Fonds (egal, welcher Fondstypus), bei denen die individuelle Anlage einen Wert von 500 000 Euro oder mehr im Sinne der ursprünglichen Anschaffungskosten (nicht das späteren Zeitwertes) überschreitet.[129]

Werden solche Vermögenswerte in eine deutsche oder eine liechtensteinische FS eingebracht, sind sie danach nicht mehr von der Wegzugsbesteuerung betroffen – ganz einfach, weil die Stiftung als Eigentümerin ja nicht wegzieht.

Auf alle Fälle wird eine spätere Wertsteigerung von Vermögenswerten *nach* der Einbringung in die FS (innerhalb der Stiftung) nicht mehr von etwaigen Steuerpflichten des Stifters oder der Begünstigten betroffen sein, und das trifft auch auf den wegzugssteuerlichen Sachverhalt zu. Zu bedenken ist hier, dass eine Stiftung typischerweise errichtet wird, weil sie eine unbegrenzte »Lebenserwartung« oder jedenfalls eine von vielen Jahrzehnten hat.

Wurde ein Unternehmen entweder direkt von einer FS als Gründungsgesellschafterin errichtet oder in diese eingebracht, spielt die Wegzugsbesteuerung für den Stifter und die Begünstigten in die Zukunft gerichtet auch keine Rolle mehr. Selbst wenn sie auswandern, bleibt die Stiftung als Eigentümerin der Beteiligung weiterhin in Deutschland bzw. Liechtenstein ansässig – die Familie profitiert also von einem Grad an globaler Mobilität und Freiheit, der so im Privatvermögen nicht erreichbar wäre. Dies gilt nicht nur, wenn Angehörige aus Deutschland wegziehen, sondern auch, wenn sie alle paar Jahre ihren Wohnsitz in einen anderen Staat verlagern.

Dieser Vorteil in Bezug auf die Wegzugsbesteuerung besteht gleichermaßen für deutsche und liechtensteinische FS. In der Besteuerung auf

129 Im Falle mehrerer Fondsbeteiligungen, bei denen jede einzelne die Anschaffungskosten von 500 000 Euro nicht überschreitet, kommt es zu keiner Besteuerung. Bei einigen Fondstypen besteht kein 500 000-Euro-»Freibetrag«.

Ebene der Begünstigten gibt es jedoch einen wichtigen Unterschied zwischen den beiden Stiftungsstandorten. Die deutsche FS muss bei Ausschüttungen an Begünstigte stets eine Quellensteuer von 26,4% einbehalten und an den deutschen Fiskus abführen, unabhängig davon, ob diese Begünstigten in Deutschland oder im Ausland leben. Im besten Fall kann dieser Prozentsatz, wenn der Empfänger im Ausland lebt, durch ein etwaiges DBA reduziert werden, im schlimmsten Fall kommt es zu einer Mehrfachbesteuerung durch zusätzliche Steuern im aktuellen Wohnsitzland des Begünstigten. Bei einer liechtensteinischen FS kann diese unschöne Konstellation nicht eintreten, da Begünstigungsleistungen in Liechtenstein steuerfrei sind. Relevant ist also nur die Besteuerung im Zuzugsland der natürlichen Person. Zieht der Begünstigte in ein Niedrigsteuerland oder ein Land mit einem territorialen Steuersystem (siehe Abschnitt 2.3 [a]), kann diese null sein.

9.4.5 Wie eine Familienstiftung hilft, den Familienfrieden langfristig zu wahren

In vermögenden Familien mit Kindern und schon lebenden oder zu erwartenden Enkelkindern handelt es sich bei einem Erbgang nur auf den ersten Blick um einen »technischen Aufteilungs- und Übertragungsvorgang« in Bezug auf beispielsweise ein jahrzehntealtes Familienunternehmen, ein Eigenheim, mit dem Familienerinnerungen verbunden sind, und ein Bankdepot. Die Realität ist in den meisten Fällen weit, weit komplexer und anspruchsvoller.

Neben rechtlichen und finanziellen Aspekten spielen hier auch emotionale und ethische Gesichtspunkte eine große Rolle. Kommt es zu einer tatsächlichen oder auch nur gefühlten Ungleichbehandlung, wird dies häufig als mangelnde Wertschätzung, Anerkennung oder Fairness des Erblassers gegenüber dem Erben empfunden – mit potenziell desaströsen Konsequenzen für den langfristigen Familienzusammenhalt und den Familienfrieden.

Insbesondere Erbengemeinschaften mit – Sarkasmusbimmel an – »mehr als einem Mitglied« sind bei Erbgängen, in denen das Vermögen nicht nur aus einem Bankguthaben besteht, sondern z.B. aus einem Unternehmen (oder Unternehmensbeteiligungen), Immobilien (vielleicht noch mit Verbindlichkeiten belastet), einem vom Erblasser aufgebauten Wertpapierdepot, Sammlergegenständen und eventuell weiteren Vermögenswerten, ein Fahrschein ins Familiendesaster. Anders formuliert: ein relativ verlässlicher Weg, den Familienfrieden auf lange Sicht nachhaltig zu gefährden oder sogar zu zerstören. Warum?

Zunächst einmal, weil in einer Erbengemeinschaft von Gesetzes wegen das Einstimmigkeitsprinzip gilt. Das bedeutet letztlich: »Jeder Einzelne kann alles blockieren und das im Prinzip unendlich lange.« Damit kann der »Abweichler« (und es gibt nahezu immer einen) die anderen Mitglieder der Erbengemeinschaft über Jahre hinweg in den sprichwörtlichen »Wahnsinn treiben«. Ferner, weil eine Erbengemeinschaft in Bezug auf das von ihr gemeinsam geerbte »Gesamthandsvermögen« ganz allgemein der »Beweis« dafür ist, dass der Erblasser darin versagt hat, kluge, differenzierte Regelungen zu treffen, die gewährleisten, dass das vererbte *heterogene Vermögen* fallspezifisch auf eine *heterogene Menschengruppe* übertragen wird. Und zwar so, dass mit maximaler Wahrscheinlichkeit dieses Vermögen in die langfristige Zukunft gerichtet von allen Beteiligten, also allen in der Familie und ggf. darüber hinaus, sinnvoll verwaltet und genutzt werden wird. Sinnvoll heißt hier wirtschaftlich kompetent und fair – zumindest fair aus Sicht des Erblassers und zumeist auch fair nach den Maßstäben des gesunden Menschenverstandes oder der allgemeinen Moral. Mit und in einer Erbengemeinschaft wird dieses Ziel sehr oft nicht erreicht. Erbengemeinschaften sind in der Realität häufig das Ergebnis einer bewussten oder unbewussten »Nach mit die Sintflut«-Einstellung des Erblassers. Wenn man bedenkt, was hier für eine vermögende Familie auf dem Spiel steht, kann man eine solche Herangehensweise als im höchsten Maße »kurios« betrachten.

Die Regelung des eigenen Nachlasses sollte bei vermögenden Familien also sorgfältig und mit Bedacht geplant werden, um nicht die Spaltung der Familie Teil des eigenen Vermächtnisses werden zu lassen. Das wollen wir anhand einer kleinen Fallstudie illustrieren.

Richard ist erfolgreicher Unternehmer. Er ist jetzt 81 Jahre alt und mit seiner Gesundheit steht es nicht zum Besten. Seine Frau Leonora starb vor 14 Jahren bei einem Verkehrsunfall. Richard hat in 50 Jahren zusammen mit seiner Gattin ein stattliches Vermögen erarbeitet. Dazu gehört eine 100%-Beteiligung an dem von ihm gegründeten, solide profitablen mittelständischen Unternehmen. Das ist geschätzt rund 19 Millionen Euro wert. Daneben gibt es noch ein schuldenfreies Eigenheim im Wert von 2 Millionen Euro und ein Wertpapierdepot im Wert von 3 Millionen Euro. Richard ist nach wie vor Geschäftsführer des Unternehmens, hat aber seine zwei in der Firma mitarbeitenden Kinder Leonie und Johannes schon vor Jahren als zusätzliche Geschäftsführer bestellt. Beide sind verheiratet und haben jeweils zwei Kinder.

Richard möchte sicherstellen, dass die Firma weiterhin in Familienhand bleibt und nachhaltig fortgeführt wird. Gleichzeitig war es seiner Frau und ihm stets wichtig, dass Harmonie in der Familie herrscht. Richard plagte in Bezug auf Johannes die Sorge, dass dieser nach dem Tod des Patriarchen seine dann an Johannes übergehenden Unternehmensanteile verkaufen wird. Ganz sicher über dieses »Risiko« ist sich Richard jedoch nicht. Ein diesbezügliches Gespräch mit Johannes vor einem Jahr brachte keine Klarheit.

Bei Leonie ist Richard überzeugt, dass sie das Unternehmen weiterführen und weiterentwickeln wird. Richard denkt seit längerer Zeit darüber nach, wie er sein Vermögen auf die beiden Kinder übertragen könnte, ohne den Familienfrieden zu gefährden und gleichzeitig das Unternehmen und die Immobilie im Familienbesitz zu halten. Einfach alles in Summe per Testament an die beiden Kinder als Erbengemeinschaft zu übertragen, das erscheint Richard nicht klug. Er weiß um die Gefahren dieses ebenso verbreiteten wie grobschlächtigen Weges. Das Unternehmen ausschließlich an Leonie zu vererben und den Rest an Johannes erscheint Richard ebenfalls nicht als der richtige Weg, da er sie grundsätzlich wertmäßig beide gleichermaßen bedenken möchte. Außerdem haben Johannes und seine Frau vor drei Jahren bereits ein Eigenheim für sich gebaut, während Leonie und ihr Mann kundtaten, dass sie einmal in das alte Eigenheim der Familie einziehen wollten, wenn der Vater verstorben ist. Die Situation ist also kompliziert. Streitigkeiten zwischen den Kindern scheinen vorprogrammiert.

Ein Ausweg aus diesem Dilemma könnte sein, entweder nur das Unternehmen oder das gesamte Vermögen in eine Familienstiftung (FS) einzubringen, die dadurch zum ultimativen Vermögensinhaber wird. So wäre sichergestellt, dass es nicht zu einer außerfamiliären Aufspaltung der Gesellschafterstruktur kommt. Bedenkt Richard als Stifter Leonie und Johannes zu gleichen Teilen als Begünstigte, hätte dies gleich mehrere Vorteile.

Erstens: Weder Johannes noch Leonie könnten sich benachteiligt fühlen, da sie gleichermaßen profitieren. Zweitens: Beide hätten einen langfristigen Ansporn, weiter für das Unternehmen tätig zu sein und es nachhaltig fortzuführen, da sich der unternehmerische Erfolg langfristig in höherem Spielraum für Zuwendungen der FS an sie niederschlagen wird. Möchte sich ein Kind jedoch aus dem Unternehmen verabschieden und im Leben neu orientieren, hätte dies keine Implikationen für den Fortbestand. Drittens: Würde das Depot auf die Stiftung übertragen, wäre damit zumindest ein Teil des Familienvermögens nicht mehr dem politischen Risiko Deutschland ausgesetzt. Nimmt man eine nominale Rendite von 7% p.a. für dieses Depot an, würde sich sein Wert etwa alle zehn Jahre verdoppeln. Viertens: Da alle nachfolgenden Generationen bereits mit der FS aufwachsen, sind in die Zukunft gerichtet keine Erbstreitigkeiten zu erwarten, da das Vermögen von ihr und nicht den Nachkommen selbst gehalten wird.

Der Schlüssel zur Wahrung des Familienzusammenhalts ist die frühe Einbeziehung der potenziellen Erben sowie deren aktive Einbindung in den Stiftungserrichtungsprozess. Durch gelebte Transparenz innerhalb der Familie sowie das Aufzeigen der Vorteile können Vorbehalte frühzeitig adressiert und damit die Akzeptanz für das Unterfangen gesteigert werden. Im besten Fall sind die in der Stiftungsdokumentation getroffenen Regelungen für die Erben nachvollziehbar und werden von ihnen als ausreichend fair empfunden.

Eine FS kann jedoch nicht nur dazu dienen, interne, schon existierende Meinungsverschiedenheiten oder potenziellen Streit in der Zukunft unter Kindern und Enkelkindern zu vermeiden, sondern sie kann ebenso aktiv den Familienzusammenhalt, den Familienfrieden fördern. So könnte sie jährlich ein Anwesen anmieten und dort eine Familienzusammenkunft organisieren. Die An- und Abreise sowie sämtliche anfallenden Kosten für Kost und Logis könnte die FS (zusammen mit den möglicherweise im Heimatland anfallenden Steuern auf diese materiellen Zuwendungen) übernehmen. Bei Streitigkeiten innerhalb der Familie könnte sie die Kosten für eine schlichtende Mediation übernehmen.

9.4.6 Zusammengefasst: Was für die Errichtung einer Familienstiftung spricht

Die Errichtung einer Familienstiftung (FS) mit Sitz in Deutschland oder Liechtenstein ermöglicht es deutschen Stiftern, generationsübergreifende Regelungen für ihre Vermögensnachfolge zu treffen, die hierfür deutlich weitergehendere Gestaltungsmöglichkeiten bieten als das konventionelle Schenkungs- und Erbschaftssteuerrecht.

Als unsterbliches, dem Stifter und dem von ihm designierten Personenkreis zu ewiger Treue verpflichtetes institutionelles Familienmitglied schafft die Stiftung einen geordneten Rahmen für die Bewahrung, Mehrung und Verwendung des Familienvermögens im Sinne des Stifters. Die Stiftung ist unabhängig von einzelnen Personen, persönlichen Schicksalsschlägen und familiären Konflikten, wodurch sie zum Garanten für Kontinuität und Beständigkeit wird. Diese gesonderte Stellung ermöglicht es ihr zugleich, aktiv zur Wahrung und Förderung des Familienfriedens beizutragen. Durch die Übertragung des Managements an professionelle Dienstleister wird die Familie administrativ entlastet.

Da das Stiftungsvermögen zivil- und steuerrechtlich vom Privatvermögen des Stifters und seiner Angehörigen getrennt ist, kann es weder bei zivilrechtlichen Ansprüchen gegen diese Personen verwertet werden, noch ist es von steuerlichen Änderungen auf ihrer Ebene betroffen. Zugleich ermöglicht diese Eigenschaft der Familie eine global uneingeschränkte Mobilität, frei von fiskalischen Einsperrmechanismen wie der deutschen Wegzugsbesteuerung. Liquides/transportables Vermögen einer liechtensteinischen FS ist vor deutschem politischem Risiko geschützt, insbesondere deutschem Steuererhöhungsrisiko.

Die Vorteile bei der laufenden Besteuerung einer FS im Vergleich zum Privatvermögen sorgen für ein schnelleres Vermögenswachstum. Entscheidet sich der Stifter für den Standort Liechtenstein, wird dieses weiter befeuert durch den Wegfall etwaiger Erbschaftssteuern.

In Verbindung mit den in den Kapiteln 1 bis 8 dargestellten anderen vielfältigen Ansatzpunkten zu Vermögensbewahrung, Asset Protection und Finanzrisikomanagement sind FS daher ein besonders attraktives Vehikel des Vermögensschutzes.

Zu Lebzeiten des Stifters wird in den meisten Fällen von diesem nur ein mehr oder weniger großer Teil seines Vermögens in eine FS eingebracht werden, und auch danach wird so gut wie immer ein nennenswerter Teil des gesamten Familienvermögens außerhalb der Stiftung liegen. Aus diesem Blickwinkel ist eine Stiftung stets ein Vermögensschutzinstrument, das komplementär zu anderen genutzt werden wird und nicht zuletzt in dieser Komplementarität seine Attraktivität verwirklicht.

9.5 Einbringung von Vermögen in eine Familienstiftung

Aus unseren Gesprächen mit potenziellen Stiftern wissen wir, dass das Verständnis gerade für die Frage der Übertragung von Vermögenswerten aus dem Privatvermögen an eine in- oder ausländische Familienstiftung (FS) besonders viele Fragen aufwirft und manchmal auch anfängliches Erstaunen auslöst. Daher gehen wir auf diese Thematik hier genauer ein.

9.5.1 Die Vermögensformen, die in eine Stiftung eingebracht werden können

Grundsätzlich kann eine Stiftung jede Art von Vermögen halten, z.B. Aktien, Anleihen, Fondsanteile, Immobilien, Unternehmensbeteiligungen, Edelmetalle, Rohstoffe, Kryptowährungen, Kunstgegenstände, Sammlerobjekte und letztlich alle sonst erdenklichen Vermögenswerte.

Entscheidet sich ein Stifter vorwiegend oder auch ergänzend für die Errichtung einer liechtensteinischen Familienstiftung (FS), um die für Liechtenstein spezifischen Vermögensschutzvorteile zu realisieren, sollten jedoch insbesondere die zu diesem Ziel besonders gut passenden Vermögenswerte eingebracht und diese entsprechend gelagert werden.

Damit sind liquide und transportable Vermögenswerte gemeint. Bei diesen sind die Asset-Protection-Vorteile und die steuerlichen Vorteile durch die Übertragung auf eine liechtensteinische FS besonders groß und klar, wenn sie zugleich bei einer liechtensteinischen Bank oder Verwahrstelle verwaltet werden (Konto, Depot, Schließfach/Tresor).

Wird bei liquidem/transportablem Vermögen so vorgegangen, existiert weder auf Ebene des Eigentümers noch in Bezug auf den Belegenheitsort des Vermögenswertes ein direkter Anknüpfungspunkt zu Deutschland. Das hat zur Folge, dass nicht ohne Weiteres in dieses Vermögen vollstreckt werden kann, wenn z.B. ein zivilrechtliches Urteil gegen die Stiftung, den Stifter oder einen Begünstigten ergangen ist und ein in Deutschland rechtskräftiger Rechtstitel vorliegt. Vermeintliche Ansprüche gegenüber der Stiftung müssten erneut über den Rechtsweg in Liechtenstein geltend gemacht werden.[130] Aus Asset-Protection-Perspektive ein klarer Vorteil – macht es

130 Wir erinnern uns: Liechtenstein ist als EWR-Mitglied weder an die EuGVVO gebunden, noch ist es dem Lugano-Abkommen beigetreten.

doch den Versuch, auf das Stiftungsvermögen bei zivilrechtlichen Ansprüchen zugreifen zu wollen, unattraktiver als bei einem Wertpapierdepot bei einer deutschen oder Schweizer Bank, bei dem zumindest versucht werden könnte, eine Direktpfändung zu erwirken.

Anders sieht es bei illiquiden Vermögenswerten aus, die zwar von einer liechtensteinischen FS gehalten werden, aber weiterhin in Deutschland belegen sind, also ein Anknüpfungspunkt zu Deutschland besteht. Das könnten Immobilien oder Unternehmensbeteiligungen sein. Diese Assets können sich – qua Immobilität – naturgemäß keiner der drei Staatsgewalten (Gesetzgebung, Rechtsprechung, Vollstreckung) in Deutschland oder allgemeiner dem politischen Risiko Deutschland entziehen. Gleiches gilt, wenn die Assets in einem Staat belegen sind, mit dem Deutschland ein Abkommen zur Unterstützung in zivilrechtlichen Vollstreckungsangelegenheiten geschlossen hat, wie dies z.B. bei Österreich (EuGVVO) oder der Schweiz (Lugano-Abkommen) der Fall wäre.

Das bedeutet nicht, dass solche illiquiden Vermögenswerte kategorisch nicht in eine liechtensteinische FS eingebracht werden sollten. Es ist lediglich wichtig, sich dessen bewusst zu sein, was sie in diesem Fall leisten kann und was nicht. Soll das Familienunternehmen primär eingebracht werden, um eine Zersplitterung im Todesfall der aktuellen Gesellschafter zu verhindern, kann es weiterhin der richtige Weg sein, das Unternehmen in eine liechtensteinische FS einzubringen. Insbesondere wenn künftig weiterhin hohe Gewinne erwartet werden, die dann an die Stiftung als Holding ausgeschüttet und dort steueroptimiert veranlagt werden konnen. Auch der große Erbschaftssteuervorteil, den liechtensteinische FS haben, schließt erfreulicherweise illiquides Vermögen außerhalb von Liechtenstein mit ein. Nichtsdestoweniger gilt: In Bezug auf die illiquiden Assets, die in Deutschland belegen sind, hat die liechtensteinische FS bei der laufenden Besteuerung keine Vorteile (diese Besteuerung findet ja immer noch in Deutschland statt), und generell wird das Klumpenrisiko Deutschland oder das politische Risiko für dieses Vermögen durch die Einbringung in die Stiftung aus Vermögensschutzperspektive wohl nicht gesenkt.

Entscheidet sich der Stifter für eine deutsche FS, spielen diese Überlegungen zum Schutz des Stiftungsvermögens vor deutschlandspezifischen Risiken aus offensichtlichen Gründen keine Rolle.

9.5.2 Die zwei Wege der Übertragung von Vermögen auf die Stiftung

Damit eine Familienstiftung (FS) die vom Stifter in der Stiftungsdokumentation festgelegten Zwecke, insbesondere die Unterstützung der designierten lebenden und künftig geborenen Begünstigten, auf lange Sicht unterstützen kann, muss der Stifter sie bei Errichtung und ggf. auch danach mit Vermögen ausstatten. Dessen Übertragung – auch Einbringung genannt – wird in der Praxis typischerweise auf den folgenden zwei Routen geschehen.

- **Route 1: durch einen unentgeltlichen Übertrag.** Im Stiftungsjargon auch *Widmung* genannt. Das kann eine Schenkung oder ein Erbgang sein.
- **Route 2: durch einen entgeltlichen Übertrag.** Dieser wiederum kann (a) durch die Gewährung eines gewöhnlichen Cash-Darlehens erfolgen. Mit und aus der Darlehenssumme kauft sich die Stiftung dann Vermögen, z.B. Wertpapiere. Oder er erfolgt (b) durch den Verkauf bestehender Vermögenswerte des Stifters an die Stiftung, z.B. Anteile an einem Unternehmen. Der Kaufpreis kann und wird in der Regel auch auf der Basis eines Darlehensvertrages langfristig (z.B. 30 Jahre und mehr) gestundet.[131] Natürlich wäre auch ein Verkauf ohne Kaufpreisstundung möglich, sofern die Stiftung über die entsprechenden liquiden Mittel verfügt und eine sofortige Kaufpreiszahlung gewünscht ist.

Beide Übertragungswege haben jeweils Vor- und Nachteile, auf die wir auf den nächsten Seiten ausführlich eingehen.

Zu Route 1 (Widmung) ist vorab zu sagen, dass diese aufgrund der anfallenden Schenkungs- oder Erbschaftssteuer der »anfänglich teurere« der beiden Wege ist, und wenn dieser »Preis« gezeigt wird, die meisten potenziellen Stifter erst einmal erschreckt schlucken müssen. Doch wir

131 In Bezug auf die Festlegung des Kaufpreises für einen Vermögenswert gelten mit wenigen Ausnahmen die gleichen steuerlichen Prinzipien wie bei der Bestimmung der Bemessungsgrundlage der Erbschafts- und Schenkungssteuer. Mit anderen Worten: Dem Übertragungsvorgang muss ein steuerrechtskonformer Verkaufspreis zugrunde gelegt werden, will heißen, dass der Verkaufspreis nahe am Marktwert (»gemeiner Wert«) zu liegen hat. Dadurch kann es bei der Übertragung zur Aufdeckung stiller Reserven beim Verkäufer kommen, die von diesem dann zu versteuern sind.

können hier mit Friedrich Hölderlin sagen: »Wo aber Gefahr ist, wächst auch das Rettende.«

Zum einen existiert die Alternative der entgeltlichen Übertragung, zum anderen sind die Steuervorteile von Vermögen, das sich innerhalb der Stiftung befindet, so groß, dass sie bei einem ausreichend langen Zeithorizont den Schenkungssteueraufwand bei der unentgeltlichen Übertragung nahezu garantiert ausgleichen und »überausgleichen« werden.

Wir werden nachfolgend zuerst die steuerlichen Kosten im Falle einer Schenkung darstellen und bitten unsere Leser um Geduld, bis sie weiter hinten in diesem Kapitel die entgeltliche Einbringungsroute kennenlernen werden (bei der keine Schenkungssteuer anfällt, aber im Gegenzug andere Nachteile in Kauf genommen werden müssen). In Abschnitt 9.6.1 adressieren wir dann die besagten laufenden Steuervorteile für Vermögen innerhalb der liechtensteinischen FS.

Wie stets in diesem Buch unterstellen wir, dass es sich um eine unwiderruflich errichtete und steuerlich intransparente Stiftung handelt.

(a) Die unentgeltliche Vermögensübertragung durch Widmung (Schenkung, Erbgang)

Das liechtensteinische Stiftungsrecht schreibt vor, dass bei Errichtung mindestens 30 000 Euro, Schweizer Franken oder US-Dollar vom Stifter unentgeltlich per Widmung übertragen werden müssen. Es steht ihm natürlich frei, der Stiftung einen höheren Betrag zu widmen.

Das deutsche Stiftungsrecht sieht kein Mindestkapital vor, das einer inländischen Stiftung anfänglich gewidmet werden muss. Die deutschen Stiftungsaufsichtsbehörden fordern im Zuge der Anerkennung jedoch je nach Bundesland regelmäßig ein Minimum zwischen 50 000 und 200 000 Euro.

Eine liechtensteinische FS gilt steuerlich als nicht verwandt mit dem Stifter, weswegen der Schenkungsvorgang in Bezug auf die deutsche Schenkungs- und Erbschaftssteuer in die ungünstigste Steuerklasse III fällt. Der Freibetrag liegt bei Nichtverwandten lediglich bei 20 000 Euro. Bis zu einem Betrag von 6 Millionen Euro (nach Abzug des Freibetrags) fallen 30% Steuern an, bei höheren Beträgen 50%, wobei es sich um »harte Schwellen« handelt, also bereits ab 1 Euro mehr greift für den Gesamtbetrag der höhere Steuersatz. Viele potenzielle Stifter empfinden das als eine große Kröte, die unweigerlich für Widerwillen sorgt.

Der große Vorteil der Widmung besteht darin, dass das so eingebrachte Vermögen zivil- und steuerrechtlich direkt an die Stiftung übergeht.[132] Das bedeutet zwei Dinge.

Erstens: Die zivilrechtlichen Anfechtungsfristen (siehe Infobox »Anfechtungsfristen bei unentgeltlichen Vermögensübertragungen an liechtensteinische Familienstiftungen«) für die Schenkung beginnen zu laufen – nach deren Ablauf haben Gläubiger, Ex-Ehepartner und Pflichtteilsberechtigte keinen Anspruch mehr auf eine Rückzahlung des geschenkten Betrags zur Begleichung ihrer Ansprüche.

Zweitens: Das Vermögen ist endgültig der Ertrags- und Substanzbesteuerung des deutschen Fiskus entzogen. Damit greift die deutlich günstigere liechtensteinische Ertragsbesteuerung, das Vermögen unterliegt nie wieder der deutschen Erbschaftssteuer und von einer Vermögenssteuer oder einmaligen Sonderabgabe ist es ebenso wenig betroffen, jedenfalls soweit es sich um liquides/transportables Vermögen handelt. Bei illiquidem Vermögen hängt es von der Ausgestaltung der fiskalischen Maßnahme ab. Bei einer deutschen FS ist all das naturgemäß nicht der Fall. Besonders erwähnenswert ist in diesem Kontext die Erbersatzsteuer, der eine deutsche FS unterliegt. Hierbei wird vom Fiskus alle 30 Jahre ein Erbfall fingiert (siehe Abschnitt 9.6.1 [b]).[133]

---

132 Dies gilt unter der einschränkenden Annahme, dass der Stifter zivilrechtlich das *Vermögensopfer* erbracht hat (siehe Abschnitt 9.7.1) und die FS von deutscher Seite als steuerlich intransparent betrachtet wird (siehe Abschnitt 9.3.2).

133 In unserer Beratungspraxis haben wir über die Jahre immer wieder festgestellt, dass viele Vermögende seltsam erstaunt sind, wenn wir sagen, dass es bei Assets, die im Privatvermögen liegen, »alle 25 Jahre plus/minus zu einem Erbgang kommt«. Viele Menschen scheinen zu glauben, die durchschnittliche Zeitspanne zwischen zwei Erbgängen sei heutzutage viel länger – ein Denkfehler. Dazu ein Beispiel: Angenommen, Renata stirbt mit 95 Jahren. Sie hat vier Jahre zuvor das gesamte eheliche Vermögen, das nicht ihr allein gehörte, von ihrem damals verstorbenen Mann Robert geerbt. Die zwei Töchter Sabrina und Selma, die nun beim Tod von Renata hälftig alles erben, sind 70 und 68 Jahre alt. Sollten beide wie ihre Mutter 95 Jahre alt werden, erfolgen die nächsten Erbgänge für dieses Vermögen in 25 und in 27 Jahren – und so geht es typischerweise mit eher geringen Schwankungen um den Mittelwert 25 nach oben und unten weiter.

Infobox: Anfechtungsfristen bei unentgeltlichen Vermögensübertragungen an liechtensteinische Familienstiftungen

Um zu vermeiden, dass sich ein Stifter berechtigten und zeitlich absehbaren Forderungen entziehen kann, können Dritte unentgeltliche Vermögensübertragungen an eine deutsche oder liechtensteinische Stiftung bis zum Ablauf gewisser Fristen anfechten. Diese Fristen für unentgeltliche Vermögensübertragungen sind in Liechtenstein in der Regel kürzer als in Deutschland.

Im Falle einer Insolvenz des Stifters können Gläubiger in Deutschland Schenkungen an Dritte bis zu vier Jahre anfechten. Erwirkt ein Gläubiger einen Titel in Deutschland zur Rückzahlung der Schenkung, wird dieser in Liechtenstein jedoch nicht anerkannt. Der Gläubiger muss den Rechtsweg erneut in einem speziell vorgesehenen Verfahren im Fürstentum beschreiten. Die dortige Frist beträgt allerdings lediglich ein Jahr.

Bei Pflichtteilsergänzungsansprüchen kann die deutsche 10-Jahres-Frist von Schenkungen an eine liechtensteinische FS in Liechtenstein in Bezug auf das Stiftungsvermögen auf zwei Jahre verkürzt werden. Hinzu kommt, dass bereits aus deutscher Perspektive die Ansprüche innerhalb der 10-Jahres-Frist jedes Jahr um ein Zehntel gemindert werden.

Im Falle von Zugewinnausgleichsstreitigkeiten erlischt der Anspruch des Ex-Ehepartners nach deutschem Recht (a) bei Zustimmung des Ex-Ehepartners zur Schenkung oder (b) nach zehn Jahren, wobei die Ansprüche nicht wie im Pflichtteilsrecht kontinuierlich abschmelzen. Inwiefern resultierende Ansprüche im Einzelfall jedoch in Liechtenstein anerkannt werden wurden, ist mangels gesetzlicher Eindeutigkeit und mangels ausreichender Rechtsprechung unseres Erachtens Stand heute (Januar 2026) schwer zu beurteilen.

Die deutsche FS profitiert hingegen bei der Errichtung vom sogenannten Steuerklassenprivileg nach § 15 Abs. 2 ErbStG. Dieses macht die Steuersätze abhängig vom Verwandtschaftsgrad des »entferntesten Begünstigten« in Relation zum Stifter. Sind ausschließlich die direkten Nachkommen (Kinder, Enkelkinder) namentlich begünstigt, kommt die günstigere Steuerklasse I mit deutlich attraktiveren Steuersätzen von 7 bis 30% zum Tragen, die Freibeträge liegen zwischen 100 000 und 400 000 Euro.

Die Bemessungsgrundlage für den zugrunde gelegten Steuersatz stellt die Bewertung der Vermögenswerte beim Übertragungszeitpunkt dar. Sie darf nicht wesentlich nach oben oder unten vom tatsächlichen gemeinen Wert (Marktwert) des Assets abweichen. Bei liquidem Vermögen lässt sich dieser fremdübliche Wert naturgemäß unkompliziert bestimmen, indem der Kontosaldo oder die Stichtagskurse der Wertpapiere bzw. Edelmetalle oder Kryptowährungen herangezogen werden. Bei Immobilien, Unternehmensbeteiligungen und Sammlergegenständen existiert hingegen ein gewisser Gestaltungsspielraum, wie wir weiter unten in diesem Abschnitt sehen werden. Dieser kann sich aus der Wahl des Bewertungsmodells ergeben oder durch steuerliche Ausnahmetatbestände, die unter bestimmten Voraussetzungen in Anspruch genommen werden können.

(b) Die entgeltliche Vermögensübertragung (darlehenswegige Übertragung)

Um die Belastung durch die E&S-Steuer bei Errichtung einer FS möglichst gering zu halten, wird das gewidmete Vermögen häufig auf einen kleinen Betrag reduziert und der Löwenanteil des einzubringenden Vermögens per Route 2, also entgeltlich, übertragen. Entweder über ein Cash-Darlehen, dessen Darlehensvaluta die Stiftung dann investiert, oder über den Verkauf von schon vorhandenen Vermögenswerten, wobei die Kaufpreiszahlungsverpflichtung der Stiftung langfristig per Kreditvertrag gestundet wird. Für die Rückzahlung werden regelmäßig Tilgungslaufzeiten von über 20 Jahren oder sogar mehr als 30 Jahren vereinbart.

Der Kaufpreis für ein zu übertragendes Asset muss aus Sicht des deutschen Finanzamtes nahe am tatsächlichen Marktwert liegen. Die Konditionen des Darlehensvertrags müssen dem steuerlichen *Fremdvergleichsgrundsatz* standhalten, es muss sich also nahe am Marktzins für ein vergleichbares Darlehen »unter Fremden« bewegen. Dieser verlangt, dass Geschäfte zwischen sich nahestehenden natürlichen oder juristischen Personen zu marktüblichen Bedingungen abgeschlossen werden müssen. Ein zu niedriger Zins könnte anteilig als »gemischte Schenkung« des Darlehensgebers an die Stiftung gewertet werden, ein zu hoher Zins anteilig als eine beim Darlehensgeber zu versteuernde verdeckte Gewinnausschüttung. Auf das steuerstrafrechtliche Risiko der Steuerhinterziehung, wenn solche Dinge später entdeckt werden, brauchen wir nicht gesondert hinzuweisen.

Welcher Zins als fremdüblich akzeptiert wird, ist von der konkreten Ausgestaltung des Darlehensvertrags abhängig. Es gibt zinserhöhende und zinssenkende Faktoren. Zwei Beispiele:

- Werden umfangreiche Sondertilgungsmöglichkeiten vereinbart, wird der Darlehensgeber schlechter gestellt, da er das Wiederanlagerisiko trägt. Dies wirkt zinserhöhend.[134]
- Das Darlehen kann mit den daraus finanzierten Assets besichert werden (diese Assets werden von der Stiftung an den Darlehensgeber verpfändet). Die vorgesehene Stellung von Sicherheiten wirkt zinssenkend.

Neben diesen Beispielen existieren noch andere Faktoren, die berücksichtigt werden können und müssen.

In Bezug auf die Zinshöhe wird ein *Referenzzinssatz* vereinbart. Das könnte bei einer kurzfristigen, variablen Verzinsung der 12-Monats-Euribor sein (ein Marktzinssatz), bei einer langfristigen zwanzigjährigen Zinsbindung die Umlaufrendite zwanzigjähriger deutscher Staatsanleihen zum Zeitpunkt des Abschlusses des Darlehensvertrages. Dem Referenzzinssatz wird nun ein *Markup* (»Risikoaufschlag«) aufgeschlagen, das sich aus der Gesamtheit der zinserhöhenden und zinssenkenden Faktoren dieses speziellen Kredites vom Stifter an die Stiftung ergibt. Das Markup liegt typischerweise zwischen einem halben und einem Prozentpunkt p.a.

Über die Jahre zahlt die Stiftung Zins- und Tilgungszahlungen aus, die der Darlehensnehmer zur Bestreitung seines Lebensunterhalts nutzen kann (von den Alltagsausgaben bis zu ausgiebigen Reisen und Abdeckung eines gesteigerten Pflegebedarfs im fortgeschrittenen Alter). Neben den Begünstigungsleistungen sind Zahlungen aus dem Darlehen die zweite Möglichkeit, wie Stifter und Familienangehörige Liquidität aus der Stiftung beziehen können. Die Tilgungszahlungen sind dabei steuerfrei, die erhaltenen Zinsen werden vom Darlehensgeber mit 26,4% Abgeltungsteuer inkl. SolZ versteuert (siehe Abschnitt 9.6.1 [c]).

Wenn es sich beim Darlehensgeber um eine natürliche Person handelt, reduziert jedoch jede Rückzahlung (Tilgungsrate) das Erbschaftssteuersubstrat auf seiner privaten Ebene, sofern er diese im Anschluss verkonsu-

134 Tilgt der Darlehensnehmer schneller als geplant, besteht für den Darlehensgeber das Risiko, dass er die unplanbar freiwerdende Liquidität nur noch zu einem schlechteren Marktzins anlegen kann.

miert. Unter diesem Gesichtspunkt ist es erstrebenswert, dass das Darlehen bis zum Versterben des Darlehensgebers größtenteils oder bereits vollständig getilgt ist. Ist absehbar, dass der vollständige »Verzehr« des Darlehensbetrags inkl. Zinsen durch Konsum bis zum Lebensende unwahrscheinlich ist, kann der Darlehensgeber seine Rückzahlungsansprüche frühzeitig im 10-Jahres-Rhythmus unter Inanspruchnahme der Freibeträge und der günstigen Steuerklasse I für Beträge darüber hinaus an seine Angehörigen schenkungsweise übertragen. Selbiges gilt für den letztmaligen Vermögensübergang, die Vererbung. Verstirbt ein Darlehensgeber, bevor das Darlehen vollständig getilgt wurde, gehen die Rückzahlungsansprüche an die Erben über – es handelt sich ja um einen »ganz normalen« Vermögenswert. Die Forderung unterliegt ebenso wie bspw. ein Wertpapierportfolio, Immobilien oder Unternehmensbeteiligungen der Erbschaftssteuer, sofern der Gesamtwert des Erbes den individuellen Freibetrag des Erben übersteigt.

Sofern Route 2 unter Zuhilfenahme eines Darlehens gewählt wurde, hat das den Effekt, dass an Tag 1 der Darlehensgewährung – ökonomisch betrachtet – »netto« kein Vermögen auf die Stiftung übergegangen ist. Sie hat jetzt ein Asset (Cash, Wertpapierportfolio, Immobilien, Unternehmensbeteiligungen), dem eine Verbindlichkeit in gleicher Höhe gegenübersteht. Beim Darlehensgeber tritt an die Stelle des Assets eine Darlehensforderung, die natürlich zu seinem Vermögen hinzuzählt.

Aus Vermögensschutzperspektive ein Nachteil. Realisieren sich steuerpolitische Änderungsrisiken wie eine einmalige Vermögensabgabe oder eine dauerhafte Vermögenssteuer, wird die Forderung gegenüber der Stiftung mit ihrem aktuellen Wert voraussichtlich berücksichtigt. Ebenso verhält es sich, wenn sich zivilrechtliche Risiken materialisieren, also ein rechtskräftiger Titel gegen den Darlehensgeber erwirkt wurde. Ansprüche gegen den Darlehensgeber werden mit jeder Tilgung des Darlehens auf den verbliebenen Rückzahlungsanspruch und die dazugehörigen Zinsen reduziert.

Um auszuschließen, dass die Vermögensnachfolger die auf sie übertragenen Rückzahlungsansprüche auf nicht vorgesehene Weise nutzen, gibt es mehrere Möglichkeiten. Einerseits können die Bestimmungen im Darlehensvertrag zu Sondertilgungen und zur Kündigung an die individuelle Situation der Familie des Darlehensgebers angepasst werden, andererseits kann die Schenkung der Darlehenstranchen unter Vorbehalt erfolgen, um die Nutzungsmöglichkeiten des Beschenkten einzuschränken.

Bestenfalls verbleiben durch die beiden Maßnahmen »großzügige Finanzierung des Lebensunterhalts durch Tilgungen« und »frühzeitige Übertragung überschüssiger Rückzahlungsansprüche an die nächste Generation« bis zum Lebensende des Darlehensgebers kein oder nur ein sehr geringes Erbschaftssteuersubstrat aus den Darlehensverträgen.

(c) Allgemeine Gesichtspunkte, die bei beiden Übertragungswerten zu beachten sind

Generell ist bei entgeltlichen Übertragungen von Vermögenswerten an die Stiftung zu berücksichtigen, dass bei der Übertragung, also dem Verkauf des Assets an die Stiftung, etwaige stille Reserven aufgedeckt werden und diese vom Verkäufer/Darlehensgeber in diesem Moment zu versteuern sind. Das kann der Fall sein bei einem Wertpapierportfolio, einer Immobilie, einer Unternehmensbeteiligung, Kryptoanlagen, Edelmetallen, Sammlerobjekten und letztlich jedem denkbaren Vermögenswert. Naturgemäß sind stille Reserven in bestimmten Konstellationen steuerfrei (Eigenheim nach zwei Jahren Haltedauer, vermietete Immobilie im Privatvermögen nach zehn Jahren, Edelmetalle und Kryptoinvestments im Privatvermögen nach einem Jahr Haltedauer usf.).

Sofern es ein zu übertragendes Wertpapierportfolio gibt, das zuvor im Privatvermögen oder in einer vermögensverwaltenden Gesellschaft liegt, wird es oft sinnvoll sein, alle Wertpapiere vor der Übertragung an die Stiftung zu veräußern und dann Barmittel zu übertragen. Wie erwähnt, müssten die stillen Reserven vor der Übertragung selbst dann versteuert werden, wenn die Wertpapiere selbst auf die Stiftung per Depotübertrag übergingen – die vorgeschlagene Vorgehensweise vereinfacht und beschleunigt den Übertragungsprozess.

Kann man die Übertragungswege Route 1 und Route 2 kombinieren? Ja, selbstverständlich – und das ist auch die Regel. So lassen sich die Vorteile beider Wege durch eine Mischung verbinden und ihre jeweiligen Nachteile abmildern. Ob das Vermögen dabei mehrheitlich per Schenkung oder per Darlehen in die Stiftung eingebracht wird, hängt maßgeblich von den Zielen der Stiftungserrichtung ab und welche Rolle die FS in der ganzheitlichen Strategie für das Familienvermögen einnehmen soll. Steht für den Stifter die Regelung seiner Vermögensnachfolge und die Reduzierung seines eigenen Key Person Risks im Vordergrund, kann das eingebrachte Vermögen oberhalb des gesetzlichen Mindestkapitals von 30 000 Euro in

Liechtenstein bzw. oberhalb der Anforderungen der deutschen Behörden bedenkenlos als entgeltlicher Übertrag erfolgen. Hat der Schutz vor zivilrechtlichen Risiken höchste Priorität, wird ein signifikanter Teil des Vermögens per Widmung unter Inkaufnahme der Schenkungssteuer eingebracht werden, damit die Entreicherung des Stifters sofort eintritt und relevante Anfechtungsfristen direkt zu laufen beginnen.

Im Rest dieses Abschnittes gehen wir auf noch bisher nicht erwähnte Spezialaspekte bei der Einbringung von Immobilien und Unternehmensbeteiligungen ein. In Abschnitt 9.8.1 schildern wir einige aus der Praxis abgeleitete Überlegungen dazu, wie die Übertragung unterschiedlicher Typen von Vermögenswerten an eine FS entlang einer langen Zeitachse von vielen Jahren erfolgen kann.

(d) Spezialaspekte bei der Übertragung von Immobilienvermögen

Direktinvestments in Immobilien von vermögenden Privathaushalten in Deutschland erfolgen üblicherweise über direktes Eigentum im Privatvermögen oder über vermögensverwaltende Gesellschaften (GmbH, KG). Auf die weitere, zumeist schlechte Immobilieninvestmentform, geschlossene Fonds, sind wir in Abschnitt 7.2.10 eingegangen, diese ignorieren wir im vorliegenden Kapitel.

Bei Direktinvestments im Privatvermögen lohnt sich eine unentgeltliche Übertragung an eine FS trotz Wegfalls der Grunderwerbssteuer meist nicht, da die hohe E&S-Steuer von 30% bis 50% diesen Vorteil gegenüber dem Verkauf mehr als auffrisst. Auch der im deutschen Steuerrecht zulässige 10%ige Bewertungsabschlag bei fremdvermieteten Wohnimmobilien erscheint hier nicht als ein ausreichendes Pro-Widmung-Argument.

Zudem lassen sich bei einer Veräußerung steuerliche Vorteile auf der Seite des Stifters bzw. seiner Angehörigen generieren. Der entgeltliche Übertrag von Immobilien aus dem Privatvermögen ist einkommenssteuerfrei, wenn es sich, wie erwähnt, entweder um eine mindestens etwas mehr als zwei Jahre selbstgenutzte Immobilie oder eine mindestens zehn Jahre gehaltene vermietete Immobilie handelt. Nur wenn die Mindesthaltedauer unterschritten oder »gewerblicher Grundstückshandel« unterstellt wird, wird die Transaktion der Einkommenssteuer gemäß progressivem Einkommenssteuertarif von bis zu 47,5% unterworfen.

Bei Investments über vermögensverwaltende Kapital- und Personengesellschaften ändert sich nichts am Grundprinzip, dass hier zumeist ein entgeltlicher einem unentgeltlichen Vermögensübertrag vorzuziehen ist. Zudem ist es bei Kapitalgesellschaften ratsam, die Unternehmensanteile und nicht die Immobilien aus dem Gesellschaftsvermögen heraus zu veräußern. Die Veräußerung von Anteilen an einer Kapitalgesellschaft wird beim Verkäufer nach dem sogenannten Teileinkünfteverfahren – also mit maximal 28,5% – besteuert. Abhängig vom Gewerbesteuerhebesatz liegt allein die Besteuerung auf Ebene der Gesellschaft deutlich höher, z.B. in München bei ca. 34%. Soll der Verkaufserlös im Privatvermögen verkonsumiert werden, wird die Ausschüttung erneut mit 26,4% (Abgeltungssteuer zzgl. SolZ) besteuert. Hinzu kommen abhängig von der Konstellation Ersparnisse bei der Grunderwerbssteuer.

Immobilien wird eine FS häufig über eine vermögensverwaltende GmbH & Co. KG halten, wobei sie als Eigentümerin der überwiegenden Anzahl oder aller Kommanditanteile, abgesehen von der marginalen Beteiligung der Komplementär-GmbH, eingesetzt wird. Dies gilt insbesondere für Auslandsstiftungen, da so die Verwaltung in Deutschland verbleiben kann. Durch diese Struktur wird gewährleistet, dass nicht jeder »Immobiliendeal« zu einem internationalen Sachverhalt wird; außerdem wird die Haftung begrenzt.

Ferner ermöglicht diese Struktur, dass Familienmitglieder die Verwaltung des Immobilienvermögens übernehmen können, wenn sie die Kompetenz, Neigung und Zeit dazu haben – ohne zugleich Mitglied im Stiftungsvorstand sein zu müssen, was noch mehr Verantwortung und damit mehr zeitlichen Aufwand und die in Abschnitt 9.7.1 und 9.7.5 beschriebenen Risiken mit sich bringen würde. Falls weder der Stifter noch Familienangehörige sich dazu in der Lage sehen noch die Motivation haben, den Immobilienbestand zu bewirtschaften, wird der Stiftungsvorstand dafür einen professionellen Immobilienverwalter beauftragen, der marktüblich vergütet werden muss.

(e) Spezialaspekte bei der Übertragung von Unternehmensbeteiligungen

Bei nicht börsennotierten Unternehmensbeteiligungen besteht Bewertungsspielraum. Dieser Umstand ist auch den deutschen Steuerbehörden bewusst. Aus diesem Grund und weil es bei Gesellschaftsanteilen häufig um hohe Summen im siebenstelligen Bereich und mehr geht, werden im Zusammenhang stehende steuerliche Sachverhalte von ihnen besonders sorgfältig geprüft.

Es gibt unzählige Methoden, um den Wert einer nicht börsennotierten Unternehmensbeteiligung zu bestimmen. Abhängig von der Ausgangssituation dominieren in der Praxis jedoch zwei Varianten.

Wurden kurz vor der unentgeltlichen oder entgeltlichen Übertragung des Unternehmens an eine FS Anteile an derselben Gesellschaft an fremde Dritte veräußert, wird die darin zum Ausdruck kommende Bewertung als marktüblich angenommen und angesetzt. Will der Verkäufer bei der Einbringung solcher Anteile in eine FS davon z.B. nach unten abweichen, wird er gegenüber der Finanzverwaltung dafür sehr gute Gründe anführen müssen.

Gab es in jüngster Zeit keine solche Transaktion – was die Regel sein dürfte –, wenden die Beteiligten (ein Beteiligter ist die deutsche Finanzverwaltung) gerne das vereinfachte Ertragswertverfahren an. Ein mittelständischer Betrieb mit einem durchschnittlichen Jahresgewinn von 400 000 Euro in den letzten drei Jahren wird so schnell mit 5,5 Mio. Euro bewertet. Beim vereinfachten Ertragswertverfahren nach § 200 BewG wird der durchschnittliche Jahresgewinn des Unternehmens der vergangenen drei vollständigen Geschäftsjahre mit dem Faktor 13,75 multipliziert. In diesem Fall: 400 000 Euro × 13,75 = 5,5 Mio. Euro.

Gehören dem Stifter 100% der Anteile und schenkt er diese vollumfänglich einer FS, fällt Schenkungssteuer in Höhe von ca. 1,64 Mio. Euro an.[135] Ein Betrag, den der Unternehmer erst einmal auf der hohen Kante haben muss. Es ist aber nicht unüblich, dass die Vermögensbilanz von Unternehmern zu 90% und mehr aus illiquiden Vermögenswerten bestehen, die nicht ohne Weiteres veräußert werden können.

Bei der unentgeltlichen Übertragung (Schenkung) von mehr als 25% der Anteile eines Unternehmens sieht das deutsche Erbschafts- und Schenkungssteuerrecht Ausnahmeregelungen vor, die bereits in Abschnitt 5.3 erwähnten Verschonungsabschläge. Verpflichtet sich der Beschenkte, das Unternehmen über fünf bzw. sieben Jahre zu halten und während dieses Zeitraums die Lohnsumme (in etwa gleichzusetzen mit den Arbeitsplätzen) mindestens stabil zu halten, kann ein Abschlag auf die steuerliche Unternehmensbewertung von 85% (»Regelverschonung«) bzw. 100% (»Optionsverschonung«) in Anspruch genommen und damit die Steuerlast si-

135 Das Steuerklassenprivileg bei deutschen FS haben wir in dieser Berechnung nicht berücksichtigt, da dessen Höhe abhängig vom Verwandtschaftsgrad des entferntesten Begünstigten vom Stifter ist.

gnifikant reduziert oder vollständig abgewendet werden. Ausgenommen von dieser Privilegierung ist »schädliches Verwaltungsvermögen«, das für den operativen Betrieb nicht erforderlich ist. Darunter können übermäßige Cash-Bestände, Wertpapiere und fremdvermietete Immobilien fallen. Dieses wird nicht begünstigt.[136]

Im Kontext einer unentgeltlichen Übertragung von Unternehmensanteilen ist außerdem die potenziell anfallende Wegzugsbesteuerung zu beachten. Da diese ausschließlich für Kapitalgesellschaften greift, kann sie vermieden werden, indem z.B. eine operative GmbH in eine Holding in Form einer GmbH & Co. KG überführt wird.

Wird die Unternehmensbeteiligung stattdessen an die FS verkauft, kommt es zu einer Besteuerung der stillen Reserven auf Ebene des Verkäufers. Angenommen, das Unternehmen aus dem obigen Beispiel wurde vom Stifter bei Gründung mit einem Stammkapital von 50 000 Euro ausgestattet. Die Differenz zwischen dem heutigen Marktwert und den Anschaffungskosten unterliegt der Einkommenssteuer und wird mit dem Teileinkünfteverfahren versteuert. Die Steuerlast beträgt ca. 1,55 Mio. Euro, nämlich 60% × 47,5% × (5 500 000 Euro – 50 000 Euro).

Bei der Festlegung des Kaufpreises ist darauf zu achten, dass die Fremdüblichkeit gegenüber dem Fiskus gut begründet werden kann, insbesondere wenn der berechnete Unternehmenswert deutlich unter dem Ergebnis eines gängigen Bewertungsverfahrens – etwa dem oben erwähnten vereinfachten Ertragswertverfahren – liegt. Kommt das Finanzamt zum Schluss, dass der ermittelte Wert zu niedrig angesetzt wurde, betrachtet es die Differenz aus dem aus seiner Sicht fremdüblichen Wert und dem vertraglich festgelegten Kaufpreis als Schenkung, die regulär mit der Schenkungssteuer zu versteuern ist.

Besonders attraktiv ist die FS als Holding für Startup-Beteiligungen mit großem Wertsteigerungspotenzial. Verheißungsvolle junge Unternehmen schreiben in ihren ersten Jahren häufig rote Zahlen oder erwirtschaften vernachlässigbare Gewinne. Gab es zum Zeitpunkt der Übertragung noch keine Finanzierungsrunden, die einen Anhaltspunkt für eine höhere Bewertung darstellen können, kann man vermutlich erneut

136 Derzeit (Januar 2026) prüft das Bundesverfassungsgericht (BVerfG) die Verfassungsmäßigkeit der Verschonungsabschläge. Möglicherweise werden sie – sofern Bedenken seitens des BVerfG bestehen – künftig reduziert oder an weitere Bedingungen geknüpft.

das vereinfachte Ertragswertverfahren bei der Übertragung anwenden, das insbesondere für stark wachsende Unternehmen im Vergleich zu anderen Methoden vorteilhaft ist. Mangels nennenswerter Gewinne fällt die Bewertung niedrig aus, was beide Übertragungsarten zu günstigen Konditionen ermöglicht. Ebenso ist es möglich, dass die Gründung des Startups aus den finanziellen Mitteln der FS erfolgt und sie somit bereits anfänglich zur Gesellschafterin des Unternehmens wird.

In allen drei Konstellationen (unentgeltliche und entgeltliche Einbringung, Gründung durch FS) können der Stifter und seine Angehörigen weiterhin verantwortungsvolle Aufgaben bis hin zur Geschäftsführung in den operativen Tochterunternehmen der FS übernehmen. Falls sich kein Familienmitglied um die Belange des Unternehmens kümmern kann oder möchte, wird die Stiftung auf die Einsetzung eines qualifizierten externen Geschäftsführers hinwirken.

Sobald die Unternehmensanteile in das Eigentum der FS übergegangen sind, lösen sich die steuerlichen Fesseln des Stifters und der Begünstigten, die sie bis dato in Deutschland gehalten haben. Sie können von nun an ihren Wohnsitz auf der Welt frei wählen, ohne sich Gedanken über eine potenzielle Wegzugsbesteuerung machen zu müssen. Durch einen Wegzug der natürlichen Personen ins Ausland ändert sich nichts am Standort der neuen Eigentümerin, der Stiftung. Handelt es sich um eine liechtensteinische FS, sind die Beteiligung und ihre Erträge dauerhaft nicht mehr der Erbschaftssteuer ausgesetzt – weder in Deutschland noch in anderen Ländern. Einschlägig ist hier ausschließlich liechtensteinisches Steuerrecht, das weder für Privatpersonen noch für Stiftungen eine Erbschaftssteuer vorsieht.

Gleichzeitig können die Gewinne der Tochterunternehmen (nach Unternehmenssteuern auf ihrer Ebene) fortan quasi steuerfrei und direkt an die FS ausgeschüttet und von dieser veranlagt werden. Die niedrigere laufende Besteuerung des Stiftungsvermögens ermöglicht einen schnelleren Vermögensaufbau und damit eine noch umfangreichere Versorgung und Absicherung der Stifterfamilie. Wenn es nicht durch die Stiftungsdokumentation untersagt ist, z.B. weil es sich nicht um ein traditionsreiches Familienunternehmen handelt und der Gründer einem Verkauf nach entsprechender Wertsteigerung offen gegenübersteht, kann die FS eine Beteiligung auch veräußern, wenn sich eine gute Gelegenheit ergibt. Auf Ebene der Stiftung fallen auf den Verkaufserlös keine nennenswerten Steuern an.

Die Steuerbelastung ist also in jeglichen Belangen deutlich niedriger als im Privatvermögen.

(f) Illiquide Vermögenswerte, die sich vor der Übertragung außerhalb von Deutschland befinden

Bei länderübergreifenden Eigentumsverhältnissen, die illiquide Vermögenswerte wie Immobilien und Unternehmensbeteiligungen betreffen, sind stets die Steuergesetzgebungen zweier Staaten zu berücksichtigen. Einerseits ist die Besteuerung des Vermögenswerts in seinem Belegenheitsstaat relevant. Andererseits ist die Besteuerung des Eigentümers in seinem Ansässigkeitsstaat zu berücksichtigen.

Es ist einleuchtend, dass dabei die Erstbesteuerung der Erträge oder der Substanz eines Vermögenswerts in dessen Belegenheitsstaat erfolgt, sofern diese nach nationalem Steuerrecht vorgesehen ist. Die Mieterträge einer Immobilie führen zu einer beschränkten Steuerpflicht des Eigentümers im Belegenheitsland, auch wenn er seinen Hauptwohnsicht in einem anderen Land hat. Die Erlöse eines Unternehmens unterliegen der lokalen Ertragsbesteuerung. Werden Gewinne an ausländische Investoren ausgeschüttet, werden diese ebenso beschränkt steuerpflichtig. Die Zweitbesteuerung erfolgt dann im Ansässigkeitsstaat des Eigentümers (des Investors), in dem er unbeschränkt steuerpflichtig ist.

Im Idealfall besteht zwischen den beiden Staaten ein DBA. Dann kann der Steuerpflichtige je nach Ausgestaltung zu viel gezahlte Steuern vom Belegenheitsstaat zurückfordern oder sich bereits gezahlte Steuern im Ausland im Ansässigkeitsstaat anrechnen lassen. Wichtig: Ein DBA muss vom Steuerzahler aktiv in Anspruch genommen werden, es findet keine automatisierte Verrechnung durch staatliche Stellen statt. Wer den administrativen Mehraufwand nicht selbst oder mit Unterstützung seiner Berater auf sich nimmt, der zahlt länderübergreifend regelmäßig 50% und mehr an Steuern auf Erträge oder die Substanz, je nach Steuerart. Es kommt zur Doppelbesteuerung, die durch solche zwischenstaatlichen Abkommen ja eigentlich vermieden werden soll.

Im Bereich der Ertragssteuern existiert bereits – zumindest unter den Hochsteuerländern – ein breites Netz an DBAs, bei den Substanzsteuern wie z.B. der Erbschaftssteuer und Vermögenssteuer sind sie aber sehr selten. Besteht generell kein DBA zwischen zwei Staaten oder enthält es keine Regelungen zur betrachteten Steuerart, ist die Wahrscheinlichkeit hoch, dass eine Doppelbesteuerung erfolgt, außer es trifft eine der drei nachfolgenden Ausnahmetatbestände zu.

Erstens: Der Sachverhalt wird in mindestens einem der beiden Staaten generell nicht besteuert. Beispiel: Im Gegensatz zu Deutschland gibt es in Österreich und Liechtenstein keine Erbschafts- und Schenkungssteuer. Für in Deutschland unbeschränkt steuerpflichtige Personen bleibt es damit bei der deutschen Besteuerung.

Zweitens: Für den Sachverhalt besteht unilateral die Möglichkeit zur Anrechnung von Steuerzahlungen, die im Ausland geleistet wurden. Beispiel: In Deutschland sieht § 21 ErbStG vor, das unter bestimmten Voraussetzungen im Ausland geleistete Erbschafts- und Schenkungssteuerzahlungen mit der deutschen Steuer gegengerechnet werden können.

Drittens: Mindestens einer der beiden Staaten hat ein territorial angelegtes Steuersystem. Beispiel: Hält eine liechtensteinische FS eine Immobilie in Portugal, so sind deren Erträge auf liechtensteinischer Seite von der Ertragssteuer befreit. Das ist generell ein Vorteil des Stiftungsstandorts. Im Ausland belegene Vermögenswerte werden nach liechtensteinischem Ertragssteuerrecht von der inländischen Besteuerung freigestellt. In Deutschland gilt – wie wir in Abschnitt 2.3 (a) und (b) gelernt haben – das Weltvermögens- und das Welteinkommensprinzip.

Generell profitiert die Stifterfamilie davon, dass das außerdeutsche Auslandsvermögen einer liechtensteinischen FS nie mehr deutschen Substanzsteuern unterliegt und es generell keinen Bezug der Eigentumsverhältnisse mehr zu deutschem Recht gibt, wodurch deutschlandspezifische Steueränderungsrisiken (z.B. eine denkbare neue Vermögenssteuer) für das Vermögen innerhalb der Stiftung entfallen.

9.5.3 Zusammengefasst: So wird Vermögen in eine Familienstiftung eingebracht

Eine Stiftung kann grundsätzlich so gut wie alle Arten von Vermögen halten.

Die Einbringung von Vermögen in eine Familienstiftung (FS) via Widmung (Schenkung oder Erbgang) löst in Deutschland Schenkungs- bzw. Erbschaftssteuer aus. Diese ist besonders hoch für eine liechtensteinische FS. Die Kröte E&S-Steuer bei unentgeltlicher Übertragung von Vermögen kann jedoch durch eine darlehenswegige Vermögenseinbringung beseitigt oder jedenfalls reduziert werden. Allerdings gehen mit diesem Übertragungsweg eigene Themen einher.

Es ist aus mehreren Gründen ratsam, eine FS anfänglich vor allem mit liquidem Vermögen zu errichten und über die Zeit komplexere Vermögenswerte einzubringen, sofern dies gewünscht ist.

Bei der Einbringung von Immobilien und Unternehmensbeteiligungen mit Sitz im In- und Ausland sind einige Besonderheiten zu beachten.

9.6 Laufende Besteuerung und Kosten einer Familienstiftung

In den vorhergehenden Abschnitten dieses Kapitels haben wir die wesentlichsten Vor- und Nachteile einer Familienstiftung (FS) als Vermögensschutzlösung kennengelernt. In diesem Abschnitt geben wir einen Überblick zur Besteuerung einer FS und ihres Personenumkreises. Außerdem geben wir eine Einschätzung der zu erwartenden Betriebskosten einer FS.

9.6.1 Die laufende Besteuerung der Familienstiftung und verbundener Personen

In diesem Abschnitt stellen wir zunächst die Besteuerung laufender Erträge innerhalb der Familienstiftung (FS) für die in der Praxis relevantesten Vermögensformen dar. Danach folgt eine Beschreibung der Besteuerung von Zahlungen der Stiftung an Begünstigte und Darlehensgeber.

(a) Besteuerung laufender Erträge innerhalb der Familienstiftung

Eine Stiftung ist in dem Staat unbeschränkt steuerpflichtig, in dem ihr geschäftsführendes Organ seine Tätigkeit überwiegend ausübt. Hält sie Vermögen im Ausland, z.B. eine Immobilie oder eine Unternehmensbeteiligung, dann kommt dort üblicherweise eine beschränkte Steuerpflicht in dem Ansässigkeitsstaat des Assets (Belegenheitsort des Assets) hinzu.

Für in Deutschland unbeschränkt steuerpflichtige FS ist in erster Linie die Körperschaftssteuer zzgl. des Solidaritätszuschlags (SolZ) relevant, sofern sie ausschließlich vermögensverwaltend tätig ist. Daraus ergibt sich ein Steuersatz von 15,8% – wobei dieser durch Ausnahmeregelungen häufig effektiv weiter reduziert werden kann, wie Tabelle 24 zeigt.

Ist eine FS in Liechtenstein unbeschränkt steuerpflichtig, kann sie unter zwei Besteuerungsregimen wählen. Entweder unterwirft sie sich der konventionellen Ertragssteuerpflicht oder sie lässt sich als »Privatvermögensstruktur« (»PVS«) klassifizieren. Welche der beiden Varianten sinnvoller ist, muss von Fall zu Fall entschieden werden.

Der Vorteil der PVS besteht darin, dass ihre Besteuerung auf die liechtensteinische Mindestertragssteuer von 1800 CHF pro Jahr begrenzt ist – unabhängig von der Höhe des von ihr verwalteten Vermögens. Um den PVS-Status in Anspruch nehmen zu können, muss die Stiftung mehrere Kriterien erfüllen, u.a. darf sie nur rein vermögensverwaltend tätig sein, also keine wirtschaftliche Tätigkeit ausüben. Gleichzeitig bringt die Qualifikation als PVS mehrere Nachteile mit sich, die im Einzelfall schwerwiegend sein können.

Im Ertragssteuerregime beträgt der Steuersatz 12,5% – allerdings gibt es erneut vielfältige Ausnahmeregelungen, die in der Praxis zu einer deutlich niedrigeren Besteuerung führen.

Tabelle 24: Besteuerung liquider/transportabler Vermögenswerte bei natürlichen Personen sowie Familienstiftungen in Deutschland und Liechtenstein

Einkunftsart	Natürliche Person in Deutschland	Deutsche Familienstiftung [A]	Liechtensteinische Familienstiftung [B] [C]
Realisierte Kursgewinne bei Einzelaktien [D]	26,4% DE-ESt	0,8% DE-KöSt [E]	0% LIE-ErtSt
Realisierte Kursgewinne bei Aktienfonds und -ETFs [D]	18,5% DE-ESt [F]	3,2% DE-KöSt [F]	0% bis 1,25% LIE-ErtSt [G]
Dividenden aus Einzelaktien [D]	26,4% DE-ESt	0,8% DE-KöSt [E]	0% LIE-ErtSt
Ausschüttungen bei Aktienfonds und -ETFs [D]	18,5% DE-ESt [F]	3,2% DE-KöSt [F]	0% bis 1,25% LIE-ErtSt [G]
Realisierte Kursgewinne bei Einzelanleihen [D]	26,4% DE-ESt	15,8% DE-KöSt	12,5% LIE-ErtSt
Realisierte Kursgewinne bei Anleihenfonds und -ETFs [D]	26,4% DE-ESt	15,8% DE-KöSt	12,5% LIE-ErtSt

Einkunftsart	Natürliche Person in Deutschland	Deutsche Familienstiftung [A]	Liechtensteinische Familienstiftung [B] [C]
Zinsen/Ausschüttungen bei Einzelanleihen, Anleihenfonds, -ETFs und Bankguthaben [D]	26,4% DE-ESt	15,8% DE-KöSt inkl. SolZ	12,5% LIE-ErtSt
Physisches Gold, einschließlich (i.d.R.) Gold-ETFs/ETPs	max. 47,5%; nach einem Jahr Haltedauer steuerfrei	15,8% DE-KöSt inkl. SolZ; nach einem Jahr Haltedauer steuerfrei	12,5% LIE-ErtSt
Kryptowährungen, einschließlich (i.d.R.) Krypto-ETFs/ETPs	max. 47,5%; nach einem Jahr Haltedauer steuerfrei	15,8% DE-KöSt inkl. SolZ; nach einem Jahr Haltedauer steuerfrei	12,5% LIE-ErtSt

► Steuersätze kaufmännisch gerundet. ► Etwaige Quellensteuern auf Dividenden und Zinsen wurden hier nicht berücksichtigt. ► ESt = Einkommensteuer (bzw. hier Kapitalertragssteuer), KöSt = Körperschaftssteuer, ErtSt = Ertragssteuer. ► [A] Angenommener KöSt-Satz 15%. Es ist vorgesehen, dass dieser zwischen 2028 und 2032 in 1%-Schritten auf 10% abgesenkt wird. ►[B] zzgl. 1800 CHF liechtensteinische Mindestertragssteuer. ► [C] Die Werte in dieser Tabelle beziehen sich auf das konventionelle Ertragssteuerregime in Liechtenstein. ► [D] Bei natürlichen Personen in Deutschland ist der Solidaritätszuschlag berücksichtigt, etwaige Kirchensteuer jedoch nicht. ► [E] Schachtelprivileg: Veräußerungsgewinne aus Einzelaktien sowie Erträge aus Beteiligungen an deutschen Kapitalgesellschaften über 10% sind innerhalb der deutschen FS zu 95% steuerfrei. ► [F] Steuerliche Teilfreistellung bei Aktienfonds berücksichtigt. ► [G] Abhängig davon, ob bei der Beantragung der Steuerbefreiung das vereinfachte oder das ordentliche Befreiungsverfahren gewählt wird, kommt es zu einer 90- oder 100%igen Befreiung von der Ertragssteuer. Das vereinfachte Befreiungsverfahren wird typischerweise dann gewählt, wenn die Zusammensetzung der Fondserträge nicht wie von der liechtensteinischen Finanzverwaltung vorgesehen dargestellt werden kann. Die Regelung ist aus unserer Sicht großzügig gegenüber den Steuerpflichtigen ausgestaltet.

In Tabelle 24 zeigt sich, welche quantitativen Vorteile die Anlage von liquidem Vermögen innerhalb einer deutschen FS oder einer liechtensteinischen FS gegenüber einem Halten im Privatvermögen bietet.

Der größte steuerliche Vorteil ergibt sich bei Aktien, sei es über Direktinvestments oder über breit gestreute Aktienfonds/-ETFs. Kursgewinne und Ausschüttungen werden im Privatvermögen mit rund 26,4% (Einzelaktien) bzw. 18,5% (Aktienfonds/-ETFs) besteuert. In FS – sowohl in Deutschland als auch in Liechtenstein – liegt die effektive Steuerbelastung hingegen nahe null.

Wie groß dieser Unterschied tatsächlich ist, veranschaulicht ein einfaches Zahlenbeispiel. Bei einem Wertpapierportfolio mit einer nominalen Rendite von 7% vor Kosten und Steuern beträgt die Steuerbelastung im Privatvermögen 1,85% – bei einer deutschen FS hingegen 0,22% und bei einer liechtensteinischen FS bestenfalls quasi 0% –, jeweils bezogen auf das gesamte Portfoliovermögen. Das bedeutet, dass der liechtensteinischen FS im langfristigen Durchschnitt jährlich 1,85% mehr Vermögen zur Verfügung steht. Dieser Steuervorteil führt über Jahrzehnte zu einem erheblich höheren Endvermögenswert.

In Liechtenstein sind Veräußerungserlöse und Erträge, die mit ausländischen Immobilien oder Unternehmensbeteiligungen erwirtschaftet wurden, generell von der liechtensteinischen Ertragssteuer freigestellt. Sämtliche in Tabelle 25 aufgeführten Steuern sind daher auf deutscher Seite zu leisten – auch bei einer liechtensteinischen FS, da diese aufgrund der Belegenheit der Vermögenswerte in Deutschland beschränkt steuerpflichtig ist. Dennoch ist die Besteuerung auf Ebene in- und ausländischer FS in Deutschland deutlich attraktiver als im Privatvermögen.

Besonders hervorzuheben ist die Möglichkeit, bei deutschen und liechtensteinischen FS nach zehn Jahren Haltedauer eine in Deutschland belegene Immobilie steuerfrei zu veräußern – ein Privileg, das in- und ausländische vermögensverwaltende GmbHs nicht haben. Selbst wenn es notwendig wäre, die Immobilie vor Ablauf dieser Frist zu verkaufen, würde dies bei einer FS nur etwa ein Drittel der Steuern auslösen, die im Privatvermögen zu bezahlen wären.

Während im Privatvermögen eine Veräußerung von Anteilen an einer Kapitalgesellschaft mit bis zu knapp 30% steuerlich zu Buche schlägt, kann die Belastung durch eine FS in beiden Standorten auf nahe null bzw. null reduziert werden. Dasselbe gilt bei Ausschüttungen von Kapitalgesellschaften, an denen 10% oder mehr gehalten werden. Nur bei Beteiligungen, die unter 10% liegen, fällt die deutsche Körperschaftssteuer zzgl. Solidaritätszuschlag an. Ob Vorteile beim Halten von Personengesellschaften bestehen, ist in erster Linie davon abhängig, ob diese steuerlich einer gewerblichen Tätigkeit nachgehen. Ist dem nicht so, reduziert sich die Steuerlast deutlich, wenn eine FS statt einer natürlichen Person Eigentümer ist, sonst nicht.

Tabelle 25: Besteuerung illiquider Vermögenswerte bei natürlichen Personen und Familienstiftungen in Deutschland sowie bei Familienstiftungen in Liechtenstein

Einkunftsart	**Natürliche Person in Deutschland**	**Deutsche Familienstiftung**	**Liechtensteinische Familienstiftung [A]**
Immobilien: Realisierte Wertsteigerungsgewinne	max. 47,5% zzgl. GrESt; nach zehn Jahren Haltedauer steuerfrei	15,8% DE-KöSt inkl. SolZ zzgl. GrESt; nach zehn Jahren Haltedauer steuerfrei	15,8% DE-KöSt inkl. SolZ zzgl. GrESt; nach zehn Jahren Haltedauer steuerfrei
Immobilien: Laufende Erträge (Mieteinnahmen)	max. 47,5%	15,8% DE-KöSt inkl. SolZ	15,8% DE-KöSt inkl. SolZ
Veräußerung einer dt. Kapitalgesellschaft	Beteiligung < 1%: 26,4% DE-ESt; Beteiligung >= 1%: bis zu 28,5% DE-ESt	0,8% DE-KöSt [B]	0% LIE-ErtSt
Ausschüttungen aus einer dt. Kapitalgesellschaft	26,4% DE-ESt [C]	Beteiligung >= 10%: 0,8% DE-KöSt [B]; Beteiligung < 10%: 15,8% DE-KöSt inkl. SolZ	Beteiligung >= 10%: 0,8% DE-KöSt [B]; Beteiligung < 10%: 15,8% DE-KöSt inkl. SolZ
Veräußerung einer dt. Personengesellschaft	max. 47,5%	15,8% DE-KöSt inkl. SolZ; bei gewerblicher Tätigkeit zusätzlich bis zu 24,5% GewSt. [D]	15,8% DE-KöSt inkl. SolZ; bei gewerblicher Tätigkeit zusätzlich bis zu 24,5% GewSt. [D]
Einkünfte aus einer dt. Personengesellschaft	max. 47,5%	15,8% DE-KöSt inkl. SolZ; bei gewerblicher Tätigkeit der Personengesellschaft zusätzlich bis zu 24,5% GewSt. [D]	15,8% DE-KöSt inkl. SolZ; bei gewerblicher Tätigkeit der Personengesellschaft zusätzlich bis zu 24,5% GewSt. [D]

► Steuersätze kaufmännisch gerundet. ► Etwaige Quellensteuern auf Dividenden und Zinsen wurden hier nicht berücksichtigt, weil sie in allen drei Konstellationen identisch wären. ► GewSt = Gewerbesteuer, GrESt = Grunderwerbssteuer, KöSt = Körperschaftssteuer. ► [A] zzgl. 1800 CHF liechtensteinische Mindestertragssteuer. ► [B] Schachtelprivileg: Veräußerungserlöse und Erträge aus Beteiligungen an deutschen Kapitalgesellschaften über 10% sind innerhalb der deutschen FS zu 95% steuerfrei. ► [C] Unter bestimmten Voraussetzungen kann der Steuerpflichtige das Teileinkünfteverfahren beantragen, welches zu einer niedrigeren Besteuerung führen kann. ► [D] Die GewSt. berechnet sich aus der Steuermesszahl (derzeit: 3,5%) multipliziert mit dem GewSt.-Hebesatz der Gemeinde, in dem die Personengesellschaft ansässig ist. Bis ins Jahr 2024 wurde der höchste GewSt.-Hebesatz mit 900% von der winzigen Gemeinde Dierfeld in Rheinland-Pfalz erhoben, mittlerweile wurde dieser jedoch auf 380% gesenkt. Aktuell gehört die Gemeinde Inden in NRW mit 700% zu den Spitzenreitern. Hieraus ergibt sich eine GewSt. von 3,5% × 700% = 24,5%.

Die niedrige Besteuerung auf Stiftungsebene hat jedoch nichts mit Freigiebigkeit der nationalen Finanzverwaltungen zu tun, sondern beruht auf rein ökonomischen Überlegungen. Während die im Privatvermögen versteuerten Erträge direkt für Konsumzwecke verwendet werden können, müssen sie den Begünstigten einer FS erst ausgeschüttet werden, damit diese sie nutzen können. Die Zuwendungen müssen von den Begünstigten – wie in Buchstabe (c) dieses Abschnitts dargestellt – versteuert werden, sofern es sich um Begünstigungsleistungen oder Zinszahlungen handelt, die Tilgung eines Darlehens muss nicht versteuert werden.

Soll der Kapitalstock für möglichst viele Generationen bewahrt und gemehrt werden, schüttet eine FS üblicherweise pro Jahr nicht mehr als 1 bis 4% ihres Gesamtvermögens in Form von Tilgungs- und Zinszahlungen bzw. Begünstigungsleistungen aus. Daher kommt es trotz der zweistufigen Besteuerung über zehn, 20, 30 und mehr Jahren zu einem erheblichen Steuerstundungseffekt.

(b) Die Erbersatzsteuer bei deutschen Familienstiftungen

Bereits mehrfach in diesem Buch ist uns die Erbersatzsteuer begegnet. Diese sorgt dafür, dass bei einer deutschen FS die Erbschaftssteuerbelastung bezogen auf das Stiftungsvermögen (und bezogen auf die Zeit nach der Vermögenseinbringung) erhalten bleibt. Wie wir nachfolgend sehen werden, ist es im Gegensatz dazu durch eine liechtensteinische FS möglich, die Erbschaftssteuerbelastung für das Stiftungsvermögen ein für alle Mal auf null zu reduzieren. Tabelle 26 illustriert dies auf anschauliche Weise.

Tabelle 26: Schenkungs- und Erbschaftssteuersätze bei natürlichen Personen und Familienstiftungen in Deutschland sowie bei Familienstiftungen in Liechtenstein

Schenkungs- und Erbschaftssteuersätze bezogen auf das Verwandtschaftsverhältnis zum Empfänger	Natürliche Person in Deutschland	Deutsche FS: Erbersatzsteuer	Liechtensteinische FS
Steuerklasse I (z.B. Ehegatten, Lebenspartner, Kinder, Stiefkinder)	7% bis 30%	7% bis 30%	0%
Steuerklasse II (z.B. Eltern, Geschwister)	15% bis 43%	7% bis 30%	0%
Steuerklasse III (alle anderen Erwerber)	30% bis 50%	7% bis 30%	0%

► Ohne Berücksichtigung von Freibeträgen.

Im Gegensatz zu natürlichen Personen können FS nicht sterben. Somit wird das Stiftungsvermögen nie wieder vererbt werden, wodurch der Anlass zur Auslösung der Erbschaftssteuer entfällt. In der Praxis gilt das in der Tat für liechtensteinische FS, nicht jedoch für deutsche FS. Der deutsche Steuergesetzgeber kompensiert den Wegfall von Steueraufkommen mit der sogenannten Erbersatzsteuer. Alle 30 Jahre lässt die deutsche Finanzverwaltung inländische FS fiktiv sterben wie den noch lebenden Elternteil einer Familie mit zwei Kindern. Das Stiftungsvermögen wird dabei fiktiv zu zwei gleichen Teilen an die Kinder vererbt, und im Anschluss müssen die Beträge, die oberhalb des jeweiligen Freibetrags von 400 000 Euro liegen, mit den Steuersätzen der Steuerklasse I – bis zu 30% – versteuert werden. Bei einem 14 Mio.-Euro-Wertpapierportfolio (nach 30 Jahren bei einem Startwert von 2 Mio. Euro nach Abzug aller Kosten und Steuern kein unrealistischer Vermögensendwert) fallen so ca. 3 Mio. Euro Erbersatzsteuer an. Eine erhebliche Belastung für das Familienvermögen, die alle 30 Jahre wiederkehrt. Bildet die deutsche FS keine ausreichend hohen Reserven bis zur Fälligkeit, kann es zu einem schweren Liquiditätsengpass kommen, der nur durch eine Stundung der Steuerschuld durch die deutsche Finanzverwaltung zu einem Zinssatz von 5,5% p.a. geheilt werden kann – außer die Stiftung erhält auf dem freien Markt einen Kredit zu günstigeren Konditionen, was in der aktuellen Zinslandschaft (Januar 2026) eher unwahrscheinlich ist.

(c) Besteuerung von Zahlungen der Stiftung an Begünstigte und Darlehensgeber

Kommt es zu einem Liquiditätszufluss an den Stifter, seine Angehörigen oder Dritte aus dem Vermögen der FS, so handelt es sich üblicherweise entweder um (a) eine Zuwendung (Ausschüttung), also eine Begünstigungsleistung zur Erfüllung des Stiftungszwecks, oder – sofern ein Darlehen an die Stiftung ausgereicht wurde – um (b) eine Zinszahlung oder (c) eine Tilgungsleistung.

Beschließt der Stiftungsvorstand eine Zuwendung an einen in Deutschland steuerlich ansässigen Begünstigten nach den Bestimmungen des Begünstigungsreglements, so wird auf den Geldbetrag bzw. auf den Gegenwert der Sachleistung die Abgeltungssteuer inkl. SolZ in Höhe von 26,4% erhoben. Eine Quellenbesteuerung von Begünstigungsleistungen seitens der liechtensteinischen Finanzverwaltung erfolgt nicht.

Letzteres ist im Übrigen ein weiterer wesentlicher Steuervorteil einer liechtensteinischen FS gegenüber einer deutschen. Zahlt eine deutsche FS eine Begünstigungsleistung an einen im Ausland steuerlich ansässigen Begünstigten aus, so muss sie stets 26,4% Quellensteuer einbehalten. Existiert ein DBA mit dem Wohnsitzstaat des Begünstigten, dann kann er sich je nach Ausgestaltung einen Teil dieser deutschen Steuer rückerstatten lassen, sodass diese sich auf einen Prozentsatz von bis zu 15% reduziert. Auf null bringen ließe sie sich nur, wenn das Doppelbesteuerungsabkommen zwischen Deutschland und dem Wohnsitzstaat eine ausschließliche Besteuerung dieser Erträge im Wohnsitzstaat vorsehen würde, was aber äußerst selten der Fall sein dürfte. Schlimmstenfalls kommt es jedoch zu einer Doppelbesteuerung, wenn zwischen der neuen Heimat des Stifters und Deutschland kein DBA besteht. Die geschilderte Ausgangssituation führt dazu, dass die deutsche FS im Vergleich zur liechtensteinischen im Falle eines nicht in Deutschland lebenden Begünstigten in der Regel mehr Vermögen aufwenden muss, damit der gleiche Nettobetrag beim Begünstigten ankommt.

Besonders relevant ist dieser Umstand für deutsche Unternehmer, die mit einer deutschen FS die Wegzugsbesteuerung vermeiden möchten, bevor sie ihren Wohnsitz ins Ausland verlagern. Sowohl bei einer deutschen wie auch bei einer liechtensteinischen FS werden die Anteile einer Kapitalgesellschaft, die in die Stiftung eingebracht wurden, unter normalen Umständen nie wieder der deutschen Wegzugsbesteuerung unterliegen. Allerdings ist dieser Vorteil bei einer deutschen FS geringer, weil bei einem im Ausland lebenden Begünstigten perspektivisch »jahrhundertelang« deutsche Quellensteuer auf jede ausgezahlte Begünstigungsleistung anfallen kann, nicht so bei einer Liechtensteiner FS.

Zinszahlungen an den Darlehensgeber im Rahmen einer darlehenswegigen Vermögensübertragung müssen bei einem im Deutschland ansässigen Darlehensgeber mit 26,4% (Abgeltungssteuer inkl. SolZ) versteuert werden (ggf. zzgl. Kirchensteuer). Auch hier können im Falle eines außerhalb von Deutschland lebenden Darlehensgebers Steuervorteile bestehen, wenn dieser in seinem Ansässigkeitsland solche Einkünfte mit weniger als 26,4% besteuern muss.

Tilgungsleistungen an den Darlehensgeber sind steuerlich in jedem Land unbeachtlich, also steuerfrei.

(d) Zusammengefasst: Welche steuerlichen Vorteile bieten Familienstiftungen?

Abschließend können wir festhalten, dass sich die Steuerbelastung des Familienvermögens durch die Einbringung in eine FS langfristig deutlich senken lässt. Ganzheitlich betrachtet hat der Standort Liechtenstein bei der steuerlichen Situation im Vergleich zu Deutschland dabei die Nase vorn.

Die deutsche FS senkt die laufende Ertragsbesteuerung in Relation zum Privatvermögen zwar spürbar, die Erträge einer liechtensteinischen FS werden aber noch attraktiver besteuert. Bleibt es bei der schrittweisen Senkung der Körperschaftssteuer von 15% auf 10% bis 2032 in Deutschland, werden manche Anlageklassen wie Anleihen, Gold und Kryptoanlagen in einer deutschen FS in die Zukunft gerichtet etwas attraktiver besteuert als in einer liechtensteinischen.[137] Ein großes Manko im Vergleich zur liechtensteinischen FS aber bleibt bestehen: die Erbersatzsteuer.

Als Vorteil der Erbsatzsteuer relativ zur konventionellen Erbschaftssteuer wird in der Praxis gelegentlich angeführt, dass sie besser planbar sei als die Erbschaftssteuer beim Versterben einer natürlichen Person – ein ambivalentes Argument, wenn ein »Sprung über die Grenze« ausreicht, um diese erhebliche Substanzbesteuerung aus der Gleichung der Vermögensnachfolge vollständig zu streichen. Das Rechenbeispiel in Abschnitt 9.4.3 veranschaulicht, dass allein die Ersparnis im Falle einer liechtensteinischen FS durch die nicht anfallende Erbschaftssteuer ihren zusätzlichen Aufwand im Rahmen der Einbringung von Vermögen und ihrer Betriebskosten in aller Regel rechtfertigt, wenn der Betrachtungszeitraum hinreichend lang ist. Noch stärker wirkt sich der Effekt zugunsten einer liechtensteinischen FS aus, wenn sich durch die Einbringung spezifischer Vermögenswerte eine steuerliche Mehrfachbelastung im Todesfall aufgrund von internationalen Eigentumsbeziehungen vermeiden lässt.

137 In Bezug auf Gold und Kryptoanlagen gilt dies, sofern die bisherige attraktive Besteuerung dieser Anlageklassen (wenn sie im Privatvermögen liegen) nicht irgendwann abgeschafft wird, was Abgeordnete mehrerer im Bundestag vertretenen Parteien seit längerer Zeit fordern.

9.6.2 Anfängliche und laufende Kosten liechtensteinischer Familienstiftungen

(a) Anfängliche Kosten für die Stiftungserrichtung

Bei der Stiftungserrichtung fällt aufseiten des Treuhänders ein Honorar für die Erstellung der Stiftungsdokumentation (das ist der Hauptaufwand) einschließlich etwaiger Darlehensverträge (soweit eine darlehenswegige Einbringung erfolgen soll), die Durchführung des initialen Compliance-Prozesses (die Erstellung des Mittelherkunftsnachweises und anderes) sowie die Abstimmung mit den örtlichen Behörden an. Hinzu kommen Zahlungen an staatliche Stellen. Der übliche Kostenrahmen bewegt sich bei einfachen Strukturen im mittleren bis oberen vierstelligen Bereich.

Die Kosten für einen deutschen Steuerberater, der die Stiftungsdokumentation sowie den Darlehensvertrag dahingehend prüft, dass es in Deutschland beim Stifter nicht zu unerwünschten steuerlichen Komplikationen kommt, schlägt üblicherweise mit einem mittleren bis hohen vierstelligen Einmalbetrag zu Buche.

Die Vergütung für die Prüfung der Bestimmungen zur Foundation Governance in der Stiftungsdokumentation durch einen auf Stiftungsrecht spezialisierten Rechtsanwalt, der dem Treuhänder weder wirtschaftlich noch persönlich nahesteht, bewegt sich üblicherweise im niedrigen bis mittleren vierstelligen Bereich.

Für alle genannten Parteien gilt: Unsere Angaben beziehen sich auf einfach gehaltene Strukturen – nur liquides einzubringendes Vermögen in einer zweistufigen Organstruktur (Vorstand und Aufsichtsorgan, keine weiteren Gremien). Mit steigender Komplexität, insbesondere wenn Immobilien oder Unternehmensbeteiligungen eingebracht werden sollen und es zur Neuetablierung von Zwischenholdings unterhalb der Stiftung kommt, können die Kosten höher ausfallen.

(b) Laufende Kosten der Stiftungsverwaltung

Im Treuhandbereich gibt es im laufenden Betrieb einer liechtensteinischen Familienstiftung (FS) mehrere gebräuchliche Vergütungsvarianten: von rein stundenbasierter Abrechnung über eine fixe Vergütung zzgl. stundenbasierter Abrechnung bei Sonderaufwänden bis zur Vereinnahmung von prozentualen Gebühren, die abhängig von der Höhe des Stiftungsvermögens sind. Da beim ersten Modell die Gefahr des »unverhältnismäßigen Stundenschindens« besteht, sind die Modelle 2 und 3 tendenziell vorzuziehen.

Erfragen Sie bereits frühzeitig eine Aufstellung der inkludierten Leistungen und schriftlich festgehaltenen Kostenschätzungen. Für das erwartbare Tagesgeschäft sollten folgende Kosten inkludiert sein: Honorare der Vorstandsmitglieder, sämtliche Aufwände für die Administration und Compliance-Tätigkeiten sowie laufende externe Gebühren (z.B. für Versicherungen, ggf. Buchhaltung und Abschlusserstellung).

Bei einfachen Strukturen dürfte eine jährliche Vergütung zwischen 7 000 und 12 000 CHF für den oben genannten Leistungsumfang bei liechtensteinischen FS marktüblich und angemessen sein. Es gilt: Je komplexer die Vermögensstruktur und je mehr Vermögen verwaltet wird, desto höher sind tendenziell die anfallenden Kosten. Auch hier lohnt es sich, Vergleichsangebote einzuholen.

Bei liquiden Vermögenswerten lassen sich die Kostenkomponenten grob in drei Kategorien unterteilen: Vergütung für den Vermögensverwalter, Kosten des Portfolios und Gebühren der Depotbank. Nur wenn diese in ihrer Gesamtheit berücksichtigt und bewertet werden, ist eine objektive Einschätzung und ein fairer Vergleich zwischen unterschiedlichen Angeboten möglich.

Vermögensverwalter für Kapitalmarktanlagen vereinnahmen für ihre Tätigkeit üblicherweise eine prozentuale laufende Gebühr auf das verwaltete Vermögen (Assets-under-Management-Fee). Diese liegt bei Vermögen über 2 Mio. Euro üblicherweise merklich unter 1% p.a. netto (exklusive Mehrwertsteuer). Einige Vermögensverwalter ermöglichen die Vereinbarung einer Rabattstaffel – mit steigendem verwaltetem Vermögen verringert sich dann die prozentuale Per-annum-Vergütung signifikant.

Viele Vermögensverwalter vereinnahmen darüber hinaus sogenannte Performance Fees, also gewinnabhängige Gebühren. Diese klingen auf den ersten Blick attraktiv und fair, weil dabei die Vorstellung besteht, dass man als Kunde nur bezahlt, »wenn auch die Rendite stimmt«. Was nach gleichgerichteten Interessen und einer guten Incentivierung für den Vermögensverwalter aussieht, ist in Wirklichkeit mehrheitlich eine unnötig teure und oft genug unnötig risikoreiche Mogelpackung. Warum das so ist, zeigen wir im Blogbeitrag Kommer/Schweizer 2019i.

Dass wir aktive Investmentstrategien – also das, was 90% aller Großbanken, Privatbanken und bankunabhängigen Vermögensverwalter anbieten – für einen grundsätzlich falschen Weg und insbesondere auch einen unnötig teuren Weg halten, haben wir in den Kapiteln 2 bis 8 dargelegt. Kostengünstige ETF- und Indexfonds-Portfolios liegen üblicherweise bei laufenden Kosten von 0,15% bis 0,4% – abhängig von der Aktienquote und der gewählten Anlagestrategie.

Die Kosten für die Depotführung und den Wertpapierhandel belaufen sich bei kompetitiven Banken in Liechtenstein mit umfassendem Service für Stiftungen auf etwa 0,10% bis 0,20% pro Jahr.

Falls Immobilien eingebracht werden, wird der Stiftungsvorstand eine Hausverwaltung vor Ort engagieren, da es ihm nicht möglich ist, die Administration selbst zu übernehmen.

Bei Unternehmensbeteiligungen wird der Treuhänder nicht die Rolle eines Eigentümers in der Gesellschafterversammlung übernehmen wollen und sollte das normalerweise auch nicht, weil ihm dafür, wenn man ehrlich ist, das Know-how fehlt. Daher dürfte hier im Allgemeinen – Ausnahmen mögen die Regel bestätigen – der klügere Weg sein, eine Zwischenholding zu etablieren – sofern die Familienmitglieder nicht selbst in verantwortungsvollen Positionen im Unternehmen tätig sind. Die Stiftung ist der 100%-Gesellschafter der Zwischenholding. Diese wiederum hält die Anteile am operativen Unternehmen. Der Stifter oder Familienmitglieder von ihm sind in der Geschäftsleitung der Zwischenholding vertreten und vertreten daher die Stiftung als Eigentümer.

9.6.3 Zusammengefasst: Die steuerliche Seite und Kosten einer Familienstiftung

Ausgehend davon, dass (a) die liechtensteinische Familienstiftung (FS) initial ausschließlich mit liquiden Vermögenswerten ausgestattet wird und (b) üblicher Aufwand für die Ausgestaltung der Stiftungsdokumentation sowie die Prüfung und Gestaltung steuerrechtlicher Sachverhalte anfällt, sind anfängliche Gesamtkosten zwischen 15 000 bis 25 000 Euro realistisch und angemessen.

Die jährlichen laufenden Kosten einer liechtensteinischen FS bei der Auswahl gleichermaßen fachlich kompetenter und kosteneffizienter Dienstleister (Stiftungsmanagement, Vermögensverwalter, Depotbank,

Hausverwaltung) sowie einer klugen Portfoliostrukturierung bewegen sich abhängig vom verwalteten Vermögen all-in im Bereich von 1,6% bei einem Stiftungsvermögen von 2 Mio. Euro bis unter 0,8% bei einem Stiftungsvermögen von 10 Millionen Euro oder mehr.

Übersteigt die Kostenquote merklich die genannten Werte, liegt die Vermutung nahe, dass einer oder mehrere der aktuell ins Auge gefassten Dienstleister marktunübliche Konditionen quotiert haben.

Die anfänglichen und fortlaufenden Kosten können bei komplexeren Strukturen (z.B. aufgrund hohen administrativen Aufwands oder aufwendigeren Vermögenswerten wie Immobilien oder nicht börsennotierten Unternehmensbeteiligungen) höher ausfallen.

Ein netter Nebeneffekt das Standorts Liechtenstein: Die Umsatzsteuer beträgt dort 8,1% im Gegensatz zu 19% in Deutschland. Das macht Dienstleistungen etwa 10% günstiger.

Der Steueraufwand für die Vermögenseinbringung und der Kostenaufwand für den Betrieb einer Stiftung werden jedoch auf lange Sicht, insbesondere im Falle von liechtensteinischen FS, durch die großen Steuervorteile für Vermögen innerhalb einer FS kompensiert.

Dazu kommen naturgemäß noch die nicht quantifizierbaren Vorteile einer liechtensteinischen FS auf dem Gebiet der Asset Protection, Vermögensnachfolge und Sicherung des Familienfriedens über Generationen hinweg.

9.7 Die innere Organisation einer Familienstiftung

Führt man unsere Einblicke aus den Abschnitten 9.3 und 9.4 zusammen, wird ersichtlich, dass der Stiftungsstandort Liechtenstein für deutsche Stifter, die das in diesem Buch vorgestellte Vermögensschutzkonzept umfassend umsetzen möchten, zumeist besser geeignet ist als Deutschland. Deswegen fokussieren wir uns in den Abschnitten 9.7 und 9.8 darauf, die Situation eines in Deutschland steuerlich ansässigen Stifters zu schildern, der eine liechtensteinische Familienstiftung (FS) errichtet. Punktuell stellen wir allerdings auch den Bezug zur Errichtung einer deutschen FS durch einen deutschen Stifter dar, wo es sinnvoll erscheint.

9.7.1 Das Zusammenspiel aus Stiftungsdokumentation und Stiftungsorganen

Die Tatsache, dass eine Stiftung keine Eigentümer hat und die Mitglieder der Geschäftsleitung der Stiftung keine Eigentümer der Stiftung sind, bewirkt eine gesellschaftsrechtlich zunächst ungewöhnlich erscheinende Konstellation: Es gibt an sich niemanden, der quasi automatisch wie bei einem Unternehmen direkte und indirekte Eigentümerkontrollrechte ausübt, insbesondere von Zeit zu Zeit prüft, ob die zielgerichtete Verfolgung des Organisationszweckes (hier des Stiftungszwecks) sowie die ordnungsgemäße Verwaltung der Vermögenswerte gewährleistet sind. Bei einem normalen Unternehmen (Kapitalgesellschaft oder Personengesellschaft) übernehmen bekanntlich primär Gesellschafter, also die ultimativen Eigentümer des Firmenvermögens, diese Kontrollfunktion. Das Unternehmen könnte sich selbst ein zusätzliches eigenständiges Kontrollgremium geben und bei Aktiengesellschaften ist ein solches sogar gesetzliche Pflicht.

In einer deutschen Familienstiftung (FS) wird diesem »Kontrolldefizit« in der Praxis häufig dadurch entgegengewirkt, dass der Stifter und/oder andere Begünstigte in den Vorstand (die Geschäftsleitung) berufen werden. Das ist hier stiftungsrechtlich und steuerrechtlich möglich.

Diese Möglichkeit besteht für die Stifter und Begünstigten einer liechtensteinischen FS jedoch zumeist de facto nicht. So wie § 15 Abs. 6 des deutschen Außensteuergesetzes (DE-AStG) von den meisten deutschen Finanzämtern heute ausgelegt wird, ist eine Mitwirkung des Stifters oder Begünstigten in der Geschäftsleitung einer ausländischen FS aus steuerlicher Perspektive nicht ausgeschlossen, aber zumindest risikoreich.

Je nach Ausgestaltung kann eine solche Mitarbeit die steuerliche Intransparenz (siehe dazu Abschnitt 2.3 [e]) der FS in Deutschland gefährden, die von den allermeisten Stiftern gewünscht ist. Die Folge wäre die steuerliche Hinzurechnung der laufenden Stiftungserträge zum Einkommen des Stifters und der Begünstigten in Deutschland, die diese dann versteuern müssen, obwohl sie keine Zuwendungen erhalten haben (auch »dry income«-Besteuerung genannt). Zweitens könnte der Wohnsitz eines in Deutschland ansässigen Vorstandsmitglieds durch die deutschen Behörden als ein Indikator für einen Ort der Geschäftsleitung in Deutschland gewertet werden. Damit würde die liechtensteinische Stiftung steuerrechtlich zu einer deutschen Stiftung, die dann naturgemäß selbst in Deutschland unbeschränkt steuerpflichtig wäre.

Problematisch ist zudem, dass sich zivilrechtlich bei einer Beteiligung des Stifters in der Geschäftsleitung die Frage stellt, ob er sich tatsächlich von seinem Vermögen getrennt hat. Im Fachjargon: Es ist fragwürdig, ob er tatsächlich das *Vermögensopfer* erbracht hat. Die Antwort wird stark abhängig davon sein, wie viel Einfluss der Stifter tatsächlich noch hat. Relevant wird die Fragestellung dann, wenn zivilrechtliche Ansprüche gegen den Stifter direkt oder die FS gestellt werden. Im schlimmsten Fall wird ihm das Stiftungsvermögen in Fällen der Gläubigerhaftung, bei Zugewinnausgleichsstreitigkeiten oder in Fragen des Pflichtteilsrechts weiterhin zugerechnet. Die Vermögensschutzwirkung wäre verfehlt.

Abseits dieser Faktoren sollte außerdem bedacht werden, dass die Beteiligung dieses Personenkreises in der Geschäftsführung langfristig für »Unruhe« innerhalb der Stiftung und des Begünstigtenkreises sorgen kann. Das gilt insbesondere bei mehreren Familienzweigen, die nicht gleichermaßen in der Geschäftsleitung vertreten sind. Schnell kann der Vorwurf im Raum stehen, dass das begünstigte Vorstandsmitglied sein Amt interessenkonfliktbehaftet zu seinen Gunsten oder zugunsten seiner engsten Angehörigen ausübt. Selbst wenn der Betroffene stets korrekt gehandelt hat, kann eine solche Anschuldigung genutzt werden, um Familienfehden von der privaten Sphäre in die FS zu tragen. Das führt dort schlimmstenfalls zu hohen finanziellen Schäden, z.B. durch erheblichen zusätzlichen Verwaltungsaufwand und potenziell teure gerichtliche Auseinandersetzungen.

Aus den genannten Gründen sollte sowohl eine deutsche und natürlich noch mehr eine liechtensteinische FS von Anfang an so konzipiert werden, dass sie operativ ohne die Mitwirkung des Stifters und der Begünstigten in der Geschäftsführung funktioniert.

Nicht wenige Vermögende, die eine liechtensteinische FS in Betracht ziehen, empfinden die Tatsache, dass sie bei dieser als Stifter zu Lebzeiten nicht selbst in der Geschäftsleitung vertreten sein sollten, als einen gravierenden Nachteil. Sie sehen das als eine übermäßige »Kontrollreduktion«. Wir halten diese Sorge für verständlich, aber zugleich übertrieben, da sich der Stifter weiterhin eine Reihe von Einflussmöglichkeiten erhalten kann, die wir in Abschnitt 9.7.5 ausführlich beschreiben.

Für das grundlegende Verständnis gehen wir nachfolgend auf die Ausgestaltung des Zwecks einer FS ein, geben einen Überblick zu den Bestandteilen der Stiftungsdokumentation und beschreiben zentrale Eigenschaften einer gelungenen Foundation Governance.

Die Foundation Governance ist die Gesamtheit aller internen Vorschriften (sowie ihrer gelebten Umsetzung) in einer Stiftung, mit denen angestrebt wird, dass die Geschäftsleitung im Sinne aller relevanten Interessengruppen (Stifter, Begünstigte, Vorstand, Aufsichtsorgan, Dienstleister) geführt wird und eine laufende Kontrolle stattfindet. Mit anderen Worten: Alle Beteiligten sollen hinreichend happy mit der Stiftung sein.

9.7.2 Die Stiftungsdokumentation (Stiftungsurkunde und andere Dokumente)

(a) Stiftungsurkunde, Stiftungszusatzurkunde und Reglemente

Die *Stiftungsurkunde* ist die Verfassung, die der Stiftung bei Errichtung durch den Stifter gegeben wird. Sie enthält neben Basisinformationen wie dem Namen oder dem Sitz die wesentlichen Regelungen zum Zweck und zur Organisation der Stiftung. Diese Ausführungen können in einer *Stiftungszusatzurkunde* weiter präzisiert oder ergänzt werden.

Sachverhalte, die langfristig einer Regelung bedürfen, aber nicht in der Stiftungsurkunde oder -zusatzurkunde geregelt werden sollen, können in einem sogenannten *Reglement* (Liechtensteiner Stiftungsjargon) festgehalten werden. Diese Auslagerung ergibt Sinn bei Bestimmungen, die regelmäßig an aktuelle Gegebenheiten angepasst werden sollen, da Reglemente zu einem späteren Zeitpunkt einfacher abänderbar sind als Stiftungsurkunde und -zusatzurkunde. Beispiele hierfür sind die Geschäftsordnung (Organisationsreglement), die Rahmenbedingungen der Vermögensanlage (Anlagereglement) oder die Konkretisierung der Begünstigungen (Begünstigungsreglement).

Die einzelnen Dokumente dürfen sich untereinander nicht widersprechen – tun sie es doch, hat die Stiftungsurkunde Vorrang vor der Stiftungszusatzurkunde, die Stiftungszusatzurkunde wiederum Vorrang vor den Reglementen.

Im Weiteren werden wir die Gesamtheit aus Stiftungsurkunde, -zusatzurkunde und Reglementen als *Stiftungsdokumentation* bezeichnen.[138]

---

138 Das deutsche Stiftungsrecht sieht keine Unterscheidung zwischen Stiftungsurkunde und Stiftungszusatzurkunde vor. Es gibt hier nur ein einzelnes Dokument, die Stiftungssatzung. Der Erlass von zusätzlichen Bestimmungen, wie einer Geschäftsordnung des Vorstands oder einer Anlagerichtlinie, ist jedoch möglich.

Die Stiftungsurkunde und die -zusatzurkunde sind nach Errichtung der Stiftung nur unter strengen Voraussetzungen änderbar. Die Formulierung des Stiftungszwecks – der vielleicht wichtigste einzelne Teil der Stiftungsurkunde – kann nur angepasst werden, wenn er unerreichbar, unerlaubt oder vernunftwidrig geworden ist oder zum Zeitpunkt der Entscheidung eine andere Bedeutung hat oder Wirkung entfaltet, als es ursprünglich vom Stifter vorgesehen war. Andere Inhalte wie die Organisation können u.U. geändert werden, wenn der Stifter den Stiftungsorganen die Berechtigung dazu gegeben hat. Mehr zum Stiftungszweck weiter unten.

Generell muss sich der Stifter darauf verlassen können, dass sein Wille bei der Verwaltung und Verwendung des Stiftungsvermögens Bestand hat und die von ihm festgelegten Regelungen nicht nach Belieben und schlimmstenfalls gegen seine ursprüngliche Absicht von Geschäftsführung und Aufsichtsorgan manipuliert werden können. Deswegen sieht der liechtensteinische Gesetzgeber hohe Hürden für nachträgliche Anpassungen vor. Reglemente wiederum können im laufenden Betrieb gemäß der in der Stiftungsdokumentation vorgesehenen Prozesse geändert werden.

Durch diese strengen gesetzlichen Schutzmechanismen hat der Stifter mit einer sorgfältig konzipierten Stiftungsdokumentation ein mächtiges Werkzeug in der Hand, um sicherzustellen, dass die Stiftungsverantwortlichen in seinem Sinne handeln, denn sie sind – neben den liechtensteinischen Gesetzen – einzig und allein den dort festgelegten Regelungen verpflichtet. Es ist ihnen rechtlich untersagt, in ihrer Tätigkeit im Eigen- oder Fremdinteresse zu handeln – nur die Interessen der Stiftung zählen. Würden sie sich im schlimmsten anzunehmenden Szenario am Vermögen der Stiftung unrechtmäßig bereichern, machen sie sich damit strafbar und sichern sich einen der wenig begehrenswerten Plätze in einer Justizvollzugsanstalt. Dies gilt für einen Treuhänder im gleichen Maße wie für Familienmitglieder, die ggf. für die Stiftung tätig sind.

Innerhalb seiner Familie kann der Stifter so eine Institution schaffen, die frei von familiären und externen Interessenkonflikten ist und mit fachlicher Kompetenz sein Lebenswerk mit dem in die Stiftung eingebrachten Vermögen fortsetzt und sich um die Anliegen kümmert, die ihm zu Lebzeiten wichtig waren. Kein zwischenmenschliches Band, egal, wie stark die Verbindung ist, kann eine ähnlich dauerhafte Verbindlichkeit schaffen.

(b) Der Stiftungszweck

Bei der Formulierung des Stiftungszwecks in der Stiftungsurkunde ist der Stifter frei – solange dieser nicht gesetzeswidrig ist und ausreichend konkret formuliert ist. Letzteres ist wichtig, weil der in der Stiftungsurkunde festgehaltene Stiftungszweck den Stiftungsorganen (Vorstand und Aufsichtsorgan, wenn es ein solches gibt) als Orientierungshilfe dient, besonders wenn sie Entscheidungen unter Unsicherheit treffen müssen. Es steht die Frage im Vordergrund, wie der Stifter in derselben Situation gehandelt hätte – unter zusätzlicher Berücksichtigung seines ökonomischen und sozialen Hintergrunds sowie seiner persönlichen Werte.

Zwei übergeordnete Ziele sollten im Stiftungszweck einer Familienstiftung (FS) stets betont werden, um das von uns vorgeschlagene Vermögensschutzkonzept bestmöglich abzubilden.

Erstens: die wirtschaftliche Unterstützung und Förderung des Stifters und seiner Familie inklusive naher Verwandter und noch ungeborener Nachkommen, ferner ggf. enger Vertrauter der Familie. Besonders erstrebenswert erscheinen den meisten Stiftern dabei Zuschüsse für die Erziehung und Bildung von Familienmitgliedern sowie eine Absicherung gegen Notlagen (z.B. hohe Behandlungskosten bei schwerer Krankheit oder zivil- und strafrechtliche Verfolgung). Es ist ebenso möglich, dass die FS den Begünstigten fortlaufend wirtschaftliche Vorteile gewährt, um einen bestimmten Mindestlebensstandard sicherzustellen. Benötigt ein Familienmitglied aufgrund physischer oder psychischer Einschränkungen intensive Betreuung, kann eine FS diese gewährleisten. Auch die im Rahmen des Gesetzes möglichst zinsgünstige Gewährung von Darlehen für Eigenheimkauf oder Existenzgründung ist denkbar.

Eine bedingungslose Unterstützung ihrer Angehörigen sehen viele Stifter hingegen kritisch. Sie möchten sie zwar dabei unterstützen, sich eigenständig ein erfolgreiches und erfülltes Leben aufzubauen, und sie gleichzeitig absichern – Müßiggang möchten sie jedoch nicht fördern.

Zweitens: Um sicherzustellen, dass die FS die Versorgung des designierten Personenkreises über Generationen hinweg leisten kann, muss gleichfalls als Zweck vorgesehen werden, dass sie das gewidmete Vermögen über einen möglichst langen Zeitraum bewahren und mehren soll. Damit die Anforderung zum Vermögenserhalt nicht der Abdeckung existenzieller Bedürfnisse entgegensteht, wird der Zeithorizont dieses Ziels explizit nicht als für die Ewigkeit definiert. So steht die Versorgung aktuell in Not geratener Begünstigter stets im Vordergrund, selbst wenn das zulasten künftiger Generationen geht.

Werden größere Vermögen in eine FS eingebracht, übersteigen die Erträge oft die tatsächlich benötigten Mittel für die ausreichende Versorgung der Familie. Gehen die Erträge über das hinaus, was (a) kurzfristig den Begünstigten und ggf. Darlehensgebern zur Verfügung gestellt und (b) zur langfristigen Ertragssteigerung thesauriert werden soll, können diese Überschüsse gemeinnützigen Organisationen zugeführt werden. Dieses Ziel ist im Stiftungszweck einer FS den beiden zuvor genannten Zielen typischerweise untergeordnet.

(c) Die Foundation Governance

Nachfolgend beschreiben wir die zentralen Maßstäbe, an denen sich eine Stiftungsdokumentation messen lassen muss, wenn sie den Ansprüchen einer modernen und vorausschauend ausgestalteten Foundation Governance genügen soll.

- *Klare Verantwortlichkeiten schaffen:* Gute Governance, ob bei Unternehmen oder bei Stiftungen, zeichnet sich durch klare Definitionen von Zuständigkeiten für Prozesse und Entscheidungen ohne Überschneidungen oder Lücken aus. Die Frage: »Wer ist wofür verantwortlich?« muss stets eindeutig beantwortet werden können. Detaillierte Regelungen zum Rhythmus und Ablauf von Sitzungen der Organe, der Dokumentation von Entscheidungsprozessen und der Beschreibung der Rechte und Pflichten der für die Stiftung tätigen Personen schaffen einen Rahmen, der verantwortungsvolles Handeln fördert.
- *»Checks and Balances« etablieren:* Die Geschäftsleitung muss incentiviert werden, das eingebrachte Vermögen verantwortungsvoll zu bewirtschaften und zu verwenden. Gleichzeitig muss sichergestellt sein, dass sie in ihrer Tätigkeit gewissenhaft kontrolliert wird. Da es bei einer Stiftung keine Anteilseigner gibt, die aufgrund ihres ureigenen Interesses als Eigentümer achtgeben, dass es in der Stiftung mit rechten Dingen zugeht, bedarf es eines Aufsichtsorgans und mit ihm verbundene wirksame Mechanismen, um Fehlentwicklungen schnell und effektiv entgegenzuwirken. Es darf keine »toten Winkel« geben. Werden wesentliche Aufgabenbereiche an externe Dienstleister wie Ver-

mögensverwalter ausgelagert, muss deren Wirken ebenso regelmäßig und sorgfältig geprüft werden.

- *Vier-Augen-Prinzip sicherstellen:* Entscheidungsprozesse in und unter den Stiftungsorganen müssen so ausgestaltet werden, dass Alleingänge von Einzelpersonen bei Sachverhalten mit hoher Tragweite nicht möglich sind, insbesondere bei strategischen Entscheidungen über die Verwaltung und Verwendung des Stiftungsvermögens. Dies kann z.B. erreicht werden, indem den Stiftungsvorständen ein kollektives Zeichnungsrecht (anstatt einem Einzelzeichnungsrecht) erteilt wird. Diese Vorsichtsmaßnahme verlangsamt Abläufe unwesentlich im Vergleich zur Sicherheit, die durch sie geschaffen wird.
- *Interessenkonflikte anerkennen und professionell managen:* Interessenkonflikte sind unvermeidbar in einer Organisation, in der über einen langen Zeitraum abweichende persönliche, familiäre und wirtschaftliche Interessen (Stifter, begünstigte und nicht begünstigte Angehörige des Stifters, Dienstleister usw.) aufeinandertreffen und über große Vermögen entschieden wird. Ausschlaggebend ist der Umgang mit diesen Interessenkonflikten, also wie sie offengelegt und adressiert werden. Kann ein Interessenkonflikt nicht sinnvoll intern überwacht werden, muss dies an eine externe Stelle ausgelagert werden.
- *Abhängigkeiten auf ein Mindestmaß reduzieren:* Eine gut organisierte Stiftung zeichnet sich u.a. dadurch aus, dass sowohl der operative Betrieb als auch die strategische Handlungsfähigkeit nicht von einzelnen Personen oder Unternehmen abhängig ist. Die Stiftungsdokumentation muss so ausgestaltet werden, dass die Stiftung turnusmäßig die Möglichkeit hat, Organmitglieder und Dienstleister neu zu besetzen. Durch institutionalisierte Prozesse zur Wissensweitergabe, wie z.B. einer regelmäßigen Dokumentation zu Abläufen und Entscheidungsprozessen, wird vermieden, dass der Ausfall eines Einzelnen zu negativen Konsequenzen für die Stiftung führt.
- *Kompetenzorientierte Arbeitsteilung:* Ein fachgerechtes Management der Stiftung sorgt dafür, dass der Stiftungszweck bestmöglich verwirklicht werden kann. Bei der Besetzung von Positionen sollte stets im Vordergrund stehen, welche Qualifikationen und Erfahrungen der Kandidat beisteuern kann, um die Zukunft der Stiftung zu gestalten. Familiäre Bande oder eine enge Beziehung zur Familie dürfen nur dann eine Rolle spielen, wenn sie das Zünglein an der Waage bei der Auswahl zwischen

zwei gleich gut geeigneten Kandidaten darstellen – nicht mehr und nicht weniger. Fehlende Kompetenzen der Organe können durch die Hinzunahme externer Expertise ausgeglichen werden.

9.7.3 Die zweistufige Organisation der Stiftung: Geschäftsleitung und Aufsichtsorgan

Zur Etablierung der Checks and Balances, wie sie im vorangegangenen Abschnitt erläutert wurden, hat sich in den beiden Stiftungsstandorten Deutschland und Liechtenstein gleichermaßen eine zweistufige Organisation der Stiftungsorgane bewährt. Dabei wird unterschieden zwischen dem geschäftsführenden Vorstand und dem ihn überwachenden Aufsichtsorgan.

Der Vorstand einer liechtensteinischen Familienstiftung (FS) besteht aus zwei oder mehr Personen. Dabei kann es sich um natürliche Personen oder Unternehmen (juristische Personen) handeln. Der Vorstand leitet das operative Geschäft und vertritt die Stiftung nach außen.

Gesetzlich ist eine Amtszeit von drei Jahren mit Möglichkeit zur Wiederbestellung (Verlängerung) vorgesehen, sofern nichts anderes in der Stiftungsdokumentation geregelt wurde. Eine festgelegte Bestellung für drei bis fünf Jahre erscheint empfehlenswert. Bei kürzeren Zeitpannen entsteht unnötiger administrativer Aufwand für die Wiederwahl, bei längeren Laufzeiten beraubt man das Aufsichtsorgan einer unkomplizierten Möglichkeit, den Stiftungsvorstand bei Bedarf neu zu besetzen, indem er nach Ablauf seiner Amtszeit nicht erneut eingesetzt wird. Für alle Gremien einer Stiftung gilt: Zeitlich unbefristete Amtszeiten sind eine schlechte Idee.

Die Amtszeit des Vorstandes sollte nach Möglichkeit nicht zeitgleich mit der des Aufsichtsrates enden, weil das zu viel Unruhe, Unsicherheit und konzentrierten Aufwand zu einem gegebenen Zeitpunkt verursachen könnte. Bei dieser Überlegung spielt natürlich noch eine Rolle, wie viele Mitglieder die Geschäftsleitung und das Aufsichtsratsorgan haben. Die Amtszeiten jedes einzelnen Mitgliedes können individuell festgelegt werden.

Der Stiftungsvorstand ist für die operative Tätigkeit der Stiftung zuständig. Dies schließt insbesondere das Investitionsmanagement, das Begünstigungsmanagement, Compliance (Kontrolle und Sicherstellung der Einhaltung aller wichtigen rechtlichen Bestimmungen) sowie die interne

Verwaltung ein. Was diese Verantwortlichkeiten jeweils umfassen, beschreiben wir genauer in Abschnitt 9.8.4.

Vorbehaltlich einer anderslautenden Bestimmung in der Stiftungsdokumentation kann und sollte der Stiftungsvorstand Teile seiner Aufgaben an spezialisierte Dienstleister delegieren, also outsourcen. Er bleibt jedoch für die zuverlässige und ordnungsgemäße Erfüllung selbst verantwortlich, was ihn zu einer sorgfältigen Auswahl, Instruktion und Überwachung der Dienstleister verpflichtet. Ein Beispiel aus dem Investitionsmanagement: Nennenswerte Vermögenswerte (z.B. Beteiligungen an operativen Unternehmen, Immobilieneigentum oder Kapitalmarktanlagen) sollte der Stiftungsvorstand aus Kompetenzgründen, aber auch aus Governance-Gründen nicht selbst verwalten.[139]

In Liechtenstein werden FS nicht von der Stiftungsaufsichtsbehörde überwacht, wie es in manchen Bundesländern in Deutschland für deutsche FS der Fall ist. Stattdessen kommt den Begünstigten im liechtensteinischen Stiftungsrecht eine entscheidende Rolle zu. Sie werden vom Gesetzgeber mit umfassenden Informations- und Auskunftsrechten ausgestattet, damit sie die Geschäftsführung der Stiftung angemessen kontrollieren können. Stellt ein Begünstigter einen Missstand fest, kann er dessen Behebung verlangen. Führt diese Aufforderung nicht zu einem gesetzes- und stiftungsdokumentationskonformen Ergebnis, steht es dem Begünstigten frei, gerichtlich dagegen vorzugehen.

Diese gesetzlich verbriefte, starke Position der Begünstigten gewährleistet eine Basis-Foundation-Governance im Sinne von Checks and Balances, selbst wenn in der Stiftungsdokumentation keine weiteren Bestimmungen zur regelmäßigen Kontrolle der Geschäftsleitung festgelegt wurden. Besser ist es aber, von Anfang an ein mit Kontroll- und Sanktionsmöglichkeiten ausgestattetes Aufsichtsorgan zu implementieren.

Gängig ist in Liechtenstein ein sogenanntes *Protektorat*, das neben der laufenden Überwachung der Stiftungsaktivitäten die Rolle des Interessenvertreters des Stifters und der Begünstigten innerhalb der FS einnimmt und dem Stiftungsvorstand beratend zur Seite steht, ihn aber auch überwacht.

Wir nehmen dazu in diesem Buch eine Unterscheidung vor, die so in der Praxis nicht geläufig, aber aus unserer Sicht nützlich ist: Wir sprechen

139 Konkret sind mit den »Governance-Gründen« hier die gesteigerte Professionalität und die Vermeidung von Interessenkonflikten gemeint.

von einem *Protektor*, wenn das Protektorat (z.B. um die Kosten und den Aufwand gering zu halten) nur aus einer (natürlichen oder juristischen) Person besteht, und von einem *Aufsichtsrat*, wenn das Aufsichtsgremium aus zwei oder mehr Personen besteht.

Neben dem Protektor und dem Aufsichtsrat bietet das liechtensteinische Stiftungsrecht weitere Ausgestaltungsmöglichkeiten, wie die Kontrolle des Vorstands einer FS sichergestellt werden kann. Diese sind unseres Erachtens allerdings nur in Einzelfällen relevant und werden deswegen an dieser Stelle nicht vorgestellt.

Beide Aufsichtsvarianten können in Bezug auf ihre Aufgaben, Rechte und Pflichten (siehe Abschnitt 9.8.1) identisch ausgestaltet werden. Es ist möglich, in der Stiftungsdokumentation festzulegen, dass bei Errichtung der Stiftung ein Protektor eingesetzt wird, dieser jedoch zu einem späteren Zeitpunkt – z.B. auf Wunsch des Stifters oder des Protektors selbst – durch einen Aufsichtsrat abgelöst wird. Diese Vorgehensweise bietet sich bei kleineren Stiftungen an, um anfänglich die Kosten zu begrenzen. Der Protektor ist auch für große Stiftungen eine gute Lösung, wenn die Organisation schlank gehalten werden soll und die Komplexität des Stiftungsvermögens gering ist.

Der Stifter und die Begünstigten sollten Stand heute (Januar 2026) aus steuerlichen Gründen nicht die Rolle des Protektors einnehmen, so wie wir diesen in diesem Buch (abgrenzend von einem Aufsichtsrat) definieren. In Frage kommen Vertraute des Stifters oder der Familie, Rechtsanwälte, Steuerberater, Wirtschaftsprüfer und Treuhänder und andere vertrauenswürdige, kompetente sowie persönlich und wirtschaftlich unabhängige Personen. Sowohl natürliche als auch juristische Personen sind zulässig. Bei einer juristischen Person kann naturgemäß die Identität des konkreten Vertreters der juristischen Person im Zeitablauf, also auch innerhalb der Amtszeit des Protektors, wechseln.

Anders verhält es sich im Aufsichtsrat einer liechtensteinischen FS. In diesem können der Stifter und weitere Begünstigte, einschließlich naher Verwandter des Stifters, bereits heute bedenkenlos Mitglied sein. Allerdings sollten der Stifter und nahe Verwandte in diesem Fall nicht die Mehrheit im Gremium stellen. Daher ist die Zahl der Aufsichtsratsmitglieder in der Regel ungerade. Beispiel: Wenn das Stifterehepaar im Aufsichtsrat vertreten ist, erfordert das in Summe fünf Aufsichtsratsmitglieder.

Um Interessenkonflikte in der Kontrollbeziehung zur Geschäftsleitung zu vermeiden, ist beim Aufsichtsorgan streng darauf zu achten, dass seine Mitglieder dem Stiftungsvorstand oder Dienstleistern der Stiftung weder persönlich noch wirtschaftlich nahestehen. Nur so ist eine unabhängige Überwachung der Stiftungsaktivitäten gewährleistet.

Die hier vorgestellte Ausgestaltung der Foundation Governance setzt weder die Auskunfts- und Informationsrechte noch die Antragsrechte der Begünstigten vor Gericht außer Kraft. Diese bestehen weiterhin ungemindert. Die Etablierung eines Aufsichtsorgans ist als zusätzlicher Schutzwall kontra Willkür und pro Professionalität zu verstehen, nicht als Ersatz für die Überwachung durch die Begünstigten.

Der Stiftungsvorstand tagt, so häufig es das operative Geschäft erfordert. Jede dieser Sitzungen wird sorgfältig dokumentiert. Die Protokolle werden dem Aufsichtsorgan auf Anfrage ausnahmslos zur Verfügung gestellt. Der Aufsichtsrat kann auch verlangen, dass Protokolle erstellt werden, sofern das nicht der Fall war oder ist. Die Protokolle und anderweitigen Unterlagen dienen ihm als eine von mehreren Grundlagen, um die ordnungsgemäße Verwaltung und Verwendung des Stiftungsvermögens – mindestens einmal jährlich – zu prüfen. Sofern es nur eine Aufsichtsratssitzung pro Jahr gibt, sollte diese unmittelbar nach Fertigstellung aller relevanten Unterlagen der Finanz- und Steuerbuchhaltung erfolgen. Beispiel: Ist die Stiftung Mitgesellschafter eines operativ tätigen Unternehmens und dessen endgültiger Jahresabschluss liegt Anfang März für das vorherige Kalenderjahr (Geschäftsjahr) vor, dann empfiehlt es sich, die jährliche Aufsichtsratssitzung kurz danach durchzuführen.

Die Ergebnisse seiner Begutachtung fasst das Aufsichtsorgan in einem Bericht zusammen, den es dem Vorstand zukommen lässt und in einer gemeinsamen Sitzung, geleitet vom Aufsichtsorgan, mit ihm bespricht. Sofern es Beanstandungen gibt, muss der Stiftungsvorstand diese beheben; bei gravierenden Sachverhalten muss dies oft unverzüglich geschehen. Im Falle von schweren Verstößen ist das Aufsichtsorgan verpflichtet, die in der Stiftungsdokumentation vorgesehenen Sanktionsmaßnahmen und ggf. juristische Schritte einzuleiten.

Es besteht die Möglichkeit, neben dem Vorstand und dem Aufsichtsorgan weitere Organe einzurichten. Entweder können diese bereits bei Errichtung vom Stifter vorgesehen werden, oder sie werden durch den

Vorstand zu seiner eigenen Unterstützung ins Leben gerufen, sofern es ihm gemäß Stiftungsurkunde gestattet ist. Hält eine Stiftung z.B. Beteiligungen an einem Familienunternehmen, könnte ihm ein Familienbeirat bei der Ausübung seiner Gesellschafterrolle nicht weisungsbefugt, aber beratend zur Seite stehen.

Die beschriebene zweistufige Organisationsstruktur bietet sich auch für deutsche FS an. Genau genommen ist sie unserer Ansicht nach zwingend erforderlich, da das deutsche Stiftungsrecht Begünstigten keine wirkungsvolle Handhabe gegen eine willkürlich handelnde Geschäftsleitung bietet. Weder haben sie gesetzlich festgeschriebene Auskunfts- und Informationsrechte, noch können sie Anträge vor Gericht stellen, um eine ordnungsgemäße Geschäftsführung vom Vorstand einzufordern oder ihn ggf. sanktionieren zu lassen.

9.7.4 Die Besetzung der Stiftungsorgane (Geschäftsleitung, Aufsichtsgremium)

Sobald die organisatorische Struktur der Familienstiftung (FS) feststeht und geeignete Leitungs- und Kontrollstrukturen definiert wurden, braucht es Menschen, die der Stiftung durch ihr Wirken sozusagen Leben einhauchen. Dafür kommen neben dem Stifter drei Personengruppen in Frage: Familienmitglieder, Vertraute des Stifters bzw. der Familie und professionelle Stiftungsmanager/Dienstleister.

(a) Familienmitglieder

Familienmitglieder des Stifters, also nahe und auch entferntere Verwandte, sind prädestiniert dafür, Verantwortung im Aufsichtsorgan oder einer beratenden Funktion zu übernehmen, insbesondere wenn sie zugleich begünstigt sind. Ein offensichtlicher Grund besteht darin, dass sie als Begünstigte ein besonderes Interesse an einer verantwortungsbewussten Verwaltung und zweckdienlichen Verwendung des Stiftungsvermögens haben. Wirtschaftet der Vorstand schlecht, inkompetent oder beachtet er die Vorgaben der Stiftungsdokumentation nicht ausreichend, ist das generell unerfreulich und regelwidrig. Es kann und wird häufig auch schädliche Auswirkungen auf den finanziellen Spielraum der FS haben, Zuwendungen an die Begünstigten zu leisten oder das Vermögen durch teilweise Thesaurierung der Erträge langfristig bestmöglich zu steigern.

Für die Besetzung von verantwortungsvollen Positionen mit nahen Angehörigen spricht zudem ihre Kenntnis um die familiären Besonderheiten und die allgemeinen wirtschaftlichen Interessen der Familie. Werden Vermögenswerte in die Stiftung eingebracht, die bereits seit Jahrzehnten im Familienbesitz sind, bspw. Immobilienbestände oder Unternehmensbeteiligungen, kann die Stiftung vom Know-how und den Einblicken der Familienmitglieder im Aufsichtsgremium profitieren. Fast noch wichtiger: Familienmitglieder haben im positiven Sinne »skin in the game«. Sie sind normalerweise intrinsisch motiviert, in ihrer Tätigkeit im Aufsichtsrat einen guten Job zu machen.

Wenn die Stiftung Tochterunternehmen hat, z.B. ein Unternehmen, in dem Immobilienbesitz gebündelt ist, oder Beteiligungen an anderen operativen Unternehmen, dann kann es in diesem Zusammenhang auch vorteilhaft und/oder gewünscht sein, wenn Familienmitglieder in diesen Tochtergesellschaften an prominenter Stelle mitarbeiten, vorausgesetzt, sie sind dazu fachlich geeignet.

Die kleine Fallstudie von Richard, Johannes und Leonie in Abschnitt 9.4.5 illustriert, dass eine frühzeitige und wohlwollende Einbindung von Ehepartnern und Erben in die Stiftungsorganisation dazu beitragen kann, zivilrechtliche Risiken in Form von Pflichtteilsrisiken bzw. Güterstandausgleichsrisiken zu reduzieren. Die Beteiligung steigert bestenfalls die Akzeptanz für das neue institutionalisierte Familienmitglied Stiftung und die damit einhergehende Regelung der Vermögensnachfolge des Stifters.

Zu guter Letzt: Die Wahrscheinlichkeit, dass sich ein Angehöriger unentgeltlich in der FS einbringt, ist hoch. Entweder aufgrund der engen Verbundenheit zum Stifter und/oder dem erheblichen Eigeninteresse, wenn er begünstigt ist. Mit anderen Worten: Die Vergütung für Mitglieder des Aufsichtsgremiums, die zugleich Familienmitglieder und/oder Begünstigte sind, wird in vielen Fällen niedriger sein können als die Vergütung für nicht nahestehende Mitglieder.

Allerdings werden in den meisten Fällen nicht alle Positionen im Aufsichtsgremium in einer FS an nahestehende Angehörige vergeben werden können, weil steuerrechtliche Vorgaben gegen die Bestellung sprechen. Und manchmal fehlt den grundsätzlich in Frage kommenden Person die notwendige fachliche Qualifikation, das Interesse oder das erforderliche Mindestmaß an Neutralität. Diese Positionen müssen dann mit familienexternen Experten besetzt werden.

(b) Vertraute des Stifters bzw. seiner Familie

Vermögende Privatpersonen und besonders Unternehmer besitzen oft ein recht umfangreiches Netzwerk von Freunden und Weggefährten, die finanzielle oder sonstige relevante Kompetenz und charakterliche Unabhängigkeit mitbringen, um grundsätzlich innerhalb einer Stiftung kontrollierend oder beratend mitzuwirken. Nennen wir diese Personen für die Zwecke des vorliegenden Abschnittes »Netzwerkmitglieder«.

Natürlich ist auch bei diesen im ureigensten Interesse der Stifterfamilie Sensibilität in Bezug auf Interessenkonflikte gefragt. Ebenso sollte das Kriterium der »engen, langjährigen Freundschaft« bei der Fragestellung: »Ist dieses Netzwerkmitglied ausreichend kompetent, ausreichend motiviert, charakterlich geeignet und ausreichend unabhängig, um die besagte Funktion in der Stiftung gut zu erfüllen?« nicht dominieren.

Oftmals sind solche Netzwerkmitglieder in leitender Position bei einem Dienstleister auf einem Fachgebiet tätig, das auch für die Stiftung relevant ist: Steuerberatung, Buchhaltung, Wirtschaftsprüfung, juristische Tätigkeiten, Immobilienwirtschaft, Vermögensverwaltung/Family Offices, Private Equity und andere unternehmerische Aktivitäten. Ein Beispiel in Sachen Interessenkonflikt: Würde das Family Office, bei dem ein Freund des Stifters in leitender Position angestellt ist, für die Verwaltung des liquiden Vermögens der Stiftung engagiert werden, bestünde das Risiko, dass dieses Family Office von dem Freund qua seiner Aufsichtsratsfunktion »zu wohlwollend« kontrolliert wird oder die weiteren Mitglieder des Gremiums den internen Konflikt mit ihm scheuen.

Daher ist es ratsam, in solchen Situationen eine Trennung vorzunehmen: Entweder ist der Freund/das Netzwerkmitglied Teil des Aufsichtsorgans und beaufsichtigt von ihm wirtschaftlich und persönlich unabhängige Vermögensverwalter, oder aber er ist nicht Organmitglied, dafür wird aber das Family Office als Dienstleister engagiert.

Da die Mitglieder dieser Personengruppe in der Regel nicht selbst begünstigt sind, dürfen sie eine angemessene Entlohnung für ihre Tätigkeit erwarten.

(c) Professionelle Stiftungsmanager/Dienstleister

Die Vielfalt der operativen Aufgaben innerhalb einer FS (u.a. Investmentmanagement, Begünstigungsmanagement, Compliance, allgemeine Administration) macht es äußerst unwahrscheinlich, dass sämtliche Qualifikationen im engeren Familien- und Vertrautenkreis des Stifters vorhanden sind, um ein professionelles Stiftungsmanagement über alle fachlichen Bereiche hinweg sicherzustellen. Hinzu kommen die zeitlichen Einschränkungen durch Beruf und Privatleben dieser Personengruppen, die zu nicht planbaren, eingeschränkten Verfügbarkeiten führen können.

Um einen kontinuierlichen und reibungslosen Ablauf der internen Prozesse zu gewährleisten, bietet es sich daher an, für den operativen Betrieb professionelle Stiftungsmanager zu engagieren. In Liechtenstein (nicht jedoch in Deutschland) ist dies ohnehin gesetzlich vorgeschrieben: In jeder Stiftung muss mindestens ein Mitglied des Stiftungsvorstands über eine Bewilligung nach dem liechtensteinischen Treuhändergesetz oder nach Art. 180a PGR verfügen; üblicherweise handelt es sich dabei um einen inländischen Treuhänder. Diese Anforderung stellt sicher, dass im Fürstentum operierende juristische Personen mit einem Mindestmaß an Professionalität verwaltet werden.

Aus den Abschnitten 9.7.1 und 9.7.5 wissen wir zudem, dass es in mehrfacher Hinsicht sinnvoll ist, nicht nur eine, sondern alle Positionen innerhalb des Stiftungsvorstands einer liechtensteinischen FS durch professionelle Stiftungsmanager zu besetzen und beaufsichtigende sowie beratende Funktionen auf den Stifter, seine Familie und seine Vertrauten zu verteilen.

Da in Liechtenstein ca. 9 200 privat- und gemeinnützige Stiftungen existieren, hat sich dort über Jahrzehnte ein großer Pool an Dienstleistern rund um das Thema Stiftungen und Stiftungsmanagement entwickelt. Zwischen diesen Dienstleistern besteht ein gesunder Wettbewerb. Fachwissen in Bezug auf das relevante Zivil-, Gesellschafts- und Steuerrecht in Deutschland und anderen Ländern ist ebenfalls umfassend vorhanden. Die Größe dieses Dienstleisterpools und der Wettbewerb gewährleisten mit Blick auf eine Stiftung, dass der Wechsel des die Geschäftsführung wahrnehmenden Dienstleisters ohne großen Aufwand erfolgen kann, sollte dies notwendig sein.

Externe Experten sind eine ideale Besetzung für Positionen, bei denen (a) die anderen Personengruppen potenziell oder unweigerlich einem Interessenkonflikt unterliegen oder (b) es ihnen an fachlicher Kompetenz mangelt. Dienstleister können (c) dort Verantwortung übernehmen, wo es dem Stifter und den Begünstigten aus steuerlichen Gründen nicht möglich ist. Zu guter Letzt können sie (d) Funktionen übernehmen, bei denen der bisherige Verantwortliche aus Alters- oder Gesundheitsgründen ausscheidet und keine Nachbesetzung durch Familienangehörige oder Vertraute möglich ist.

9.7.5 Das leidige Thema »Kontrollreduktion«: Welche Einflussmöglichkeiten hat der Stifter?

Vermögen in eine Familienstiftung (FS) einzubringen, bedeutet, sich zu entreichern. Das Vermögen gehört nach der Einbringung nicht mehr dem Stifter, auch nicht indirekt, wie das bei der Einbringung von Vermögen z.B. in eine GmbH der Fall wäre. Naturgemäß fühlt sich das für den Stifter wie eine »Kontrollreduktion« an.

Wir haben in Abschnitt 9.7.1 beschrieben, dass dieses »ungute Gefühl« bei einer deutschen FS häufig dadurch abgemildert wird, dass der Stifter Mitglied der Geschäftsleitung, also Teil des Stiftungsvorstands oder sogar alleiniger Vorstand wird.

Bei einer liechtensteinischen FS ist das so nicht möglich. Zum einen schreibt das dortige Recht vor, dass ein in Liechtenstein regulierter Treuhänder Mitglied der Geschäftsleitung sein muss. Der deutsche Stifter könnte also bestenfalls nur einer von mindestens zwei Stiftungsvorständen sein. Die Risiken einer solchen Konstellation haben wir bereits an anderer Stelle beschrieben.

Allerdings existieren generell eine Reihe von Gegenargumenten. Selbst im Falle einer deutschen FS bestehen gute Gründe, warum eine Mitwirkung des Stifters in der Geschäftsleitung der Stiftung als ambivalent gesehen werden kann.

Da deutsche Stifter wissen, dass sie Geschäftsführer der Stiftung werden, gestalten sie die Stiftungsdokumentation in Bezug auf notwendige Kontrollmechanismen oft weniger sorgfältig, als es angeraten wäre. Für die Stiftung gibt es »ein Leben nach dem Stifter« und häufig dauert dieser »zweite Lebensabschnitt« der Stiftung weit länger als der erste. Hier besteht also das Risiko für Mängel in der Foundation Governance.

Spätestens nach dem Tod des Stifters kann das dazu führen, dass künftige Stiftungsvorstände nicht so handeln, wie es der Stifter vorgesehen hat. Ist der neue Stiftungsvorstand gleichzeitig begünstigt – z.B. weil der Stifter eines seiner Kinder als Nachfolger für den alleinigen Vorstand vorgesehen hat –, unterliegt dieser unweigerlich einem Interessenkonflikt. Im besten Fall kommt dieser nicht zum Tragen und der begünstigte Vorstand handelt im Interesse der Stiftung und aller Begünstigten, im schlechtesten Fall verfolgt er eigene Ziele. Solange er sich nicht strafbar macht, z.B. Gelder veruntreut, haben die weiteren Begünstigten keine Handhabe.

Und: Eigentlich sollte man annehmen, dass die Etablierung einer Stiftung das Ziel hat, die Verwaltung des eingebrachten Vermögens (vor allem Investment- und Begünstigungsmanagement) unabhängig von Einzelpersonen, ihrer körperlichen und geistigen Gesundheit, ihrer zeitlichen Verfügbarkeit und ihrer im Zeitablauf vielleicht schwankenden »Weltsicht« zu machen. Auch besteht die Gefahr, dass der Stifter als Vorstand mangels Erfahrung im Stiftungsrecht und in der Compliance unerfreuliche und schädliche Fehler begeht.

Alle genannten Nachteile können in der Praxis dadurch adressiert werden, dass professionelle Stiftungsmanager engagiert werden.

In Sachen »Kontrollreduktion beim Stifter« sollte hier das zwar offensichtliche, aber nach unserem Eindruck dennoch zuweilen von potenziellen Stiftern vergessene Faktum erwähnt werden, dass diese Kontrolle sowieso mit dem Tod des Stifters endet – im Falle einer schweren Erkrankung möglicherweise schon lange vorher.

Nachfolgend stellen wir die vier wesentlichen Einflussmöglichkeiten eines Stifters nach Errichtung einer liechtensteinischen FS vor, die gewährleisten, dass der Stifter zu Lebzeiten und danach Einfluss hat, zugleich aber auch die Vermögensschutzeffekte für den Stifter wunschgemäß zum Tragen kommen. Letztlich treffen diese Einflussmöglichkeiten auch auf deutsche FS zu, bei denen der Stifter oder seine nächsten Verwandten nicht Teil des Stiftungsvorstandes sind.

Einflussmöglichkeit Nr. 1: Gestaltung der Stiftungsurkunde und generell der Stiftungsdokumentation. Die Stiftungsurkunde und die restliche Dokumentation sind die Verfassung, das »Grundgesetz« und das allgemeine Regelwerk der Stiftung, an der alle für sie tätigen Personen ihr Handeln auszurichten haben. Sie ist maßgeblich dafür, wie das Stiftungsvermögen zu verwalten und zu verwenden ist. Um den Stifterwillen, insbesondere den Stiftungszweck, bestmöglich vor fremden Interessen zu schützen, sind die Möglichkeiten zur Anpassung an hohe gesetzliche Hürden geknüpft. Es ist einzig und allein der Stifter, der vor der Errichtung darüber entscheidet, welche Regeln innerhalb der FS gelten sollen, und das schließt natürlich den fundamentalen Aspekt mit ein, wer künftig unter welchen Bedingungen Begünstigungsleistungen von der FS erhalten wird.

Einflussmöglichkeit Nr. 2: Vorsitz/Mitgliedschaft im Aufsichtsrat. Entscheidet sich der Stifter, einen Aufsichtsrat einzusetzen, so kann er selbst, ein Familienmitglied oder ein Begünstigter den Vorsitz übernehmen oder einfaches Mitglied werden. Die Aufgabe des Aufsichtsrats ist es, die Arbeit des Vorstands zu überwachen und einzuschreiten, wenn die Bestimmungen der Stiftungsdokumentation oder gesetzliche Vorschriften bei der Verwaltung und Verwendung des Stiftungsvermögens durch den Vorstand oder Dienstleister nicht eingehalten werden. Wenn erforderlich, kann der Aufsichtsrat die Geschäftsleitung vorzeitig abberufen (oder ihr Mandat bei Ablauf nicht verlängern). Sofern zustimmungspflichtige Geschäfte in der Stiftungsdokumentation bestimmt worden sind und dem Aufsichtsrat das Recht zur Verabschiedung bzw. Änderung von Reglements vorbehalten blieb, kann er mit diesen Mitteln ebenfalls maßgeblich auf ein ordnungsgemäßes Management der Stiftung hinwirken (siehe Abschnitt 9.7.3).

Einflussmöglichkeit Nr. 3: Vereinbarte Kündigungsrechte beim Darlehensvertrag. Soweit und solange ein Teil des Stiftungsvermögens vom Stifter darlehensweigig eingebracht wurde (siehe Abschnitt 9.5.2 [b]), kann festgelegt werden, dass der Stifter als Darlehensgeber in einem vorher definierten Umfang Sondertilgungen von der Stiftung verlangen kann oder es ihm unter bestimmten Voraussetzungen zusteht, das Darlehen vorzeitig vollständig aufzukündigen, also die Rückzahlung zu verlangen oder evtl. eine Besicherung seiner Darlehensforderung mit Stiftungsvermögen zu fordern. Dieses wäre danach an ihn verpfändet bzw. abgetreten. Mit seinen Rechten als Darlehensgeber hat der Stifter somit einen unter Umständen sehr weitgehenden schuldrechtlichen und ökonomischen Einfluss auf die Stiftung.

Einflussmöglichkeit Nr. 4: Verantwortung in Tochtergesellschaften der Stiftung. In vielen Fällen wird die Stiftung nicht der unmittelbare Eigentümer des Stiftungsvermögens sein, sondern die Assets – analog zu einer Holding im konventionellen Unternehmensrecht – über Tochtergesellschaften halten. Mit anderen Worten: Die Stiftung ist der 100%-Gesellschafter (oder jedenfalls ein maßgeblicher Gesellschafter) einer vermögensverwaltenden Kapital- oder Personengesellschaft. Diese wiederum ist der unmittelbare Eigentümer der betreffenden Vermögenswerte. Man denke dabei an eine oder mehrere Immobilien oder an die Beteiligung an einem operativen Unternehmen, z.B. der »Familienfirma«. Der Stifter oder seine Familienmitglieder können die Geschäftsführung in diesen zwischengeschalteten Verwaltungsfirmen übernehmen und dadurch wiederum ein beträchtliches Maß an Kontrolle ausüben. In diesen Positionen werden Familienmitglieder, die über Generationen mit dem Immobilienportfolio oder dem Betrieb aufgewachsen sind, in der Verwaltung der Assets naturgemäß einen Kompetenz- und Erfahrungsvorteil im Vergleich zum liechtensteinischen Treuhänder oder seinem Äquivalent im Falle einer deutschen FS haben.

Aktuelle Entwicklungen in der Rechtsprechung. Der Vollständigkeit halber sei erwähnt, dass in jüngerer Vergangenheit mehrere Urteile des deutschen Bundesfinanzhofs (»BFH«) im Kontext von Auslandsstiftungen ergangen sind, die in der Stiftungs-Community für Aufmerksamkeit gesorgt haben.

Wir haben an verschiedenen Stellen in diesem Kapitel die steuerrechtliche Notwendigkeit betont, dass in Bezug auf liechtensteinische FS sowohl dem Stifter als auch den Begünstigten die Verfügungsmacht über das Stiftungsvermögen rechtlich und tatsächlich entzogen sein muss, damit die steuerliche Intransparenz einer Auslandsstiftung durch die deutsche Finanzverwaltung anerkannt wird. Strittig war seit Einführung der Ausnahmeregelung des § 15 Abs. 6 DE-AStG im Jahr 2009, wie streng diese Anforderung auszulegen ist. Der BFH äußerte sich in mehreren Urteilen hierzu und kritisierte die restriktive Auslegung der deutschen Finanzverwaltung (Finanzämter etc.), die in der Praxis bis heute dazu führt, dass die Einflussrechte des Stifters und der Begünstigten in FS innerhalb der EU bzw. des EWRs, also auch bei liechtensteinischen FS, zurückhaltend ausgestaltet werden – z.B. indem von einer Mitgliedschaft des Stifters im Vorstand oder einem mehrheitlich mit begünstigten Familienmitgliedern besetzten Aufsichtsorgan abgesehen wird.

Dennoch gibt es bereits heute liechtensteinische FS, die von der deutschen Finanzverwaltung als steuerlich intransparent eingestuft werden, obwohl der deutsche Stifter oder nahe Angehörige von ihm dort eine Minderheitenposition im Vorstand bekleiden. Dabei ist zu bedenken, dass deutsche Finanzämter die Steuergesetzgebung bei komplexen Fragen eben oft nicht bundeseinheitlich auslegen.

Aus der genannten aktuellen Rechtsprechung könnte man unter Umständen ableiten, dass diese Restriktionen unter bestimmten Umständen in Zukunft nicht mehr so bestehen bzw. gesehen werden, wie das bisher der Fall war und ist. Der Steuerrechtler Dr. Florian Oppel fasst diesen Sachverhalt in einem neueren Fachaufsatz zusammen und diskutiert darin, welche Möglichkeiten zur Gestaltung sich in der Zukunft daraus ergeben könnten (Oppel 2025).

Es ist Stand heute (Januar 2026) nicht abzusehen, inwiefern die BFH-Urteile in der gelebten Praxis der deutschen Finanzverwaltung zu einem Umdenken und damit zu einer weniger restriktiven Auslegung des relevanten § 15 Abs. 6 AStG führen wird. Hinzu kommt: Aufgrund der jüngsten Rechtsprechung des BFHs arbeitet das Bundesfinanzministerium an einer Neufassung des § 15 DE-AStG. Ob, wann und in welcher Ausgestaltung eine solche kommt, ist derzeit nicht absehbar. Möglicherweise gibt es hier relevante Neuigkeiten, die wir in der nächsten Auflage dieses Buches berücksichtigen können. Leser, die die Gründung einer liechtensteinischen FS in Erwägung ziehen, sollten diesen wichtigen »sich in Bewegung befindlichen« Sachverhalt mit ihren Beratern besprechen.

Einstweilen gehen wir konservativ davon aus, dass die bisherige Rechtslage bzw. herrschende Meinung im Kern auch in Zukunft weiter bestehen wird, sprich, dass der Stiftungsvorstand weiterhin maximal zu einer Minderheit aus dem Stifter und ggf. weiteren Begünstigten bestehen darf, um die steuerliche Intransparenz aus deutscher Perspektive nicht ernsthaft zu gefährden. Wir raten dennoch aufgrund der in Abschnitt 9.7.1 und 9.7.5 geschilderten Gründe stark von einer solchen Ausgestaltung ab.

Ein interessanter Ansatz wäre unseres Erachtens stattdessen, den Aufsichtsrat mehrheitlich mit Familienmitgliedern zu besetzen – dies sollte allerdings nicht ohne Absicherung durch eine verbindliche Auskunft beim zuständigen deutschen Finanzamt umgesetzt werden.

9.7.6 Zusammengefasst: Wie organisiere ich eine Familienstiftung richtig?

Da eine Stiftung als verselbstständigtes Zweckvermögen keine Eigentümer hat, die aufgrund ihrer Eigentümerrolle und -rechte ein natürliches

Interesse an einer gesetzes- und satzungskonformen sowie sparsamen und effizienten Verwaltung und Verwendung des Stiftungsvermögens haben, müssen geeignete Strukturen geschaffen werden, damit die Geschäftsleitung angemessen für die Stiftung handelt und die Stiftung so den Stiftungszweck über Generationen hinweg zuverlässig im Sinne ihres Stifters erfüllt.

Eine klug und weise ausgestaltete Stiftungsdokumentation zeichnet sich dadurch aus, dass sie Aufgaben, Rechte und Pflichten aller Stiftungsbeteiligten granular und eindeutig definiert, dabei aber auch genügend Spielraum lässt, um auf die sich in der Zukunft vorhersehbar verändernden Umstände und Rahmenbedingungen angemessen reagieren zu können. Die Dokumentation stellt sicher, dass die Handlungen der verantwortlichen Akteure regelmäßig auf den Prüfstand gestellt werden und so Effizienz, Transparenz und Rechenschaft gewahrt bleiben. Durch ein klar definiertes Regelwerk und eine umfassende Beschreibung des Zwecks bietet sie den Entscheidungsträgern in den Stiftungsorganen die notwendige Orientierung. Vor allem die Abberufungsbedingungen und -prozedur der Geschäftsleitung im Falle von Schlechtleistung muss genau, explizit und gut sein, nicht zuletzt, weil der anfängliche Geschäftsleiter (Treuhänder) evtl. selbst an der Entwicklung der Stiftungsdokumentation mitgewirkt hat.

In der Praxis hat sich eine zweistufige Organisation bewährt. Der Vorstand übernimmt die Geschäftsführung und Vertretung der Stiftung, ein sanktionsfähiges Aufsichtsorgan überwacht ihn laufend in seinem Tun.

Neben einer wohldurchdachten Verschriftlichung des Stifterwillens spielt die konkrete Besetzung der Organe eine entscheidende Rolle für den langfristig erfolgreichen Betrieb der Familienstiftung. Es empfiehlt sich, das operative Stiftungsmanagement an spezialisierte Experten abzugeben. Da die Begünstigten – üblicherweise der Stifter und seine Angehörigen – ein wirtschaftliches Eigeninteresse an der ordnungsgemäßen Stiftungsadministration haben, sind sie für Positionen im Aufsichtsorgan prädestiniert. Beide Stiftungsorgane können und sollen um Vertraute der Familie und Dienstleister erweitert werden, wenn sie relevante Kompetenzen und Erfahrungen einbringen können.

9.8 Errichtung und Betrieb einer Familienstiftung

Führt man unsere Einblicke aus den vorangegangen Abschnitten dieses Kapitels 9 zusammen, wird ersichtlich, dass der Stiftungsstandort Liechtenstein aus Vermögensschutzperspektive für die meisten, wenngleich nicht für alle potenziellen Stifterfamilien, besser geeignet ist als Deutschland. Deswegen fokussieren wir uns in den folgenden Abschnitten darauf, die Situation eines in Deutschland steuerlich ansässigen Stifters zu schildern, der eine liechtensteinische Familienstiftung (FS) zu errichten erwägt bzw. tatsächlich errichtet. Punktuell gehen wir allerdings auch auf die alternative Errichtung einer deutschen FS durch einen deutschen Stifter ein.

9.8.1 Welche Reihenfolge ergibt bei der Vermögenseinbringung Sinn?

In der Praxis hat sich gezeigt, dass die Gründung einer Familienstiftung (FS) und der sich daran anschließende Prozess der Einbringung von Vermögen zumeist kein anfänglich einmaliger Vorgang ist, sondern ein stufenweiser gradueller Prozess, der sich in separaten Vermögensübertragungsvorgängen schrittweise über Jahre und oft sogar über Jahrzehnte hinweg erstrecken kann – eingebettet in die langfristige, sich evolutionär im Zeitablauf weiterentwickelnde Vermögensschutzstrategie eines wohlhabenden Haushaltes.

Zu Beginn bietet es sich an, diejenige Vermögensart einzubringen, deren Übertragung erfahrungsgemäß am einfachsten ist, bei deren »Weggabe an die Stiftung« keine oder die niedrigsten emotionalen Hürden bestehen und die qua ihrer Natur für »jeden Euro« den größten Vermögensschutzzugewinn gemessen an Steuervorteilen, Asset Protection und generationenübergreifender Vermögensnachfolge bringt: Das ist liquides/transportables Vermögen, das nach der Einbringung bei einer liechtensteinischen Bank verwahrt wird.

Die Übertragung von Immobilien, die bei den Eigentümern oft mit Emotionen verknüpft sind, wie auch die Eigentumsrechte an einem unter Aufwendung von »Blut, Schweiß und Tränen« über Jahrzehnte aufgebauten Familienunternehmen stellt für die meisten Vermögenden mental und gefühlsmäßig eine größere Herausforderung dar als die Übertragung von

Geld, Wertpapieren, Edelmetallen oder Kryptowährungsbeständen. Selbst Stifter, die die Anteile am eigenen Unternehmen einbringen möchten, um eine Aufspaltung der Beteiligungsverhältnisse und einen potenziellen Verkauf von Anteilen an Dritte (Nichtfamilienmitglieder) zu verhindern, tun sich oft schwer damit, ihr Eigentum unwiderruflich an eine Stiftung abzugeben, obwohl sie die Notwendigkeit rational akzeptiert haben.

Weil das so ist, hat es sich in der Praxis oft bewährt, mit der Übertragung von liquidem Vermögen zu beginnen – vielleicht einem zunächst »kleinen« Betrag von 1,5 Millionen Euro.[140] Diese graduelle oder evolutionäre Vorgehensweise ermöglicht es dem Stifter und der Stifterfamilie, die in diesem Buch, aber auch von anderen Experten und Beratern theoretisch geschilderten Abläufe in der FS in der Praxis sozusagen peu à peu kennenzulernen und über die Zeit Vertrauen zu den Verantwortlichen in den Organen zu fassen. Mit anderen Worten: das neue institutionelle Familienmitglied kennenzulernen und sich an es zu gewöhnen.

Das bringt uns zur an anderer Stelle in diesem Buch bereits tangierten Frage, welcher Anteil eines großen Familienvermögens in eine Stiftung eingebracht werden soll. Die kurze Antwort lautet: zu Lebzeiten des Stifters oft weit weniger als die Hälfte – wobei dies erneut stark abhängig von den Zielen der Stiftungserrichtung ist. Der Prozentsatz mag über die Jahrzehnte ansteigen und beim Ableben des Stifters durch eine weitere testamentarisch verfügte Übertragung noch einmal zunehmen.

Die Vorstellung, dass ein wesentlicher Teil des Familienvermögens, aber eben nicht alles, in der Stiftung liegt, basiert auf der grundsätzlichen Erkenntnis, dass eine FS in Liechtenstein oder Deutschland nicht *die eine Antwort* auf Vermögensschutzfragen, sondern ein wichtiger Baustein in einer umfassenden integrierten Vermögensschutzstrategie ist. Ob über eine oder mehrere Etappen schlussendlich 20%, 40%, 60% oder mehr des Familienvermögens in die FS eingebracht werden, ist abhängig von den individuellen Zielen des Stifters.

Neben der menschlichen Komponente besteht ein weiterer Vorteil des Ansatzes »mit liquidem/transportablem Vermögen anfangen und dann allmählich ausdehnen«. Eine FS mit liquidem Vermögen kann schneller aufgesetzt werden, da weniger steuerliche Beratung zur Einbringung der

140 Wir halten diese Größenordnung bei liquidem Vermögen für das untere Minimum, ab dem eine liechtensteinische FS wirtschaftlich Sinn ergibt (siehe auch Abschnitt 9.1 [a]).

Assets im Vorfeld notwendig ist und die Verwaltung des Stiftungsvermögens simpel durch Hinzunahme eines Vermögensverwalters organisiert werden kann. Mit anderen Worten: Mit liquidem Vermögen zu beginnen, ist technisch, ökonomisch, rechtlich und emotional einfacher, und es geht schneller als bei anderen Vermögensformen.

All das bedeutet jedoch nicht, dass es im Einzelfall nicht sinnvoll sein kann, in einer anderen Reihenfolge vorzugehen, z.B. wenn anfangs nur Gesellschaftsanteile an einem Unternehmen eingebracht werden sollen. Die an die Stiftung ausgeschütteten Erträge können dann genutzt werden, um (a) die Kosten der Stiftung zu decken und (b) im Sinne der Diversifikation ein breit gestreutes Weltportfolio aufzubauen.

Selbst wenn von Anfang an geplant war, dass ausschließlich liquides Vermögen in die Stiftung eingebracht wird, kann der Transfer über mehrere Etappen erfolgen. Es können fortlaufend – auch generationsübergreifend – weitere unentgeltliche und entgeltliche Vermögensüberträge an die Stiftung erfolgen, z.B. wenn der Stifter selbst eine Schenkung, eine Erbschaft oder Ausschüttungen erhält oder Unternehmensanteile veräußert hat, wenn Auszahlungen aus kapitalbildenden Lebensversicherungen erfolgen, wenn Immobilien verkauft werden oder wenn aufgrund veränderter Faktoren das Vermögensschutzbedürfnis gestiegen ist.

9.8.2 Wann ist der richtige Zeitpunkt, eine Stiftung zu errichten?

Dennoch existiert natürlich auch die Alternative, eine deutsche oder liechtensteinische Familienstiftung (FS) im Ganzen erst beim und mit dem Tod des Stifters (»durch letztwillige Verfügung von Todes wegen«) zu errichten. Dafür könnten verschiedene Motivationen und Konstellationen ursächlich sein:

- Der Stifter hat erst sehr spät von den Vorzügen einer FS und den relativen Nachteilen einer rein testamentarischen Vermögensnachfolge erfahren.
- Im Denken des Stifters zu seiner Vermögensnachfolge haben sich erst spät fundamentale Veränderungen ergeben, die ihn erkennen ließen, dass eine FS für einen wesentlichen Teil des Vermögens die beste Lösung ist. Vielleicht wurde dieser späte Denkprozess seinerseits angestoßen von Umwälzungen in der Familie.

- Der Stifter scheute die weiter oben angeführte lebzeitige »Kontrollreduktion«, die vor allem mit einer liechtensteinischen FS einhergeht.

Wir denken, dass das dritte unter diesen drei Motiven, die »Kontrollreduktion«, letztlich das schwächste ist. Und zwar deswegen, weil diese vermeintliche »Kontrollreduktion« beliebig gering gehalten werden kann, indem anfänglich oder dauerhaft nur ein Teil des gesamten Familienvermögens in die Stiftung eingebracht wird.

Für viele angehende Stifter erscheint die Möglichkeit, die Stiftung erst mit dem eigenen Tod zu errichten, zunächst attraktiv: Zu Lebzeiten behält der Stifter die volle Verfügungsgewalt über das Familienvermögen, nach seinem Tod übernimmt die FS in seinem Sinne die Verwaltung der Vermögenswerte sowie die langfristige Versorgung der Familie. Die für manche hohe emotionale Hürde, Verantwortung abzugeben und die erwähnte »Kontrollreduktion« bei der Verselbstständigung des eingebrachten Vermögens hinzuzunehmen, entfällt. Dennoch dürfte selbst in dieser Konstellation die Errichtung von Todes wegen bei genauerer Betrachtung zumeist nur die zweitbeste Wahl sein.

Die frühzeitige Errichtung der FS kann die Akzeptanz innerhalb der Stifterfamilie für das generationsübergreifende Projekt fördern, besonders wenn die Angehörigen über Jahre in der Stiftung mitwirken und von ihr profitieren. Der Mehrwert wird greifbar und die Existenz der FS zur Normalität. Bestenfalls wird die Gefahr reduziert, dass es nach dem Tod des Stifters zu Rechtsstreitigkeiten aufgrund der Stiftungserrichtung kommt.

Ein weiterer Vorteil besteht darin, dass der Stifter so die prägenden Anfangsjahre der FS aktiv mitgestalten kann. Wirkt er z.B. im Aufsichtsorgan mit, profitieren sowohl die Vertreter des Stiftungsvorstands als auch seine Kollegen im beaufsichtigenden Gremium vom Austausch mit ihm, da sie so einen noch tieferen Einblick bekommen, welche Werte er vertritt und wie sein Blick auf familiäre Sachverhalte und die Welt aussieht. Das erleichtert es allen Beteiligten nach dem Ausscheiden des Stifters, die Stiftungsdokumentation in seinem Sinne zu interpretieren, wenn sie Entscheidungen unter Unsicherheit treffen müssen, weil keine abschließende Regelung vorgesehen ist.

Grauzonen ergeben sich langfristig fast unweigerlich, da die Bestimmungen der Stiftungsdokumentation ausreichend flexibel sein müssen, um auf heute unbekannte Situationen in der Zukunft angewandt werden zu können, zugleich aber hinreichend detailliert sein sollen, um dem Stiftungsvorstand als belastbare Handlungsgrundlage zu dienen. Idealerweise übernimmt der Stifter während seiner Mitwirkungszeit die Rolle eines wohlwollenden Mentors, der seinem »Schützling«, der Stiftung, stets mit seinen Werten und seiner Lebenserfahrung mit Rat und Tat zur Seite steht, ihm aber nicht die Entscheidung abnimmt.

Bei einer Einbringung zu Lebzeiten ergeben sich zudem erhebliche Steuervorteile für das Familienvermögen. Da die einzelnen Aspekte jeweils an anderer Stelle ausführlich beschrieben werden, beschränken wir uns nachfolgend auf eine stichpunktartige Aufzählung:

- Der Vermögenszuwachs geht schneller vonstatten, da die laufende Besteuerung der Erträge innerhalb der FS deutlich niedriger als in deutschem Privatvermögen ausfällt. Es kommt zu einem höheren Zinseszinseffekt, als wenn die in der Stiftung befindlichen Investments noch im steuerlichen Privatvermögen lägen oder in einer deutschen vermögensverwaltenden GmbH.
- Zu Lebzeiten können Vermögenswerte steuerschonend per Darlehen eingebracht werden. Sofern die Tilgungs- und Zinsleistungen der Stiftung vom Darlehensgeber auf privater Ebene verkonsumiert werden, führt dies zu einem sinkenden Erbschaftssteuersubstrat im Privatvermögen. Vererbt der Stifter erst später sein Vermögen an die liechtensteinische FS, so fällt je nach Vermögenshöhe eine Erbschaftssteuer von 30% bis 50% an. Bei einer liechtensteinischen FS hat sich im Gegenzug damit das Thema Erbschaftssteuerbelastung für alle Zeiten erledigt. Bei einer deutschen FS ist die erbschaftssteuerliche Belastung bei der Einbringung wesentlich geringer, aber im Gegenzug unterliegt das Stiftungsvermögen einer deutschen FS alle 30 Jahre der sogenannten Erbersatzsteuer.
- Um Schenkungssteuer oder Erbschaftssteuer zu vermeiden, bietet sich der darlehenswegige/entgeltliche Einbringungsweg an. Darlehensforderungen gegenüber der FS können – sofern die Tilgungs- und Zinszahlungen nicht vollständig zum künftigen Lebensunterhalt benötigt werden – alle zehn Jahre in Teilen an Ehepartner und Kinder unter Nutzung der Schenkungsfreibeträge übertragen werden.

Zu erwähnen ist im Zusammenhang mit einer Stiftungserrichtung und der ersten Vermögensausstattung beim Tod des Stifters, dass diese Vorgehensweise ein Risiko in sich birgt: Nicht vorhersehbare, unerwartet auftretende Fragestellungen (z.B. durch vorbereitende Abstimmungen mit Behörden) können nicht mehr mit dem Stifter selbst besprochen und so möglicherweise nicht in seinem Sinne umgesetzt werden.

Um dieses Risiko zu vermeiden und von den Vorzügen (innerfamiliäre Akzeptanz, steuerliche Vorteile, Möglichkeit zur inhaltlichen Prägung, Sicherstellung der gewünschten Umsetzung) zu profitieren, erscheint es selbst für einen Stifter, der zu Lebzeiten die volle Kontrolle über sein Vermögen behalten möchte, sinnvoll, vor seinem Ableben zumindest mit einem kleineren Teil seines Vermögens die FS zu errichten.

9.8.3 Der Prozess der Stiftungserrichtung

Hat sich eine Familie zur Etablierung einer liechtensteinischen Familienstiftung (FS) entschlossen, besteht der erste Umsetzungsschritt darin, ein kompetentes Beraterteam zusammenzustellen, mit dem die geplante Gründung durchgeführt werden soll. Dieses Team sollte bestehen aus: (a) einem liechtensteinischen Treuhandunternehmen (in Liechtenstein einfach Treuhänder genannt), (b) einer deutschen Steuerkanzlei mit Schwerpunkt im internationalen Steuerrecht und vertieftem Wissen zu Stiftungen und (c) einem auf Stiftungsrecht spezialisierten Rechtsanwalt, der weder wirtschaftlich noch persönlich mit dem Treuhänder verbunden ist.

Welche Kriterien bei der Auswahl eines geeigneten Treuhänders, einschließlich der Frage seiner Vergütung, angewendet werden sollten, stellen wir in den Abschnitten 9.6.2 und 9.8.5 genauer dar.

Die unter (b) erwähnte deutsche Steuerkanzlei kann der oftmals seit vielen Jahren bisher mandatierte Steuerberater der Stifterfamilie sein, muss es aber nicht, sofern dieser Steuerberater nicht die erforderliche Expertise und Neutralität besitzt. Hier kann nämlich eine spezielle Form von schädlichem Interessenkonflikt auftreten, dem wir bei der Begleitung der Gründung von bisher über zwei Dutzend liechtensteinischen FS einige Male begegnet sind. Wenn der bisherige Steuerberater in den Errichtungsprozess mit einbezogen wird – was der Regelfall ist –, kann nachfolgendes Problem auftreten. Der Berater versucht die faire und objektive Prüfung der Frage: »Stiftung für unsere Familie: ja/nein?« sozusagen zu hintertreiben.

Die Gründe: das altbekannte »Not invented here«-Syndrom, mangelndes Fachwissen und seine nicht selten berechtigte Erwartung, dass sein künftiges Gebührenaufkommen im Falle der Errichtung einer Stiftung tendenziell sinken wird. Das Durchschauen dieser Gemengelage seitens der Familie ist zumeist auch schon der entscheidende Schritt zur Verhinderung der negativen Folgen.

Ist das Beraterteam vollständig, beginnt die Vorbereitung der Stiftungserrichtung. Der gesamte Prozess von den ersten Gesprächen bis zur Aufnahme des Betriebs nimmt erfahrungsgemäß drei bis zwölf Monate in Anspruch – sofern es in dieser Phase keine gewünschte/geplante oder nicht gewünschte/ungeplante Unterbrechung gibt. Letzteres kommt gar nicht so selten vor, da die Entscheidungen und Umsetzungsprozesse zur Etablierung einer Stiftung in manchen Familien zwischendurch für einige Monate ausgesetzt werden, um bestimmte Aspekte noch einmal zu überdenken. Das sollte insofern nicht überraschen, als die Errichtung einer Stiftung nahezu immer die Mitwirkung der ganzen Familie erfordert. Die verschiedenen Ansichten, Meinungen und Wissensstände müssen dazu »auf das gleiche Level« gebracht werden und das ist oft kein geradliniger, glatter Prozess, sondern hat manchmal ein bisschen den Charakter von »Stop and Go«.

Doch zurück zu den Prozessphasen der Stiftungserrichtung. Wir versuchen im Folgenden einen Überblick über die *groben Abläufe* zu geben. Wir beschränken uns dabei auf die Meilensteine.

(a) Die Ausgestaltung der Stiftungsdokumentation

Die ersten Gespräche zwischen Treuhänder und Stifter drehen sich nicht nur um die familiäre, finanzielle und berufliche/unternehmerische Situation des Stifters. All diese Informationen sind wichtig, sie bilden jedoch nur die Spitze des Eisbergs. Ein umsichtiger Treuhänder macht sich ein umfassendes Bild von den Wertevorstellungen, Wünschen und Sorgen des Stifters und ergründet die Ziele, die mit der Stiftungserrichtung verfolgt werden sollen. Nur so kann der Treuhänder den Willen des Stifters bestmöglich in die Entwürfe der Stiftungsurkunde, Stiftungszusatzurkunde und die Reglemente einfließen lassen. Wird ein Teil des Vermögens per Darlehen eingebracht, wird parallel dazu ein Darlehensvertrag ausgearbeitet.

Die erste finale Arbeitsfassung der Dokumente geht im Anschluss an den deutschen Steuerberater. Er stellt sicher, dass die Anforderungen der deutschen Finanzverwaltung erfüllt werden, damit die Errichtung und der laufende Betrieb der Stiftung nicht zu unerwünschten steuerlichen Effekten für die folgenden Personen führt:

- den Stifter und die Begünstigten (Hinzurechnung der Erträge der Stiftung zum Privatvermögen),
- die liechtensteinische FS (steuerlicher Ort der Geschäftsleitung in Deutschland) oder
- weitere Kapitalgeber (Qualifikation als gemischte Schenkung bei der Vergabe von Darlehen).

Sind Begünstigte bereits steuerlich im Ausland (außerhalb von Deutschland) ansässig oder denkt der Stifter oder Begünstigte über einen Wegzug aus Deutschland nach, bietet es sich an, die Stiftungsdokumentation so auszugestalten, dass die steuerlichen Anforderungen der Zuzugsländer von Anfang an berücksichtigt werden.

Parallel nimmt sich der rechtliche Berater dem Entwurf der Stiftungsdokumentation an. Im Sinne eines Vier-Augen-Prinzips stellt er sicher, dass sie den Ansprüchen einer modernen Foundation Governance, wie in Abschnitt 9.7.2 [c] beschrieben, genügt.

Die Einbindung eines spezialisierten, vom Treuhänder wirtschaftlich und persönlich unabhängigen Rechtsanwalts löst oder vermeidet einen potenziellen Interessenkonflikt: Durch seine beratende Funktion bei der Erstellung der Stiftungsdokumentation schreibt sich der Treuhänder die Rahmenbedingungen seiner späteren Tätigkeit im Stiftungsvorstand in gewisser Weise selbst – zuzüglich der Mechanismen zur Prüfung seiner Arbeitsleistung. Es muss daher selbst bei einem guten Vertrauensverhältnis zwischen Stifter und Treuhänder »der guten Ordnung wegen« eine zweite Instanz geben, die eine interessenkonfliktfreie Prüfung der Entwürfe vornimmt. Das gilt ganz besonders im Hinblick auf die Regeln in der Stiftungsdokumentation zu Abberufung und Ersetzung des Treuhänders bzw. der Geschäftsleitung der Stiftung.

Die Einarbeitung der Vorschläge des Steuerberaters und des Rechtsanwalts erfolgt in der Regel in einem iterativen Prozess, denn größere Anpassungswünsche des Rechtsanwalts können eine Neubewertung von Teilaspekten durch den Steuerberater notwendig machen.

Nach Fertigstellung der Stiftungsdokumentation kann bei der deutschen Finanzverwaltung eine verbindliche Auskunft eingeholt werden.

Dabei wird das für den Stifter zuständige Finanzamt um Stellungnahme gebeten, ob die steuerlichen Implikationen – wie vom Steuerberater erwartet – eintreten würden, wenn das Projekt so umgesetzt werden würde. An diese Einschätzung ist das Finanzamt dann im Nachgang gebunden. Wichtig ist, dass die vollständige Stiftungsdokumentation transparent offengelegt wird und die festgelegten Regelungen und Abläufe im späteren laufenden Betrieb der Stiftung tatsächlich »gelebt« werden. Dies muss auf Anfrage gegenüber der Finanzverwaltung jederzeit belegt werden können, weswegen eine angemessene interne Dokumentation einen wichtigen Baustein der gelebten Foundation Governance darstellt.

(b) Durchlaufen der notwendigen Compliance-Prozesse

Aufgrund der seit Jahren weltweit steigenden Transparenzvorschriften zur Bekämpfung von Geldwäsche, organisierter Kriminalität und Terrorismusfinanzierung sieht die liechtensteinische Gesetzgebung im Vorfeld einer Stiftungserrichtung einen Compliance-Prozess vor.

Es wird dabei geprüft, ob der Stifter eine »politisch exponierte Person« ist, ob er auf internationalen Sanktionslisten aufgeführt wird und ob sonstige öffentlich bekannte Sachverhalte gegen eine Zusammenarbeit sprechen. Da bei Stiftungserrichtungen siebenstellige Beträge und mehr die Regel sind, muss der Treuhänder die Herkunft der einzubringenden Vermögenswerte prüfen und dokumentieren. Dazu holt er Nachweise zu Gehältern und Boni, Erbschaften und Immobilien- und Unternehmensbeteiligungstransaktionen vom Stifter ein und prüft, ob der Lebenslauf des Stifters und die von ihm geäußerte Historie des Vermögensaufbaus zusammenpassen.

(c) Der Weg zur Gründung und die administrative Einrichtung der Stiftung

Nach dem Abschluss des Compliance-Prozesses eröffnet der Treuhänder bei einer Bank ein vorläufiges Sperrkonto, auf das der Stifter das in der Stiftungsdokumentation festgelegte Stiftungskapital (vergleichbar mit dem Stammkapital einer GmbH) einzahlt. Die Bank stellt daraufhin einen Kapitalnachweis für spätere Behördengänge aus, der bestätigt, dass der Stiftung das gesetzliche Mindestkapital von 30 000 Euro zur Verfügung steht.

Anschließend wird der Akt der Stiftungserrichtung vollzogen. In Liechtenstein ist die Eintragung ins Handelsregister für eine privatnützige Stiftung nicht vorgesehen, außer sie betreibt ein kaufmännisch geführtes Gewerbe. Sie erlangt bereits Rechtspersönlichkeit dadurch, dass die Stiftungsdokumentation vom Stifter oder einem von ihm bestimmten Stellvertreter unterzeichnet und diese Unterschrift beglaubigt wurde (»einseitige Willenserklärung«). Es wird lediglich eine Gründungsanzeige beim Handelsregister hinterlegt, die rudimentäre Informationen zur Stiftung enthält. Diese Hinterlegung ist gesetzlich zwingend vorgeschrieben, sie ist jedoch keine Voraussetzung für das Entstehen der privatnützigen Stiftung. Die Stiftungsdokumentation selbst wird nicht im Handelsregister hinterlegt. Dies ist ein weiteres gutes Beispiel für die gelebte Diskretion in Liechtenstein.

Da der Stifter der Stiftung das Stiftungskapital (mind. 30 000 Euro, Schweizer Franken oder US-Dollar) in Form einer Schenkung zukommen lässt, muss er die Transaktion mit einer Schenkungssteuererklärung unter Beifügung der Stiftungsdokumentation der deutschen Finanzverwaltung anzeigen. Wenn diese daraufhin einen Schenkungssteuerbescheid erteilt, erkennt sie damit die steuerliche Eigenständigkeit der Stiftung an. Der Stifter zahlt daraufhin die festgesetzte Schenkungssteuer, damit der beschenkten Stiftung das volle Stiftungskapital ohne steuerliche Abzüge zur Verfügung steht.

Nun nimmt der Stiftungsvorstand seine Tätigkeit auf. Er richtet die Buchhaltung ein und beauftragt für Verantwortungsbereiche, die er selbst nicht abdeckt, geeignete Dienstleister. Sofern vorgesehen, schließt er einen oder mehrere Darlehensverträge mit dem Stifter und ggf. weiteren Angehörigen ab. Parallel dazu eröffnet er ein Konto und ein Depot für die FS, bevorzugt bei einer liechtensteinischen Bank. Auf dieses Konto werden der Betrag auf dem Sperrkonto und die Darlehenssummen eingezahlt. Es wird ein Vermögensverwalter mandatiert, um die liquiden Mittel am Kapitalmarkt zu veranlagen.

9.8.4 Der laufende Betrieb einer Stiftung

Die operativen Tätigkeiten innerhalb einer Stiftung sind vielseitig. Der Stiftungsvorstand trägt Sorge dafür, dass sie zeit- und kosteneffizient von Spezialisten ausgeführt werden – entweder durch ihn selbst, wenn er über die notwendigen Kompetenzen verfügt, oder durch von ihm beauftragte Dienstleister.

Generell lassen sich die Aufgaben in einer Stiftung grob in fünf Teilbereiche gliedern: Investmentmanagement, Begünstigungsmanagement, Administration, Compliance und interne Aufsicht. Alle einmaligen und wiederkehrenden Vorgänge in einer Stiftung müssen regelmäßig daraufhin überprüft werden, ob sie zuverlässig, sachgemäß, interessenkonfliktfrei, satzungskonform und zum Wohle der Stiftung erfolgt sind.

Investmentmanagement (Anlagemanagement): Sobald Vermögenswerte rechtswirksam in die Stiftung eingebracht wurden, müssen diese professionell und unternehmerisch verwaltet werden, also im Zeitablauf eine attraktive Kombination aus Rendite, Risiko und Liquidität erzielt werden. Wie diese Kombination aussehen soll, ergibt sich aus der Stiftungsdokumentation und der sich entwickelnden Realität im Begünstigtenkreis.

Die Rahmenbedingungen zur finanziellen Verwaltung des Stiftungsvermögens werden üblicherweise in einem »Anlagereglement« festgehalten. Entweder ist dieses bereits Teil der mit dem Stifter vorab abgestimmten Stiftungsdokumentation, oder die Stiftungsorgane erlassen es zu einem späteren Zeitpunkt selbst. Im Anlagereglement wird z.B. bestimmt, in welche Anlageklassen unter welchen Bedingungen und in welchem Umfang investiert werden darf und in welche nicht. In Bezug auf etwaige Unternehmensbeteiligungen wird festgelegt, wie Gesellschafterrollen und -funktionen von der Stiftung auszuüben sind.

Da die Verwaltung von Wertpapierportfolios, Immobilien, Unternehmensbeteiligungen und anderen Investments üblicherweise an Dienstleister (Banken, bankenunabhängige Vermögensverwalter, Hausverwaltungen) ausgelagert wird, die über das notwendige theoretische und praktische Spezialwissen verfügen, sind im Anlagereglement außerdem Regelungen zur Auswahl, Einweisung und Überwachung der Dienstleister durch die Stiftungsorgane auf der einen Seite und die Berichtspflichten der Dienstleister auf der anderen Seite enthalten.

Naturgemäß empfehlen wir, die in diesem Buch vorgestellten Konzepte der Vermögensbewahrung und des Finanzrisikomanagements bei der Festlegung der Anlageziele und bei der Auswahl der Verwalter und Dienstleister zu berücksichtigen.

Das Risiko eines Interessenkonflikts besteht in diesem Zusammenhang dann, wenn ein Mitglied des Stiftungsvorstands oder Aufsichtsorgans entweder selbst die Verwaltung von Stiftungsvermögen übernimmt oder Personen bzw. Unternehmen dazu mandatiert, die ihm wirtschaftlich oder persönlich nahestehen. Das sollte vermieden werden. Zudem könnte die Konstellation dazu führen, dass andere Amtsträger im Vorstand und Aufsichtsorgan der Stiftung davor zurückschrecken, notwendige, aber kritische Diskussionen zur Leistung des Vermögensverwalters anzustoßen.

Den Stiftungsorganen kommt also mehr eine strategisch-steuernde als eine operativ-ausführende Rolle beim Anlagemanagement zu. Sie geben die Richtung vor und müssen im Blick haben, wenn veränderte wirtschaftliche, politische oder steuerliche Umstände im In- und Ausland dazu führen, dass die Vermögensstrategie angepasst werden muss. Dies schließt Überlegungen mit ein, wie Investitionen im In- und Ausland so strukturiert werden können, dass die Steuerlast und der Vermögensschutz unter Einhaltung regulatorischer und steuerlicher Vorgaben für die Stiftung und die Begünstigten gleichermaßen optimiert werden.

Begünstigungsmanagement: Alle Tätigkeiten, die mit den Zuwendungen der Familienstiftung (FS) an ihre Begünstigten in Zusammenhang stehen, werden unter dem Begriff »Begünstigungsmanagement« subsumiert. In Liechtenstein ist es geläufig, FS als »Ermessensstiftungen« auszugestalten. Das bedeutet, dass die Begünstigten keinen fixen Rechtsanspruch auf wirtschaftliche Vorteile aus der Stiftung haben, z.B. auf eine monatliche Auszahlung von 5000 Euro. Stattdessen liegt es im Ermessen der Stiftungsorgane, wem aus dem Kreis der Begünstigten sie zu welchem Zeitpunkt, in welcher Höhe und unter welchen Voraussetzungen eine Zuwendung zukommen lassen.

Diese konzeptuelle Vorgehensweise hat bestimmte Vorteile: Gläubiger eines Begünstigten mit einklagbaren Ansprüchen gegen den Begünstigten könnten sonst bei dessen Zahlungsunfähigkeit oder -unwille ein zivilrechtliches Verfahren mit dem Ziel anstrengen, Zuwendungen der FS zu pfänden – ähnlich einer Lohn- oder Kontopfändung. Liegen die Leistungen im Ermessen der zuständigen Stiftungsorgane, ist dieser Versuch aussichtslos. Auch gäbe es bei fixen Auszahlungsansprüchen das Problem der mangelnden Anpassung an eine sich verändernde Realität, Umstände im Begünstigtenkreis und den allgemeinen Rahmenbedingungen, in denen Begünstigungen erfolgen.

Als Entscheidungsgrundlage dient dem Vorstand die Stiftungsdokumentation. Bittet ein Begünstigter um eine Zuwendung, prüfen die Stiftungsorgane, ob der Anspruch rechtmäßig ist, also ob er im Einklang mit dem Stifterwillen steht. Ist das der Fall und sprechen weder die finanzielle Situation der FS noch geltendes Recht gegen die Begünstigungsleistung, wird sie gewährt. Bestehen Zweifel oder Unstimmigkeiten, müssen die zuständigen Stiftungsorgane vom Begünstigten Nachweise anfordern und prüfen. Falls Bedenken nicht restlos ausgeräumt werden können, sieht die Stiftung von der Auszahlung ab, um das Stiftungsvermögen vor unsachgemäßer Verwendung zu schützen.

Damit die Rechtmäßigkeit eines Anspruchs durch die zuständigen Stiftungsorgane angemessen geprüft werden kann, muss die Stiftung regelmäßig mit ihren Begünstigten in Kontakt treten, um sich ein Bild der aktuellen Verhältnisse zu machen. Es können neue Begünstigte durch Geburt, Adoption oder Ehe hinzukommen oder bisherige Begünstigte – je nach Stiftungsdokumentation – durch Scheidung, Tod oder andere wesentliche Ereignisse entfallen. Auch administrative Details wie Namensänderungen, Wohnortwechsel oder eine neue Bankverbindung müssen erfasst werden.

Da die Entscheidung für oder gegen die Auszahlung einer Begünstigungsleistung weitreichende Folgen für das Leben eines Begünstigten haben kann, wird sich ein verantwortungsvoll agierender Entscheidungsträger der Stiftung bei seinem Votum stets am Leitbild des gerechten, weitblickenden, billigen (im juristischen Sinne) und vernünftig handelnden Familienoberhauptes orientieren, das im besten Interesse und zum Wohle der eigenen Familie handelt. Eine besondere Herausforderung stellt der Ausgleich zwischen den Interessen der aktuellen und den zukünftigen Generationen an Begünstigten dar. Das Selbstverständnis des gerecht und weitsichtig handelnden Familienoberhauptes ist einer der Gründe, warum die Bezeichnung der FS als institutionalisiertes Familienmitglied mit ewiger Treueverpflichtung so treffend ist.

Administration und Compliance: In den letzten Jahren wurde der Ruf nach mehr Transparenz von Vermögensstrukturen wie Stiftungen und Trusts international stetig lauter. Daher nehmen die regulatorischen Anforderungen in der täglichen Arbeit von Stiftungsmanagern zunehmend mehr Raum ein.

Häufig geht es dabei um die Einhaltung interner und externer Berichtspflichten. Eine gewissenhafte und benutzerfreundliche Buchführung muss sichergestellt und Jahresabschlüsse zeitig erstellt werden. Die Geschäftsleitung muss dem Aufsichtsorgan gemäß den Bestimmungen der Stiftungsdokumentation einen Bericht zur Verwaltung und Verwendung des Stiftungsvermögens für das vergangene Jahr vorlegen, damit dieses seiner Verantwortung gerecht werden kann. Steuerbescheinigungen müssen für Begünstigte sowie Darlehensgeber ausgestellt werden, damit sie diese ihren zuständigen Finanzverwaltungen vorlegen können. Internationale Berichtsprozesse zur Prävention von Steuerhinterziehung müssen unterstützt werden.

Daneben sind geldwäscherechtliche Verpflichtungen einzuhalten. Erfolgen Nach- oder Zustiftungen oder wird an die FS ein weiteres Darlehen vergeben, muss die Herkunft der Mittel erneut penibel geprüft und plausibilisiert werden.

Hinzu kommen konventionelle Verwaltungsaufgaben wie die Vorbereitung von Sitzungen der Organe, die Bankkorrespondenz und die Verwaltung von Darlehensverträgen.

Interne Aufsicht: Damit sichergestellt ist, dass der Stiftungsvorstand und die Dienstleister ihre Aufgaben gewissenhaft, effizient und im Einklang mit der Stiftungsdokumentation erledigen, Fehler vermieden und potenzielle Interessenkonflikte ausgeschaltet werden, bedarf es einer laufenden Kontrolle. In einer Personen- oder Kapitalgesellschaft würden das die Eigentümer und unter Umständen ein von den Eigentümern eingesetztes Aufsichtsorgan übernehmen. Da die Stiftung jedoch keine Eigentümer hat, wird diese Aufgabe in der Regel einem Aufsichtsorgan übertragen, wie in Abschnitt 9.7.3 dargestellt. Dabei nimmt das Aufsichtsorgan eine überwachende Rolle ein, der Stifter kann ihm aber zusätzlich auch genehmigende bzw. mitentscheidende Kompetenzen einräumen.

Zur Überwachung gehört beispielhaft – aber nicht abschließend –

- die Prüfung der Buchhaltung und des Jahresabschlusses,
- die Bewertung der Vermögensverwaltung unter Rendite-, Risiko-, Kosten- und Interessenkonfliktgesichtspunkten,
- die Prüfung, ob die Mittelverwendung gemäß den Bestimmungen der Stiftungsdokumentation erfolgt ist, bei einer FS also primär die Recht-

mäßigkeit und Angemessenheit der ausgezahlten Begünstigungsleistungen,
- generell die Prüfung, ob die Geschäftsleitung in Übereinstimmung mit Gesetz und Stiftungsdokumentation gearbeitet hat.

Das Aufsichtsorgan sollte mindestens einmal jährlich tagen, um eine sorgsame Kontrollprüfung vorzunehmen. Die dafür notwendigen Informationen stellt der Stiftungsvorstand in einem Bericht zur Verfügung. Werden Unstimmigkeiten festgestellt, muss das Aufsichtsorgan diesen nachgehen, indem es z.B. eine Stellungnahme vom Vorstand einholt oder Einsicht in die Geschäftsbücher nimmt. Stellt es bei seinen Nachforschungen ein Fehlverhalten (wie einen Verstoß gegen geltendes Recht oder die Stiftungsdokumentation, Handlungen gegen die Interessen der Stiftung, Vernachlässigung der Pflichten) innerhalb der Stiftung fest, muss es geeignete Maßnahmen einleiten – was voraussetzt, dass ihm in der Stiftungsdokumentation entsprechende Befugnisse eingeräumt werden. Sämtliche Ergebnisse, Nachforschungen und Feststellungen sind vom Aufsichtsorgan in einem eigenen Bericht angemessen zu dokumentieren.

Entscheidungskompetenz wird dem Aufsichtsorgan typischerweise bei der Bestellung und Abberufung von Vorstandsmitgliedern erteilt. Damit haben die internen Kontrolleure ein wirksames Sanktionsinstrument, sollte ein Mitglied des Stiftungsvorstands durch Fehlverhalten besonderer Tragweite auffallen. Dieses scharfe Mittel ist jedoch nur als Ultima Ratio zu verstehen, allein das Wissen um die Möglichkeit verfehlt ihre Wirkung beim Stiftungsvorstand selten.

Zudem kann festgelegt werden, dass das Aufsichtsorgan Änderungen der Stiftungsdokumentation durch den Vorstand oder bestimmte Geschäftshandlungen wie die Aufnahme von Krediten im Namen der Stiftung oder den Austausch des Vermögensverwalters genehmigen muss. Bei weitreichenden Entscheidungen, die erheblichen Einfluss auf die Stiftung haben, sollte stets die Pflicht bestehen, die Zustimmung des Aufsichtsorgans einzuholen.

Ein Aufsichtsorgan, das seine Überwachungsfunktion sorgfältig ausübt und seine Entscheidungs- und Zustimmungsbefugnisse zweckmäßig wahrnimmt, ist ein Garant dafür, dass das Stiftungsvermögen dauerhaft im Sinne des Stifterwillens verwaltet und verwendet wird.

9.8.5 Auswahl eines geeigneten Treuhänders in Liechtenstein

Für Familienstiftungen (FS) in Liechtenstein ist es gesetzlich vorgeschrieben, dass zumindest ein staatlich bestellter Treuhänder (bzw. eine Person mit Bewilligung nach Art. 180a PGR) Mitglied des Vorstands ist. Da er damit die Verantwortung für ein beträchtliches Vermögen hat und es seine Aufgabe ist, das Wohlergehen der Angehörigen mit den Mitteln der Stiftung sicherzustellen, kommt der gelungenen Auswahl eines verlässlichen Treuhänders aus Sicht des Stifters besondere Bedeutung zu.

Die nun folgenden drei Kriterien können als Leitplanken für den Selektionsprozess des Treuhänders, aber auch generell von Dienstleistern, die für die Stiftung tätig werden, betrachtet werden.

Stifter sollten ihren oder ihre Treuhänder-Favoriten vor einer Zusammenarbeit einer hinreichend tiefen Integritäts- und Qualitätsprüfung unterziehen. Hinreichend wird die Prüfung tendenziell nur dann sein, wenn der »Beauty Contest« (Auswahlwettbewerb) zwischen den in Frage kommenden Firmen mindestens zwei, besser drei oder vier umfasst.

Vereinbaren Sie mit allen Stiftungsmanagern in ihrer Shortlist ein persönliches Gespräch vor Ort in den Räumlichkeiten des Treuhänders und lernen Sie alle künftigen Ansprechpartner kennen. Machen die Ansprechpartner einen integren und professionellen Eindruck?

Kriterium Nr. 1: Integrität, fachliche Qualifikation, Erfahrung. Das Treuhandunternehmen sollte nachweisbar Expertise in der Errichtung und in der laufenden Verwaltung von liechtensteinischen FS für deutsche Stifterfamilien, also einen guten Track Record, besitzen. Das spart unnötige und kostspielige »Ehrenrunden« zwischen ihm und dem deutschen Steuerberater bei der Ausgestaltung der Stiftungsdokumentation und im späteren Tagesgeschäft. Außerdem hat er so ein besseres Gespür dafür, worauf fortlaufend zu achten ist, um steuerlich unerwünschte Implikationen auszuschließen. Ein Indikator für ausreichend Erfahrung könnte sein: bei der Errichtung von mehr als einem Dutzend Stiftungen für deutsche Stifter mitgewirkt zu haben *und* bei mehr als einem Dutzend Stiftungen von deutschen Stiftern aktuell die Geschäftsleitung zu repräsentieren – und das seit mehreren Jahren.

Hilfreich (aber nicht zwingend erforderlich) ist es zudem, wenn das Unternehmen über hauseigene Juristen in relevanten Rechtsgebieten verfügt. Unweigerlich wird ab und an rechtlicher Rat eingeholt werden müssen.

Ein Inhouse-Jurist kann dem verantwortlichen Treuhänder die Antwort oftmals unkompliziert zurufen, während externer Rat teuer einzuholen ist.

Nützlich ist es ferner, sich online mit Hilfe von Suchmaschinen und AI-Tools zum Unternehmen und den Ansprechpartnern zu informieren. Suchen Sie dabei gezielt nach Schlüsselwörtern wie »Erfahrungen«, »Kritik«, »Skandal«, »Gerichtsverfahren« und »Abberufung« in Kombination mit den jeweiligen Firmennamen. Hat das Unternehmen eine einwandfreie Reputation oder finden sich laufende Gerichtsverfahren im In- und Ausland bzw. Verurteilungen, die Hinweise auf fehlerbehaftetes oder unethisches Verhalten geben?

Bei dieser Recherche ist folgender Gesichtspunkt zu berücksichtigen: Stiftungen – nicht nur in Liechtenstein, sondern generell – sind strukturell anfällig für Rechtsstreitigkeiten, da sie mit dem Ziel errichtet werden, Vermögen im Sinne des Stifters zu verwalten und zu bewahren sowie Teile dieses Vermögens nach bestimmten Regeln an die Begünstigten zu verteilen. Dabei klagen drei Gruppen besonders häufig, auch wenn diese Klagen sehr oft nicht berechtigt sind bzw. nicht zum Erfolg führen:

- Ehemalige Ehepartner, wenn diese in der Stiftung ein Instrument zur Minderung ihrer Ansprüche sehen, z.B. im Rahmen von Zugewinnausgleichsforderungen oder Unterhaltsleistungen.
- Unzufriedene Erben oder Enterbte, die sich um ihren Nachlass entweder in Pflichtteilgröße oder darüber hinaus betrogen fühlen.
- Gläubiger des Stifters, die ihre Ansprüche durch die Stiftung oder genauer die Übertragung von Vermögen auf die Stiftung unzulässig eingeschränkt sehen.

Um ihre finanziellen Ansprüche geltend zu machen, haben diese Interessengruppen primär zwei Möglichkeiten: Entweder stellen sie die Stiftungserrichtung/Vermögenswidmung per se in Frage, oder sie erheben Vorwürfe gegen den Stiftungsvorstand. Die Ansprüche können, müssen aber nicht berechtigt sein. Kritisch hinterfragen sollten Sie, wenn sich Muster erkennen lassen, z.B. bei mehreren unabhängigen Fällen mit ähnlichen Vorwürfen.

Kriterium Nr. 2: Hinreichende Größe und Personaltiefe. Die Errichtung einer FS hat unter anderem mit Nachfolge zu tun. Nicht nur deswegen sollten Stifter auch bei der Auswahl des Treuhänders und letztlich aller Dienstleister, die wesentliche Aufgaben für die Stiftung verrichten, auf den Nachfolgeaspekt achten. Ganz praktisch bedeutet das: Vorsicht bei kleinen »One-Person-Shows«, sprich Minifirmen, die nur aus wenigen Mitarbeitern bestehen. Bereits bei der Mandatierung des Treuhandunternehmens muss glaubwürdig sichergestellt sein, dass die für die Stiftung eingesetzten Treuhänder (die natürlichen Personen) jederzeit durch weitere Mitarbeiter ersetzt bzw. vertreten werden können. Dies ist insbesondere dann nicht der Fall, wenn diese Firma nur einen oder bis zu drei Berufsträger hat, insbesondere wenn diese alle dem Ruhestand nahe sind. Berufsträger sind natürliche Personen, die für die Ausübung der Treuhänderfunktion eigens zugelassen sind, also nicht nur Sachbearbeitungs- und Assistenzfunktionen wahrnehmen dürfen.

Wird ein Treuhandbüro von nur einem Berufsträger und ggf. seinem Assistenzpersonal geführt, besteht das Risiko, dass die Stiftung zumindest temporär in unruhiges Fahrwasser gerät, wenn der verantwortliche Berufsträger unerwartet handlungsunfähig wird, z.B. durch Krankheit oder Tod. Bei einem unerwarteten, also nicht längerfristig geplanten Wechsel innerhalb des Stiftungsvorstands gehen möglicherweise wertvolles Wissen, Erfahrung und Verständnis für die Stifterfamilie verloren. Die Vorstellung, dass dann in einem solchen Fall ja ein anderes, neues Treuhandbüro mandatiert werden könne, kann nur die zweitbeste Lösung sein.

Neben dieser Diversifikation des Key Person Risks in dem Treuhandunternehmen durch eine hinreichende Mindestgröße wird diese auch tendenziell einen vorteilhaften Einfluss auf die Expertise und Arbeitsqualität des Unternehmens haben. In gewisser Weise kämpfen kleinere Firmen mit wenig Personal einen aussichtslosen Kampf mit der seit Jahren zunehmenden regulatorischen, steuerrechtlichen und wirtschaftlichen Komplexität in ihrem Geschäft: in Deutschland, in Liechtenstein und in anderen relevanten Standorten. Größeren Treuhandbüros fällt es leichter, ihre Strukturen ohne Qualitätsverlust oder steigende Kosten anzupassen und zu erweitern. Es sollte auf der Hand liegen, dass der tägliche fachliche Austausch zwischen mindestens vier oder mehr Berufsträgern im Unternehmen die Arbeitsqualität jedes einzelnen auf lange Sicht erhöhen wird. In einer One-Person-Show gibt es diesen fachlichen Austausch nicht.

Kriterium Nr. 3: Kosten. Lassen Sie sich die anfänglichen und fortlaufenden Kosten transparent aufzeigen. Welches Pricing-Modell wird zugrunde gelegt? Welche Leistungen sind bei Errichtung und im laufenden Betrieb inklusive, welche Extrakosten kommen auf Sie zu? Am Ende muss das Gesamtpaket stimmen.

Schaffen Sie Vergleichbarkeit durch das Einholen mehrerer Angebote. Aber wählen Sie nicht aus Prinzip das günstigste Treuhandbüro aus, sondern beziehen Sie die hier genannten weichen Faktoren Integrität, Qualifikation und Erfahrung sowie zukunftsfähige Unternehmensorganisation in Ihre Entscheidung mit ein.

Qualität hat hier zweifelsohne ihren Preis. Erfolgt eine überdurchschnittliche Beratung, so kann diese durchaus überdurchschnittlich honoriert werden. Beträgt die aufgerufene Vergütung jedoch »all-in« 50% oder 100% mehr als die marktüblichen Konditionen, ist Vorsicht geboten. Und was die marktüblichen Konditionen sind, wird man nur einigermaßen klar beurteilen können, wenn man sich in dieser Hinsicht die Mühe und Zeit gemacht hat zu recherchieren.

Ein erstes Gefühl für diese Angemessenheit lässt sich aus den in Abschnitt 9.6.2 von uns beschriebenen typischen Vergütungsmodellen und -höhen für Treuhänderkosten und andere unabhängige Kostenkomponenten ableiten.

9.8.6 Zusammengefasst: Ich möchte eine Familienstiftung gründen – was nun?

Zwar kann eine Stiftung auch erst durch eine testamentarische Verfügung errichtet werden, in den allermeisten Fällen ist es jedoch sinnvoller, bereits zu Lebzeiten den Grundstein zu legen – selbst wenn zu Beginn nur ein kleiner Teil des eigenen Vermögens eingebracht wird.

Die Errichtung selbst dauert in der Regel drei bis zwölf Monate. Die Stiftungsdokumentation muss erstellt, Compliance-Prozesse durchlaufen, steuerliche Sachverhalte geklärt, die Foundation Governance auf den Prüfstand gestellt und die einzubringenden Vermögenswerte bestimmt werden.

Grundsätzlich kann eine Stiftung alle Arten von Vermögen halten. Übertragen werden die Assets entweder unentgeltlich (per Schenkung bzw. Erbe) oder entgeltlich (per Verkauf, ggf. unter Vergabe eines Darlehens).

Im laufenden Betrieb ist der Stiftungsvorstand für das Anlagemanagement, das Begünstigungsmanagement sowie die Compliance und interne Verwaltung zuständig. Der Protektor oder der Aufsichtsrat stellt durch regelmäßige Kontrollen sicher, dass das Stiftungsvermögen gemäß der Stiftungsdokumentation und den gesetzlichen Bestimmungen verwaltet und verwendet wird.

9.9 Fazit: Welche Ausgangsbedingungen und Argumente sprechen für und welche gegen die Errichtung einer Familienstiftung?

Bis hierher haben wir in Kapitel 9 aufgezeigt, wie vielseitig Familienstiftungen in Liechtenstein und Deutschland eingesetzt werden können, um das eigene Familienvermögen zu bewahren, langfristig zu mehren sowie die eigene Vermögensnachfolge bewusst zu gestalten. Eine FS kann also ein hochgradig nützlicher Bestandteil einer ganzheitlichen Vermögensstrategie sein, sie muss es aber nicht.

In diesem Abschnitt fassen wir noch einmal kurz elf Kriterien und Bedingungen zusammen, von denen man das Folgende sagen kann: Je weniger oder schwächer sie bei der Stifterfamilie vorliegen, desto eher sollte dieser Stifter von der Errichtung einer Familienstiftung (FS) absehen. Umgekehrt formuliert: Je mehr oder stärker sie vorliegen, desto eher wird eine FS für den Stifter nützlich sein.

- **Die Größe des Gesamtvermögens:** Das Gesamtvermögen nach Abzug aller Schulden sollte zum Zeitpunkt der Errichtung einer liechtensteinischen FS mindestens 2 Millionen Euro betragen. 2 Millionen Euro statt dem von uns an anderer Stelle genannten Mindest-Stiftungskapital von 1,5 Millionen Euro, weil in der Regel nicht das gesamte Vermögen des Stifters in eine FS eingebracht werden sollte. Die Gründe haben wir in diesem Buch deutlich aufgezeigt. Bei deutschen FS sollte netto mindestens 1 Million Euro zur Verfügung stehen.
- **Der Zeithorizont:** Eine Stifterfamilie hat in Bezug auf die Bewahrung ihres Vermögens einen Horizont von klar und unzweifelhaft mehr als 30 Jahren. Es ist der Familie daran gelegen, dass das Familienvermögen in 40 Jahren inflationsbereinigt genauso hoch oder höher sein wird

wie heute. Negativ formuliert: Die Stifterfamilie erwartet nicht, dass der größte Teil des heutigen Vermögens innerhalb der kommenden 30 Jahre aufgezehrt sein wird. Wer nur 20 Jahre in die Zukunft blickt, braucht vermutlich keine Stiftung.

- **Kinder, Enkelkinder:** Eine FS ergibt unter sonst gleichen Umständen umso mehr Sinn, je größer die Stifterfamilie ist, konkret, je mehr Kinder und schon lebende oder noch zu erwartende Enkel- und Urenkelkinder es gibt, geben wird oder geben könnte – ganz einfach deswegen, weil der im vorgenannten Absatz erwähnte Zeithorizont mit der Anzahl der Nachfahren tendenziell zunimmt. Das ist der reine »Kinderzahlenaspekt«. Ein zweiter, ganz anderer Aspekt im Hinblick auf Kinder ist dieser: Hat ein Stifterehepaar Kinder oder Enkelkinder, die es zwar liebt und versorgt wissen will, von denen es aber annimmt, dass diese Kinder/Enkelkinder – aus welchen Gründen auch immer – nicht verantwortungsvoll oder kompetent mit Geld/Vermögen umgehen können oder werden, dann ist eine FS ein exzellentes Instrument, dieses Risiko zu senken oder ganz zu beseitigen.
- **Die »Kontrollreduktion«:** Wir haben das Wort »Kontrollreduktion« in diesem Buch und auch an dieser Stelle immer wieder in Anführungszeichen gesetzt, weil es im Zusammenhang mit einer liechtensteinischen FS aus unserer Sicht von vielen missverstanden wird. Gleichwohl geht mit der Einbringung von Vermögen in eine Stiftung in der Tat eine verminderte direkte Kontrolle über die betreffenden Vermögenswerte einher. Ohne diese Minderung wären die vielen Vorteile einer FS nicht erzielbar. Wer eine starke Aversion vor dieser »Kontrollreduktion« hat und diese partout nicht überwinden kann, sollte jedenfalls zu Lebzeiten (und eventuell auch danach) keine FS errichten. Auf alle Fälle existiert ein einfaches und zuverlässiges Mittel, diese »Kontrollreduktion« fast beliebig zu reduzieren: Es besteht darin, nur einen begrenzten Teil des Gesamtvermögens auf die Stiftung zu übertragen. Wenn eine FS nur 20% oder weniger des Familienvermögens hält, sollte der Stifter mit der »Kontrollreduktion« leben können, weil sie so oder so nur 20% des relevanten Vermögens betrifft. Auch die darlehenswegige Einbringung von Vermögen ist ein Weg, die »Kontrollreduktion« zu reduzieren, wie wir in Abschnitt 9.7.5 erläutert haben. Mit und nach dem eigenen Tod sollte das Thema »Kontrollreduktion« – wir sagen das ohne Ironie und

Zynismus – beim Stifter an Bedeutung verlieren. Daher könnte die testamentarische Einbringung des größten Teiles des Vermögens in die Stiftung hier eine Lösung sein.

- **Aversion gegen rechtliche Komplexität:** Wer rechtliche Komplexität verabscheut, ist mit einer FS vermutlich nicht gut bedient. Allerdings können wir uns bei diesem Gesichtspunkt eine ketzerische Anmerkung nicht ganz verkneifen: Personen mit der hier relevanten »Komplexitätsscheu« können in der Vergangenheit eigentlich nicht erfolgreich als Unternehmer tätig gewesen sein, jedenfalls nicht in Deutschland oder einem anderen westlichen Land. Andererseits gilt natürlich, dass die Entscheidung, welcher Grad an rechtlicher und organisatorischer Komplexität im eigenen Leben akzeptabel ist, sehr individuell ist. Die Existenz einer FS in der eigenen Vermögensstruktur erhöht unzweifelhaft die Komplexität dieser Struktur.
- **Der Aspekt der Vermögenszersplitterung:** Wenn eine Stifterfamilie in Bezug auf ein Unternehmen, ein Immobilienportfolio oder vielleicht eine wertvolle Kunstsammlung sicherstellen möchte, dass diese nicht nur finanziellen, sondern auch ideellen Vermögenswerte in der langfristigen Zukunft nicht »auseinandergerissen« bzw. »aufgesplittet« werden oder in fremde Hände geraten, dann kann dieses Ziel mit einer FS wesentlich besser als mit einem Testament erreicht werden.
- **Der Familienfrieden:** Wir sind davon überzeugt, dass eine große vermögende Familie mit einer klug gestalteten FS eine bessere Chance hat, den Familienfrieden auf lange Sicht zu wahren als mit einem Testament. Vielleicht ist eine FS sogar ein Weg, einen bereits beschädigten oder zerstörten Familienfrieden wiederherzustellen. Dieses Argument impliziert jedoch auch, dass ein Stifter, für den die Bewahrung des Familienfriedens keinen hohen Stellenwert hat, zumindest aus diesem Blickwinkel keine FS braucht.
- **Kosten:** Hat jemand eine besonders starke Aversion gegen Kosten, die mit der kompetenten Verwaltung eines Vermögens (liquide und transportable Assets, Immobilien, Unternehmensbeteiligungen) durch Dritte einhergehen, und vergleicht dieser jemand – aus unserer Sicht fälschlicherweise – diese Kosten mit der Alternative, alles selbst zu machen, bei der er offensichtlich nicht die Vorteile einer FS genießt, wird er wahrscheinlich mit einer FS nicht glücklich werden – jedenfalls nicht lebzeitig.

- **Die Kröte deutsche Schenkungssteuer nicht schlucken können und wollen:** Wer die leider hohe deutsche Schenkungssteuer bei der schenkweisen Einbringung von Vermögen in eine FS – die für liechtensteinische höher ausfällt als für deutsche FS – nicht akzeptieren kann, dem verbleibt die Alternative der darlehenswegigen Einbringung. Diese eignet sich tendenziell am besten, wenn der Stifter noch eine statistische Restlebenserwartung von 20 Jahren oder mehr hat, damit in dieser Zeit Tilgungsleistungen fließen können, die den Darlehenssaldo in einer überschaubaren Zeitspanne absenken. So oder so bleibt die Tatsache: Die Einbringung von Vermögen in eine FS ist nicht trivial simpel und nicht »kostenlos«.
- **Das politische Risiko Deutschlands:** In den Abschnitten 1.3 und 4.1 dieses Buches haben wir beschrieben, was politisches Risiko ist. Aber wir nehmen an, dass jeder Leser dieses Buch auch ohne diese Beschreibungen eine gute intuitive Vorstellung davon hat, dass das politische Risiko in Deutschland und Österreich für das Vermögen wohlhabender Familien in den letzten 20 Jahren stark zugenommen hat und das möglicherweise auch in den nächsten Jahren weiter tun wird. Wer das allerdings nicht so sieht, wer also keine oder wenig Sorgen angesichts dieser Entwicklung hat, für den entfällt ein wichtiger Grund für die Etablierung einer liechtensteinischen FS.
- **Liechtenstein als Land und Rechtsordnung:** Es ist beinahe zu offensichtlich, um hier gesondert erwähnt zu werden: Wer Liechtenstein noch immer für eine illegitime Steueroase hält (eine aus unserer Sicht absurde, weil seit über 15 Jahren überholte Perspektive), der sollte und wird wohl auch keine liechtensteinische FS erreichten. In diesem Falle wäre eine deutsche FS möglicherweise eine Alternative.

10 Weitere Aspekte des Vermögensschutzes

10.1 Vorsorgevollmacht, Generalvollmacht, Patientenverfügung, Notfallordner

Neben dem Abfassen eines z.B. alle zwei Jahre überprüften und ggf. aktualisierten Testaments sind vermögende Haushalte im vorgerückten Alter gut beraten, auch die folgenden Dinge mit Blick auf die Unwägbarkeiten des Lebens zu regeln:

- **(Vorsorge-)Vollmacht und Betreuungsverfügung:** Durch eine Vorsorgevollmacht räumt der Vollmachtgeber einer oder mehreren Personen das Recht ein, in seinem Namen als Stellvertreter für ihn zu handeln. Man kann vereinbaren, dass von der Vorsorgevollmacht erst Gebrauch gemacht werden darf, wenn der Vollmachtgeber selbst nicht mehr in der Lage ist, über seine Angelegenheiten zu entscheiden. Typischerweise sind Vollmachtnehmer nahe Angehörige oder enge Freunde. Eine Betreuungsverfügung bietet die Möglichkeit, die Bestellung eines Betreuers durch das Betreuungsgericht zu vermeiden bzw. darauf Einfluss zu nehmen, wen das Gericht oder wen das Gericht auf keinen Fall hierzu bestellen darf.
- **Generalvollmacht:** Ältere Menschen, besonders jene, deren Gesundheitszustand schlecht ist und sich absehbar nicht mehr verbessern wird, sollten über die Einräumung einer Generalvollmacht an die Person oder die Personen nachdenken, die ihr am nächsten stehen. Eine solche Generalvollmacht geht in ihren Befugnissen über eine Vorsorgevollmacht oder sonstige Vollmacht, z.B. Bankvollmacht, hinaus. Die bevollmächtigte Person darf den Vollmachtgeber im Prinzip in allen rechtlichen und persönlichen Angelegenheiten vertreten und wird zum gesetzlichen Vertreter des Vollmachtgebers. Bei einer Generalvollmacht besteht das geringstmögliche Risiko, unabsichtlich die Regelung einer gravierenden Angelegenheit für den Fall der gesundheitsbedingten Un-

fähigkeit, eigene Entscheidungen zu treffen, zu vergessen. Diese Vollmacht muss von einem Notar beurkundet werden und kann nur erteilt werden, solange der Vollmachtgeber noch geschäftsfähig ist, also z.B. nicht von einem Menschen mit fortgeschrittener Demenz. Sofern es mehrere Bevollmächtigte gibt, sollten diese sich darüber informieren, was aus rechtlicher Sicht geschieht, wenn sie in Bezug auf einen wichtigen Sachverhalt uneinig sind.

- **Patientenverfügung:** Diese legt fest, welche medizinischen Maßnahmen durchzuführen oder zu unterlassen sind, falls die betreffende Person aufgrund von Krankheit oder Unfall nicht mehr selbst entscheiden kann, z.B. wenn sie im Koma liegt oder dement geworden ist. Damit wird sichergestellt, dass der Wille der Person als Patient umgesetzt wird, auch wenn sie ihn in der jeweiligen Situation nicht mehr äußern kann. Wenn eine Patientenverfügung verfasst wird, sollte darauf in der Vorsorgevollmacht verwiesen werden. Zu überlegen wäre, diese Verfügung textlich nicht nur von Juristen, sondern auch von einem Arzt prüfen zu lassen, um sicherzustellen, dass die Regelungen darin auch in einer Unfallsituation sofort vom medizinischen Personal verstanden und umgesetzt werden können. Eine Patientenverfügung kann zudem um eine Bestattungsverfügung ergänzt werden.
- **Organspendeausweis:** Über dieses kreditkartengroße Dokument (das man buchstäblich in zwei Minuten ausfüllt und im Portemonnaie mit sich trägt) regelt man, ob und inwieweit man nach dem Tod Gewebe und Organe spenden möchte. Hierdurch nimmt die Person eine vielleicht große Belastung von ihren Angehörigen und hilft anderen Menschen in Not.
- **Haustiere:** Ältere Menschen, die ein ihnen wichtiges Haustier besitzen, sollten den Verbleib und das Schicksal des Tieres nach dem Tod ihres Besitzers im Testament oder einem Vermächtnis regeln. Dazu gehört auch, sich mit der Person vorab zu verständigen, die im Fall der Fälle das Tier bekommen soll.
- **Passwortmanager:** Wir bewegen uns immer häufiger und intensiver in der digitalen Welt. Neben E-Mails und Profilen in digitalen privaten und öffentlichen Netzwerken sind oftmals weitere digitale Zugänge, z.B. für das Onlinebanking, vorhanden. Damit im Fall der eigenen Entscheidungs- oder Handlungsunfähigkeit klar ist, wie mit diesen Zugängen und den gespeicherten Daten umzugehen ist, sollte eine digitale Vor-

sorge getroffen werden. Dazu gehört beispielsweise, eine Übersicht über die wichtigen digitalen Zugänge für Konten und Depots zu erstellen und festzulegen, wie mit jedem einzelnen Zugang verfahren werden soll. Es empfiehlt sich, eine vertrauenswürdige Person für die Verwaltung des digitalen Nachlasses auszuwählen, diese über die eigenen Wünsche zu informieren und mit einer diesbezüglichen Vollmacht auszustatten. Idealerweise werden alle digitalen Zugänge innerhalb eines Passwortmanagers aufbewahrt. Viele Dienste bieten zudem die Möglichkeit, bereits zu Lebzeiten einen Nachlasskontakt festzulegen.

- **Notfallordner:** In einem Notfall (z.B. Unfall, plötzliche schwere Krankheit, eigenes Ableben) ist es für die Angehörigen hilfreich und wichtig, bestimmte Informationen über die betreffende Person schnell, zuverlässig und an einer Stelle zusammengefasst zu finden. Das könnte ein physischer Notfallordner sein. Er muss deutlich als solcher gekennzeichnet werden und an einer Stelle deponiert werden, wo er mit 100%iger Sicherheit von den Angehörigen schnell gefunden wird. Der Notfallordner kann Vollmachten, Betreuungsverfügungen, Patientenverfügungen, eine Vermögenaufstellung mit allen wichtigen Bankverbindungen und Daten, das Testament, Unterlagen zur Krankenversicherung und viele weitere kritische Informationen enthalten, die in einer solchen Situation nach dem Willen des Betroffenen für die Angehörigen wichtig sind. Auch ein Hinweis, wie Sie Ihre Beerdigung organisiert und Ihr Grab gestaltet haben wollen, könnte im Notfallordner enthalten sein.
- **Bargeldreserve im Schließfach:** Schlussendlich sollen alle in diesem Buch dargestellten Maßnahmen des Vermögensschutzes nicht nur einen objektiven Schutzwert haben, sondern auch subjektiv zum Seelenfrieden des Eigentümers (oder mehrerer Eigentümer) dieses Vermögens beitragen. In unserer Beratungspraxis mit Reichen und Superreichen haben wir in diesem Zusammenhang manches Mal gehört, dass diese Familien irgendwo im In- oder Ausland ein Schließfach gemietet haben, in dem beispielsweise 20 000 bis 50 000 Euro in Bargeldscheinen deponiert ist. Damit soll sichergestellt werden, dass bei einem nationalen oder regionalen Stromausfall oder von Staaten orchestrierten großen Hacking-Angriffen im Kontext eines Krieges, Bürgerkrieges, einer großen Naturkatastrophe oder anderer Black-Swan-Events stets Zugriff auf eine »analoge Reserve an Bargeld« besteht. Das Bargeld könnte währungsmäßig in Euro, Dollar und Schweizer Franken aufgeteilt werden.

Es ist am Ende des Tages Geschmacksache oder eine Frage der Weltanschauung, ob man eine solche Bargeldreserve haben möchte. Wir persönlich haben sie nicht. Auf alle Fälle kann sie bei manchen Menschen zum Seelenfrieden beitragen.

Vorsorgevollmacht, Patientenverfügung, Generalvollmacht und Notfallordner sind in gewisser Weise die kleinen, unscheinbaren, aber dennoch sehr wichtigen Bestandteile eines klugen Vermögensschutzansatzes, ganz besonders für Menschen über 60 Jahre. Wir appellieren an Sie, diese Dinge bewusst zu regeln und es bald zu tun, sofern nicht schon geschehen.

Zu all diesen Themen und Instrumenten existieren im Internet und in Gestalt preisgünstiger Ratgeberbücher benutzerfreundliche Informationen, die mehr ins Detail gehen als dieser kurze Abschnitt. Erste nützliche Informationen finden sich auf der Website www.finanztip.de.

10.2 Einen Finanzberater oder Vermögensverwalter engagieren: Warum und wen?

Die Inhalte dieses Buches von Kapitel 1 bis 8 sowie 10 und 11 können grundsätzlich in Eigenregie (im Do-it-yourself-Modus) oder alternativ mit Unterstützung eines Finanzdienstleisters umgesetzt werden. Welche dieser beiden Umsetzungsformen ein gegebener Anleger bevorzugt, muss er selbst entscheiden. Die wichtigsten Motive eines Haushaltes, in der Vermögensschutzphase seine liquiden Investments an einen Dienstleister zu delegieren, nennen wir im übernächsten Absatz.

Hingegen muss ein vermögender Privathaushalt bei der Errichtung und dem Betrieb einer Familienstiftung – Gegenstand von Kapitel 9 – realistischerweise stets die Unterstützung durch spezialisierte Berater und Dienstleister in Anspruch nehmen.

Zunächst zur Beraterfrage in Bezug auf das Aufsetzen und Verwalten von liquiden Investments, also der reinen Vermögensverwaltung. Hierbei die Vermögensverwaltung an einen Dritten zu delegieren, ist im Falle sehr vermögender Familien eher die Regel als die Ausnahme. Die Motive für die Delegation sind fast so vielfältig und unterschiedlich wie die Familien selbst. Wenn delegiert wird dann zumeist, weil einer oder mehrere der folgenden Gründe zutreffen: (a) die relevanten Haushaltsmitglieder haben zu wenig Zeit, (b) sie haben nicht genug Expertise und wissen das, (c) sie haben nicht genug Interesse, (d) der »Familienvorstand« möchte die Verantwortung für einen großen Anlagebetrag, der »letztlich der ganzen Familie gehört«, nicht allein tragen, (e) der Haushalt will nicht auf das spezifische Know-how und die Ressourcen eines bestimmten Finanzexperten verzichten, der eine echte Vertrauensperson für die Familie ist, darüber hinaus als Sparringspartner für Vermögensthemen und andere Sachverhalte fungiert und zu ihrem Seelenfrieden beiträgt, (f) der Haushalt will Vorsorge treffen für die Zeit, wenn das in Sachen Investieren kompetente Familienmitglied nicht mehr verfügbar sein wird. Neben diesen sechs verbreiteten Gründen für das Outsourcing der Vermögensverwaltung eines wohlhabenden Haushaltes existieren noch eine Reihe anderer, fallspezifischerer Motive.

In jedem Fall sollte die betreffende Familie sicherstellen, dass die Person oder Institution, die sie für die Zwecke Vermögensberatung und Vermögensverwaltung mandatiert, nur dem geringstmöglichen Level an Interessenkonflikten unterliegt. Interessenkonflikte sind die Pest der Finanzbranche. Sie sind hauptverantwortlich für deren endlose Kette von Schlechtberatung, vermeidbaren Anlegerverlusten, überhöhten Gebühren, fehlkonstruierten Finanzprodukten und dem strukturellen und schädlichen Ignorieren der Wissenschaft beim Investieren in den letzten 30+ Jahren.

Damit scheiden Banken von vornherein aus, sowohl konventionelle Banken (Geschäftsbanken, Genossenschaftsbanken, Sparkassen) als auch »edle« Privatbanken. Im Geschäftsmodell von Banken sind Interessenkonflikte institutionell und strukturell einbetoniert, z.B. durch die den Kundenberatern vorgeschriebene Nutzung hauseigener Finanzprodukte, durch die Vereinnahmung von Provisionen von Dritten (deren Produkte den eigenen Kunden ins Depot gelegt werden), durch das In-die-Höhe-Treiben der Zahl der Transaktionen (Kaufen/Verkaufen) im Kundendepot, weil man an jeder Transaktion verdient, durch volumens- oder ertragsabhängige Verkaufsvorgaben für die Berater, durch den Einsatz gewinnabhängiger Gebühren[141] und – bei schon länger bestehenden Depots und Mandanten – durch das systematische Verstecken oder Schönreden der

141 Warum wir davon überzeugt sind, dass erfolgsabhängige Gebühren (Performance Fees) die Wahrscheinlichkeit einer erfolgreichen oder zufriedenstellenden Beratung oder Vermögensverwaltung nicht erhöhen, sondern mindern, wird im Blogbeitrag Kommer/Schweizer 2019i erläutert.

aus den aufgezählten Mängeln resultierenden Minderrenditen und Fehlleistungen in der Vergangenheit.

Solche Interessenkonflikte schrauben die kumulative Wahrscheinlichkeit für ein nicht zufriedenstellendes »Investmenterlebnis« mit jedem Monat, der in einer solchen Geschäftsbeziehung ins Land geht, immer weiter nach oben. Das trifft auch dann zu, wenn man seinen individuellen Bankbetreuer als persönlich seriös, vertrauenswürdig und kompetent einschätzt. Dieser Mitarbeiter arbeitet leider innerhalb einer institutionellen Struktur, die seine etwaige persönliche Integrität dominieren muss, jedenfalls wenn er länger als nur kurzzeitig in der besagten Institution als Kundenbetreuer »überleben« möchte.

Somit bleiben nur bankunabhängige Honorarberater und Vermögensverwalter, bei denen die Interessenkonflikte zwar nicht null (das ist unmöglich), so doch weit geringer sind. Sollten Sie erwägen, mit einem solchen zusammenarbeiten zu wollen, dann müssen Sie auch hier zuallererst sicherstellen, dass Interessenkonflikte in der finanziellen Dienstleistung dieses Unternehmens Ihnen gegenüber tatsächlich auf das mögliche Minimum reduziert werden. Ob das auf einen gegebenen Honorarberater oder Vermögensverwalter zutrifft, können Sie mit der folgenden einfachen Methode überprüfen. Schicken Sie ihm folgende E-Mail und holen Sie sich darüber eine schriftliche Bestätigung ein:

»Sehr geehrter Herr Y, bitte bestätigen Sie mir, dass Sie in Bezug auf mein Vermögen in Ihrer Anlageberatung, Anlagevermittlung, Finanzportfolioverwaltung oder Abschlussvermittlung (egal, was tatsächlich stattfindet) (a) niemals hauseigene/konzerneigene Finanzprodukte (Finanzinstrumente) einsetzen, (b) niemals von Dritten Provisionen, Kommissionen, Rückvergütungen, Kickbacks oder Ähnliches vereinnahmen (oder soweit Sie das tun, diese zu 100% und sofort an mich auskehren) und mir (c) keine erfolgsabhängigen Gebühren (Performance Fees oder dergleichen) in Rechnung stellen.«

Sollte der in Frage kommende Honorarberater oder Vermögensverwalter diese Bestätigung Ihnen gegenüber nicht abgeben wollen, wissen Sie, dass er der Falsche ist oder wäre.

Wie geeignete Berater bzw. Dienstleister für die Gründung und den Betrieb einer Familienstiftung gesucht und ausgewählt werden, haben wir weiter oben im Kapitel 9 gesondert geschildert.

11 Was bedeutet das alles für Sie? – eine kurze Zusammenfassung

Wir sind nun am Ende unserer Reise durch die Welt des Vermögensschutzes angekommen. Lassen Sie uns in diesem Schlusskapitel die Hauptstationen dieser Reise kurz rekapitulieren.

In **Kapitel 1** befassten wir uns mit den Gründen für die Unterscheidung zwischen Vermögensaufbau und Vermögensschutz sowie den investmentmäßigen Implikationen dieses zentralen Unterschiedes. Da diese theoretische und – noch wichtiger – praktische Differenzierung von der Mehrzahl reicher Haushalte nicht oder nur diffus erkannt und umgesetzt wird, geschieht »von reich zu arm« leider häufiger, als man annimmt. Warum die Medien dennoch irreführend berichten (»die Reichen werden immer reicher«), haben wir ebenfalls erläutert. In diesem Kapitel führten wir zudem die drei Dimensionen und Unterdimensionen rationalen Vermögensschutzes ein: Vermögensbewahrung, Asset Protection und Finanzrisikomanagement.

In **Kapitel 2** ging es um zwei grundsätzliche Fragen, deren Beantwortung am Beginn der Entwicklung einer klugen Vermögensschutzstrategie stehen sollte: »Was soll mit meinem Vermögen in der langfristigen Zukunft geschehen?« sowie »Welche Klumpen- und Konzentrationsrisiken bestehen in meinem Vermögen? Welche davon sollte ich abbauen und warum?« Außerdem lernten wir einige im Kontext des Vermögensschutzes zentrale steuerrechtliche und ökonomische Begriffe und Konzepte kennen, darunter das Welteinkommensprinzip, die Abgrenzung zwischen unbeschränkter und beschränkter Steuerpflicht, Doppelbesteuerungsabkommen, Wegzugsbesteuerung, den Automatischen Informationsaustausch, das Konzept eines Assets als Zahlungsstrom und das Barwertkonzept.

In **Kapitel 3** beschäftigten wir uns mit den konzeptionellen Grundelementen der Vermögensbewahrung: die Nebenkosten der Vermögensanlage niedrig halten, soweit es möglich ist, die Belastung mit existierenden Steuern begrenzen, unter anderem durch die einfache und jedem offenstehende, sehr robuste Steuersparstrategie Buy and Hold, ferner den essenziellsten Ansatzpunkten zur Minderung der Belastung mit Erbschafts- und Schenkungssteuern. Zur Sprache kam auch, warum das in Deutschland merkwürdig stark verbreitete Berliner Testament oft eine schlechte Lösung ist.

In **Kapitel 4** waren die Grundelemente der Asset Protection unser Thema: politisches Risiko und Steuererhöhungsrisiko und wie man diese Risiken managen kann. Ferner gingen wir auf die wichtigsten zivilrechtlichen Risiken ein und wie man sich vor ihnen schützt.

In **Kapitel 5** beschrieben wir eine Vielzahl von Vermögensschutzmaßnahmen, die zwar verbreitet sind, aber dennoch entweder gar nicht, nur eingeschränkt oder nur unter bestimmten Bedingungen funktionieren, darunter Konten und Depots im Ausland, eine vermögensverwaltende GmbH in Deutschland oder ihr Äquivalent mit Sitz im Ausland sowie Auswanderung zum Schutz vor deutschen Steuern.

In **Kapitel 6** stellten wir die Grundelemente guten Finanzrisikomanagements dar: die Unterscheidung zwischen aktivem und passivem Investieren, die große Bedeutung der Asset-Allokation, die Abgrenzung zwischen guten und schlechten Risiken und warum man sich gute Risiken ins Portfolio holen sollte, der Nutzen von Diversifikation, wirksame und unwirksame Maßnahmen zum Schutz vor Inflation, die Dysfunktionalität von Downside Hedging sowie Fragen der rechtlichen und technischen Sicherheit von Bankkonten und Bankdepots.

In **Kapitel 7** analysierten wir zwei Gruppen von Finanzprodukten bzw. Anlageklassen: (a) gute und sinnvolle Vermögensanlagen sowie (b) ambivalente oder schlechte. Wer sich die in der Finanzbranche epidemisch verbreiteten Interessenkonflikte und ihre seit 30 Jahren schier endlose Kette von Skandalen und Pleiten vergegenwärtigt, wird sich nicht darüber wundern, dass Gruppe (b) weit größer ist als Gruppe (a). Umso wichtiger ist es, gut Bescheid zu wissen über die vielen für die Finanzbranche profitablen, aber für Privatanleger ertragsarmen oder risikoreichen Finanzprodukte und Strategien aus Gruppe (b).

In **Kapitel 8** schilderten wir umfassend den Weltportfolio-Ansatz: seine Herleitung aus der Wissenschaft, seine Konzeption sowie die wichtigsten praktischen Umsetzungsfragen, die mit seiner anfänglichen Implementierung und danach dem langfristigen Betrieb einhergehen.

In **Kapitel 9** widmeten wir uns dem vielseitigen Vermögensschutzvehikel Familienstiftung (FS) in Deutschland und Liechtenstein. Wir adressierten dabei die zentralsten Fragen: »Was ist eine FS? In welcher Hinsicht ist sie anders als die bekannteren Instrumente der Asset Protection? Wie ist eine FS aufgebaut? Welche zivilrechtlichen und steuerrechtlichen Aspekte muss man im Zusammenhang mit einer FS unbedingt kennen? Wie wird Vermögen von dem oder den Stiftern auf eine FS übertragen? Wie wird die Stiftung betrieben?« Und schließlich: »Welchen rechtlichen und finanziellen Vermögensschutznutzen bringt eine FS?«

In **Kapitel 10** behandelten wir einige verbleibende praktische Vermögensschutzfragen: Vollmachten, Patientenverfügung, Notfallordner und andere »Hygienefaktoren« in der Welt des Vermögensschutzes. Wir gaben außerdem einige Hinweise, wie sich Leser, die die in diesem Buch dargestellten Vermögensschutzmaßnahmen nicht alle in Eigenregie umsetzen möchten, Unterstützung bei rechtlichen Beratern und Finanzdienstleistern holen können und was es bei Auswahl und Mandatierung derselben zu beachten gilt.

Wir hoffen, dass dieses Buch Sie, lieber Leser, als jemand, der sein Vermögen schützen möchte, weitergebracht hat. Weitergebracht in dem Sinne, dass Sie diejenigen der hier beschriebenen Vermögensschutzmaßnahmen, die Ihnen für Ihre persönliche Situation relevant und attraktiv erscheinen, nun angehen und umsetzen können.

Wenn Sie sich auch in Zukunft in kleinen, konzentrierten Dosen mit uns gemeinsam mit Vermögensaufbau- und Vermögensschutzthemen beschäftigen wollen, dann wäre ein Weg, das zu tun, unseren kostenlosen monatlichen Newsletter auf www.gerd-kommer.de und unseren YouTube-Kanal zu abonnieren.

Im Anhang nennen wir weiterführende Informationsquellen, die wir im Kontext von evidenzbasiertem Investieren und rationalem Vermögensschutz für hilfreich halten: Ratgeberbücher, Finanzportale, Newsletter, Blogs, Podcasts, YouTube-Kanäle.

Wir danken Ihnen von Herzen, dass Sie sich mit uns in diesem langen Buch mit der fundamentalen Themenstellung des klugen Vermögensschutzes beschäftigt haben.

Dr. Gerd Kommer und Felix Großmann
München im März 2026

12 Anhang

12.1 Literatur und Quellen

Anarkulova, Aizhan u.a. (2023): »The Safe Withdrawal Rate: Evidence from a Broad Sample of Developed Markets«; 25. Juli 2023; Social Sciences Research Network/SSRN.

Arnott, Robert/William Bernstein/Lillian Wu (2015): »The Rich Get Poorer: The Myth of Dynastic Wealth«; Cato Institute; Internet-Fundstelle: www.cato.org

Asness, Cliff (2023): »Volatility Laundering«; AQR Insights; Januar 2023; Internet-Fundstelle: www.aqr.com

Asness, Cliff/Daniel Villalon (2025): »Rebuffed: A Closer Look at Options-Based Strategies«; AQR; 21. März 2025; Internet-Fundstelle: www.aqr.com

Balsamo, James u.a. (2017): »The global case for strategic asset allocation and an examination of home bias«; Februar 2017; Vanguard Research; Internet-Fundstelle: Vanguard-Website.

Beckmeyer, Heiner u.a. (2023): »Retail Traders Love 0DTE Options … But Should They?«; 30. März 2023; Internet-Fundstelle: Social Sciences Resarch Network/SSRN.

Ben-David, Itzhak/Francesco Franzoni/Byungwook Kim/Rabih Moussawi (2023): »Competition for Attention in the ETF Space«; in: *The Review of Financial Studies*; Band 36; Nr. 3; März 2023.

Bengen, William (1994): »Determining Withdrawal Rates Using Historical Data«; in: *Journal of Financial Planning*; Oktober 1994.

Bessembinder, Hendrik (2018): »Do Stocks Outperform Treasury Bills?«; in: *Journal of Financial Economics* 129 (3); S. 440–457.

Bhattacharya, Utpal (2023): »The Enforcement of Insider Trading Laws Around the World (1900–2022)«; 26. Juni 2023; Internet-Fundstelle: Social Sciences Research Network/SSRN.

Bhattacharya, Utpal/Andreas Hackethal/Benjamin Loos/Steffen Meyer (2017): »Abusing ETFs«; in: *Review of Finance*; Band 21; Nr. 3; Mai 2017.

Braun, Nikolaus (2023): *Geld oder Leben: Wie Sie aufhören, Unsinn mit Ihrem Vermögen zu treiben*; Campus Verlag.

Chague, Fernando u.a. (2024): »Counting pennies, losing pounds: Biased learning about own trading ability«; 04. Dezember 2024; Internet-Fundstelle: Social Sciences Resarch Network/SSRN.

Chandra, Swati u.a. (2019): »Demystifying Illiquid Assets: Expected Returns for Private Equity«; AQR Whitepaper 1Q19; Internet-Fundstelle: https://www.aqr.com

Clements, Jonathan (2016): *How to think about money*; CreateSpace Independent Publishing.

Demirgüç-Kunt, Asli u.a. (2016): »The Impact of the Global Financial Crisis on Firms' Capital Structure«; World Bank Policy Research Working Paper Nr. 7522; 20. April 2016; Social Sciences Research Network/SSRN.

Dömötör, Barbara u.a. (2023): »Peer-to-peer lending: Legal loan sharking or altruistic investment? Analyzing platform investments from a credit risk perspective«; in: *Journal of International Financial Markets, Institutions and Money*; Band 86; Juli 2023.
Ellis, Charles (1975): »The Loser's Game«; in: *The Financial Analysts Journal*; Band 31; Nr. 4; Juli/August 1975.
Erel, Isil u.a. (2024): »Risk-Adjusting the Returns to Private Debt Funds«; 20. November 2024; Internet-Fundstelle: Social Sciences Research Network/SSRN.
Gasser, Johannes (Hrsg.) (2019): *Liechtensteinisches Stiftungsrecht – Praxiskommentar*, 2. Auflage, Stämpfli Verlag.
Gierhake, Olaf (2021): *Vermögensnachfolge und Vermögensschutz für deutsche Unternehmer mit deutschen, österreichischen und liechtensteinischen Stiftungen*, 2. Auflage; Dike Verlag AG.
Guirguis, Michel (2021): »Literature review of hedge funds performance persistence«; 22. März 2021; Internet-Fundstelle: Social Sciences Research Network/SSRN.
Haghani, Victor/James White (2023): *The Missing Billionaires. A Guide to Better Financial Decisions*; Wiley Verlag.
Haghani, Victor/James White (2024): »When a Crystal Ball Isn't Enough to Make You Rich«; Elm Wealth; 17. November 2024; Internet-Fundstelle: Social Sciences Resarch Network/SSRN.
Heiss, Helmut; Lorenz, Bernhard; Schauer, Martin (Hrsg.) (2022): *Kommentar zum liechtensteinischen Stiftungsrecht*, 2. Auflage, Helbing Lichtenhahn Verlag.
Heri, Erwin (2022): »Aktien ohne Risiko – SMI, aber bitte mit Kapitalgarantie«; YouTube-Video; 09.06.2022; Internet-Fundstelle: Fintool Youtube-Kanal.
Hitchens, Christopher (2021): *Mortality*; Atlantic Books.
Housel, Morgan (2020): *The Psychology of Money: Timeless lessons on wealth, greed, and happiness*; Harriman House.
Ibbotson, Roger/Kaplan, Paul: (2000): »Does Asset Allocation Policy Explain 40, 90, or 100 Percent of Performance?«; in: *The Financial Analysts Journal*; Band 56; Nr. 1; Januar–Februar 2000.
Ipatova, Ekaterina u.a. (2022): »Luck or Skill: What Drives Hedge Fund Performance Persistence?«; 02. August 2022; Internet-Fundstelle: Social Sciences Research Network/SSRN.
Israelov, Ronen/Nielsen, Lars (2015): »Still Not Cheap: Portfolio Protection in Calm Markets«; in: *Journal of Portfoliomanagement*; Band 4; Nr. 4; Sommer 2015.
Israelov, Roni (2019): »Pathetic Protection: The Elusive Benefits of Protective Puts«; AQR; in: *The Journal of Alternative Investments*; Band 21; Nr. 3; 2019.
Jackson, Blake u.a. (2022): »Catering and Return Manipulation in Private Equity«; 15. Dezember 2022; Internet-Fundstelle: Social Sciences Research Network/SSRN.
Kanzler, Daniel (2021b): »Mehr Rendite durch ESG Investing? Das solltest du wissen, bevor du in ethische ETFs investierst!«; 30. Mai 2021; Internet-Fundstelle: YouTube-Kanal Gerd Kommer.
Kommer, Gerd (2017b): »Die absurde Dämonisierung von ETFs«; 05. August 2017; Blogbeitrag; Internet-Fundstelle: www.gerd-kommer.de
Kommer, Gerd (2021a): »Die Inflationslüge: Ist die offizielle Inflationsrate korrekt?«; YouTube-Video.
Kommer, Gerd (2021b): »Inflation ist nicht gleich Inflation: Die Bedeutung von erwarteter und unerwarteter Inflation«; YouTube-Video.
Kommer, Gerd (2021c): »Asset Price Inflation im Kontext von Inflationsmessung und Geldpolitik«; 4.6.2021; Blogbeitrag.
Kommer, Gerd (2025a): *Souverän investieren mit Indexfonds und ETFs – Ein Investmentbuch für fortgeschrittene Privatanleger*; 7. aktualisierte Auflage; Campus Verlag.

Kommer, Gerd/Alexander Weis (2017c): »Ausschüttende vs. thesaurierende Fonds«; 22. Dezember 2017; Blogbeitrag; Internet-Fundstelle: www.gerd-kommer.de
Kommer, Gerd/Alexander Weis (2018a): »Währungsabsicherung: Wann sinnvoll, wann nicht?«; 24. Januar 2018; Blogbeitrag; Internet-Fundstelle: www.gerd-kommer.de
Kommer, Gerd/Alexander Weis (2018b): »Dividendenstrategien: Fakten und Fantasien«; 23. Februar 2018; Blogbeitrag; Internet-Fundstelle: www.gerd-kommer.de
Kommer, Gerd/Alexander Weis (2018i): »Die Fragwürdigkeit von Einzelaktieninvestments«; 21. September 2018; Blogbeitrag; Internet-Fundstelle: www.gerd-kommer.de
Kommer, Gerd/Alexander Weis (2019c): »Warten auf einen günstigeren Aktienmarkt – Funktioniert das?«; 01. März 2019; Blogbeitrag; Internet-Fundstelle: www.gerd-kommer.de
Kommer, Gerd/Alexander Weis (2019d): »Das Konzept der ›Sachwertanlage‹: Fakten und Fantasien«; 05. April 2019; Blogbeitrag; Internet-Fundstelle: www.gerd-kommer.de
Kommer, Gerd/Alexander Weis (2019g): »Schwellenländerstaatsanleihen – eine bedenkenswerte Assetklasse?«; 05. Juli 2019; Blogbeitrag; Internet-Fundstelle: www.gerd-kommer.de
Kommer, Gerd/Alexander Weis (2019j): »Sind Vermietungsimmobilien attraktive Vermögensanlagen?«; 04. Oktober 2019; Blogbeitrag; Internet-Fundstelle: www.gerd-kommer.de
Kommer, Gerd/Alexander Weis (2019k): »Gold als Investment – braucht man das?«; 01. November 2019; Blogbeitrag; Internet-Fundstelle: www.gerd-kommer.de
Kommer, Gerd/Alexander Weis (2020b): »Zehn Gründe, warum aktives Investieren schlecht funktioniert«; 07. Februar 2020; Blogbeitrag; Internet-Fundstelle: www.gerd-kommer.de
Kommer, Gerd/Alexander Weis (2021d): »Private Equity – Wunsch und Wirklichkeit«; 02. April 2021; Blogbeitrag; Internet-Fundstelle: www.gerd-kommer.de
Kommer, Gerd/Alexander Weis (2021i): »Medallion, ›der beste Fonds aller Zeiten‹ – oder auch nicht«; 03. September 2021; Blogbeitrag; Internet-Fundstelle: www.gerd-kommer.de
Kommer, Gerd/Daniel Ganowski (2021b): »Die Angst vor dem Allzeithoch – ein schädlicher Irrtum«; 05. Februar 2021; Blogbeitrag; Internet-Fundstelle: www.gerd-kommer.de
Kommer, Gerd/Daniel Ganowski (2021c): »Ray Dalios Hedgefonds – der Lack ist ab«; 05. März 2021; Blogbeitrag; Internet-Fundstelle: www.gerd-kommer.de
Kommer, Gerd/Daniel Ganowski (2024c): »Safe Asset Floor Rebalancing: Ein alternativer Rebalancing-Ansatz«; 06. März 2024; Blogbeitrag; Internet-Fundstelle: www.gerd-kommer.de
Kommer, Gerd/Daniel Kanzler (2020i): »Zehn große Anlegerfehler«; 04. September 2020; Blogbeitrag; Internet-Fundstelle: www.gerd-kommer.de
Kommer, Gerd/Daniel Kanzler (2020j): »Haben Technologieaktien dauerhaft höhere Renditen?«; 09. Oktober 2020; Blogbeitrag; Internet-Fundstelle: www.gerd-kommer.de
Kommer, Gerd/Daniel Kanzler (2021a): »Rohstoff-Investments – sind sie sinnvoll?«; 08. Januar 2021; Blogbeitrag; Internet-Fundstelle: www.gerd-kommer.de
Kommer, Gerd/Daniel Kanzler (2022k): »Aktieninvestments mit Kredit hebeln – funktioniert das?«; 04. November 2022; Blogbeitrag; Internet-Fundstelle: www.gerd-kommer.de
Kommer, Gerd/Daniel Kanzler (2023h): »Geldmarktfonds – die smarte Alternative zum Tagesgeld«; 06. Oktober 2023; Blogbeitrag; Internet-Fundstelle: www.gerd-kommer.de

Kommer, Gerd/Daniel Kanzler (2024g): »Ist der US-Aktienmarkt wirklich der beste der Welt?«; 10. Juli 2024; Blogbeitrag; Internet-Fundstelle: www.gerd-kommer.de
Kommer, Gerd/Felix Großmann (2020k): »Wie wird man richtig reich?«; 06. November 2020; Blogbeitrag; Internet-Fundstelle: www.gerd-kommer.de
Kommer, Gerd/Felix Großmann (2020m): »Wertpapierleihe bei ETFs – ist sie gefährlich?«; 11. Dezember 2020; Blogbeitrag; Internet-Fundstelle: www.gerd-kommer.de
Kommer, Gerd/Felix Großmann (2021f): »Asset Price Inflation im Kontext von Inflationsmessung und Geldpolitik«; 04. Juni 2021; Blogbeitrag; Internet-Fundstelle: www.gerd-kommer.de
Kommer, Gerd/Felix Großmann (2022a): »Offene Immobilienfonds – Illusion und Wirklichkeit«; 07. Januar 2022; Blogbeitrag; Internet-Fundstelle: www.gerd-kommer.de
Kommer, Gerd/Felix Großmann (2024e): »Der Goldstandard: Ein Motor für mehr Wirtschaftswachstum?«; 10. Mai 2024; Blogbeitrag; Internet-Fundstelle: www.gerd-kommer.de
Kommer, Gerd/Jakob Riemensperger (2025a): »›Buy-the-Dip‹ – Wie gut funktioniert diese Anlagestrategie?«; 09. Januar 2025; Blogbeitrag; Internet-Fundstelle: www.gerd-kommer.de
Kommer, Gerd/Jakob Riemensperger (2025b): »Die Resilienz des globalen Aktienmarktes«; 7. Juli 2025; Blogbeitrag; Internet-Fundstelle: www.gerd-kommer.de
Kommer, Gerd/Jakob Riemensperger (2026a): »Edelmetalle als Beimischung – macht das Sinn?«; Februar 2026; Blogbeitrag; Internet-Fundstelle: www.gerd-kommer.de
Kommer, Gerd/Jonas Schweizer (2019i): »Performance Fees – Schein und Wirklichkeit«; 06. September 2019; Blogbeitrag; Internet-Fundstelle: www.gerd-kommer.de
Kommer, Gerd/Jonas Schweizer (2020c): »Die kapitalbildende Lebensversicherung – ein deutscher Irrweg«; 06. März 2020; Blogbeitrag; Internet-Fundstelle: www.gerd-kommer.de
Kommer, Gerd/Jonas Schweizer (2021j): »Steuern sparen durch Buy and Hold«; 01. Oktober 2021; Blogbeitrag; Internet-Fundstelle: www.gerd-kommer.de
Kommer, Gerd/Jonas Schweizer (2021m): »Rebalancing: Vorteile, Methoden, Prinzipien«; 10. Dezember 2021; Blogbeitrag; Internet-Fundstelle: www.gerd-kommer.de
Kommer, Gerd/Jonas Schweizer (2023c): »Hilft Wirtschaftswissen beim Investieren?«; 03. März 2023; Blogbeitrag; Internet-Fundstelle: www.gerd-kommer.de
Kommer, Gerd/Jonas Schweizer (2024a): »Anlageklasse Anleihen: Von den Basics zum Spezialwissen«; 03. Januar 2024; Blogbeitrag; Internet-Fundstelle: www.gerd-kommer.de
Kommer, Gerd/Luca Stagnitti (2022h): »Inflationsindexierte Anleihen – wie gut schützen sie vor Inflation?«; 05. August 2022; Blogbeitrag; Internet-Fundstelle: www.gerd-kommer.de
Kommer, Gerd/Luca Stagnitti (2023b): »Ehe und Scheidung aus finanzieller Perspektive«; 03. Februar 2023; Blogbeitrag; Internet-Fundstelle: www.gerd-kommer.de
Kommer, Gerd/Luca Stagnitti (2024m): »Das ›Cash-Drag-Problem‹ in den Renditen von Private Equity«; 02. Dezember 2024; Blogbeitrag; Internet-Fundstelle: www.gerd-kommer.de
Kommer, Gerd/Marcel Lauterwasser (2023f): »›Die Inflation hilft mir als Kreditnehmer‹ – Träum weiter!«; 02. Juni 2023; Blogbeitrag; Internet-Fundstelle: www.gerd-kommer.de
Kommer, Gerd/Marcel Lauterwasser (2024h): »Die kurze Lebenserwartung von Unternehmen«; 07. August 2024; Blogbeitrag; Internet-Fundstelle: www.gerd-kommer.de
Kommer, Gerd/Marcel Lauterwasser (2024j): »Warum man mit verzinslichen Bankguthaben kein Vermögen aufbauen kann«; 01. Oktober 2024; Blogbeitrag; Internet-Fundstelle: www.gerd-kommer.de

Kommer, Gerd/Markus Moser (2025b): »Wo Finfluencer und Finanzbuchautoren lügen«; 05. Februar 2025; Blogbeitrag; Internet-Fundstelle: www.gerd-kommer.de
Kommer, Gerd/Maximilian Bartosch (2022d): »Kapitalverzehr vermeiden: Kein erstrebenswertes Anlegerziel«; 13. April 2022; Blogbeitrag; Internet-Fundstelle: www.gerd-kommer.de
Kommer, Gerd/Maximilian Bartosch (2022g): »Downside Hedging – der heilige Gral des Investierens?«; 08. Juli 2022; Blogbeitrag; Internet-Fundstelle: www.gerd-kommer.de
Kommer, Gerd/Maximilian Bartosch (2023e): »Wertsteigerungen von Wohnimmobilien – Traum und Wirklichkeit«; 12. Mai 2023; Blogbeitrag; Internet-Fundstelle: www.gerd-kommer.de
Kommer, Gerd/Praval Kapoor (2023a): »Die Legende des hohen Marktanteils von passivem Investieren«; 06. Januar 2023; Blogbeitrag; Internet-Fundstelle: www.gerd-kommer.de
Kommer, Gerd/Tobias Jerschensky (2024k): »Der Kredithebelmythos bei Immobilien«; 04. November 2024; Blogbeitrag; Internet-Fundstelle: www.gerd-kommer.de
Kommer, Gerd/Tobias Jerschensky (2025a): »Kunst: Eine attraktive Anlageform?« 20. Mai 2025; Blogbeitrag; Internet-Fundstelle: www.gerd-kommer.de
Kommer, Gerd/Tobias Jerschensky (2025b): »Mieten oder Kaufen – was ist finanziell attraktiver?«; 1. September 2025; Blogbeitrag; Internet-Fundstelle: www.gerd-kommer.de
Kotlikoff, Lawrence (2022): *Money Magic: An Economist's Secrets to More Money, Less Risk, and a Better Life*; Hachette Book Group.
Maggiulli, Nick (20225): *The Wealth Ladder: Proven Strategies for Every Step of Your Financial Life*; Portfolio Verlag.
Magnuson, William (2022): *For Profit: A History of Corporations*; Basic Books.
Marxer & Partner Rechtsanwälte (Hrsg.) (2021): *Liechtensteinisches Wirtschaftsrecht*; Manz Verlag.
Metcalfe, Guy (2018): »The mathematics of market timing«; in: *PLOS ONE*; Band 13; Nr. 7; 2018.
Miller, Markus (2019): *Finanzielle Selbstverteidigung: Profi-Strategien zum Schutz Ihres Vermögens, Ihrer Daten, Eigentumsrechte und Privatsphäre!*; FinanzBuch Verlag.
Moneyval (ohne Autor) (2022): »Anti-Money Laundering and Counter-Terrorist Financing Measures – Liechtenstein. Fifth Round Mutual Evaluation Report.« Strasbourg: Council of Europe, Committee of Experts on the Evaluation of Anti-Money Laundering Measures and the Financing of Terrorism; Mai 2022.
Naranjo, Andy u.a. (2023): »Betting on Elusive Returns: Retail Trading in Complex Options; 30. März 2023; Internet-Fundstelle: Social Sciences Research Network/SSRN.
OECD (ohne Autor) (1998): »Harmful tax competition. An emerging global issue.« Paris: OECD Publishing; S. 22f.
OECD (ohne Autor) (2000): »Towards global tax co-operation. Report to the 2000 Ministerial Council Meeting and recommendations by the Committee on Fiscal Affairs – Progress in identifying and eliminating harmful tax practices.« Paris: OECD Publishing.
OECD (ohne Autor) (2019): »Global Forum on Transparency and Exchange of Information for Tax Purposes – Peer Review Report on the Exchange of Information on Request: Liechtenstein 2019 (Second Round).« Paris: OECD Publishing.
Oppel, Florian (2025): »Zurechnungsbesteuerung bei ausländischen Familienstiftungen: BFH bringt Licht ins Dunkel der Escape-Klausel § 15 Abs. 6 Nr. 1 AStG«; in: IStR 2025, 413.
Perkins, Bill (2020): *Die with Zero: Getting All You Can from Your Money and Your Life*; Mariner Books.

Pigliucci, Massimo (2017): *How to be a stoic – Ancient wisdom for modern living*; Basic Books.
Pinker, Steven (2018): *Enlightenment Now: The Case for Reason, Science, Humanism, and Progress*; Viking – auch in deutscher Übersetzung verfügbar (*Aufklärung jetzt*).
Ptak, Jeffrey (2023): »They Came. They Saw. They Incinerated Half Their Funds' Potential Returns«; Morningstar; 30. Mai 2023; Internet-Fundstelle: www.morningstar.com
Schauhoff, Stephan; Mehren, Judith (Hrsg.) (2022): *Stiftungsrecht nach der Reform*; 1. Auflage; C.H. Beck Verlag.
Schrager, Allison (2025): »Private Equity Does Not Belong in Your 401(k)«; 14. Januar 2025; Internet-Fundstelle: www.advisorperspectives.com
Sosner, Nathan (2022): »When Fortune Doesn't Favor the Bold – Perils of Volatility for Wealth Growth and Preservation«; in: *The Journal of Wealth Management*; Winter 2022; Band 25; Nr. 3.
Stagnitti, Luca (2025): »Nießbrauch und Nießbrauchdepot: Clever schenken und legal Steuern sparen«; 2. März 2025; Internet-Fundstelle: YouTube-Kanal Gerd Kommer.
Statman, Meir (2000): »The 93.6% Question of Financial Advisors«; in: *Journal of Investing*; Band 9; Nr. 1; Feb. 2000.
Swedroe, Larry (2023): »The Wealth-Destroying Behavior of Retail Option Trading«; 19. Februar 2023; Advisor Perspectives; Internet-Fundstelle: www.advisorperspectives.com
Taleb, Nassim (2012): *Antifragile: Things That Gain from Disorder*; Random House.
Williamson, Samuel H.u.a. (2026): »Defining Measures of Worth – Most are better than the CPI«; Internet-Fundstelle: www.measuringworth.com
Zitelmann, Rainer (2024): »Popular perceptions of the rich in 13 countries«; in: *Economic Affairs*; Band 44; Nr. 2; Juni 2024; Internet-Fundstelle: https://onlinelibrary.wiley.com/doi/10.1111/ecaf.12633

12.2 Glossar

Anlageklasse — Engl. »Asset Class«. Eine ökonomisch sachlogische Gruppierung (Zusammenfassung) aus individuellen Vermögenswerten (Assets), die sich im Hinblick auf Rendite, Risiko und Liquidität sehr ähnlich sind und realwirtschaftlich ebenfalls wichtige gemeinsame Merkmale haben. Anlageklassen lassen sich von oben nach unten entlang einer hierarchischen Baumstruktur immer granularer aufgliedern. Beispiele: die (Haupt-)Anlageklassen Aktien, zinstragende Investments/Anleihen, Immobilien, Edelmetalle, Rohstoffe, Sammlerobjekte. Unterhalb dieser obersten Ebene lässt sich die Anlageklasse Aktien aufgliedern in Aktien – Entwickelte Länder versus Aktien – Schwellenländer, Aktien in verschiedenen Branchen oder Aktien nach Größe (Large Caps, Mid Caps, Small Caps) usw.

Asset — Engl. für »Vermögenswert«.

Ausfallrisiko — Der Schaden, der von der nicht vertragsgemäßen Rückzahlung einer Forderung für den Gläubiger herrührt. Andere Begrifflichkeiten mit ähnlicher oder gleicher Bedeutung sind: »Rückzahlungsrisiko«, »Gegenparteirisiko«, »Counter Party Risk«, »Bonitätsrisiko«, »Default Risk«.

Benchmark — Engl. für Vergleichsmarke, Vergleichsmaßstab. Wertpapierindizes werden häufig als Benchmark für aktiv gemanagte Portfolios, inklusive Fonds, verwendet.

Buy-the-Dip — Eine aktive Anlagestrategie (vor allem in der Anlageklasse Aktien), bei der der Investor Markteinbrüche abwartet, um dann zuvor geparkte Geldmarktanlagen (die Cash-Reserve oder Investitionsreserve) in jetzt billige Aktien zu investieren. Wir halten diese Strategie nicht für attraktiv und haben im Blogbeitrag Kommer/Riemensperger 2025a die Gründe dafür dargelegt.

Carry Trade — Finanzjargon für das Investieren in kurzlaufende Anleihen (ohne Zinsänderungsrisiko) hoher Qualität in einer Fremdwährung mit einem höheren Marktzinsniveau, als es in der heimischen Währung besteht, in der Hoffnung, dass Währungskurseffekte den Zinsvorteil nicht zunichtemachen. Die gesteigerte Form von Carry Trade ist einen Kredit in einer niedrig verzinslichen Währung A aufnehmen und die Mittel in einer höher verzinslichen Währung B anlegen. Die Bezeichnung »Carry Trade« wird aber auch noch vielfach abweichend verwendet.

Cashflow — Dt. »Zahlungsstrom«. Aus Sicht eines Anlegers sind positive Cashflows empfangene Zahlungen (Zuflüsse), negative Cashflows geleistete Zahlungen (Abflüsse).

Cat Bonds — Engl. Abkürzung für Catastrophy Bonds (»Katastrophenanleihen«). Das sind Anleihen, die von großen Rückversicherern emittiert werden und ein Pay-off-Profil haben, das mit dem Auftreten oder Nicht-Aufreten definierter Naturkatastrophen (z.B. tropische Wirbelstürme) in einem bestimmten Territorium während eines bestimmten Zeitraums verknüpft ist.

Clickbaiting — Überschriften von Veröffentlichungen in den sozialen oder traditionellen Medien, die im Verhältnis zum tatsächlichen Inhalt der betreffenden Veröffentlichung bewusst »krass«, »extrem« und »übertrieben« (also unwahr) formuliert sind, um Leser/Nutzer anzulocken.

Compliance — In Unternehmen und Behörden der Prozess der Sicherstellung, dass allgemeinrechtliche, aufsichtsrechtliche, steuerrechtliche und geldwäscherechtliche Regeln, aber auch sonstige interne Vorgaben, die sich aus Verträgen oder der Unternehmensstrategie ergeben, eingehalten werden.

Direktbanken — Eine Bank ohne Filialnetz. Eine Bank, die im Wesentlichen nur über das Internet mit ihren Kunden interagiert. In diesem Buch gleichbedeutend mit Onlinebank, Onlinebroker, Neobroker.

Dividendenrendite — Kennzahl, für die die jährliche Dividende (bzw. die Summe der Dividendenzahlungen in einem Jahr) durch den jahresdurchschnittlichen Aktienkurs (vor Auszahlung der Dividende) geteilt wird. Kann sowohl für eine einzelne Aktie als auch für einen ganzen Aktienmarkt berechnet werden. Die Dividendenrendite des Weltaktienmarktes lag in den vergangenen Jahrzehnten bei rund 2,5% p.a. In einem gegebenen Jahr zahlen mehr als die Hälfte aller Unternehmen weltweit keine Dividende.

Duration — Bei Anleihen oder Anleihenfonds die (gewichtete) Restlaufzeit oder genauer die Duration nach finanzmathematischer Definition.

Entnahmerate — Bei einem Portfolio, aus dem Entnahmen (in Gestalt von Ausschüttungen oder Anteilsverkäufen) stattfinden, das prozentuale Verhältnis zwischen dem jährlichen Entnahmebetrag und dem Portfoliovolumen am Anfang des Jahres.

Eventualverbindlichkeit — Eine »bedingte Verbindlichkeit«, also eine Schuld, die nur bei Eintreten bestimmter Bedingungen wirksam wird (existent wird). Beispiel: Eine Bürgschaft, die ein Bürgschaftsgeber abgibt, ist eine Eventualverbindlichkeit. Nur wenn der eigentliche Schuldner die verbürgte Schuld nicht begleicht, wird der Bürge aus der Bürgschaft in Anspruch genommen.

Exposure — Dt. »Exponiertheit«, »Ausgesetztsein«. Beispiel: Ein 40/30/20-Portfolio aus Berliner Immobilien, global diversifizierten Aktien und Geldmarktanlagen hat ein 40%-Exposure zum Berliner Immobilienmarkt, ein 30%-Exposure zum Aktienmarkt und ein 20%-Exposure zum »risikofreien« Asset, zur »risikofreien« Anlage (Geldmarktanlagen).

FATCA — Engl. Abkürzung für »Foreign Account Tax Compliance Act«. Ein 2010 in Kraft getretenes US-Gesetz, das sogenannte US Persons oder die von diesen genutzten Dienstleister zur Mitteilung steuerrelevanter Daten, insbesondere von Auslandskonten gegenüber den US-Steuerbehörden, verpflichtet. Ziel ist die Bekämpfung von Steuerflucht und Geldwäsche bei grenzüberschreitenden Sachverhalten. Sehr viele Banken in Europa unterwerfen sich freiwillig diesem US-Gesetz, das im Prinzip in anderen Ländern keine unmittelbare Rechtswirksamkeit hat.

Fiat-Geldsystem — »Fiat«: Lateinisch für »es möge sein«. Ein Währungssystem, bei dem die Zentralbank (der Staat) mit unterschiedlichen Instrumenten vorwiegend über die Kreditgewährung der Geschäftsbanken die Geldmenge steuert, um damit wiederum Zinsen, Inflation, Beschäftigung und Wirtschaftswachstum zu beeinflussen. Alle heute existierenden Währungssysteme sind Fiat-Geldsysteme. Ihr grundsätzliches Gegenstück sind Edelmetall-gedeckte Währungssysteme (der klassische Goldstandard) oder das Vollgeld-System (siehe Stichwort »Vollgeld-System« in der deutschen Wikipedia). Beim klassischen Goldstandard bestimmt vor allem das Volumen des der Zentralbank (oder dem Staat) gehörenden Edelmetalls den Wert einer Währungseinheit. Hier kann die Notenbank die Geldmenge somit nicht oder jedenfalls weniger willkürlich beeinflussen, sondern muss im Prinzip erst Gold erwerben, wenn sie die Geldmenge erhöhen möchte. Ob das Fehlen der Beeinflussung der Geldmenge durch die Zentralbank in einem Goldstandard ein Vorteil oder ein Nachteil ist, darüber streiten sich die Gelehrten.

Finfluencer — Kombination aus »Finance« und »Influencer«. Letztere sind Personen, die über Social-Media-Kanäle (z.B. YouTube, TikTok) Produkte oder Lebensstile vermarkten und damit Geld verdienen. Finfluencer sind Influencer, die sich auf das Thema Geld und Vermögen spezialisiert haben.

Funktionale Währung — Die Währung, in der ein Privathaushalt oder ein Unternehmen mit hinreichend großer Wahrscheinlichkeit in der Zukunft den größten Teil seiner Ausgaben (Cash Outflows) für Konsum, Schuldendienst und Investitionen tätigen wird (salopp auch »Heimatwährung« genannt).

Gegenparteirisiko — Bei wirtschaftlichen Transaktionen stehen sich zwei (oder mehr) Parteien gegenüber. Sie sind Gegenparteien relativ zueinander. Das Risiko, dass eine

Gegenpartei ausfällt (ihre Verpflichtungen vertragswidrig nicht erfüllt), ist das Gegenparteirisiko. Ausfallrisiko ist eine spezielle Ausprägung von Gegenparteirisiko.

Geld-Brief-Spanne — Engl. »Bid-Ask-Spread« oder »Bid-Offer-Spread«. Die Spanne zwischen Ankaufskurs und Verkaufskurs aus Sicht eines Investors. Etwa in der Mitte zwischen diesen beiden Kursen liegt der Marktkurs. Ein Privatanleger kauft zum Briefkurs und verkauft zum Geldkurs. Letztlich repräsentiert die Geld-Brief-Spanne die Händlermarge. Je liquider (je häufiger und umfangreicher gehandelt) ein Wertpapier zu einem bestimmten Zeitpunkt ist, desto enger (und damit günstiger für Käufer und Verkäufer) ist seine Geld-Brief-Spanne. Sie ist ein wichtiges Liquiditätsmaß. In schlechten Marktphasen dehnen sich die Geld-Brief-Spannen tendenziell aus. Auf den meisten Finanzportalen wird die »GBS« für Wertpapiere und ETF-Anteile angegeben.

Hedging, Hedge — Dt. »Absicherung«, »Kurssicherung«. Die Absicherung eines bestimmten Preis-, Zins- oder Kursniveaus (auch Wechselkurs) durch Nutzung bestimmter Finanzprodukte oder, im übertragenen Sinne, auch durch Beimischung von Anlageklassen mit besonders niedrigem Risiko.

Heimatwährung — Siehe funktionale Währung.

Hinzurechnungsbesteuerung – Engl. »CFC Rules«/»Controlled Foreign Corporation Rules« — Bei Unternehmen die Besteuerung von Einkünften einer ausländischen Tochtergesellschaft beim inländischen Gesellschafter, wenn bestimmte steuerrechtliche Bedingungen erfüllt sind. Üblicherweise soll die HRB aus der Sicht des Ansässigkeitsstaates der natürlichen Person (Gesellschafter) verhindern, dass unbeschränkt Steuerpflichtige ihre ausländischen Einkünfte auf eine steuerrechtsfähige Gesellschaft, die ihren Sitz in einem Niedrigsteuerland hat und im Inland nicht oder nur beschränkt steuerpflichtig ist, übertragen und dadurch Steuervorteile erzielen.

Humankapital — Bei einem Arbeitnehmerhaushalt der finanzmathematische Barwert (Gegenwartswert) aller zukünftigen Nettogehälter des Haushaltes bis zur erwarteten Beendigung der Berufstätigkeit. Jegliches Gehalt, das schon bezogen wurde, wurde entweder verkonsumiert, verschenkt oder in Vermögensanlagen (Finanzkapital) und Rentenansprüche umgewandelt. Bei einem Freiberufler entsprechen die Nettohonorareinnahmen dem Nettogehalt. Auf der Website www.finanzfluss.de befindet sich ein kostenloser Humankapital-Rechner.

Investment Grade Rating — Die ersten zehn Noten der Ratingskala (Bonitätsskala) der bekannten Ratingagenturen für Anleihen bilden den Investment-Grade-Bereich bis BBB–. Die restlichen (schlechteren) ca. 15 Noten bilden den sehr deutlich risikoreicheren Sub-Investment-Grade-Bereich (Junk Bonds). Investment Grade bedeutet sehr gute bis passable Kreditwürdigkeit.

ISIN — Engl. Abkürzung für »International Securities Identification Number«. Das internationale Äquivalent zur deutschen WKN/Wertpapierkennnummer.

Kapitalallokationsfunktion — In einer Marktwirtschaft, in der sich Preise im Wesentlichen frei bilden und Marktakteure einigermaßen frei agieren können, lenken (allokieren) die Marktteilnehmer durch ihre Kauf- und Verkaufsentscheidungen die Ressourcen der Volkswirtschaft in ihre wirtschaftlich sinnvollste Verwendung. Diese Lenkungsfunktion der Märkte bezieht sich auf Konsum- und Investitionsgüter.

Kapitalgesellschaft — Eine Unternehmensrechtsform, bei der alle Eigentümer (Gesellschafter, Aktionäre) nur mit ihrer Einlage haften, nicht jedoch mit ihrem Privatvermögen. Beispiele: GmbH, AG. Kapitalgesellschaften sind eigene Steuersubjekte, d.h., sie sind steuerrechtlich intransparente juristische Personen, während Personengesellschaften steuerlich transparente Organismen sind.

KGV (Kurs-Gewinn-Verhältnis) — Eine finanzwirtschaftliche Kennzahl. In der Grundform das Verhältnis zwischen aktuellem Aktienkurs und dem jüngsten verfügbaren jährlichen Buchgewinn des Unternehmens pro Aktie (engl. »Price-Earnings Ratio«).

Kontrahentenrisiko — Im Wesentlichen ein Synonym für Ausfallrisiko, Gegenparteirisiko, Rückzahlungsrisiko, Bonitätsrisiko.

Korrelation — Eine Kennzahl aus der Statistik, die den Grad der Parallelität in der Entwicklung zweier Zufallsvariablen (Zahlenreihen) misst, z.B. der Kursveränderungen zweier Wertpapiere oder Anlageklassen im Zeitablauf. Die Korrelation wird gemessen in Form des Korrelationskoeffizienten, der zwischen +1,0 und –1,0 liegt, wobei +1 für vollständige Korrelation (exakte Parallelentwicklung), 0 für vollständig unabhängige (oder zufällige) Entwicklung und –1 für exakt gegenläufige Entwicklung steht. Je niedriger die Korrelation zwischen zwei Finanz-Assets, desto besser eignen sie sich zur Diversifikation in einem Portfolio. Genauso wie Renditen schwanken auch Korrelationen im Zeitablauf, allerdings weniger heftig.

Kredithebel — Siehe Leverage.

Langlebigkeitsrisiko — Aus Sicht einer Privatperson das Risiko, dass diese Person länger lebt, als ihr Vermögen ausreicht.

Leverage — Dt. »Kredithebel, Kredithebeleffekt«. Der Versuch, die Eigenkapitalrendite bei einem Investment durch die teilweise Finanzierung des Investments mit Fremdkapital zu steigern. Dabei wird in Kauf genommen, dass auch das Risiko für das Eigenkapital steigt. Zur Illustration des Kredithebeleffekts bei Immobilieninvestments: Eine Immobilie kann teilweise oder vollständig über einen Kredit (statt nur aus Eigenmitteln) finanziert werden, das ist bei Neuerwerb auch der Regelfall. Durch den Einsatz von Fremdkapital erhöht sich die Rendite des Eigenkapitals (die Eigenkapitalrendite im Unterschied zur Objektrendite), vorausgesetzt, die Rendite der Kapitalanlage übersteigt die Kreditzinsen – und nur dann. Beispiel: Wer seine Immobilie mit 30% Eigenkapital finanziert hat, erleidet, wenn seine Immobilie 20% an Wert verliert, einen Verlust auf sein Eigenkapital von 67% (also 20% ÷ 30%) (ohne Berücksichtigung etwaiger Nettomieteinnahmen). Allerdings: Die finanziellen Risiken des Kredithebeleffekts bei Immobilienfinanzierungen werden von der Immobilienbranche und eingefleischten Immobilienfans traditionell kleingeredet, während die Chancen des Effekts (die Upside) übertrieben werden. Generell kann man sagen: Bei z.B. 20% Eigenkapitalanteil (80% Kreditanteil) ist das Risiko (der Verlusteffekt) für das Eigenkapital aus Wertverlusten der Immobilie fünfmal so hoch wie für die Immobilie selbst. Bei einem Eigenkapitalanteil von 25% viermal so hoch und bei einem Eigenkapitalanteil von 50% immer noch doppelt so hoch.

Market Timing — Aktive Anlagestrategie, bei der versucht wird, bestimmte Marktsegmente (Anlageklassen) zu identifizieren, die im Zeitablauf besonders attraktive oder besonders unattraktive Rendite-Risiko-Kombinationen darstellen, und darauf basierend durch Rein-Raus im Zeitablauf eine Überrendite (Mehrrendite) gegenüber Buy and Hold zu erzeugen. Mit ETFs kann man Market Timing betreiben.

Marktkapitalisierung — Bei börsennotierten Unternehmen die Anzahl der umlaufenden Aktien multipliziert mit dem Aktienkurs. Synonym für Börsenwert, also der Marktwert des Eigenkapitals des Unternehmens. Bei Anleihen die Anzahl der umlaufenden Anleihen multipliziert mit dem Anleihenkurs und analog bei Kryptowährungen und Edelmetallen.

Maximum Drawdown — Dt. »maximaler kumulativer (angehäufter) Verlust während eines bestimmten historischen Zeitraums«. Eine anschauliche Risikokennzahl. Nachdem der Maximum Drawdown erreicht wurde, kann es noch eine Reihe von Jahren dauern, bis der vormalige Höchstkurs oder Höchstwert des Vermögenswerts wieder erreicht wird. Der »MDD« ist eine besonders konservative (pessimistische) Risikokennzahl. Ein bestimmter Maximum Drawdown stellt insofern eine Worst-Case-Perspektive (maximal negative Perspektive) dar, als er unterstellt, dass der Anleger während der Gesamtperiode (Betrachtungsperiode) zum jeweils ungünstigsten Zeitpunkt mit seinem ganzen Vermögen eingestiegen und wieder ausgestiegen ist. Das wird auf die meisten Anleger aus offensichtlichen Gründen nicht zutreffen. Hinzu kommt, dass so gut wie jeder dem Portfolio im Zeitablauf schrittweise Geld zuführt oder es daraus abzieht. Beides »verwischt« den Einstiegs- und Ausstiegszeitpunkt (d.h. dehnt ihn aus) und führt damit im positiven wie auch negativen Sinne zu einer gleichmäßigeren Verteilung der Downside und der Upside (Risiko und Chance).

Median, Medianwert — In einer Zahlenmenge oder Zahlenverteilung derjenige Zahlenwert, oberhalb und unterhalb dessen gleich viele Zahlenwerte liegen; zu unterscheiden vom (arithmetischen) Durchschnitt.

Multi-Family Office — Ein Finanzdienstleister, der vermögende Familien beim Management ihres Vermögens unterstützt.

Nachhaltige Entnahmerate — Siehe Entnahmerate. Eine nachhaltige Entnahmerate ist eine Entnahmerate, die so berechnet ist, dass sie mit einer hohen Wahrscheinlichkeit nicht zum vorzeitigen Verzehr des betreffenden Vermögens (Portfolios) führt. Dabei müssen die Werte für »hohe Wahrscheinlichkeit« und »vorzeitig« vorgegeben werden.

Option — Wertpapier, das das Recht, aber nicht die Pflicht verbrieft, einer bestimmten anderen Partei ein bestimmtes Underlying innerhalb eines bestimmten Zeitraums zu einem bestimmten Preis zu verkaufen (Put-Option) oder es von dieser Partei zu kaufen (Call-Option). Obwohl die Option nicht das Underlying ist, hat die Option selbst einen Wert und kann während ihrer Laufzeit unabhängig gekauft oder verkauft werden.

Outperformer-Fonds — Fonds, die ihre Benchmark in einem bestimmten Analysezeitraum in Bezug auf die absolute Rendite oder die risikogewichtete Rendite (Sharpe Ratio) übertroffen haben. Dabei sollten nach Möglichkeit Kosten und evtl. Steuern berücksichtigt werden.

Portfolio — Im engeren Sinne die Summe aller Vermögenswerte (Assets) eines Anlegers oder Haushaltes, unabhängig davon, auf wie viele Immobilienobjekte, Wertpapierdepots (eventuell bei unterschiedlichen Banken) und Kapitallebensversicherungen diese Assets verteilt sind. Im weiteren Sinne schließt ein Anlegerportfolio auch dessen Humankapital und seine Ansprüche an die gesetzliche Rentenversicherung mit ein. Bei Investmentfonds versteht man unter Portfolio die Summe der Wertpapiere, die der Fonds zu einem gegebenen Zeitpunkt hält. Manchmal wird auch – etwas ungenau – ein einzelnes Wertpapierdepot als »Portfolio« bezeichnet.

Random Walk — Dt. »Zufallslauf«, »Zufallsverlauf«. Begriff aus der Statistik und Stochastik. Ein Random Walk beschreibt den rein zufälligen, quasi chaotischen Verlauf einer Variablen im Zeitablauf.

Rating — Engl. für »Note« oder »Noteneinstufung«. Ratings gibt es für Investmentfonds (diese Ratings sind wenig nützlich und oftmals geradezu irreführend) oder für die Bonität von Anleihen (diese Ratings sind nützlich). Siehe Investment Grade Rating.

Rechtsträger — Synonym für Eigentümer.

Renditereihenfolgerisiko — Bei einem Portfolio, aus dem Entnahmen stattfinden, wird die effektive Rendite in einem gegebenen Betrachtungszeitraum maßgeblich von der Reihenfolge der Periodenrenditen bestimmt. Schlechte Renditen am Anfang sind für die Rendite nachteiliger als schlechte Renditen zu einem späteren Zeitpunkt.

Return Chasing — Wörtlich: »(historischer) Rendite hinterherjagen«. Bildhaft könnte man sagen: »Rückspiegelinvestieren«, also eine prozyklische Anlagestrategie verfolgen, bei der man in das investiert, was in der jüngeren Vergangenheit im Vergleich besonders gut lief, aber auch in das nicht investiert (oder das verkauft), was in der jüngeren Vergangenheit im Vergleich besonders schlecht lief. Return oder Performance Chasing ist ein auf lange Sicht sehr schädlicher Anlegerfehler, den wir in Abschnitt 7.2.1 genauer beschreiben.

Schachtelprivileg — Saloppe Bezeichnung im Steuerrecht für das »Privileg« eines Unternehmens, unter bestimmten Voraussetzungen Beteiligungserträge aus Kapitalgesellschaften (Tochtergesellschaften) für Zwecke der Körperschaftssteuer oder Gewerbesteuer zu reduzieren. Da die Regelungen lediglich eine Doppelbesteuerung vermeiden sollen, ist die Bezeichnung »Privileg« letztlich falsch. Die Bezeichnung bezieht sich primär auf die Vorschrift § 8b Abs. 4 DE-KStG in Verbindung mit § 8b Abs. 1 KStG. Hiernach bleiben in- und ausländische Dividenden aus Beteiligungen an Kapitalgesellschaften zu 95% außer Ansatz, wenn die unmittelbare Beteiligung am Grund- oder Stammkapital zu Beginn des Kalenderjahres mindestens 10% beträgt.

Sharpe Ratio — Eine Finanzkennzahl für die Messung der risikogewichteten Rendite eines Portfolios. In ihrer einfachsten Form ist sie definiert als arithmetischer Durchschnitt der Periodenrenditen während eines bestimmten Zeitraums ÷ Standardabweichung dieser Renditen im Zeitraum, salopp formuliert: »Rendite pro Einheit Risiko«.

Short Selling — Dt. »Leerverkauf«. Partei A verkauft ein Wertpapier X an Partei B. Das Wertpapier hat A vorher (zeitlich befristet) von Partei C geliehen (Partei A war also zunächst Besitzer des Wertpapiers, aber nicht Eigentümer). Am Ende der Leihfrist (oft nur ein Tag oder wenige Tage) muss Partei A das Wertpapier X im Markt kaufen, um es an C (den Leihgeber) zurückzugeben. A hofft, dass zu diesem Zeitpunkt das Wertpapier gegenüber dem ursprünglichen Verkaufszeitpunkt im Wert gesunken ist (A spekuliert also auf sinkende Kurse). Ist das der Fall, ergibt sich für A ein Gewinn, da der Verkaufspreis höher ist als der Einkaufspreis (unter Berücksichtigung der Leihkosten). Falls der Kurs gestiegen ist, wird A Geld verlieren.

Sovereign Wealth Fund — Institutioneller Fonds bestimmter Staaten, die beispielsweise ihre Einnahmen aus Rohstoffförderung (Öl, Kohle) und andere Einnahmen weltweit in Aktien, Anleihen, Edelmetalle und Immobilien investieren. Der größte Sovereign Wealth Fund der Welt ist der norwegische Ölfonds.

Standardabweichung — Ein statistisches Streuungsmaß. Vereinfacht und nicht ganz korrekt könnte man formulieren, dass die Standardabweichung die durchschnittliche Abweichung der Mitglieder einer Zahlenmenge von ihrem arithmetischen Mittelwert ist.

Stop Loss Order — Ein Verkaufsordertypus, bei dem der Verkaufsauftrag einer Bedingung unterliegt. Die Bedingung lautet vereinfacht so: »Nur verkaufen, wenn im Zeitraum bis zum angegebenen Datum der Kurs dieses Wertpapiers (oder Fonds) unter den Betrag X Euro fällt«. Stop Loss Orders sind relativ teuer, insgesamt sehr arbeitsaufwendig, funktionieren nicht zu 100% zuverlässig (werden nicht immer ausgeführt) und lösen nicht das entscheidende Problem, sprich die Frage, was man nach dem Ausstieg mit der resultierenden Liquidität machen soll.

Sub Investment Grade — Siehe Investment Grade Rating.

Sunk-Cost-Denkfehler — »Sunk Costs«, dt. »Versunkene Kosten«. Gemeint sind Kosten (oder Aufwand), die in der Vergangenheit für ein Projekt X angefallen sind, aber nicht mehr zurückgeholt (wiedererstattet) werden können. Weil sie nicht mehr zurückgeholt werden können, sind die Sunk Costs in einem rein rationalen Entscheidungsprozess zukunftsgerichtet irrelevant und sollten nicht in die zukunftsgerichtete Entscheidungsfindung eingehen. Wenn das doch geschieht, handelt es sich um den Sunk-Cost-Denkfehler.

Survivorship Bias — Dt. »Ungleichgewicht zugunsten der Überlebenden«. In vielen statistischen Daten, z.B. manchen Fondsrenditedatenbanken, fehlen die »Toten«, weil sie aufgrund ihres »Todes« aus der zugrunde liegenden Datenbank gestrichen werden. Die Datenbank enthält nur die Renditen lebender Objekte, z.B. lebender Fonds. Es gilt aber auch für sehr viele andere empirische Phänomene aus unserem alltäglichen Leben (siehe Artikel zu »Survivorship Bias« in der deutschen Wikipedia).

Teileinkünfteverfahren — Das Teileinkünfteverfahren ist im deutschen Steuerrecht ein Verfahren zur steuerlichen Behandlung von Einnahmen aus Beteiligungen an Kapitalgesellschaften. Der wichtigste Anwendungsfall für das »TEV« sind Gewinne aus der Veräußerung von Anteilen an Kapitalgesellschaften im Sinne des § 17 EStG (Beteiligung von mindestens 1% am Gesellschaftskapital innerhalb der letzten fünf Jahre). Wenn der Steuerpflichtige eine natürliche Person ist, ergibt sich der effektive Steuersatz beim TEV nach der Formel 60% × persönlicher Grenzsteuersatz in der Einkommensteuer. Bei Personen mit hohem Einkommen also näherungsweise 60%× 47% = 28%.

Total Expense Ratio — In Deutschland heißt die »TER« »Laufende Kosten« oder »Gesamtkostenquote«. Sie ist die laufende Kostenbelastung bei Investmentfonds. Die TER ist aussagekräftiger (und höher) als die Verwaltungsgebühr. Auch die TER beinhaltet nicht alle Kosten, die in einem Investmentfonds anfallen, z.B. nicht die Transaktionskosten, die sich aus der Geld-Brief-Spanne der gekauften und verkauften Wertpapiere ergeben.

Umlaufrendite — Engl. »Yield to Maturity«. Die Umlaufrendite einer Anleihe ist die Rendite vom Kaufzeitpunkt bis zum Ende der Laufzeit der Anleihe unter der Annahme, dass es nicht zu einem Zahlungsausfall kommt. Die Umlaufrendite ist im Moment des Kaufes der Anleihe bekannt. Sie kann auch für ein Portfolio von Anleihen berechnet werden (also auch für einen ETF). Im Marketingmaterial für Finanzprodukte, in den Medien und im Internet werden mehrheitlich ungenaue und missverständliche Bezeichnungen verwendet, wenn eigentlich Umlaufrendite bzw. Yield to Maturity richtig wären, so z.B. »Rendite«, »Effektivrendite«, »Verfallsrendite«, »Endfälligkeitsrendite« oder engl. nur »Yield«.

Underlying — Rendite und Risiko von Finanzprodukten und Derivaten werden maßgeblich von ihrem Underlying bestimmt, also dem originären Investment bzw. Asset, das in ihnen steckt (Finanzprodukt) oder auf das sie sich beziehen (von dem sie abgeleitet sind). Beispiel: Bei einer kapitalbildenden Lebensversicherung sind das die Anleihen oder Aktien im Deckungsstock, bei einer Put-Option das Wertpapier, auf das sich die Put-Option bezieht.

Upstream-Darlehen — Das Darlehen eines Unternehmens an einen Gesellschafter, der eine natürliche Person oder selbst ein Unternehmen sein kann. Upstream-Darlehen werden gelegentlich missverständlich und letztlich falsch als »Gesellschafterdarlehen« bezeichnet. Ein Gesellschafterdarlehen ist jedoch ein Darlehen von einem Gesellschafter an das Unternehmen, nicht umgekehrt wie beim Upstream-Darlehen.

US Pension Fund — Ein Pensionsfonds ist ein vom Arbeitgeber (Unternehmen oder staatliche Organisationen) organisatorisch ausgegliedertes Sondervermögen zum Zweck der Finanzierung der betrieblichen Altersversorgung seiner Mitarbeiter. Die größten Pensionsfonds der Welt existieren in den USA.

US Persons — Natürliche Personen, die die amerikanische Staatsbürgerschaft besitzen, eine Green Card haben oder anderweitig in den USA unbeschränkt oder beschränkt steuerpflichtig sind. Auch Unternehmen mit Sitz in den USA oder dem Ort ihrer Geschäftsführung in den USA sind US Persons.

Verpackungsrisiko — Finanzprodukte sind »verpackte Anlageklassen«. Beispiele dafür sind kapitalbildende Lebensversicherungen, aktive gemanagte Aktienfonds, passiv gemanagte ETFs. Die Verpackung verursacht mehr oder weniger hohe Kosten, die die Anlageklasse innerhalb der Verpackung alleine nicht hat. In vielen Fällen führt die Verpackung auch noch zu zusätzlichen, unkompensierten Risiken, die die Anlageklasse selbst nicht aufweist (Beispiel: kapitalbildende Lebensversicherungen in Deutschland, bei denen ein Gegenparteirisiko im Hinblick auf die Versicherungsgesellschaft besteht).

Verschonungsabschlag — Die Bezeichnung bezieht sich im deutschen Erbschaftssteuerrecht auf die mögliche Bewertung von Betriebsvermögen (Unternehmensbeteiligungen) für Zwecke der Bestimmung der Bemessungsgrundlage für die Erbschaftssteuer. Hier sind – vereinfacht formuliert – Abschläge von 85% oder sogar 100% auf die erbschaftssteuerliche Bemessungsgrundlage möglich, wenn der Erbe eines kleinen oder mittelständischen Unternehmens sich verpflichtet, für fünf bzw. sieben Jahre nach dem Erbgang keinen Personalabbau vorzunehmen. Medienberichten aus den Jahren 2024 und 2025 zufolge wird das Bundesverfassungsgericht die Verfassungsmäßigkeit dieser Begünstigungen 2026 oder danach überprüfen.

Volatilität — Das in der Finanzökonomie am meisten verbreitete Risikomaß. Das Wort leitet sich vom lateinischen Verb »volare« (»fliegen«) ab und bezieht sich auf die Wert- oder Renditeschwankungen eines Investments im Zeitablauf. Volatilität wird typischerweise anhand der statistischen Kennzahl Standardabweichung gemessen. Je höher die Standardabweichung der Wertschwankungen in der Betrachtungsperiode, desto risikoreicher das Investment. Bei Direktinvestitionen in Immobilien (auch bei offenen oder geschlossenen Immobilienfonds) ist die Berechnung der Volatilität zumeist irreführend, weil die zugrunde liegenden Wert- und Renditemessungen durch Gutachter geglättet werden und/oder nicht häufig genug stattfinden.

WKN — Wertpapierkennnummer.

Zinseszinseffekt — Die Rendite, die ein Investment in einem Zeitintervall 1 (z.B. in einem Jahr) erzeugt und die (sofern nicht entnommen/verbraucht) im nachfolgenden Zeitintervall 2 selbst wieder Rendite produziert. Bei einer gegebenen prozentualen Rendite p.a. führt der Zinseszinseffekt zu einem in Geldeinheiten umso höheren Anstieg des Investmentwertes pro Periode, je länger die Betrachtungsperiode ist.

12.3 Register

Über die Autoren

Dr. Gerd Kommer ist Gründer und Geschäftsführer eines Vermögensverwaltungsunternehmen, der Gerd Kommer Invest GmbH mit Sitz in München.

Der Investmentexperte hat mehrere Finanzratgeber – allesamt Bestseller – zum Thema Geldanlage an Kapitalmärkten und Immobilienerwerb veröffentlicht. Aufgrund seiner klaren, gut verständlichen und wissenschaftlich fundierten Investmentphilosophie gilt Kommer als der unübertroffene Experte für passive Investmentansätze in Deutschland. Sein Klassiker *Souverän investieren mit Indexfonds und ETFs* wurde 2016 mit dem Deutschen Finanzbuchpreis ausgezeichnet.

Nachdem Kommer in Deutschland, Liechtenstein und den USA BWL, Steuerrecht, Germanistik und Politikwissenschaft studiert hat, arbeitete er zunächst über 20 Jahre im Bankwesen. Für verschiedene Banken war er im Firmenkundengeschäft und institutionellen Asset-Management tätig. Nach Stationen in Südafrika und Großbritannien lebt der ETF-Spezialist inzwischen in München.

Dort verbringt er seine Freizeit je nach Witterungsverhältnissen mit Rad- oder Skifahren, mit Gesellschaftstanz sowie dem Lesen und Schreiben über Investmentthemen.

© Chiara Weis

Felix Großmann ist Geschäftsführer der Gerd Kommer Invest GmbH und verantwortet dort den Geschäftsbereich Vermögensnachfolge & Stiftungen. Er hat Wirtschaftsinformatik (B.Sc.) und Betriebswirtschaft (M.Sc.) mit Schwerpunkt Finance studiert und ist zertifizierter Stiftungsberater (FSU Jena).

Gerd Kommer hat zahlreiche Werke im Campus Verlag veröffentlicht:

- *Souverän investieren für Einsteiger: Wie Sie mit ETFs ein Vermögen bilden.* 3. Auflage 2024, 272 Seiten (1. Auflage 2019).
- *Souverän investieren mit Indexfonds und ETFs. Ein Investmentbuch für fortgeschrittene Privatanleger.* 7. Auflage 2025, 552 Seiten (1. Auflage 2000).
- *Kaufen oder Mieten? Wie Sie für sich die richtige Entscheidung treffen.* 3. Auflage 2021, 285 Seiten (1. Auflage 2010).
- *Immobilienkauf und -finanzierung. Geld sparen und Fehler vermeiden beim Kauf der eigenen vier Wände.* 2. Auflage 2022, 315 Seiten (1. Auflage 2017).
- *Souverän investieren vor und im Ruhestand. Mit ETFs Ihren Lebensstandard und Ihre Vermögensziele sichern. 2. Auflage 2025, 360 Seiten (1. Auflage 2020).*